中國國家圖書館編

國家圖書館藏敦煌遺書

第一百三十三册　北敦一四七三六號——北敦一四八〇〇號

北京圖書館出版社

圖書在版編目(CIP)數據

國家圖書館藏敦煌遺書·第一百三十三册/中國國家圖書館編;任繼愈主編. —北京:北京圖書館出版社,2010.8

ISBN 978-7-5013-3695-1

Ⅰ.國… Ⅱ.①中…②任… Ⅲ.敦煌學—文獻 Ⅳ.K870.6

中國版本圖書館 CIP 數據核字(2010)第 029275 號

書　　名　國家圖書館藏敦煌遺書·第一百三十三册
著　　者　中國國家圖書館編　任繼愈主編
責任編輯　徐　蜀　孫　彦
封面設計　李　璀

出　　版　北京圖書館出版社　(100034　北京西城區文津街 7 號)
發　　行　010-66139745　66151313　66175620　66126153
　　　　　66174391(傳真)　66126156(門市部)
E-mail　btsfxb@ nlc. gov. cn(郵購)
Website　www. nlcpress. com → 投稿中心
經　　銷　新華書店
印　　刷　北京文津閣印務有限責任公司

開　　本　八開
印　　張　58.5
版　　次　2010 年 8 月第 1 版第 1 次印刷
印　　數　1-250 册(套)

書　　號　ISBN 978-7-5013-3695-1/K·1658
定　　價　990.00 圓

編輯委員會

主　編　任繼愈
常務副主編　方廣錩
副 主 編　李際寧　張志清
編委（按姓氏筆畫排列）　王克芬　王姿怡　吳玉梅　周春華　陳　穎　黄　霞（常務）　黄　建　程佳羽　劉玉芬

出版委員會

主　任　詹福瑞
副主任　陳　力
委　員（按姓氏筆畫排列）　李　健　姜　紅　郭又陵　徐　蜀　孫　彦

攝製人員（按姓氏筆畫排列）

于向洋　王富生　王遂新　谷韶軍　張　軍　張紅兵　張　陽　曹　宏　郭春紅　楊　勇　嚴　平

原件修整人員（按姓氏筆畫排列）

朱振彬　杜偉生　李　英　胡玉清　胡秀菊　張　平　劉建明

目錄

衆生飢渴所逼以髮纏身於百千歲未曾得
聞漿水之名遇斯光已飢渴即除是光明中
亦說如來微密祕藏言諸衆生皆有佛性衆
生聞已即便命終生天人中令諸餓鬼亦悉
空盡除謗大乘方等正典畜生衆生手相煞
害共相殘食遇斯光已恚心悉滅是光明中
亦說如來祕密之藏言諸衆生皆有佛性衆
生聞已即便命終生人天中當尒之時畜生亦
盡除謗正法是一一華各有一佛圓光一尋
金色晃耀微妙端嚴最上无比三十二相八
十種好莊嚴其身是諸世尊或有坐者或有
行者或有卧者或有住者或震雷音者或注
雨者或放電光或復放風或出烟炎身如聚
火或有示現七寶諸山池泉河水山林樹木
或復示現七寶國土城邑聚落宮殿屋宅或
復示現象馬師子虎狼孔雀鳳凰諸鳥或復
示現令閻浮提所有衆生悉見地獄畜生餓
鬼或復示現欲界六天復有世尊或說陰界

BD14736號　大般涅槃經（北本）卷一一　（4–1）

火或有示現七寶諸山池泉河水山林樹木
或復示現七寶國土城邑聚落宮殿屋宅或
復示現象馬師子虎狼孔雀鳳凰諸鳥或復
示現令閻浮提所有衆生悉見地獄畜生餓
鬼或復示現欲界六天復有世尊或說陰界
諸入多諸過患或復有說四聖法或復有說
諸法因緣或復有說諸業煩惱皆因緣生或
復有說我与无我或復有說苦樂二法或復
有說常无常等或復有說淨与不淨復有世
尊為諸菩薩演說所行六波羅蜜或復有說
諸大菩薩所得功德或復有說諸佛世尊所
得功德或復有說聲聞之人所得功德或復
有說隨順一乘或復有說三乘成道或有世
尊左脇出水右脇出火或有示現初生出家
坐於道場菩提樹下轉妙法輪入于涅槃或
有世尊作師子吼我此會中有一果二果三果
至第四果或復有說出離生死无量因緣尒
時於此閻浮提中所有衆生遇斯光已盲者
見色聾者聽聲瘂者能言拘躄能行貧者得
財慳者能施恚者慈心不信者信如是世界
无一衆生修行惡法除一闡提尒時一切天
龍鬼神乾闥婆阿修羅迦樓羅緊那羅摩睺
羅伽羅刹揵陀憂摩陀婆魔羅人非人等悉共
同聲唱如來言善哉善哉无上天尊多所利
益說是語已踊躍歡喜或歌或儛或身動轉
以種種華散佛及僧所謂天優鉢羅華拘物

BD14736號　大般涅槃經（北本）卷一一　（4–2）

龍鬼神乾闥婆阿脩羅迦樓羅緊那羅摩睺
羅伽羅剎揵陀憂摩陀婆魔羅人非人等悉共
同聲唱如來言善哉善哉无上天尊多所利
益說是語已踊躍歡喜或歌或儛或身動轉
以種種華散佛及僧所謂天優鉢羅華拘物
頭華波頭摩華分陀利華曼陀羅華摩訶曼
陀羅華曼殊沙華摩訶曼殊沙華散陀那華
摩訶散陀那華盧脂那華摩訶盧脂那華香
華大香華適意華大適意華愛見華大愛見
華端嚴華第一端嚴華復散諸香所謂沉水
多伽樓香栴檀鬱金和合雜香海岸聚香復
以天上寶幢幡蓋諸天伎樂箏笛笙瑟箜篌
皷吹供養於佛而說偈言

我今稽首大精進　无上正覺兩足尊
天人大衆所不知　唯有瞿曇乃能了
世尊往昔為我故　於无量劫脩苦行
如何一旦放本誓　而便捨命欲涅槃
一切衆生不能見　諸佛世尊祕密藏
以是因緣難得出　輪轉生死墮惡道
如佛所說阿羅漢　一切皆當至涅槃
如是甚深佛行處　凡夫下愚誰能知
施諸衆生甘露法　為欲斷除其煩惱
若有服此甘露已　不復受生老病死
如來世尊以療治　百千无量諸衆生
令其所有諸重病　一切消滅无遺餘
世尊久已捨病苦　故得名為第七佛

BD14736 號　大般涅槃經（北本）卷一一　（4–3）

華端嚴華第一端嚴華復散諸香所謂沉水
多伽樓香栴檀鬱金和合雜香海岸聚香復
以天上寶幢幡蓋諸天伎樂箏笛笙瑟箜篌
皷吹供養於佛而說偈言

我今稽首大精進　无上正覺兩足尊
天人大衆所不知　唯有瞿曇乃能了
世尊往昔為我故　於无量劫脩苦行
如何一旦放本誓　而便捨命欲涅槃
一切衆生不能見　諸佛世尊祕密藏
以是因緣難得出　輪轉生死墮惡道
如佛所說阿羅漢　一切皆當至涅槃
如是甚深佛行處　凡夫下愚誰能知
施諸衆生甘露法　為欲斷除其煩惱
若有服此甘露已　不復受生老病死
如來世尊以療治　百千无量諸衆生
令其所有諸重病　一切消滅无遺餘
世尊久已捨病苦　故得名為第七佛
唯願今日雨法雨　潤漬我等功德種
是諸大衆及人天　如是請已嘿然住

BD14736 號　大般涅槃經（北本）卷一一　（4–4）

BD14737 號　現代布囊　（2–1）

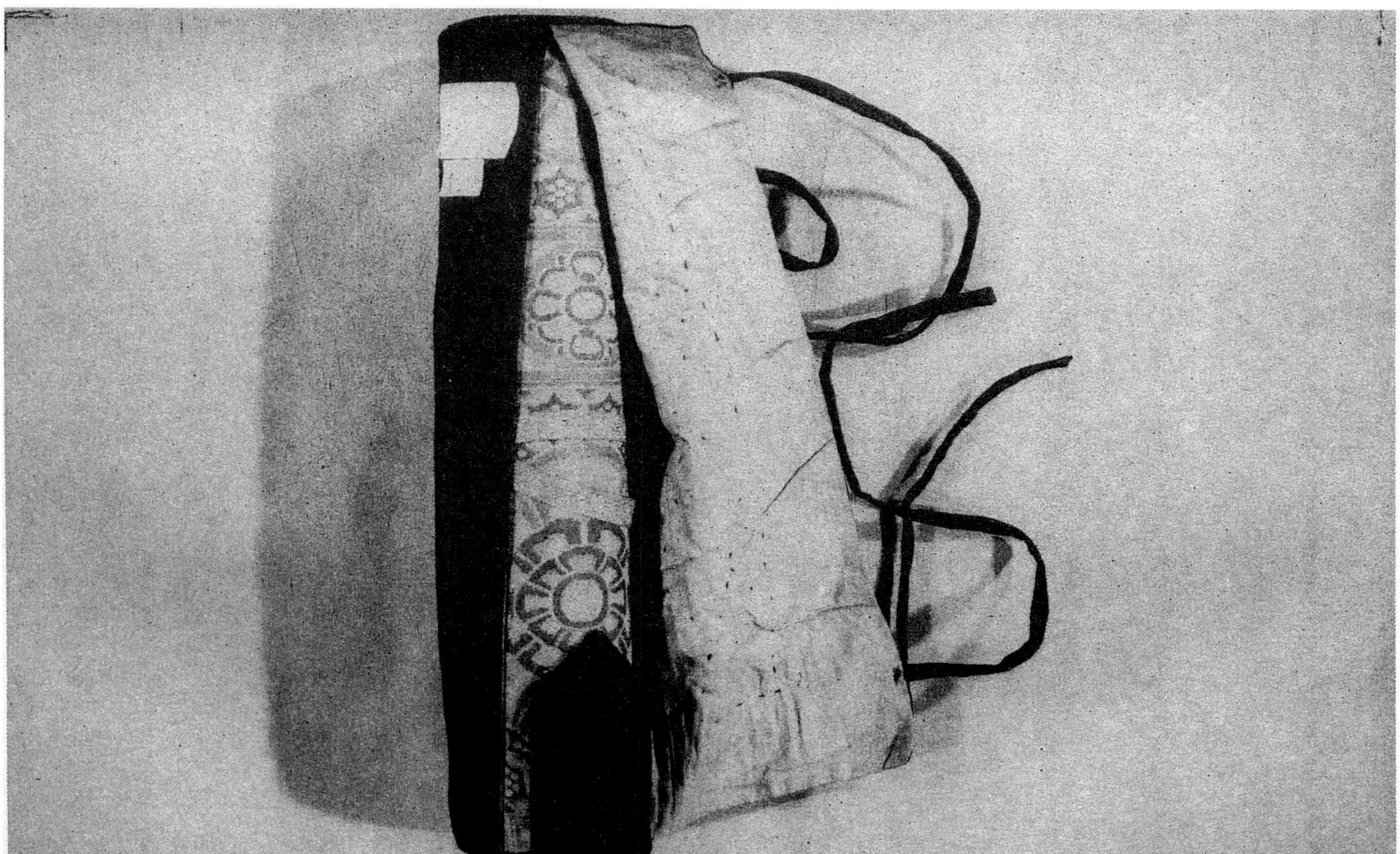

BD14737 號　現代布囊　（2–2）

BD14737 號背　護首　　　　（1–1）

BD14737 號　大般涅槃經（北本）卷三九　　　　（6–1）

已證阿羅漢果汝可施其
如如佛所勅施其衣鉢時婆[illegible]衣鉢已
作如是言大德憍陳如我今因是弊惡之身
得善果報唯願大德為我屈意至世尊所具
宣我心我既惡人觸犯如來稱瞿曇姓唯願
為我懺悔見聖我亦不能久住壽身今入
涅槃時憍陳如即往佛所作如是言世尊婆
私吒比丘生慚愧心自言頑嚚觸犯如來稱
瞿曇姓不能久住是毒蛇身今欲滅身寄我
懺悔佛言憍陳如婆私吒比丘已於過去无
量佛所成就善根今受我語如法而住如法
住故獲得正果汝等應當供養其身尒時憍
陳如從佛聞已還其身所而設供養時婆私
吒於焚身時作種種神足諸外道輩見是事
已高聲唱言是婆私吒已得瞿曇沙門咒術

BD14737 號　大般涅槃經（北本）卷三九　　（6–2）

量佛所成就善根今受我語如法而住如法
住故獲得正果汝等應當供養其身尒時憍
陳如從佛聞已還其身所而設供養時婆私
吒於焚身時作種種神足諸外道輩見是事
已高聲唱言是婆私吒已得瞿曇沙門咒術
是人不久復當勝彼瞿曇沙門尒時眾中復
有梵志名曰先尼復作是言瞿曇有我耶如
來嘿然瞿曇无我耶如來嘿然第二第三亦
如是問佛皆嘿然先尼言瞿曇若一切眾生
有我遍一切處是一作者瞿曇何故嘿然不
荅佛言先尼汝說是我遍一切處耶先尼荅
言瞿曇不但我說一切智人亦如是說佛言
善男子若我周遍一切處者應當五道一時
受報若有五道一時受報汝等梵志何因緣
故不造眾惡為遮地獄脩諸善法為受天身
先尼言瞿曇我法中我則有二種一作身我
二常身我為作身我脩離惡法不入地獄脩
諸善法生於天上
佛言善男子如汝所說我遍一切處如是我
者若作身中當知无常若作身无云何言遍
瞿曇我所立我亦在作中亦是常法瞿曇如
人失火燒舍宅時其主出去不可說言舍宅
被燒主亦被燒我法亦尒而此作身雖是无
常當无常時我則出去是故我我亦遍亦常
佛言善男子如汝說我亦遍亦常是義不然
何以故遍有二種一者常二者无常復有二
種一色二无色是故若言一切有者亦常亦
无常亦色亦无色若言舍主得出不名无常

BD14737 號　大般涅槃經（北本）卷三九　　（6–3）

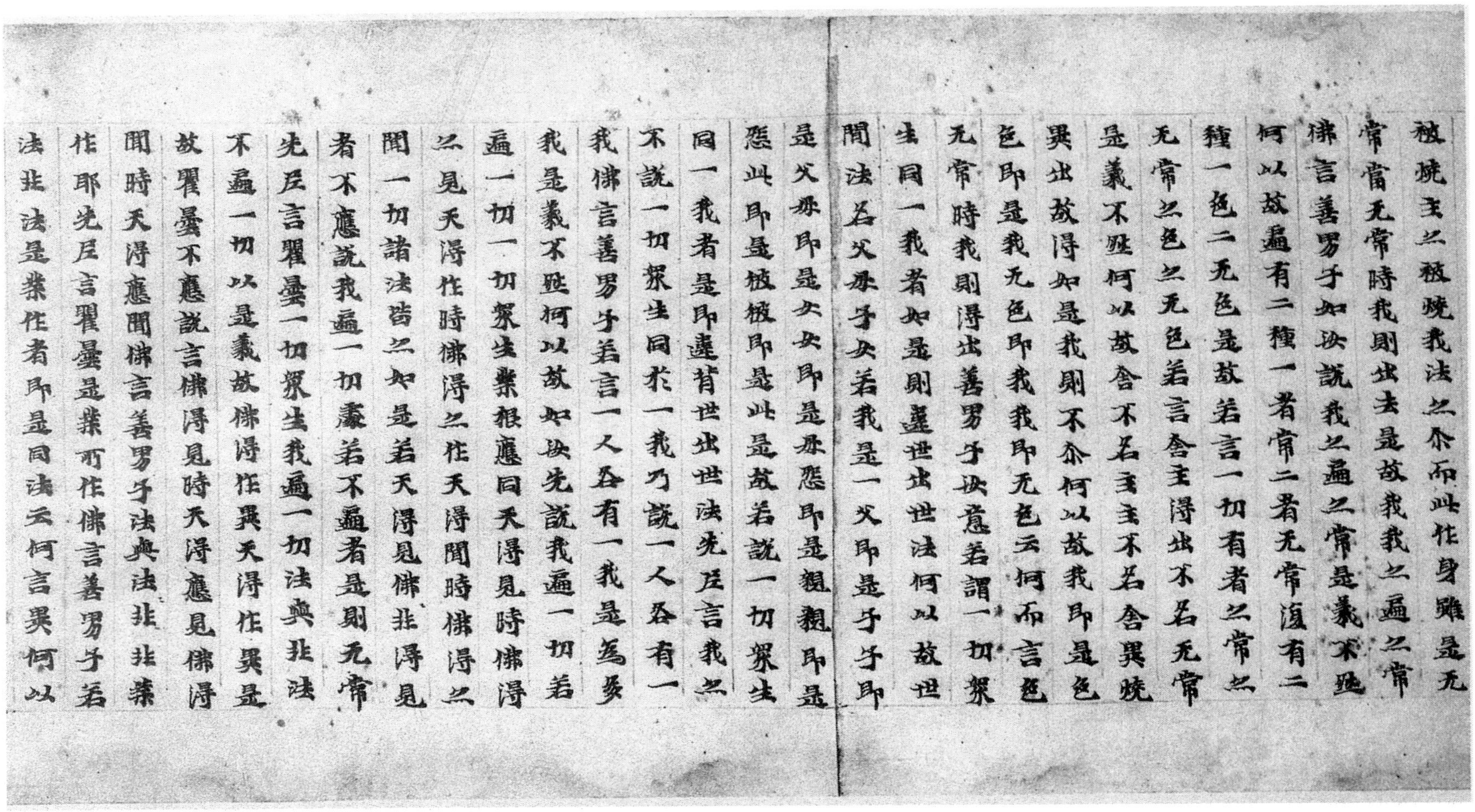

被燒主亦被燒我法亦尒而此作身雖是无
常當无常時我則出去是故我我亦遍亦常
佛言善男子如汝說我亦遍亦常是義不然
何以故遍有二種一者常二者无常復有二
種一色二无色是故若言一切有者亦常亦
无常亦色亦无色若言舍主得出不名无常
是義不然何以故舍不名主主不名舍異燒
異出故得如是我則不尒何以故我即是色
色即是我无色即我我即无色云何而言色
无常時我則得出善男子汝意若謂一切衆
生同一我者如是則違世出世法何以故世
間法名父母子女若我是一父即是子子即
是父母即是女女即是母怨即是親親即是
怨此即是彼彼即是此是故若說一切衆生
同一我者是即違背世出世法先尼言我亦
不說一切衆生同於一我乃說一人各有一
我佛言善男子若言一人各有一我是爲多
我是義不然何以故如汝先說我遍一切若
遍一切一切衆生業根應同天得見時佛得
亦見天得作時佛得亦作天得聞時佛得亦
聞一切諸法皆亦如是若天得見佛非得見
者不應說我遍一切處若不遍者是則无常
先尼言瞿曇一切衆生我遍一切法與非法
不遍一切以是義故佛得作異天得作異是
故瞿曇不應說言佛得見時天得應見佛得
聞時天得應聞佛言善男子法與法非非業
作耶先尼言瞿曇是業所作佛言善男子若
法非法是業作者即是同法云何言異何以

BD14737 號　大般涅槃經（北本）卷三九　（6–4）

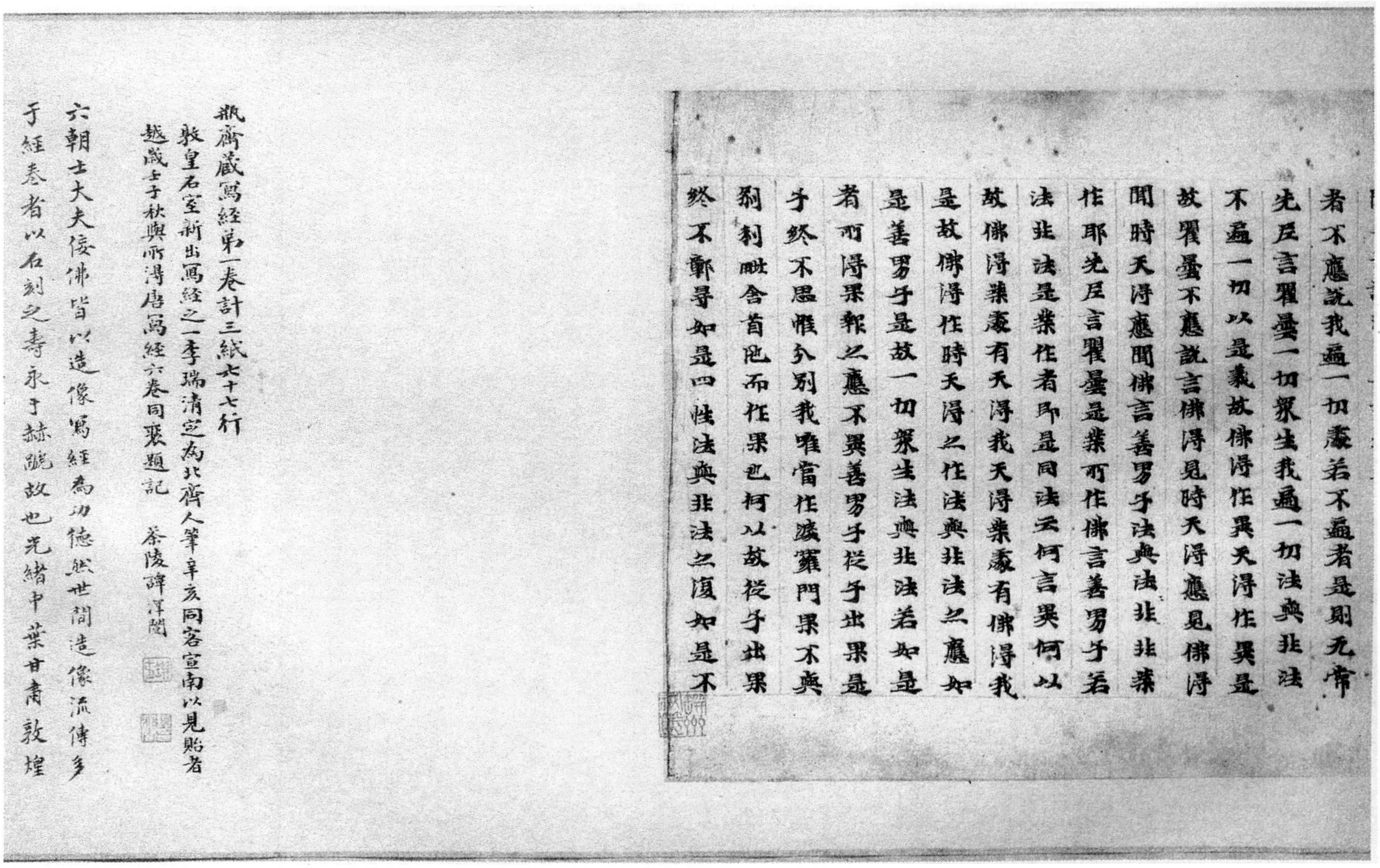

瓶齋藏寫經第一卷計三紙六十七行
敦皇石室新出寫經之一李瑞清定為北齊人筆辛亥同客宣南以見貽者
越歲壬子秋與所得唐寫經六卷同裝題記　茶陵譚澤闓

六朝士大夫佞佛皆以造像寫經為功德然世間造像流傳多
于經卷者以石刻之壽永于縑紙故也光緒中葉甘肅敦煌

者不應說我遍一切處若不遍者是則无常
先尼言瞿曇一切衆生我遍一切法與非法
不遍一切以是義故佛得作異天得作異是
故瞿曇不應說言佛得見時天得應見佛得
聞時天得應聞佛言善男子法與法非非業
作耶先尼言瞿曇是業所作佛言善男子若
法非法是業作者即是同法云何言異何以
故佛得業處有天得我天得業處有佛得我
是故佛得作時天得亦作法與非法亦應如
是善男子是故一切衆生法與非法若如是
者所得果報亦應不異善男子從子出果是
子終不思惟分別我唯當作婆羅門果不與
刹利毗舍首陀而作果也何以故從子出果
終不鄣㝵如是四性法與非法亦復如是不

BD14737 號　大般涅槃經（北本）卷三九　（6–5）

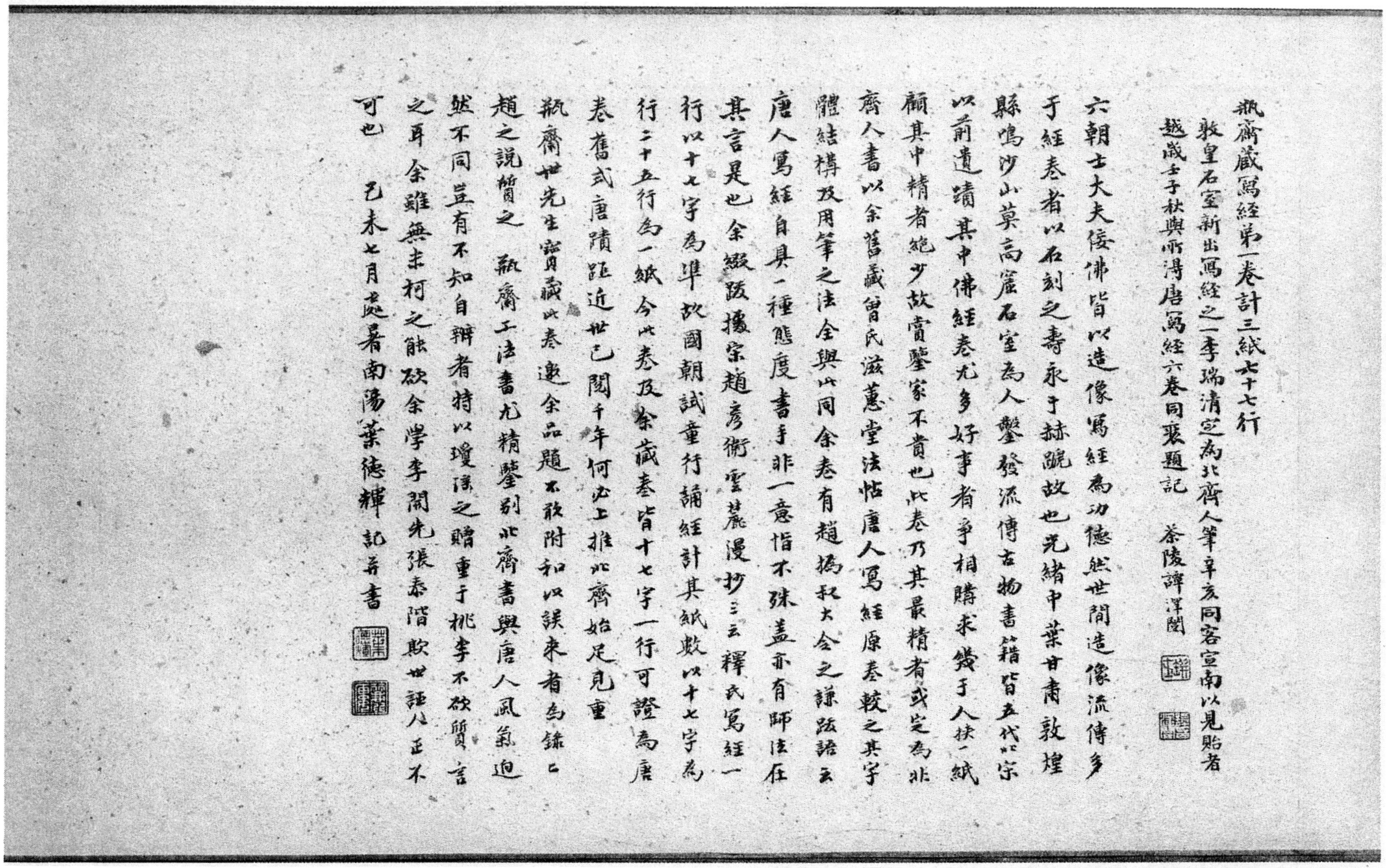

瓶齋藏寫經第一卷計三紙七十七行
敦皇石室新出寫經之一李瑞清定為北齊人筆辛亥同客宣南以見貽者
越歲壬子秋與所得唐寫經六卷同裝題記　茶陵譚澤闓
六朝士大夫侫佛皆以造像寫經為功德然世間造像流傳多
于經卷者以石刻之壽永于赫蹏故也光緒中葉甘肅敦煌
縣鳴沙山莫高窟石室為人鑿發流傳古物書籍皆五代以宗
以前遺墳其中佛經卷尤多好事者爭相購求幾于人挾一紙
顧其中精者絕少故賞鑒家不貴也此卷乃其最精者或定為北
齊人書以余舊藏曾氏滋蕙堂法帖唐人寫經原卷較之其字
體結構及用筆之法全與此同余卷有趙撝叔大令之謙跋語云
唐人寫經自具一種態度書手非一意指不殊蓋亦有師法在
其言是也余綴跋據宋趙彥衛雲麓漫抄云釋氏寫經一
行以十七字為準故國朝試童行誦經計其紙數以十七字為
行二十五行為一紙今此卷及余藏卷皆十七字一行可證為唐
卷舊式唐蹟距近世已閱千年何必上推北齊始足見重
瓶齋世先生寶藏此卷邀余品題不敢附和以誤來者為錄己
趙之說質之　瓶齋工法書尤精鑒別北齊書與唐人風氣迥
然不同豈有不知自辨者特以瓊瑤之贈重于桃李不欲質言
之耳余雖無未柯之能欲余學李閣先張泰階欺世誑人正不
可也　乙未七月處暑南陽葉德輝記并書

BD14737 號　大般涅槃經（北本）卷三九　（6–6）

BD14738 號　紙筒　（1–1）

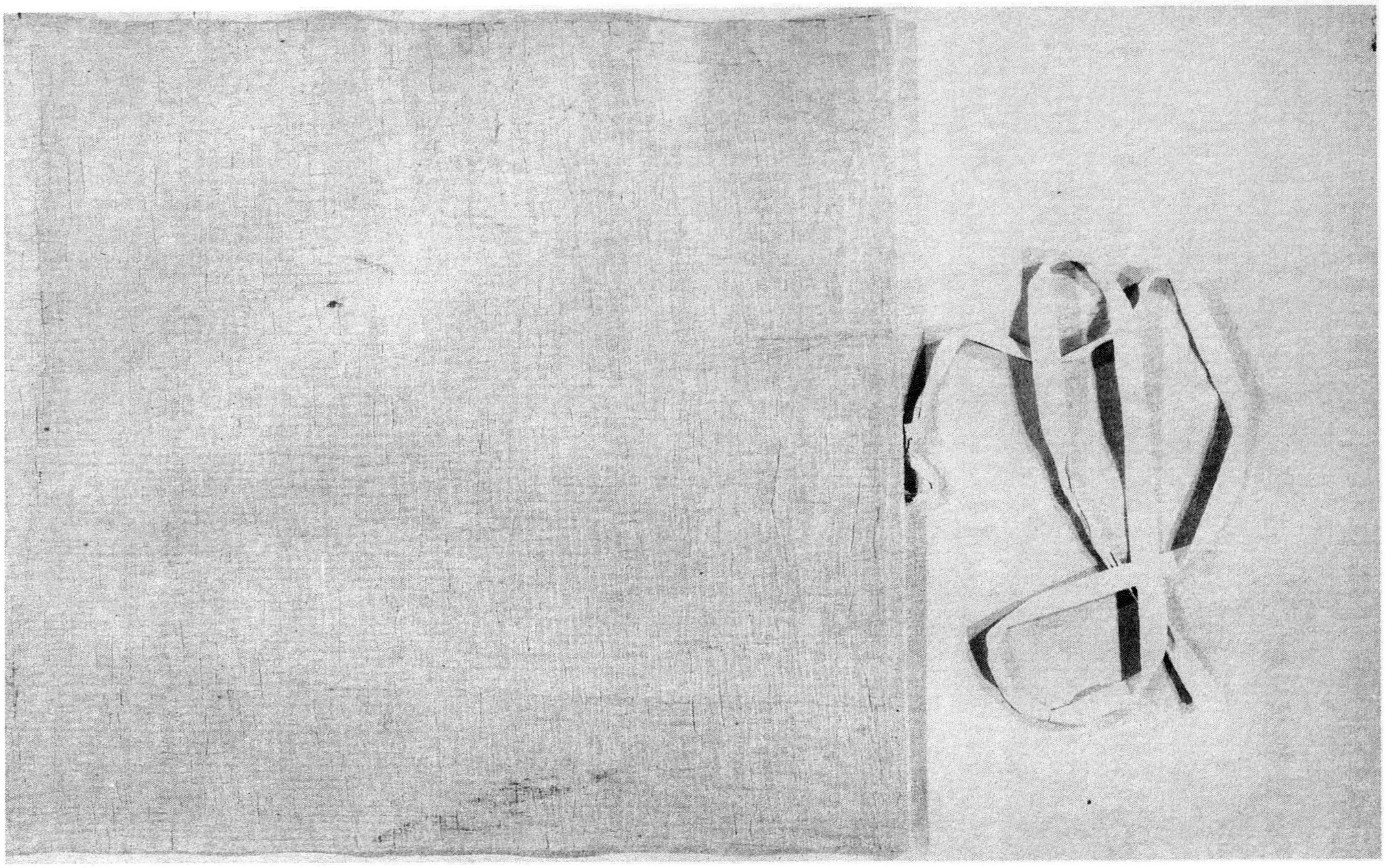

BD14738 號　老子道德經論（何晏注）　（7–1）

BD14738 號　老子道德經論（何晏注）　（7–2）

BD14738號　老子道德經論（何晏注）　（7–3）

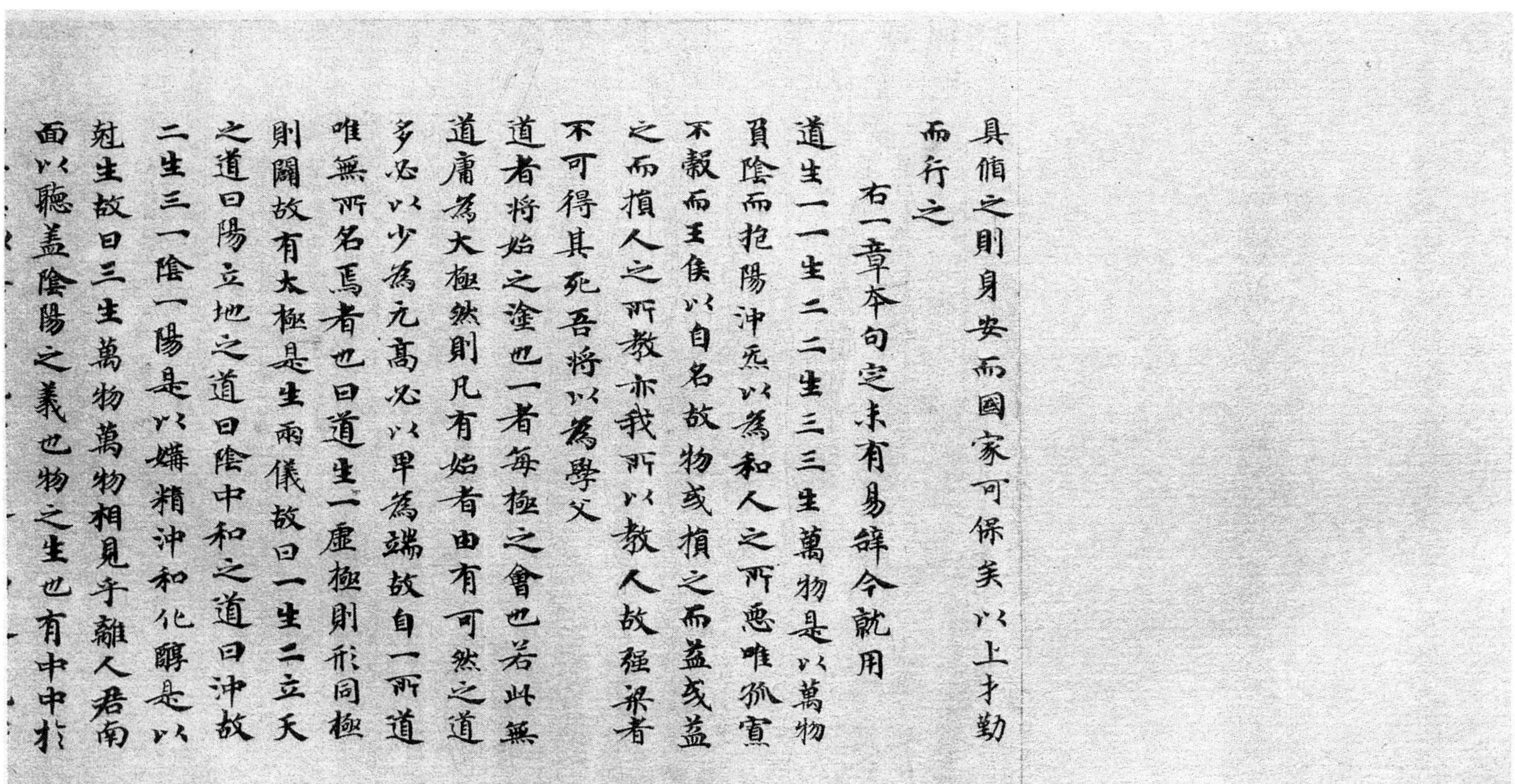
具循之則身安而國家可保矣以上才勤
而行之
右一章本句定未有易辭今就用
道生一一生二二生三三生萬物是以萬物
負陰而抱陽沖炁以為和人之所惡唯孤寡
不穀而王侯以自名故物或損之而益或益
之而損人之所教亦我所以教人故强梁者
不可得其死吾將以為學父
道者將始之塗也一者每極之會也若此無
道庸為大極然則凡有始者由有可然之道
多必以少為元高必以卑為端故自一所道
唯無所名焉者也曰道生一虛極則形同極
則闢故有太極是生兩儀故曰一生二立天
之道曰陽立地之道曰陰中和之道曰沖故
二生三一陰一陽是以孅精沖和化醇是以
尅生故曰三生萬物萬物相見乎離人君南
面以聽蓋陰陽之義也物之生也有中中於

BD14738號　老子道德經論（何晏注）　（7–4）

則闢故有太極是生兩儀故曰一生二立天之道曰陽立地之道曰陰中和之道曰沖故二生三一陰一陽是以嫌精沖和化醇是以剋生故曰三生萬物萬物相見乎離人君南面以聽蓋陰陽之義也物之生也有中中於物者必以其中中也者沖之至神之性也所以內和諸身外和諸人也故曰是以萬物負陰抱陽沖炁以為和也此即身與道并不可背益物亦同道不可獨損是以處損之極而或益之在益之終而或擊之以學善相教而此以畏死為先是故華顛不生而陵自亡

天下之至柔馳騁天下之至堅無有入於無間吾是以知無為之有益也不言之教無為之益天下希及之矣

柔者無必無固也無固則不爭有必則不和不和則骨肉自離故商有億兆之心不爭則天下自同故周有不期之會是以柔絲不必於犯物而骨為之斷弱霤不固於攻堅而石為之穴以能宛轉周密與之同體故不待間而入而得曰用其力也是以弱不得為之主强不得不受其侵矣風不見象草木為偃雲不下薄蔚已潤往來無方物得以形不亦幾於神道設教無為之益乎然民鮮久矣

BD14738 號　老子道德經論（何晏注）　（7–5）

强不得不受其侵矣風不見象草木為偃雲不下薄蔚已潤往來無方物得以形不亦幾於神道設教無為之益乎然民鮮久矣

名與身孰親身與貨孰多得與亡孰病是故甚愛必大費多藏必厚亡知足不辱知止不殆可以長久

夫通有无多藏周厚无甚愛然則多甚之所生擅眾之所得也道內盛而不伐物无專而不失夫富貴之易人何異五色之染帛未有焚柔而不并其繒失實而不及其身者也本其所為亦以厚生生不以約而失禍及以厚而成是故知丧者可以守得賊財者可以保名遺名者可以養身外身者可以遺物遺物者可以永年

大成若缺其用不弊大滿若沖其用不窮大直若屈大巧若拙大辯若訥躁勝寒靜勝熱清靜為天下正

器成見侵名成見責能藏器與名而反守未形去名與器還與樸為一能息乎能墨乎能推長於人以短侯其極乎能終无為以道而以得乎能使自得而莫之識乎為不以知取以欲心若……

BD14738 號　老子道德經論（何晏注）　（7–6）

BD14738 號　老子道德經論（何晏注）　（7–7）

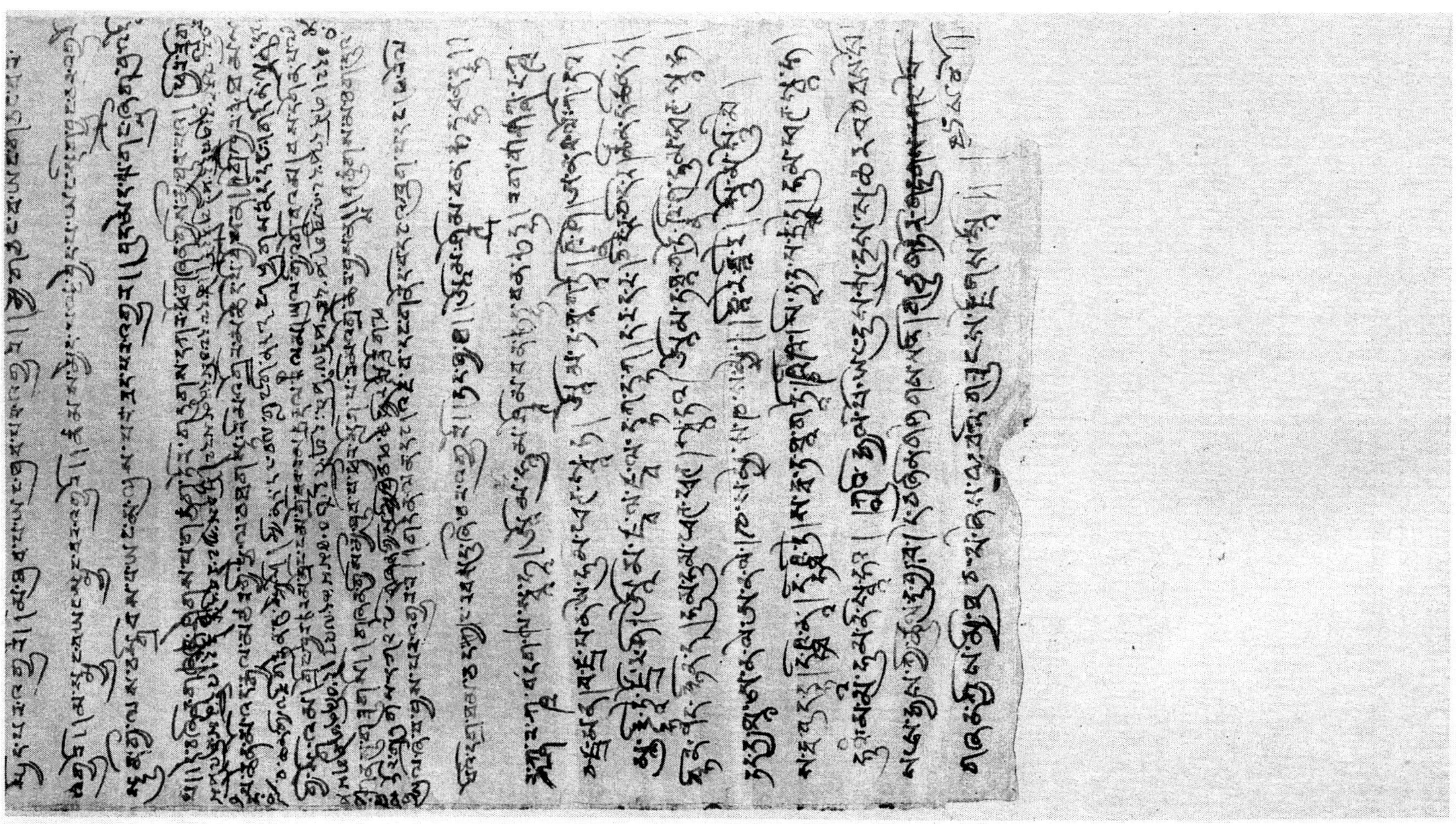

BD14738 號背　藏文（佛頂大白傘蓋陀羅尼經）　（3–1）

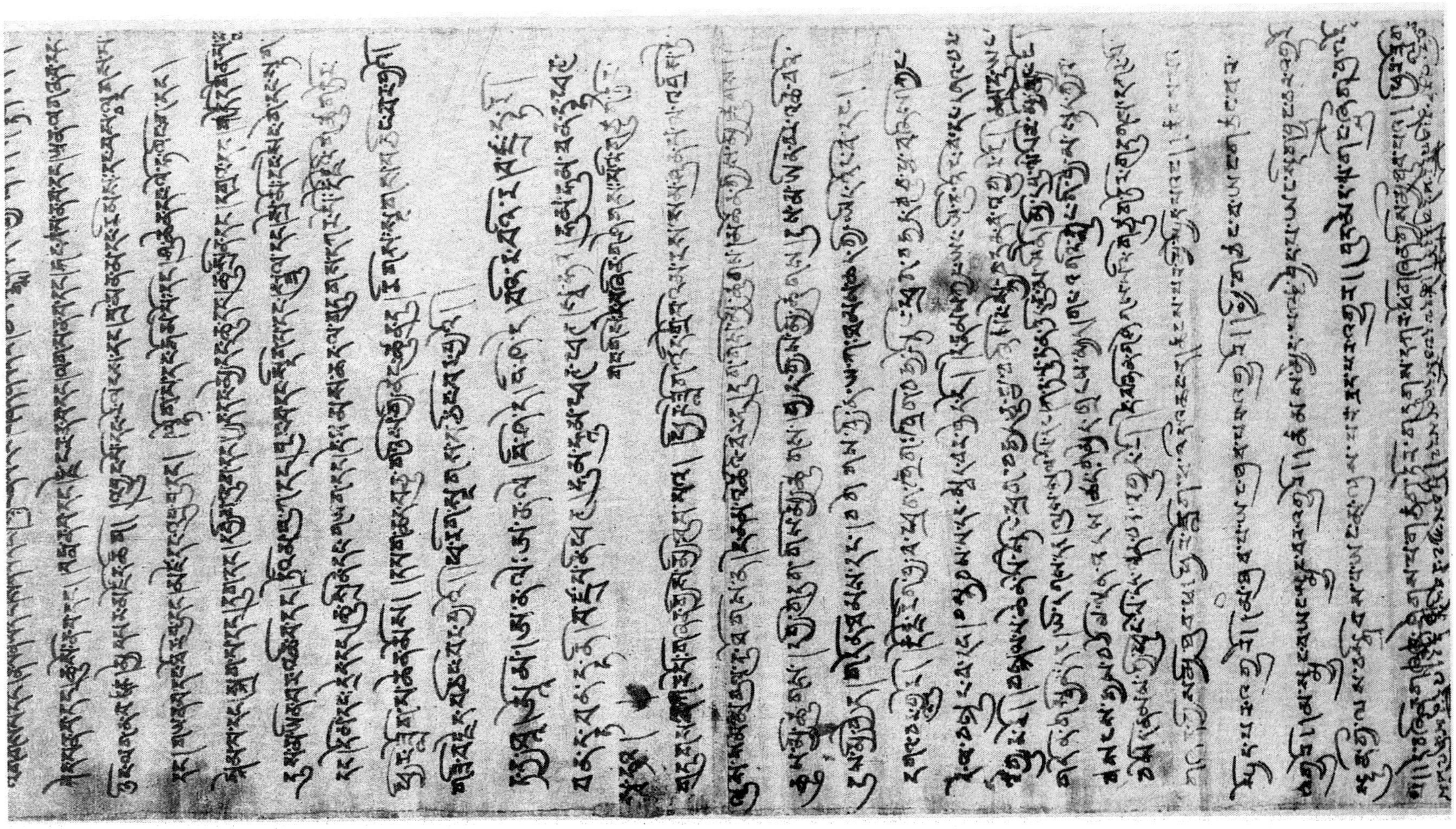

BD14738 號背　藏文（佛頂大白傘蓋陀羅尼經）　　　　（3–2）

BD14738 號背　藏文（佛頂大白傘蓋陀羅尼經）　　　　（3–3）

BD14739 號背　護首

（1–1）

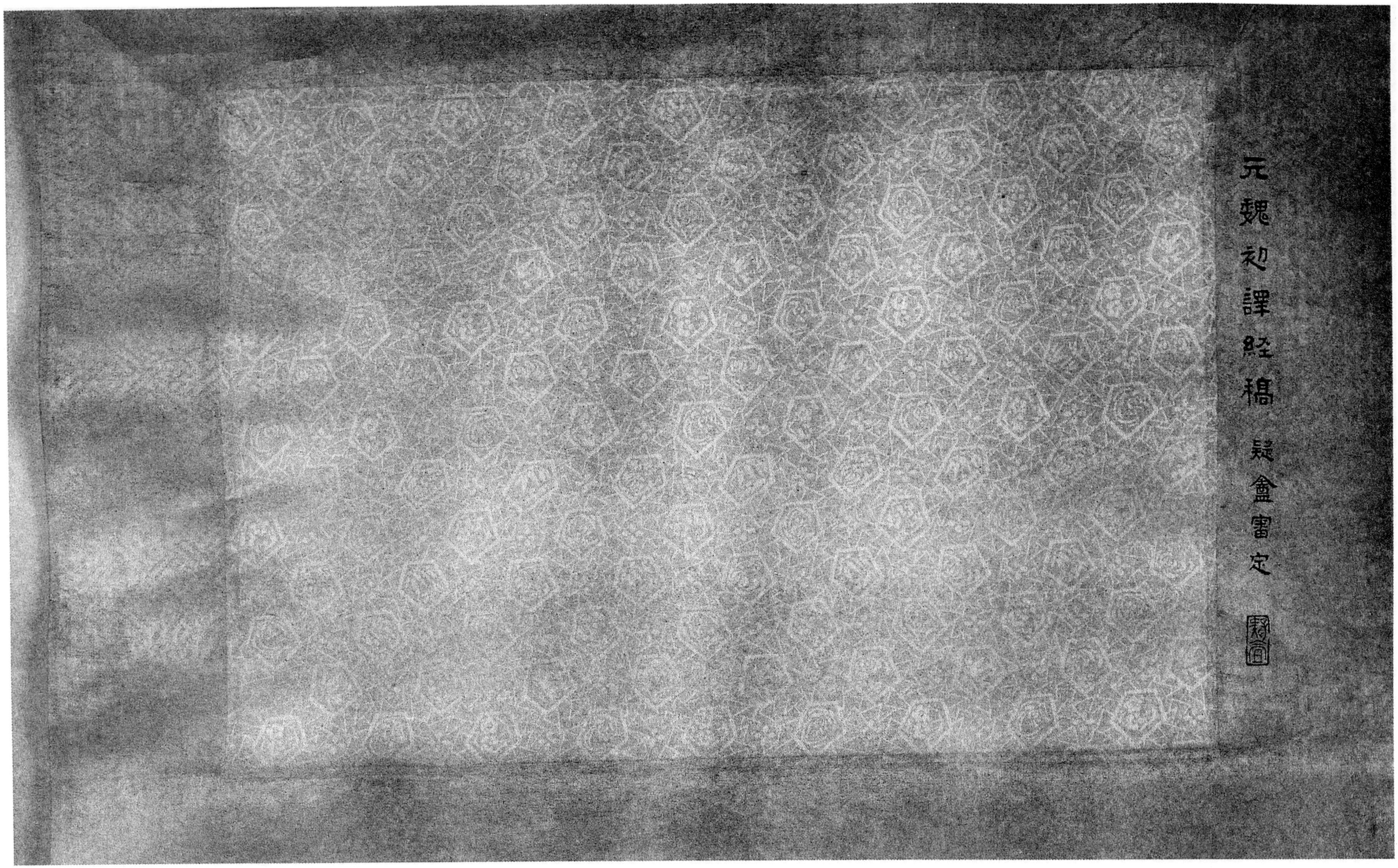

BD14739號　題跋"元魏初譯經稿，疑盦審定"　（1-1）

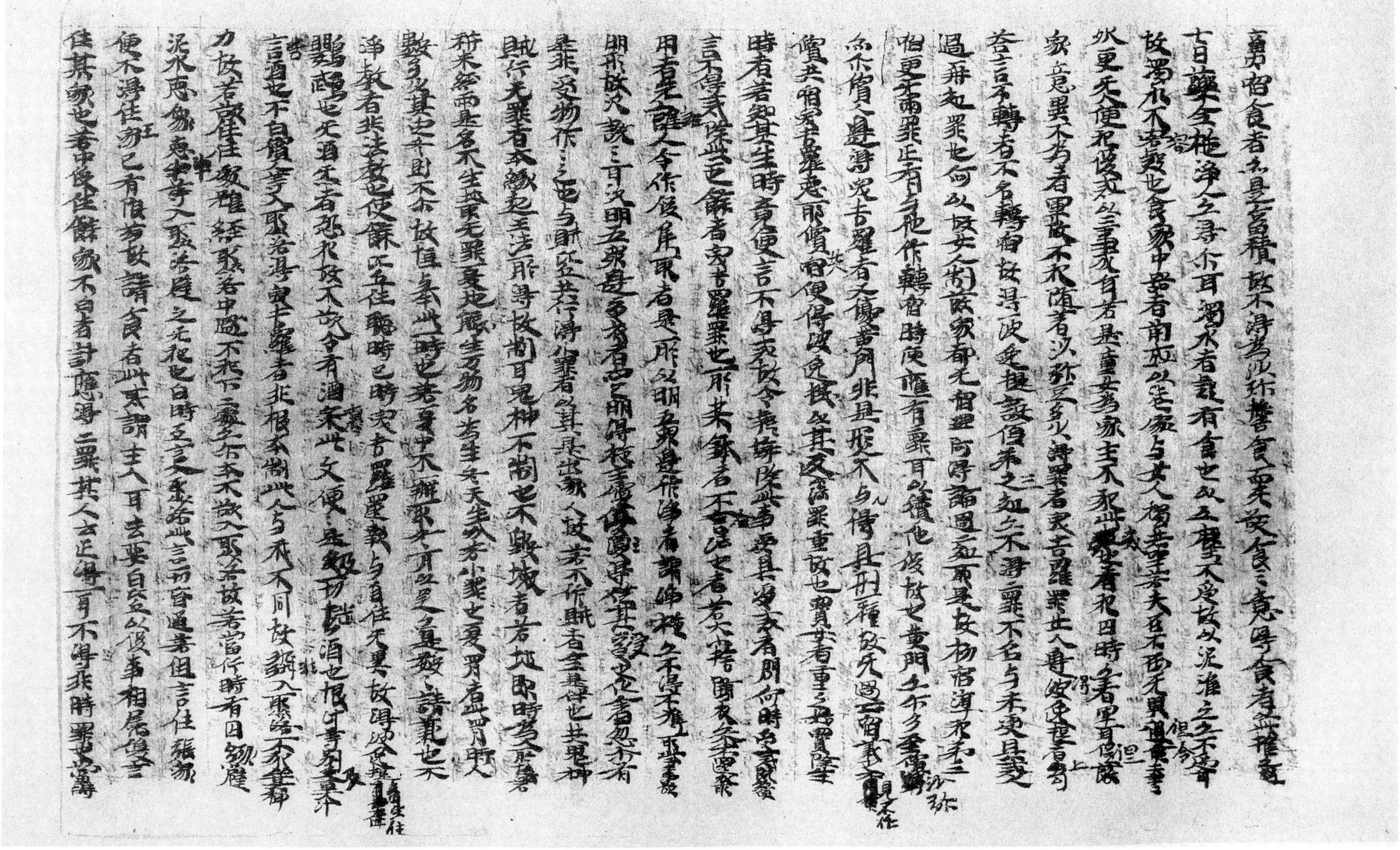

BD14739號A　十誦律疏（擬）　　（1-1）

BD14739號A背　不知名律疏（擬）

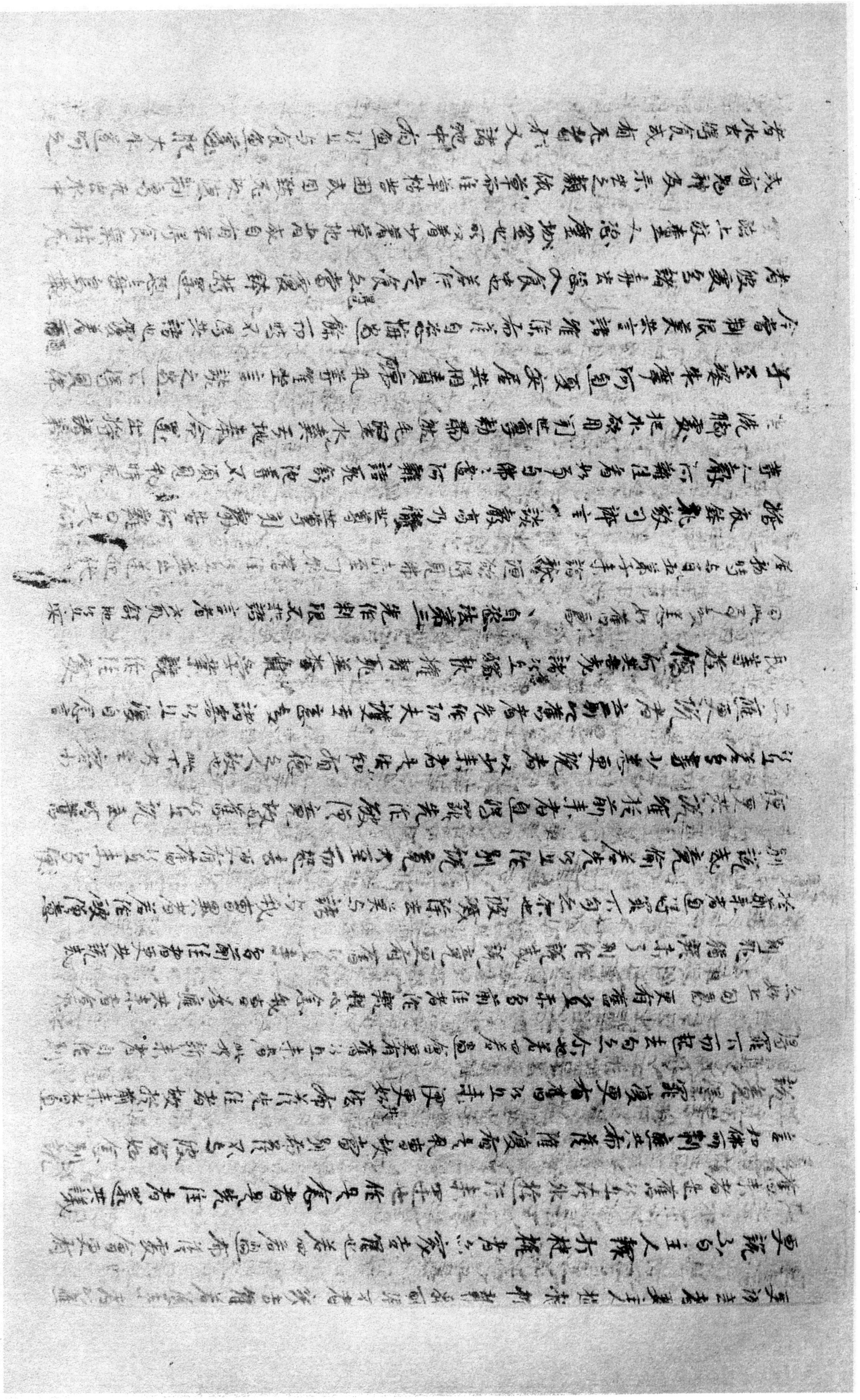

（1–1）

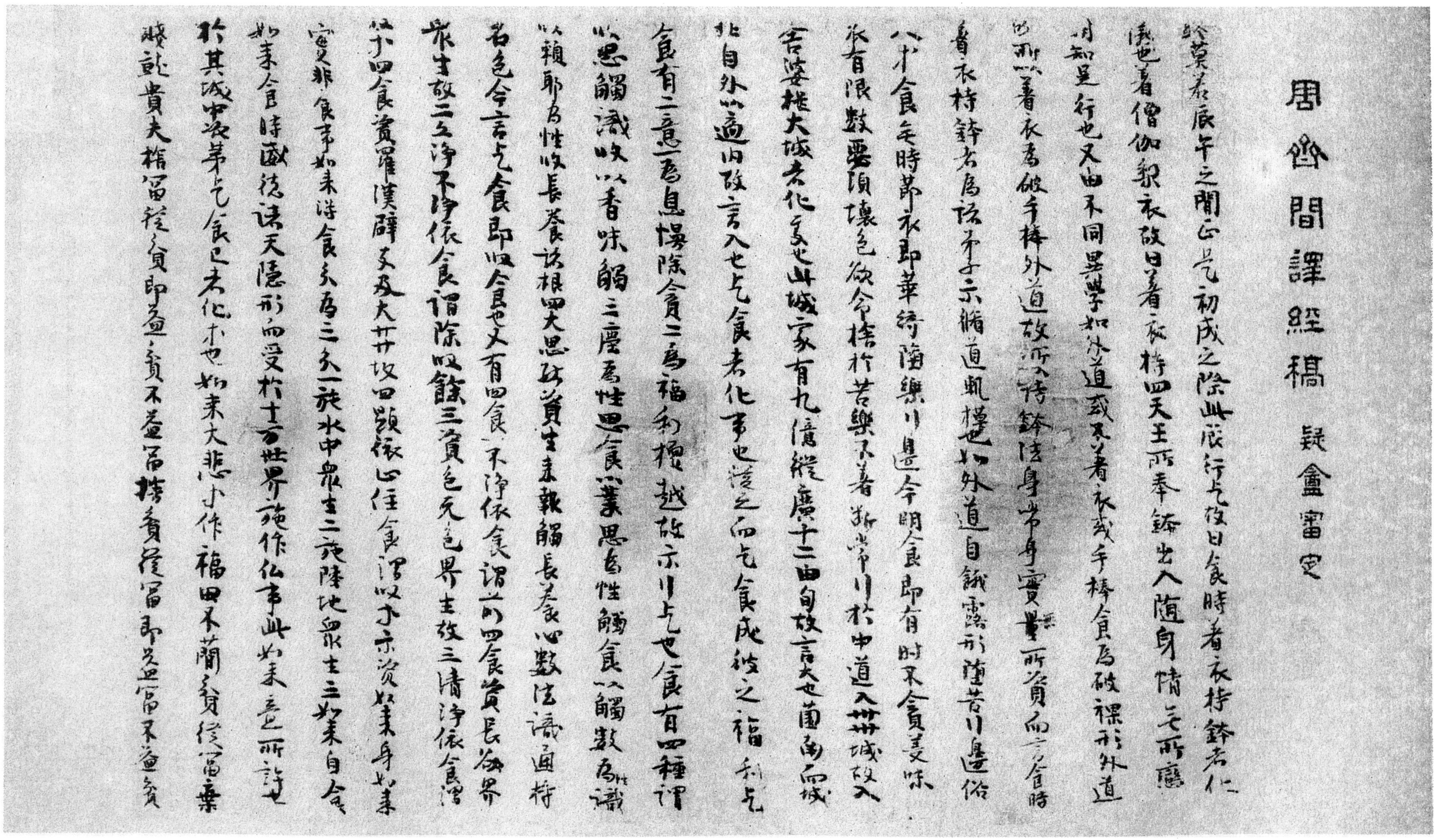

周鉛間譯經稿

疑盦審定

於莫者辰午之間正是初成之際此辰行乞後日食時著衣持鉢者化
儀也著僧伽梨衣故曰著衣持四天王所奉鉢出入隨身情乞所應
行知足行也又由不同異學知外道或不著衣或手捧食爲破裸形外道
所以著衣爲破手捧外道故所以持鉢法身常身實無所資而言食時
著衣持鉢者爲諸弟子示備道軌儀也外道自餓露形隨苦行邊俗
衣有限數要須壞色欲令捨於苦樂不著斷常行於中道入城故入
八十食無時節衣即華綺隨樂行邊今明食即有時不貪美味
舍婆提大城者化處也此城家有九億縱廣十二由旬故言大也菌南面城
北自外而入之由故言入也乞食者化事也從之而乞食成彼之福利乞
食有二意一爲息慢除貪二爲福利種越故示行乞也食有四種謂
以思觸識攝以香味觸三塵爲性思食以業思爲性觸食以觸數爲識
以賴耶爲性攝長養諸根四大思能資生未報觸長養心數法識通持
名色今言乞食即段食也又有四食一不淨依食謂前四食資長欲界
衆生故二又淨不淨依食謂除段餘三資色無色界生故三清淨依食謂
出世四食資羅漢辟支及大菩薩故四顯依止住食謂以下示資如來身如來
實非食事如來於食爲三處一於水中衆生二於陸地衆生三如來自食
如來食時敵諸天隱形而受於十方世界施作佛事此如來意所許也
於其城中次第乞食已者化事也如來大悲心作福田不簡貧從富棄
賤就貴大權留從貧即益貧不益富捨貧從富即不益富不益貧

BD14739 號 B　金剛經疏（擬）　（1–1）

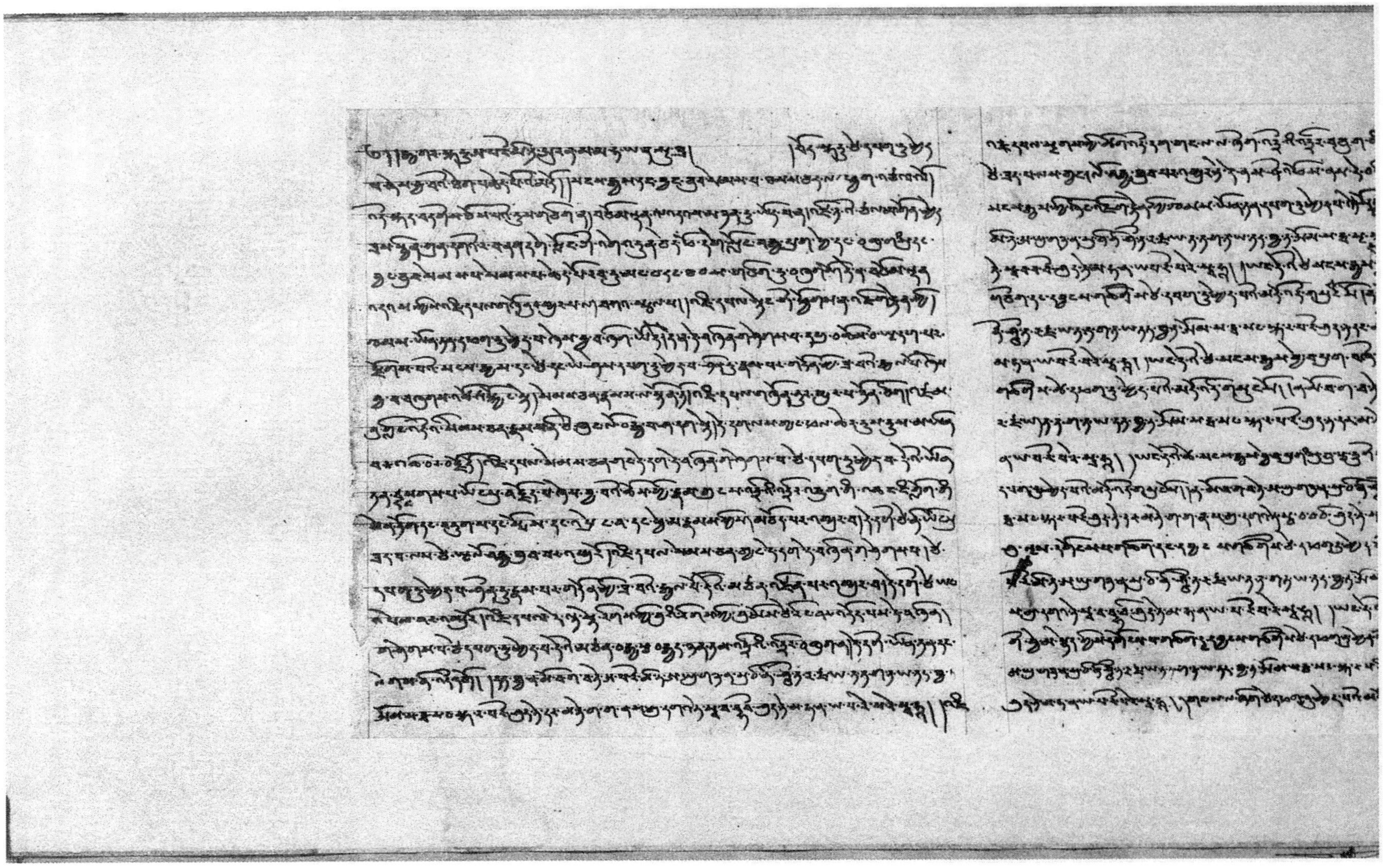

BD14740 號 1　藏文（無量壽宗要經甲本）　　（30–1）

BD14740 號 1　藏文（無量壽宗要經甲本）　　（30–2）

BD14740 號 1　藏文（無量壽宗要經甲本）　　（30–3）

BD14740 號 1　藏文（無量壽宗要經甲本）　　（30–4）

BD14740 號 1　藏文（無量壽宗要經甲本）　　（30–5）

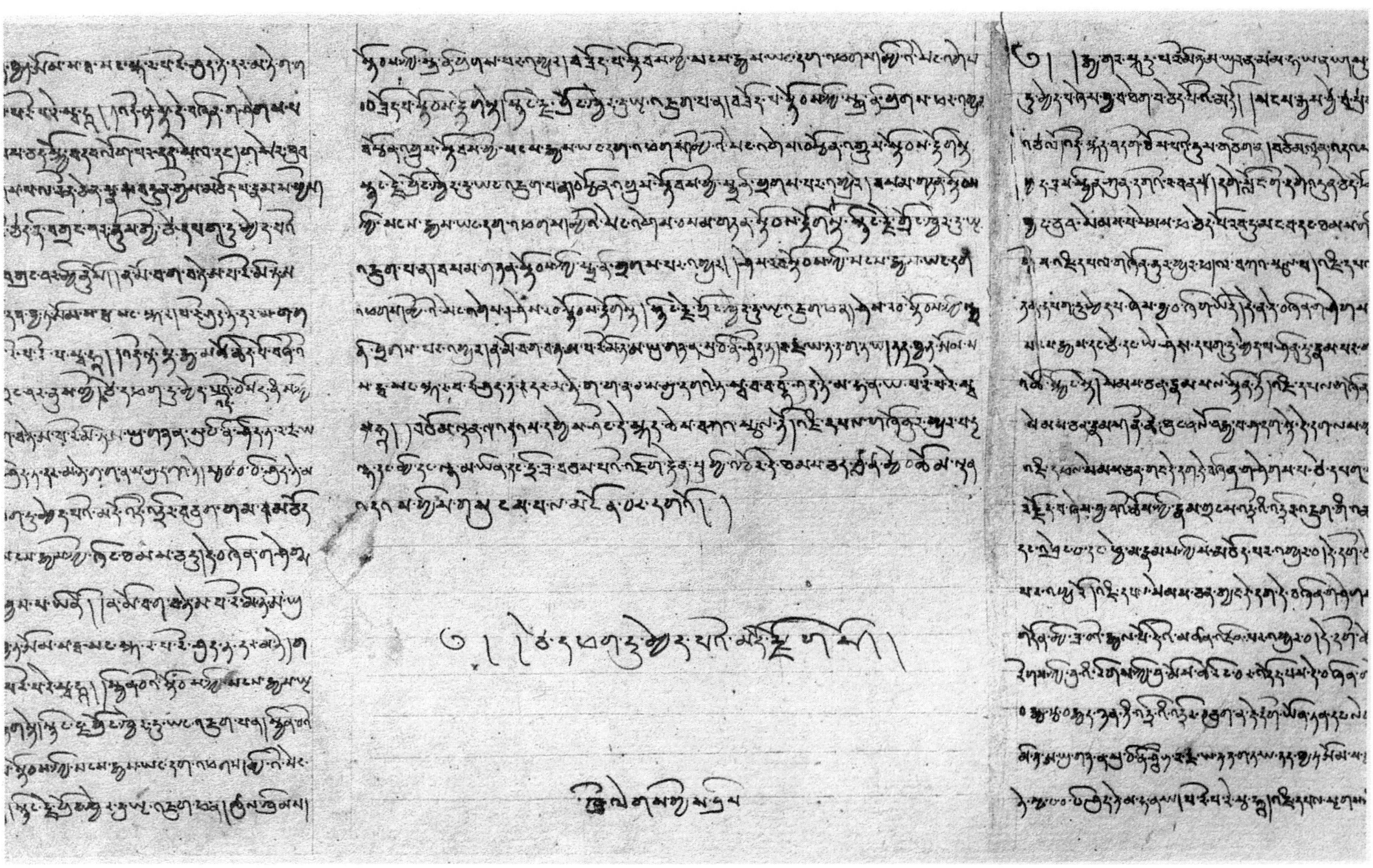

BD14740 號 1　藏文（無量壽宗要經甲本）　　（30–6）

BD14740 號 2　藏文（無量壽宗要經甲本）　　（30–7）

BD14740 號 2　藏文（無量壽宗要經甲本）　　（30–8）

BD14740 號 2　藏文（無量壽宗要經甲本）　　（30–9）

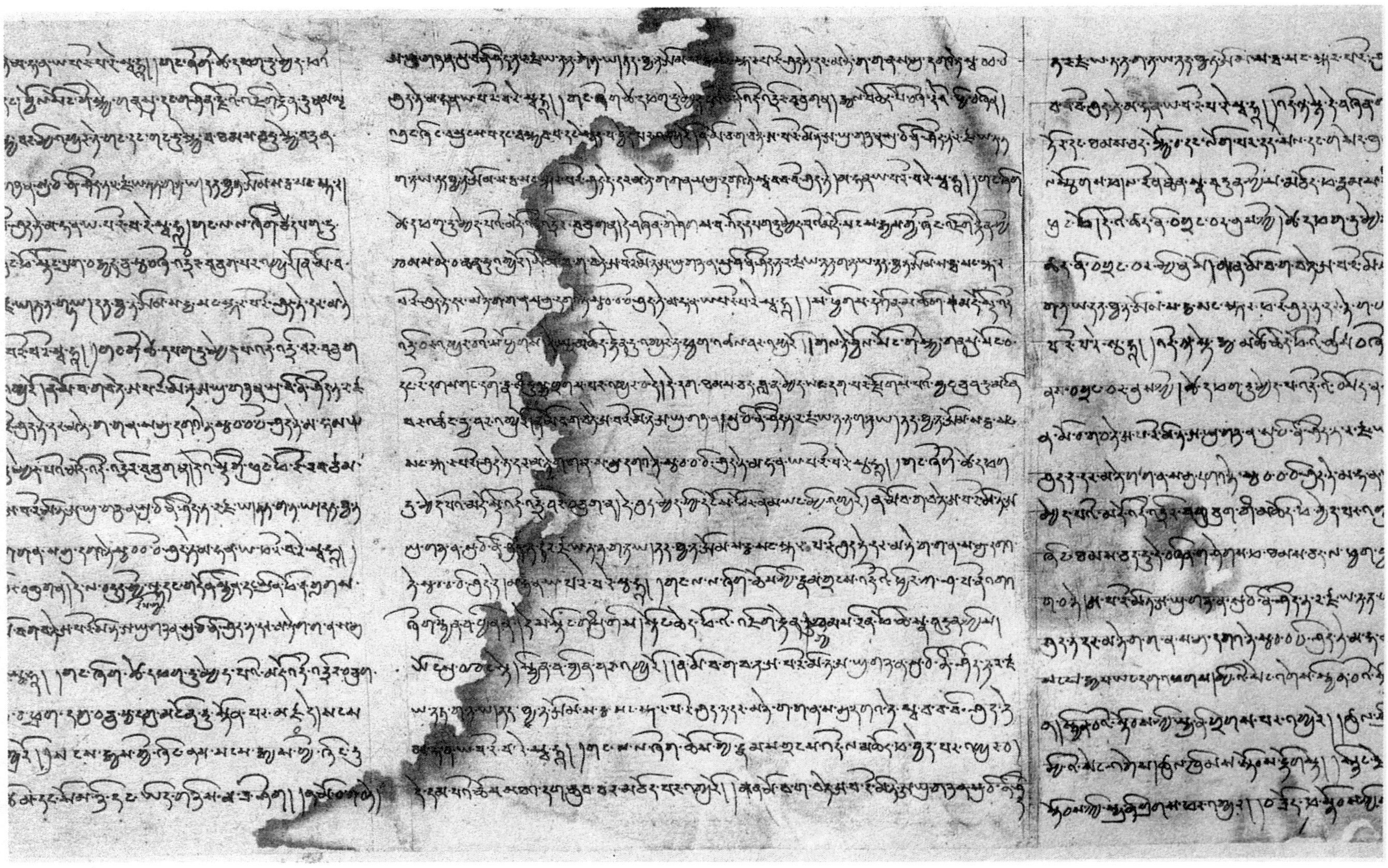

BD14740 號 2　藏文（無量壽宗要經甲本）　　（30–10）

BD14740 號 2　藏文（無量壽宗要經甲本）　　（30–11）

BD14740 號 2　藏文（無量壽宗要經甲本）　　（30–12）

BD14740 號 3　藏文（無量壽宗要經甲本）　（30–13）

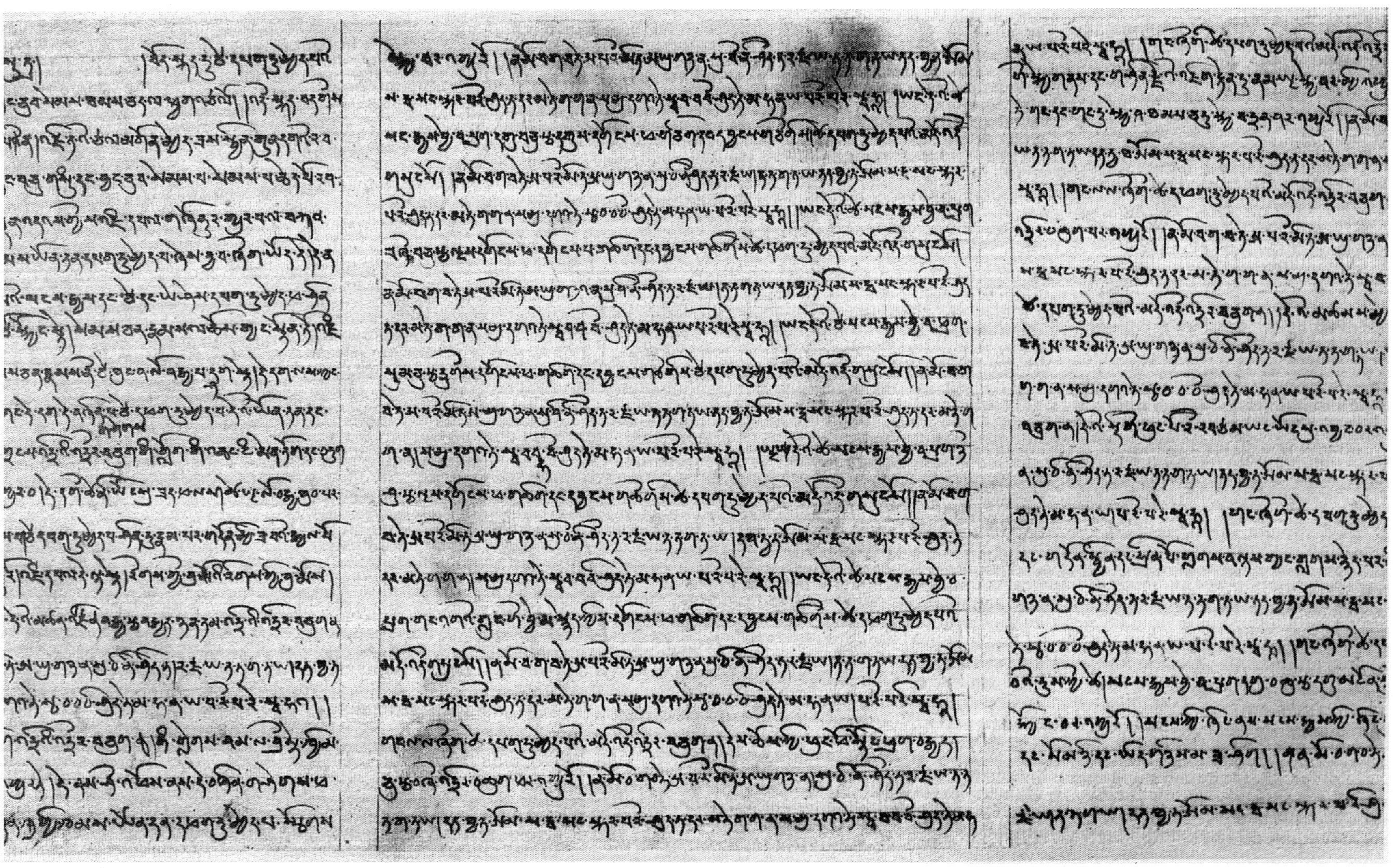

BD14740 號 3　藏文（無量壽宗要經甲本）　（30–14）

BD14740 號 3　藏文（無量壽宗要經甲本）　　（30–15）

BD14740 號 3　藏文（無量壽宗要經甲本）　　（30–16）

BD14740 號 3　藏文（無量壽宗要經甲本）　　（30–17）

BD14740 號 3　藏文（無量壽宗要經甲本）　　（30–18）

BD14740 號 4　藏文（無量壽宗要經甲本）　　（30–19）

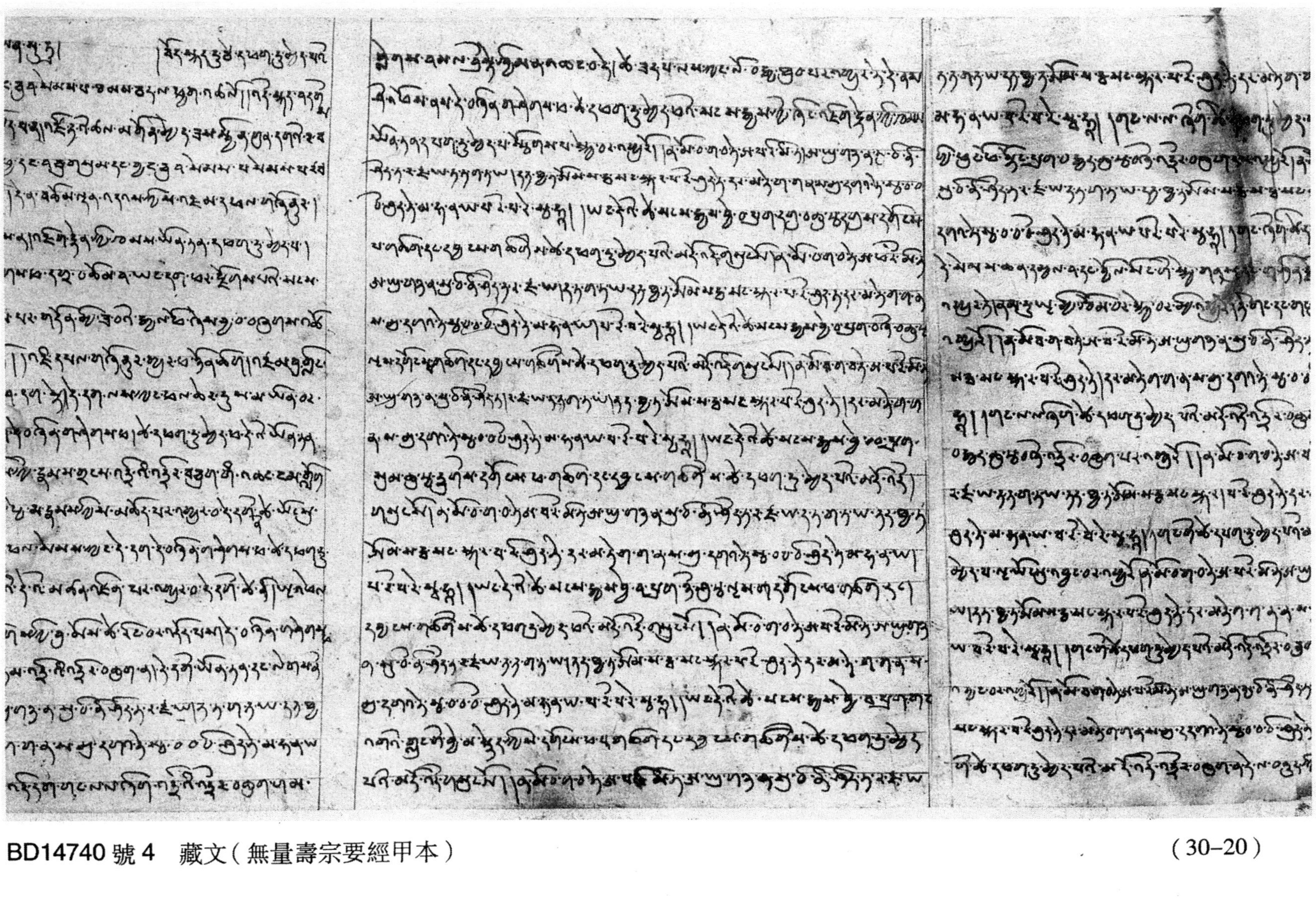

BD14740 號 4　藏文（無量壽宗要經甲本）　　（30–20）

BD14740 號 4　藏文（無量壽宗要經甲本）　　（30–21）

BD14740 號 4　藏文（無量壽宗要經甲本）　　（30–22）

BD14740 號 4　藏文（無量壽宗要經甲本）　　（30–23）

BD14740 號 4　藏文（無量壽宗要經甲本）　　（30–24）

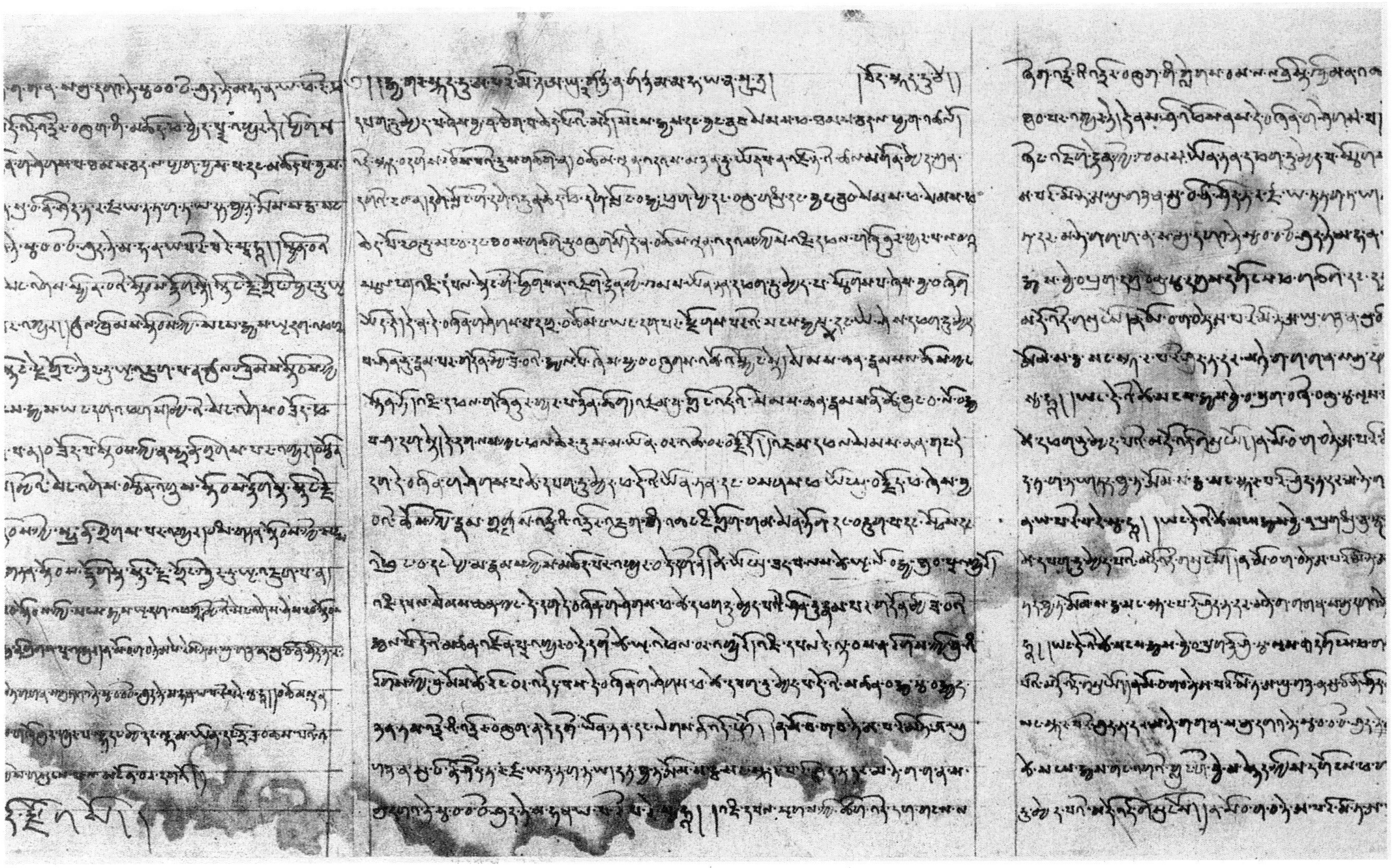

BD14740 號 5　藏文（無量壽宗要經甲本）　　（30–25）

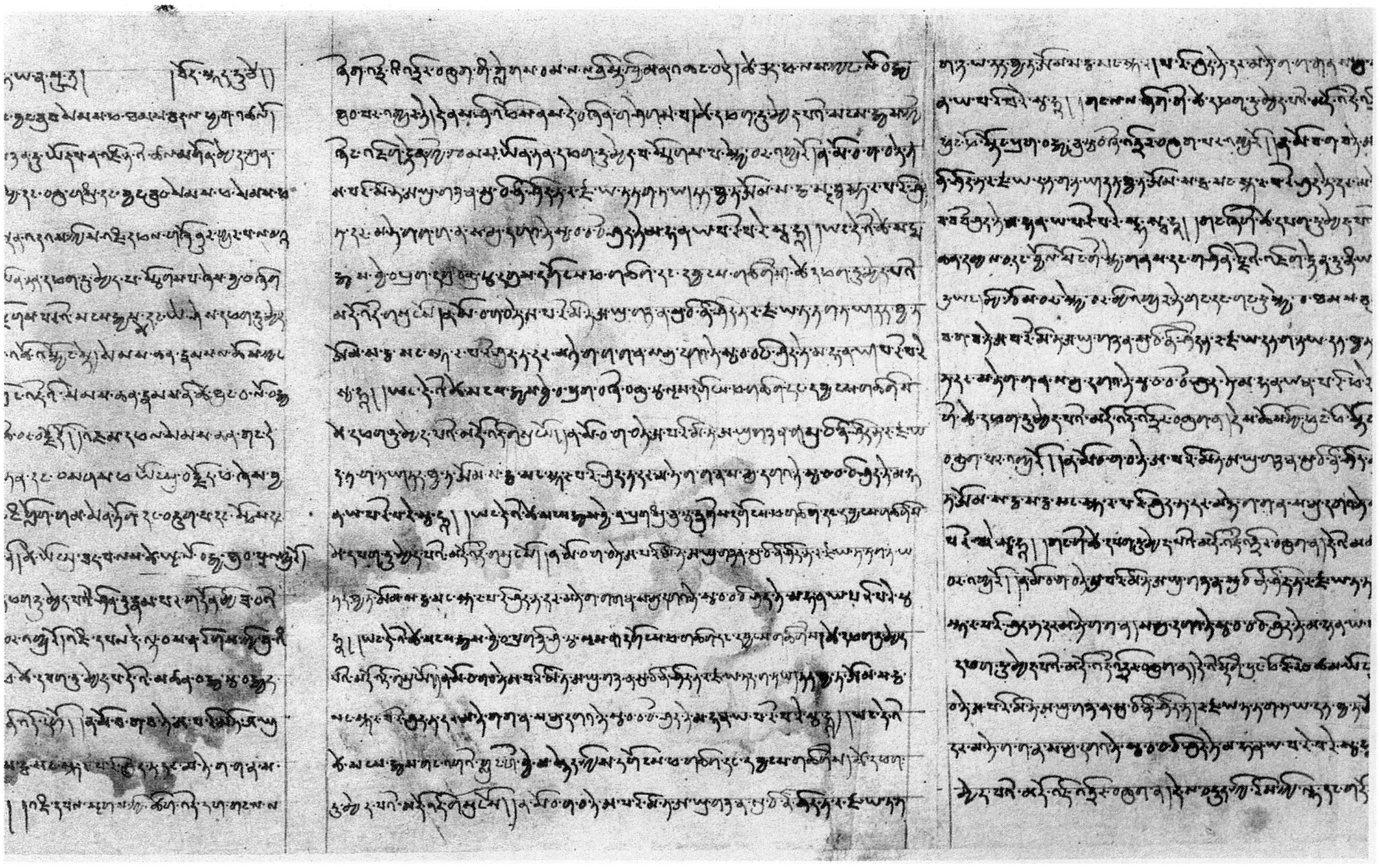

BD14740 號 5　藏文（無量壽宗要經甲本）　　（30–26）

BD14740 號 5　藏文（無量壽宗要經甲本）　（30–27）

BD14740 號 5　藏文（無量壽宗要經甲本）　（30–28）

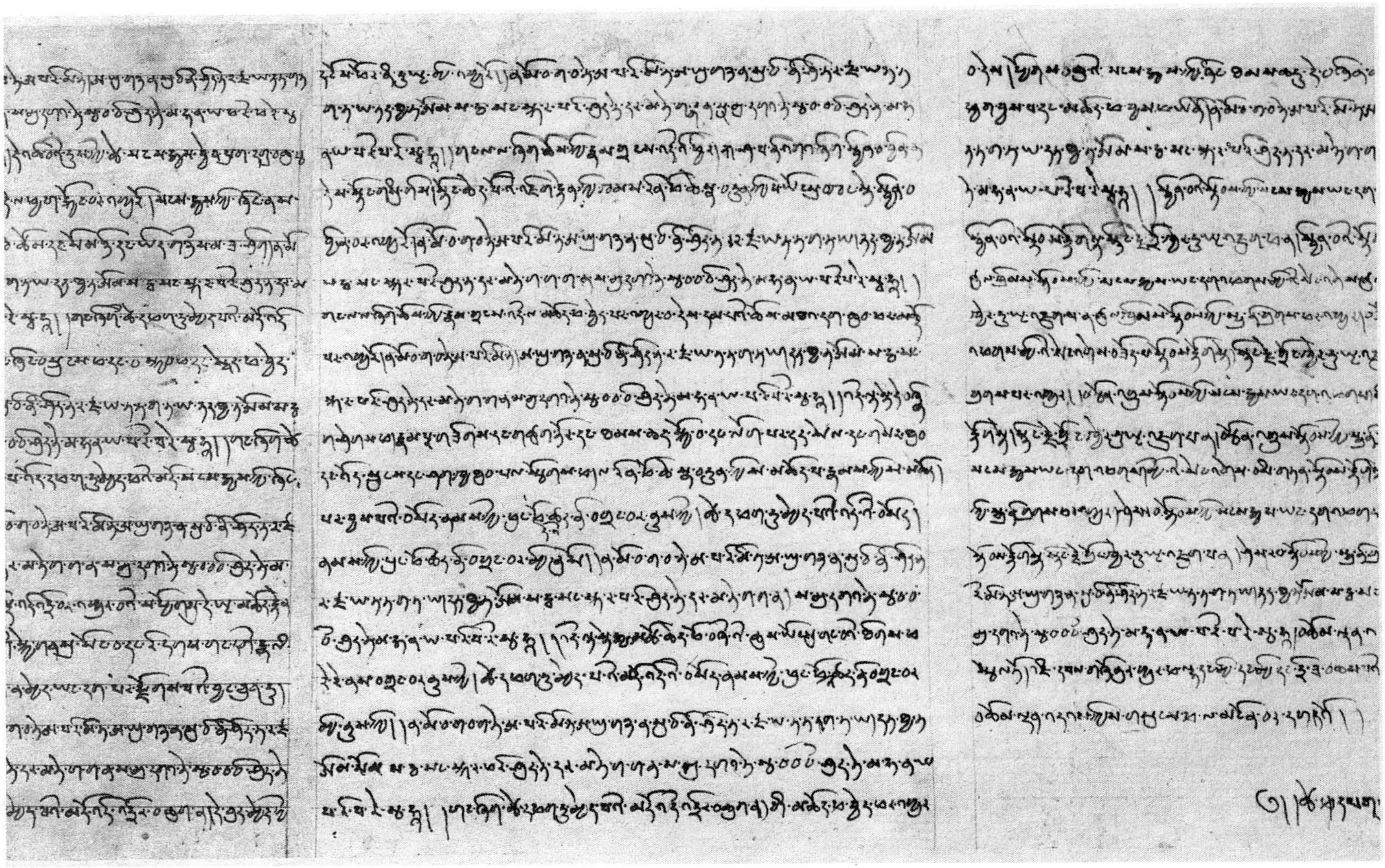

BD14740 號 5　藏文（無量壽宗要經甲本）　　（30–29）

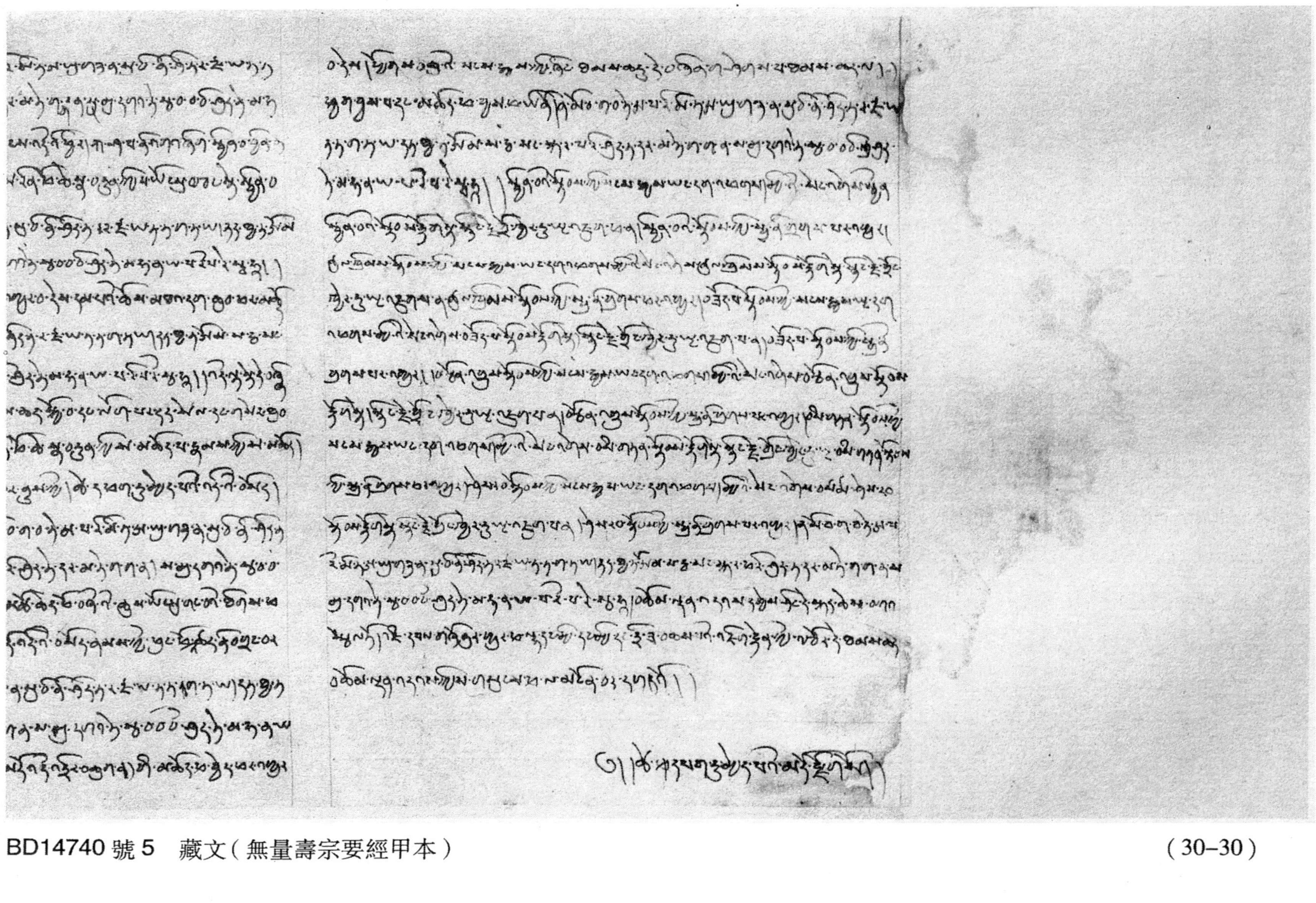

BD14740 號 5　藏文（無量壽宗要經甲本）　　（30–30）

BD14741號　前夾板　　(1-1)

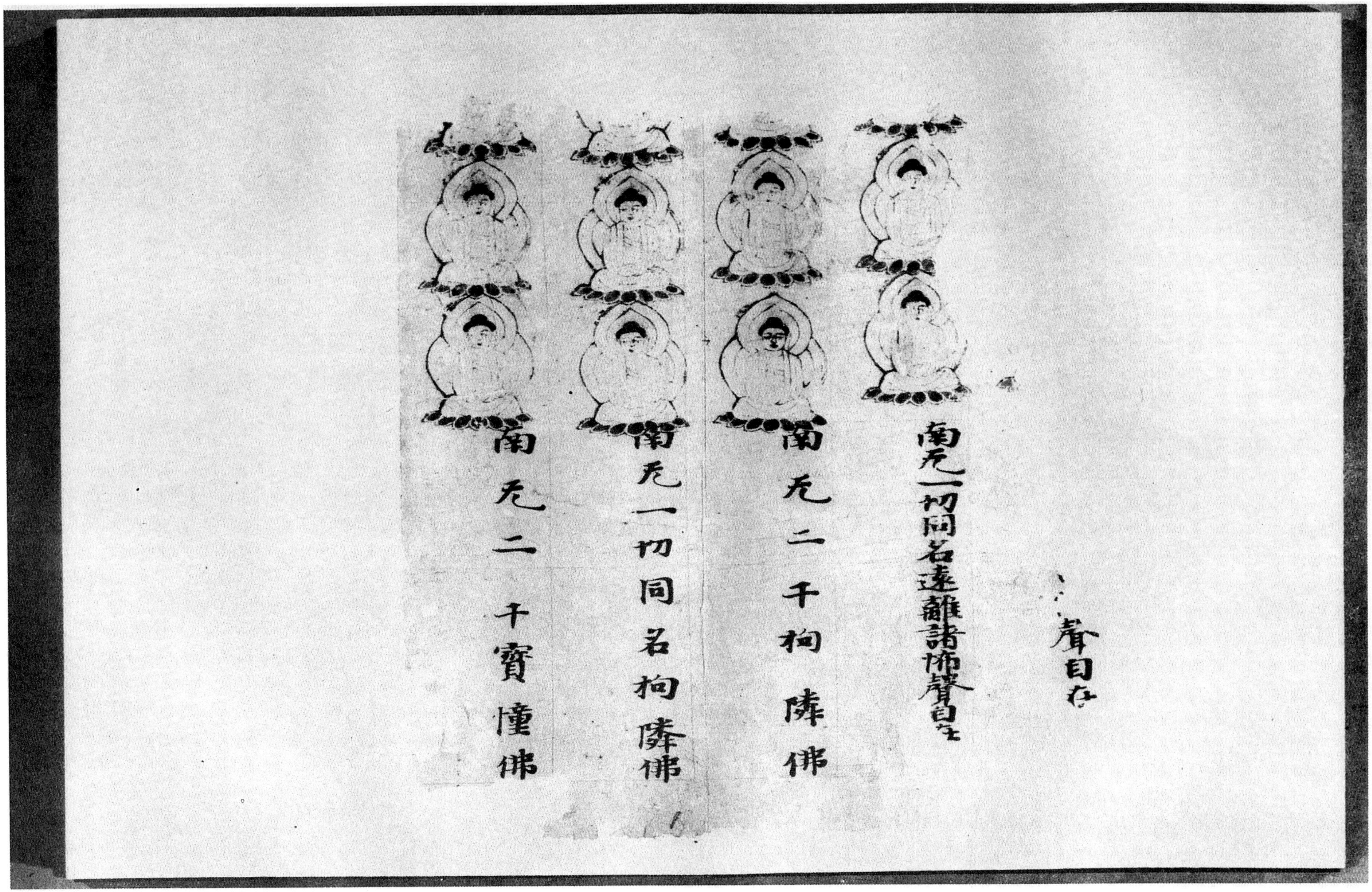

BD14741 號 A　佛名經（十二卷本）卷一　　（1–1）

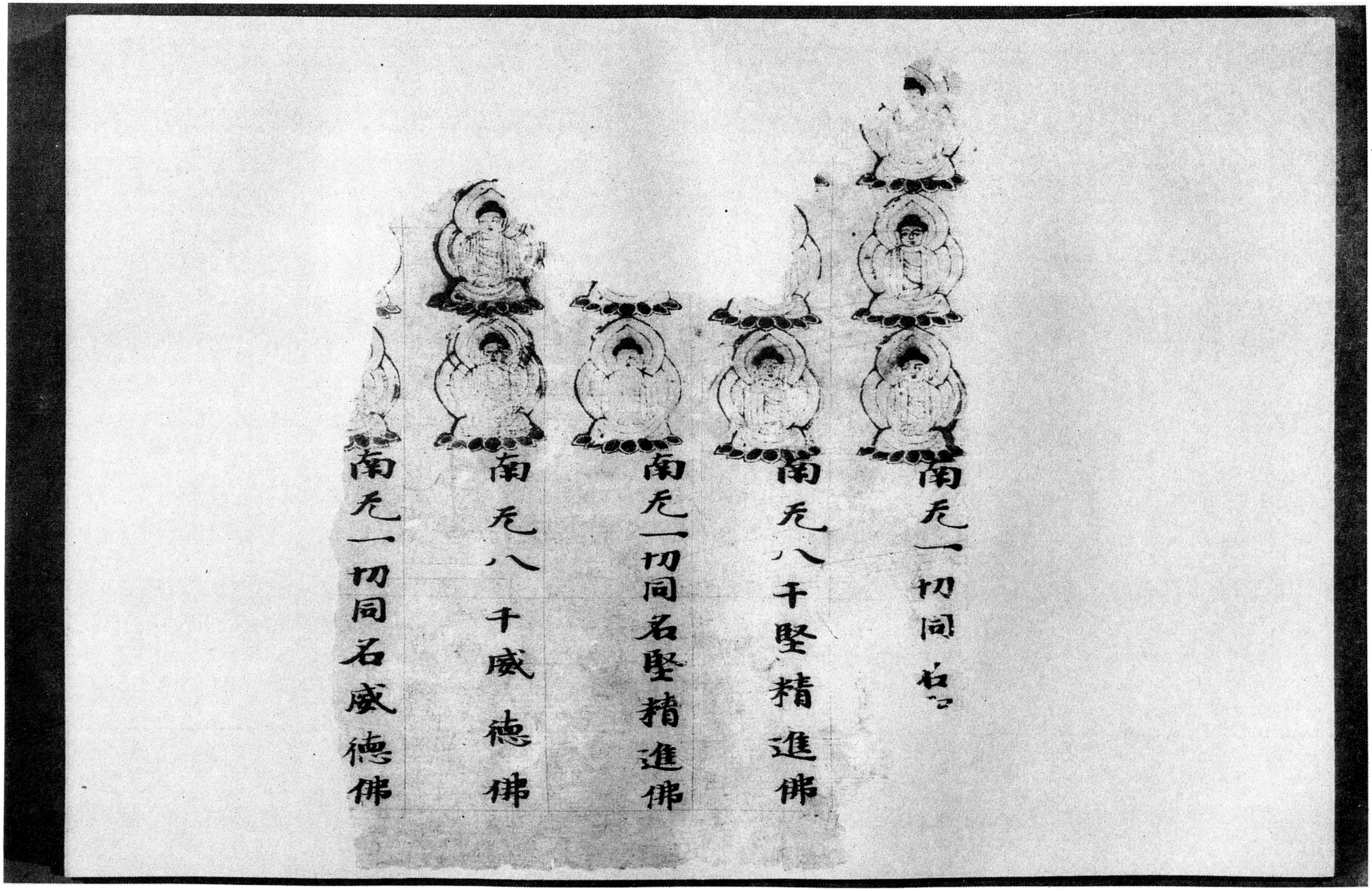

南无一切同名

南无八千堅精進佛

南无一切同名堅精進佛

南无八千威德佛

南无一切同名威德佛

BD14741 號 B　佛名經（十二卷本）卷一　（1–1）

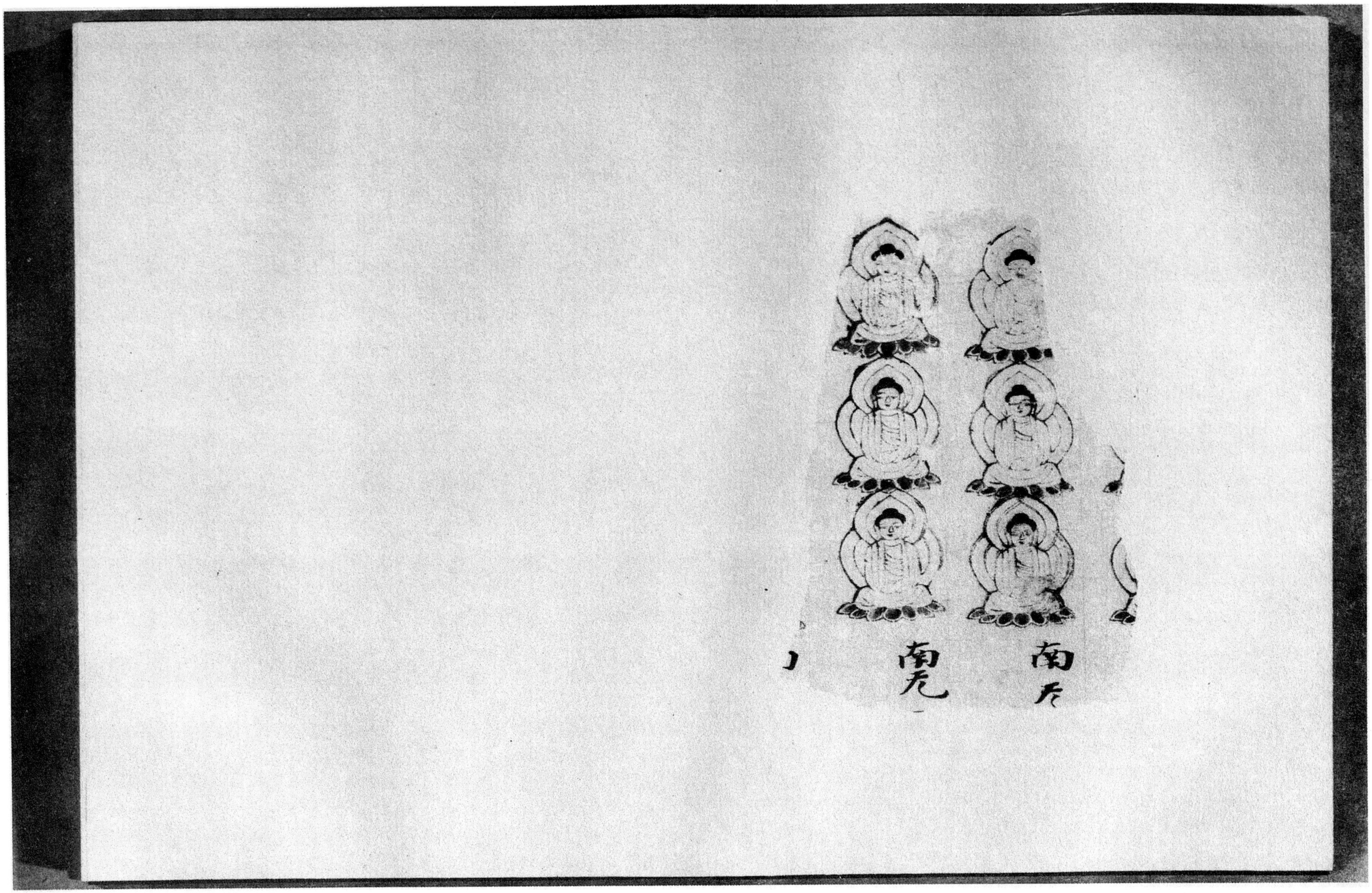

BD14741 號 C　佛名經（十二卷本）卷一　　（1–1）

義而說偈言
所畏心　說是法華經
人得八百　功德殊勝眼
其目甚清淨　父母所生眼
[悉見]三千界　內外彌樓山　須彌及鐵圍
并諸餘山林　大海江河水　下至阿鼻獄
上至有頂處　其中諸衆生　一切皆悉見
雖未得天眼　肉眼力如是
復次常精進　若善男子善女人受持是……
若讀若誦若解說若書寫……
功……

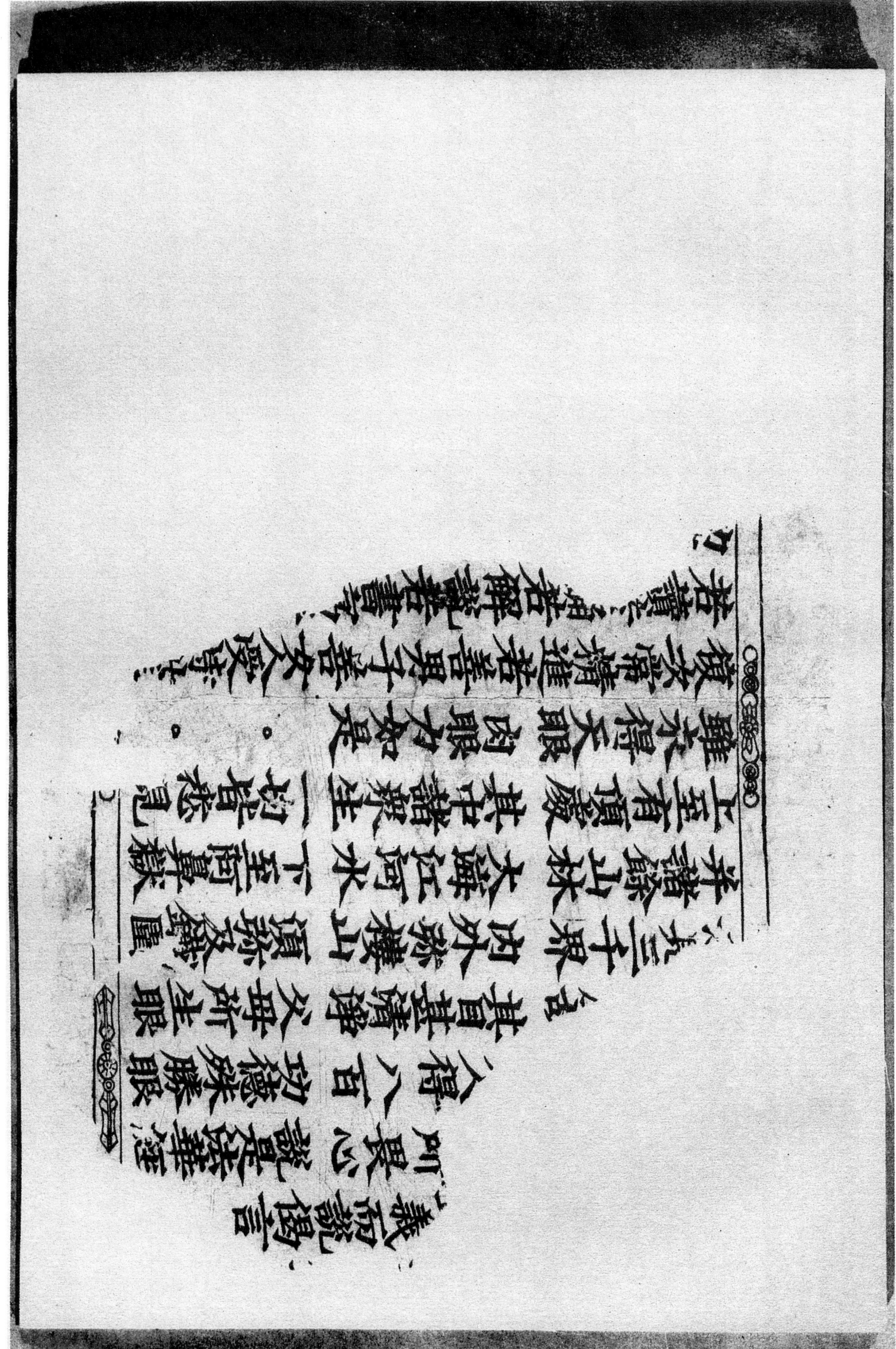

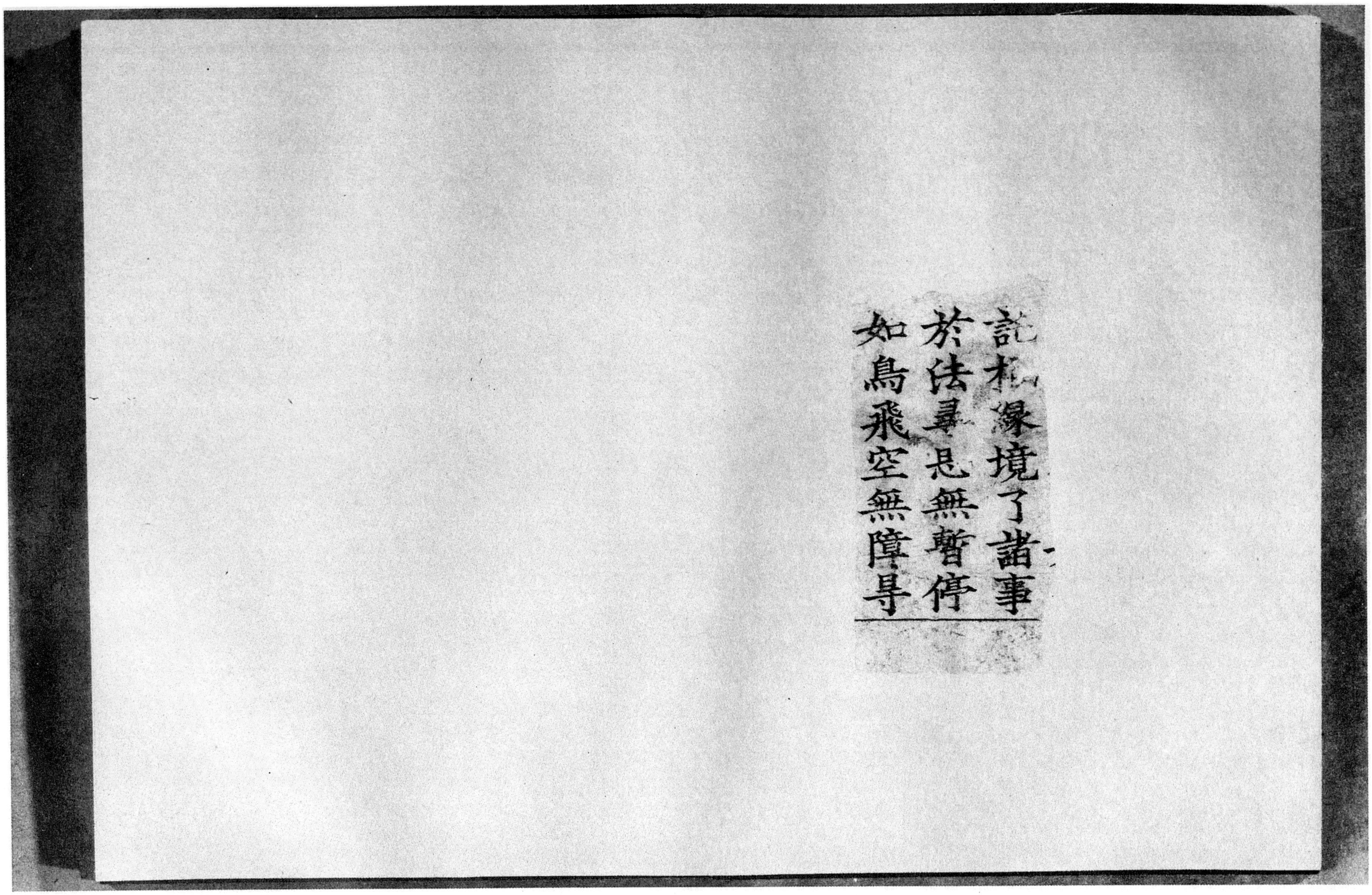

記相緣境了諸事
於法尋思無暫停
如鳥飛空無障导

BD14741號E　金光明最勝王經（刻本）卷五　（1–1）

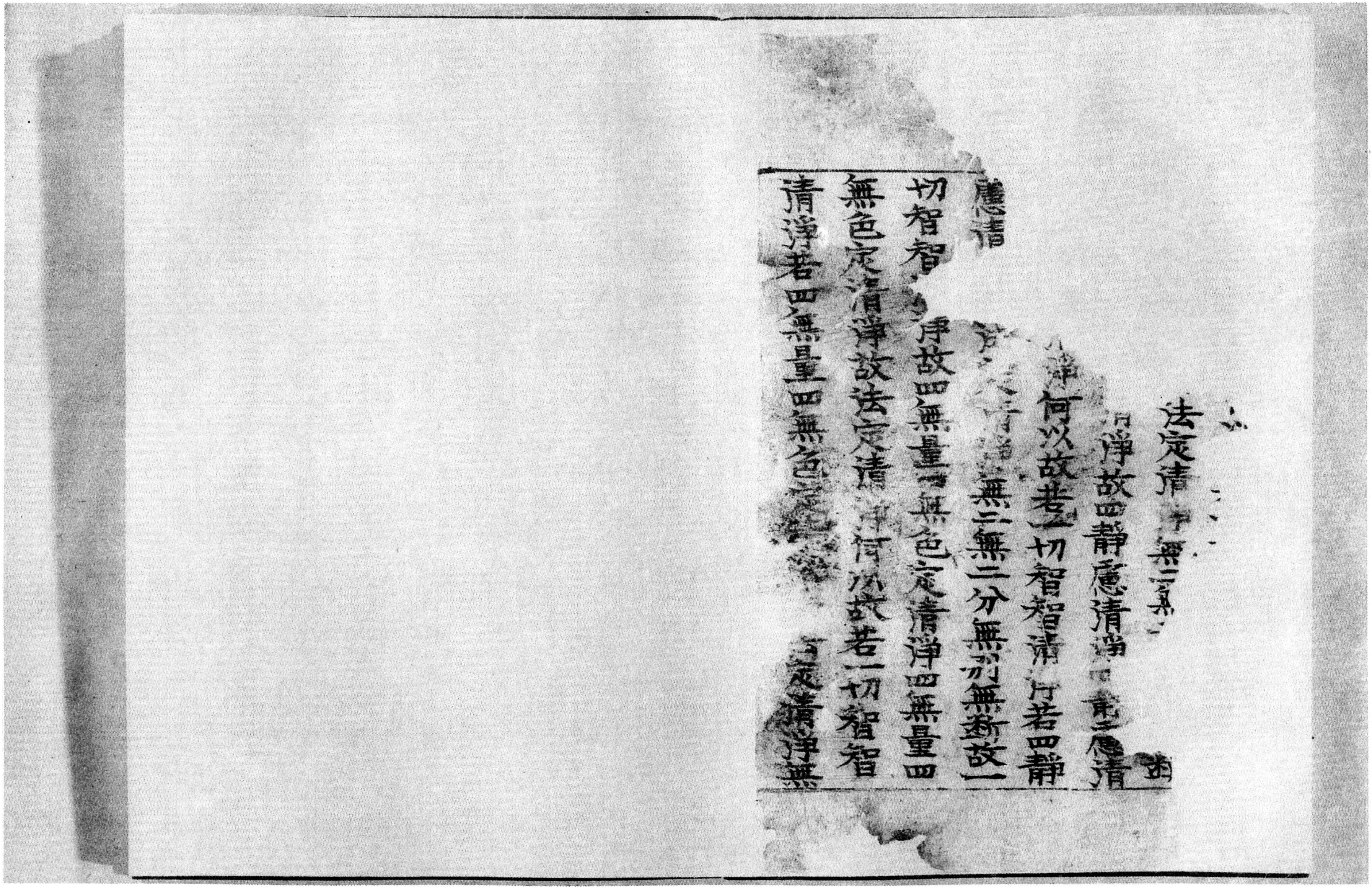

法定清淨無二無二分……
淨故四靜慮清淨四靜慮清
淨何以故若一切智智清淨若四靜
慮清……無二無二分無別無斷故一
切智智清淨故四無量四無色定清淨四無量四
無色定清淨故法定清淨何以故若一切智智
清淨若四無量四無色定……法定清淨無

BD14741 號 F　大般若波羅蜜多經（刻本）卷二六一　（1–1）

三無二分無別無斷故善現一切智智清淨故八
解脫清淨八解脫清淨故法定清淨何以故若
般若二百六十一
一切智智清淨若八解脫清淨若法定清淨無二
無二分無別無斷故一切智智清淨故八勝處九
次第定十遍處清淨八勝處九次第定十遍處
清淨故法定清淨何以故若一切智智清淨若八
勝處九次第定十遍處清淨若法定清淨無二
無二分無別無斷故善現一切智智清淨故四念住
清淨四念住清淨故法定清淨何以故若一切智
智清淨[illegible]清淨若法定清淨無二無二
分無別[illegible]切智智清淨故四正斷四神足
五根[illegible]支八聖道支清淨四正斷乃
至八聖道支清淨故法定清淨何以故若一切智
智清淨若四正斷乃至八聖道支清淨若法定
清淨無二無二分無別無斷故善現一切智智清
淨故空解脫門清淨空解脫門清淨故法定
清淨何以故若一切智智清淨若空解脫門清
[illegible]別無斷故一切智

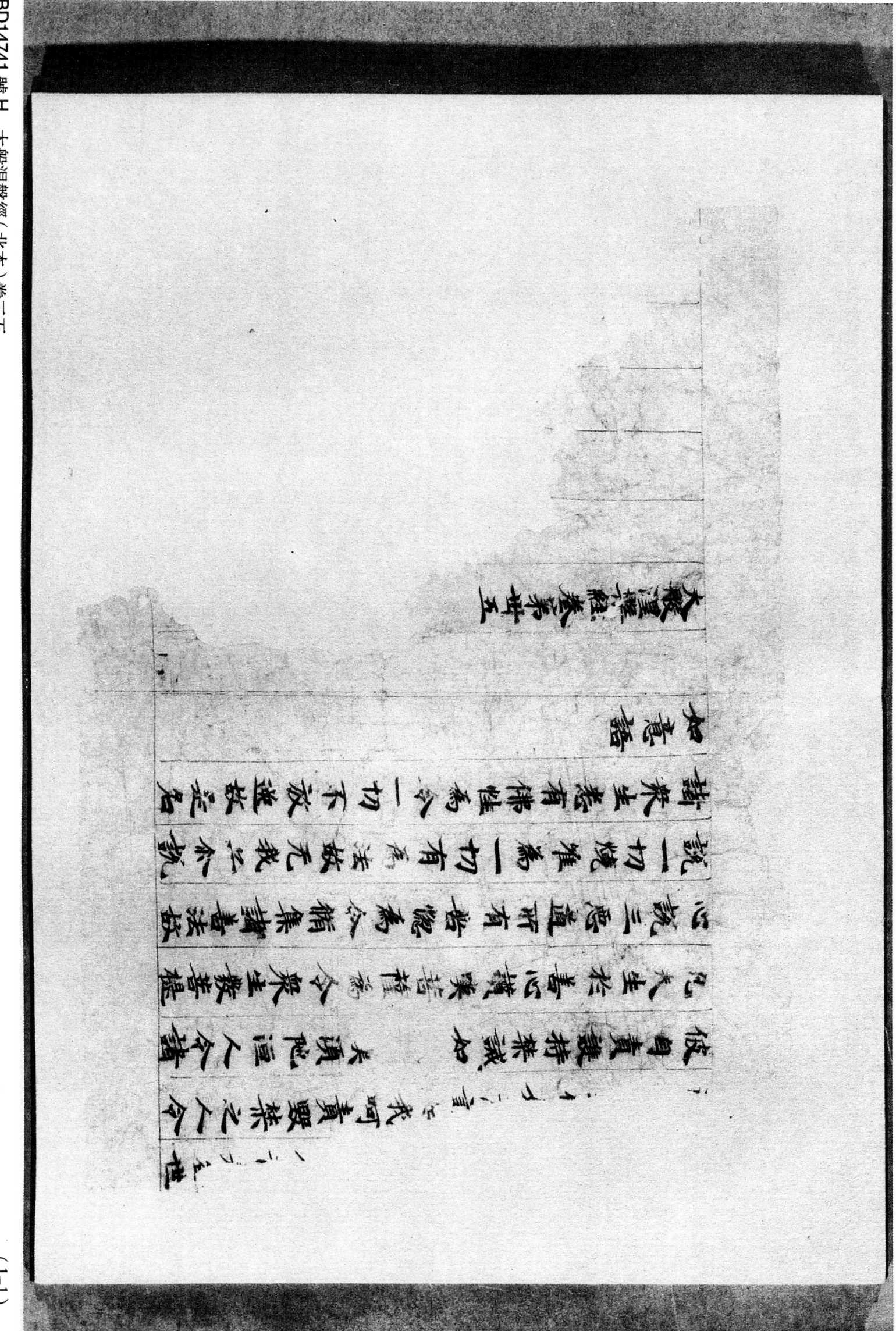

……言……我呵責毀禁之人令……世

彼自責護持禁誡如　夫須陁洹人令諸

凡夫生於善心讚嘆菩薩為令衆生發菩提

心說三惡道所有苦惱為令脩集諸善法故

說一切燒唯為一切有為法故无我之余說

諸衆生悉有佛性為令一切不放逸故是名

如意語

大般涅槃經卷第卅五

者八千四百波羅蜜
百諸三昧八千四
四千波羅蜜為八万
四千三昧為自饒益
益他喜王是名諸佛菩薩 阿耨多羅
三藐三菩 從喜載坐菩 所魔軍得是
三藐三菩提以是法喜結跏趺
請梵王來請 是之世間則為
貴世尊得如是妙法樂 眾生不樂說
法 我今時猶在道場 諸淨居天見我無量
威神功德形色 清淨威儀光明容貌端直
以明顯眾 不御周 清淨儀妙莊
嚴 遍出世間 無能凌棄 力無量光明名
布施大難可得 勝威德無邊無
以恭敬心侍我前 立說是偈言
以塵勞 震動三千界 滅眾惡趣 坐道場勝

BD14741號J　待考

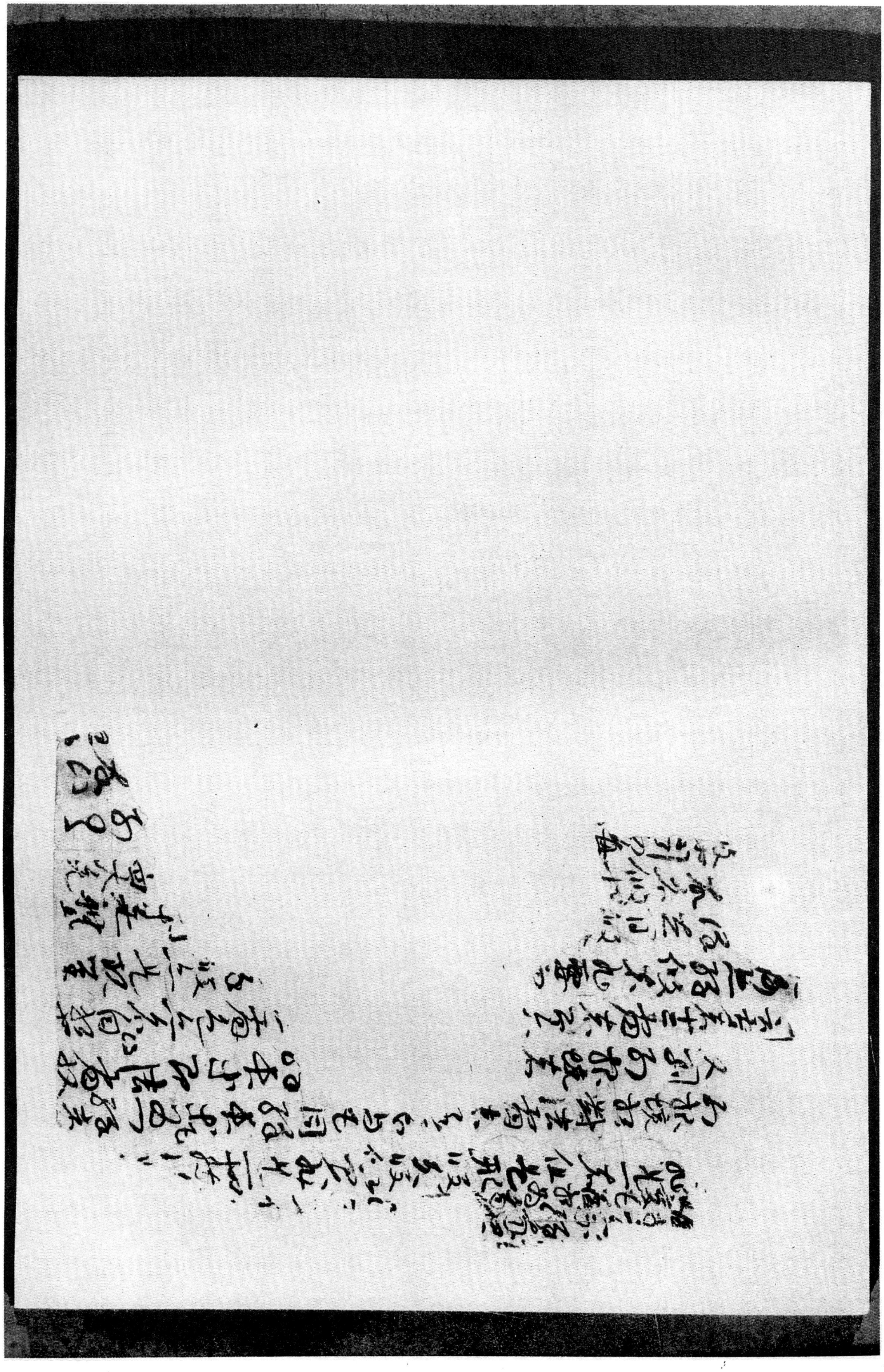

（1–1）

BD14741號K 回鶻文文獻(擬)

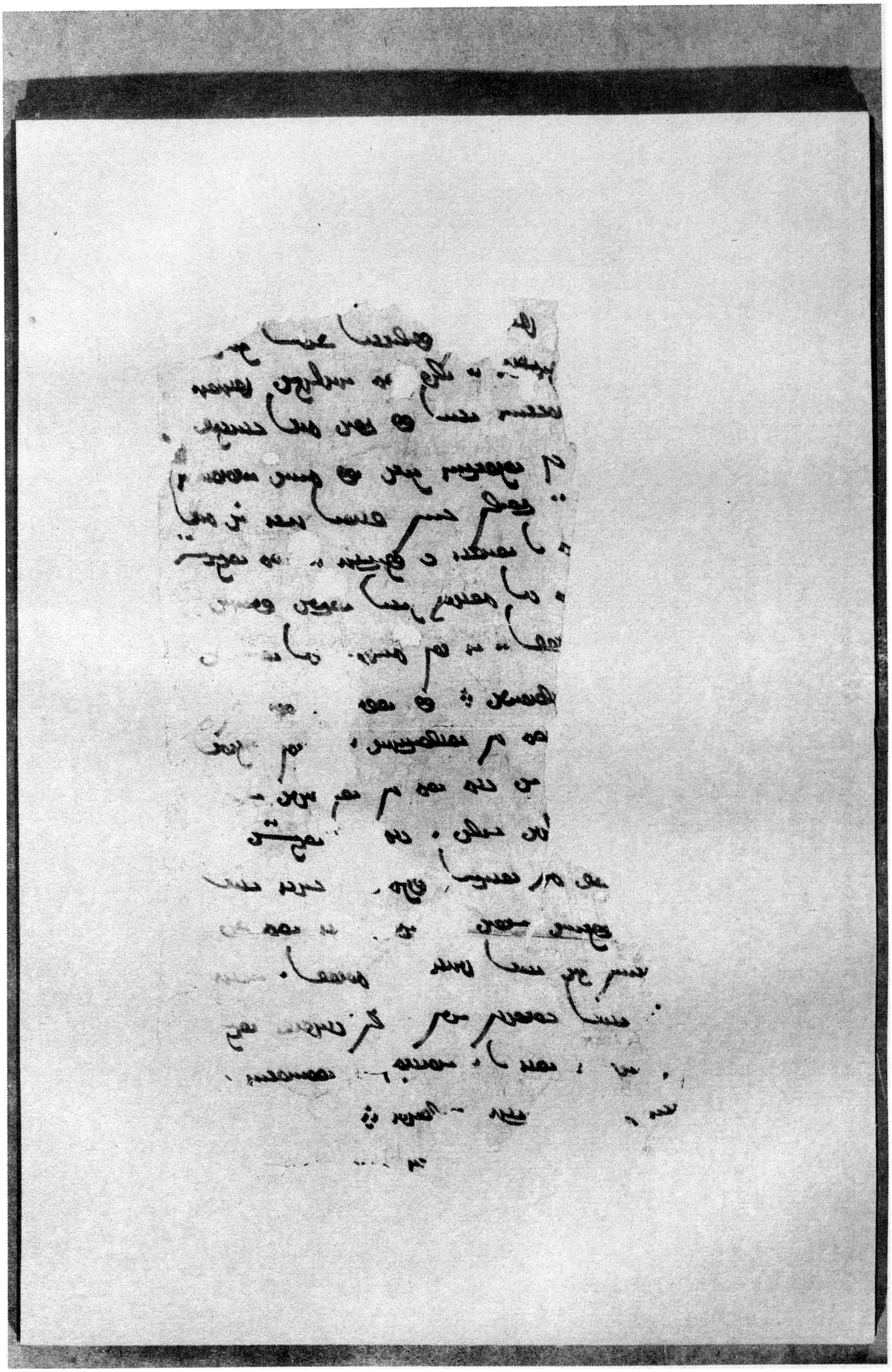

(1–1)

BD14741號L　回鶻文文獻（擬）

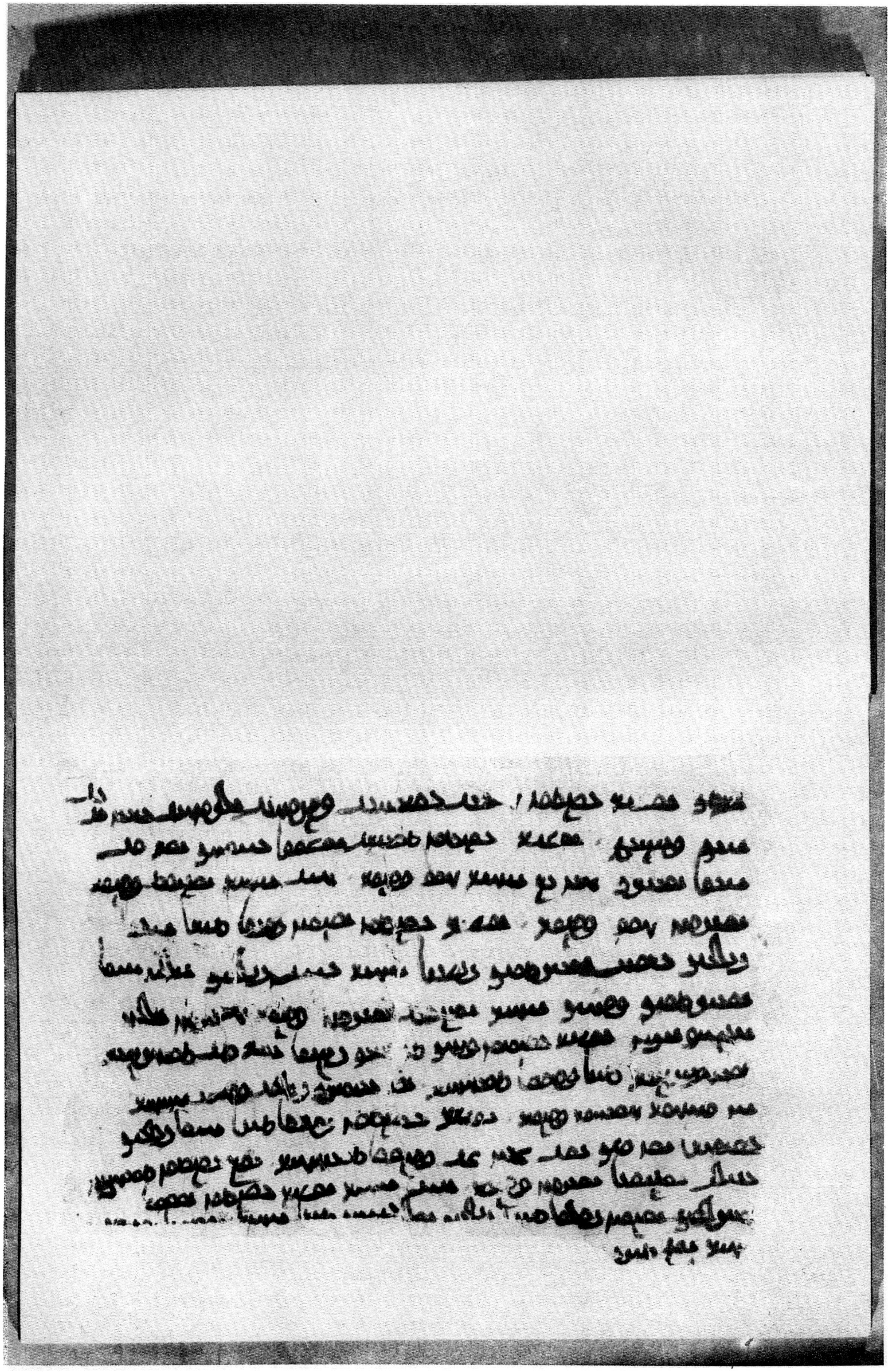

（1-1）

西陲古卷軸近年爲歐人所得者不啻萬卷
平生所見亦不啻三千卷此爲尤
葉雨先生所藏計佛名經四紙閼本四之二紙寫
本五紙墨書文三紙乃高昌故虞士王諸紙中以
寫本再四種爲寂先生在日本見大谷光瑞所藏
晉人所書蓮華經譯本係著元康紀年者5
此書迹正同佛名經第一紙乃沙州曹氏時所書
如齋藏金卷一未署朱梁年號而此書自一殊

中有五代書迹之尤精者是此兩書至五代數
稍書法備美最要見書各國向未見復字德人所
得最多無傳至東者上此郡者究房羽所至可寶
者至那板好于李唐而人所見皆至北宋而止開法鄉
藏大中刊本切韻海天數萬里未由寫目今歡此
冊字體瘦勁還閉成不續下發天水初契爲
海內藏書者未獲聞知一旦入目眼福無量乙卯
三月爲索雅〃游道經漳浦書此以志欣幸王虞

仇亭老民羅振玉記

BD14741號　題跋

（2–2）

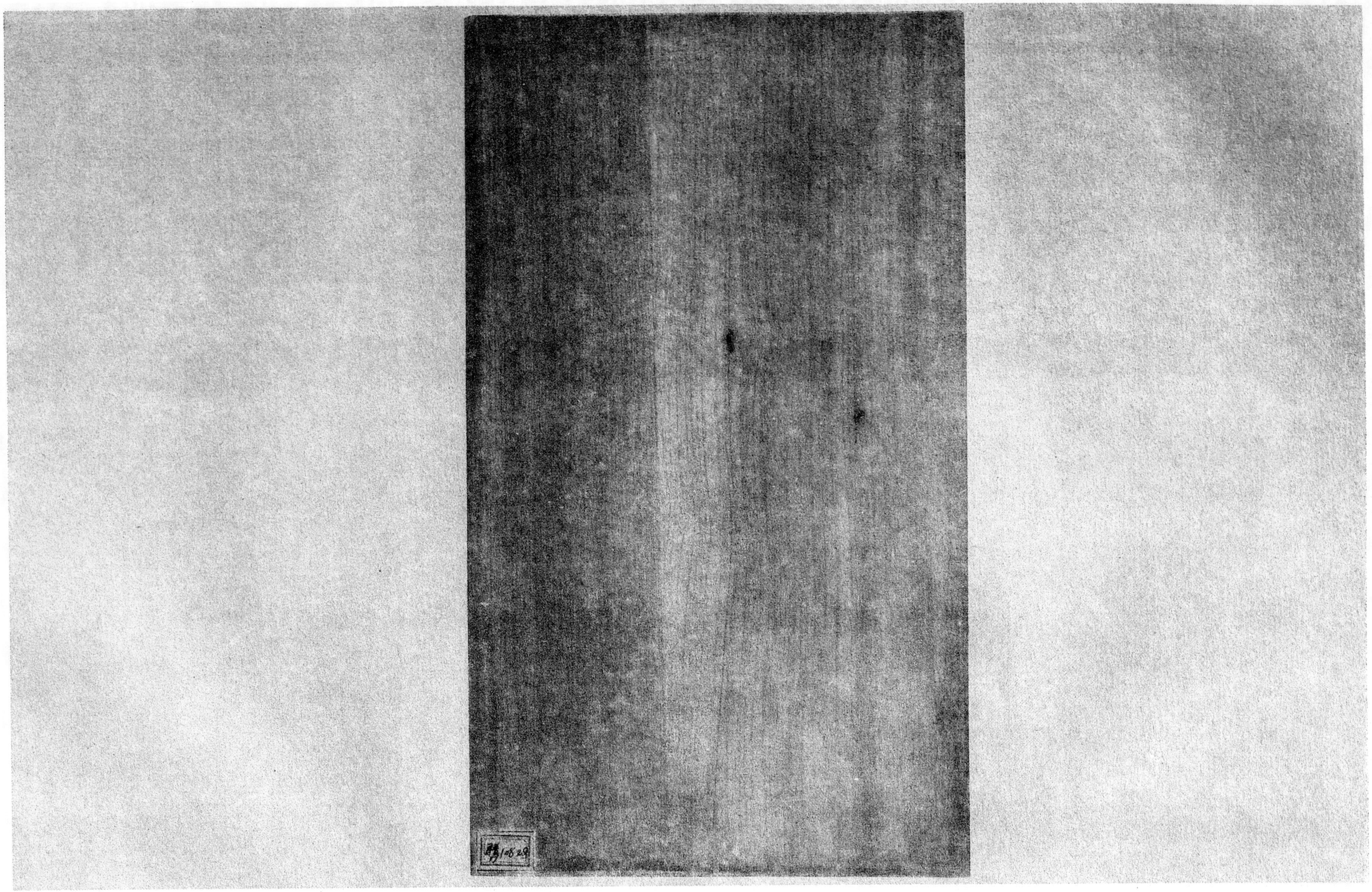

BD14741號　後夾板　（1–1）

大般若波羅蜜多經卷第三百九十一
初分成熟有情品第七十三之三　三藏法師玄奘奉　詔譯
善現若菩薩摩訶薩脩行般若波羅蜜多方
便善巧安住苦聖諦時不得苦聖諦不得能
住不得所脩不得所為亦不遠離如是諸法
而住苦聖諦是菩薩摩訶薩則能圓滿脩菩
薩道善現若菩薩摩訶薩脩行般若波羅蜜
多方便善巧安住集滅道聖諦時不得集滅
道聖諦不得能住不得所住不得所為亦不
遠離如是諸法而住集滅道聖諦是菩薩摩
訶薩則能圓滿脩菩薩道如是善現諸菩薩
摩訶薩脩行般若波羅蜜多方便善巧脩菩
薩道令得圓滿能證无上正等菩提善現若
菩薩摩訶薩脩行般若波羅蜜多方便善巧
脩行四靜慮時不得四靜慮不得能脩不得

BD14742 號　大般若波羅蜜多經卷三九一　（2–1）

BD14742 號　大般若波羅蜜多經卷三九一　（2–2）

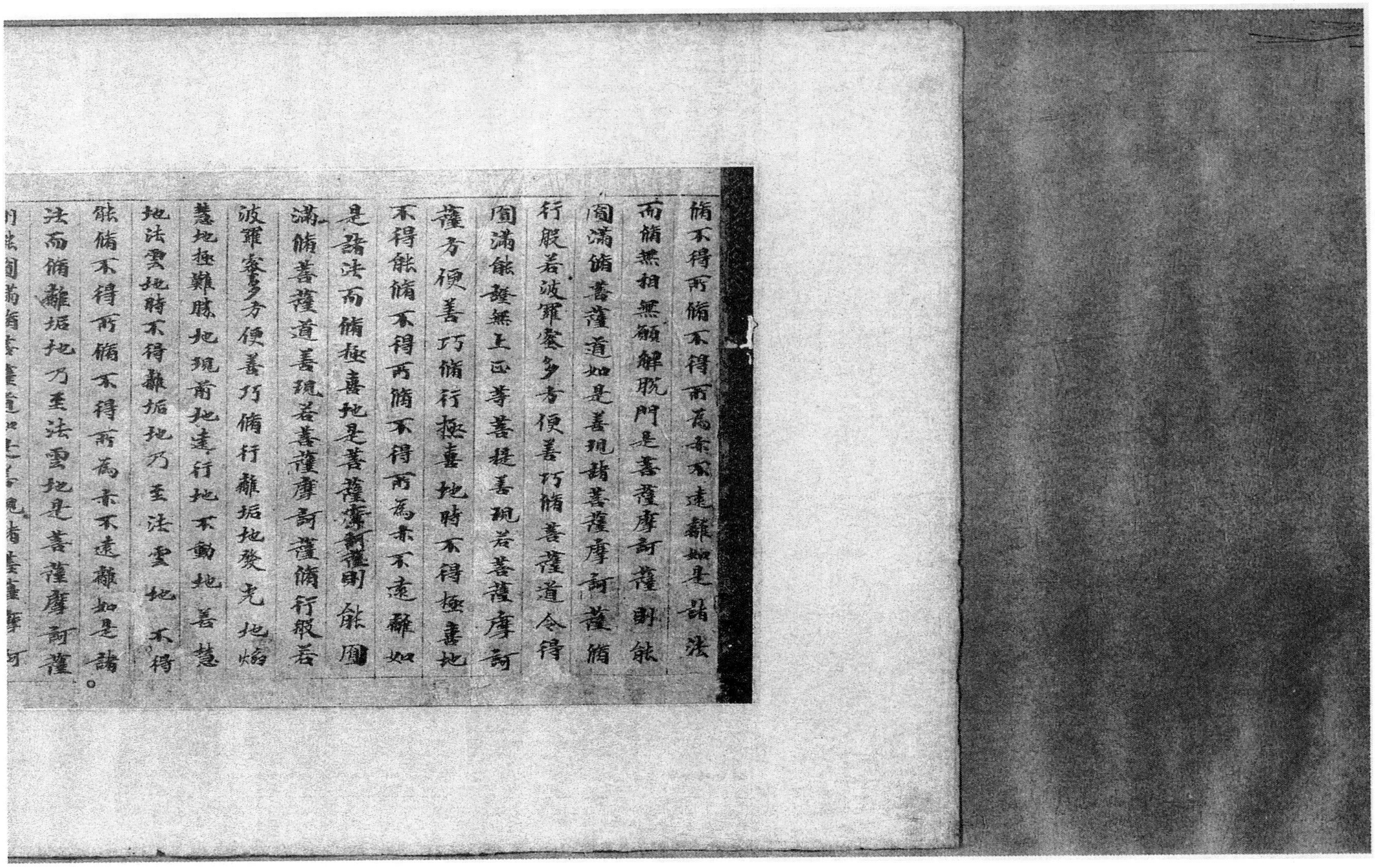

脩不得所脩不得所爲亦不遠離如是諸法
而脩無相無願解脫門是菩薩摩訶薩則能
圓滿脩菩薩道如是善現諸菩薩摩訶薩脩
行般若波羅蜜多方便善巧脩菩薩道今得
圓滿能證無上正等菩提善現若菩薩摩訶
薩方便善巧脩行極喜地時不得極喜地
不得能脩不得所脩不得所爲亦不遠離如
是諸法而脩極喜地是菩薩摩訶薩則能圓
滿脩菩薩道善現若菩薩摩訶薩脩行般若
波羅蜜多方便善巧脩行離垢地發光地焰
慧地極難勝地現前地遠行地不動地善慧
地法雲地時不得離垢地乃至法雲地不得
能脩不得所脩不得所爲亦不遠離如是諸
法而脩離垢地乃至法雲地是菩薩摩訶薩
則能圓滿脩菩薩道如是善現諸菩薩摩訶

BD14743號　大般若波羅蜜多經卷三九一　（2–1）

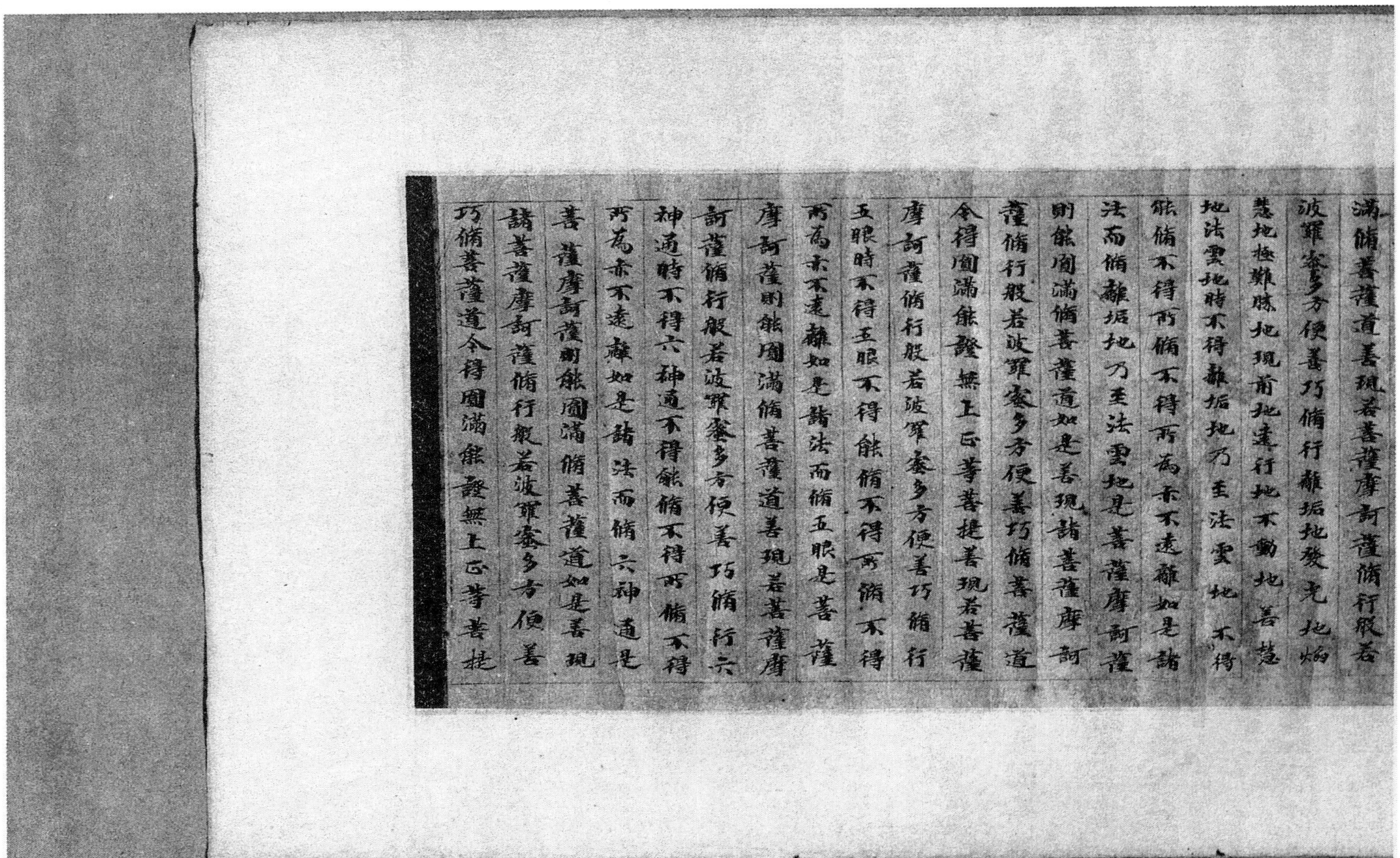

滿脩菩薩道善現若菩薩摩訶薩脩行般若
波羅蜜多方便善巧脩行離垢地發光地焰
慧地極難勝地現前地遠行地不動地善慧
地法雲地時不得離垢地乃至法雲地不得
能脩不得所脩不得所爲亦不遠離如是諸
法而脩離垢地乃至法雲地是菩薩摩訶薩
則能圓滿脩菩薩道如是善現諸菩薩摩訶
薩脩行般若波羅蜜多方便善巧脩菩薩道
今得圓滿能證無上正等菩提善現若菩薩
摩訶薩脩行般若波羅蜜多方便善巧脩行
五眼時不得五眼不得能脩不得所脩不得
所爲亦不遠離如是諸法而脩五眼是菩薩
摩訶薩則能圓滿脩菩薩道善現若菩薩摩
訶薩脩行般若波羅蜜多方便善巧脩行六
神通時不得六神通不得能脩不得所脩不得
所爲亦不遠離如是諸法而脩六神通是
菩薩摩訶薩則能圓滿脩菩薩道如是善現
諸菩薩摩訶薩脩行般若波羅蜜多方便善
巧脩菩薩道今得圓滿能證無上正等菩提

BD14743號　大般若波羅蜜多經卷三九一　（2–2）

薩尒時五根清淨根清淨故護根戒具一切
凡夫五根不淨不能善持名曰根漏菩薩永
斷是故无漏如来拔出永斷根本是故非漏
復次善男子復有離漏菩薩摩訶薩欲爲无
上甘露佛果故離於惡漏云何爲離若能脩
行大涅槃經書寫受持讀誦解說思惟其義
是名爲離何以故善男子我都不見十二部
經能離惡漏如此方等大涅槃經善男子辟
如良師教諸弟子諸弟子中有受教者心不
造惡菩薩摩訶薩脩大涅槃微妙經典亦復
如是心不造惡

BD14744 號　大般涅槃經（北本）卷二二　　（1–1）

如彼藂林　藥草諸樹　隨其大小　漸增茂好
諸佛之法　常以一味　令諸世間　普得具足
漸次脩行　皆得道果　聲聞緣覺　處於山林
住冣後身　聞法得果　是名藥草　各得增長
若諸菩薩　智慧堅固　了達三界　求冣上乘
是名小樹　而得增長　復有住禪　得神通力
聞諸法空　心大歡喜　放无數光　度諸衆生
是名大樹　而得增長　如是迦葉　佛所說法
譬如大雲　以一味雨　潤於人華　各得成實
迦葉當知　以諸因緣　種種譬喻　開示佛道
是我方便　諸佛亦然　今為汝等　說冣實事
諸聲聞衆　皆非滅度　汝等所行　是菩薩道
漸漸脩學　悉當成佛

BD14745 號　妙法蓮華經卷三　　（1–1）

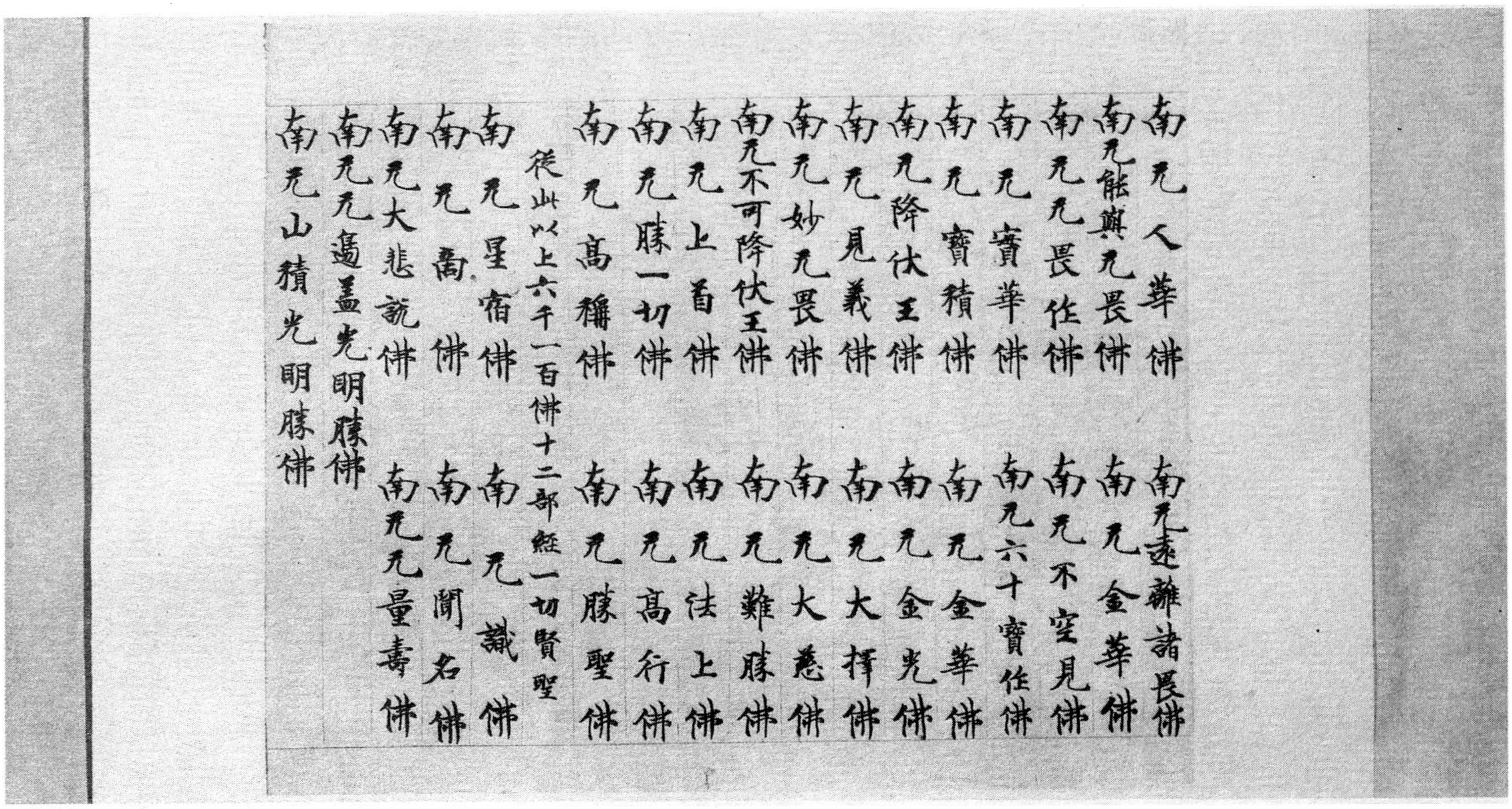

南无人華佛　南无遠離諸畏佛
南无能與无畏佛　南无金華佛
南无无畏作佛　南无不空見佛
南无寶華佛　南无六十寶作佛
南无寶積佛　南无金華佛
南无降伏王佛　南无金光佛
南无見義佛　南无大擇佛
南无妙无畏佛　南无大慈佛
南无不可降伏王佛　南无難勝佛
南无上首佛　南无法上佛
南无勝一切佛　南无高行佛
南无高稱佛　南无勝聖佛
從此以上六千一百佛十二部經一切賢聖
南无星宿佛　南无識佛
南无喬佛　南无聞名佛
南无大悲說佛　南无无量壽佛
南无无邊蓋光明勝佛
南无山積光明勝佛

BD14746 號　佛名經（十六卷本）卷七　（1–1）

无分別故當知般若波羅蜜亦无分別諸法性
不可得故當知般若波羅蜜性亦不可得諸
法无所有等故當知般若波羅蜜亦无所有
等諸法无作故當知般若波羅蜜亦无作諸
法不可思議故當知般若波羅蜜亦不可思
議是時薩陁波崙菩薩摩訶薩即於坐處得
諸三昧所謂諸法等三昧諸法離三昧諸法
无畏三昧諸法一味三昧諸法无邊三昧諸
法无生三昧諸法无壞三昧虛空无邊三昧
大海水无邊三昧須弥山莊嚴三昧虛空无
分別三昧色无邊三昧受想行識无邊三昧
地種无邊三昧水種火種風種空種无邊三
昧如金剛等三昧諸法无分別三昧諸法不
可思議三昧如是等得六百万諸三昧門

BD14747 號　摩訶般若波羅蜜經（思溪本）卷三〇　（1–1）

BD14748 號　現代護首、扉葉、玉池　　　　（3–1）

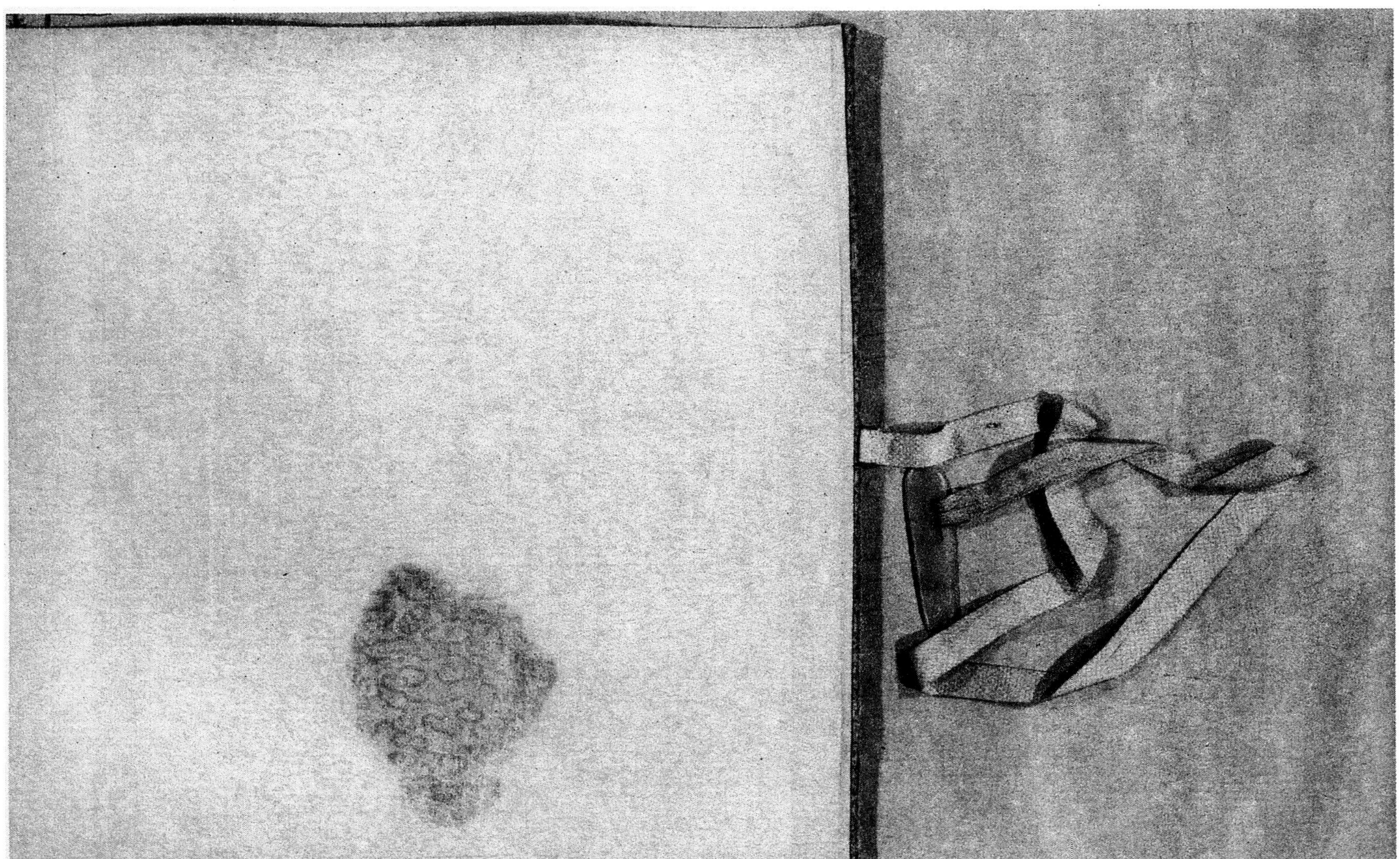

BD14748 號　現代護首、扉葉、玉池　　　　（3–2）

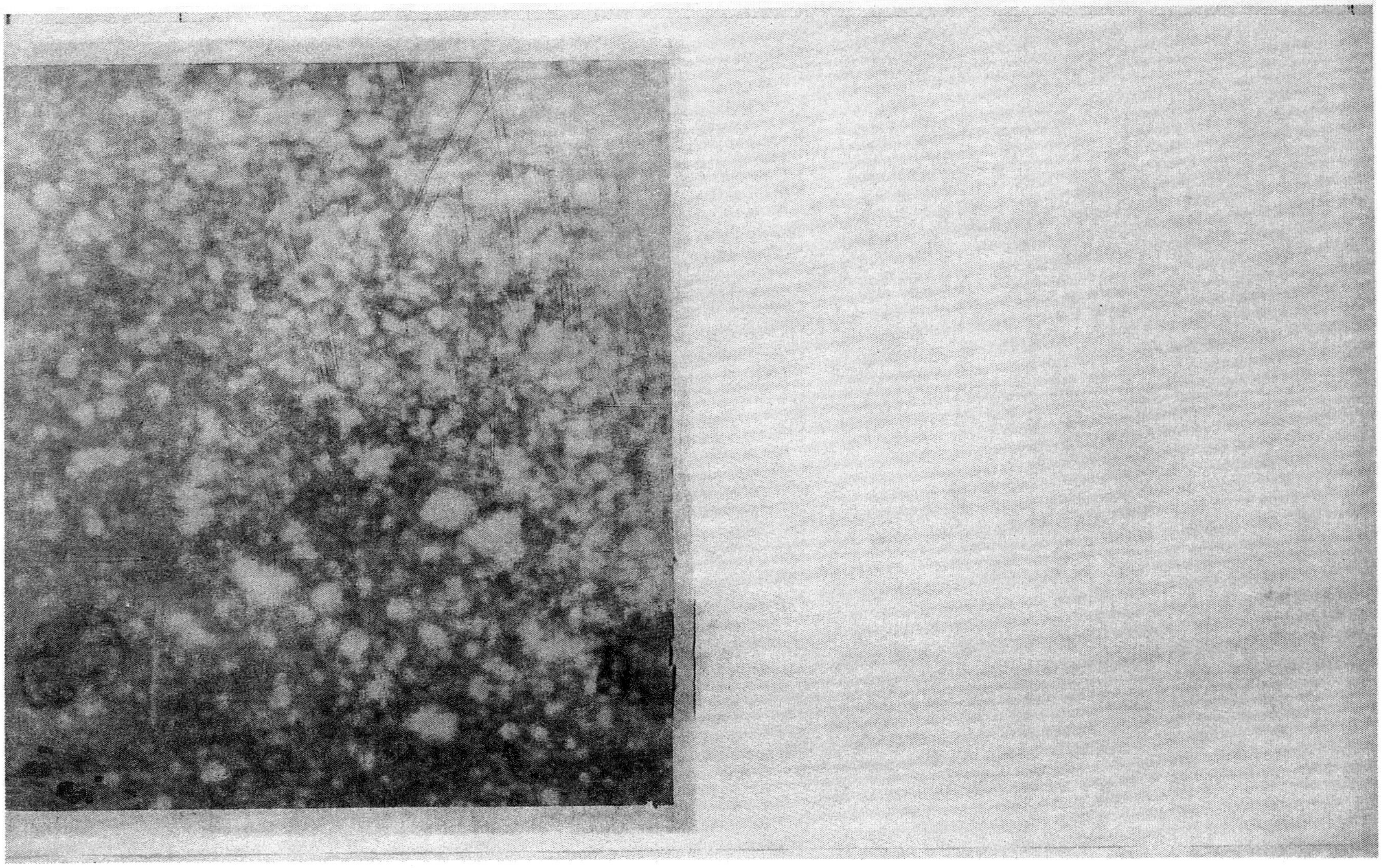

BD14748 號　現代護首、扉葉、玉池　　（3–3）

代長值危時望鄉失土波迸流離只
欲隱山居住不能忍凍受饑只欲揚後代復無晏
三歲才輕德薄不堪人師徒消人食浪費人衣

BD14748 號　太公家教（甲種）　　（8–1）

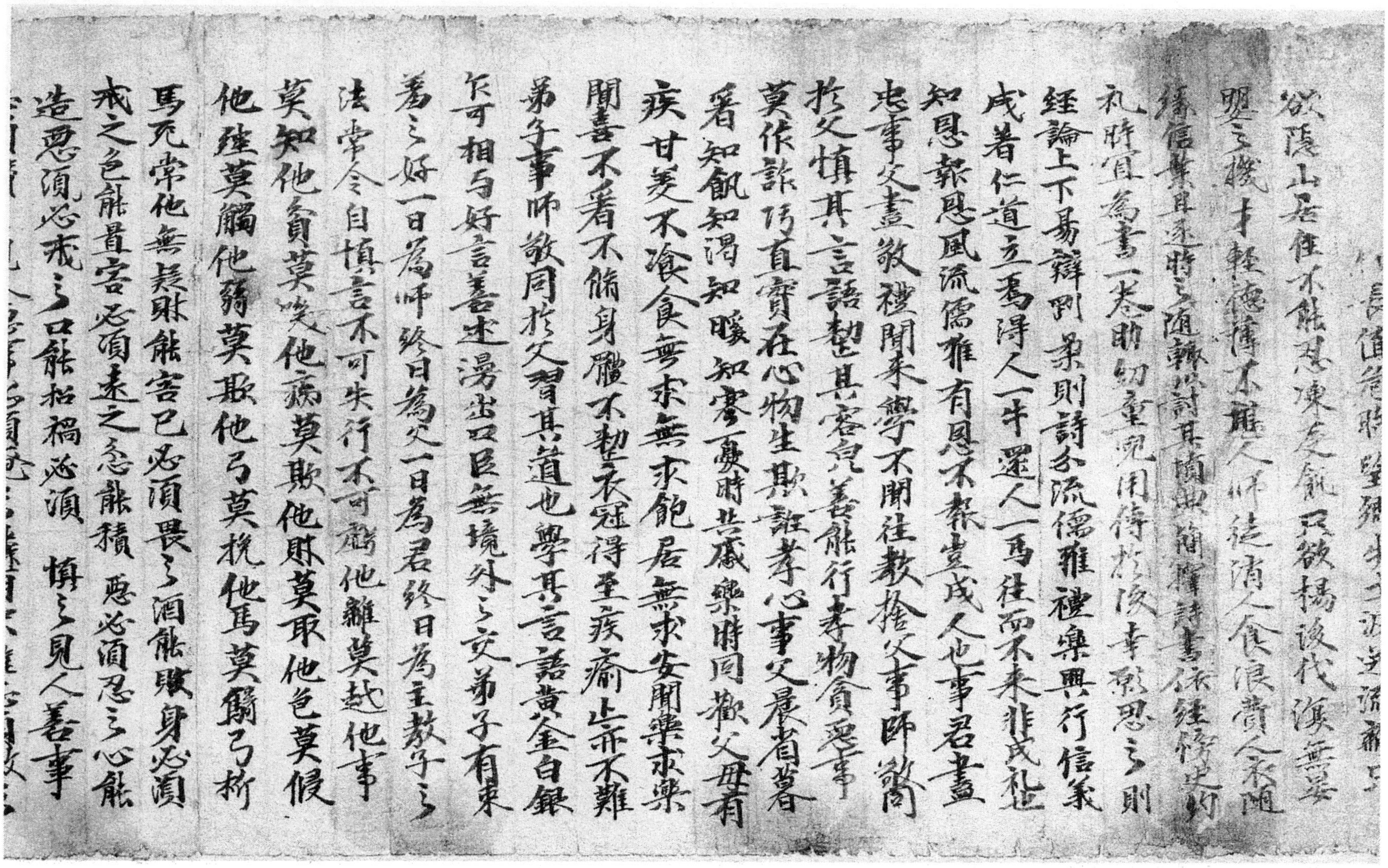
欲隱山居住不能忍凍受飢只欲揚名後代復無晏
嬰之機才輕德薄不堪人師徒消人食浪費人衣隨
緣信業且逐時々隨輒以討其墳典簡擇詩書依經傍史約
禮時宜為書一卷助幼童兒用傳於後幸願思々則
經論上下易辯剛柔則詩分流儒雅禮樂興行信義
成著仁道立焉得人一牛還人一馬往而不來非成禮
知恩報恩風流儒雅有恩不報豈成人也事君盡
忠事父盡敬禮聞來學不聞往教養父事師敬同
於父慎其言語整其容兒善能行孝物貧惡事
莫作詐偽直實在心物生欺誑孝心事父晨省暮
看知飢知渴知暖知寒憂時共戚樂時同歡父母有
疾甘美不飡食無求飽居無求安聞樂不樂
聞喜不看不脩身體不整衣冠得至疾愈止亦不難
弟子事師敬同於父習其道也學其言語黃金白銀
乍可相與好言善述湯出口良無境外之交弟子有束
脩々好一日為師終日為父一日為君終日為主教子々
法常令自慎言不可失行不可虧他籬莫越他事
莫知他貧莫笑他病莫欺他財莫取他色莫侵
他強莫觸他弱莫欺他弓莫挽他馬莫騎弓折
馬死償他無疑財能害己必須畏々酒能敗身必須
戒之色能害己必須遠之忿能積惡必須忍々心能
造惡必須戒々口能招禍必須慎々見人善事

BD14748號　太公家教（甲種）　（8–2）

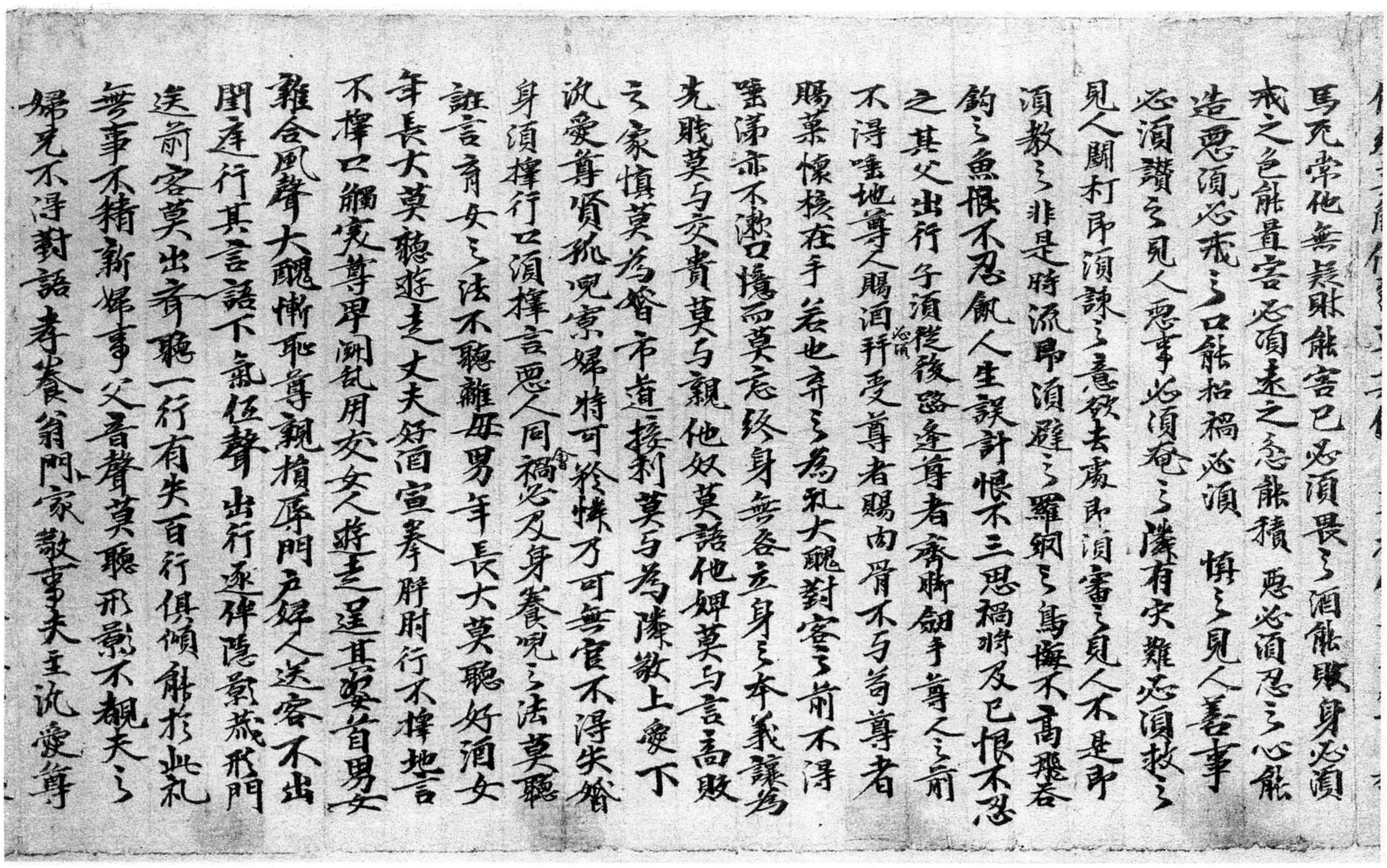
馬死償他無疑財能害己必須畏々酒能敗身必須
戒之色能害己必須遠之忿能積惡必須忍々心能
造惡必須戒々口能招禍必須慎々見人善事
必須讚々見人惡事必須掩々鄰有災難必須救々
見人鬭打即須諫々意欲去處即須審々見人不是即
須教々非是時流即須避々羅網々鳥悔不高飛吞
鉤々魚恨不忍飢人生誤計恨不三思禍將及己恨不忍
之其父出行子須從後路逢尊者齊脚斂手尊人々前
不得唾地尊人賜酒必須拜受尊者賜肉骨不與狗尊者
賜菓懷核在手若也棄々為禮大醜對客々前不得
嚏涕亦不漱口憶而莫忘終身無咎立身々本義讓為
先賤莫與交貴莫與親他奴莫語他婢莫與言商販
之家慎莫為婚市道接利莫與為鄰敬上愛下
汎愛尊賢孤兒寡婦特可矜憐乃可無官不得失婚
身須擇行口須擇言惡人同會禍必及身養兒々法莫聽
誑言育女々法不聽離母男年長大莫聽好酒女
年長大莫聽遊走丈夫好酒宣拳捋肘行不擇地言
不擇口觸突尊卑渾亂用交女人遊走逞其姿首男女
雜合風聲大醜慚恥尊親損辱門戶婦人送客不出
閨庭行其言語下氣低聲出行逐伴隱影藏形門
前有客莫出齊聽一行有失百行俱傾能於此禮
無事不精新婦事父音聲莫聽形影不覩夫々
兄不得對語孝養翁家敬事夫主汎愛尊

BD14748號　太公家教（甲種）　（8–3）

閨庠進行其言語下氣低聲出行逐伴隱影藏形門
送前客莫出齊聽一行有失百行俱傾能於此礼
無事不精新婦事父音聲莫聽形影不覩夫之
婦兄不得對語孝養翁家敬事夫主訖愛尊
賢教示男女行則緩步言必小語勤事女功莫學
歌舞小為人子長為人父出則斂容動則庠序敬慎
口言終身無苦希見今時貧家養女不解麻布不
閑針縷貪食不作好喜遊走女年長大躬為人婦
不敬君家不畏夫主大人使命說辛道苦夫罵一言
反應十句損辱兄弟連累父母本不是人狀同豬狗
含血損人先惡其口十言九中不語者勝小為人子
長為人父居必擇鄰慕近良友側立齊聽遂待
賓客侶無親疎來者當受合食與食合酒與酒
閉門不看還同豬狗救貪作當事須方寸看客
不貪吾今實語握髮吐飧先有常擄問門不看不
如獨鼠高山之樹苦於風雨路邊之樹苦於刀斧
當道作舍苦於客侶不慎之家苦於官府牛
羊不圈苦於狼虎禾熟不收苦於雀鼠屋漏不覆
苦於梁柱兵將不慎敗於軍旅人生不學費其
言語近朱者赤近墨者黑蓬生麻中不扶自直
近佞者諂近偷者賊近愚者癡近聖者明近賢
者德近淫者色貪人多力勤耕之人必豐穀食
勤學之人必居官職良田不耕損人功力養子不

BD14748號　太公家教（甲種）　（8–4）

言語近朱者赤近墨者黑蓬生麻中不扶自直
近佞者諂近偷者賊近愚者癡近聖者明近賢
者德近淫者色貪人多力勤耕之人必豐穀食
勤學之人必居官職良田不耕損人功力養子不
教費人衣食與人共食慎莫先嘗與人同飲
莫先起觴行不當路坐不當門路逢尊者
側立其傍有問善對必須審詳子從外來先
須省堂未見尊者莫入私房若得飲食慎莫
先嘗餐其祖宗始到耶娘次霑兄弟後及兒
郎食必先讓勞必先當知過必改得能莫忘
與人相識先政容儀稱名道字然後相知陪年已
長則父事之十年已長則兄事之五年已外則
肩隨之三人同行必有我師焉擇其善者而從之
其不善者而益之潔不擇職貧不擇妻飢不擇食
寒不擇衣小人為財相殺君子以得相知欲求其
長必取其短欲求其圓先取其方欲求其強
先取其弱欲求其剛先取其柔欲防外敵先須自
防欲揚人惡便是自揚傷人之語還是自傷良之
不可皃相海水不可斗量茅茨之家必出公王
蒿艾之下必有蘭芳助祭得食助鬬得傷人慈
者受脅暴者亡清清之事為酒所傷洞人善
事乍可稱揚知人有過密掩深藏是故罔談
彼短靡恃己長鷹鷂雖迅不能枝於風雨日月

BD14748號　太公家教（甲種）　（8–5）

蒿艾之下必有蘭芳服存得食[illegible]傷人之
者受骨暴者亡清〻之事為酒所傷溷人善
事乍可稱揚知人有過密掩深藏是故罔談
彼短靡恃己長鷹鷂雖迅不能枝於風雨日月
雖明不照盆覆之下唐虞雖聖不能化其明主
岌子雖賢不能諫其暗君比干雖惠不能自免其
身蛟龍雖重不煞岸上之人刀劍雖利不能煞
清潔之士羅網雖細不能執無事之人非災
横禍不入慎之門人无遠慮必有近憂斛徑揀
於良讒言敗於善人君子合鼓為大海水博內
如川寬則得衆斂則有功以法治人〻即得活

國信讒必煞忠臣治家信讒家必敗亡兄弟信讒分別
異居夫婦信讒男女生分朋友信讒必致死怨天雨
五穀荊棘蒙恩杞薪救火〻必成災揚湯至沸不如
去薪千人排門不如一人拔關一人守隘万人莫當貪心害
己利口傷身瓜田不整履李下不整冠聖君雖渴不飲盜
泉之水暴風疾雨不入寡婦之門孝子不隱情於父忠臣不
隱情於君法不化君子禮不下於小人君濁則用武君清則
用文多言不益其體百伎不妨其身明君不愛邪佞之臣慈
父不愛無功之子道之以德齊之以禮小人不擇地而息君子
困窮小人不擇官而事屈厄之人不羞執鞭之事飢寒在
身不羞乞輂之恥貧不可欺富不可恃陰陽相催終而
復始太公未遇釣魚水相如未達賣卜於市　天居山
[illegible]孔鳴盤桓候時而起鶴鳴九皐聲聞於天電

BD14748 號　太公家教（甲種）　（8–6）

困窮小人不擇官而事屈厄之人不羞執鞭之事飢寒在
身不羞乞輂之恥貧不可欺富不可恃陰陽相催終而
復始太公未遇釣魚水相如未達賣卜於市　天居山
魯連海水孔鳴盤桓候時而起鶴鳴九皐聲聞於天電
裹燃火燒氣成雲家中有惡人必知之身有德行人必稱傳
孟母三移為子擇鄰只患己所不知患己不知人也欲立身
先立於人己欲達先達人立身行道始於事親孝無終始
不離其身修身慎行恐辱先人己所不欲物施於人近鮑
者臭近蘭者香近愚者闇近智者良明珠不瑩焉發其
光人生不學言不成章小兒學者如日出之光長而學
者如日中之光老而學者如日暮之光老而不學冥〻
如夜柔必勝剛若必勝強齒堅即折若柔劇長女慕貞潔
男効才良行善獲福行惡得殃行來不遠所見不長學
不廣智惠不長欲知其君視其所使欲知其父先視其
子欲作其木視其文理欲知其人先知奴婢君子固窮小
人窮斯濫矣痛則無法醉則无憂飲人狂藥不得
責人之禮聖人避其酒客君子恐其酒仕知者不
見之過愚夫之子多患小人過女无明鏡不知面
上之精麁將軍之門必出勇夫博學之家必有
君子是以人相知相道行魚　望於江湖人無良友不知
行之得失是結以交朋友須擇良賢寄死託孤意重則
[illegible]

BD14748 號　太公家教（甲種）　（8–7）

見之過愚夫之子多愚小人過女无明鏡不知面
上之精藏將軍之門必出勇夫博學之家必有
君子是以人相知相道行魚　望於江湖人無良友不知
行之得失是結以交朋友須擇良賢寄死託孤意重則
密榮則同榮辱則同辱難則相救危則相扶勤是無價
之寶學是明月神珠積財千万不如明解一經良田
千傾不如薄藝隨軀慎是護身之符謙是百行
之本餌(香)之下必懸鈎之魚重賞之家必有勇夫之之
者可償過者可誅慈父不愛无力之子只愛有
力之奴養男不教為人養奴養女不教不如養猲
瘦人恩婦賢女敬夫孝是百行之本故云其大
者乎
太公家教一卷

BD14748號　太公家教（甲種）　（8–8）

妙法蓮華經安樂行品第十四
尒時文殊師利法王子菩薩摩訶薩白佛言 五
世尊是諸菩薩甚為難有敬順佛故發大誓
願於後惡世護持讀說是法華經世尊菩薩
摩訶薩於後惡世云何能說是經佛告文殊
師利若菩薩摩訶薩於後惡世欲說是經當
安住四法一者安住菩薩行處親近處能為
衆生演說是經文殊師利云何名菩薩摩訶
薩行處若菩薩摩訶薩住忍辱地柔和善順
而不卒暴心亦不驚又復於法无所行而觀
諸法如實相亦不行不分別是名菩薩摩訶
薩行處云何名菩薩摩訶薩親近處菩薩摩
訶薩不親近國王王子大臣官長不親近諸
外道梵志尼揵子等及造世俗文筆讚詠外
書及路伽耶陀逆路伽耶陀者亦不親近諸
有凶戲相扠相撲及那羅等種種變現之戲

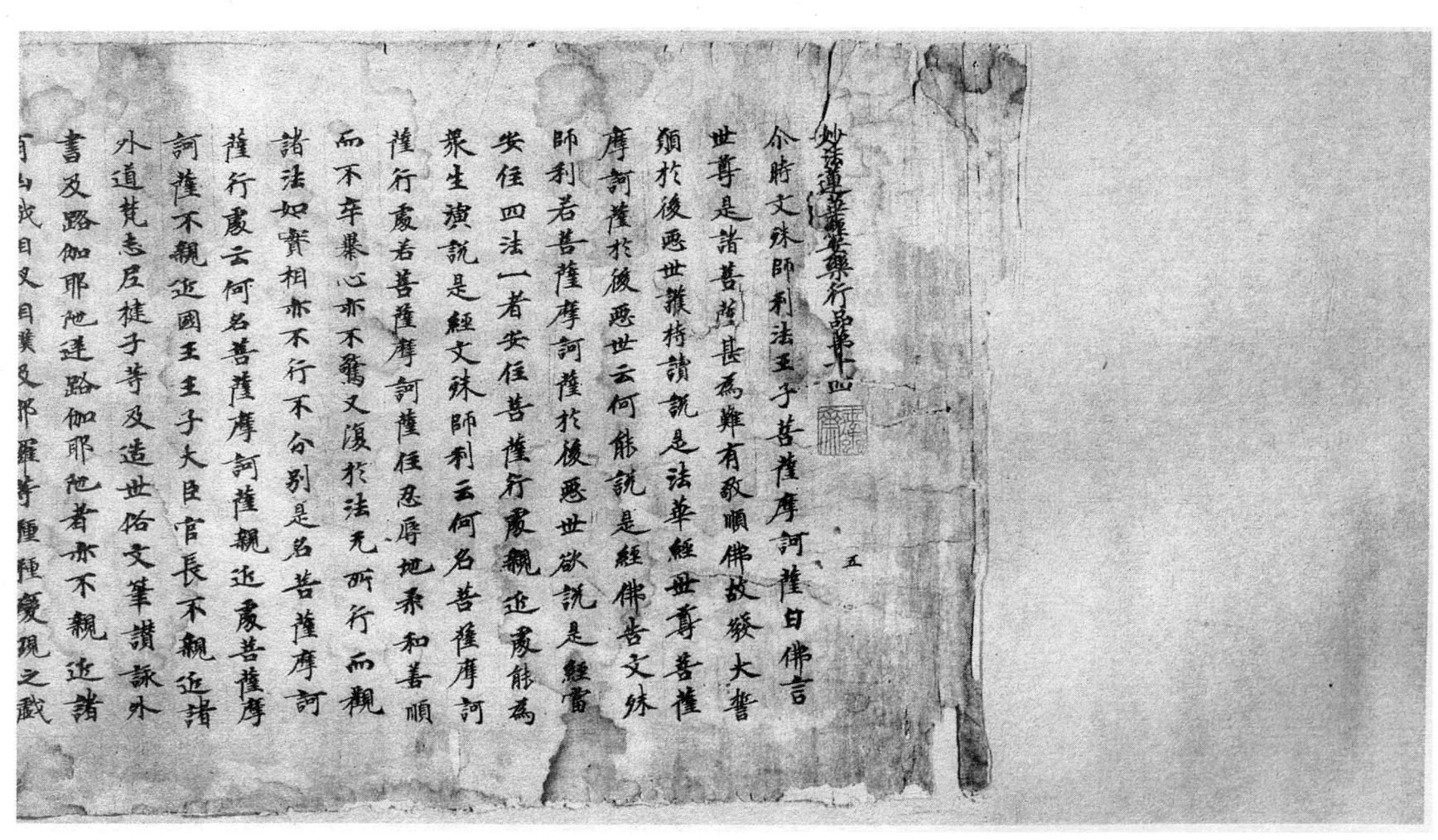

BD14749號　妙法蓮華經卷五　（8–1）

諸法如實相
薩行處云何名菩薩摩訶薩親近處菩薩摩
訶薩不親近國王王子大臣官長不親近諸
外道梵志尼揵子等及造世俗文筆讚詠外
書及路伽耶陀逆路伽耶陀者亦不親近諸
有凶戲相扠相撲及那羅等種種變現之戲
又不親近旃陀羅及畜猪羊雞狗田獵魚捕
諸惡律儀如是人等或時來者則為說法无
所悕望又不親近求聲聞比丘比丘尼優婆
塞優婆夷亦不問訊若於房中若經行處若
在講堂中不共住止或時來者隨宜說法无
所悕求文殊師利又菩薩摩訶薩不應於女
人身取能生欲想相而為說法亦不樂見若
入他家不與小女處女寡女等共語亦復不
近五種不男之人以為親厚不獨入他家若
有因緣須獨入時但一心念佛若為女人說
法不露齒咲不現胷臆乃至為法猶不親厚
況復餘事不樂畜年少弟子沙弥小兒亦不
樂與同師常好坐禪在於閑處脩攝其心文
殊師利是名初親近處復次菩薩摩訶薩觀
一切法空如實相不顛倒不動不退不轉如
虛空无所有性一切語言道斷不生不出不
起无名无相實无所有无量无邊无礙无障
但以因緣有從顛倒生故說常樂觀如是法
相是名菩薩摩訶薩第二親近處尒時世尊
欲重宣此義而說偈言

BD14749號　妙法蓮華經卷五　（8–2）

虛空无所有性一切語言道斷不生不出不
起无名无相實无所有无量无邊无礙无障
但以因緣有從顛倒生故說常樂觀如是法
相是名菩薩摩訶薩第二親近處尒時世尊
欲重宣此義而說偈言
若有菩薩　於後惡世　无怖畏心　欲說是經
應入行處　及親近處　常離國王　及國王子
大臣官長　凶險戲者　及旃陀羅　外道梵志
亦不親近　增上慢人　貪著小乘　三藏學者
破戒比丘　名字羅漢　及比丘尼　好戲咲者
深著五欲　求現滅度　諸優婆夷　皆勿親近
若是人等　以好心來　到菩薩所　為聞佛道
菩薩則以　无所畏心　不懷悕望　而為說法
寡女處女　及諸不男　皆勿親近　以為親厚
亦莫親近　屠兒魁膾　田獵魚捕　為利煞害
販肉自活　衒賣女色　如是之人　皆勿親近
凶險相撲　種種嬉戲　諸婬女等　盡勿親近
莫獨屏處　為女說法　若說法時　无得戲咲
入里乞食　將一比丘　若无比丘　一心念佛
是則名為　行處近處　以此二處　能安樂說
又復不行　上中下法　有為无為　實不實法
亦不分別　是男是女　不得諸法　不知不見
是則名為　菩薩行處　一切諸法　空无所有
无有常住　亦无起滅　是名智者　所親近處
顛倒分別　諸法有无　是實非實　是生非生
在於閑處　脩攝其心　安住不動　如須弥山

BD14749號　妙法蓮華經卷五　（8–3）

是則名為　菩薩行處　一切諸法　空无所有
无有常住　亦无起滅　是名智者　所親近處
顛倒分別　諸法有无　是實非實　是生非生
在於閑處　脩攝其心　安住不動　如須弥山
觀一切法　皆无所有　猶如虛空　无有堅固
不生不出　不動不退　常住一相　是名近處
若有比丘　於我滅後　入是行處　及親近處
說斯經時　无有怯弱　菩薩有時　入於靜室
以正憶念　隨義觀法　從禪定起　為諸國王
王子臣民　婆羅門等　開化演暢　說斯經典
其心安隱　无有怯弱　文殊師利　是名菩薩
安住初法　能於後世　說法華經
又文殊師利如來滅後於末法中欲說是經
應住安樂行若口宣說若讀經時不樂說人
及經典過亦不輕慢諸餘法師不說他人好
惡長短於聲聞人亦不稱名說其過惡亦不
稱名讚歎其美又亦不生怨嫌之心善脩如
是安樂心故諸有聽者不逆其意有所難問
不以小乘法荅但以大乘而為解說令得一
切種智尒時世尊欲重宣此義而說偈言
菩薩常樂　安隱說法　於清淨地　而施床座
以油塗身　澡浴塵穢　著新染衣　內外俱淨
安處法座　隨問為說　若有比丘　及比丘尼
諸優婆塞　及優婆夷　國王王子　群臣士民
以微妙義　和顏為說　若有難問　隨義而荅

以油塗身　澡浴塵穢　著新染衣　內外俱淨
安處法座　隨問為說　若有比丘　及比丘尼
諸優婆塞　及優婆夷　國王王子　群臣士民
以微妙義　和顏為說　若有難問　隨義而荅
因緣譬喻　敷演分別　以是方便　皆使發心
漸漸增益　入於佛道　除嬾惰意　及懈怠想
離諸憂惱　慈心說法　晝夜常說　无上道教
以諸因緣　无量譬喻　開示眾生　咸令歡喜
衣服臥具　飲食醫藥　而於其中　无所悕望
但一心念　說法因緣　願成佛道　令眾亦尒
是則大利　安樂供養　我滅度後　若有比丘
能演說斯　妙法華經　心无嫉恚　諸惱障礙
亦无憂愁　及罵詈者　又无怖畏　加刀杖等
亦无擯出　安住忍故　智者如是　善脩其心
能住安樂　如我上說　其人功德　千万億劫
筭數譬喻　說不能盡
又文殊師利菩薩摩訶薩於後末世法欲滅
時受持讀誦斯經典者无懷嫉妒諂誑之心亦
勿輕罵學佛道者求其長短若比丘比丘
尼優婆塞優婆夷求聲聞者求辟支佛者
求菩薩道者无得惱之令其疑悔語其人言汝
等去道甚遠終不能得一切種智所以者何
汝是放逸之人於道懈怠故又亦不應戲論
諸法有所諍競當於一切眾生起大悲想於
諸如來起慈父想於諸菩薩起大師想於十

等去道甚遠終不能得一切種智所以者何
汝是放逸之人於道懈怠故又亦不應戲論
諸法有所諍競當於一切衆生起大悲想於
諸如來起慈父想於諸菩薩起大師想於十
方諸大菩薩常應深心恭敬禮拜於一切衆
生平等說法以順法故不多不少乃至深愛
法者亦不為多說文殊師利是菩薩摩訶薩
於後末世法欲滅時有成就是第三安樂行
者說是法時无能惱亂得好同學共讀誦是
經亦得大衆而來聽受聽已能持持已能誦
誦已能說說已能書若使人書供養經卷恭
敬尊重讚歎尒時世尊欲重宣此義而說偈言
若欲說是經　當捨嫉恚慢　諂誑邪僞心　常脩質直行
不輕蔑於人　亦不戲論法　不令他疑悔　云汝不得佛
是佛子說法　常柔和能忍　慈悲於一切　不生懈怠心
十方大菩薩　愍衆故行道　應生恭敬心　是則我大師
於諸佛世尊　生无上父想　破於憍慢心　說法无障礙
第三法如是　智者應守護　一心安樂行　无量衆所敬
又文殊師利菩薩摩訶薩於後末世法欲滅
時有持法華經者於在家出家人中生大慈
心於非菩薩人中生大悲心應作是念如是
之人則為大失如來方便隨宜說法不聞不
知不覺不問不信不解其人雖不問不信不
解是經我得阿耨多羅三藐三菩提時隨在
何地以神通力智慧力引之令得住是法中

BD14749號　妙法蓮華經卷五　（8–6）

之人則為大失如來方便隨宜說法不聞不
知不覺不問不信不解其人雖不問不信不
解是經我得阿耨多羅三藐三菩提時隨在
何地以神通力智慧力引之令得住是法中
文殊師利是菩薩摩訶薩於如來滅後有成
就此第四法者說是法時无有過失常為比
丘比丘尼優婆塞優婆夷國王王子大臣人
民婆羅門居士等供養恭敬尊重讚歎虛空
諸天為聽法故亦常隨侍若在聚落城邑空
閑林中有人來欲難問者諸天晝夜常為法
故而衛護之能令聽者皆得歡喜所以者何
此經是一切過去未來現在諸佛神力所護
故文殊師利是法華經於无量國中乃至名
字不可得聞何況得見受持讀誦文殊師利
譬如强力轉輪聖王欲以威勢降伏諸國而
諸小王不順其命時轉輪王起種種兵而往
討伐王見兵衆戰有功者即大歡喜隨功賞
賜或與田宅聚落城邑或與衣服嚴身之具
或與種種珍寶金銀瑠璃車𤦲馬瑙珊瑚虎
珀象馬車乘奴婢人民唯髻中明珠不以與
之所以者何獨王頂上有此一珠若以與之
王諸眷屬必大驚怪文殊師利如來亦復如
是以禪定智慧力得法國土王於三界而諸
魔王不肯順伏如來賢聖諸將與之共戰其
有功者心亦歡喜於四衆中為說諸經令其
心悅賜以禪定解脫无漏根力諸法之財又

BD14749號　妙法蓮華經卷五　（8–7）

王諸眷屬必大驚怪文殊師利如來亦復如
是以禪定智慧力得法國土王於三界而諸
魔王不肯順伏如來賢聖諸將與之共戰其
有功者心亦歡喜於四衆中為說諸經令其
心悅賜以禪定解脫无漏根力諸法之財又
復賜與涅槃之城言得滅度引導其心令皆
歡喜而不為說是法華經文殊師利如轉輪
王見諸兵衆有大功者心甚歡喜以此難信
之珠久在髻中不妄與人而今與之如來亦
復如是於三界中為大法王以法教化一切
衆生見賢聖軍與五陰魔煩惱魔死魔共戰
有大功勳滅三毒出三界破魔網尒時如來
亦大歡喜此法華經能令衆生至一切智一
切世間多怨難信先所未說而今說之文殊
師利此法華經是諸如來第一之說於諸說
中最為甚深末後賜與如彼強力之王久護
明珠今乃與之文殊師利此法華經諸佛如
來祕密之藏於諸經中最在其上長夜守護
不妄宣說始於今日乃與汝等而敷演之尒
時世尊欲重宣此義而說偈言

BD14749 號　妙法蓮華經卷五　（8–8）

BD14750號背　護首

（1–1）

𡭊果 三結 五明无過相 二明純他利相分四 一云應斷相分二 一標 二釋分三 一依
邪見立過 二依无因果見立過 三依无正行立過 二明應知相分三 一依受生明應
知相 二依變化明應知相 三依雜自事明應知相 三明結勸 四明无過相
四廣解分中第三明利益種類自利利他相分五 一總問 二略答 三列名分五如論
四別釋 二明无罪相分二 一明正義分二 一依自能善明无罪相 二依令他修善
明无罪相 三結 第二明攝受相分二 一明正義分三 一依无染汙樂明攝受相 二依
殊勝樂明攝受相 三依受樂明攝受相 三結 第三四合明於世相他世相分
五 一總標分四知論 二略釋 三廣解分二 一問 二答分四如論 四指經文 五總結
第五明寂滅相分二 一明正義分二 一依已得果明寂滅義 二依未得因明寂滅義
分二 一立世道因 二立出世道因 三總結 第五明總結 四廣解分中第四明
大乘種類自利利他因相分五 一總問 二略答 三徵問 四列名 五廣釋分四 一明
因樂等五法差別 二分別因樂等五法差別 三明於利有情行 四明二世利樂
相 別文分五 一明因樂相分三 一標 二釋分三 一依根境立因 二依觸立因 三
依二世業立因 三結 三明有漏无漏差別分二 一總標 二列名 三別釋分二 一明
无漏相分二 一標 二釋分二如論 二明有漏義分二 一標 二釋分三如論 三依三處
明三差別分三 一總標 二列名 三明已樂分三 一標 二列名 三別釋分二 一明受樂 二明
心樂 第三明苦對治樂分三 一標 二釋分二 一立因 二取果 三結 第四明受斷樂
第五明无擾害樂分三 一總標 二列名 三別釋分四 一明出離樂 二明遠離樂 三明寂
靜樂 四明三菩提樂 五廣解分四中第二分別因樂等五法差別分五 一明因樂者
別 二明受樂差別 三明苦對治樂差別 四明受斷樂差別分二 一明正義 二簡難
五明无擾害差別分二 一明第四樂相 二明前三樂相 分三 一標 二釋 三結 五廣解分四中第三明於利有情
行分三 一[illegible]

BD14750號1　瑜伽師地論分門記卷三五　（5–1）

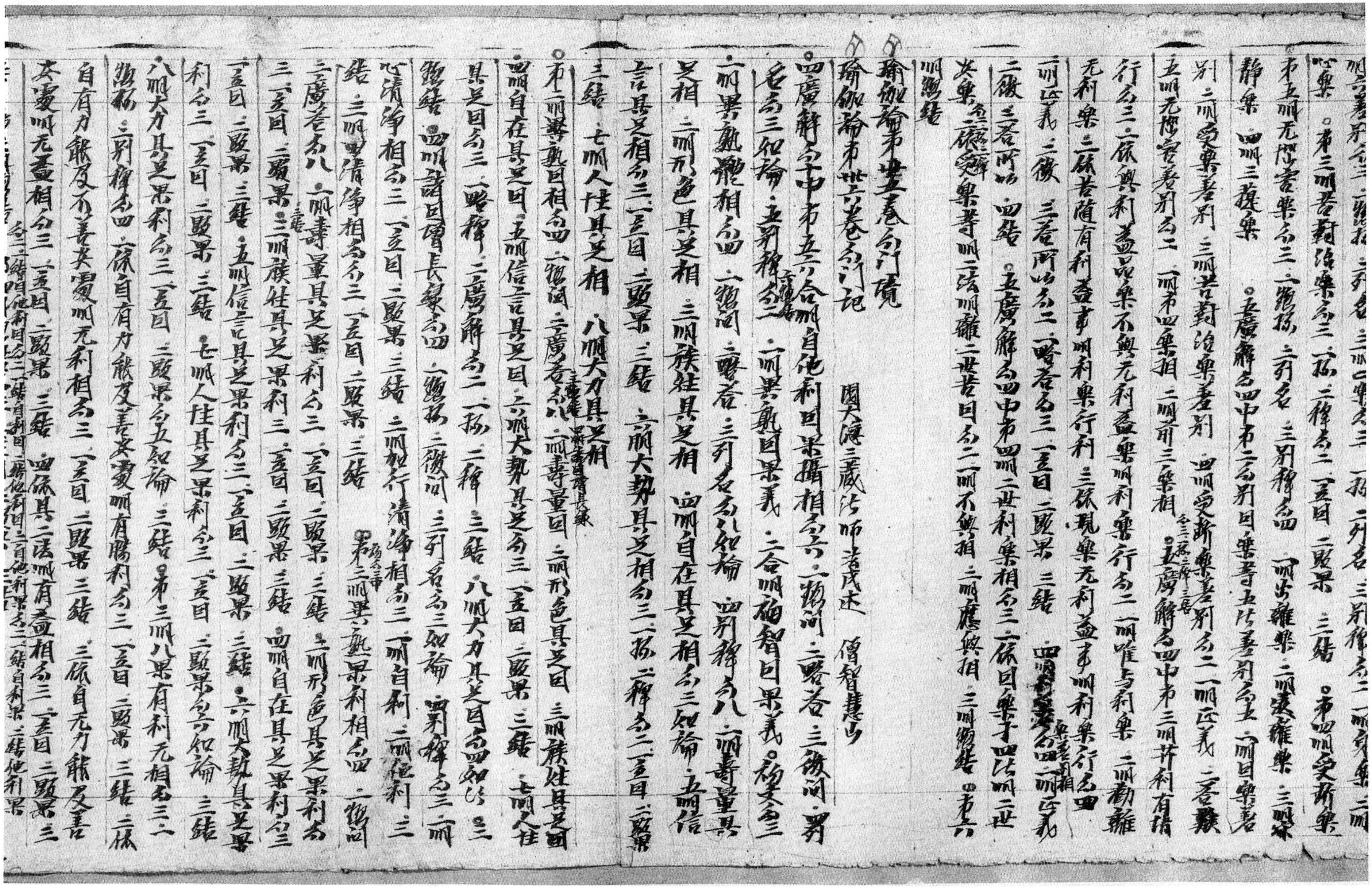
瑜伽論第卅五卷分門境
瑜伽論第卅六卷分門記
國大德三藏法師沙門法成述　僧智慧山

BD14750 號 1　瑜伽師地論分門記卷三五　（5–2）
BD14750 號 2　瑜伽師地論分門記卷三六

二立因 二顯果 三結 五明信言已具足果利分三 一立因 二顯果 三結 六明大勢具足果
利分三 一立因 二顯果 三結 七明人性具足果利分三 一立因 二顯果分五如喻 三結
八明大力具足果利分三 一立因 二顯果 三結 第三明八果有利无相分三 一
總標 二別釋分四 一依自有力能及善友處所有勝利分三 一立因 二顯果 三結 二依
自有力能及不善友處所无利相分三 一立因 二顯果 三結 三依自无力能及善
友處所无益相分三 一立因 二顯果 三結 四依具二法所有益相分三 一立因 二顯果 三
結 第三明總結 分三 一結自他利因 二結自利因 三結他利因 第四明總結分三 一立因 二顯果 三結 分三 一結自他利果 二結自利果 三結他利果
五別釋分二 中第二合明福智因果義分三 一明福智體相 二明福因相 三明
福智果相 初文分三 一總問 二問福體 三問智體 三廣答
一依施等三度明福智相分二 一總標 二別釋分三 二依度明智體相
分三 二依三度 三依精進靜慮二度明福智二相分三 一總標 二別釋 三依
別釋 一明智相分三 一立因 二顯果分五 一依三靜慮顯果 二依 三依
觀察四諦顯果 四依觀察善等八法顯果 五依分別緣生法顯果
三總結 第二依靜慮明福智相分二 一明福相分三 一立因 二顯果 三結
二明智相分三 一立因 二顯果 三結 第二明總結 第二福智二因相分五 一總
問分三如喻 二略答 三列名分三如喻 四別釋分四 一善能隨順无違於緣相分四 一所
隨順緣分二 一標 二釋分二 一依顛倒緣不現前明隨順緣 二依不顛倒緣現前明
隨順緣 二明顛倒緣分三 一立因 二顯果 三結 三明不顛倒緣分二 一明正義 二結
四明无違於緣分三 一立因 二顯果 三結 五明攝緣過 第三明福智二果相分二
一總問分三知八 二立答分四 一明福智二果分三 一明福果分二 一立因 二顯果分二 一依无
積聚立果 二依作義利立果 二明智果分二 一立因 二顯果分二 一依正非邪立果 二
依作无量善事立果 三總結分二 一結四數 二結无量 三明相依義 三明福智差
別義 四明攝緣過 第六明總結
四廣解分十 中第七八合明現法及後法自利利他相分二 一總問分三如喻 二廣答分四
一明現法自利相分二 一明正義分六 一依如理作意明現法自利 二依知量受用明
現法自利 三依先可愛果業明現法自利分二 一立因 二顯果 四依靜慮自在明
現法自利分二 一依自利明證靜慮 二明不證他利 五依已得諦明現法自利
六依現法諦因明現法自利 第二明總結
三結 第二明現法利他相分三 一立因 二顯果
三結 第三明後法自利利他相分二 一明正義分五 一依得最界財寶明後法自他
利 二依得最界身明後法自他利 三依得四靜慮明後法自他利分二 一立因 二顯果
四依得四无色定明後法自他利分二 一立因 二顯果 五依得後法財寶明後法自他
利 六依得後法身相具足明後法自他利 第二明總結 第四明現法自利利他
相分四 一依現法證當來財寶明自他利 二依現法證當來身相具足明自他
利 三依現法證當來四靜慮明自他利 四依現法證當來四无色定之樂明自

BD14750號2 瑜伽師地論分門記卷三六

[illegible]

三結　◦第三明後得自利〻他相名二　一列五義名五　一依得勝界身財寶明後得自他
利　二依得勝界身明後得自他利　三依得四靜慮明後得自他利名二　一立因　二顯果
四依得四無色定明後得自他利名二　一立因　二顯果　五依得後得財寶明後得自他
利　六依得後法身相具足明後得自他利　◦第二明總結　◦第四明現法自利〻他
相名四　一依現法後當來財寶明自他利　二依現法後當來身相具足明自他
利　三依現法後當來四靜慮集明自他利　四依現法後當來四無色定樂習
他利　◦第三明總結
四廣解名十门中第九第十合明畢竟不畢竟自利〻他相名二　一總問　二廣答名
三　一明不畢竟相名三　一依勝界財寶及身因果明不畢竟見相　二依無生無漏
清淨因果明不畢竟見相　三總結　◦第二明畢竟見相名四　一依勝界明畢竟見相
二依聖道明畢竟見相　三依世善明畢竟見相　四總結　◦第三明畢竟見因名三　一總
標　二列名三所作　三別釋名二　一依自住明畢竟不畢竟見義名二　一總標　二別釋
名二　一依勝果明畢竟見相　二依不生道明畢竟見相　三合依退不退及用果明畢竟見
不畢竟見義名二　一總標　二別釋名二　一依勝因果壽三法明畢竟見相名三　一立因　二顯
果　三結　二依有漏道因果三法明不畢竟見相名三　一立因　二顯果　三結　四第五明結勸
名三　一明總結　二明勸相
初持瑜伽處名十八中第四明真實義品名二　一總問　二廣答名三　一略釋名三
一標　二列釋　三結　二廣解名三　一總標　二列名為四知〻　三別釋名四　一明世間
極成真實　二明道理極成真實　三明煩惱障淨智所行真實　四明所知
障淨智所行真實　◦初又名三　一總問　二廣答名二　一標　二釋名六　一依四大明世間
真實名二　一依地大明真實　二例餘三大明真實　二依色等五種所緣明世
間真實　三依處食等受用具明世間真實　四依色等五種所緣明世間真
實界趣等明世間真實　五依三受明世間真實　六明略要義及釋名　◦三明
總結　◦第二明道理極成真實名三　一問　二答名二　一總標　二別釋名三　一立能成
人源名八知論　二明所成〻理名二　一立所量境　二立能量智　三結　◦第三明煩
惱障淨智所行真實名二　一總問　二廣答名二　一明真實正義名四　一依已
得聖明真實相　二依當得明真實相　三依後得智明真實相　四結
◦第二釋名名三　一立因　二顯果　三結　◦第三明所緣境名三　一問　二略答　三列名
◦第四明勝利名二　一立因　二顯果　◦第五明所觀觀〻人　◦第六明觀觀生處名二
一立因　二顯果　◦第四明所知障淨智所行真實名二　一總問　二略答名三
一釋所知障義名二　一明正義　二結　二明淨智所行義　三結　◦第二廣解名二　一總
問　二廣答名十二　一依離言說自性假說自性明所知障淨智所行真實相　二依
無二所顯真實明所知障淨智所行真實相　三依無上菩提廣大方便明所知
障淨智所行真實相方用　四依涉入法無我智明所知障淨人無間功德

弟四明勝利有二 一立因 二顯示 弟五明廣觀多人 弟六明現觀生處有二
一立因 二顯果 弟四明所知障淨智所行真實有二 一略釋有三 一標列 二略舉有三
一釋所知障義有二 一明正義 二結 二明淨智所行義 三結 ○弟二廣解有二 一總
問 二廣答有十二 一依離言說自性假說自性明所知障淨智所行真實相 二依
无二所顯安定真實明所知障淨智所行真實相 三依无上菩提廣大方便明所知
障淨智所行真實相方用 四依證入法无我智明所知障淨人无分別功德
五依无戲論理明真實知行勝利 六依證成道理明了離言自性因由 七依正教
明諸法離言自性因由 八明執離言自性起言說因由 九依不了真實過失 十明能了
八種分別四尋思等三法 十一明四如實智功德 十二明假說安立相有二 一立因 二顯果
十三明四種真實勝者差別 ○接文有二 一明能入人有二 一菩薩 二諸佛 二明假說安立相有
二 一立因 二顯果 三明㝡不一等義 四明越度言說義
弟二明依无二所顯安立真實明所知障淨智所行真實相有三 一總標 二列名有八
三明別釋有五 一依世俗明有性相有三 一總標 二別釋有二 一略釋有二 一依所執明有性 二依
根本明有性 二廣辨有十四 一依五蘊立有性 二依六根立有性 三依四大立有性 四依六塵
境立有性 五依三性立有性 六依生滅立有性 七依十二緣生立有性 八依三世立有性 九依
有為无為立有性 十依二世立有性 十一依日月立有性 十二依四言說立有性 十三依所求
等躁立有性 十四依涅槃立有性 三明總結 ○弟二依弟一義諦明非有性有三 一總標
二別釋有二 一依色蘊等前十三種法明非有義 二依涅槃明非有義 三總結 ○弟三明无
二義有三 一立因 二顯果 三結 ○弟四明中道義有二 一標 二釋 ○弟五明二智差別相有二 一明諸
佛智差別 二明菩薩智差別
弟三明依无上菩提作廣大方便明所知障淨智所行真實方用有四 一略明方便
正義 二徵問 三答所以有二 一略答有三 一依成自他利益所以有二 一立因 二顯果
有二 一明自利果 二明利他果 二依知實了知所以 三依不厭離明所以 弟二廣
答有三 一明了生死過有三 一明不捨煩惱過有二 一立因 二顯果 二明受生死過有
二 一立因 二顯果 三明不能成自他利過有二 一立因 二顯果 弟三明厭生死過有二
一明速斷過 二明不成自他利過有二 一立因 二顯果 二依自利不成立過 三依他不
成立過 弟三明證空勝解功德有二 一略釋有二 一立因 二顯果 二廣解有二
一明怖斷過有二 一立因 二顯果 二明於斷多住厭樂過有二 一明速斷過 三明失自他利
過 弟四明非方便相有四 一依流轉立過 二依入般立過 三依不發資糧立過
四依无大方便立過 弟五明正方便相有二 一立因 二顯所知論 二顯果 弟六明方便因
弟四明總結

BD14750 號 2　瑜伽師地論分門記卷三六　（5–5）

各自脫衣供養菩薩重發無上勝進之心作
如是願願令我等功德善根悉皆不退迴向
阿耨多羅三藐三菩提梵王是諸苾芻依此
功德如說修行過九十大劫當得解悟出離
生死尒時世尊即為授記汝諸苾芻過卅阿
僧祇劫當得作佛劫名難勝光王國名无垢
光同時皆得阿耨多羅三藐三菩提皆同一
号名願莊嚴聞飾王十号具足梵王是金光
明微妙經典若正聞持有大威力假使有人
於百千大劫行六波羅蜜无有方便若有善
男子善女人書寫如是金光明經半月半月
專心讀誦是功德聚於前功德百分不及一
乃至筭數譬喻所不能及梵王是故我今令
汝修學憶念受持為他廣說何以故我於往
昔行菩薩道時猶如勇士入於戰陣不惜身
命流通如是微妙經王受持讀誦為他解脫

BD14751號　金光明最勝王經卷五　（2–1）

号名願莊嚴聞飾
明微妙經典若正聞持有大威力假使有人
於百千大劫行六波羅蜜无有方便若有善
男子善女人書寫如是金光明經半月半月
專心讀誦是功德聚於前功德百分不及一
乃至筭數譬喻所不能及梵王是故我今令
汝修學憶念受持為他廣說何以故我於往
昔行菩薩道時猶如勇士入於戰陣不惜身
命流通如是微妙經王受持讀誦為他解脫
梵王譬如轉輪聖王若王在世七寶不滅王
若命終所有七寶自然滅盡梵王是金光明
微妙經王若現在世无上法寶悉皆不滅若
无是經隨處隱沒是故應當於此經王專心
聽聞受持讀誦為他解說勸令書寫行精
進波羅蜜不惜身命不憚疲勞功德中勝我諸
弟子應當如是精勤修學
尒時大梵天王與无量梵衆帝釋四王及諸
藥叉俱從座起偏袒右肩右膝著地合掌恭
敬而白佛言世尊我等皆願守護流通是金

BD14751號　金光明最勝王經卷五　（2–2）

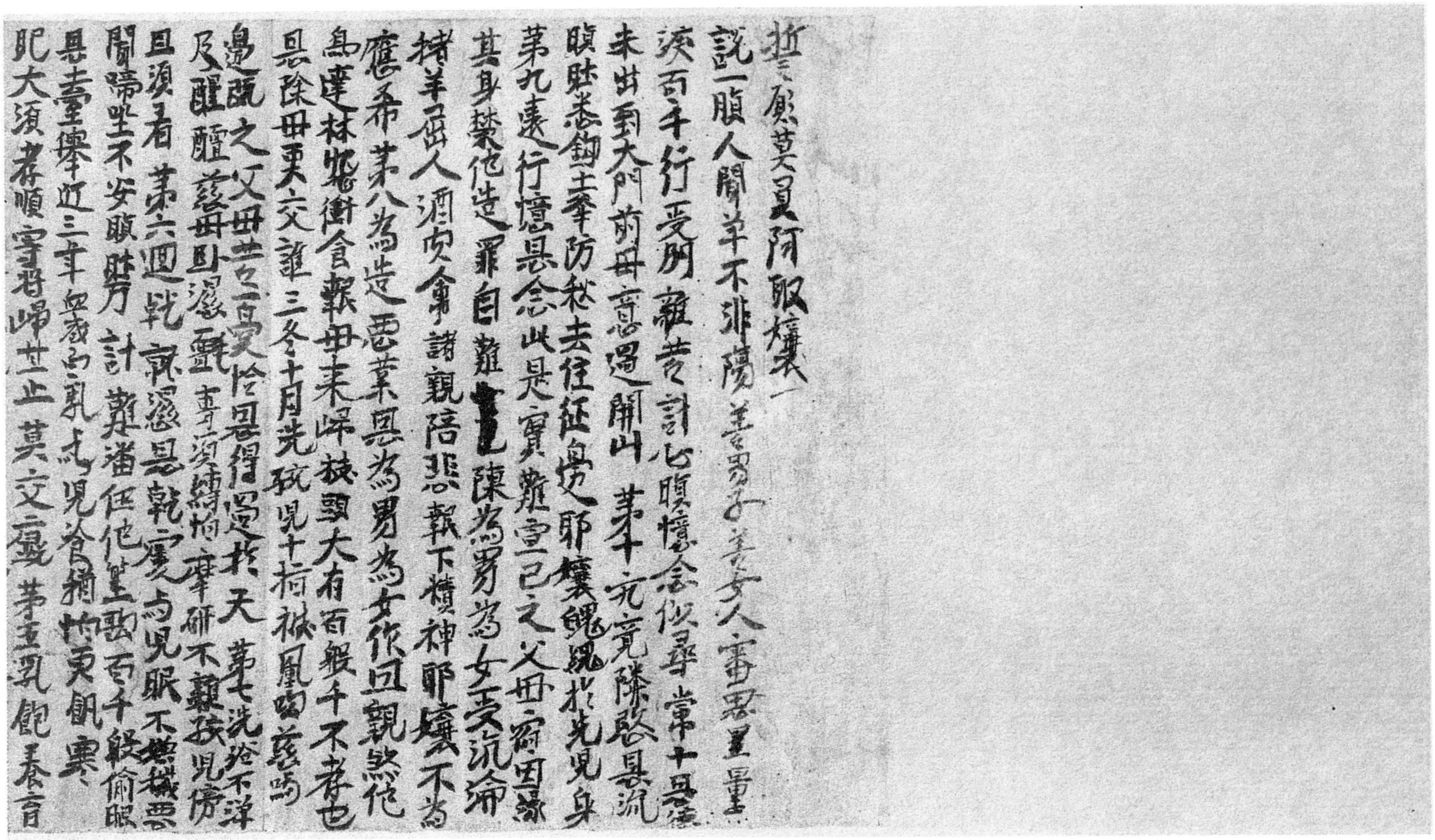

BD14751 號背　十恩德讚　　（2–1）

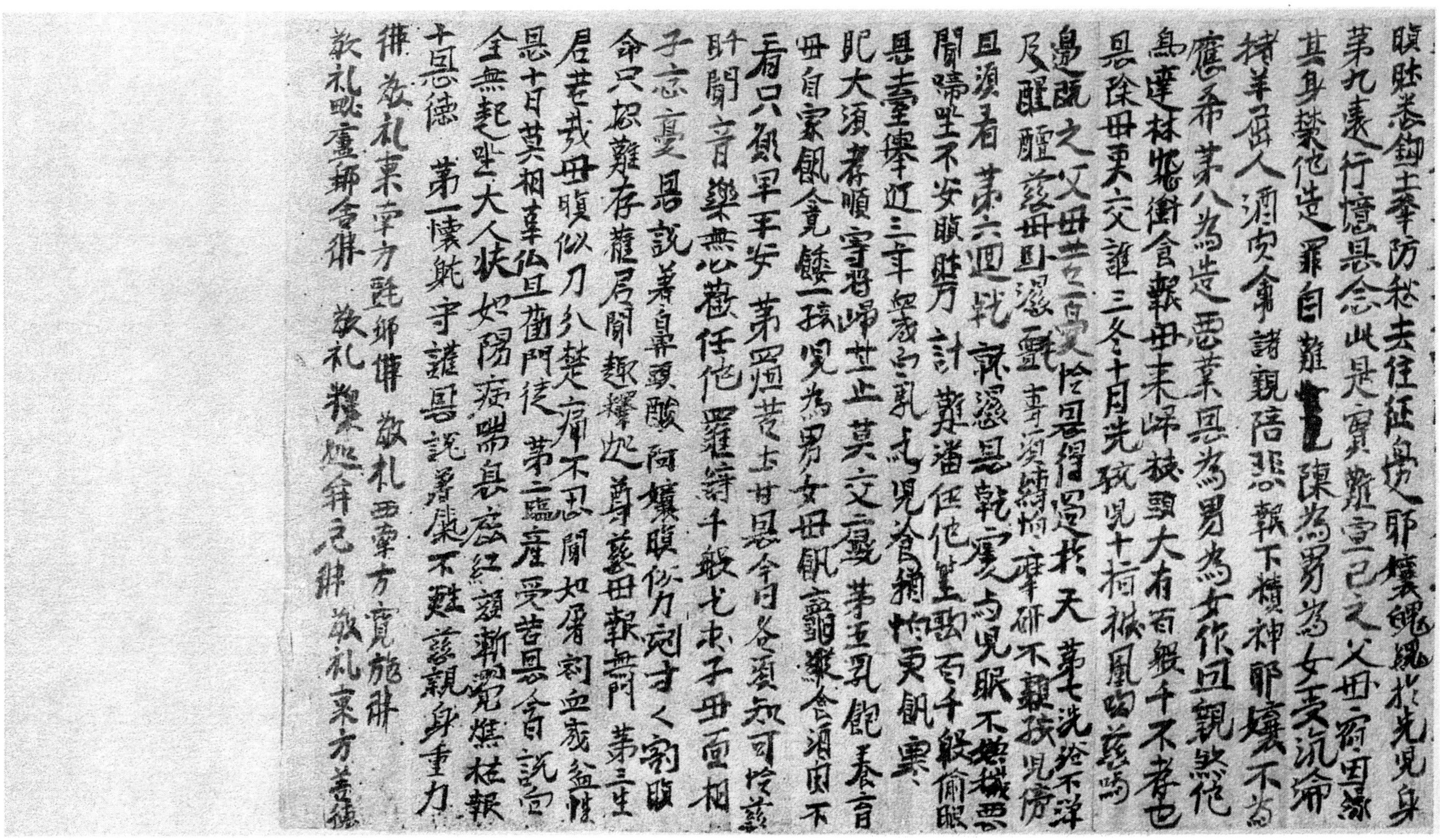

BD14751 號背　十恩德讚　　（2–2）

南无初發心念斷一切疑煩惱佛
南无破一切闇勝佛
南无寶炎佛　南无栴檀香佛
南无大寶炎佛　南无華幢佛
南无普勝常沙佛　南无滿賢佛
南无最力精進喜佛　南无普勝佛
南无勝稱佛　南无淨鏡佛
南无華勝佛　南无離塵佛
南无得功德佛　南无不動佛
南无栴檀佛　南无因陁羅月佛
南无樂山佛　南无能化佛
南无因陁羅幢佛　南无无畏在佛
南无富樓那佛　南无弗沙佛
南无法水清淨虛空界王佛
南无普智光明勝王佛
南无普光明功德莊嚴王佛
南无普智聲王佛　南无一切四无畏坐燈佛

BD14752號　佛名經（十六卷本）卷一二　（8–1）

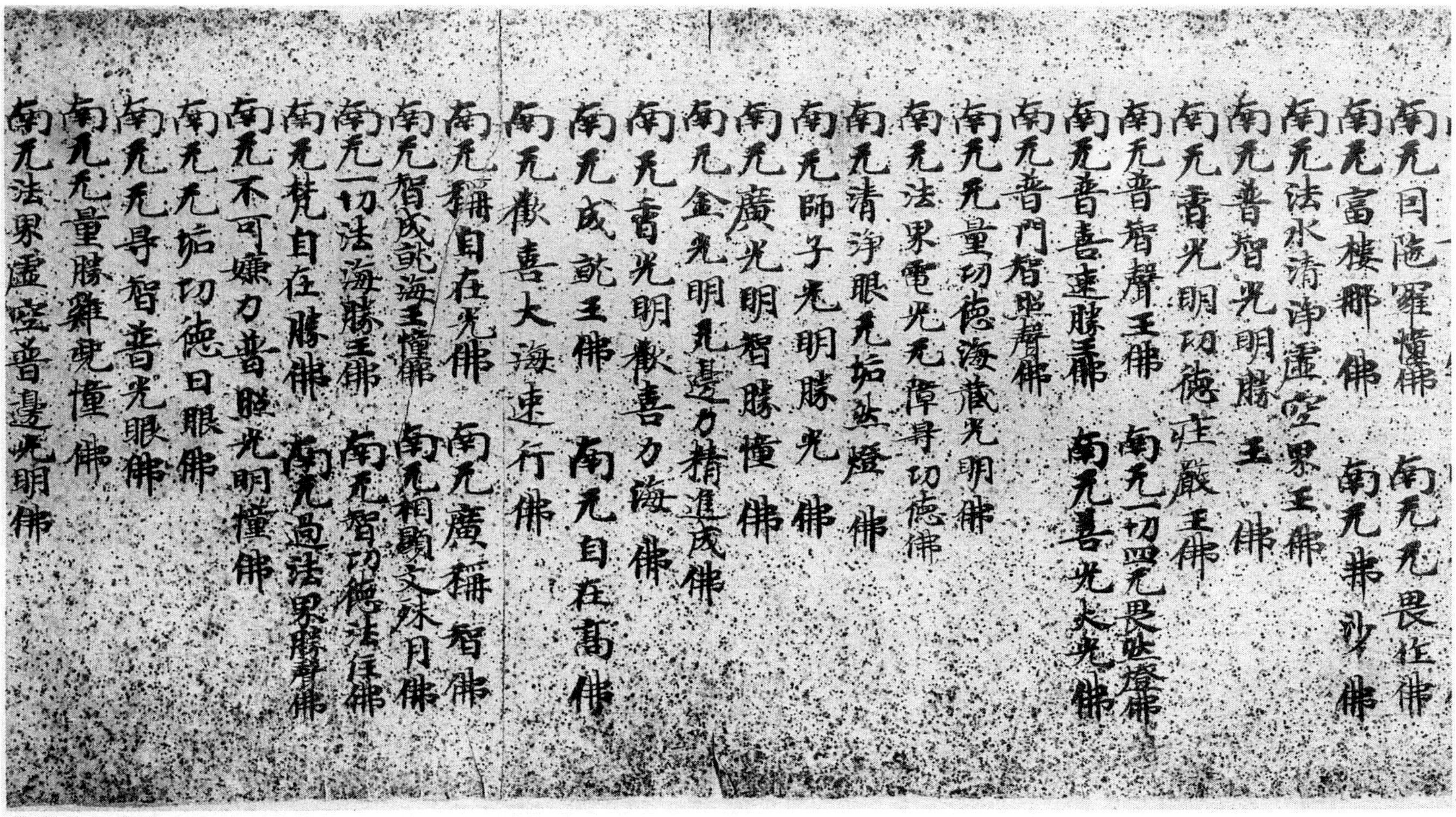

南无因陁羅幢佛
南无富樓那佛　南无无畏在佛
南无法水清淨虛空界王佛　南无弗沙佛
南无普智光明勝王佛
南无普光明功德莊嚴王佛
南无普智聲王佛　南无一切四无畏坐燈佛
南无普喜速勝佛　南无喜光大光佛
南无普門智照聲佛
南无无量功德海藏光明佛
南无法界電光无障身功德佛
南无清淨眼无垢燈佛
南无師子光明勝光佛
南无廣光明智勝幢佛
南无金光明无邊力精進成佛
南无普光明歡喜力海佛
南无成就王佛　南无自在高佛
南无歡喜大海速行佛
南无稱自在光佛　南无廣稱智佛
南无智成就海王幢佛　南无相顯文殊月佛
南无一切法海勝王佛　南无智功德法住佛
南无梵自在勝佛　南无過法界勝聲佛
南无不可嫌力普照光明幢佛
南无无垢功德日眼佛
南无无导智普光眼佛
南无无量勝雜寶幢佛
南无法界虛空普邊光明佛

BD14752號　佛名經（十六卷本）卷一二　（8–2）

南无不可嫌力普照光明幢佛
南无无垢功德日眼佛
南无无㝵智普光眼佛
南无无量勝雜現幢佛
南无法界虛空普邊光明佛
南无福德相雲勝威德佛
南无照勝頂光明佛　南无法風大海意佛
南无相法化普光明佛
從此以上九千佛十二部經一切賢聖
南无善成就眷屬普照佛
南无法盡疾速歡喜悲佛
南无无垢清淨普光明佛
南无清淨眼華勝佛　南无善智力威德佛
南无虛空清淨月佛　南无然金色須彌燈佛
南无智勝寶法光明佛　南无然寶燈佛
南无普光明高山佛　南无大勝佛
南无波頭摩奮迅佛　南无善天佛
南无无盡功德佛　南无華威德佛
南无甘露力佛　南无聲邊佛
南无妙法勝威德成就佛
南无普門見勝佛　南无无邊功德王佛
南无普光功德然燈鏡像佛
南无喜樂現華大佛　南无寶須彌然燈王佛
南无善化法界金光明電聲佛
南无可降伏力願佛　南无盡空城慧光聲佛
南无十方廣遍稱智然燈佛
南无師子光明滿足功德海佛

BD14752號　佛名經（十六卷本）卷一二　（8-3）

南无喜樂現華大佛　南无寶須彌然燈王佛
南无善化法界金光明電聲佛
南无可降伏力願佛　南无盡空城慧光聲佛
南无十方廣遍稱智然燈佛
南无師子光明滿足功德海佛
南无智數華光明佛
南无普眼滿足法界雜現幢佛
南无勝慧善導師佛
南无光明住佛　南无月幢佛
南无東方善護四天下名金剛良如來為上首
南无南方難勝四天下因陁羅如來為上首
南无西方親意四天下娑樓那如來為上首
南无北方師子意四天下摩訶牟尼如來
為上首
南无東北方善擇四天下降伏諸魔如來為
上首
南无東南方樂四天下毗沙門如來為上首
南无西南方堅固四天下不動如來為上首
南无西北方善地四天下普門如來為上首
南无上方妙四天下得智者意如來為上首
歸命如是等无量无邊諸佛
南无盧舍那勝威德王佛
南无普光明勝藏王佛
南无界佛　南无智燈佛
南无法界虛空智幢照佛
南无阿彌鹽波眼佛　南无龍自在王佛
南无法月普智光王佛

BD14752號　佛名經（十六卷本）卷一二　（8-4）

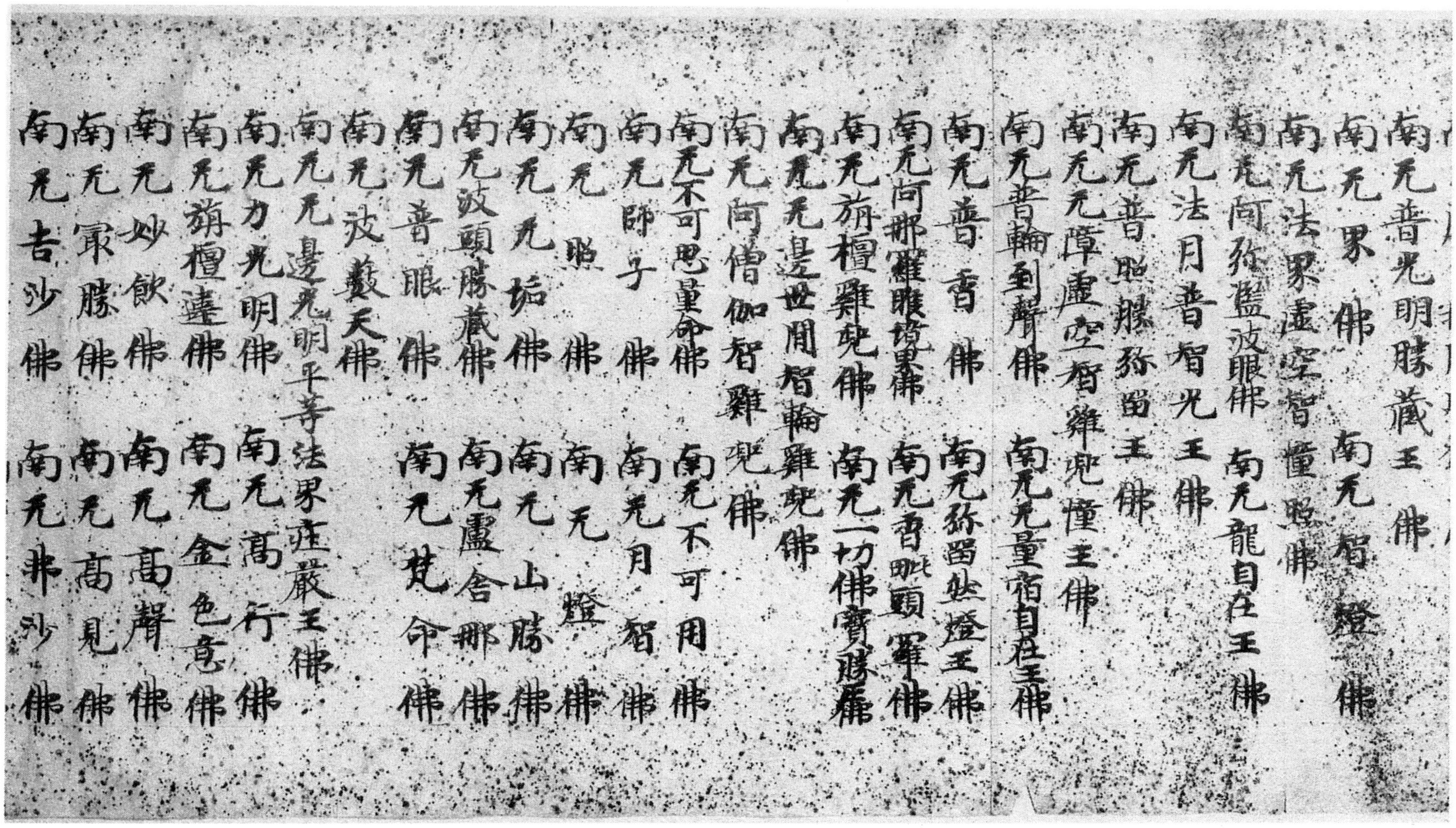
南无普光明勝藏王佛
南无果佛　南无智燈佛
南无法果虛空智幢照佛
南无阿弥藍波眼佛
南无法月普智光王佛　南无龍自在王佛
南无普照勝弥留王佛
南无无障虛空智難兜幢王佛
南无普輪到聲佛　南无无量宿自在王佛
南无普香佛　南无弥留処燈王佛
南无阿那羅眼境界佛　南无香照頭羅佛
南无旃檀難兜佛　南无一切佛寶勝佛
南无无邊世間智輪難兜佛
南无阿僧伽智難兜佛
南无不可思量命佛　南无不可用佛
南无師子佛　南无月智佛
南无照佛　南无燈佛
南无垢佛　南无山勝佛
南无波頭勝藏佛　南无盧舍那佛
南无普眼佛　南无梵命佛
南无波藪天佛
南无无邊光明平等法界莊嚴王佛
南无力光明佛　南无萬行佛
南无旃檀邊佛　南无金色意佛
南无妙飲佛　南无高聲佛
南无衆勝佛　南无高見佛
南无吉沙佛　南无弗沙佛

BD14752號　佛名經（十六卷本）卷一二　（8–5）

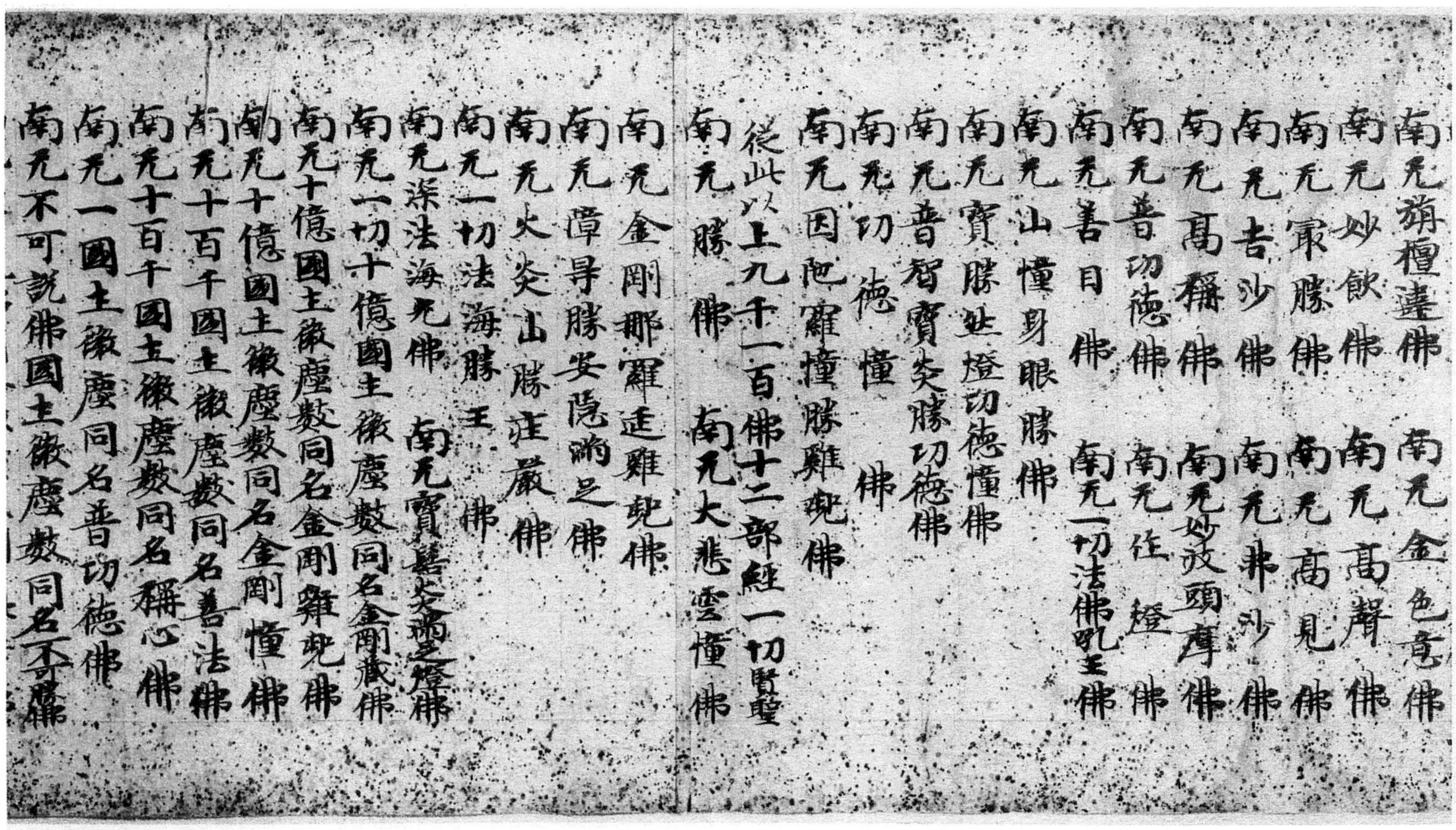
南无旃檀邊佛　南无金色意佛
南无妙飲佛　南无高聲佛
南无衆勝佛　南无高見佛
南无吉沙佛　南无弗沙佛
南无高稱佛　南无波頭摩佛
南无普功德佛　南无住燈佛
南无善目佛　南无一切法佛吼王佛
南无山幢身眼勝佛
南无寶勝処燈功德幢佛
南无普智寶炎勝功德佛
南无功德幢佛
南无因陁羅幢勝難兜佛
從此以上九千一百佛十二部經一切賢聖
南无勝佛　南无大悲雲幢佛
南无金剛那羅延難兜佛
南无障导勝安隱滿足佛
南无火炎山勝莊嚴佛
南无一切法海勝王佛
南无深法海无佛　南无寶善炎滿足燈佛
南无一切十億國土微塵數同名金剛藏佛
南无十億國土微塵數同名金剛難兜佛
南无十億國土微塵數同名金剛幢佛
南无十百千國土微塵數同名善法佛
南无十百千國土微塵數同名稱心佛
南无一國土微塵同名普功德佛
南无不可說佛國土微塵數同名不可說佛

BD14752號　佛名經（十六卷本）卷一二　（8–6）

南无十百千國土微塵數同名善法佛
南无十百千國土微塵數同名稱心佛
南无一國土微塵同名普功德佛
南无不可說佛國土微塵數同名不可勝佛
南无不可說佛國土微塵數同名毗婆尸佛
南无十佛國土微塵數同名普幢佛
南无八十億佛國土微塵數不可數百
千万億那由他同名普賢佛
南无一佛國土微塵數同名佛勝佛
南无十佛國土微塵數百千万億那由他
不可說同名普稱自在佛
南无賢勝佛
南无功德海光明勝照藏佛
南无法界虛空滿之不退佛
南无法界吼佛　南无不退轉法界聲佛
南无法樹山威德佛
南无一切法堅固吼王佛
南无寶光然燈幢王佛
南无功德山光明威德王佛
南无法雲吼王佛　南无智炬王佛
南无法電幢王勝佛
南无法燈智師力山威德王佛
南无一切法即吼威德王佛
南无无垢法山威德燈佛
南无法輪光明頂佛　南无法光明勝雲佛
南无法海說聲王佛　南无法日智輪然燈佛
南无法華高幢雲佛　南无法炎山雞兜王佛

BD14752 號　佛名經(十六卷本)卷一二　(8–7)

南无无垢法山威德燈佛
南无法輪光明頂佛　南无法光明勝雲佛
南无法海說聲王佛　南无法日智輪然燈佛
南无法華高幢雲佛　南无法炎山雞兜王佛
南无法行深勝月佛　南无法智普光明藏佛
南无常智住佛　南无山王勝藏王佛
南无普門賢弥留法疾精進幢佛
南无一切法寶俱蘇摩勝雲佛
南无寂靜光明身髻佛
南无法光明慈鏡像身佛
南无炎勝海佛　南无智日普照佛
南无普輪佛　南无智照頂王佛
南无智山法界十方光明威德王佛
次礼十二部經大法輪
南无國王薩經　南无阿毗曇經
南无金剛密經　南无持世經
南无阿那律八念經　南无等集經
南无迦羅越經　南无阿難問因緣持齋經
南无薩和達王經　南无阿難邠邸四時施經
南无阿闍世王經　南无阿閦佛經
南无德光太子經　南无小阿闍經
南无阿陁三昧經　南无胞藏經
南无阿鳩留經　南无漸備一切智經
南无菩薩悔過經　南无阿闍世女經
南无曉所諍不解者經

BD14752 號　佛名經(十六卷本)卷一二　(8–8)

所為因緣時有菩薩名曰妙光有八百弟子
是時日月燈明佛從三昧起因妙光菩薩說
大乘經名妙法蓮華教菩薩法佛所護念六
十小劫不起于座時會聽者亦坐一處六十小
劫身心不動聽佛所說謂如食頃是時眾
中無有一人若身若心而生懈惓日月燈明佛
於六十小劫說是經已即於梵魔沙門婆門
羅及天人阿脩羅眾中而宣此言如來於今
日中夜當入無餘涅槃時有菩薩名曰德藏
日月燈明佛即授其記告諸比丘是德藏菩
薩次當作佛號曰淨身多陀阿伽度阿羅訶
三藐三佛陀佛授記已便於中夜入無餘涅
槃佛滅度後妙光菩薩持妙法蓮華經滿八
十小劫為人演說日月燈明佛八子皆師妙光
妙光教化令其堅固阿耨多羅三藐三菩提
是諸王子供養無量百千萬億佛已皆成
佛道其最後成佛者名曰燃燈八百弟子中
有一人號曰求名貪著利養雖復讀誦眾經
而不通利多所忘失故號求名是人亦以種諸
善根因緣故得值無量百千萬億諸佛

BD14753號　妙法蓮華經卷一　（15–1）

是諸王子供養無量百千萬億佛已皆成
佛道其最後成佛者名曰燃燈八百弟子中
有一人號曰求名貪著利養雖復讀誦眾經
而不通利多所忘失故號求名是人亦以種諸
善根因緣故得值無量百千萬億諸佛
供養恭敬尊重讚歎彌勒當知爾時妙光
菩薩豈異人乎我身是也求名菩薩汝身是
也今見此瑞與本無異是故惟忖今日如來當
說大乘經名妙法蓮華教菩薩法佛所護念
爾時文殊師利於大眾中欲重宣此義而說
偈言
我念過去世　無量無數劫　有佛人中尊　號日月燈明
世尊演說法　度無量眾生　無數億菩薩　令入佛智慧
佛未出家時　所生八王子　見大聖出家　亦隨修梵行
時佛說大乘　經名無量義　於諸大眾中　而為廣分別
佛說此經已　即於法座上　跏趺坐三昧　名無量義處
天雨曼陀華　天鼓自然鳴　諸天龍鬼神　供養人中尊
一切諸佛土　即時大震動　佛放眉間光　現諸希有事
此光照東方　萬八千世界　示一切眾生　生死業報處
有見諸佛土　以眾寶莊嚴　琉璃頗梨色　斯由佛光照
及見諸天人　龍神夜叉眾　乾闥緊那羅　各供養其佛
又見諸如來　自然成佛道　身色如金山　端嚴甚微妙
如淨琉璃中　內現真金像　世尊在大眾　敷演深法義
一一諸佛土　聲聞眾無數　因佛光所照　悉見彼大眾
或有諸比丘　在於山林中　精進持淨戒　猶如護明珠
又見諸菩薩　行施忍辱等　其數如恒沙　斯由佛光照
又見諸菩薩　深入諸禪定　身心寂不動　以求無上道
又見諸菩薩　知法寂滅相　各於其國土　說法求佛道
爾時四部眾　見日月燈明　現大神通力　其心皆歡喜

BD14753號　妙法蓮華經卷一　（15–2）

或有諸比丘　在於山林中　精進持淨戒　猶如護明珠
又見諸菩薩　行施忍辱等　其數如恒沙　斯由佛光照
又見諸菩薩　深入諸禪定　身心寂不動　以求無上道
又見諸菩薩　知法寂滅相　各於其國土　說法求佛道
爾時四部眾　見日月燈明　現大神通力　其心皆歡喜
各各自相問　是事何因緣　天人所奉尊　適從三昧起
讚妙光菩薩　汝為世間眼　一切所歸信　能奉持法藏
如我所說法　唯汝能證知　世尊既讚歎　令妙光歡喜
說是法華經　滿六十小劫　不起於此座　所說上妙法
是妙光法師　悉皆能受持　佛說是法華　令眾歡喜已
尋即於是日　告於天人眾　諸法實相義　已為汝等說
我今於中夜　當入於涅槃　汝一心精進　當離於放逸
諸佛甚難值　億劫時一遇　世尊諸子等　聞佛入涅槃
各各懷悲惱　佛滅一何速　聖主法之王　安慰無量眾
我若滅度時　汝等勿憂怖　是德藏菩薩　於無漏實相
心已得通達　其次當作佛　號曰為淨身　亦度無量眾
佛此夜滅度　如薪盡火滅　分布諸舍利　而起無量塔
比丘比丘尼　其數如恒沙　倍復加精進　以求無上道
是妙光法師　奉持佛法藏　八十小劫中　廣宣法華經
是諸八王子　妙光所開化　堅固無上道　當見無數佛
供養諸佛已　隨順行大道　相繼得成佛　轉次而授記
最後天中天　號曰燃燈佛　諸仙之導師　度脫無量眾
是妙光法師　時有一弟子　心常懷懈怠　貪著於名利
求名利無厭　多遊族姓家　棄捨所習誦　廢忘不通利
以是因緣故　號之為求名　亦行眾善業　得見無數佛
供養於諸佛　隨順行大道　具六波羅蜜　今見釋師子
其後當作佛　號名曰彌勒　廣度諸眾生　其數無有量
彼佛滅度後　懈怠者汝是　妙光法師者　今則我身是

BD14753號　妙法蓮華經卷一　（15-3）

是妙光法師　時有一弟子　心常懷懈怠　貪著於名利
求名利無厭　多遊族姓家　棄捨所習誦　廢忘不通利
以是因緣故　號之為求名　亦行眾善業　得見無數佛
供養於諸佛　隨順行大道　具六波羅蜜　今見釋師子
其後當作佛　號名曰彌勒　廣度諸眾生　其數無有量
彼佛滅度後　懈怠者汝是　妙光法師者　今則我身是
我見燈明佛　本光瑞如此　以是知今佛　欲說法華經
今相如本瑞　是諸佛方便　今佛放光明　助發實相義
諸人今當知　合掌一心待　佛當雨法雨　充足求道者
諸求三乘人　若有疑悔者　佛當為除斷　令盡無有餘

妙法蓮華經方便品第二

爾時世尊從三昧安詳而起告舍利弗諸佛智慧甚深無量其智慧門難解難入一切聲聞辟支佛所不能知所以者何佛曾親近百千萬億無數諸佛盡行諸佛無量道法勇猛精進名稱普聞成就甚深未曾有法隨宜所說意趣難解舍利弗吾從成佛已來種種因緣種種譬喻廣演言教無數方便引導眾生令離諸著所以者何如來方便知見波羅蜜皆已具足舍利弗如來知見廣大深遠無量無礙力無所畏禪定解脫三昧深入無際成就一切未曾有法舍利弗如來能種種分別巧說諸法言辭柔軟悅可眾心舍利弗取要言之無量無邊未曾有法佛悉成就止舍利弗不須復說所以者何佛所成就第一希有難解之法唯佛與佛乃能究盡諸法實相所謂諸法如是相如是性如是體如是力如是作如是因如是緣如是果如是報如是本末究竟等爾時世尊欲重宣此義而說偈言

BD14753號　妙法蓮華經卷一　（15-4）

無量無邊未曾有法佛悉成就止舍利弗不
須復說所以者何佛所成就第一希有難解
之法唯佛與佛乃能究盡諸法實相所謂
諸法如是相如是性如是體如是力如是作如
是因如是緣如是果如是報如是本末究竟
等尒時世尊欲重宣此義而說偈言
世雄不可量 諸天及世人 一切衆生類 無能知佛者
佛力無所畏 解脫諸三昧 及佛諸餘法 無能測量者
本從無數佛 具足行諸道 甚深微妙法 難見難可了
於無量億劫 行此諸道已 道場得成果 我已悉知見
如是大果報 種種性相義 我及十方佛 乃能知是事
是法不可示 言辭相寂滅 諸餘衆生類 無有能得解
除諸菩薩衆 信力堅固者 諸佛弟子衆 曾供養諸佛
一切漏已盡 住是最後身 如是諸人等 其力所不堪
假使滿世間 皆如舍利弗 盡思共度量 不能測佛智
正使滿十方 皆如舍利弗 及餘諸弟子 亦滿十方剎
盡思共度量 亦復不能知 辟支佛利智 無漏最後身
亦滿十方界 其數如竹林 斯等共一心 於億無量劫
欲思佛實智 莫能知少分 新發意菩薩 供養無數佛
了達諸義趣 又能善說法 如稻麻竹葦 充滿十方剎
一心以妙智 於恒河沙劫 咸皆共思量 不能知佛智
不退諸菩薩 其數如恒沙 一心共思求 亦復不能知
又告舍利弗 無漏不思議 甚深微妙法 我今已具得
唯我知是相 十方佛亦然 舍利弗當知 諸佛語無異
於佛所說法 當生大信力 世尊法久後 要當說真實
告諸聲聞衆 及求緣覺乘 我令脫苦縛 逮得涅槃者
佛以方便力 示以三乘教 衆生處處著 引之令得出
尒時大衆中有諸聲聞漏盡阿羅漢阿若
憍陳如等千二百人及發聲聞辟支佛心比丘

BD14753號　妙法蓮華經卷一　（15–5）

告諸聲聞衆 及求緣覺乘 我令脫苦縛 逮得涅槃者
佛以方便力 示以三乘教 衆生處處著 引之令得出
尒時大衆中有諸聲聞漏盡阿羅漢阿若
憍陳如等千二百人及發聲聞辟支佛心比丘
比丘尼優婆塞優婆夷各作是念今者世尊
何故慇懃稱歎方便而作是言佛所得法甚
深難解有所言說意趣難知一切聲聞辟支
佛所不能及佛說一解脫義我等亦得此法到
於涅槃而今不知是義所趣尒時舍利弗知
四衆心疑自亦未了而白佛言世尊何因緣
慇懃稱歎諸佛第一方便甚深微妙難解
之法我自昔來未曾從佛聞如是說今者四
衆咸皆有疑唯願世尊敷演斯事世尊何
故慇懃稱歎甚深微妙難解之法尒時舍利
弗欲重宣此義而說偈言
慧日大聖尊 久乃說是法 自說得如是 力無畏三昧
禪定解脫等 不可思議法 道場所得法 無能發問者
我意難可測 亦無能問者 無問而自說 稱歎所行道
智慧甚微妙 諸佛之所得 無漏諸羅漢 及求涅槃者
今皆墮疑網 佛何故說是 其求緣覺者 比丘比丘尼
諸天龍鬼神 及乾闥婆等 相視懷猶豫 瞻仰兩足尊
是事為云何 願佛為解說 於諸聲聞衆 佛說我第一
我今自於智 疑惑不能了 為是究竟法 為是所行道
佛口所生子 合掌瞻仰待 願出微妙音 時為如實說
諸天龍神等 其數如恒沙 求佛諸菩薩 大數有八萬
又諸萬億國 轉輪聖王至 合掌以敬心 欲聞具足道
尒時佛告舍利弗止止不須復說若說是事
一切世間諸天及人皆當驚疑舍利弗重白佛
言世尊唯願說之唯願說之所以者何是會無

BD14753號　妙法蓮華經卷一　（15–6）

諸天龍神等　其數如恒沙　求佛諸菩薩　大數有八萬
又諸萬億國　轉輪聖王至　合掌以敬心　欲聞具足道
尒時佛告舍利弗止止不須復說若說是事
一切世間諸天及人皆當驚疑舍利弗重白佛
言世尊唯願說之唯願說之所以者何是會無
數百千萬億阿僧祇衆生曾見諸佛諸根猛
利智慧明了聞佛所說則能敬信　尒時舍利
弗欲重宣此義而說偈言
法王無上尊　唯說願勿慮　是會無量衆　有能敬信者
佛復止舍利弗若說是事一切世間天人阿脩
羅皆當驚疑增上慢比丘將墜於大坑　尒時
世尊重說偈言
止止不須說　我法妙難思　諸增上慢者　聞必不敬信
尒時舍利弗重白佛言世尊唯願說之唯願
說之今此會中如我等比百千萬億世世已
曾從佛受化如此人等必能敬信長夜安隱多
所饒益　尒時舍利弗欲重宣此義而說偈言
無上兩足尊　願說第一法　我為佛長子　唯垂分別說
是會無量衆　能敬信此法　佛已曾世世　教化如是等
皆一心合掌　欲聽受佛語　我等千二百　及餘求佛者
願為此衆故　唯垂分別說　是等聞此法　則生大歡喜
尒時世尊告舍利弗汝已慇懃三請豈得
不說汝今諦聽善思念之吾當為汝分別解
說說此語時會中有比丘比丘尼優婆塞優婆
夷五千人等即從座起礼佛而退所以者何
此輩罪根深重及增上慢未得謂得未證謂
證有如此失是以不住世尊默然而不制止
尒時佛告舍利弗我今此衆無復枝葉純
貞實舍利弗如是增上慢人退亦佳矣汝

BD14753號　妙法蓮華經卷一　（15–7）

夷五千人等即從座起礼佛而退所以者何
此輩罪根深重及增上慢未得謂得未證謂
證有如此失是以不住世尊默然而不制止
尒時佛告舍利弗我今此衆無復枝葉純
貞實舍利弗如是增上慢人退亦佳矣汝
今善聽當為汝說舍利弗言唯然世尊願
樂欲聞佛告舍利弗如是妙法諸佛如來時乃
說之如優曇鉢華時一現耳舍利弗汝等當
信佛之所說言不虛妄舍利弗諸佛隨宜說
法意趣難解所以者何我以無數方便種種因
緣譬喻言辭演說諸法是法非思量分別之
所能解唯有諸佛乃能知之所以者何諸佛
世尊唯以一大事因緣故出現於世舍利弗云
何名諸佛世尊唯以一大事因緣故出現於世
諸佛世尊欲令衆生開佛知見使得清淨故
出現於世欲示衆生佛之知見故出現於
世欲令衆生悟佛知見故出現於世欲令衆
生入佛知見道故出現於世舍利弗是為諸
佛以一大事因緣故出現於世佛告舍利弗諸
佛如來但教化菩薩諸有所作常為一事
唯以佛之知見示悟衆生舍利弗如來但以
一佛乘故為衆生說法無有餘乘若二若
三舍利弗一切十方諸佛法亦如是舍利弗
過去諸佛以無量無數方便種種因緣譬喻
言辭而為衆生演說諸法是法皆為一佛乘
故是諸衆生從佛聞法究竟皆得一切種智
舍利弗未來諸佛當出於世亦以無量無
數方便種種因緣譬喻言辭而為衆生演說
[illegible]

BD14753號　妙法蓮華經卷一　（15–8）

過去諸佛以無量無數方便種種因緣譬喻
言辭而為衆生演說諸法是法皆為一佛乘
故是諸衆生從佛聞法究竟皆得一切種智
舍利弗未来諸佛當出於世亦以無量無
數方便種種因緣譬喻言辭而為衆生演說
諸法是法皆為一佛乘故是諸衆生從佛聞
法究竟皆得一切種智舍利弗現在十方無
量百千萬億佛土中諸佛世尊多所饒益安
樂衆生是諸佛亦以無量無數方便種種因
緣譬喻言辭而為衆生演說諸法是法皆為
一佛乘故是諸衆生從佛聞法究竟皆得一
切種智舍利弗是諸佛但教化菩薩欲以佛
之知見示衆生故欲以佛之知見悟衆生故
欲令衆生入佛之知見故舍利弗我今亦復
如是知諸衆生有種種欲深心所著隨其本
性以種種因緣譬喻言辭方便力而為說法舍
利弗如此皆為得一佛乘一切種智故舍利弗
十方世界中尚無二乘何況有三舍利弗
諸佛出於五濁惡世所謂劫濁煩惱濁衆生
濁見濁命濁如是舍利弗劫濁亂時衆生垢
重慳貪嫉妬成就諸不善根故諸佛以方便力
於一佛乘分別說三舍利弗若我弟子自謂
阿羅漢辟支佛者不聞不知諸如来但教化
菩薩事此非佛弟子非阿羅漢非辟支佛
又舍利弗是諸比丘比丘尼自謂已得阿羅
漢是最後身究竟涅槃便不復志求阿耨
多羅三藐三菩提當知此輩皆是增上慢

BD14753 號　妙法蓮華經卷一　（15–9）

菩薩事此非佛弟子非阿羅漢非辟支佛
又舍利弗是諸比丘比丘尼自謂已得阿羅
漢是最後身究竟涅槃便不復志求阿耨
多羅三藐三菩提當知此輩皆是增上慢
人所以者何若有比丘實得阿羅漢若不信
此法無有是處除佛滅度後現前無佛所以
者何佛滅度後如是等經受持讀誦解義
者是人難得若遇餘佛於此法中便得決了舍
利弗汝等當一心信解受持佛語諸佛如
来言無虛妄無有餘乘唯一佛乘尒時世尊
欲重宣此義而說偈言
比丘比丘尼　有懷增上慢　優婆塞我慢　優婆夷不信
如是四衆等　其數有五千　不自見其過　於戒有缺漏
護惜其瑕疵　是小智已出　衆中之糟糠　佛威德故去
斯人尠福德　不堪受是法　此衆無枝葉　唯有諸貞實
舍利弗善聽　諸佛所得法　無量方便力　而為衆生說
衆生心所念　種種所行道　若干諸欲性　先世善惡業
佛悉知是已　以諸緣譬喻　言辭方便力　令一切歡喜
或說脩多羅　伽陁及本事　本生未曾有　亦說於因緣
譬喻并祇夜　優波提舍經　鈍根樂小法　貪著於生死
於諸無量佛　不行深妙道　衆苦所惱亂　為是說涅槃
我設是方便　令得入佛慧　未曾說汝等　當得成佛道
所以未曾說　說時未至故　今正是其時　決定說大乘
我此九部法　隨順衆生說　入大乘為本　以故說是經
有佛子心淨　柔軟亦利根　無量諸佛所　而行深妙道
為此諸佛子　說是大乘經　我記如是人　来世成佛道
以深心念佛　脩持淨戒故　此等聞得佛　大喜充遍身
佛知彼心行　故為說大乘　聲聞若菩薩　聞我所說法

BD14753 號　妙法蓮華經卷一　（15–10）

我此九部法　隨順衆生說　入大乘為本　以故說是經
有佛子心淨　柔軟亦利根　無量諸佛所　而行深妙道
為此諸佛子　說是大乘經　我記如是人　來世成佛道
以深心念佛　脩持淨戒故　此等聞得佛　大喜充遍身
佛知彼心行　故為說大乘　聲聞若菩薩　聞我所說法
乃至於一偈　皆成佛無疑　十方佛土中　唯有一乘法
無二亦無三　除佛方便說　但以假名字　引導於衆生
說佛智慧故　諸佛出於世　唯以一事實　餘二則非真
終不以小乘　濟度於衆生　佛自住大乘　如其所得法
定慧力莊嚴　以此度衆生　自證無上道　大乘平等法
若以小乘化　乃至於一人　我則墮慳貪　此事為不可
若人信歸佛　如來不欺誑　亦無貪嫉意　斷諸法中惡
故佛於十方　而獨無所畏　我以相嚴身　光明照世間
無量衆所尊　為說實相印　舍利弗當知　我本立誓願
欲令一切衆　如我等無異　如我昔所願　今者已滿足
化一切衆生　皆令入佛道　若我遇衆生　盡教以佛道
無智者錯亂　迷惑不受教　我知此衆生　未曾脩善本
堅著於五欲　癡愛故生惱　以諸欲因緣　墜墮三惡道
輪迴六趣中　備受諸苦毒　受胎之微形　世世常增長
薄德少福人　衆苦所逼迫　入邪見稠林　若有若無等
依止此諸見　具足六十二　深著虛妄法　堅受不可捨
我慢自矜高　諂曲心不實　於千萬億劫　不聞佛名字
亦不聞正法　如是人難度　是故舍利弗　我為設方便
說諸盡苦道　示之以涅槃　我雖說涅槃　是亦非真滅
諸法從本來　常自寂滅相　佛子行道已　來世得作佛
我有方便力　開示三乘法　一切諸世尊　皆說一乘道
今此諸大衆　皆應除疑惑　諸佛語無異　唯一無二乘
過去無數劫　無量滅度佛　百千萬億種　其數不可量
如是諸世尊　種種緣譬喻　無數方便力　演說諸法相

BD14753號　妙法蓮華經卷一　（15–11）

諸法從本來　常自寂滅相　佛子行道已　來世得作佛
我有方便力　開示三乘法　一切諸世尊　皆說一乘道
今此諸大衆　皆應除疑惑　諸佛語無異　唯一無二乘
過去無數劫　無量滅度佛　百千萬億種　其數不可量
如是諸世尊　種種緣譬喻　無數方便力　演說諸法相
是諸世尊等　皆說一乘法　化無量衆生　令入於佛道
又諸大聖主　知一切世間　天人群生類　深心之所欲
更以異方便　助顯第一義　若有衆生類　值諸過去佛
若聞法布施　或持戒忍辱　精進禪智等　種種脩福慧
如是諸人等　皆已成佛道　諸佛滅度已　若人善軟心
如是諸衆生　皆已成佛道　諸佛滅度已　供養舍利者
起萬億種塔　金銀及頗梨　車𤦲與馬瑙　玫瑰琉璃珠
清淨廣嚴飾　莊校於諸塔　或有起石廟　栴檀及沉水
木櫁并餘材　塼瓦泥土等　若於曠野中　積土成佛廟
乃至童子戲　聚沙為佛塔　如是諸人等　皆已成佛道
若人為佛故　建立諸形像　刻雕成衆相　皆已成佛道
或以七寶成　鍮石赤白銅　白鑞及鉛錫　鐵木及與泥
或以膠漆布　嚴飾作佛像　如是諸人等　皆已成佛道
綵畫作佛像　百福莊嚴相　自作若使人　皆已成佛道
乃至童子戲　若草木及筆　或以指爪甲　而畫作佛像
如是諸人等　漸漸積功德　具足大悲心　皆已成佛道
但化諸菩薩　度脫無量衆　若人於塔廟　寶像及畫像
以華香幡蓋　敬心而供養　若使人作樂　擊鼓吹角貝
簫笛琴箜篌　琵琶鐃銅鈸　如是衆妙音　盡持以供養
或以歡喜心　歌唄頌佛德　乃至一小音　皆已成佛道
若人散亂心　乃至以一華　供養於畫像　漸見無數佛
或有人禮拜　或復但合掌　乃至舉一手　或復小低頭
以此供養像　漸見無量佛　自成無上道　廣度於一切
入無餘涅槃　如薪盡火滅　若人散亂心　入於塔廟中
一稱南無佛　皆已成佛道　於諸過去佛　在世或滅度

BD14753號　妙法蓮華經卷一　（15–12）

若人散亂心　乃至以一華　供養於畫像　漸見無數佛
或有人禮拜　或復但合掌　乃至舉一手　或復小低頭
以此供養像　漸見無量佛　自成無上道　廣度於一切
入無餘涅槃　如薪盡火滅　若人散亂心　入於塔廟中
一稱南無佛　皆已成佛道　於諸過去佛　在世或滅後
若有聞是法　皆已成佛道　未來諸世尊　其數無有量
是諸如來等　亦方便說法　一切諸如來　以無量方便
度脫諸眾生　入佛無漏智　若有聞法者　無一不成佛
諸佛本誓願　我所行佛道　普欲令眾生　亦同得此道
未來世諸佛　雖說百千億　無數諸法門　其實為一乘
諸佛兩足尊　知法常無性　佛種從緣起　是故說一乘
是法住法位　世間相常住　於道場知已　導師方便說
天人所供養　現在十方佛　其數如恒沙　出現於世間
安隱眾生故　亦說如是法　知第一寂滅　以方便力故
雖示種種道　其實為佛乘　知眾生諸行　深心之所念
過去所習業　欲性精進力　及諸根利鈍　以種種因緣
譬喻亦言辭　隨應方便說　今我亦如是　安隱眾生故
以種種法門　宣示於佛道　我以智慧力　知眾生性欲
方便說諸法　皆令得歡喜　舍利弗當知　我以佛眼觀
見六道眾生　貧窮無福慧　入生死險道　相續苦不斷
深著於五欲　如犛牛愛尾　以貪愛自蔽　盲瞑無所見
不求大勢佛　及與斷苦法　深入諸邪見　以苦欲捨苦
為是眾生故　而起大悲心　我始坐道場　觀樹亦經行
於三七日中　思惟如是事　我所得智慧　微妙最第一
眾生諸根鈍　著樂癡所盲　如斯之等類　云何而可度
爾時諸梵王　及諸天帝釋　護世四天王　及大自在天
并餘諸天眾　眷屬百千萬　恭敬合掌禮　請我轉法輪
我即自思惟　若但讚佛乘　眾生沒在苦　不能信是法

BD14753號　妙法蓮華經卷一　（15–13）

眾生諸根鈍　著樂癡所盲　如斯之等類　云何而可度
爾時諸梵王　及諸天帝釋　護世四天王　及大自在天
并餘諸天眾　眷屬百千萬　恭敬合掌禮　請我轉法輪
我即自思惟　若但讚佛乘　眾生沒在苦　不能信是法
破法不信故　墜於三惡道　我寧不說法　疾入於涅槃
尋念過去佛　所行方便力　我今所得道　亦應說三乘
作是思惟時　十方佛皆現　梵音慰喻我　善哉釋迦文
第一之導師　得是無上法　隨諸一切佛　而用方便力
我等亦皆得　最妙第一法　為諸眾生類　分別說三乘
少智樂小法　不自信作佛　是故以方便　分別說諸果
雖復說三乘　但為教菩薩　舍利弗當知　我聞聖師子
深淨微妙音　稱南無諸佛　復作如是念　我出濁惡世
如諸佛所說　我亦隨順行　思惟是事已　即趣波羅奈
諸法寂滅相　不可以言宣　以方便力故　為五比丘說
是名轉法輪　便有涅槃音　及以阿羅漢　法僧差別名
從久遠劫來　讚示涅槃法　生死苦永盡　我常如是說
舍利弗當知　我見佛子等　志求佛道者　無量萬億
咸以恭敬心　皆來至佛所　曾從諸佛聞　方便所說法
我即作是念　如來所以出　為說佛慧故　今正是其時
舍利弗當知　鈍根小智人　著相憍慢者　不能信是法
今我喜無畏　於諸菩薩中　正直捨方便　但說無上道
菩薩聞是法　疑網皆已除　千二百羅漢　悉亦當作佛
如三世諸佛　說法之儀式　我今亦如是　說無分別法
諸佛興出世　懸遠值遇難　正使出于世　說是法復難
無量無數劫　聞是法亦難　能聽是法者　斯人亦復難
譬如優曇華　一切皆愛樂　天人所希有　時時乃一出
聞法歡喜讚　乃至發一言　則為已供養　一切三世佛
是人甚希有　過於優曇華　汝等勿有疑　我為諸法王

BD14753號　妙法蓮華經卷一　（15–14）

今我喜無畏　於諸菩薩中　正直捨方便　但說無上道
菩薩聞是法　疑網皆已除　千二百羅漢　悉亦當作佛
如三世諸佛　說法之儀式　我今亦如是　說無分別法
諸佛興出世　懸遠值遇難　正使出于世　說是法復難
無量無數劫　聞是法亦難　能聽是法者　斯人亦復難
譬如優曇華　一切皆愛樂　天人所希有　時時乃一出
聞法歡喜讚　乃至發一言　則為已供養　一切三世佛
是人甚希有　過於優曇華　汝等勿有疑　我為諸法王
普告諸大衆　但以一乘道　教化諸菩薩　無聲聞弟子
汝等舍利弗　聲聞及菩薩　當知是妙法　諸佛之秘要
以五濁惡世　但樂著諸欲　如是等衆生　終不求佛道
當來世惡人　聞佛說一乘　迷惑不信受　破法墮惡道
有慚愧清淨　志求佛道者　當為如是等　廣讚一乘道
舍利弗當知　諸佛法如是　以萬億方便　隨宜而說法
其不習學者　不能曉了此　汝等既已知　諸佛世之師
隨宜方便事　無復諸疑惑　心生大歡喜　自知當作佛

妙法蓮華經卷第一

BD14753號　妙法蓮華經卷一　（15–15）

師子吼言世尊云何不退菩薩自知決定有
不退心佛言善男子菩薩摩訶薩當以苦行
自試其心日食一胡麻逕一七日粳米綠豆
麻子粟黍及以白豆亦復如是各一七日食一
麻時作是思惟如是苦行都無利益無利益
事尚能為之況有利益而當不作於無利益
心能堪忍不退不轉是故定得阿耨多羅三
藐三菩提如是等日脩苦行時一切骨肉消
瘦皴減如斷生瓠置之日中其目大陷如井
底星肉盡勒出如朽草屋脊骨連現如重綖
埤所坐之處如馬蹄跡欲坐則伏欲起則偃
雖受如是無利益苦然不退於菩提之心復
次善男子菩薩為破衆苦施安樂故乃至能
捨內外財物及其身命如棄蒭草若能不惜
是身命者如是菩薩自知必定有不退心我
定當得阿耨多羅三藐三菩提
復次菩薩為法因緣剜身為燈疊纏皮肉蘇

BD14754號　大般涅槃經（北本　宮本）卷三三　（22–1）

次善男子菩薩為破衆苦施安樂故乃至能
捨内外財物及其身命如棄草若能不惜
是身命者如是菩薩自知必定有不退心我
定當得阿耨多羅三藐三菩提
復次菩薩為法因緣剜身為燈疊纏皮肉蘇
油灌之燒以為炷菩薩尒時受是大苦自呵
其心而作是言如是苦者於地獄苦百千万
分猶未及一汝於無量百千劫中受大苦惱
都無利益汝若不能受是輕苦云何而能於
地獄中救苦衆生菩薩摩訶薩作是觀時身
不覺苦其心不退不動不轉菩薩尒時應深
自知我定當得阿耨多羅三藐三菩提善男
子菩薩尒時具足煩惱未有斷者為法因緣
能以頭目髓腦手足血肉施於衆生以釘釘
身投巖赴火菩薩尒時雖受如是無量衆
苦若心不退不動不轉菩薩當知我今定有
不退之心當得阿耨多羅三藐三菩提善男
子菩薩摩訶薩為破一切衆生苦惱願作麁
大畜生之身以身血肉施於衆生衆生取時
復生憐愍菩薩尒時閉氣而喘亦作死相令
彼取者不生煞害疑罔之想菩薩雖受畜生
之身終不造作畜生之業何以故善男子菩
薩既得不退心已終不造作三惡道業菩薩
摩訶薩若未来世有微塵等惡業果報不定
受者以大願力為衆生故而悉受之譬如病人
鬼来著時藏隱身中以呪力故即時相現或
語或善或瞋或罵或啼或笑菩薩摩訶薩

BD14754號　大般涅槃經（北本　宮本）卷三三　（22–2）

摩訶薩若未来世有微塵等惡業果報不定
受者以大願力為衆生故而悉受之譬如病人
鬼来著時藏隱身中以呪力故即時相現或
語或善或瞋或罵或啼或笑菩薩摩訶薩未
来之世三惡道業亦復如是菩薩摩訶薩受
羆身時常為衆生演說正法或受迦賓闍羅
鳥身為諸衆生說正法故受瞿陁身麞身兔
身烏身羖羊獼猴白鴿金翅鳥龍虵之身受
如是等畜生身時終不造作畜生惡業常為
其餘畜生衆生演說正法令彼聞法速得轉
離畜生身故菩薩尒時雖受畜身不作惡業
當知必定有不退心菩薩摩訶薩於飢饉世見
餓衆生作龜魚身無量由旬復作是願願諸
衆生取我肉時隨取隨生因食我肉離飢渴
苦一切悉發阿耨多羅三藐三菩提心菩薩發
願若有因我離飢渴者未来之世速得遠離
二十五有飢渴之患菩薩摩訶薩受如是苦
心不退者當知必定得阿耨多羅三藐三菩
提復次菩薩於疾病世見病苦者作是思惟
如藥樹王若有病者取根取莖取枝取葉取
華取菓取皮取膚悉得愈病願我此身亦復
如是若有病者聞聲觸身服食血肉乃至骨
髓病悉除愈願諸衆生食我肉時不生惡心
如食子肉我治病已常為說法願彼信受思
惟轉教復次善男子菩薩具足煩惱雖受身
苦其心不退不動不轉當知必定得不退心

BD14754號　大般涅槃經（北本　宮本）卷三三　（22–3）

如是若有病者聞聲見身服食血宍乃至骨
髓病悉除愈願諸衆生食我肉時不生惡心
如食子肉我治病已常為說法願彼信受思
惟轉教復次善男子菩薩具足煩惱雖受身
苦其心不退不動不轉當知必定得不退心
成阿耨多羅三藐三菩提復次善男子若有
衆生為鬼所病菩薩見已即作是言願作鬼
身大身健身多眷屬身使彼聞見病得除愈
菩薩摩訶薩為衆生故懃脩苦行雖有煩惱
不汙其心復次善男子菩薩摩訶薩雖復脩
行六波羅蜜亦不求於六波羅蜜果脩行無
上六波羅蜜時作是願言我令以此六波羅
蜜施一一衆生一一衆生受我施已悉令得成
阿耨多羅三藐三菩提我亦自為六波羅蜜
懃脩苦行受諸苦惱當受苦時願我不退菩
提之心善男子菩薩摩訶薩作是願時是名
不退菩提之想復次善男子菩薩摩訶薩不
可思議何以故菩薩摩訶薩深知生死多諸
罪過觀大涅槃有大功德為諸衆生處在生
死受種種苦心無退轉是名菩薩不可思議
復次善男子菩薩摩訶薩無有因緣而生憐
愍實不受恩而常施恩雖施於恩而不求報
是故復名不可思議復次善男子或有衆生
為自利益脩諸苦行菩薩摩訶薩為利益他
故脩行苦行是名自利是故復名不可思議
復次菩薩具足煩惱為壞怨親所受諸苦脩
平等心是故復名不可思議復次菩薩若見

BD14754號　大般涅槃經（北本　宮本）卷三三　（22–4）

是故復名不可思議復次善男子或有衆生
為自利益脩諸苦行菩薩摩訶薩為利益他
故脩行苦行是名自利是故復名不可思議
復次菩薩具足煩惱為壞怨親所受諸苦脩
平等心是故復名不可思議復次菩薩若見
諸惡不善衆生若呵責若濡語若驅儐若縱
捨有惡性者現為濡語有憍慢者現為大憍
而其內心實無憍慢是名菩薩方便不可思
議復次菩薩具足煩惱少財物時而求者多
心不近小是名菩薩不可思議復次菩薩於
佛出時知佛功德為衆生故於無佛處受邊
地身如盲如聾如跛如癖是名菩薩不可思
議復次菩薩深知衆生所有罪過為度脫故
常與共行雖隨其意罪垢不汙是故復名不
可思議復次菩薩了了知見無衆生相無煩
惱汙無脩集道離煩惱者雖為菩提無菩提
行亦無成就菩提行者無有受苦及破苦者
而亦不能為衆生壞行菩提行是故復名不
可思議復次菩薩受後邊身處兜率天是亦
名為不可思議何以故兜率陁天欲界中勝在
下天者其心放逸在上天者諸根闇鈍是故
名勝脩施脩戒得上下身脩施脩戒定得兜
率身一切菩薩毀呰諸有破壞諸有終不造作
兜率天業受彼天身何以故菩薩若處其餘
諸有亦能教化成就衆生實無欲心而生欲界
是故復名不可思議菩薩摩訶薩生兜率天

BD14754號　大般涅槃經（北本　宮本）卷三三　（22–5）

率身一切菩薩毀呰諸有破壞諸有終不造作
兜率天業受彼天身何以故菩薩若處其餘
諸有亦能教化成就衆生實無欲心而生欲界
是故復名不可思議菩薩摩訶薩生兜率天
有三事勝一命二色三名菩薩摩訶薩實不可
於命色名稱雖無求心而所得勝菩薩摩訶
薩深樂涅槃然有因亦勝是故復名不可思議
菩薩摩訶薩如是三事雖勝諸天而諸天等
於菩薩所終不生於瞋心妬心憍慢之心常
生喜心菩薩於天亦不憍慢是故復名不可思
議菩薩摩訶薩不造命業而於彼天畢竟壽
命是名命勝亦無色業而妙色身光明遍滿
是名色勝菩薩摩訶薩處彼天宮不樂五欲
唯為法事是故名稱充滿十方是名名勝是故
復名不可思議菩薩摩訶薩下兜率天是時
大地六種震動是故復名不可思議何以故
菩薩下時欲色諸天悉来侍送發大音聲讚
嘆菩薩以口風氣故令地動復有菩薩人中
象王人中象王名為龍王龍王初入胎時有諸
龍王在此地下或怖或悟是故大地六種振動
是故復名不可思議菩薩摩訶薩知入胎時
住時出時知父知母不淨不汙如帝釋髮青
色寶珠是故復名不可思議善男子大涅槃
經亦復如是不可思議善男子辟如大海有
八不可思議何等為八一漸漸轉深二深難
得底三同一醎味四潮不過限五有種種寶

BD14754號　大般涅槃經（北本　宮本）卷三三　（22-6）

住時出時知父知母不淨不汙如帝釋髮青
色寶珠是故復名不可思議善男子大涅槃
經亦復如是不可思議善男子辟如大海有
八不可思議何等為八一漸漸轉深二深難
得底三同一醎味四潮不過限五有種種寶
藏六大身衆生在中居住七不宿死屍八一
切万流大雨投之不增不減善男子漸漸轉
深有三事何等為三一衆生福力二順風而
行三河水入故乃至不增不減亦各有三是
大涅槃微妙經典亦復如是有八不可思議
一漸漸深五戒十戒二百五十戒菩薩戒須
陁洹果斯陁含果阿那含果阿羅漢果辟支
佛果菩薩果阿耨多羅三藐三菩提果是涅
槃經說是等法是名漸漸深是故此經名漸
漸深二深難得底如来世尊不生不滅不得
阿耨多羅三藐三菩提不轉法輪不食不受
不行惠施是故名為常樂我淨一切衆生悉
有佛性佛性非色不離於色非受想行識乃
至不離於識是常可見了因非作因須陁洹
乃至辟支佛當得阿耨多羅三藐三菩提亦
無煩惱亦無住處雖無煩惱不名為常是故
名深復有甚深於是經中或時說我或說無
我或時說常或說無常或時說淨或說不淨
或時說樂或時說苦或時說空或說不空或
說一切有或說一切無或說三乘或說一乘
或說五陰即是佛性金剛三昧及以中道首
楞嚴三昧十二因緣第一義空慈悲平等於

BD14754號　大般涅槃經（北本　宮本）卷三三　（22-7）

我或時說常或說無常或時說淨或說不淨
或時說樂或時說苦或時說空或說不空或
說一切有或說一切無或說三乘或說一乘
或說五陰即是佛性金剛三昧及以中道首
楞嚴三昧十二因緣第一義空慈悲平等於
諸衆生頂智信心知諸根力一切法中無罣
导智雖有佛性不說决定是故名深三者一
味一切衆生同有佛性皆同一乘同一解脫
一因一果同一甘露一切當得常樂我淨是
名一味四者潮不過限如是經中制諸比丘不
得受畜八不淨物若我弟子有能受持讀誦
書寫解說分別是大涅槃微妙經典寧失身
命終不犯也是名潮不過限五者寶藏是經
即是無量寶藏所言寶藏者謂四念處四正
懃四如意分五根五力七覺分八聖聖分嬰
兒行聖行梵行天行諸善方便衆生佛性菩
薩功德如來功德聲聞功德緣覺功德六波
羅蜜無量三昧無量智慧是名寶藏六者大身
衆生所居住處大身衆生者謂佛菩薩大智
慧故名大衆生大身故大心故大莊嚴故大
調伏故大方便故大說法故大勢力故大徒
衆故大神通故大慈悲故常不變故一切衆
生無罣导故容受一切諸衆生故是名大衆
生所居之處七者不宿死屍死屍者謂一闡提
犯四重禁五無間罪誹謗方等非法說法法
說非法受畜八種不淨之物佛物僧物隨意
而用或於比丘比丘尼所犯非法事是名

衆故大神通故大慈悲故常不變故一切衆
生無罣导故容受一切諸衆生故是名大衆
生所居之處七者不宿死屍死屍者謂一闡提
犯四重禁五無間罪誹謗方等非法說法法
說非法受畜八種不淨之物佛物僧物隨意
而用或於比丘比丘尼所犯非法事是名
死屍是涅槃經離如是等是故名為不宿死
屍八者不增不減無邊際故無始終故非色故非
作故常住故不生滅故一切衆生悉平等
故一切性同一性故是名無增減是故此經
如彼大海有八不思議師子吼言世尊若言
如來不生不滅名為深者一切衆生有四種
生卵生胎生濕生化生是四種生人中具有
如施婆羅比丘優婆施婆羅比丘弥迦羅長
者母尼拘陁長者母半闍羅長者母各五百
子同於卵生當知人中則有卵生濕生者如
佛所說我於往昔作菩薩時作頂生王及手
生王如今所說菴羅樹女迦不多樹女當知
人中則有濕生劫初之時一切衆生皆悉化
生如來世尊得八自在何因緣故不化生耶
佛言善男子一切衆生四生所生得聖法已
不得如本卵生濕生善男子劫初衆生皆悉
化生當尒之時佛不出世善男子若有衆生
遇病苦時須醫須藥劫初之時衆生化生雖
有煩惱其病未發是故如來不出於世劫初
衆生身心非器是故如來不出其世善男子
如來世尊所有事業勝諸衆生所有種姓眷

化生當尒之時佛不出世善男子若有衆
遇病苦時須醫須藥劫初之時衆生化生雖
有煩惱其病未發是故如来不出於世劫初
衆生身心非器是故如来不出其世善男子
如来世尊所有事業勝諸衆生所有種姓眷
屬父母以殊勝故凡所說法人皆信受是故
如来不受化生善男子一切衆生父作子業
作父業如来世尊若受化身則無父母若無
父母云何能令一切衆生作諸善業是故如
来不受化身善男子佛正法中有二種護一
者內二者外內護者所謂禁戒外護者族親
眷屬若佛如来受化身者則無外護是故如
来不受化身善男子有人恃姓而生憍慢如
来為破如是慢故生在貴姓不受化身善
男子如来世尊有真父母父名淨飯母名摩
耶而諸衆生猶言是幻云何當受化生之身
若受化身云何得有碎身舍利如来為益衆
生福德故碎其身而令供養是故如来不受化
身一切諸佛悉無化生云何獨令我受化身
尒時師子吼菩薩合掌長跪右膝著地以偈
讚佛

如来無量功德聚　我今不能廣宣說
今為衆生演一分　唯願哀愍聽我說
衆生無明闇中行　具受無邊百種苦
世尊能令遠離之　是故世稱為大悲
衆生往反生死繩　放逸迷荒無安樂
如来能施衆安樂　是故永斷生死繩

BD14754號　大般涅槃經（北本　宮本）卷三三　（22–10）

衆生無明闇中行　具受無邊百種苦
世尊能令遠離之　是故世稱為大悲
衆生往反生死繩　放逸迷荒無安樂
如来能施衆安樂　是故永斷生死繩
佛能施衆安樂故　自於己樂不貪樂
為諸衆生脩苦行　是故世間興供養
見他受苦身戰動　處在地獄不覺痛
為諸衆生受大苦　是故無勝無有量
如来為衆脩苦行　成就具足滿六度
心處耶風不傾動　是故能勝世大士
衆生常欲得安樂　而不知脩安樂因
如来能教令脩集　猶如慈父愛一子
佛見衆生煩惱患　心苦如母念病子
常思離病諸方便　是故此身繫屬他
一切衆生行諸苦　其心顛倒以為樂
如来演說真苦樂　是故稱号為大悲
世間皆處無明鷇　無有智嘴能破之
如来智嘴能破壞　是故名為最大子
不為三世所攝持　無有名字及假号
覺知涅槃甚深義　是故稱佛為大覺
有河迴覆沒衆生　無明所盲不知出
如来自度能度彼　是故稱佛大船師
能知一切諸因果　亦復通達盡滅道
常施衆生病苦藥　是故世稱大醫王
外道耶見說苦行　因是能得無上樂
如来演說真樂行　能令衆生受快樂

BD14754號　大般涅槃經（北本　宮本）卷三三　（22–11）

常施衆生病苦藥　是故世稱大醫王
外道耶見說苦行　曰是能得無上樂
如來演說真樂行　能令衆生受快樂
如來世尊破耶道　開示衆生正真路
行是道者得安樂　是故稱佛為導師
非自非他之所作　亦非共作無因作
如來所說苦受事　勝於一切諸外道
成就具足戒定慧　亦以此法教衆生
以法施時無姤悋　是故稱佛無緣悲
無所造作無因緣　讃得無因無果報
是故一切諸智者　稱說如來不求報
常共世間放逸行　而身不為放逸汙
是故名為不思議　世間八法不能汙
如來世尊無怨親　是故其心常平等
我師子吼讃大悲　能吼無量師子吼

大般涅槃經迦葉菩薩品第十二

迦葉菩薩白佛言世尊如來憐愍一切衆生不調能調不淨能淨無歸依者能作歸依未解脫者能令解脫得八自在為大醫師作大藥王善星比丘是佛菩薩時子出家之後受持讀誦分別解說十二部經壞欲界結獲得四禪云何如來記說善星是一闡提斯下之人地獄劫住不可治人如來何故不先為其演說正法後為菩薩如來世尊若不能救善星比丘云何得名有大慈愍有大方便佛言善男子辟如父母唯有三子其一子者有信

演說正法後為菩薩如來世尊若不能救善星比丘云何得名有大慈愍有大方便佛言善男子辟如父母唯有三子其一子者有信順心恭敬父母利根智慧於世間事能悉了知其第二子不敬父母無信順心利根智慧於世間事能悉了知其第三子不敬父母無有信心鈍根無智父母若欲教告之時應先教誰先親愛誰當先教誰知世間事

迦葉菩薩白佛言世尊應先教授有信心者恭敬父母利根智慧知世事者其次第二乃及第三而彼二子雖無信順恭敬之心為愍念故次復教之善男子如來亦尒其三子者初喻菩薩中喻聲聞後喻一闡提如十二部經脩多羅中微妙之義我先已為諸菩薩說淺近之義為聲聞說世間之義為一闡提五逆罪說現在世中雖無利益以憐愍故為生後世諸善種子善男子如三種田一者渠流便易無諸沙鹵瓦石棘刺種一得百二者雖無沙鹵瓦石棘刺渠流嶮收實減半三者渠流難嶮多諸沙鹵瓦石棘刺種一得一為藁草故善男子農夫春月先種何田世尊先種初田次第二田後及第三初喻菩薩次喻聲聞後喻一闡提善男子辟如三器一者完二者漏二者破若欲盛置乳酪水蘇先用何者世尊應用完者次用漏者後及破者其完淨者喻菩薩僧漏者喻聲聞破喻一闡提善男子如三病

聞後喻一闡提善男子譬如三器一者完二者漏三
者破若欲盛置乳酪水蘇先用何者世尊應
用完者次用漏者後及破者其完淨者喻菩薩
僧漏者喻聲聞破喻一闡提善男子如三病
人俱至醫所一易治二難治三不可治善男
子醫若治者當先治誰世尊應先治易次及
第二後及第三何以故為親屬故其易治者
喻菩薩僧其難治者喻聲聞僧不可治者
喻一闡提現在世中雖無善果以憐愍故為種
後世諸善子故善男子譬如大王有三種
馬一者調壯大力二者不調齒壯大力三者
不調羸老無力王若乘者當先乘誰世尊應
先乘用調壯大力次乘第二後及第三善男
子調壯大力喻菩薩僧其第二者喻聲聞僧
其第三者喻一闡提現在世中雖無利益以
憐愍故為種後世諸善種子善男子如大施
時有三人來一者貴族聰明持戒二者中姓
鈍根持戒三者下姓鈍根毀戒善男子是大
施主應先施誰世尊應先施於貴姓之人利
根持戒次及第二後及第三其第一者喻菩
薩僧其第二者喻聲聞僧其第三者喻一闡
提善男子如大師子煞香象時皆盡其力煞兔
亦尒不生輕想諸佛如來亦復如是為諸菩
薩及一闡提演說法時功用無二善男子我
於一時住王舍城善星比丘為我給使我於
初夜為天帝釋演說法要弟子法應後師眠

BD14754號　大般涅槃經（北本　宮本）卷三三　（22–14）

亦尒不生輕想諸佛如來亦復如是為諸菩
薩及一闡提演說法時功用無二善男子我
於一時住王舍城善星比丘為我給使我於
初夜為天帝釋演說法要弟子法應後師眠
卧尒時善星比丘以我久坐心生惡念時王
舍城小男小女若啼不止父母則語汝若不
止當將汝付薄俱羅鬼尒時善星及被拘執
而語我言速入禪室薄拘羅來我言癡人
汝常不聞如來世尊無所畏耶尒時帝釋即
語我言世尊如是人等亦復得入佛法中耶
我即語言憍尸迦如是人者得入佛法亦有
佛性當得阿耨多羅三藐三菩提我雖為
是善星說法而彼都無信受之心善男子我於
一時在迦尸國尸婆富羅城善星比丘為我
給使我時欲入彼城乞食無量眾生虛心渴
仰欲見我跡善星比丘尋隨我後而毀滅之
既不能滅而令眾生生不善心我入城已於
酒家舍見一尼乾捲脊蹲地飡食酒糟善
星比丘見已而言世尊世間若有阿羅漢者
是人最勝何以故是人所說無因無果我言癡
人汝常不聞阿羅漢者不飲酒不害人不欺
誑不偷盜不淫佚是人煞害父母食噉酒糟
云何而言是阿羅漢是人捨身必定當墮阿
鼻地獄阿羅漢者永斷三惡云何而言是阿
羅漢善星即言四大之性猶可轉易欲令是
人必墮阿鼻無有是處我言癡人汝常不聞

BD14754號　大般涅槃經（北本　宮本）卷三三　（22–15）

誑不偷盜不婬佚是人無害父母食噉酒精
云何而言是阿羅漢是人捨身必定當墮阿
鼻地獄阿羅漢者永斷三惡云何而言是阿
羅漢善星即言四大之性猶可轉易欲令是
人必墮阿鼻無有是處我言癡人汝常不聞
諸佛如來誠言無二我雖為是善星說法而彼
絕無信受之心善男子我於一時與善星比
丘住王舍城尒時城中有一尼乾名曰苦得
常作是言眾生煩惱無因無緣眾生解脫亦
無因緣善星比丘復作是言世尊世間若有
阿羅漢者苦得為上我言癡人苦得尼乾實
非羅漢不能解了阿羅漢道善星復言何故
羅漢於阿羅漢而生嫉妬我言癡人我於羅漢
不生嫉妬而汝自生惡邪見耳若言苦得是
羅漢者却後七日當患宿食腹痛而死死已
生於食吐鬼中其同學輩當舉其屍置寒
林中尒時善星即往苦得尼乾子所語言長老
汝今知不沙門瞿曇記汝七日當患宿食腹
痛而死死已生於食吐鬼中同學同師當舉
汝屍置寒林中長老好善思惟作諸方便當
令瞿曇墮妄語中尒時苦得聞是語已即便
斷食從初一日乃至六日滿七日已便食黑
蜜食黑蜜已復飲冷水飲冷水已腹痛而終
終已同學舉其屍喪置寒林中即受食吐餓
鬼之形在其屍邊善星比丘聞是事已至寒
林中見苦得身受食吐鬼形在其屍邊捲脊蹲
地善星語言大德死耶苦得答言我已死矣

BD14754號　大般涅槃經（北本　宮本）卷三三　（22–16）

終已同學舉其屍喪置寒林中即受食吐餓
鬼之形在其屍邊善星比丘聞是事已至寒
林中見苦得身受食吐鬼形在其屍邊捲脊蹲
地善星語言大德死耶苦得答言我已死矣
云何死耶答言因腹痛死誰出汝屍答言同
學出置何處答言癡人汝今不識是寒林耶
得何等身答言我得食吐鬼身善星諦聽如
來善語真語時語義語法語善星如來口出
如是實語汝於尒時云何不信若有眾生不
信如來真實言者彼亦當受如我此身尒時
善星即還我所作如是言世尊苦得尼乾命
終之後生三十三天我言癡人阿羅漢者無
有生處云何而言苦得生於三十三天世尊
實如所言苦得尼乾實不生於三十三天今
受食吐餓鬼之身我言癡人諸佛如來誠言
無二若言如來有二言者無有是處善星即
言如來尒時雖作是說我於是事都不生信
善男子我亦常為善星比丘說真實法而彼
絕無信受之心善男子善星比丘雖復讀誦
十二部經獲得四禪乃至不解一偈一句一
字之義親近惡友退失四禪退禪定已生惡
邪見作如是說無佛無法無有涅槃沙門瞿
曇善知相法是故能得知他人心我於尒時
告善星言我所說法初中後善其言巧妙字
義真正所說無雜具足成就清淨梵行善星
比丘復作是言如來雖復為我說法而我真

BD14754號　大般涅槃經（北本　宮本）卷三三　（22–17）

耶見作如是說無佛無法無有涅槃沙門瞿
曇善知相法是故能得知他人心我於尒時
告善星言我所說法初中後善其言巧妙字
義真正所說無雜具足成就清淨梵行善星
比丘復作是言如来雖復為我說法而我真
實謂無因果善男子汝若不信如是事者善
星比丘今者在近尼連禪河可共往問尒時
如来即與迦葉往善星所善星比丘遥見我
来見已即生惡耶之心以惡心故生身陷入
阿鼻地獄善男子善星比丘雖入佛法無量
寶聚空無所獲乃至不得一法之利以放逸
故惡知識故譬如有人雖入大海多見衆寶
而無所得以放逸故又如入海雖見寶聚自
刎而死或為羅剎惡鬼所煞善星比丘亦復
如是入佛法已為惡知識羅剎大鬼之所煞
害善男子是故如来以憐愍故常說善星多
諸放逸善男子若本貧窮於是人所雖生憐
愍其心則薄若本巨富後失財物於是人所
生於憐愍其心則厚善星比丘亦復如是受
持讀誦十二部經獲得四禪然後退失甚可
憐愍是故我說善星比丘多諸放逸多放逸
故斷諸善根我諸弟子有見聞者於是人所
無不生於重憐愍心如初巨富後失財者我
於多年常與善星共相隨逐而彼自生惡耶
之心以惡耶故不捨惡見善男子我從昔来
見是善星少有善根如毛髮時終不記彼斷
絕善根是一闡提斯下之人地獄劫住以其宣

BD14754號　大般涅槃經（北本　宮本）卷三三　（22–18）

於多年常與善星共相隨逐而彼自生惡耶
之心以惡耶故不捨惡見善男子我從昔来
見是善星少有善根如毛髮時終不記彼斷
絕善根是一闡提斯下之人地獄劫住以其宣
說無因無果無有作業尒乃記彼永斷善根
是一闡提斯下之人地獄劫住善男子譬如有
人沒清廁中有善知識以手秏之若得首髮便
欲拔出久来不得尒乃息意我亦如是求覓善
星微少善根便欲拔濟終日求之乃至不得
如毛髮許是故不得拔其地獄迦葉菩薩言世
尊如来何故記彼當墮阿鼻地獄善男子善
星比丘多有眷屬皆謂善星是阿羅漢是得道
果我欲壞彼惡耶心故記彼善星以放逸故墮
於地獄善男子汝今當知如来所說真實無二
何以故若佛所說當墮地獄若不到者無有是
處聲聞緣覺所記莂者則有二種或虛或實
如目揵連在摩伽陁國遍告諸人却後七日天
當降雨時竟不雨後記牸牛當生白犢及其產
時乃產駮犢記生男者後乃生女善男子善
星比丘常為無量諸衆生等宣說一切無善惡
果尒時永斷一切善根乃至無有如毛髮許
善男子我久知是善星比丘當斷善根猶故共
住滿二十年畜養共行我若遠棄不近左右
是人當教無量衆生造作惡業是名如来第
五解力世尊一闡提輩以何因緣無有善法善
男子一闡提輩斷善根故衆生悉有信等五根
而一闡提輩永斷滅故以是義故煞害蟻子

BD14754號　大般涅槃經（北本　宮本）卷三三　（22–19）

是人當教無量衆生造作惡業是名如来第
五解力世尊一闡提輩以何因緣無有善法
男子一闡提輩斷善根故衆生悉有信等五根
而一闡提輩永斷滅故以是義故煞害蟻子
猶得煞罪煞一闡提無有煞罪世尊一闡提
者終無善法是故名為一闡提耶佛言如是如
是世尊一切衆生有三種善所謂過去未来現
在一闡提輩亦不能斷未来善法云何說言
斷諸善法名一闡提耶善男子斷有二種一
者現在滅二者現在鄣於未来一闡提輩具足
二斷是故我言斷諸善根善男子譬如有人
沒清廁中唯有一髮毛頭未沒雖復一髮毛
頭未沒而一毛頭不能勝身一闡提輩亦復
如是雖未来世當有善根而不能救地獄之
苦未来之世雖可救拔現在之世無如之何
是故名為不可救濟以佛性因緣則可救佛
性者非過去非未来非現在是故佛性不可
得斷如朽敗子不能生牙一闡提輩亦復如
是世尊一闡提輩不斷佛性佛性亦善云何
說言斷一切善善男子若諸衆生現在世中
有佛性者則不得名一闡提也如世間中衆
生我性佛性是常三世不攝三世若攝名為
無常佛性未来以當見故故言衆生悉有佛
性以是義故十住菩薩具足莊嚴乃得少見
迦葉菩薩言世尊佛性者常猶如虛空何故
如来說言未来如来若言一闡提輩無善法

生我性佛性是常三世不攝三世若攝名為
無常佛性未来以當見故故言衆生悉有佛
性以是義故十住菩薩具足莊嚴乃得少見
迦葉菩薩言世尊佛性者常猶如虛空何故
如来說言未来如来若言一闡提輩無善法
者一闡提輩於其同學同師父母親族妻子
豈當不生愛念心耶如其生者非是善乎佛
言善哉善哉善男子快發斯問佛性者猶如
虛空非過去非未来非現在一切衆生有三
種身所謂過去未来現在衆生未来具足莊
嚴清淨之身得見佛性是故我言佛性未来
善男子我為衆生或時說因為果或時說果
為因是故經中說命為食見色名觸未来身
淨故說佛性世尊如佛所說義如是者何故
說言一切衆生悉有佛性善男子衆生佛性
雖現在無不可言無如虛空性雖無現在不
得言無一切衆生雖復無常而是佛性常住
無變是故我於此經中說衆生佛性非内非
外猶如虛空非内非外如其虛空有内有外
者虛空不名為一為常亦不得言一切處有
虛空雖復非内非外而諸衆生悉皆有之衆
生佛性亦復如是如汝所言一闡提輩有善
法者是義不然何以故一闡提輩若有身業
口業意業取業求業施業解業如是等業悉
是耶業何以故不求因果故善男子如呵梨
勒菓根莖枝葉華實悉苦一闡提輩亦復
如是

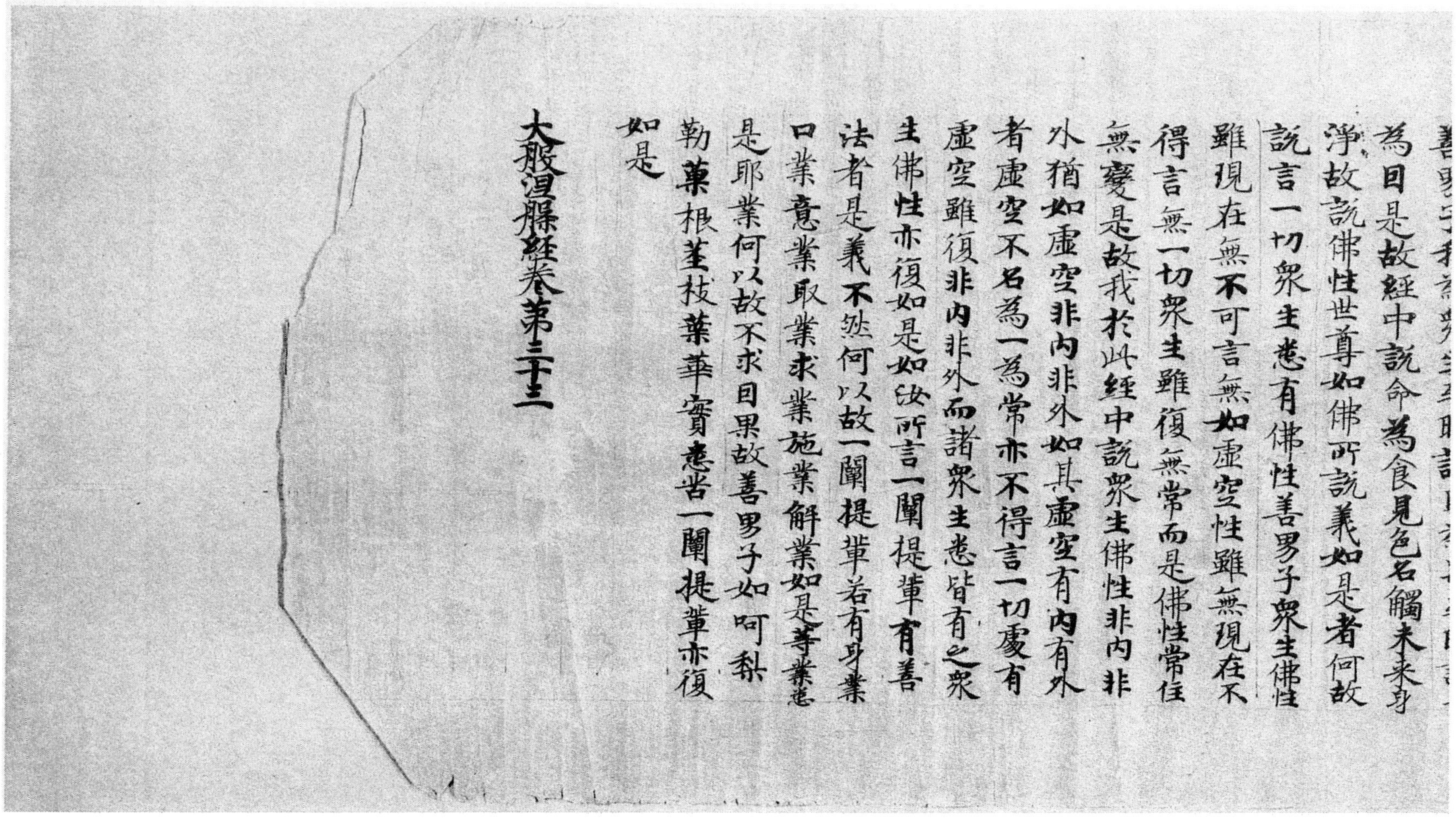

BD14754號　大般涅槃經（北本　宮本）卷三三　　（22–22）

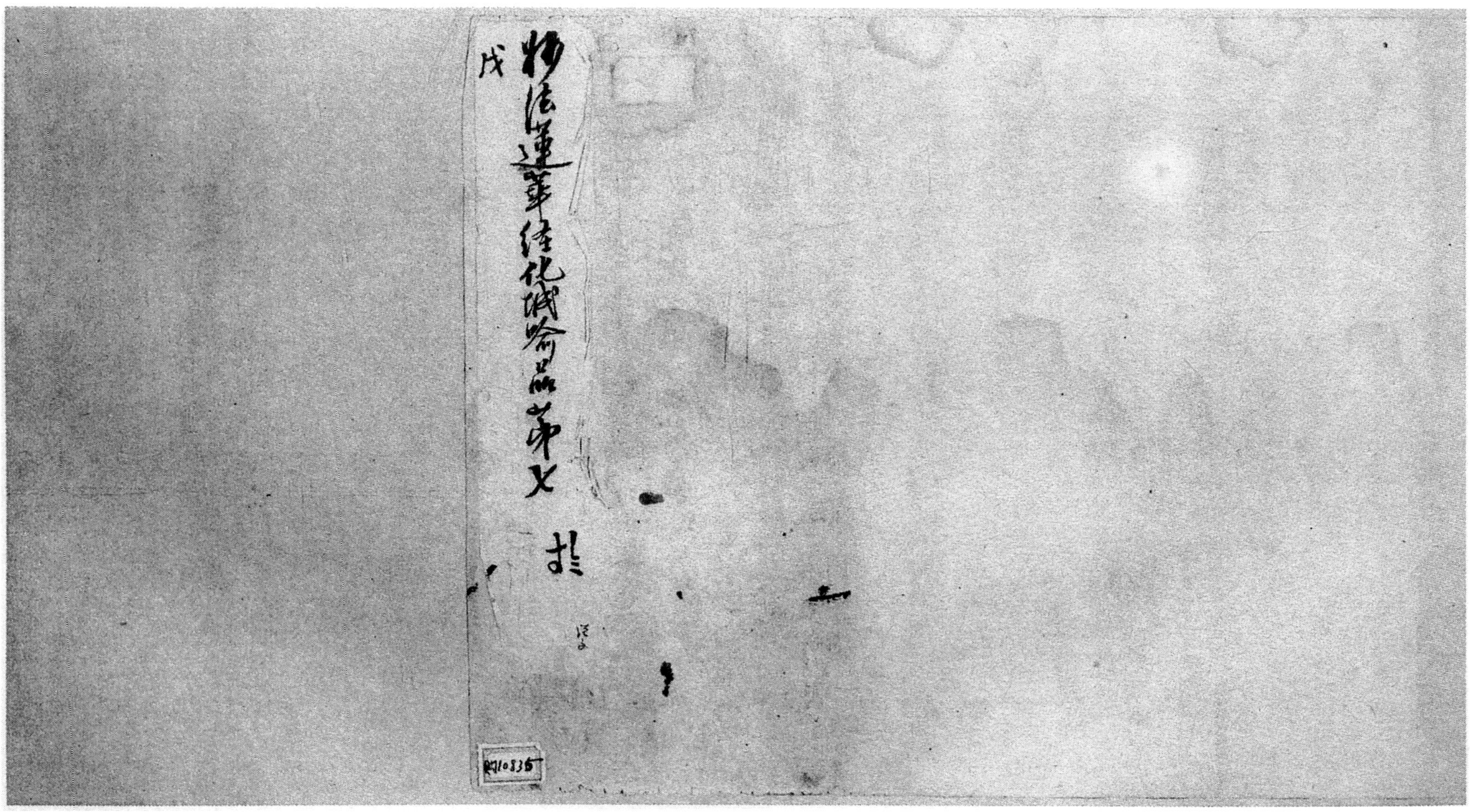

BD14755號背　護首　　（1–1）

妙法蓮華經化城喻品第七
佛告諸比丘乃往過去无量无邊不可思議
阿僧祇劫尒時有佛名大通智勝如來應供
正遍知明行足善逝世間解无上士調御丈
夫天人師佛世尊其國名好成劫名大相諸
比丘彼佛滅度已來甚大久遠譬如三千大
千世界所有地種假使有人磨以為墨過於
東方千國土乃下一點大如微塵又過千國
土復下一點如是展轉盡地種墨於汝等意
云何是諸國土若筭師若筭師弟子能得邊
際知其數不不也世尊諸比丘是人所經國
土若點不點盡末為塵一塵一劫彼佛滅度
已來復過是數无量无邊百千万億阿僧祇
劫我以如來知見力故觀彼久遠猶若今日
尒時世尊欲重宣此義而說偈言
我念過去世　无量无邊劫　有佛兩足尊　名大通智勝
如人以力磨　三千大千土　盡此諸地種　皆悉以為墨

BD14755號　妙法蓮華經卷三　（16–1）

已來復過是數无量无邊百千万億阿僧祇
劫我以如來知見力故觀彼久遠猶若今日
尒時世尊欲重宣此義而說偈言
我念過去世　无量无邊劫　有佛兩足尊　名大通智勝
如人以力磨　三千大千土　盡此諸地種　皆悉以為墨
過於千國土　乃下一塵點　如是展轉點　盡此諸塵墨
如是諸國土　點與不點等　復盡末為塵　一塵為一劫
此諸微塵數　其劫復過是　彼佛滅度來　如是无量劫
如來无礙智　知彼佛滅度　及聲聞菩薩　如見今滅度
諸比丘當知　佛智淨微妙　無漏无所礙　通達无量劫
佛告諸比丘大通智勝佛壽五百四十万億
那由他劫其佛本坐道場破魔軍已垂得阿
耨多羅三藐三菩提而諸佛法不現在前如
是一小劫乃至十小劫結跏趺坐身心不動
而諸佛法猶不在前尒時忉利諸天先為彼
佛於菩提樹下敷師子座高一由旬佛於此
座當得阿耨多羅三藐三菩提適坐此座時
諸梵天王雨衆天華面百由旬香風時來吹
去萎華更雨新者如是不絕滿十小劫供養
於佛乃至滅度常雨此華四王諸天為供養
佛常擊天鼓其餘諸天作天伎樂滿十小劫
至于滅度亦復如是諸比丘大通智勝佛過
十小劫諸佛之法乃現在前成阿耨多羅三
藐三菩提其佛未出家時有十六子其第一
者名曰智積諸子各有種種珍異玩好之具
聞父得成阿耨多羅三藐三菩提皆捨所珍
往詣佛所諸母涕泣而隨送之其祖轉輪聖
王與一百大臣及餘百千万億人民皆共圍
遶隨至道場咸欲親近大通智勝如來

BD14755號　妙法蓮華經卷三　（16–2）

者名曰智積諸子各有種種珍異玩好之具
聞父得成阿耨多羅三藐三菩提皆捨所珍
往詣佛所諸母涕泣而隨送之其祖轉輪聖
王與一百大臣及餘百千万億人民皆共圍
遶隨至道場咸欲親近大通智勝如來供養
恭敬尊重讚歎到已頭面礼足遶佛畢已一
心合掌瞻仰世尊以偈頌曰
大威德世尊　為度眾生故　於无量億歲　尒乃得成佛
諸願已具足　善哉吉无上　世尊甚希有　一坐十小劫
身體及手足　靜然安不動　其心常惔怕　未曾有散亂
究竟永寂滅　安住无漏法　今者見世尊　安隱成佛道
我等得善利　稱慶大歡喜　眾生常苦惱　盲瞑无導師
不識苦盡道　不知求解脫　長夜增惡趣　減損諸天眾
從冥入於冥　永不聞佛名　今佛得最上　安隱无漏道
我等及天人　為得最大利　是故咸稽首　歸命无上尊
尒時十六王子偈讚佛已勸請世尊轉於法
輪咸作是言世尊說法多所安隱憐愍饒益
諸天人民重說偈言
世雄无等倫　百福自莊嚴　得无上智慧　願為世間說
度脫於我等　及諸眾生類　為分別顯示　令得是智慧
若我等得佛　眾生亦復然　世尊知眾生　深心之所念
亦知所行道　又知智慧力　欲樂及脩福　宿命所行業
世尊悉知已　當轉无上輪
佛告諸比丘大通智勝佛得阿耨多羅三藐
三菩提時十方各五百万億諸佛世界六種
震動其國中間幽冥之處日月威光所不能
照而皆大明其中眾生各得相見咸作是言

BD14755號　妙法蓮華經卷三　　（16–3）

世尊悉知已　當轉无上輪
佛告諸比丘大通智勝佛得阿耨多羅三藐
三菩提時十方各五百万億諸佛世界六種
震動其國中間幽冥之處日月威光所不能
照而皆大明其中眾生各得相見咸作是言
此中云何忽生眾生又其國界諸天宮殿乃
至梵宮六種震動大光普照遍滿世界勝諸
天光尒時東方五百万億諸國土中梵天宮
殿光明照曜倍於常明諸梵天王各作是念
今者宮殿光明昔所未有以何因緣而現此
相是時諸梵天王即各相詣共議此事而彼
眾中有一大梵天王名救一切為諸梵眾而
說偈言
我等諸宮殿　光明昔未有　此是何因緣　宜各共求之
為大德天生　為佛出世間　而此大光明　遍照於十方
尒時五百万億國土諸梵天王與宮殿俱各
以衣裓盛諸天華共詣西方推尋是相見大
通智勝如來處于道場菩提樹下坐師子座
諸天龍王乾闥婆緊那羅摩睺羅伽人非人
等恭敬圍遶及見十六王子請佛轉法輪即
時諸梵天王頭面礼佛遶百千帀即以天華
而散佛上其所散華如須彌山并以供養佛
菩提樹其菩提樹高十由旬華供養已各以
宮殿奉上彼佛而作是言唯見哀愍饒益我
等所獻宮殿願垂納處尒時諸梵天王即於
佛前一心同聲以偈頌曰
世尊甚希有　難可得值遇　具无量功德　能救護一切
天人之大師　哀愍於世間　十方諸眾生　普皆蒙饒益
我等所從來　五百万億國　捨深禪定樂　為供養佛故

BD14755號　妙法蓮華經卷三　　（16–4）

等所獻宮殿願垂納處尒時諸梵天王即於
佛前一心同聲以偈頌曰
世尊甚希有　難可得值遇　具无量功德　能救護一切
天人之大師　哀愍於世間　十方諸衆生　普皆蒙饒益
我等所從來　五百万億國　捨深禪定樂　為供養佛故
我等先世福　宮殿甚嚴飾　今以奉世尊　唯願哀納受
尒時諸梵天王偈讚佛已各作是言唯願世
尊轉於法輪度脫衆生開涅槃道時諸梵天
王一心同聲而說偈言
世雄兩足尊　唯願演說法　以大慈悲力　度苦惱衆生
尒時大通智勝如來默然許之又諸比丘東
南方五百万億國土諸大梵王各自見宮殿
光明照曜昔所未有歡喜踊躍生希有心即
各相詣共議此事而彼衆中有一大梵天王
名曰大悲為諸梵衆而說偈言
是事何因緣　而現如此相　我等諸宮殿　光明昔未有
為大德天生　為佛出世間　未曾見此相　當共一心求
過千万億土　尋光共推之　多是佛出世　度脫苦衆生
尒時五百万億諸梵天王與宮殿俱各以衣
裓盛諸天華共詣西北方推尋是相見大通
智勝如來處于道場菩提樹下坐師子座諸
天龍王乾闥婆緊那羅摩睺羅伽人非人等
恭敬圍遶及見十六王子請佛轉法輪時諸
梵天王頭面礼佛遶百千帀即以天華而散
佛上所散之華如須弥山并以供養佛菩提
樹華供養已各以宮殿奉上彼佛而作是言唯
見哀愍饒益我等所獻宮殿願垂納處尒
時諸梵天王即於佛前一心同聲以偈頌曰

BD14755號　妙法蓮華經卷三　（16–5）

佛上所散之華如須弥山并以供養佛菩提
樹華供養已各以宮殿奉上彼佛而作是言唯
見哀愍饒益我等所獻宮殿願垂納處尒
時諸梵天王即於佛前一心同聲以偈頌曰
聖主天中王　迦陵頻伽聲　哀愍衆生者　我等今敬礼
世尊甚希有　久遠乃一現　一百八十劫　空過无有佛
三惡道充滿　諸天衆減少　今佛出於世　為衆生作眼
世間所歸趣　救護於一切　為衆生之父　哀愍饒益者
我等宿福慶　今得值世尊
尒時諸梵天王偈讚佛已各作是言唯願世
尊哀愍一切轉於法輪度脫衆生時諸梵天
王一心同聲而說偈言
大聖輪法輪　顯示諸法相　度苦惱衆生　令得大歡喜
衆生聞是法　得道若生天　諸惡道減少　忍善者增益
尒時大通智勝如來默然許之
又諸比丘南方五百万億國土諸大梵王各
自見宮殿光明照曜昔所未有歡喜踊躍生
希有心即各相詣共議此事以何因緣我等
宮殿有此光曜而彼衆中有一大梵天王名
曰妙法為諸梵衆而說偈言
我等諸宮殿　光明甚威曜　此非无因緣　是相宜求之
過於百千劫　未曾見是相　為大德天生　為佛出世間
尒時五百万億諸梵天王與宮殿俱各以衣
裓盛諸天華共詣北方推尋是相見大通智
勝如來處于道場菩提樹下坐師子座諸天
龍王乾闥婆緊那羅摩睺羅伽人非人等恭
敬圍遶及見十六王子請佛轉法輪即時諸
梵天王頭面礼佛遶百千帀即以天華而散

BD14755號　妙法蓮華經卷三　（16–6）

祴盛諸天華共詣北方推尋是相見大通智
勝如來處于道場菩提樹下坐師子座諸天
龍王乾闥婆緊那羅摩睺羅伽人非人等恭
敬圍遶及見十六王子請佛轉法輪即時諸
梵天王頭面礼佛遶百千帀即以天華而散
佛上所散之華如須弥山并以供養佛菩提
樹華供養已各以宮殿奉上彼佛而作是言
唯見哀愍饒益我等所獻宮殿願垂納處尒
時諸梵天王即於佛前一心同聲以偈頌曰
世尊甚難見　破諸煩惱者　過百三十劫　今乃得一見
諸飢渴衆生　以法雨充滿　昔所未曾覩　无量智慧者
如優曇鉢華　今日乃值遇　我等諸宮殿　蒙光故嚴飾
世尊大慈愍　唯願垂納受
尒時諸梵天王偈讚佛已各作是言唯願世
尊轉於法輪令一切世間諸天魔梵沙門婆
羅門皆獲安隱而得度脫時諸梵天王一心
同聲以偈頌曰
唯願天人尊　轉无上法輪　擊于大法鼓　而吹大法螺
普雨大法雨　度无量衆生　我等咸歸請　當演深遠音
尒時大通智勝如來嘿然許之西南方乃至
下方亦復如是
尒時上方五百万億國土諸大梵王皆悉自
覩所止宮殿光明威曜昔所未有歡喜踊躍
生希有心即各相詣共議此事以何因緣我
等宮殿有斯光明而彼衆中有一大梵天王
名曰尸棄為諸梵衆而說偈言
今以何因緣　我等諸宮殿　威德光明曜　嚴飾未曾有
如是之妙相　昔所不聞見　為大德天生　為佛出世間
尒時五百万億諸梵天王與宮殿俱各以衣

等宮殿有斯光明而彼衆中有一大梵天王
名曰尸棄為諸梵衆而說偈言
今以何因緣　我等諸宮殿　威德光明曜　嚴飾未曾有
如是之妙相　昔所不聞見　為大德天生　為佛出世間
尒時五百万億諸梵天王與宮殿俱各以衣
祴盛諸天華共詣下方推尋是相見大通智
勝如來處于道場菩提樹下坐師子座諸天
龍王乾闥婆緊那羅摩睺羅伽人非人等恭
敬圍遶及見十六王子請佛轉法輪時諸梵
天王頭面礼佛遶百千帀即以天華而散佛
上所散之華如須弥山并以供養佛菩提樹
華供養已各以宮殿奉上彼佛而作是言唯
見哀愍饒益我等所獻宮殿願垂納處尒
時諸梵天王即於佛前一心同聲以偈頌曰
善哉見諸佛　救世之聖尊　能於三界獄　勉出諸衆生
普智天人尊　哀愍群萌類　能開甘露門　廣度於一切
於昔无量劫　空過无有佛　世尊未出時　十方常闇冥
三惡道增長　阿脩羅亦盛　諸天衆轉減　死多墮惡道
不從佛聞法　常行不善事　色力及智慧　斯等皆減少
罪業因緣故　失樂及樂想　住於邪見法　不識善儀則
不蒙佛所化　常墮於惡道　佛為世間眼　久遠時乃出
哀愍諸衆生　故現於世間　超出成正覺　我等甚欣慶
及餘一切衆　喜歎未曾有　我等諸宮殿　蒙光故嚴飾
今以奉世尊　唯垂哀納受　願以此功德　普及於一切
我等與衆生　皆共成佛道
尒時五百万億諸梵天王偈讚佛已各白佛
言唯願世尊轉於法輪多所安隱多所度脫
時諸梵天王而說偈言

我等諸宮殿　蒙光故嚴飾　今以奉世尊　唯垂哀納受
願以此功德　普及於一切　我等與衆生　皆共成佛道
尒時五百万億諸梵天王偈讚佛已各白佛
言唯願世尊轉於法輪多所安隱多所度脫
時諸梵天王而說偈言
世尊轉法輪　擊甘露法鼓　度苦惱衆生　開示涅槃道
唯願受我請　以大微妙音　哀愍而敷演　无量劫集法
尒時大通智勝如來受十方諸梵天王及十
六王子請即時三轉十二行法輪若沙門婆
羅門若天魔梵及餘世間所不能轉謂是苦
是苦集是苦滅是苦滅道及廣說十二因緣
法无明緣行行緣識識緣名色名色緣六入
六入緣觸觸緣受受緣愛愛緣取取緣有有
緣生生緣老死憂悲苦惱无明滅則行滅行
滅則識滅識滅則名色滅名色滅則六入滅
六入滅則觸滅觸滅則受滅受滅則愛滅愛
滅則取滅取滅則有滅有滅則生滅生滅則
老死憂悲苦惱滅佛於天人大衆之中說是
法時六百万億那由他人以不受一切法故而
於諸漏心得解脫皆得深妙禪定三明六
通具八解脫第二第三第四說法時千万億
恒河沙那由他等衆生亦以不受一切法故
而於諸漏心得解脫從是已後諸聲聞衆无
量无邊不可稱數尒時十六王子皆以童子
出家而為沙弥諸根通利智慧明了已曾供
養百千万億諸佛淨脩梵行求阿耨多羅三
藐三菩提俱白佛言世尊是諸无量千万億
大德聲聞皆已成就世尊亦當為我等說阿
耨多羅三藐三菩提法我等聞已皆共脩學

BD14755號　妙法蓮華經卷三　（16–9）

出家而為沙弥諸根通利智慧明了已曾供
養百千万億諸佛淨脩梵行求阿耨多羅三
藐三菩提俱白佛言世尊是諸无量千万億
大德聲聞皆已成就世尊亦當為我等說阿
耨多羅三藐三菩提法我等聞已皆共脩學
世尊我等志願如來知見深心所念佛自證
知尒時轉輪聖王所將衆中八万億人見十
六王子出家亦求出家王即聽許尒時彼佛
受沙弥請過二万劫已乃於四衆之中說是
大乘經名妙法蓮華教菩薩法佛所護念說
是經已十六沙弥為阿耨多羅三藐三菩提
故皆共受持諷誦通利說是經時十六菩薩
沙弥皆悉信受聲聞衆中亦有信解其餘衆
生千万億種皆生疑惑佛說是經於八千劫
未曾休廢說此經已即入靜室住於禪定八
万四千劫是時十六菩薩沙弥知佛入室寂
然禪定各昇法座亦於八万四千劫為四部
衆廣說分別妙法華經一一皆度六百万億
那由他恒河沙等衆生示教利喜令發阿耨
多羅三藐三菩提心大通智勝佛過八万四
千劫已從三昧起往詣法座安詳而坐普告
大衆是十六菩薩沙弥甚為希有諸根通利
智慧明了已曾供養无量千万億數諸佛於
諸佛所常脩梵行受持佛智開示衆生令入
其中汝等皆當數數親近而供養之所以者
何若聲聞辟支佛及諸菩薩能信是十六菩
薩所說經法受持不毀者是人皆當得阿耨
多羅三藐三菩提如來之慧佛告諸比丘是
十六菩薩常樂說是妙法蓮華經一一菩薩所

BD14755號　妙法蓮華經卷三　（16–10）

諸佛所常修梵行受持佛智開示衆生令入
其中汝等皆當數數親近而供養之所以者
何若聲聞辟支佛及諸菩薩能信是十六菩
薩所說經法受持不毀者是人皆當得阿耨
多羅三藐三菩提如來之慧佛告諸比丘是
十六菩薩常樂說是妙法華經一一菩薩所
化六百万億那由他恒河沙等衆生世世所
生與菩薩俱從其聞法悉皆信解以此因緣
得值四万億諸佛世尊于今不盡諸比丘我
今語汝彼佛弟子十六沙弥今皆得阿耨多
羅三藐三菩提於十方國土現在說法有无
量百千万億菩薩聲聞以為眷屬其二沙弥
東方作佛一名阿閦在歡喜國二名須弥頂
東南方二佛一名師子音二名師子相南方
二佛一名虛空住二名常滅西南方二佛一
名帝相二名梵相西方二佛一名阿弥陀二
名度一切世間苦惱西北方二佛一名多摩
羅跋栴檀香神通二名須弥相北方二佛一
名雲自在二名雲自在王東北方佛名壞一切
世間怖畏第十六我釋迦牟尼佛於娑婆
國土成阿耨多羅三藐三菩提諸比丘我等
為沙弥時各各教化无量百千万億恒沙
等衆生從我聞法為阿耨多羅三藐三菩提
此諸衆生于今有住聲聞地者我常教化阿
耨多羅三藐三菩提是諸人等應以是法漸
入佛道所以者何如來智慧難信難解尒時
所化无量恒河沙等衆生者汝等諸比丘及我
滅度後未來世中聲聞弟子是也我滅度
後復有弟子不聞是經不知不覺菩薩所行

BD14755號　妙法蓮華經卷三　（16–11）

此諸衆生于今有住聲聞地者我常教化阿
耨多羅三藐三菩提是諸人等應以是法漸
入佛道所以者何如來智慧難信難解尒時
所化无量恒河沙等衆生者汝等諸比丘及我
滅度後未來世中聲聞弟子是也我滅度
後復有弟子不聞是經不知不覺菩薩所行
自於所得功德生滅度想當入涅槃我於餘
國作佛更有異名是人雖生滅度之想入於
涅槃而於彼土求佛智慧得聞是經唯以佛
乘而得滅度更无餘乘除諸如來方便說法
諸比丘若如來自知涅槃時到衆又清淨信
解堅固了達空法深入禪定便集諸菩薩及
聲聞衆為說是經世間无有二乘而得滅度
唯一佛乘得滅度耳比丘當知如來方便深
入衆生之性知其志樂小法深著五欲為是
等故說於涅槃是人若聞則便信受譬如五
百由旬險難惡道曠絕无人怖畏之處若有
多衆欲過此道至珎寶處有一導師聰慧明
達善知險道通塞之相將導衆人欲過此難
所將人衆中路懈退白導師言我等疲極而
復怖畏不能復進前路猶遠今欲退還導師
多諸方便而作是念此等可愍云何捨大珎
寶而欲退還作是念已以方便力於險道中
過三百由旬化作一城告衆人言汝等勿怖
莫得退還今此大城可於中止隨意所作若
入是城快得安隱若能前至寶所亦可得去
是時疲極之衆心大歡喜嘆未曾有我等今
者免斯惡道快得安隱於是衆人前入化城

BD14755號　妙法蓮華經卷三　（16–12）

過三百由旬化作一城告衆人言汝等勿怖
莫得退還今此大城可於中止隨意所作若
入是城快得安隱若能前至寶所亦可得去
是時疲極之衆心大歡喜歎未曾有我等今
者免斯惡道快得安隱於是衆人前入化城
生已度想生安隱想尒時導師知此人衆既
得止息无復疲惓即滅化城語衆人言汝等
去來寶處在近向者大城我所化作為止息
耳諸比丘如來亦復如是今為汝等作大導
師知諸生死煩惱惡道險難長遠應去應度
若衆生但聞一佛乘者則不欲見佛不欲親
近便作是念佛道長遠久受懃苦乃可得成
佛知是心怯弱下劣以方便力而於中道為
止息故說二涅槃若衆生住於二地如來尒
時即便為說汝等所作未辦汝所住地近於
佛慧當觀察籌量所得涅槃非真實也但是
如來方便之力於一佛乘分別說三如彼導師
為止息故化作大城既知息已而告之言寶
處在近此城非實我化作耳尒時世尊欲重
宣此義而說偈言
大通智勝佛　十劫坐道場　佛法不現前　不得成佛道
諸天龍神王　阿脩羅衆等　常雨於天華　以供養彼佛
諸天擊天鼓　并作衆伎樂　香風吹萎華　更雨新好者
過十小劫已　乃得成佛道　諸天及世人　心皆懷踊躍
彼佛十六子　皆與其眷屬　千万億圍繞　俱行至佛所
頭面礼佛足　而請轉法輪　聖師子法雨　充我及一切
世尊甚難值　久遠時一現　為覺悟群生　震動於一切
東方諸世界　五百万億國　梵宮殿光耀　昔所未曾有
諸梵見此相　尋來至佛所　散華以供養　并奉上宮殿

BD14755號　妙法蓮華經卷三　（16–13）

彼佛十六子　皆與其眷屬　千万億圍繞　俱行至佛所
頭面礼佛足　而請轉法輪　聖師子法雨　充我及一切
世尊甚難值　久遠時一現　為覺悟群生　震動於一切
東方諸世界　五百万億國　梵宮殿光耀　昔所未曾有
諸梵見此相　尋來至佛所　散華以供養　并奉上宮殿
請佛轉法輪　以偈而讚歎　佛知時未至　受請嘿然坐
三方及四維　上下亦復尒　散華奉宮殿　請佛轉法輪
世尊甚難值　願以大慈悲　廣開甘露門　轉无上法輪
无量慧世尊　受彼衆人請　為宣種種法　四諦十二緣
无明至老死　皆從生緣有　如是衆過患　汝等應當知
宣暢是法時　六百万億姟　得盡諸苦際　皆成阿羅漢
第二說法時　千万恒沙衆　於諸法不受　亦得阿羅漢
從是後得道　其數无有量　万億劫筭數　不能得其邊
時十六王子　出家作沙弥　皆共請彼佛　演說大乘法
我等及營從　皆當成佛道　願得如世尊　慧眼第一淨
佛知童子心　宿世之所行　以无量因緣　種種諸譬喻
說六波羅蜜　及諸神通事　分別真實法　菩薩所行道
說是法華經　如恒沙沙偈　彼佛說經已　靜室入禪定
一心一處坐　八万四千劫
是說沙弥等　知佛禪未出　為无量億衆　說佛无上慧
各各坐法座　說是大乘經　於佛宴寂後　宣揚助法化
一一沙弥等　所度諸衆生　有六百万億　恒河沙等衆
彼佛滅度後　是諸聞法者　在在諸佛土　常與師俱生
是十六沙弥　具足行佛道　今現在十方　各得成正覺
尒時聞法者　各在諸佛所　其有住聲聞　漸教以佛道
我在十六數　曾亦為汝說　是故以方便　引汝趣佛慧
以是本因緣　今說法華經　令汝入佛道　慎勿懷驚懼
譬如險惡道　迥絕多毒獸　又復无水草　人所怖畏處

BD14755號　妙法蓮華經卷三　（16–14）

後佛滅度後　是諸聞法者　在在諸佛土　常與師俱生
是十六沙弥　具足行佛道　今現在十方　各得成正覺
尒時聞法者　各在諸佛所　其有住聲聞　漸教以佛道
我在十六數　曾亦為汝說　是故以方便　引汝趣佛慧
以是本因緣　今說法華經　令汝入佛道　慎勿懷驚懼
譬如險惡道　迥絕多毒獸　又復无水草　人所怖畏處
无數千万衆　欲過此險道　其路甚曠遠　經五百由旬
時有一導師　強識有智慧　明了心決定　在險濟衆難
衆人皆疲惓　而白導師言　我等今頓乏　於此欲退還
導師作是念　此輩甚可愍　如何欲退還　而失大珎寶
尋時思方便　當設神通力　化作大城郭　莊嚴諸舍宅
周帀有園林　渠流及浴池　重門高樓閣　男女皆充滿
即作是化已　慰衆言勿懼　汝等入此城　各可隨所樂
諸人既入城　心皆大歡喜　皆生安隱想　自謂已得度
導師知息已　集衆而告言　汝等當前進　此是化城耳
我見汝疲極　中道欲退還　故以方便力　權化作此城
汝今勤精進　當共至寶所　我亦復如是　為一切導師
見諸求道者　中路而懈廢　不能度生死　煩惱諸險道
故以方便力　為息說涅槃　言汝等苦滅　所作皆已辦
既知到涅槃　皆得阿羅漢　尒乃集大衆　為說真實法
諸佛方便力　分別說三乘　唯有一佛乘　息處故說二
今為汝說實　汝所得非滅　為佛一切智　當發大精進
汝證一切智　十力等佛法　具三十二相　乃是真實滅
諸佛之導師　為息說涅槃　既知是息已　引入於佛慧

妙法蓮華經卷第三

BD14755號　妙法蓮華經卷三　（16-15）

即作是化已　慰衆言勿懼　汝等入此城　各可隨所樂
諸人既入城　心皆大歡喜　皆生安隱想　自謂已得度
導師知息已　集衆而告言　汝等當前進　此是化城耳
我見汝疲極　中道欲退還　故以方便力　權化作此城
汝今勤精進　當共至寶所　我亦復如是　為一切導師
見諸求道者　中路而懈廢　不能度生死　煩惱諸險道
故以方便力　為息說涅槃　言汝等苦滅　所作皆已辦
既知到涅槃　皆得阿羅漢　尒乃集大衆　為說真實法
諸佛方便力　分別說三乘　唯有一佛乘　息處故說二
今為汝說實　汝所得非滅　為佛一切智　當發大精進
汝證一切智　十力等佛法　具三十二相　乃是真實滅
諸佛之導師　為息說涅槃　既知是息已　引入於佛慧

妙法蓮華經卷第三

BD14755號　妙法蓮華經卷三　（16-16）

住王舍城耆闍崛山與大比丘衆千
及諸菩薩摩訶薩俱尒時具壽舍利子往弥勒
訶薩經行之處到已共相慰問俱坐盤陁石上
利子向弥勒菩薩摩訶薩作如是言弥勒今日世尊
觀見稻芉告諸比丘作如是說諸比丘若見因緣彼即見法若
見於法即能見佛作是語已默然無言弥勒善逝何故作如是
說其事云何何者因緣何者是法何者是佛云何見因緣即能
見法云何見法即能見佛作是語已弥勒菩薩摩訶薩答具
壽舍子言今佛法王正遍知告諸比丘若見因緣即能見法若見
法即能見佛者此中何者是因緣言因緣者此有故彼有
此生故彼生所謂无明緣行行緣識識緣名色名色緣六入六入緣
觸觸緣受受緣愛愛緣取取緣有有緣生生緣老死愁歎
苦憂惱而得生起如是唯生純極大苦之聚此中无明滅故行
滅行滅故識滅識滅故名色滅名色滅故六入滅六入滅故觸滅觸滅
故受滅受滅故愛滅愛滅故取滅取滅故有滅有滅故生滅生滅
故老死愁歎苦憂惱得滅如是唯滅純極大苦之聚此是世尊
所說因緣之法何者是法所謂八聖道正見正思惟正語正業正

苦憂惱而得生起如是唯生純極大苦之聚此中无明滅故行
滅行滅故識滅識滅故名色滅名色滅故六入滅六入滅故觸滅觸滅
故受滅受滅故愛滅愛滅故取滅取滅故有滅有滅故生滅生滅
故老死愁嘆苦憂惱得滅如是唯滅純極大苦之聚此是世尊
所說因緣之法何者是法所謂八聖道正見正思惟正語正業正
命正精進正念正定此是八聖道支果及涅槃世尊所說名
之為法 何者是佛所謂知一切法者名之為佛以彼慧眼及法身
能見作菩提學无學法故 云何見因緣如佛所說若能見因緣
之法常无壽離壽如實性无錯謬性无生无起无作无為
无障㝵无境界寂靜无畏无侵奪不寂靜相者是若能如
是於法亦見常无壽離壽如實性无生无起无作无為无障
㝵无境界寂靜无畏无侵奪不寂靜相者得正智故能悟勝
法以无上法身而見於佛 問曰何故名因緣 荅曰有緣名為因緣非
无因无緣故是故名為因緣之法 世尊略說因緣之相彼緣生
果如來出現若不出現法性常住乃至法性法住性定法性與因緣相
應性真如性无錯謬性无變異性真實性實際性不虛妄性不顛倒
性等作如是說 此因緣法以其二種而得生起云何為二所謂因緣相
緣相應彼復有二謂及 此中何者是外因緣法因相應所謂從種生芽
從芽生葉從葉生莖從莖生節從節生穗從穗生花從花生實
若无有種芽即不生乃至若无有花實亦不生有種芽生如是
有花實亦得生彼種亦不作是念我能生芽芽亦不作是念我從
種生乃至花亦不作是念我能生實實亦不作是念我從花生 雖然有
種故而芽得生如是有花故實即而能成就應如是觀外因緣法因
相應義 應云何觀外因緣法緣相應義謂六界和合故以何六界和
合所謂地水火風空時界等和合外因緣法而得生起應如是觀外因
緣法緣相應義 地界者能持於種水界者潤漬於種火界者能
暖於種風界者動搖於種空界者不障於種時則能變種子若

種故而芽得生如是有花故實即而能成就應如是觀外因緣法因
相應義　應云何觀外因緣法緣相應義謂六果和合故以何六果和
合所謂地水火風空時界等和合外因緣法而得生起應如是觀外因
緣法緣相應義　地界者能持於種水界者潤漬於種火界者能
暖於種風界者動搖於種空界者不障於種時則能變種子若
无此衆緣種則不能而生於芽若外地界无不具足如是乃至水
火風空時等无不具足一切和合種子滅時而芽得生　此中地界不作
是念我能住持種子如是水界亦不作是念我能潤漬於種火界
亦不作是念我能暖於種子風界亦不作念我動搖於種空界亦
不作念我能不障於種時不作念我能變於種子種子亦不作是
念我能生芽芽亦不作是念我今從此衆緣而生雖然有此衆
緣而種滅時芽即得生如是有花之時實即得生彼芽亦非
自作亦非他作非自他俱作非自在作亦非時變非自性生亦非无因而
生雖然地水火風空時界等和合種滅之時而芽得生是故應如是觀
外因緣法緣相應義應以五種觀彼外因緣法何故□五不常不斷不
移從於小因而生大果與彼相似云何不常為芽與種□別異故彼芽非
種非種壞時而得芽生亦非不滅而得生起種壞之時而芽得生是故
不常云何不斷非過去種壞而生於芽亦非不滅而得生起種子亦壞
當爾之時如秤高下而芽得生是故不斷云何不移芽與種別芽非
種故是故不移云何小因而生大果從小種子而生大果是故從於小因而
生大果云何與彼相似如所植種生彼果故是故與彼相似以是五種觀外因
緣之法　如是內因緣法亦以二種而得生起云何為二所謂因相應緣相應
何者是內因緣法因相應義所謂始從无明緣行乃至生緣老死若无明
不生行亦不有乃至若无有生老死非有如是有无明故行乃得生如是
有生故老死得有是故應如是觀內因緣法因相應義　應云何觀內因緣法
緣相應事為六果和合故以何六果和合所謂地水火風空識界等和合故
應如是觀內因緣法緣相應事　何者是內因緣法地界之相為此身中作
堅硬何者名為地界為令此身而聚集者為名水界能消身所食飲嚼
噉者名為火界為此身中作內外出入息者名為風界為此身中作虛

不生行亦不有乃至若无有生老死非有如是有行乃得生如是
有生故老死得有是故應如是觀內因緣法因相應義　應云何觀內因緣法
緣相應事為六界和合故以何六界和合所謂地水火風空識界等和合故
應如是觀內因緣法緣相應事　何者是內因緣法地界之相為此身中作
堅硬何者名為地界為令此身而聚集者為名水界能消身所食飲嚼
噉者名為火界為此身中作內外出入息者名為風界為此身中作虛
通者名為空界五識身相應及有漏意識猶如束蘆能成就此身名
色芽者名為識界若无此衆緣身則不生若內地界无不具足如是乃至水
火風空識界等无不具足一切和合身即得生　彼地界亦不作是念我能而作
身中堅硬之事水界亦不作是念我能為身而作聚集火界亦不作是念
我能而消身所食飲嚼噉之事風界亦不作是念我能作內外出入息空
界亦不作是念我能而作身中虛通之事識界亦不作是念我能成就此身
名色之芽身亦不作是念我此衆緣而生雖然有此衆之緣時身即得生
彼地界亦非作是我非是衆生非命者非生者非儒童非作者非男非女非
黃門非自在非我所亦非餘等　如是乃至水界火界風界空界識界亦
非是我非是衆生非命者非生者非儒童非作者非男非女非黃門非自
在非我所亦非餘等　何者是无明於此六界起於一想一合想常想堅牢想不
壞想安樂想衆生想命生者養育士夫人儒童作者我我所想等及餘
種種无知此是无明　不无明故於諸境界起貪瞋癡於諸境界起
貪瞋癡者此是无明緣行而於諸事能了別者名之為識與識俱生四
取蘊者此是名色依名色諸根名為六入三法和合名之為觸覺受觸者名
之為受於受貪著名之為愛增長愛名之為取從取而生能生業者名之
為有而從彼因所之蘊名之為生生已蘊成熟者名之為老老已蘊滅壞者名
之為死臨終之時內具貪著及熱惱者名之為愁從愁而生諸言辭者
名之為歎五識身受苦者名之為苦作意意識受諸苦者名之為憂
具如是等及隨煩惱者名之為惱大黑闇故名无明造作故名諸行了別故
名識相依故名色為生故名有生蘊故名生蘊熟故名老蘊壞故名
愁歎故名歎惱身故名苦惱心故名憂煩惱故名惱復此不了其性顛倒
无知名為无明如是有无明故能成三行所謂福行罪行不動行從於福
行而生福行識者此是无明緣行從於罪行而生罪行識者此則名為
行於罪行從不動行生不動行識者此則名為識緣名色名色增長

名識相依故名色為生故名有生蘊熟故名老蘊壞故名死
愁嘆故名嘆惱身故名苦惱心故名憂煩惱故名惱覆此不了其性顛倒
无知名為无明如是有无明故能成三行所謂福行罪行不動行從於福
行而生福行識者此是无明緣行從於罪行而生罪行識者此則名為
行緣識從於不動行而生不動行識者此則名為識緣名色名色增長
故從六入門中能成就者此是名色緣六入從於六入而生六聚觸者此是
六入緣觸從於所觸而生彼受者此則名為觸緣受了別受已而生樂著染者
此則名為受緣愛知已而生樂著深故不欲遠離好色及於安樂而生愛樂者此是
愛緣取生愛樂已從身口意造後有業者此是取緣有從於彼業所生蘊者此
是有緣生生已諸蘊成熟及滅壞者此則名為生緣老死是故彼因緣十二支
法互相為因互相為緣非常无常非有為非无為非无因非无緣非有受非
盡法非壞法非滅法從无始已來而暴流水而无斷絕雖然此因緣十二支法
互相為因互相為緣非常非无常非有為非无為非无因非无緣非有受
非盡法非壞法非滅法從无始已來如暴流水而无斷絕有其四支能攝十二因
緣之法云何為四所謂无明愛業識識者以種子性為因業者以田性為因无
明及愛以煩惱性為因此中業及煩惱能生種子之識業則能作種子
識田愛則能潤種子之識无明能植種子之識若无此衆緣種子之識
而不能成彼業亦不作念我能作種子識田愛亦不作念我能潤於種子
之識无明亦不作念我今能殖種子之識彼種子識亦不作念我從今此衆
緣而生雖然種子之識依彼業田及愛所潤无明糞壤所生之處入於母胎能
生名色之芽彼名色芽亦非自作亦非他作非自他俱作非自在化亦非時變
非自性生非假作者亦非无因而生雖然父母和合時及餘緣和合之時无我之法
无我我所猶如虛空彼諸幻法因及衆緣无不具足故依彼生處入於母胎則
能成就執受種子之識名色之芽如眼識生時若具五緣而則得生云何為五
所謂依眼色明空依作意故眼識得生此中眼則能作眼識所依色則能作眼識之
境明則能為顯現之事空則能為不鄣之事作意能為思想之事若无此衆
緣明識不生若內入明无不具足如是乃至色明空作意无不具足一切和合之時眼
識得生彼眼亦不作是念我今能為眼識所依色亦不念我今能作眼識之境明亦
不作念我今能作眼識顯現之事空亦不作念我今能為眼識不障之事作意
亦不作念我今能為眼識所思彼眼識亦不作念我是從此衆緣而有雖然有此衆
緣眼識得生乃至諸餘根等隨類知之如是无有少法而從此世移至他世雖然

緣明識不生若內入明无不具足如是乃至色明空作意无不具足一切和合之時眼
識得生彼眼亦不作是念我今能為眼識所依色亦不念我今能作眼識之境明亦
不作念我今能作眼識顯現之事空亦不作念我今能為眼識不障之事作意
亦不作念我今能為眼識所思彼眼識亦不作念我是從此衆緣而有雖然有此衆
緣眼識得生乃至諸餘根等隨類知之如是无有少法而從此世移至他世雖然
因及衆緣无不具足故業果亦現譬如明鏡之中現其面像雖彼面像不移鏡
中因及衆緣无不具足故面像亦現如是無有少許從於此滅生其餘處因及衆
緣無不具足故業果亦現譬如月輪從此四万二千由旬而行彼月輪形像現其
有水小器中者彼月輪亦不從彼移至於有水之器雖然因及緣衆无不具足
故月輪亦現如是无有少許從於此滅而生餘處因及衆緣无不具足故業果
亦現譬如其火因及衆緣若不具足而不能燃因及衆緣具足之時乃可得
燃如是无我之法无我我所猶如虛空係彼幻法因及衆緣无不具足故所生
之處入於母胎則能成就種子之識業及煩惱所生名色之芽是故應如
是觀內因緣法相應事應以五種觀內因緣法云何為五不常不斷不移
從於小因而生大果與彼相似云何不常所謂彼後滅蘊與彼生分各異為後滅蘊
非生分故彼後滅蘊亦滅生分亦得現故是不常云何不斷非依後滅蘊滅壞
之時生分得有亦非不滅彼後滅蘊亦滅當分之時生分之蘊如秤高下而得
生故是故不斷云何不移為諸有情從非衆同分處能生衆同分處故是故不
移云何從於小因而生大果作於小業感大果熟是故從於小因而生大果如所
作因感彼果故與彼相似是故應以五種觀因緣法　尊者舍利子若復有
人能以正智常觀如來所說因緣之法无壽離壽如實性无錯謬性
无生无起无作為无障礙无境界寂靜无畏无侵奪无盡不寂靜相不有
虛誑无堅實如病如癰如箭過失无常苦空无我者我於過法而有生耶
而無生耶而不分別過去之際於未來世生於何處亦不分別未來之
際此是何耶此復云何而作何物此諸有情從何而來從於此滅而生何處
亦不分別現在之有復能滅於世間沙門婆羅門不同諸見所謂我見
衆生見壽者見人見希有見吉祥見闘合之見善了知故如多羅樹明
了斷除諸根栽已於未來世證得无生无滅之法尊者舍利子若復有
人具足如是无生法忍善能了別此因緣法者如來應供正遍知明行足

BD14756號　大乘稻芉經　（7–6）

无生无起无作為无障礙无境界寂靜无畏无侵奪无盡不寂靜相不有
虛誑无堅實如病如癰如箭過失无常苦空无我者彼於過去而有生耶
而無生耶而不分別過去之際於未來世生於何處亦不分別未來之
際此是何耶此復云何而作何物此諸有情從何而來從於此滅而生何處
亦不分別現在之有復能滅於世間沙門婆羅門不同諸見所謂我見
衆生見壽者見人見希有見吉祥見開合之見善了知故如多羅樹明
了斷除諸根識已於未來世證得无生无滅之法尊者舍利子若復有
人具足如是无生法忍善能了別此因緣法者如來應供正遍知明行足
善逝世間解无上士調御丈夫天人師佛世尊即與授阿耨多羅
三藐三菩提記　尒時弥勒菩薩摩訶薩說是語已舍利子及一切世
間天人脩阿羅揵闥婆等聞弥勒菩薩摩訶薩所說之法信授奉行

佛說大乘稻芉經一卷

BD14757 號　前夾板　　（1–1）

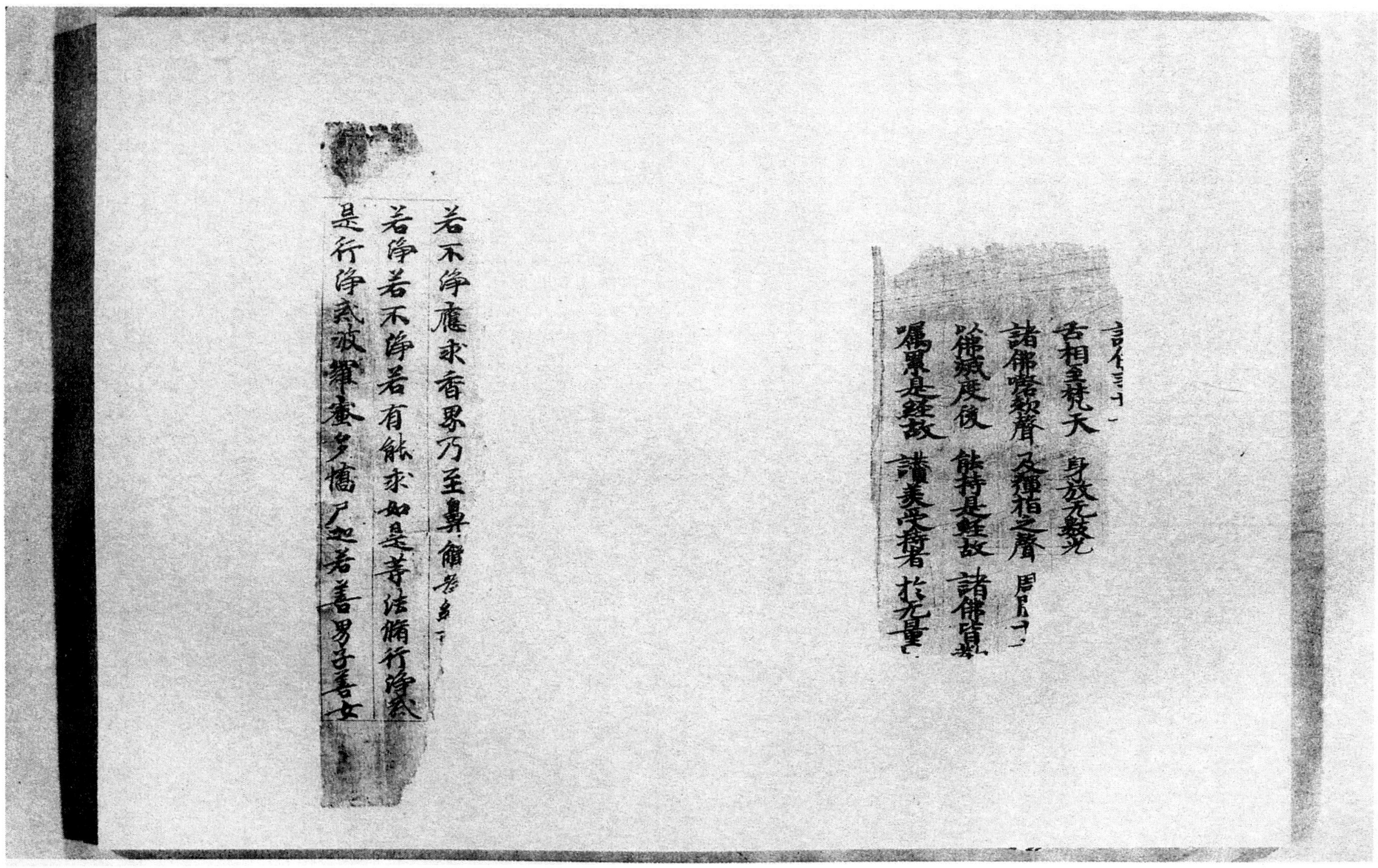

BD14757 號 A　妙法蓮華經卷六　　（1–1）
BD14757 號 B　大般若波羅蜜多經卷一四二

BD14757 號 C　阿彌陀三耶三佛薩樓佛檀過度人道經卷上　（1–1）
BD14757 號 D　妙法蓮華經卷四

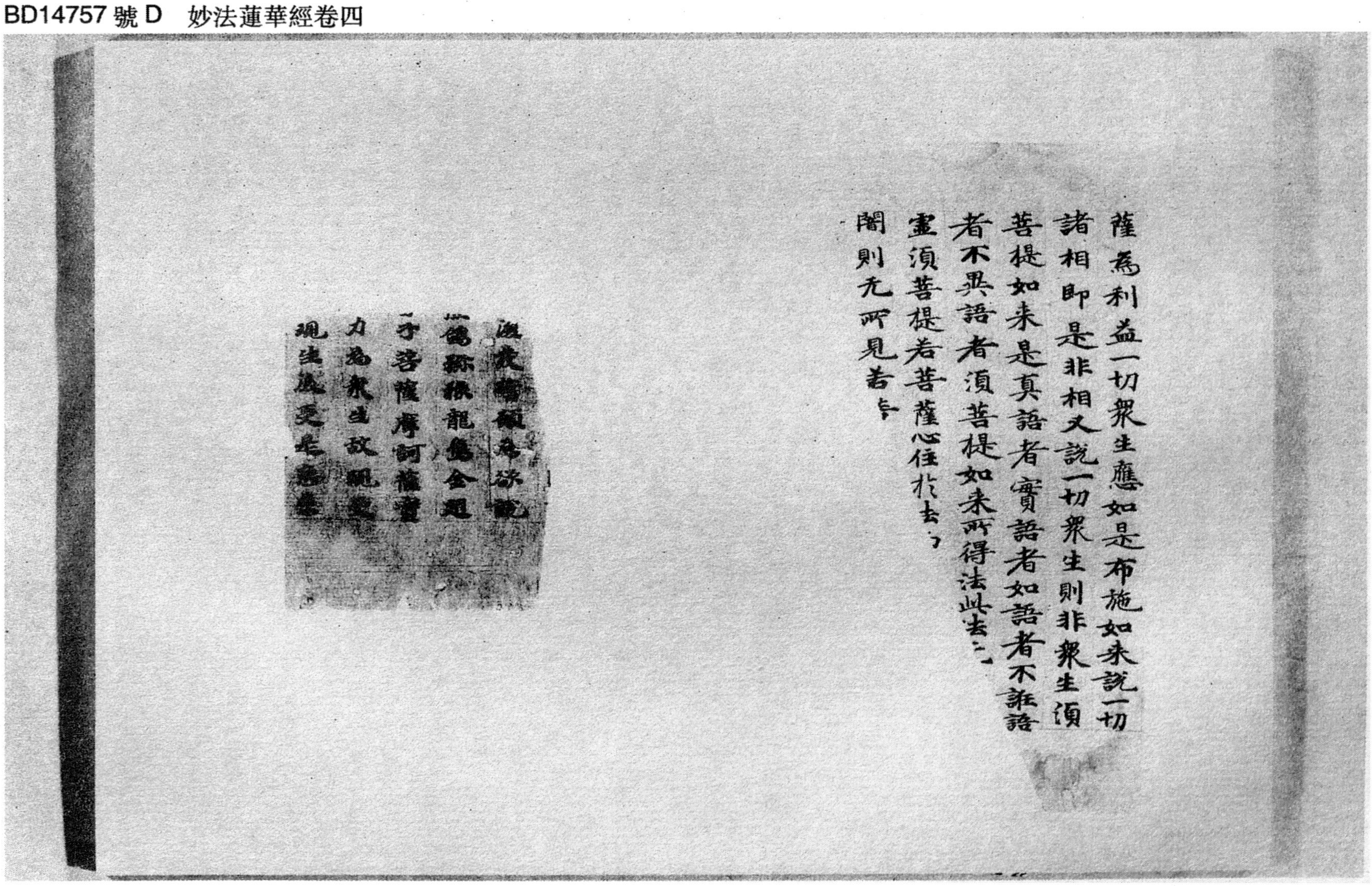

BD14757 號 E　金剛般若波羅蜜經　（1–1）
BD14757 號 F　大般涅槃經（北本）卷三一

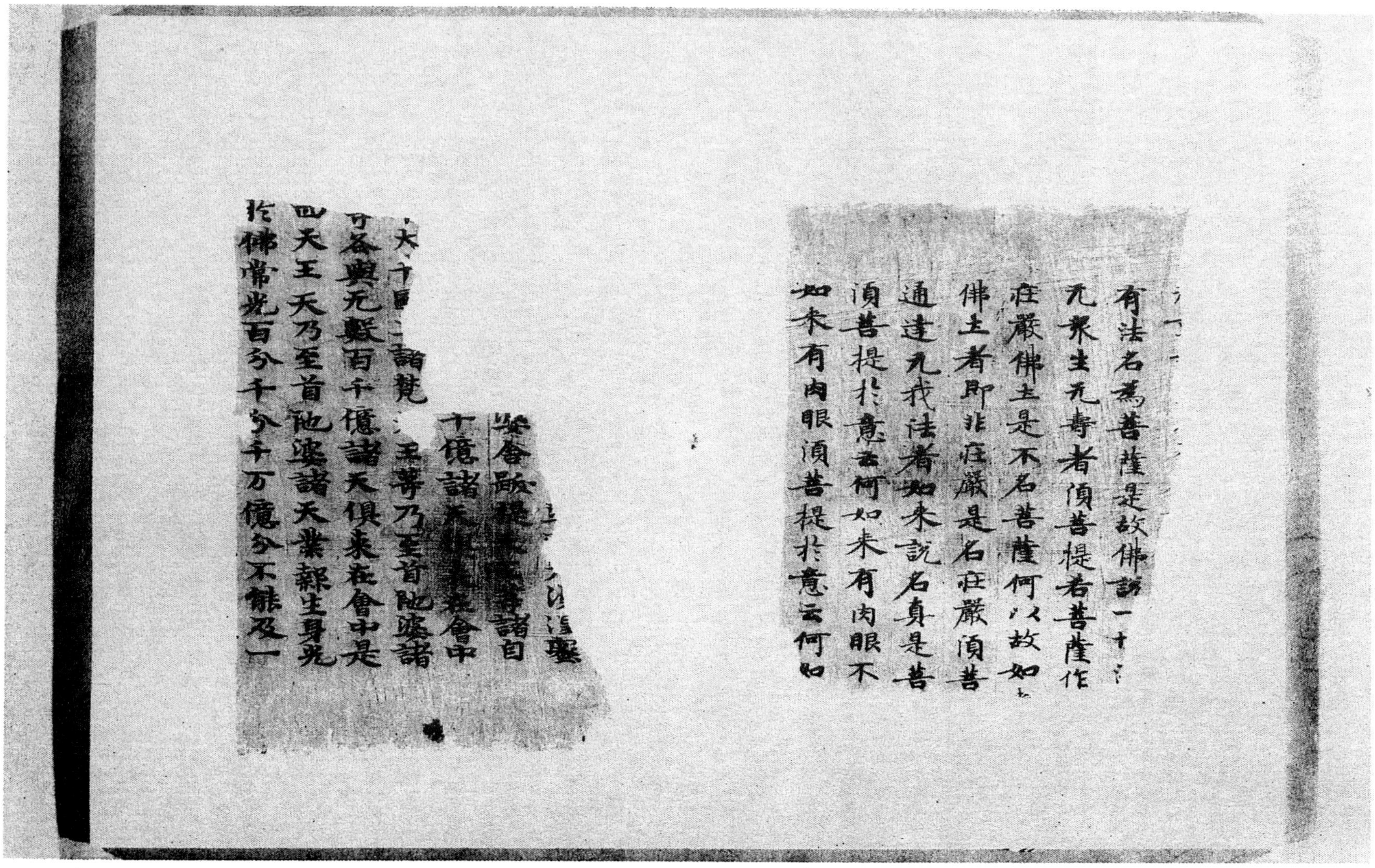

有法名爲菩薩是故佛說一
无衆生无壽者須菩提若菩薩作
莊嚴佛土是不名菩薩何以故如
佛土者即非莊嚴是名莊嚴須菩
通達无我法者如來說名真是菩
須菩提於意云何如來有肉眼不
如來有肉眼須菩提於意云何如

娑婆…殿…諸白
千億諸天…在會中
大千國土諸梵…王等乃至首陀婆諸
天各與无數百千億諸天俱來在會中是
四天王天乃至首陀婆諸天衆報生身光
於佛常光百分千分千万億分不能及一

BD14757 號 G　金剛般若波羅蜜經　　（1–1）
BD14757 號 H　摩訶般若波羅蜜經卷七

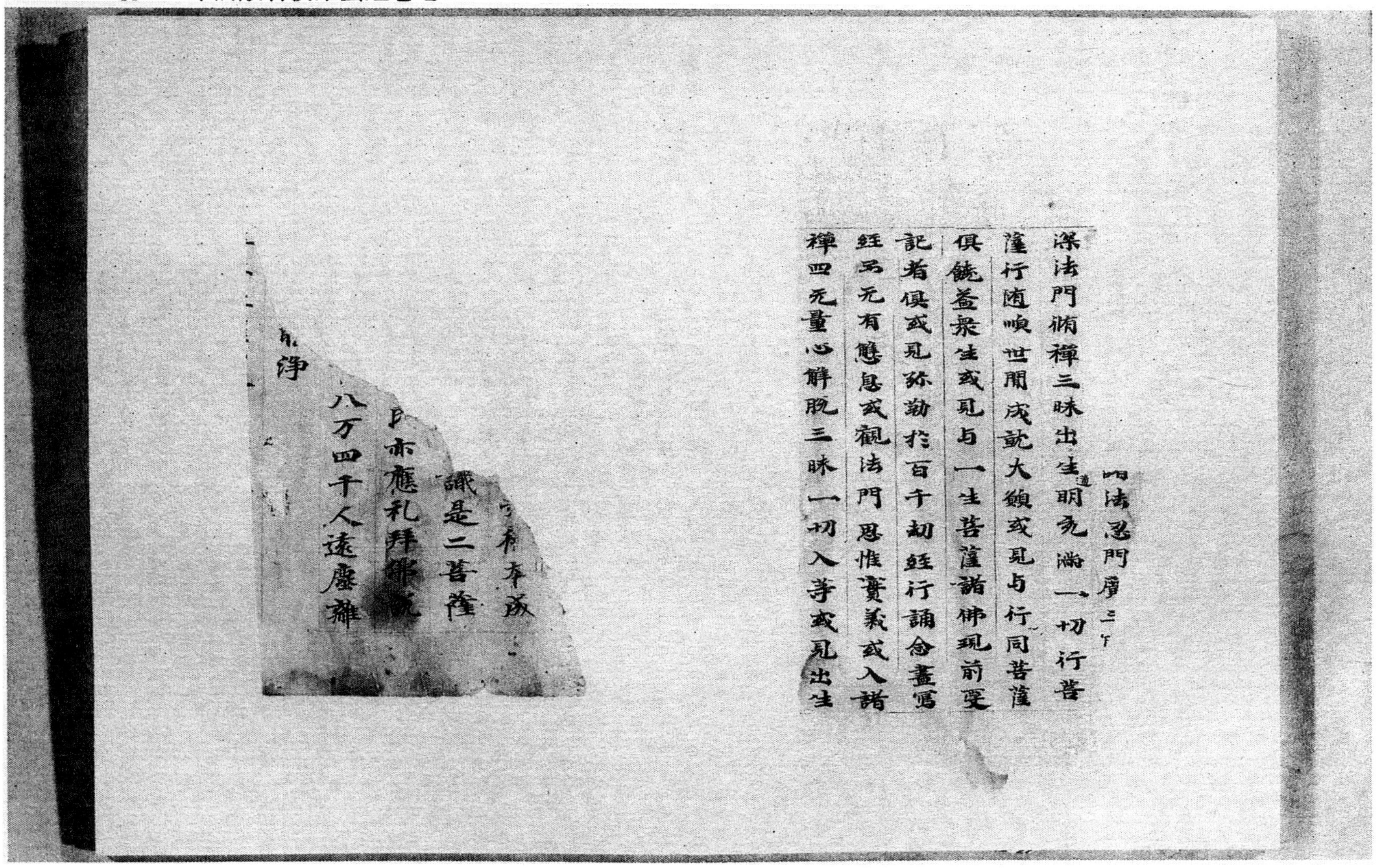

…法忍門
深法門脩禪三昧出生明滿一切行普
薩行隨順世間成就大願或見占行同菩薩
俱饒益衆生或見占一生菩薩諸佛現前受
記者俱或見彌勒於百千劫經行誦念書寫
經…无有懈息或觀法門思惟實義或入諸
禪四无量心解脫三昧一切入等或見出生

…淨
…有奉…
識是二菩薩
…亦應礼拜佛說
八万四千人遠塵離

BD14757 號 I　大方廣佛華嚴經（晉譯）卷五九　　（1–1）
BD14757 號 J　妙法蓮華經卷七

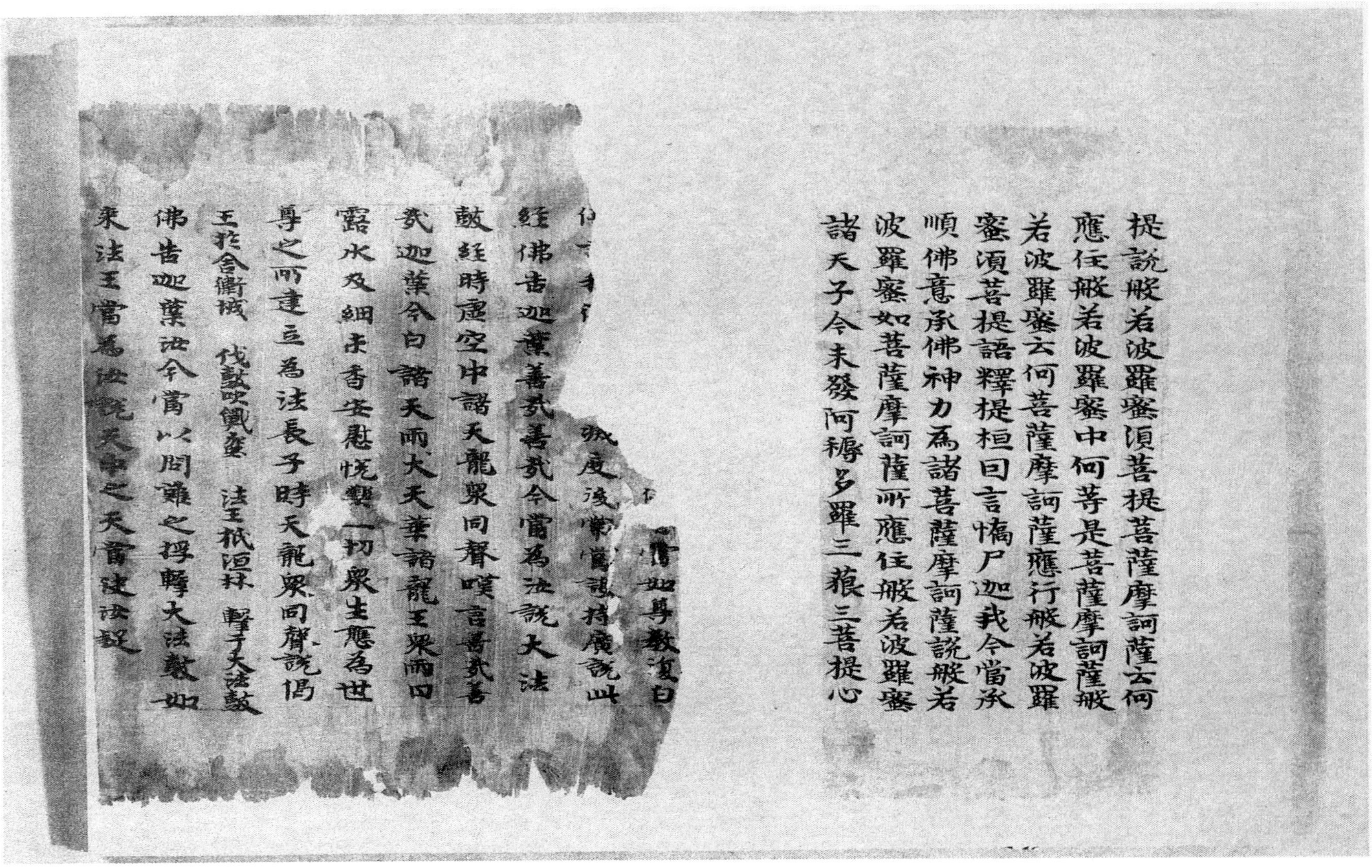
提說般若波羅蜜須菩提菩薩摩訶薩云何
應住般若波羅蜜中何等是菩薩摩訶薩般
若波羅蜜云何菩薩摩訶薩應行般若波羅
蜜須菩提語釋提桓因言憍尸迦我今當承
順佛意承佛神力為諸菩薩摩訶薩說般若
波羅蜜如菩薩摩訶薩所應住般若波羅蜜
諸天子今未發阿耨多羅三藐三菩提心

……如尊教復白
仍□□……滅度後常當誦持廣說此
經佛告迦葉善哉善哉今當為汝說大法
鼓經時虛空中諸天龍眾同聲嘆言善哉善
哉迦葉今白諸天雨大天華諸龍王眾雨四
露水及細末香安慰悅樂一切眾生應為世
尊之所建立為法長子時天龍眾同聲說偈
王於舍衛城　伐鼓吹鐵蠡　法王祇洹林　擊于大法鼓
佛告迦葉汝今當以問難之桴擊大法鼓如
來法王當為汝說天中之天當建法鼓

BD14757 號 K　摩訶般若波羅蜜經卷七　（1–1）
BD14757 號 L　大法鼓經卷上

BD14757 號　後夾板　（1–1）

妙法蓮華經觀世音菩薩普門品第二十五
尒時无盡意菩薩即從座起偏袒右肩合掌
向佛而作是言世尊觀世音菩薩以何因緣
名觀世音佛告无盡意菩薩善男子若有无
量百千万億衆生受諸苦惱聞是觀世音菩

BD14758號　妙法蓮華經卷七　（6–1）

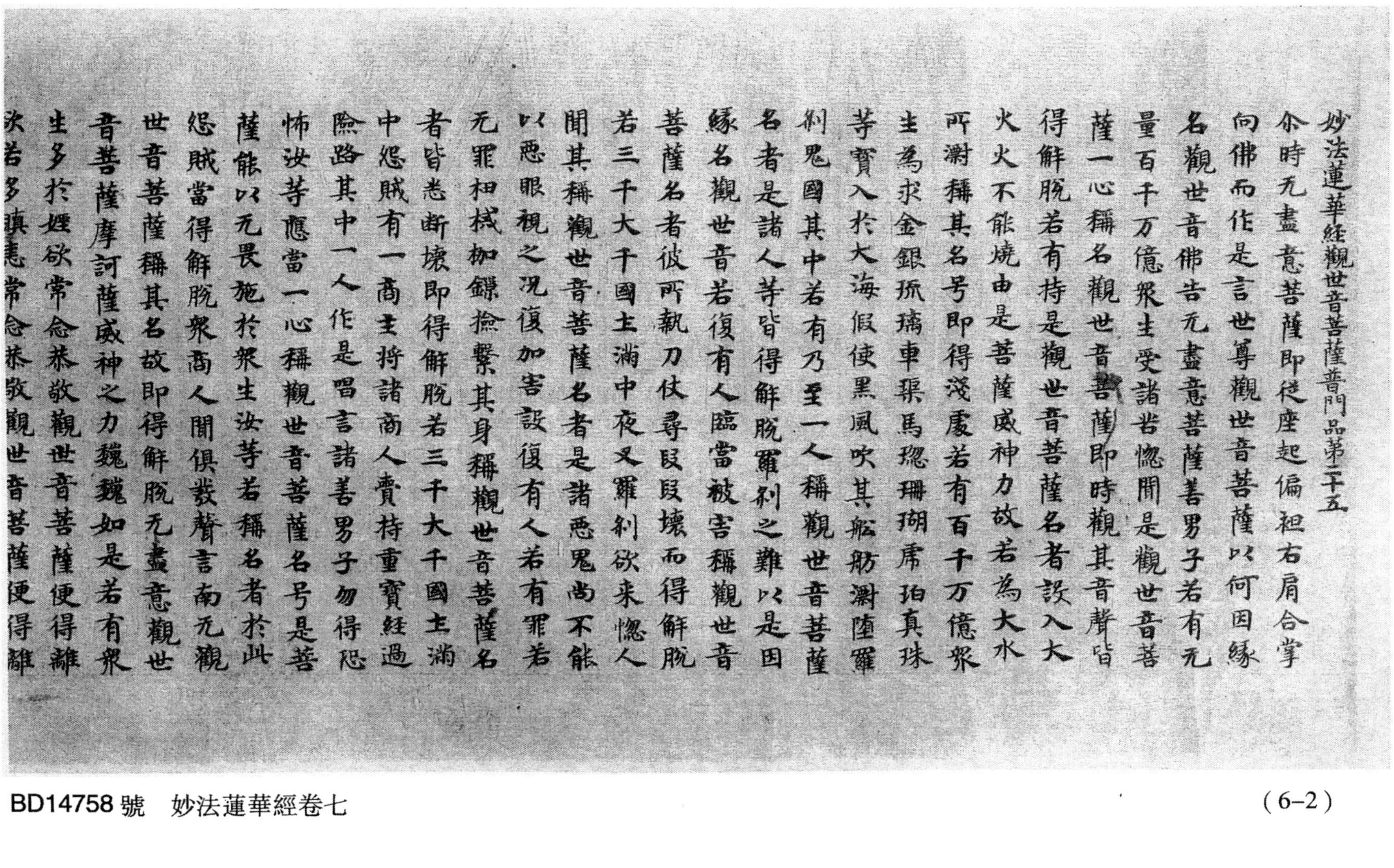
妙法蓮華經觀世音菩薩普門品第二十五
尒時无盡意菩薩即從座起偏袒右肩合掌
向佛而作是言世尊觀世音菩薩以何因緣
名觀世音佛告无盡意菩薩善男子若有无
量百千万億衆生受諸苦惱聞是觀世音菩
薩一心稱名觀世音菩薩即時觀其音聲皆
得解脫若有持是觀世音菩薩名者設入大
火火不能燒由是菩薩威神力故若為大水
所漂稱其名号即得淺處若有百千万億衆
生為求金銀琉璃車璩馬瑙珊瑚虎珀真珠
等寶入於大海假使黑風吹其舩舫漂墮羅
刹鬼國其中若有乃至一人稱觀世音菩薩
名者是諸人等皆得解脫羅刹之難以是因
緣名觀世音若復有人臨當被害稱觀世音
菩薩名者彼所執刀杖尋段段壞而得解脫
若三千大千國土滿中夜叉羅刹欲來惱人
聞其稱觀世音菩薩名者是諸惡鬼尚不能
以惡眼視之况復加害設復有人若有罪若
无罪杻械枷鏁撿繫其身稱觀世音菩薩名
者皆悉斷壞即得解脫若三千大千國土滿
中怨賊有一商主將諸商人賫持重寶經過
嶮路其中一人作是唱言諸善男子勿得恐
怖汝等應當一心稱觀世音菩薩名号是菩
薩能以无畏施於衆生汝等若稱名者於此
怨賊當得解脫衆商人聞俱發聲言南无觀
世音菩薩稱其名故即得解脫无盡意觀世
音菩薩摩訶薩威神之力巍巍如是若有衆
生多於婬欲常念恭敬觀世音菩薩便得離
欲若多瞋恚常念恭敬觀世音菩薩便得離

BD14758號　妙法蓮華經卷七　（6–2）

薩能以无畏施於衆生汝等若稱名者於此
怨賊當得解脫衆商人聞俱發聲言南无觀
世音菩薩稱其名故即得解脫无盡意觀世
音菩薩摩訶薩威神之力巍巍如是若有衆
生多於婬欲常念恭敬觀世音菩薩便得離
欲若多瞋恚常念恭敬觀世音菩薩便得離
瞋若多愚癡常念恭敬觀世音菩薩便得離
癡无盡意觀世音菩薩有如是等大威神力
多所饒益是故衆生常應心念若有女人設
欲求男礼拜供養觀世音菩薩便生福德智
慧之男設欲求女便生端正有相之女宿殖
德本衆人愛敬无盡意觀世音菩薩有如是
力若有衆生恭敬礼拜觀世音菩薩福不唐
捐是故衆生皆應受持觀世音菩薩名号无
盡意若有人受持六十二億恒河沙菩薩名
字復盡形供養飲食衣服卧具醫藥於汝意
云何是善男子善女人功德多不无盡意言
甚多世尊佛言若復有人受持觀世音菩薩
名号乃至一時礼拜供養是二人福正等无
異於百千万億劫不可窮盡无盡意受持觀
世音菩薩名号得如是无量无邊福德之利
无盡意菩薩白佛言世尊觀世音菩薩云何
遊此娑婆世界云何而為衆生說法方便之
力其事云何佛告无盡意菩薩善男子若有
國土衆生應以佛身得度者觀世音菩薩即
現佛身而為說法應以辟支佛身得度者即
現辟支佛身而為說法應以聲聞身得度者
即現聲聞身而為說法應以梵王身得度者
即現梵王身而為說法應以帝釋身得度者

BD14758號　妙法蓮華經卷七　　（6–3）

力其事云何佛告无盡意菩薩善男子若有
國土衆生應以佛身得度者觀世音菩薩即
現佛身而為說法應以辟支佛身得度者即
現辟支佛身而為說法應以聲聞身得度者
即現聲聞身而為說法應以梵王身得度者
即現梵王身而為說法應以帝釋身得度者
即現帝釋身而為說法應以自在天身得度
者即現自在天身而為說法應以大自在天
身得度者即現大自在天身而為說法應以
天大將軍身得度者即現天大將軍身而為
說法應以毗沙門身得度者即現毗沙門身
而為說法應以小王身得度者即現小王身
而為說法應以長者身得度者即現長者身
而為說法應以居士身得度者即現居士身
而為說法應以宰官身得度者即現宰官身
而為說法應以婆羅門身得度者即現婆羅
門身而為說法應以比丘比丘尼優婆塞優
婆夷身得度者即現比丘比丘尼優婆塞優
婆夷身而為說法應以長者居士宰官婆羅
門婦女身得度者即現婦女身而為說法應
以童男童女身得度者即現童男童女身而
為說法應以天龍夜叉乾闥婆阿脩羅迦樓
羅緊那羅摩睺羅伽人非人等身得度者即
皆現之而為說法應以執金剛神得度者即
現金剛神而為說法无盡意是觀世音菩薩
成就如是功德以種種形遊諸國土度脫衆
生是故汝等應當一心供養觀世音菩薩是
觀世音菩薩摩訶薩於怖畏急難之中能施
无畏是故此娑婆世界皆号之為施无畏者

BD14758號　妙法蓮華經卷七　　（6–4）

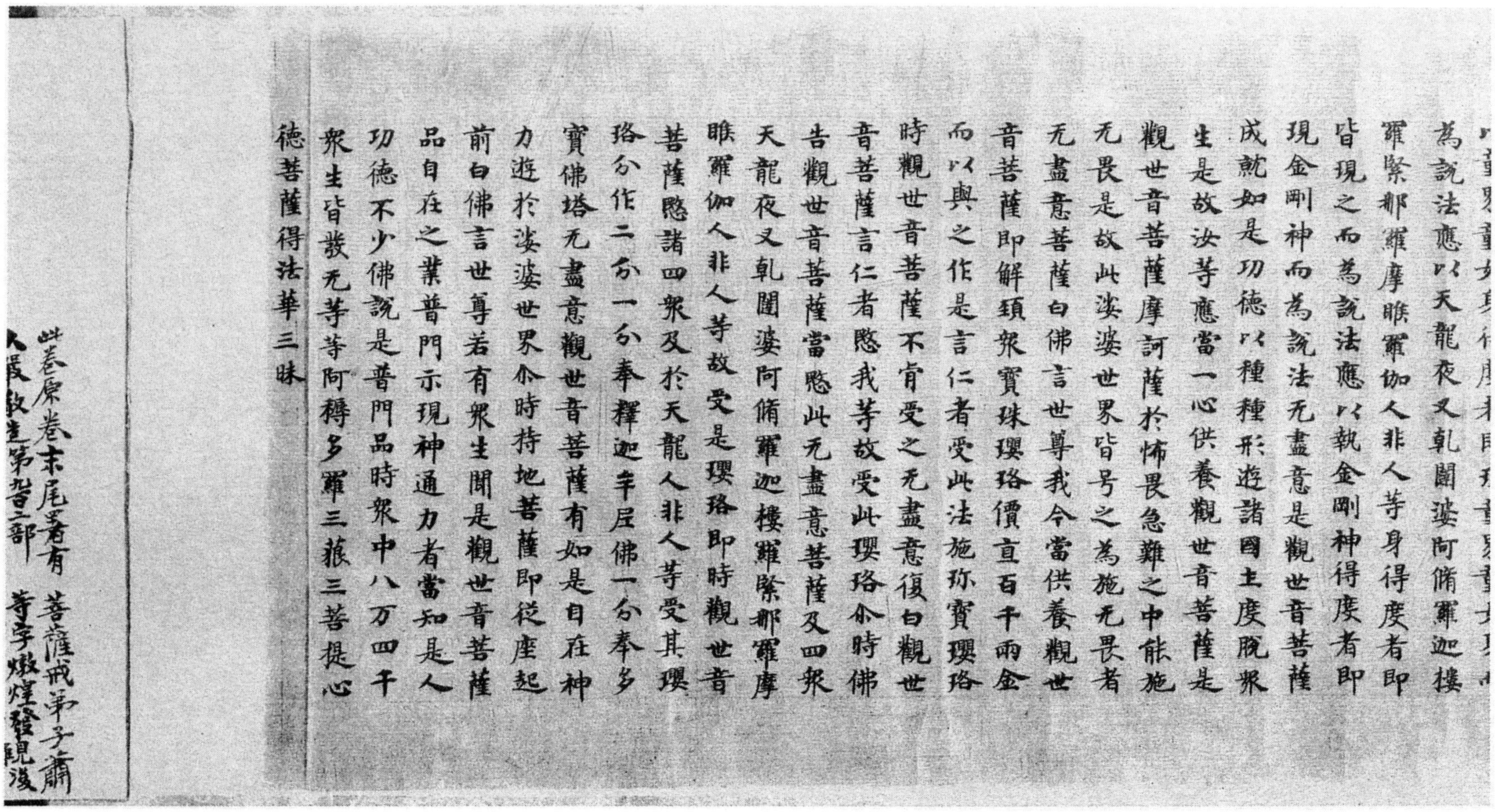

BD14758號　妙法蓮華經卷七　（6–5）

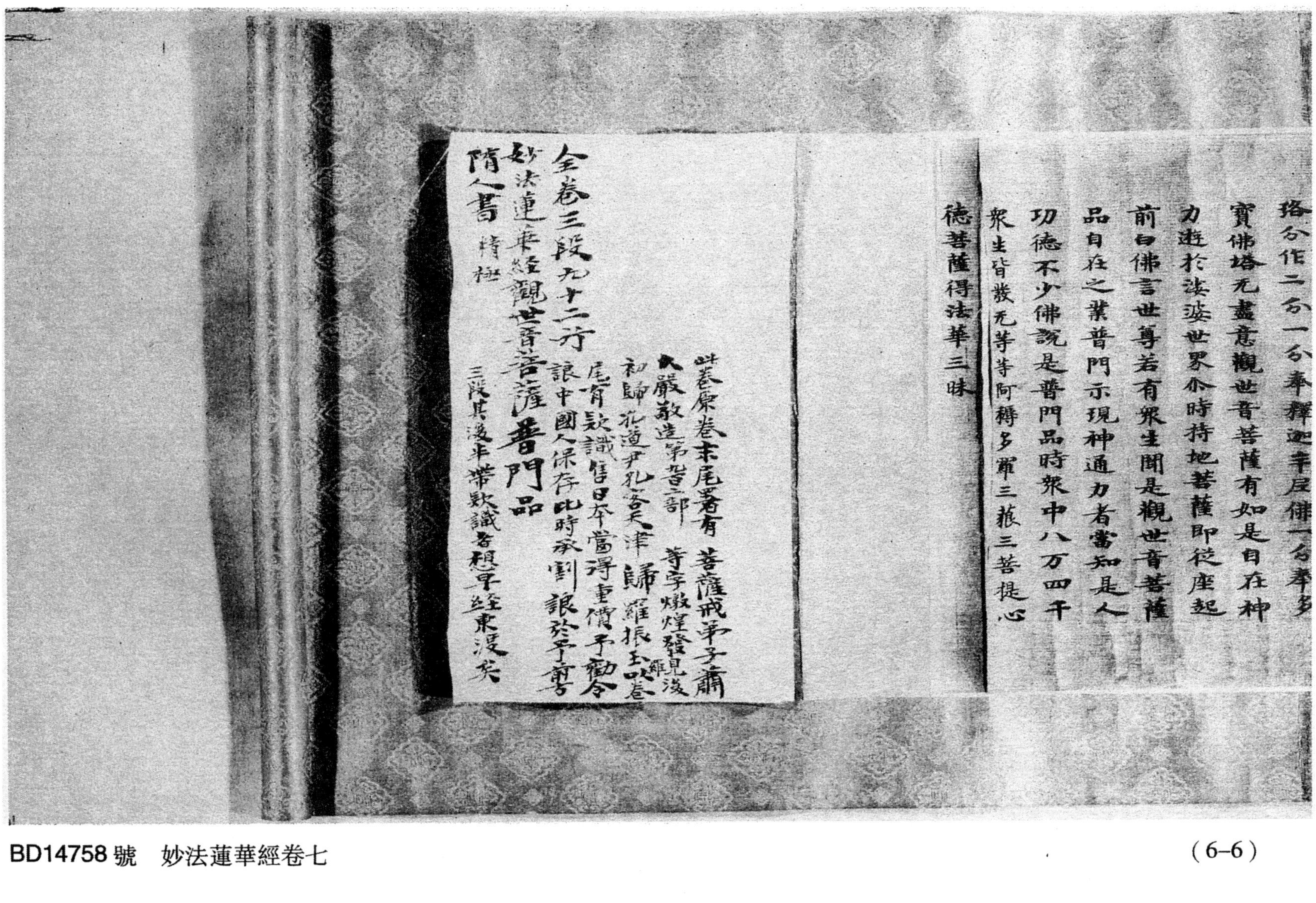

BD14758號　妙法蓮華經卷七　（6–6）

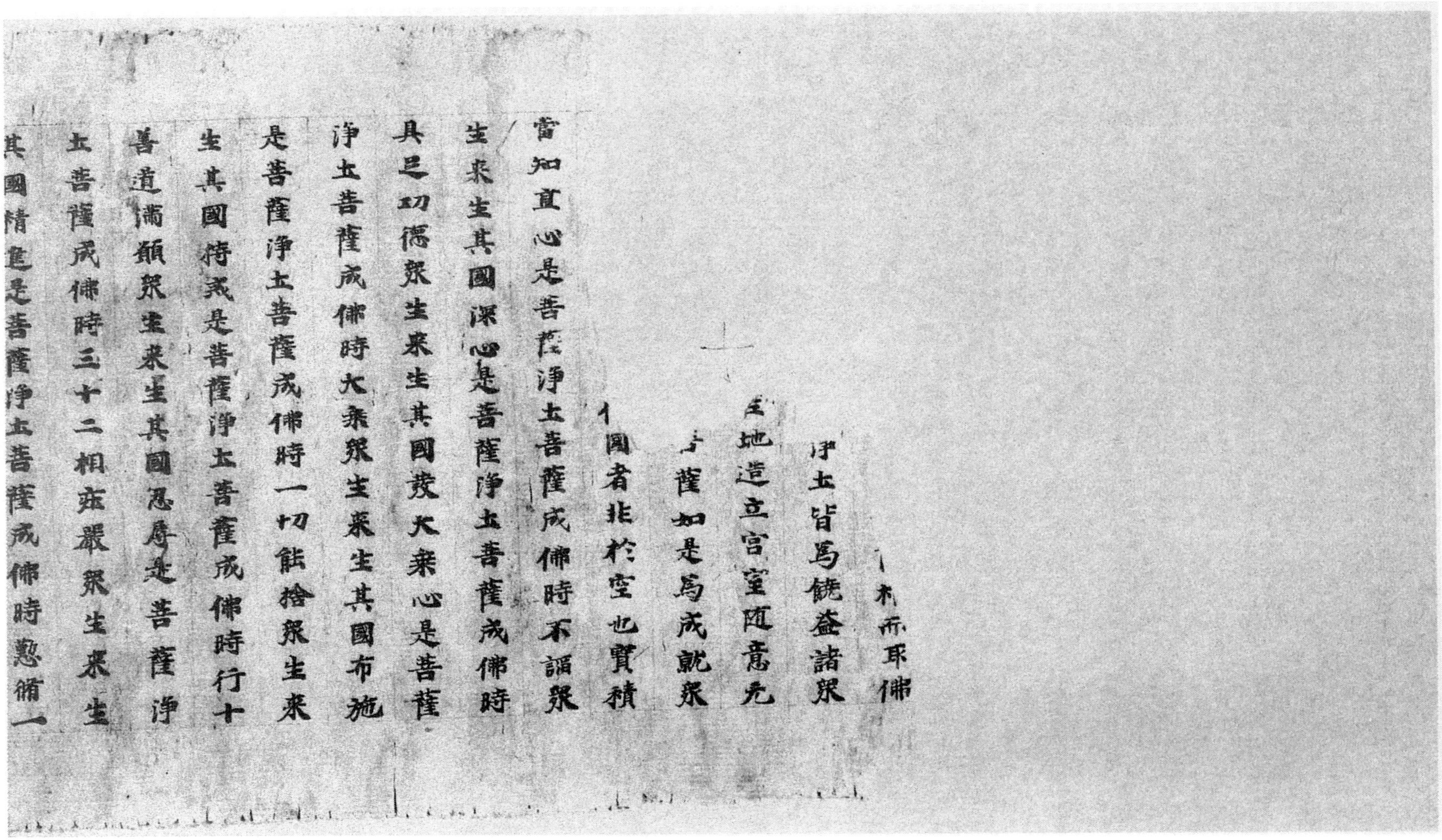

…而取佛
淨土皆爲饒益諸衆
空地造立宮室隨意无
菩薩如是爲成就衆
佛國者非於空也寶積
當知直心是菩薩淨土菩薩成佛時不諂衆
生來生其國深心是菩薩淨土菩薩成佛時
具足功德衆生來生其國發大乘心是菩薩
淨土菩薩成佛時大乘衆生來生其國布施
是菩薩淨土菩薩成佛時一切能捨衆生來
生其國持戒是菩薩淨土菩薩成佛時行十
善道滿願衆生來生其國忍辱是菩薩淨
土菩薩成佛時三十二相莊嚴衆生來生
其國精進是菩薩淨土菩薩成佛時懃脩一

BD14759號　維摩詰所說經卷上　（19–1）

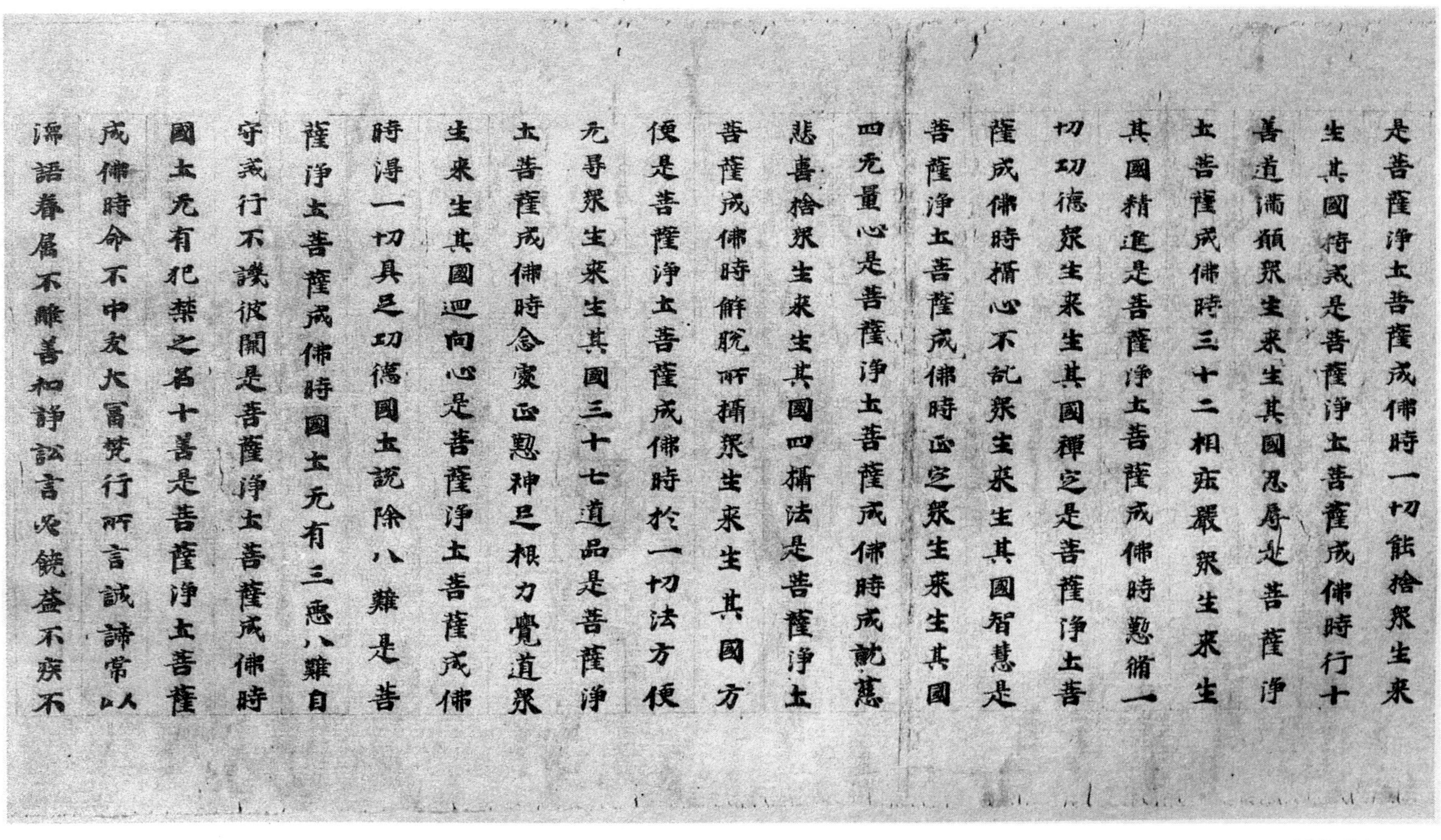

是菩薩淨土菩薩成佛時一切能捨衆生來
生其國持戒是菩薩淨土菩薩成佛時行十
善道滿願衆生來生其國忍辱是菩薩淨
土菩薩成佛時三十二相莊嚴衆生來生
其國精進是菩薩淨土菩薩成佛時懃脩一
切功德衆生來生其國禪定是菩薩淨土菩
薩成佛時攝心不亂衆生來生其國智慧是
菩薩淨土菩薩成佛時正定衆生來生其國
四无量心是菩薩淨土菩薩成佛時成就慈
悲喜捨衆生來生其國四攝法是菩薩淨土
菩薩成佛時解脫所攝衆生來生其國方
便是菩薩淨土菩薩成佛時於一切法方便
无导衆生來生其國三十七道品是菩薩淨
土菩薩成佛時念處正懃神足根力覺道衆
生來生其國迴向心是菩薩淨土菩薩成佛
時得一切具足功德國土說除八難是菩
薩淨土菩薩成佛時國土无有三惡八難自
守戒行不譏彼闕是菩薩淨土菩薩成佛時
國土无有犯禁之名十善是菩薩淨土菩薩
成佛時命不中夭大富梵行所言誠諦常以
濡語眷屬不離善和諍訟言必饒益不嫉不

BD14759號　維摩詰所說經卷上　（19–2）

守戒行不譏彼闕是菩薩淨土菩薩成佛時
國土无有犯禁之名十善是菩薩淨土菩薩
成佛時命不中夭大富梵行所言誠諦常以
濡語眷屬不離善和諍訟言必饒益不嫉不
恚正見衆生來生其國如是寶積菩薩隨其
直心則能發行隨其發行則得深心隨其深
心則意調伏隨其調伏則如說行隨如說行
則能迴向隨其迴向則有方便隨其方便則
成就衆生隨成就衆生則佛土淨隨佛土淨
則說法淨隨說法淨則智慧淨隨智慧淨則
其心淨隨其心淨則一切功德淨是故寶積若
菩薩欲得淨土當淨其心隨其心淨則佛土淨
爾時舍利弗承佛威神作是念若菩薩心淨
則佛土淨者我世尊本為菩薩時意豈不淨
而是佛土不淨若此佛知其意即告之言於
意云何日月豈不淨耶而盲者不見對曰非
也世尊是盲者過非日月咎舍利弗衆生罪
故不見如來佛國土嚴淨非如來咎舍利弗
我此土淨而汝不見爾時螺髻梵王語舍利
弗勿作是意謂此佛土以為不淨所以者何
我見釋迦牟尼佛土清淨譬如自在天宮舍
利弗言我見此土丘陵坑坎荊蕀沙礫土石

BD14759號　維摩詰所說經卷上　（19–3）

弗勿作是意謂此佛土以為不淨所以者何
我見釋迦牟尼佛土清淨譬如自在天宮舍
利弗言我見此土丘陵坑坎荊蕀沙礫土石
諸山穢惡充滿螺髻梵王言仁者心有高下
不依佛慧故見此土為不淨耳舍利弗菩薩
於一切衆生悉皆平等深心清淨依佛智慧
則能見此佛土清淨於是佛以足指案地即
時三千大千世界若干百千珎寶嚴飾譬如
寶莊嚴佛无量功德寶莊嚴王土一切大
衆歎未曾有而皆自見坐寶蓮華佛告舍利
弗汝且觀是佛土嚴淨舍利弗言唯然世尊
本所不見本所不聞今佛國土嚴淨悉見佛
語舍利弗我佛國土常淨若此為欲度斯下
劣人故示是衆惡不淨土耳譬如諸天共寶
器食隨其福德飯色有異如是舍利弗若人
心淨便見此土功德莊嚴當佛見此國土嚴
淨之時寶積所將五百長者子皆得无生法
忍八万四千人發阿耨多羅三藐三菩提心
佛攝神足於是世界還復如故求聲聞乘三
万二千天及人知有為法皆悉无常遠塵離
垢得法眼淨八千比丘不受諸法漏盡解脫

BD14759號　維摩詰所說經卷上　（19–4）

佛稱神足於是世界還復如故求聲聞乘三
万二千天及人知有爲法皆悉无常遠塵離
垢得法眼淨八千比丘不受諸法漏盡解脫
方便品第二
尒時毗耶離大城中有長者名維摩詰已曾
供養无量諸佛深殖善本得无生忍辯才无
㝵遊戲神通逮諸總持獲无所畏降魔勞
怨入深法門善於智度通達方便大願成就明
了衆生心之所趣又能分別諸根利鈍久於
佛道心已純淑決定大乘諸有所作 善思
量住佛威儀心大如海諸佛咨嗟弟子釋梵
世主所敬欲度人故以善方便居毗耶離 資
財无量攝諸貧民奉戒清淨攝諸毀禁以忍
調行攝諸恚怒以大精進攝諸懈怠一心禪
寂攝諸亂意以決定慧攝諸无智雖爲白衣
奉持沙門清淨律行雖處居家不著三界示
有妻子常脩梵行現有眷屬常樂遠離雖服
寶飾而以相好嚴身雖復飲食而已禪悅爲
味若至博弈戲處輒以度人受諸異道不毀
正信雖明世典常樂佛法一切見敬爲供養
中寧執治正法攝諸長㓜一切治生諧偶雖

BD14759 號　維摩詰所說經卷上　（19–5）

味若至博弈戲處輒以度人受諸異道不毀
正信雖明世典常樂佛法一切見敬爲供養
中寧執治正法攝諸長㓜一切治生諧偶雖
獲俗利不以喜悅遊諸四衢饒益衆生入治
正法救護一切入講論處導以大乘入諸學
堂誘開僮矇入諸婬舍示欲之過入諸酒肆
能立其志若在長者長者中尊爲說勝法若
在居士居士中尊斷諸貪著若在刹利刹利中尊
教以忍辱若在婆羅門婆羅門中尊除其我
慢若在大臣大臣中尊教以正法若在王子王
子中尊示以忠孝若在內官內官中尊化正
宮女若在庶民庶民中尊令興福力若在梵
天梵天中尊誨以勝慧若在帝釋帝釋中尊
示現无常若在護世護世中尊護諸衆生長
者維摩詰以如是等无量方便饒益衆生其
以方便現身有疾以其疾故國王大臣長者
居士婆羅門等及諸王子并餘官屬无數千
人皆往問疾其往者維摩詰因以身疾廣爲
說法諸仁者是身无常无強无力无堅速朽
之法不可信也爲苦爲惱衆病所集諸仁者
如此身明智者所不怙是身如聚沫不可撮

BD14759 號　維摩詰所說經卷上　（19–6）

人皆往問疾其往者維摩詰因以身疾廣爲
說法諸仁者是身无常无強无力无堅速朽
之法不可信也爲苦爲惱衆病所集諸仁者
如此身明智者所不怙是身如聚沫不可撮
摩是身如泡不可久立是身如炎從渴愛生
是身如芭蕉中无有堅是身如幻從顛倒起
是身如夢爲虛妄見是身如影從業緣現是
身如響屬諸因緣是身如浮雲須臾變滅是
身如電念念不住是身无主如地是身无我
爲如火是身无壽爲如風是身无人爲如水
是身不實四大爲家是身爲空離我我所是
身无知如草木瓦礫是身无作風力所轉是
身不淨穢惡充滿是身爲虛僞雖假以澡浴
衣食必歸磨滅是身爲災百一病惱是身如
丘井爲老所逼是身无定爲要當死是身如
毒蛇如怨賊如空聚陰界諸入所共合成
諸仁者此可患猒當樂佛身所以者何佛身
者即法身也從无量功德智慧生從戒定慧
解脫解脫知見生從慈悲喜捨生從布施持
戒忍辱柔和懃行精進禪定解脫三昧生從
多聞智慧諸波羅蜜生從方便生從六通生
從三明生從三十七道品生從止觀生從十

戒忍辱柔和懃行精進禪定解脫三昧生從
多聞智慧諸波羅蜜生從方便生從六通生
從三明生從三十七道品生從止觀生從十
力四无所畏生從十八不共法生從斷一切
不善法集一切善法生從真實法生從不放
逸法生從如是无量清淨法生如來身諸仁
者欲得佛身斷一切衆生病者當發阿耨多
羅三藐三菩提心如是長者維摩詰爲諸問
疾者如應說法令无數千人皆發阿耨多羅
三藐三菩提心

弟子品第三

尒時長者維摩詰自念寢疾于牀世尊大慈
寧不垂愍佛知其意即告舍利弗汝行詣維
摩詰問疾舍利弗白佛言世尊我不堪任詣
彼問疾所以者何憶念我昔曾於林中宴坐
樹下時維摩詰來謂我言唯舍利弗不必是
坐爲宴坐也夫宴坐者不於三界現身意是
爲宴坐不起滅定而現諸威儀是爲宴坐不
捨道法而現凡夫事是爲宴坐心不住內亦
不在外是爲宴坐於諸見不動而脩行三十
七品是爲宴坐不斷煩惱而入涅槃是爲宴

是宴坐不起滅定而現諸威儀是為宴坐不
捨道法而現凡夫事是為宴坐心不住內亦
不在外是為宴坐於諸見不動而脩行三十
七品是為宴坐不斷煩惱而入涅槃是為宴
坐若能如是坐者佛所印可時我世尊聞是
語嘿然而止不能加報故我不任詣彼問疾
佛告大目揵連汝行詣維摩詰問疾目連白
佛言世尊我不堪任詣彼問疾所以者何憶
念我昔入毗耶離大城於里巷中為諸居士
說法時維摩詰來謂我言唯大目連為白衣
居士說法不當如仁者所說夫說法者當如
法說法无衆生離衆生垢故法无有我離我
垢故法无壽命離生死故法无有人前後際
斷故法常寂然滅諸相故法離於相无所緣
故法无字言語斷故法无有說離覺觀故法
无形相如虛空故法无戲論畢竟空故法
无我所離我所故法无分別離諸識故法无
有比无相待故法不屬因不在緣故法同法
性入諸法故法隨於如无所隨故法住實際
諸邊不動故法不動搖不依六塵故法无去
來常不住故法順空隨无相應无作法離好
醜法无增損法无生滅法无所歸法過眼耳

BD14759號　維摩詰所說經卷上　（19–9）

有比无相待故法不屬因不在緣故法同法
性入諸法故法隨於如无所隨故法住實際
諸邊不動故法不動搖不依六塵故法无去
來常不住故法順空隨无相應无作法離好
醜法无增損法无生滅法无所歸法過眼耳
鼻舌身心法无高下法常住不動法離一切
諸所觀行唯大目連法相如是豈可說乎夫
說法者无說无示其聽法者无聞无得辟如
幻士為幻人說法當建是意而為說法當了
衆生根有利鈍善於知見无所罣㝵以大悲
心讚于大乘念報佛恩不斷三寶然後說法
維摩詰說是法時八百居士發阿耨多羅三
藐三菩提心我无此辯是故不任詣彼問疾
佛告大迦葉汝行詣維摩詰問疾迦葉白佛
言世尊我不堪任詣彼問疾所以者何憶念
我昔於貧里而行乞時維摩詰來謂我言唯
大迦葉有慈悲心而不能普捨豪富從貧乞
迦葉住平等法應次行乞食為不食故應行
乞食為壞和合相故應取揣食不為故應取
彼食以空聚想入於聚落所見色與盲等所
聞聲與嚮等所嗅香與風等所食味不分別
受諸觸如智證知諸法如幻相无自性无他

BD14759號　維摩詰所說經卷上　（19–10）

彼食以空衆想入於衆落所見色与盲等所
聞聲与嚮等所嗅香与風等所食味不分別
受諸觸如智證知諸法如幻相无自性无他
性本自不然今則无滅迦葉若能不捨八耶
入八解脫以耶相入正法以一食施一切供
養諸佛及衆賢聖然後可食如是食者非有
煩惱非離煩惱非入定意非起定意非住世
間非住涅槃其有施者无大福无小福不為
益不為損是為正入佛道不依聲聞迦葉若
如是食為不虛食人之施時我世尊聞說是
語得未曾有即於一切菩薩深起敬心復作
是念斯有家名辯才智慧乃能如是其誰不
發阿耨多羅三藐三菩提心我從是來不復
勸人以聲聞辟支佛行是故不任詣彼問疾
佛告須菩提汝行詣維摩詰問疾須菩提白
佛言世尊我不堪任詣彼問疾所以者何憶
念我昔入其舍從乞食時維摩詰取我鉢盛
滿飯謂我言唯須菩提若能於食等者諸法
亦等諸法等者於食亦等如是行乞乃可取
食若須菩提不斷婬怒癡亦不与俱不壞於
身而隨一相不滅癡愛起於明脫以五逆相
而得解脫亦不縛不解不見四諦非不見諦

亦等諸法等者於食亦等如是行乞乃可取
食若須菩提不斷婬怒癡亦不与俱不壞於
身而隨一相不滅癡愛起於明脫以五逆相
而得解脫亦不縛不解不見四諦非不見諦
非得果非凡夫非離凡夫法非聖人非不聖
人雖成就一切法而離諸法相乃可取食若
須菩提不見佛不聞法彼外道六師富蘭那
迦葉末伽梨拘賒梨子刪闍夜毗羅胝子阿
耆多翅舍欽婆羅迦羅鳩馱迦旃延尼犍陀
若提子等是汝之師因其出家彼師所墮汝
亦隨墮乃可取食若須菩提入諸耶見不到
彼岸住於八難不得无難同於煩惱離清
淨法汝得无諍三昧一切衆生亦得是定其
施汝者不名福田供養汝者墮三惡道為
与衆魔共一手作衆勞侶汝与衆魔及諸塵
勞等无有異於一切衆生而有怨心謗於佛
毀於法不入衆數終不得滅度汝若如是乃
可取食時我世尊聞此語茫然不識是何言不
知以何荅便置鉢欲出其舍維摩詰言唯須
菩提取鉢勿懼於意云何如來所作化人若
以是事詰寧有懼不我言不也維摩詰言一

可取食時我世尊聞此語茫然不識是何言不
知以何荅便置鉢欲出其舍維摩詰言唯須
菩提取鉢勿懼於意云何如來所作化人若
以是事詰寧有懼不我言不也維摩詰言一
切諸法如幻化相汝今不應有所懼也所以
者何一切言說不離是相至於智者不著文
字故无所懼何以故文字性離无有文字是
則解脫解脫相者則諸法也維摩詰說是法
時二百天子得法眼淨故我不任詣彼問疾
佛告富樓那彌多羅尼子汝行詣維摩詰問
疾富樓那白佛言世尊我不堪任詣彼問疾
所以者何憶念我昔於大林中在一樹下爲
諸新學比丘說法時維摩詰來謂我言唯富
樓那先當入定觀此人心然後說法无以穢
食置於寶器當知是比丘心之所念无以流
離同彼水精汝不能知衆生根原无得發起
以小乘法彼自无創勿傷之也欲行大道莫
示小徑无以大海内於牛跡无以日光等彼
螢火富樓那此比丘久發大乘心中忘此意
汝何以小乘法而教導之我觀小乘智慧微
淺猶如盲人不能分別一切衆生根之利鈍
時維摩詰即入三昧令此比丘自識宿命曾

BD14759 號　維摩詰所說經卷上　（19–13）

螢火富樓那此比丘久發大乘心中忘此意
汝何以小乘法而教導之我觀小乘智慧微
淺猶如盲人不能分別一切衆生根之利鈍
時維摩詰即入三昧令此比丘自識宿命曾
於五百佛所殖衆德本迴向阿耨多羅三藐
三菩提即時豁然還得本心於是諸比丘稽
首禮維摩詰足時維摩詰因爲說法於阿耨
多羅三藐三菩提不復退轉我念聲聞不觀
人根不應說法是故不任詣彼問疾
佛告摩訶迦旃延汝行詣維摩詰問疾迦旃
延白佛言世尊我不堪任詣彼問疾所以者
何憶念昔者佛爲諸比丘略說法要我即於
後敷演其義謂无常義苦義空義无我義寂
滅義時維摩詰來謂我言唯迦旃延无以生
滅心行說實相法迦旃延諸法畢竟不生不
滅是无常義五受陰通達空无所起是苦義
諸法究竟无所有是空義於我无我而不二是
无我義法本不然今則不滅是寂滅義說是
法時彼諸比丘心得解脫故我不任詣彼問疾
佛告阿那律汝行詣維摩詰問疾阿那律白
佛言世尊我不堪任詣彼問疾所以者何憶
念我昔於一處經行時有梵王名曰嚴淨與

BD14759 號　維摩詰所說經卷上　（19–14）

法時彼諸比丘心得解脫故我不任詣彼問疾
佛告阿那律汝行詣維摩詰問疾阿那律白
佛言世尊我不堪任詣彼問疾所以者何憶
念我昔於一處經行時有梵王名曰嚴淨与
万梵俱放淨光明來詣我所稽首作礼問我
言幾何阿那律天眼所見荅　言仁者吾
見此三千大千世界釋迦牟尼佛土如觀掌
中阿摩勒菓時維摩詰來謂我言唯阿那律
天眼爲作相耶无作相耶儻使作相則与外
道五通等若无作相即是无爲不應有見世
尊我時嘿然彼諸梵　聞其言得未曾有即
爲作礼而　世熟有真天眼者維摩詰
言有佛世尊得真天眼常在三昧悉見諸佛
國　不以二相於是嚴淨梵王及其眷属五
百梵天皆發阿耨多羅三藐三菩提心礼維
摩詰足已忽然不現故我不任詣彼問疾
佛告優波離汝行詣維摩詰問疾優波離白
佛言世尊我不堪任詣彼問疾所以者何憶
念我昔有二比丘犯律行以爲恥不敢問佛
來問我言唯優波離我等犯律誠以爲恥不
敢問佛願解疑悔得免斯咎我即爲其如法
解說時維摩詰來謂我言唯優波離无重增

念我昔有二比丘犯律行以爲恥不敢問佛
來問我言唯優波離我等犯律誠以爲恥不
敢問佛願解疑悔得免斯咎我即爲其如法
解說時維摩詰來謂我言唯優波離无重增
此二比丘罪當直除滅勿擾其心所以者何
彼罪性不在內不在外不在中間如佛所說
心垢故衆生垢心淨故衆生淨心亦不在內
不在外不在中間如其心然罪垢亦然諸法
亦然不出於如如優波離以心相得解脫時
寧有垢不我言不也　維摩詰言一切衆生
心相无垢亦復如是唯優波離妄想是垢无
妄想是淨顛倒是垢无顛倒是淨取我是垢
不取我是淨優波離一切法生滅不住如幻
如電諸法不相待乃至一念　不住諸法皆
妄見如夢如炎如水中月如鏡中像以妄想
生其知此者是名奉律其知此者是名善解
於是二比丘言上智哉是優波離所不及持
律之上而不能說我即荅言自捨如來未有
聲聞及菩薩能制其樂說之辯其智慧明達
爲若此也時二比丘疑悔以除發阿耨多羅
三藐三菩提心作是願言令一切衆生皆得
是辯故我不任詣彼問疾

聲聞及菩薩能制其樂說之辯其智慧明達
爲若此也時二比丘疑悔以除發阿耨多羅
三藐三菩提心作是願言令一切衆生皆得
是辯故我不任詣彼問疾
佛告羅睺羅汝行詣維摩詰問疾羅睺羅白
佛言世尊我不堪任詣彼問疾所以者何憶
念昔時毗耶離諸長者子來詣我所稽首作
礼問我言唯羅睺羅汝佛之子捨轉輪王位
出家爲道其出家者有何等利我即如法爲
說出家功德之利時維摩詰來謂我言唯
羅睺羅不應說出家功德之利所以者何无
利无功德是爲出家有爲法者可說有利有
功德夫出家者无爲法无爲法中无利无功
德羅睺羅出家者无彼无此亦无中間離六
十二見處於涅槃智者所受聖所行處降伏
魔衆度五道淨五眼得五力立五根不惱於
彼離衆雜惡摧諸外道超越假名出淤泥无
繫著无我所无所受无擾亂內懷喜護彼意
隨禪定離衆過若能如是是真出家於是維摩
詰語諸長者子汝等於正法中宜共出家所
以者何佛世難值諸長者子言居士我聞佛
言父母不聽不得出家維摩詰言然汝等便

BD14759號　維摩詰所說經卷上　（19–17）

隨禪定離衆過若能如是是真出家於是維摩
詰語諸長者子汝等於正法中宜共出家所
以者何佛世難值諸長者子言居士我聞佛
言父母不聽不得出家維摩詰言然汝等便
發阿耨多羅三藐三菩提心是即出家是即
具足命時三十二長者子皆發阿耨多羅三
藐三菩提心故不任詣彼問疾
佛告阿難汝行詣維摩詰問疾阿難白佛言
世尊我不堪任詣彼問疾所以者何憶念昔
時世尊身小有疾當用牛乳我即持鉢詣大
婆羅門家門下立時維摩詰來謂我言唯阿
難何爲晨朝持鉢住此我言居士世尊身小
有疾當用牛乳故來至此維摩詰言止止阿
難莫作是語如來身者金剛之體諸惡已斷
衆善普會當有何疾當有何惱嘿往阿難勿
謗如來莫使異人聞此麤言无令大威德諸
天及他方淨土諸來菩薩得聞斯語阿難轉
輪聖王以小福故常得无病豈況如來无量
福會普勝者哉行矣阿難勿使我等受斯恥
也外道梵志若聞此語當作是念何名爲師
自疾不能救而能救諸疾人可密速去勿使
人聞當知阿難諸如來身即是法身非思欲

BD14759號　維摩詰所說經卷上　（19–18）

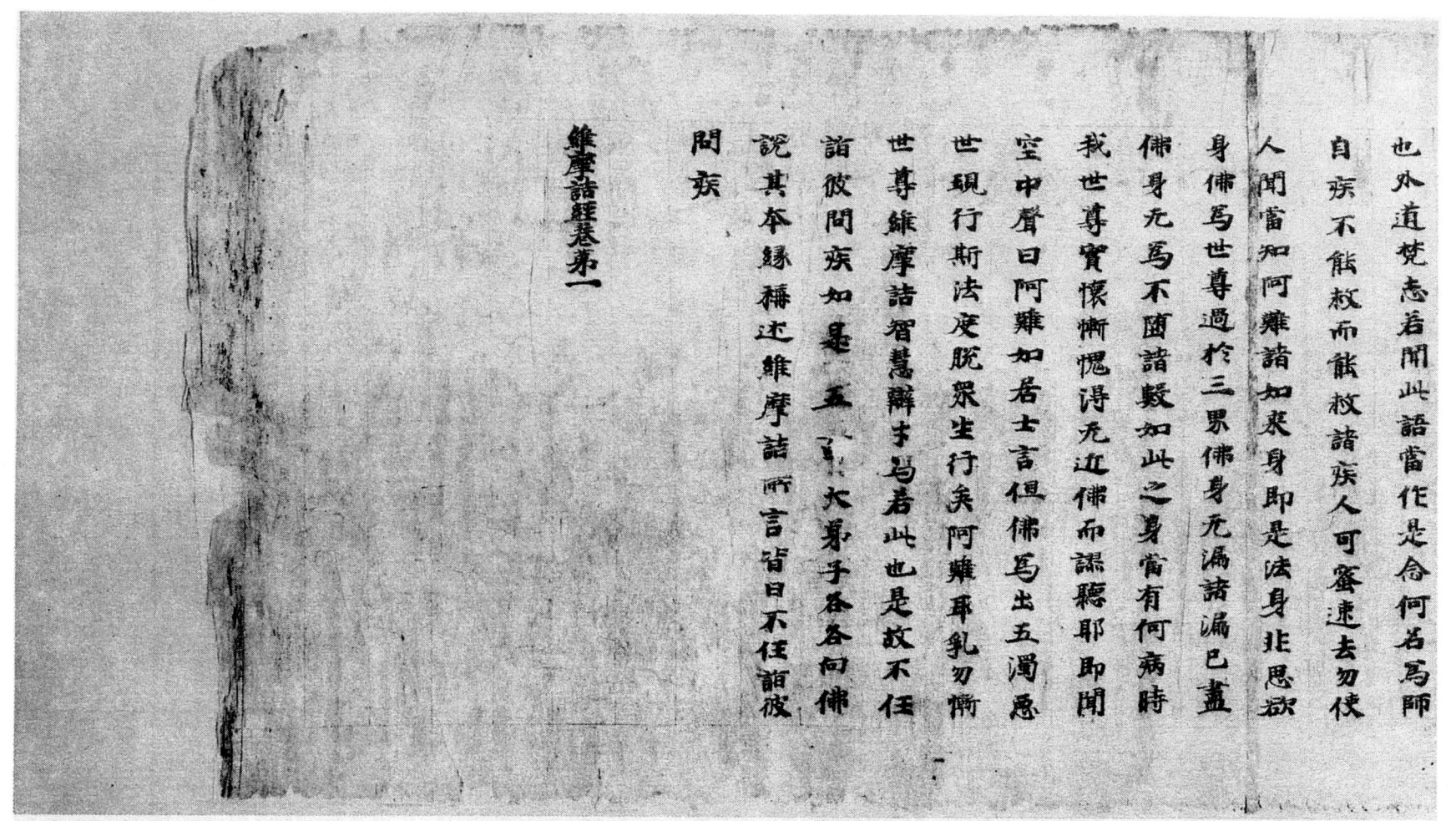

也外道梵志若聞此語當作是念何名爲師
自疾不能救而能救諸疾人可密速去勿使
人聞當知阿難諸如來身即是法身非思欲
身佛爲世尊過於三界佛身无漏諸漏已盡
佛身无爲不墮諸數如此之身當有何病時
我世尊實懷慚愧得无近佛而謬聽耶即聞
空中聲曰阿難如居士言但佛爲出五濁惡
世現行斯法度脫衆生行矣阿難取乳勿慚
世尊維摩詰智慧辯才爲若此也是故不任
詣彼問疾如是五百大弟子各各向佛
說其本緣稱述維摩詰所言皆曰不任詣彼
問疾

維摩詰經卷第一

BD14759號　維摩詰所說經卷上　（19–19）

佛說救疾經一卷
尒時佛在拘羅雙樹間臨般涅槃時舍利弗阿難
及无量諸天菩薩摩訶薩諸大弟子一切諸天人
皆来集會
佛還正坐告阿難言吾當入般涅槃吾欲將諸弟
子一切諸天人摩訶薩并與眷屬等遊巡國界安行
人民无諸苦惱惡鬼侵害諸摩遶乱世界和順善敬
三寶皆悉恭敬世諦无餘侵害三寶者佛安行國
邑國内迴来本處路見三人身體瘡𤸫不可附近
面目與腫頭眉墮落言語不轉衣服染汙身負
苛瘙細步徐復似疾人以乞自為命
佛問此三人汝何而来何國之子此三人各皆默然佛便
慇懃問之三問不荅佛即以善方便化之三人荅言
我等是幽厄之子用何苦問佛問此三人汝之所疾
從何所起由何所得三人荅言我之所患不知何由
不覺痛痒瘡遂增廣願世尊說病本緣使我

荷檐血步徐復似疾人以乞耳為命
佛問此三人汝何而來何國之子此三人各皆默然佛便
慇懃問之三問不荅佛昂以善方便化之三人荅言
我等是幽厄之子用何也問佛問此三人汝之所疾
從何所起由何所得三人荅言我之所患不知何由
不覺痛痒瘡遂增廣願世尊說病本緣使我
開解
佛昂告阿難并集眷屬乃至七佛名字悉來
集坐吾爲此人觀其宿業昂調七佛
第一唯衛佛　第二式佛　第三隨葉佛
第四拘捿秦佛　第五拘那含牟尼佛　第六迦葉佛
第七釋迦文佛　此七佛悉來集坐
佛復問七佛言三人病是誰與之七佛從西面起
各各荅言我無與者佛昂入三昧禪定諦觀三
病知疾本緣七佛白言世尊此疾不從他生昂
自招恚發之與是金剛蜜迹見惡人以金剛杵打
之墮面生瘡鬚眉昂落由犯三寶使之然也佛昂
問金剛蜜迹復何因緣與此三人病也金剛荅言
世尊我願恒在佛左右為護三寶故不令惡人
侵害三乘善心沉沒我見此三人一犯如來善心尊
像二犯正法陵盜〻像訴毀聖教善法沉塞三
犯聖僧欺害大衆能使四道衆僧遂從陵毀金
剛蜜迹白佛言設犯餘神病不如此鬚眉不落
其瘡痒膩世有可治犯三寶者非世諦之師可
能治也面目生光身中脂出金剛蜜迹白佛言
我先願尊得道之時恒在佛左右為防三寶
使衆衆摩惡鬼惡人來侵惚若有惡人陵辱
為[illegible]我金剛杵打之頭[illegible]可以[illegible]落地

其瘡痒膿世有可治犯三寶者非世誧之師可
能治也面目生光身中脂出金剛密迹白佛言
我先願尊得道之時恒在佛左右爲防三寶
使衆衆摩惡鬼惡人來侵惱若有惡人陵辱
竊盜三寶者我金剛杵打之頭如阿梨樹落地
七分金剛迹白佛言世尊人者一從父母并乃七世罪累
相爭受此惡報或從自身微犯不覺設有故犯
不時悔悔罪遂增厚治此惡病雖有歸心諸佛
悔心七佛發露金剛至心願七佛威力可令消滅
重罪
佛告一切衆生凡三寶物有人取者不問傯顯入手
幾倍七佛答言若是佛物入手十倍十年不還塗
迹生憤能使取者惡病若是經像之物入手七倍
七年不還能使取者惡病若是衆僧常住之物
入手五倍五年不還故生欺捍能使取者惡病阿
難白佛言世尊閻浮提人多生不信謂无三寶侵
犯者衆栢致惡病罪積无數閻浮提人致父母害
法儀及伯仲呈應有契者致之正身能使惡病
若有人保任是寶者六齋之日佛前懺者使人交報
或四天王下或太子下或使者下或三十三天下或大
仙人下或剎命下或金剛力士下當下之日注人善
惡冝行善事不冝作惡或有偷劫經像之物如
故爲使人惡病或舉扌金銀銅鐵或有闇取三寶
之物及以錢粟餉身之物迹年有如不還能使人
惡病或人呪詛燒佛形像推擬佛身或燒責聖容
點墄經句或將內人僧伽藍內宿或將內人入佛塔裏
共內人言語信要或共內人共相貪摸或身生往

故爲使人惡病或舉寸金銀銅鐵或有闇取三寳
之物及以錢粟餉身之物逐年有如不還能使人
惡病或人呪詛燒佛形像推擬佛身或燒煮聖容
點堿經句或將内人僧伽藍内宿或將内人入佛塔裏
共内人言語信要或共内人共相貪摸或身生往
及如此之事能使人惡病如此之事久久當病不至
三年或有人闇取他人畜米供畜之調知而故取能
使人惡病
若有人取他緣色與他内人受者知情與者同罪二人
俱病或有闇取僧尼雜器知而不還能使人病若
有人共經像牛驢行不淨行能使人病雖是畜生
擬作經像乃至三年病或有人將内人入三寳屋行
不淨法能使人病若有人妻掠淨行尼能使人病
若有人安經像屋裏无木函藏之在下共内人心宿能
使人病不出三年一切身拾惡病宜以告重懺悔罪
從心生罪從心滅心如天堂心如地獄佇手是天堂
覆手是地獄欲滅身中重罪至心懺悔罪從懈退
佛告七佛及金剛密迹諸大菩薩及諸眷屬此三
病人去何可濟金剛太土以發本緣今者可慈方便
方宜救濟得免此人病告世稱如來大慈大悲七佛各
各白言世尊衆生蠢蠢皆有佛性此人之病易除
消滅今自問之金剛密迹是吾長兄阿難是吾小弟
吾之眷屬數不可計阿私陁仙能禁毒氣阿羅
羅仙能呪惡鬼三十三天能下法水雪山大醫能除
妙藥甘露法津能閏枯涸阿闍世王身犯重罪尚有
可消身瘡除滅佛以方便身復如故不消不滅是病
是病者心中主也佛昂以觀心虛寳化作大坑方

BD14760號　救疾經（大本）　（5–4）

吾之眷屬數不可計阿私陁仙能禁毒氣阿羅
羅仙能呪惡鬼三十三天能下法水雪山大醫能除
妙藥甘露法津能閏枯涸阿闍世王身犯重罪尚有
可消身癰除滅佛以方便身復如故不消不滅是病
是病者心中主也佛身以觀心盧遮化作大坑方
負四千步滿中火炭問阿闍世王汝能入此大坑除滅
汝罪癰疾平復阿闍世王言若能滅我罪我當身入
阿闍世王身以佛前燒香發願踊身入火入已水攝換變
為浴池衆罪消滅辟如有人堰長流水從上
則心從諸佛歸悔重罪則滅不信經語輕罪難滅
佛告諸疾人吾教汝但當至心百日之中請大德治師治
番日日礼七佛名字日日礼金明寶迹日日礼无量壽佛
百日之中造成一卷救病經百日之中請道懺悔百卷成
就作齋度經可免此宿殃患耳
莫生不信癰遂增廣佛語不虛經云非謬正法之言甚
深甚善
諸佛語大弟子此經名救護衆生惡疾經令流布閻
浮提人有疾者知聞
救疾經一卷

善現一切智智清淨故預流果清淨預流果
清淨故平等性清淨何以故若一切智智清
淨若預流果清淨若平等性清淨無二無二
分無別無斷故一切智智清淨故一來不還
阿羅漢果清淨一來不還阿羅漢果清淨故
平等性清淨何以故若一切智智清淨若一
來不還阿羅漢果清淨若平等性清淨無二
無二分無別無斷故善現一切智智清淨故
獨覺菩提清淨獨覺菩提清淨故平等性清
淨何以故若一切智智清淨若獨覺菩提清
淨若平等性清淨無二無二分無別無斷故
善現一切智智清淨故一切菩薩摩訶薩行
清淨一切菩薩摩訶薩行清淨故平等性清
淨何以故若一切智智清淨若一切菩薩摩
訶薩行清淨若平等性清淨無二無二分無
別無斷故善現一切智智清淨故諸佛無上

BD14761號　大般若波羅蜜多經卷二六〇　（16–1）

淨若平等性清淨無二無二分無別無斷故
善現一切智智清淨故一切菩薩摩訶薩行
清淨一切菩薩摩訶薩行清淨故平等性清
淨何以故若一切智智清淨若一切菩薩摩
訶薩行清淨若平等性清淨無二無二分無
別無斷故善現一切智智清淨故諸佛無上
正等菩提清淨諸佛無上正等菩提清淨故
平等性清淨何以故若一切智智清淨若諸
佛無上正等菩提清淨若平等性清淨無二
無二分無別無斷故
復次善現一切智智清淨故色清淨色清淨
故離生性清淨何以故若一切智智清淨若
色清淨若離生性清淨無二無二分無別無
斷故一切智智清淨故受想行識清淨受想
行識清淨故離生性清淨何以故若一切智
智清淨若受想行識清淨若離生性清淨無
二無二分無別無斷故善現一切智智清淨
故眼處清淨眼處清淨故離生性清淨何以
故若一切智智清淨若眼處清淨若離生性
清淨無二無二分無別無斷故一切智智清
淨故耳鼻舌身意處清淨耳鼻舌身意處清
淨故離生性清淨何以故若一切智智清淨
若耳鼻舌身意處清淨若離生性清淨無二
無二分無別無斷故善現一切智智清淨故
色處清淨色處清淨故離生性清淨何以故
若一切智智清淨若色處清淨若離生性清
淨無二無二分無別無斷故一切智智清淨
故聲香味觸法處清淨聲香味觸法處清淨

BD14761號　大般若波羅蜜多經卷二六〇　（16–2）

無二分無別無斷故善現一切智智清淨故
色處清淨色處清淨故離生性清淨何以故
若一切智智清淨若色處清淨若離生性清
淨無二無二分無別無斷故一切智智清淨
故聲香味觸法處清淨聲香味觸法處清淨
故離生性清淨何以故若一切智智清淨若
聲香味觸法處清淨若離生性清淨無二無
二分無別無斷故善現一切智智清淨故眼
界清淨眼界清淨故離生性清淨何以故若
一切智智清淨若眼界清淨若離生性清淨
無二無二分無別無斷故一切智智清淨故
色界眼識界及眼觸眼觸為緣所生諸受清
淨色界乃至眼觸為緣所生諸受清淨故離
生性清淨何以故若一切智智清淨若色界
乃至眼觸為緣所生諸受清淨若離生性清
淨無二無二分無別無斷故善現一切智智
清淨故耳界清淨耳界清淨故離生性清淨
何以故若一切智智清淨若耳界清淨若離
生性清淨無二無二分無別無斷故一切智
智清淨故聲界耳識界及耳觸耳觸為緣所
生諸受清淨聲界乃至耳觸為緣所生諸受
清淨故離生性清淨何以故若一切智智清
淨若聲界乃至耳觸為緣所生諸受清淨若
離生性清淨無二無二分無別無斷故善現
一切智智清淨故鼻界清淨鼻界清淨故離
生性清淨何以故若一切智智清淨若鼻界

BD14761 號　大般若波羅蜜多經卷二六〇　（16–3）

淨若聲界乃至耳觸為緣所生諸受清淨若
離生性清淨無二無二分無別無斷故善現
一切智智清淨故鼻界清淨鼻界清淨故離
生性清淨何以故若一切智智清淨若鼻界
清淨若離生性清淨無二無二分無別無斷
故一切智智清淨故香界鼻識界及鼻觸鼻
觸為緣所生諸受清淨香界乃至鼻觸為緣
所生諸受清淨故離生性清淨何以故若一
切智智清淨若香界乃至鼻觸為緣所生諸
受清淨若離生性清淨無二無二分無別無
斷故善現一切智智清淨故舌界清淨舌界
清淨故離生性清淨何以故若一切智智清
淨若舌界清淨若離生性清淨無二無二分
無別無斷故一切智智清淨故味界舌識界
及舌觸舌觸為緣所生諸受清淨味界乃至
舌觸為緣所生諸受清淨故離生性清淨何
以故若一切智智清淨若味界乃至舌觸為
緣所生諸受清淨若離生性清淨無二無二
分無別無斷故善現一切智智清淨故身界
清淨身界清淨故離生性清淨何以故若一
切智智清淨若身界清淨若離生性清淨無
二無二分無別無斷故一切智智清淨故觸
界身識界及身觸身觸為緣所生諸受清淨
觸界乃至身觸為緣所生諸受清淨故離生
性清淨何以故若一切智智清淨若觸界乃
至身觸為緣所生諸受清淨若離生性清淨
無二無二分無別無斷故善現一切智智清

BD14761 號　大般若波羅蜜多經卷二六〇　（16–4）

界身識界及身觸身觸為緣所生諸受清淨
觸界乃至身觸為緣所生諸受清淨故離生
性清淨何以故若一切智智清淨若觸界乃
至身觸為緣所生諸受清淨若離生性清淨
無二無二分無別無斷故善現一切智智清
淨故意界清淨意界清淨故離生性清淨何
以故若一切智智清淨若意界清淨若離生
性清淨無二無二分無別無斷故一切智智
清淨故法界意識界及意觸意觸為緣所生
諸受清淨法界乃至意觸為緣所生諸受清
淨故離生性清淨何以故若一切智智清淨
若法界乃至意觸為緣所生諸受清淨若離
生性清淨無二無二分無別無斷故善現一
切智智清淨故地界清淨地界清淨故離生
性清淨何以故若一切智智清淨若地界清
淨若離生性清淨無二無二分無別無斷故
一切智智清淨故水火風空識界清淨水火
風空識界清淨故離生性清淨何以故若一
切智智清淨若水火風空識界清淨若離生
性清淨無二無二分無別無斷故善現一切
智智清淨故無明清淨無明清淨故離生性
清淨何以故若一切智智清淨若無明清淨
若離生性清淨無二無二分無別無斷故一
切智智清淨故行識名色六處觸受愛取有
生老死愁歎苦憂惱清淨行乃至老死愁歎
苦憂惱清淨故離生性清淨何以故若一切
智智清淨若行乃至老死愁歎苦憂惱清淨

BD14761 號　大般若波羅蜜多經卷二六〇　（16–5）

若離生性清淨無二無二分無別無斷故一
切智智清淨故行識名色六處觸受愛取有
生老死愁歎苦憂惱清淨行乃至老死愁歎
苦憂惱清淨故離生性清淨何以故若一切
智智清淨若行乃至老死愁歎苦憂惱清淨
若離生性清淨無二無二分無別無斷故
善現一切智智清淨故布施波羅蜜多清淨
布施波羅蜜多清淨故離生性清淨何以故
若一切智智清淨若布施波羅蜜多清淨若
離生性清淨無二無二分無別無斷故一切
智智清淨故淨戒安忍精進靜慮般若波羅
蜜多清淨淨戒乃至般若波羅蜜多清淨故
離生性清淨何以故若一切智智清淨若淨
戒乃至般若波羅蜜多清淨若離生性清淨
無二無二分無別無斷故善現一切智智清
淨故內空清淨內空清淨故離生性清淨何
以故若一切智智清淨若內空清淨若離生
性清淨無二無二分無別無斷故一切智智
清淨故外空內外空空空大空勝義空有為
空無為空畢竟空無際空散空無變異空本
性空自相空共相空一切法空不可得空無
性空自性空無性自性空清淨外空乃至無
性自性空清淨故離生性清淨何以故若一
切智智清淨若外空乃至無性自性空清淨
若離生性清淨無二無二分無別無斷故善
現一切智智清淨故真如清淨真如清淨故
離生性清淨何以故若一切智智清淨若真

BD14761 號　大般若波羅蜜多經卷二六〇　（16–6）

性自性空清淨故離生性清淨何以故若一
切智智清淨若外空乃至無性自性空清淨
若離生性清淨無二無二分無別無斷故善
現一切智智清淨故真如清淨真如清淨故
離生性清淨何以故若一切智智清淨若真
如清淨若離生性清淨無二無二分無別無
斷故一切智智清淨故法界法性不虛妄性
不變異性平等性法定法住實際虛空界不
思議界清淨法界乃至不思議界清淨故離
生性清淨何以故若一切智智清淨若法界
乃至不思議界清淨若離生性清淨無二無
二分無別無斷故善現一切智智清淨故苦
聖諦清淨苦聖諦清淨故離生性清淨何以
故若一切智智清淨若苦聖諦清淨若離生
性清淨無二無二分無別無斷故一切智智
清淨故集滅道聖諦清淨集滅道聖諦清淨
故離生性清淨何以故若一切智智清淨若
集滅道聖諦清淨若離生性清淨無二無二
分無別無斷故
善現一切智智清淨故四靜慮清淨四靜慮
清淨故離生性清淨何以故若一切智智清
淨若四靜慮清淨若離生性清淨無二無二
分無別無斷故一切智智清淨故四無量四
無色定清淨四無量四無色定清淨故離生
性清淨何以故若一切智智清淨若四無量
四無色定清淨若離生性清淨無二無二分
無別無斷故善現一切智智清淨故八解脫

BD14761號　大般若波羅蜜多經卷二六〇　（16–7）

分無別無斷故一切智智清淨故四無量四
無色定清淨四無量四無色定清淨故離生
性清淨何以故若一切智智清淨若四無量
四無色定清淨若離生性清淨無二無二分
無別無斷故善現一切智智清淨故八解脫
清淨八解脫清淨故離生性清淨何以故若
一切智智清淨若八解脫清淨若離生性清
淨無二無二分無別無斷故一切智智清淨
故八勝處九次第定十遍處清淨八勝處九
次第定十遍處清淨故離生性清淨何以故
若一切智智清淨若八勝處九次第定十遍
處清淨若離生性清淨無二無二分無別無
斷故善現一切智智清淨故四念住清淨四
念住清淨故離生性清淨何以故若一切智
智清淨若四念住清淨若離生性清淨無二
無二分無別無斷故一切智智清淨故四正
斷四神足五根五力七等覺支八聖道支清
淨四正斷乃至八聖道支清淨故離生性清
淨何以故若一切智智清淨若四正斷乃至
八聖道支清淨若離生性清淨無二無二分
無別無斷故善現一切智智清淨故空解脫
門清淨空解脫門清淨故離生性清淨何以
故若一切智智清淨若空解脫門清淨若離
生性清淨無二無二分無別無斷故一切智
智清淨故無相無願解脫門清淨無相無願
解脫門清淨故離生性清淨何以故若一切
智智清淨若無相無願解脫門清淨若離生

BD14761號　大般若波羅蜜多經卷二六〇　（16–8）

生性清淨無二無二分無別無斷故一切智
智清淨故無相無願解脫門清淨無相無願
解脫門清淨故離生性清淨何以故若一切
智智清淨若無相無願解脫門清淨若離生
性清淨無二無二分無別無斷故善現一切
智智清淨故菩薩十地清淨菩薩十地清淨
故離生性清淨何以故若一切智智清淨若
菩薩十地清淨若離生性清淨無二無二分
無別無斷故
善現一切智智清淨故五眼清淨五眼清淨
故離生性清淨何以故若一切智智清淨若
五眼清淨若離生性清淨無二無二分無別
無斷故一切智智清淨故六神通清淨六神
通清淨故離生性清淨何以故若一切智智
清淨若六神通清淨若離生性清淨無二無
二分無別無斷故善現一切智智清淨故佛
十力清淨佛十力清淨故離生性清淨何以
故若一切智智清淨若佛十力清淨若離生
性清淨無二無二分無別無斷故一切智智
清淨故四無所畏四無㝵解大慈大悲大喜
大捨十八佛不共法清淨四無所畏乃至十
八佛不共法清淨故離生性清淨何以故若
一切智智清淨若四無所畏乃至十八佛不
共法清淨若離生性清淨無二無二分無別
無斷故善現一切智智清淨故無忘失法清
淨無忘失法清淨故離生性清淨何以故若
一切智智清淨若無忘失法清淨若離生性

BD14761號　大般若波羅蜜多經卷二六〇　（16–9）

一切智智清淨若四無所畏乃至十八佛不
共法清淨若離生性清淨無二無二分無別
無斷故善現一切智智清淨故無忘失法清
淨無忘失法清淨故離生性清淨何以故若
一切智智清淨若無忘失法清淨若離生性
清淨無二無二分無別無斷故一切智智清
淨故恒住捨性清淨恒住捨性清淨故離生
性清淨何以故若一切智智清淨若恒住捨
性清淨若離生性清淨無二無二分無別無
斷故善現一切智智清淨故一切智清淨一
切智清淨故離生性清淨何以故若一切智
智清淨若一切智清淨若離生性清淨無二
無二分無別無斷故一切智智清淨故道相
智一切相智清淨道相智一切相智清淨故
離生性清淨何以故若一切智智清淨若道
相智一切相智清淨若離生性清淨無二無
二分無別無斷故善現一切智智清淨故一
切陁羅尼門清淨一切陁羅尼門清淨故離
生性清淨何以故若一切智智清淨若一切
陁羅尼門清淨若離生性清淨無二無二分
無別無斷故一切智智清淨故一切三摩地
門清淨一切三摩地門清淨故離生性清淨
何以故若一切智智清淨若一切三摩地門
清淨若離生性清淨無二無二分無別無斷
故善現一切智智清淨故預流果清淨預流果
清淨故離生性清淨何以故若一切智智清
淨若預流果清淨若離生性清淨無二無二

BD14761號　大般若波羅蜜多經卷二六〇　（16–10）

清淨若離生性清淨無二無二分無別無斷
故善現一切智智清淨故預流果清淨預流果
清淨故離生性清淨何以故若一切智智清
淨若預流果清淨若離生性清淨無二無二
分無別無斷故一切智智清淨故一來不還
阿羅漢果清淨一來不還阿羅漢果清淨故
離生性清淨何以故若一切智智清淨若一
來不還阿羅漢果清淨若離生性清淨無二
無二分無別無斷故善現一切智智清淨故
獨覺菩提清淨獨覺菩提清淨故離生性清
淨何以故若一切智智清淨若獨覺菩提清
淨若離生性清淨無二無二分無別無斷
故
善現一切智智清淨故一切菩薩摩訶薩行
清淨一切菩薩摩訶薩行清淨故離生性清
淨何以故若一切智智清淨若一切菩薩摩
訶薩行清淨若離生性清淨無二無二分無
別無斷故善現一切智智清淨故諸佛無上
正等菩提清淨諸佛無上正等菩提清淨故
離生性清淨何以故若一切智智清淨若諸
佛無上正等菩提清淨若離生性清淨無二
無二分無別無斷故
復次善現一切智智清淨故色清淨色清淨
故法定清淨何以故若一切智智清淨若色
清淨若法定清淨無二無二分無別無斷故
一切智智清淨故受想行識清淨受想行識
清淨故法定清淨何以故若一切智智清淨

BD14761號　大般若波羅蜜多經卷二六〇　（16–11）

無二分無別無斷故
復次善現一切智智清淨故色清淨色清淨
故法定清淨何以故若一切智智清淨若色
清淨若法定清淨無二無二分無別無斷故
一切智智清淨故受想行識清淨受想行識
清淨故法定清淨何以故若一切智智清淨
若受想行識清淨若法定清淨無二無二分
無別無斷故善現一切智智清淨故眼處清
淨眼處清淨故法定清淨何以故若一切智
智清淨若眼處清淨若法定清淨無二無二
分無別無斷故一切智智清淨故耳鼻舌身
意處清淨耳鼻舌身意處清淨故法定清淨
何以故若一切智智清淨若耳鼻舌身意處
清淨若法定清淨無二無二分無別無斷故
善現一切智智清淨故色處清淨色處清淨
故法定清淨何以故若一切智智清淨若色
處清淨若法定清淨無二無二分無別無斷
故一切智智清淨故聲香味觸法處清淨聲
香味觸法處清淨故法定清淨何以故若一
切智智清淨若聲香味觸法處清淨若法定
清淨無二無二分無別無斷故善現一切智
智清淨故眼界清淨眼界清淨故法定清淨
何以故若一切智智清淨若眼界清淨若法
定清淨無二無二分無別無斷故一切智智
清淨故色界眼識界及眼觸眼觸為緣所生
諸受清淨色界乃至眼觸為緣所生諸受清
淨故法定清淨何以故若一切智智清淨若

BD14761號　大般若波羅蜜多經卷二六〇　（16–12）

何以故若一切智智清淨若眼界清淨若法
定清淨無二無二分無別無斷故一切智智
清淨故色界眼識界及眼觸眼觸為緣所生
諸受清淨色界乃至眼觸為緣所生諸受清
淨故法定清淨何以故若一切智智清淨若
色界乃至眼觸為緣所生諸受清淨若法定
清淨無二無二分無別無斷故善現一切智
智清淨故耳界清淨耳界清淨故法定清淨
何以故若一切智智清淨若耳界清淨若法
定清淨無二無二分無別無斷故一切智智
清淨故聲界耳識界及耳觸耳觸為緣所生
諸受清淨聲界乃至耳觸為緣所生諸受清
淨故法定清淨何以故若一切智智清淨若
聲界乃至耳觸為緣所生諸受清淨若法定
清淨無二無二分無別無斷故善現一切智
智清淨故鼻界清淨鼻界清淨故法定清淨
何以故若一切智智清淨若鼻界清淨若法
定清淨無二無二分無別無斷故一切智智
清淨故香界鼻識界及鼻觸鼻觸為緣所生
諸受清淨香界乃至鼻觸為緣所生諸受清
淨故法定清淨何以故若一切智智清淨若
香界乃至鼻觸為緣所生諸受清淨若法定
清淨無二無二分無別無斷故善現一切智
智清淨故舌界清淨舌界清淨故法定清淨
何以故若一切智智清淨若舌界清淨若法
定清淨無二無二分無別無斷故一切智智

BD14761 號　大般若波羅蜜多經卷二六〇　（16–13）

智清淨故舌界清淨舌界清淨故法定清淨
何以故若一切智智清淨若舌界清淨若法
定清淨無二無二分無別無斷故一切智智
清淨故味界舌識界及舌觸舌觸為緣所生諸
受清淨味界乃至舌觸為緣所生諸受清淨
故法定清淨何以故若一切智智清淨若味
界乃至舌觸為緣所生諸受清淨若法定清
淨無二無二分無別無斷故善現一切智智
清淨故身界清淨身界清淨故法定清淨何
以故若一切智智清淨若身界清淨若法定
清淨無二無二分無別無斷故一切智智清
淨故觸界身識界及身觸身觸為緣所生諸
受清淨觸界乃至身觸為緣所生諸受清淨
故法定清淨何以故若一切智智清淨若觸
界乃至身觸為緣所生諸受清淨若法定清
淨無二無二分無別無斷故善現一切智智
清淨故意界清淨意界清淨故法定清淨何
以故若一切智智清淨若意界清淨若法定
清淨無二無二分無別無斷故一切智智清
淨故法界意識界及意觸意觸為緣所生諸
受清淨法界乃至意觸為緣所生諸受清淨
故法定清淨何以故若一切智智清淨若法
界乃至意觸為緣所生諸受清淨若法定清
淨無二無二分無別無斷故善現一切智智
清淨故地界清淨地界清淨故法定清淨何
以故若一切智智清淨若地界清淨若法定

BD14761 號　大般若波羅蜜多經卷二六〇　（16–14）

界乃至意觸為緣所生諸受清淨若法定清
淨無二無二分無別無斷故善現一切智智
清淨故地界清淨地界清淨故法定清淨何
以故若一切智智清淨若地界清淨若法定
清淨無二無二分無別無斷故一切智智清
淨故水火風空識界清淨水火風空識界清
淨故法定清淨何以故若一切智智清淨若
水火風空識界清淨若法定清淨無二無二
分無別無斷故善現一切智智清淨故無明
清淨無明清淨故法定清淨何以故若一切
智智清淨若無明清淨若法定清淨無二無
二分無別無斷故一切智智清淨故行識名
色六處觸受愛取有生老死愁歎苦憂惱清
淨行乃至老死愁歎苦憂惱清淨故法定清
淨何以故若一切智智清淨若行乃至老死
愁歎苦憂惱清淨若法定清淨無二無二分
無別無斷故
善現一切智智清淨故布施波羅蜜多清淨
布施波羅蜜多清淨故法定清淨何以故若
一切智智清淨若布施波羅蜜多清淨若法
定清淨無二無二分無別無斷故一切智智
清淨故淨戒安忍精進靜慮般若波羅蜜多
清淨淨戒乃至般若波羅蜜多清淨故法定
清淨何以故若一切智智清淨若淨戒乃至
般若波羅蜜多清淨若法定清淨無二無二
分無別無斷故

BD14761 號　大般若波羅蜜多經卷二六〇　（16–15）

淨行乃至老死愁歎苦憂惱清淨故法定清
淨何以故若一切智智清淨若行乃至老死
愁歎苦憂惱清淨若法定清淨無二無二分
無別無斷故
善現一切智智清淨故布施波羅蜜多清淨
布施波羅蜜多清淨故法定清淨何以故若
一切智智清淨若布施波羅蜜多清淨若法
定清淨無二無二分無別無斷故一切智智
清淨故淨戒安忍精進靜慮般若波羅蜜多
清淨淨戒乃至般若波羅蜜多清淨故法定
清淨何以故若一切智智清淨若淨戒乃至
般若波羅蜜多清淨若法定清淨無二無二
分無別無斷故

大般若波羅蜜多經卷第二百六十

張騅寫　第一校　·　第二校　第三校

BD14761 號　大般若波羅蜜多經卷二六〇　（16–16）

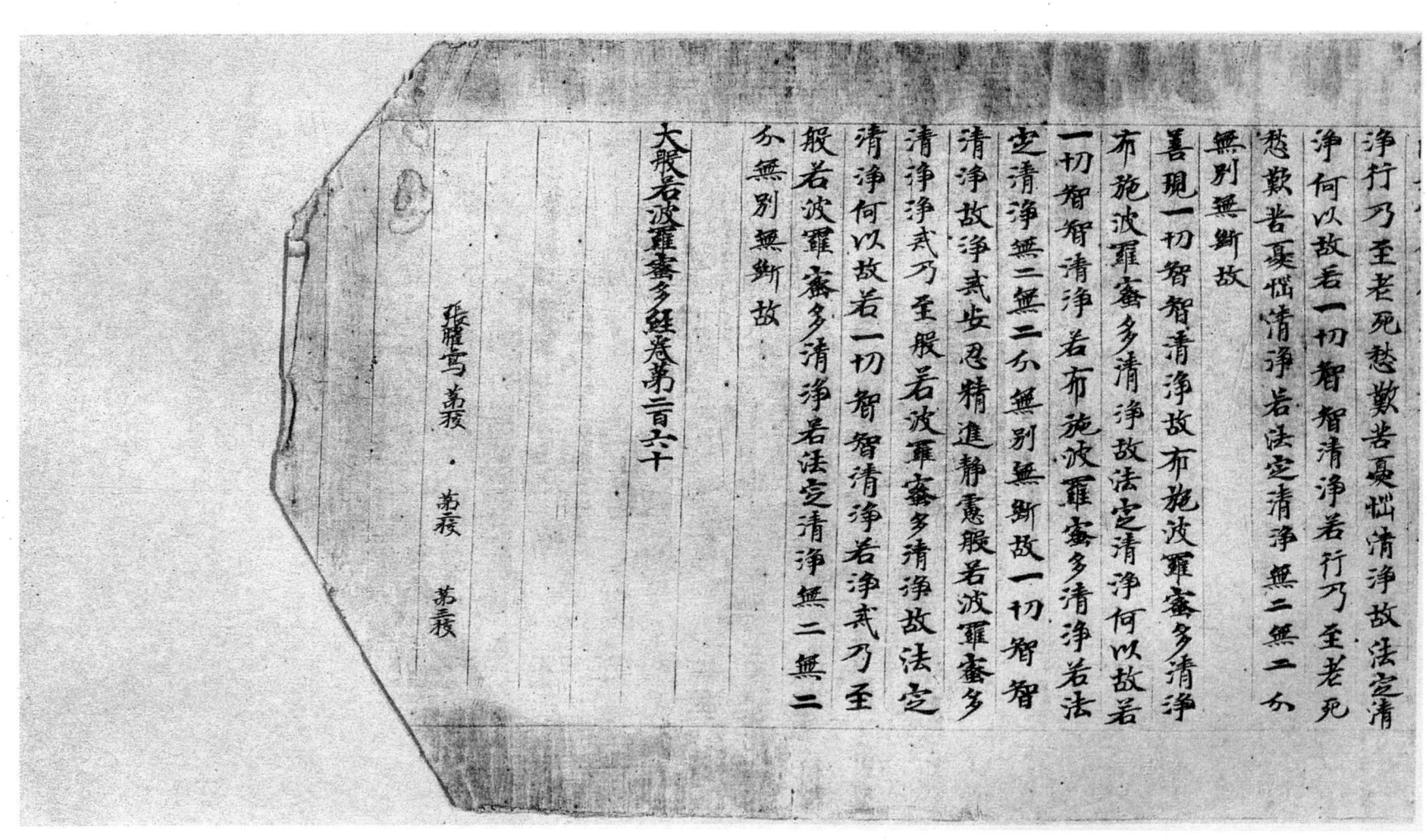

BD14762 號　護首　（1–1）

BD14762 號　妙法蓮華經卷二　（14–1）

妙法蓮華經信解品第四
尒時慧命須菩提摩訶迦旃延摩訶迦葉摩
訶目揵連從佛所聞未曾有法世尊授舍利
弗阿耨多羅三藐三菩提記發希有心歡喜
踊躍即從座起整衣服偏袒右肩右膝著地
一心合掌曲躬恭敬瞻仰尊顏而白佛言我
等居僧之首年並朽邁自謂已得涅槃无所
堪任不復進求阿耨多羅三藐三菩提世尊
往昔說法既久我時在座身體疲懈但念空
无相无作於菩薩法遊戲神通淨佛國土成
就衆生心不喜樂所以者何世尊令我等出
於三界得涅槃證又今我等年已朽邁於佛
教化菩薩阿耨多羅三藐三菩提不生一念
好樂之心我等今於佛前聞授聲聞阿耨多
羅三藐三菩提記心甚歡喜得未曾有不謂
於今忽然得聞希有之法深自慶幸獲大善
利无量珍寶不求自得世尊我等今者樂說
譬喻以明斯義譬若有人年既幼稚捨父逃
逝久住他國或十二十至五十歲年既長大
加復窮困馳騁四方以求衣食漸漸遊行遇
向本國其父先來求子不得中止一城其家
大富財寶无量金銀瑠璃珊瑚虎珀頗梨珠
等其諸倉庫悉皆盈溢多有僮僕臣佐吏民

BD14762號　妙法蓮華經卷二　（14–2）

逝久住他國或十二十至五十歲年既長大
加復窮困馳騁四方以求衣食漸漸遊行遇
向本國其父先來求子不得中止一城其家
大富財寶无量金銀瑠璃珊瑚虎珀頗梨珠
等其諸倉庫悉皆盈溢多有僮僕臣佐吏民
象馬車乘牛羊无數出入息利乃遍他國商
估賈客亦甚衆多時貧窮子遊諸聚落經歷
國邑遂到其父所止之城父每念子與子離
別五十餘年而未曾向人說如此事但自思
惟心懷悔恨自念老朽多有財物金銀珍寶
倉庫盈溢无有子息一旦終沒財物散失无
所委付是以慇懃每憶其子復作是念我若
得子委付財物坦然快樂无復憂慮世尊尒
時窮子傭賃展轉遇到父舍住立門側遙見
其父踞師子牀寶几承足諸婆羅門剎利居
士皆恭敬圍繞以真珠瓔珞價直千萬莊嚴
其身吏民僮僕手執白拂侍立左右覆以寶
帳垂諸華幡香水灑地散衆名華羅列寶物
出內取與有如是等種種嚴飾威德特尊窮
子見父有大力勢即懷恐怖悔來至此竊作
是念此或是王或是王等非我傭力得物之
處不如往至貧里肆力有地衣食易得若久
住此或見逼迫強使我作作是念已疾走而
去時富長者於師子座見子便識心大歡喜
即作是念我財物庫藏今有所付我常思念
此子无由見之而忽自來甚適我願我雖年
朽猶故貪惜即遣傍人急追將還尒時使者

BD14762號　妙法蓮華經卷二　（14–3）

住此或見逼迫强使我作作是念已疾走而
去時富長者於師子座見子便識心大歡喜
即作是念我財物庫藏今有所付我常思念
此子无由見之而忽自來甚適我願我雖年
朽猶故貪惜即遣傍人急追將還尒時使者
疾走往捉窮子驚愕稱怨大喚我不相犯何
為見捉使者執之愈急强牽將還于時窮子
自念无罪而被囚執此必定死轉更惶怖悶
絶躄地父遥見之而語使言不須此人勿强
將来以冷水灑面令得醒悟莫復與語所以
者何父知其子志意下劣自知豪貴為子所
難審知是子而以方便不語他人云是我子
使者語之我今放汝隨意所趣窮子歡喜得
未曾有從地而起往至貧里以求衣食尒時
長者將欲誘引其子而設方便密遣二人形
色顦顇无威德者汝可詣彼徐語窮子此有
作處倍與汝直窮子若許將来使作若言欲
何所作便可語之雇汝除糞我等二人亦共
汝作時二使人即求窮子既已得之具陳上
事尒時窮子先取其價尋與除糞其父見子
愍而怪之又以他日於窓牖中遥見子身羸
瘦顦顇糞土塵坌汙穢不淨即脫瓔珞細軟
上服嚴飾之具更著麤弊垢膩之衣塵土坌
身右手執持除糞之器狀有所畏語諸作人
汝等勤作勿得懈息以方便故得近其子後
復告言咄男子汝常此作勿復餘去當加汝
價諸有所須瓫器米麪鹽酢之屬莫自疑難
亦有老弊使人須者相給好自安意我如汝

BD14762號　妙法蓮華經卷二　（14–4）

身右手執持除糞之器狀有所畏語諸作人
汝等勤作勿得懈息以方便故得近其子後
復告言咄男子汝常此作勿復餘去當加汝
價諸有所須瓫器米麪鹽酢之屬莫自疑難
亦有老弊使人須者相給好自安意我如汝
父勿復憂慮所以者何我年老大而汝少壯
汝常作時无有欺怠瞋恨怨言都不見汝有
此諸惡如餘作人自今已後如所生子即時
長者更與作字名之為兒尒時窮子雖欣此
遇猶故自謂客作賤人由是之故於二十年
中常令除糞過是已後心相體信入出无難
然其所止猶在本處世尊尒時長者有疾自
知將死不久語窮子言我今多有金銀珍寶
倉庫盈溢其中多少所應取與汝悉知之我
心如是當體此意所以者何今我與汝便為
不異宜加用心无令漏失尒時窮子即受教
勅領知衆物金銀珍寶及諸庫藏而无希取
一飡之意然其所止故在本處下劣之心亦
未能捨復經少時父知子意漸以通泰成就
大志自鄙先心臨欲終時而命其子并會親
族國王大臣剎利居士皆悉已集即自宣言
諸君當知此是我子我之所生於某城中捨
吾逃走竛竮辛苦五十餘年其本字某我名
某甲昔在本城懷憂推覓忽於此間遇會得
之此實我子我實其父今我所有一切財物
皆是子有先所出内是子所知世尊是時窮
子聞父此言即大歡喜得未曾有而作是念

BD14762號　妙法蓮華經卷二　（14–5）

吾逃走跰跰辛苦五十餘年其本字某我名
某甲昔在本城懷憂推覓忽於此間遇會得
之此實我子我實其父今我所有一切財物
皆是子有先所出内是子所知世尊是時窮
子聞父此言即大歡喜得未曾有而作是念
我本无心有所希求今此寶藏自然而至世
尊大富長者則是如來我等皆似佛子如來
常說我等為子世尊我等以三苦故於生死
中受諸熱惱迷惑无知樂著小法今日世尊
令我等思惟蠲除諸法戲論之糞我等於中
勤加精進得至涅槃一日之價既得此已心
大歡喜自以為足便自謂於佛法中勤精進
故所得弘多然世尊先知我等心著弊欲樂
於小法便見縱捨不為分別汝等當有如來
知見寶藏之分世尊以方便力說如來智慧
我等從佛得涅槃一日之價以為大得於此
大乘无有志求我等又因如來智慧為諸菩
薩開示演說而自於此无有志願所以者何
佛知我等心樂小法以方便力隨我等說而
我等不知真是佛子今我等方知世尊於佛
智慧无所悋惜所以者何我等昔來真是佛
子而但樂小法若我等有樂大之心佛則為
我說大乘法於此經中唯說一乘而昔於菩
薩前毀呰聲聞樂小法者然佛實以大乘教
化是故我等說本无心有所希求今法王大
寶自然而至如佛子所應得者皆已得之尒
時摩訶迦葉欲重宣此義而說偈言
我等今日　聞佛音教　歡喜踊躍　得未曾有

BD14762號　妙法蓮華經卷二　（14–6）

我說大乘法於此經中唯說一乘而昔於菩
薩前毀呰聲聞樂小法者然佛實以大乘教
化是故我等說本无心有所希求今法王大
寶自然而至如佛子所應得者皆已得之尒
時摩訶迦葉欲重宣此義而說偈言
我等今日　聞佛音教　歡喜踊躍　得未曾有
佛說聲聞　當得作佛　无上寶聚　不求自得
譬如童子　幼稚无識　捨父逃逝　遠到他土
周流諸國　五十餘年　其父憂念　四方推求
求之既疲　頓止一城　造立舍宅　五欲自娛
其家巨富　多諸金銀　車𤦲馬瑙　真珠琉璃
象馬牛羊　輦輿車乘　田業僮僕　人民衆多
出入息利　乃遍他國　商估賈人　无處不有
千萬億衆　圍繞恭敬　常為王者　之所愛念
群臣豪族　皆共宗重　以諸緣故　往來者衆
豪富如是　有大力勢　而年朽邁　益憂念子
夙夜惟念　死時將至　癡子捨我　五十餘年
庫藏諸物　當如之何　尒時窮子　求索衣食
從邑至邑　從國至國　或有所得　或无所得
飢餓羸瘦　體生瘡癬　漸次經歷　到父住城
傭賃展轉　遂至父舍　尒時長者　於其門内
施大寶帳　處師子座　眷屬圍繞　諸人侍衛
或有計筭　金銀寶物　出内財產　注記券疏
窮子見父　豪貴尊嚴　謂是國王　若國王等
驚怖自怪　何故至此　覆自念言　我若久住
或見逼迫　強驅使作　思惟是已　馳走而去
借問貧里　欲往傭作　長者是時　在師子座
遙見其子　默而識之　即勅使者　追捉將來

BD14762號　妙法蓮華經卷二　（14–7）

窮子見父　豪貴尊嚴　謂是國王　若國王等
驚怖自怯　何故至此　覆自念言　我若久住
或見逼迫　強駈使作　思惟是已　馳走而去
借問貧里　欲往傭作　長者是時　在師子座
遥見其子　默而識之　即勅使者　追捉將來
窮子驚喚　迷悶躃地　是人執我　必當見殺
何用衣食　使我至此　長者知子　愚癡狹劣
不信我言　不信是父　即以方便　更遣餘人
眇目矬陋　无威德者　汝可語之　云當相雇
除諸糞穢　倍與汝價　窮子聞之　歡喜隨來
為除糞穢　淨諸房舍　長者於牖　常見其子
念子愚劣　樂為鄙事　於是長者　著弊垢衣
執除糞器　往到子所　方便附近　語令勤作
既益汝價　并塗足油　飲食充足　薦席厚暖
如是苦言　汝當勤作　又以軟語　若如我子
長者有智　漸令入出　經二十年　執作家事
示其金銀　真珠頗梨　諸物出入　皆使令知
猶處門外　止宿草菴　自念貧事　我无此物
父知子心　漸已曠大　欲與財物　即聚親族
國王大臣　剎利居士　於此大眾　說是我子
捨我他行　經五十歲　自見子來　已二十年
昔於某城　而失是子　周行求索　遂來至此
凡我所有　舍宅人民　悉以付之　恣其所用
子念昔貧　志意下劣　今於父所　大獲珍寶
并及舍宅　一切財物　甚大歡喜　得未曾有
佛亦如是　知我樂小　未曾說言　汝等作佛
而說我等　得諸无漏　成就小乘　聲聞弟子
佛勅我等　說最上道　修習此者　當得成佛

BD14762號　妙法蓮華經卷二　（14–8）

凡我所有　舍宅人民　悉以付之　恣其所用
子念昔貧　志意下劣　今於父所　大獲珍寶
并及舍宅　一切財物　甚大歡喜　得未曾有
佛亦如是　知我樂小　未曾說言　汝等作佛
而說我等　得諸无漏　成就小乘　聲聞弟子
佛勅我等　說最上道　修習此者　當得成佛
我承佛教　為大菩薩　以諸因緣　種種譬喻
若干言辭　說无上道　諸佛子等　從我聞法
日夜思惟　精勤修習　是時諸佛　即授其記
汝於來世　當得作佛　一切諸佛　秘藏之法
但為菩薩　演其實事　而不為我　說斯真要
如彼窮子　得近其父　雖知諸物　心不希取
我等雖說　佛法寶藏　自无志願　亦復如是
我等內滅　自謂為足　唯了此事　更无餘事
我等若聞　淨佛國土　教化眾生　都无欣樂
所以者何　一切諸法　皆悉空寂　无生无滅
无大无小　无漏无為　如是思惟　不生喜樂
我等長夜　於佛智慧　无貪无著　无復志願
而自於法　謂是究竟　我等長夜　修習空法
得脫三界　苦惱之患　住最後身　有餘涅槃
佛所教化　得道不虛　則為已得　報佛之恩
我等雖為　諸佛子等　說菩薩法　以求佛道
而於是法　永无願樂　導師見捨　觀我心故
初不勸進　說有實利　如富長者　知子志劣
以方便力　柔伏其心　然後乃付　一切財物
佛亦如是　現希有事　知樂小者　以方便力
調伏其心　乃教大智　我等今日　得未曾有
非先所望　而今自得　如彼窮子　得无量寶

BD14762號　妙法蓮華經卷二　（14–9）

初不勸進 說有實利 如富長者 知子志劣
以方便力 柔伏其心 然後乃付 一切財物
佛亦如是 現希有事 知樂小者 以方便力
調伏其心 乃教大智 我等今日 得未曾有
非先所望 而今自得 如彼窮子 得无量寶
世尊我今 得道得果 於无漏法 得清淨眼
我等長夜 持佛淨戒 始於今日 得其果報
法王法中 久修梵行 今得无漏 无上大果
我等今者 真是聲聞 以佛道聲 令一切聞
我等今者 真阿羅漢 於諸世間 天人魔梵
普於其中 應受供養 世尊大恩 以希有事
憐愍教化 利益我等 无量億劫 誰能報者
手足供給 頭頂禮敬 一切供養 皆不能報
若以頂戴 兩肩荷負 於恒沙劫 盡心恭敬
又以美饍 无量寶衣 及諸卧具 種種湯藥
牛頭栴檀 及諸珍寶 以起塔廟 寶衣布地
如斯等事 以用供養 於恒沙劫 亦不能報

及比丘僧 并諸菩薩 斯法華經 為深智說
淺識聞之 迷惑不解 一切聲聞 及辟支佛
於此經中 力所不及 汝舍利弗 尚於此經
以信得入 況餘聲聞 其餘聲聞 信佛語故
隨順此經 非已智分 又舍利弗 憍慢懈怠
計我見者 莫說此經 凡夫淺識 深著五欲
聞不能解 亦勿為說 若人不信 毀謗此經
則斷一切 世間佛種 或復頻蹙 而懷疑惑
汝當聽說 此人罪報 若佛在世 若滅度後
其有誹謗 如斯經典 見有讀誦 書持經者
輕賤憎嫉 而懷結恨 此人罪報 汝今復聽

BD14762號　妙法蓮華經卷二　(14–10)

聞不能解 亦勿為說 若人不信 毀謗此經
則斷一切 世間佛種 或復頻蹙 而懷疑惑
汝當聽說 此人罪報 若佛在世 若滅度後
其有誹謗 如斯經典 見有讀誦 書持經者
輕賤憎嫉 而懷結恨 此人罪報 汝今復聽
其人命終 入阿鼻獄 具足一劫 劫盡更生
如是展轉 至无數劫 從地獄出 當墮畜生
若狗野干 其形頷瘦 黧黮疥癩 人所觸嬈
又復為人 之所惡賤 常困飢渴 骨肉枯竭
生受楚毒 死被瓦石 斷佛種故 受斯罪報
若作駱駝 或生驢中 身常負重 加諸杖捶
但念水草 餘无所知 謗斯經故 獲罪如是
有作野干 來入聚落 身體疥癩 又无一目
為諸童子 之所打擲 受諸苦痛 或時致死
於此死已 更受蟒身 其形長大 五百由旬
聾騃无足 宛轉腹行 為諸小虫 之所唼食
晝夜受苦 无有休息 謗斯經故 獲罪如是
若得為人 諸根闇鈍 矬陋攣躄 盲聾背傴
有所言說 人不信受 口氣常臭 鬼魅所著
貧窮下賤 為人所使 多病痟瘦 无所依怙
雖親附人 人不在意 若有所得 尋復忘失
若修醫道 順方治病 更增他疾 或復致死

若自有病 无人救療 設服良藥 而復增劇
若他反逆 抄劫竊盜 如是等罪 橫羅其殃
如斯罪人 永不見佛 衆聖之王 說法教化
如斯罪人 常生難處 狂聾心亂 永不聞法
於无數劫 如恒河沙 生輒聾瘂 諸根不具
常處地獄 如遊園觀 在餘惡道 如己舍宅

BD14762號　妙法蓮華經卷二　(14–11)

如斯罪人　永不見佛　衆聖之王　說法教化
如斯罪人　常生難處　狂聾心亂　永不聞法
於无數劫　如恒河沙　生輒聾瘂　諸根不具
常處地獄　如遊園觀　在餘惡道　如己舍宅
駝驢豬狗　是其行處　謗斯經故　獲罪如是
若得為人　聾盲瘖瘂　貧窮諸衰　以自莊嚴
水腫乾痟　疥癩癰疽　如是等病　以為衣服
身常臭處　垢穢不淨　深著我見　增益瞋恚
婬欲熾盛　不擇禽獸　謗斯經故　獲罪如是
告舍利弗　謗斯經者　若說其罪　窮劫不盡
以是因緣　我故語汝　无智人中　莫說此經
若有利根　智慧明了　多聞強識　求佛道者
如是之人　乃可為說　若人曾見　億百千佛
殖諸善本　深心堅固　如是之人　乃可為說
若人精進　常修慈心　不惜身命　乃可為說
若人恭敬　无有異心　離諸凡愚　獨處山澤
如是之人　乃可為說　又舍利弗　若見有人
捨惡知識　親近善友　如是之人　乃可為說
若見佛子　持戒清潔　如淨明珠　求大乘經
如是之人　乃可為說　若人无瞋　質直柔耎
常愍一切　恭敬諸佛　如是之人　乃可為說
復有佛子　於大衆中　以清淨心　種種因緣
譬喻言辭　說法无礙　如是之人　乃可為說
若有比丘　為一切智　四方求法　合掌頂受
但樂受持　大乘經典　乃至不受　餘經一偈
如是之人　乃可為說　如人至心　求佛舍利
諸佛希有　无量无邊　不可思議　大神通力

BD14762 號　妙法蓮華經卷二　（14–12）

但樂受持　大乘經典　乃至不受　餘經一偈
如是之人　乃可為說　如人至心　求佛舍利
諸佛希有　无量无邊　不可思議　大神通力
无漏无為　諸法之王　能為下劣　忍于斯事
取相凡夫　隨宜為說　諸佛於法　得最自在
知諸衆生　種種欲樂　及其志力　隨所堪任
以无量喻　而為說法　隨諸衆生　宿世善根
又知成熟　未成熟者　種種籌量　分別知已
於一乘道　隨宜說三

妙法蓮華經卷第二

BD14762 號　妙法蓮華經卷二　（14–13）

BD14762 號　妙法蓮華經卷二　　（14–14）

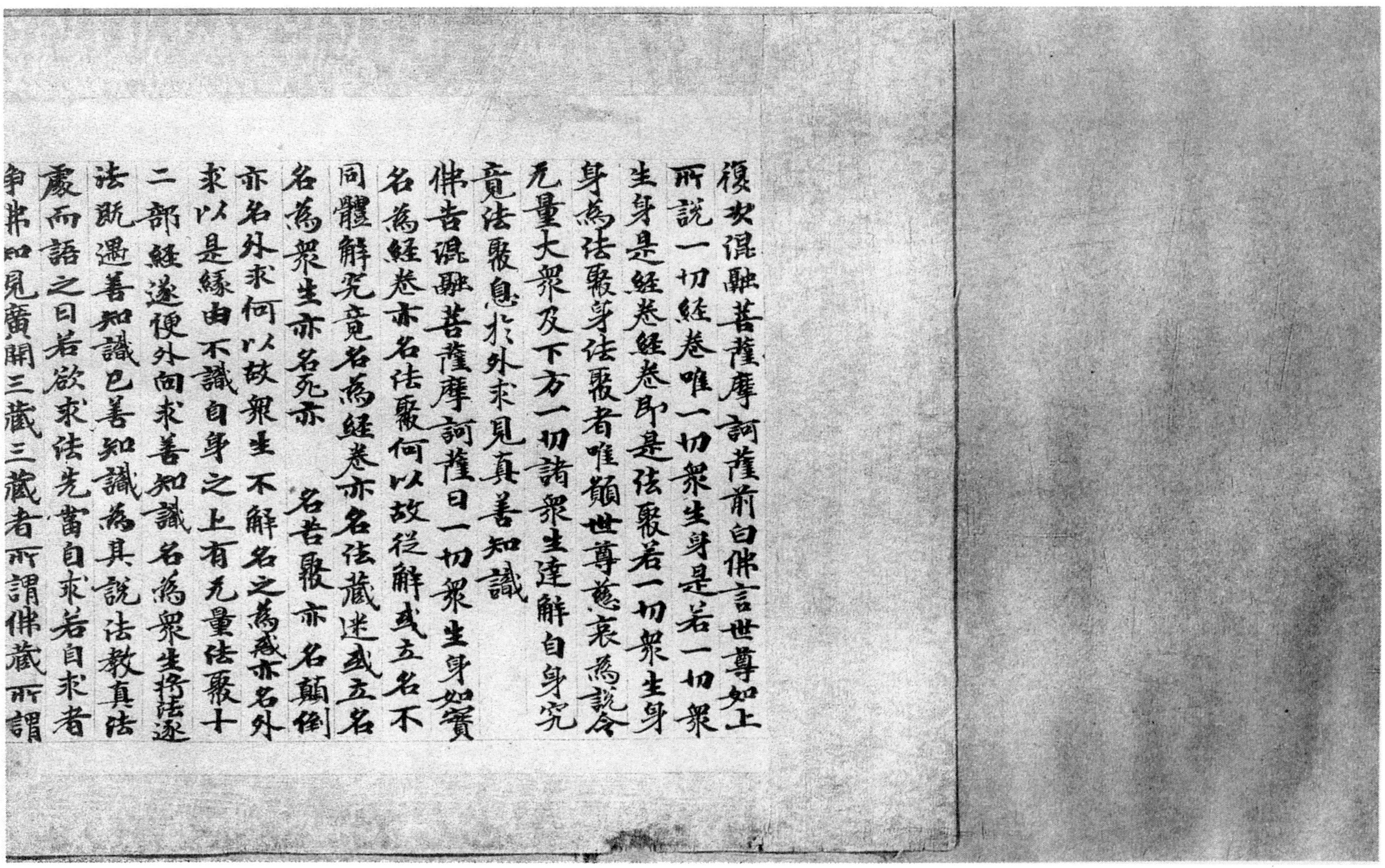

BD14763 號　究竟大悲經卷三　　（5–1）

同體解究竟名為經巻亦名法藏迷惑五名
名為衆生亦名死亦　名苦聚亦名顛倒
亦名外求何以故衆生不解名之為惑亦名外
求以是緣由不識自身之上有无量法聚十
二部經遂使外向求善知識名為衆生捋法遂
法既遇善知識已善知識為其說法教真法
處而語之曰若欲求法先當自求若自求者
淨佛知見廣開三藏三藏者所謂佛藏所謂
法藏所謂僧藏曰此三藏復開三藏其三藏
者何若向下方同下方名曰而說同下方名
目者所謂脩多羅大藏般若波羅蜜大藏波
羅提木叉大藏以此三種大藏統攝法界一
一切法盡混融菩薩摩訶薩白佛言世尊如來
所說教諸衆生若求法者先當自求若自求
者淨佛知見廣開一切衆生身內二種三藏
雖聞聖說不能解了不知何者為佛藏不知
何者為法藏不知何者為僧藏不知何者是
脩多羅大藏不知何者是般若波羅蜜大藏
不知何者是波羅提木叉大藏以不知故願
佛說之佛告混融菩薩摩訶薩曰汝所問者
問於自求淨佛知見廣開一切衆生身內二
種三藏汝今澄神沖處吾今廣為說之論其
一切衆生身內佛藏者以自性清淨天真法
佛隱在四大五陰三毒羅剎文字藏中是故
名四大五陰三毒羅剎文字名為佛藏故知
隱為法佛沖寂顯為應佛妙用妙用殊能闡
物鄣益
復次法藏者真處不動圓照諸根軌真有用

一切衆生身內佛藏者以自性清淨天真法
佛隱在四大五陰三毒羅剎文字藏中是故
名四大五陰三毒羅剎文字名為佛藏故知
隱為法佛沖寂顯為應佛妙用妙用殊能闡
物鄣益
復次法藏者真處不動圓照諸根軌真有用
稱之為法隱在諸根塵門外用文字之內故
知諸根塵門名教文字以為法藏何以故尋
文證理會理捨文隱為法藏顯名理用隱為
惑鄣顯為大慧復次僧藏者地水火風色受
相行識陰陽和合神性住持名為僧藏神性
无染恒和九流調暢七十万脉開通去擁隱
在藏中隱為常和顯為无諍隱為順性而流
顯為任縱從塵
復次脩多羅大藏者是四大五陰文字蘊
顯發寶相顯為文字隱為塵勞顯為寶相
隱四大五陰
復次般若波羅蜜大藏者緼寂內照大悲朗
融隱在智起想痕姧巧詐為藏中復次波羅
提木叉大藏者鎔融是非圓注性海隱在著
著善惡對斷藏中顯為防非心善隱為善惡
蕩陽顯為雙融善惡隱為著善棄惡混融
菩薩摩訶薩白佛言世尊如來說三種三藏
其義分明不審一切　衆生捋法遂法何者
為是唯願大慈尊哀愍一切衆而為衆生說
佛告混融菩薩摩訶薩曰一切衆生身是法
聚何以故一切衆生身內有淨滿法佛淨滿不
動圓現諸根諸根圓現照而不染名之為法是

其義分明不審一切　衆生將法逐法何者
爲是唯願大慈尊哀愍一切衆而爲衆生説
佛告混融菩薩摩訶薩曰一切衆生身是法
聚何以故一切衆生身内有淨滿法佛淨滿不
動圓現諸根諸根圓現照而不染名之爲法是
故衆生不見法性以爲煩惱衆生既照性煩
惱以爲性若人斷煩惱是即名爲教佛煩惱
若可斷必无有是處是斷煩惱脩道者即是
教佛亦是苦聚以此證知煩惱即金剛金剛
之體何須斷壞是爲衆生與法一如无二煩
惱與性天真不殊故知衆生與法一如无二
故言以法將法而求於法亦名法求於法亦
名法還逐法不覺時以法逐法既覺之時法
體即法法无動轉故知法常住无所求故法
常寂然相自融故説是法時无量大衆異口
同音以偈歎曰
衆生未解自身相　苦行勤劬求知識
今蒙大師開法眼　身心動轉皆法力
迷心彼浪求佛法　封惡著善一倍錯
希求解脱望離苦　今始覺知轉被縛
迷心彼浪求知識　聞説此法一倍翻
昔来脩者謂解脱　誰知正是學僻愆
昔来所行謂爲真　誰知今時一倍遠
煩惱顛倒性海一　怯身法聚覺即歸
昔来所聞種種法　棄惡從善向佛果
誰知貪佛爲毒縱　苦尅不當大殃禍
佛告混融菩薩摩訶薩无量大衆汝等眷屬

BD14763號　究竟大悲經卷三　（5-4）

迷心彼浪求佛法　封惡著善一倍錯
希求解脱望離苦　今始覺知轉被縛
迷心彼浪求知識　聞説此法一倍翻
昔来脩者謂解脱　誰知正是學僻愆
昔来所行謂爲真　誰知今時一倍遠
煩惱顛倒性海一　怯身法聚覺即歸
昔来所聞種種法　棄惡從善向佛果
誰知貪佛爲毒縱　苦尅不當大殃禍
佛告混融菩薩摩訶薩无量大衆汝等眷屬

唐人所寫經　千年成墨寶
後人見所見　眼福乃不小
大悲究竟經　三卷之終了
又晒作供養　金鏡莊嚴好
作偈攖寧子　書題木石老
歲在癸酉春　國難堪傷悼

BD14763號　究竟大悲經卷三　（5-5）

劫便當得成阿耨多羅三藐三菩提迦葉第
二人者斷三結薄貪恚得斯陀含果一往来
永斷諸苦入於涅槃迦葉是名第二有病行
處是人未来過六万劫便當得成阿耨多羅
三藐三菩提迦葉第三人者斷五下結得阿
那含果更不来此永斷諸苦入於涅槃是名
第三有病行處是人未来過四万劫便當得
成阿耨多羅三藐三菩提迦葉第四人者永
斷貪欲瞋恚愚癡得阿羅漢果煩惱无餘入
於涅槃亦非騏驎獨一之行是名第四人有
病行處是人過二万劫便當得成阿耨多羅
三藐三菩提迦葉第五人者永斷貪欲瞋恚
愚癡得辟支佛道煩惱无餘入於涅槃真是
騏驎獨一之行是名第五人有病行處是人
未来過十千劫便當得成阿耨多羅三藐三
菩提迦葉是名第五人有病行處非如来也

BD14764號　大般涅槃經（北本）卷一一　（9–1）

三藐三菩提迦葉第五人者永斷貪欲瞋恚
愚癡得辟支佛道煩惱无餘入於涅槃真是
騏驎獨一之行是名第五人有病行處是人
未来過十千劫便當得成阿耨多羅三藐三
菩提迦葉是名第五人有病行處非如来也
大般涅槃經聖行品第七
尒時佛告迦葉菩薩善男子菩薩摩訶薩應
當於是大般涅槃經專心思惟五種之行何
等為五一者聖行二者梵行三者天行四者
嬰兒行五者病行善男子菩薩摩訶薩常當
脩集是五種行復有一行是如来行所謂大
乘大涅槃經迦葉云何菩薩摩訶薩所脩聖
行菩薩摩訶薩若從聲聞若從如来得聞如
是大涅槃經聞已生信信已應作如是思
惟諸佛世尊有无上道有大正法大衆正行
復有方等大乘經典我今當為愛樂貪求大
乘經故捨離所愛妻子眷屬所居舍宅金銀
珎寶微妙瓔珞香華伎樂奴僕給使男女大
小象馬車乘牛羊雞犬猪豕之屬復作是念
居家迫迮猶如牢獄一切煩惱由之而生出家
寬曠猶如虛空一切善法因之增長若在家
居不得盡壽淨脩梵行我今應當剃除鬚髮
出家學道作是念已我今定當出家脩學无上
正真菩提之道菩薩如是欲出家時天魔波旬
生大苦惱言是菩薩復當与我興大戰諍善
男子如是菩薩何處當復与人戰諍是時菩

BD14764號　大般涅槃經（北本）卷一一　（9–2）

居不得盡壽淨脩梵行我今應當剃除鬚鬂
出家學道作是念已我今定當出家脩學无上
正真菩提之道菩薩如是欲出家時天魔波旬
生大愁惱言是菩薩復當与我興大鬪諍善
男子如是菩薩何處當復与人鬪諍是時菩
薩即至僧坊若見如來及佛弟子威儀具足
諸根寂靜其心柔和清淨寂滅即至其所而求
出家剃除鬚鬂服三法衣既出家已奉持禁
戒威儀不缺進止安詳无所觸犯乃至小罪
心生怖畏護戒之心猶如金剛善男子譬如
有人帶持浮囊欲度大海尒時海中有一羅
剎即從其人乞索浮囊其人聞已即作是念
我今若与必定沒死荅言羅剎汝寧煞我浮
囊叵得羅剎復言汝若不能全与我者見惠
其半是人猶故不肯与之羅剎復言汝若不
能惠我半者幸願与我三分之一是人不肯
羅剎復言若不能者當施手許是人不肯羅
剎復言汝今若復不能与我如手許者我今
飢窮衆苦所逼願當濟我如微塵許是人復
言汝今所索誠復不多然我今日方當度海
不知前塗近遠如何若与汝者氣當漸出大
海之難何由得過脫能中路沒水而死善男
子菩薩摩訶薩護持禁戒亦復如是如彼渡人
護惜浮囊菩薩如是護戒之時常有煩惱諸
惡羅剎語菩薩言汝當信我終不相欺但
破四禁護持餘戒以是因緣令汝安隱得入

BD14764號　大般涅槃經（北本）卷一一　（9–3）

海之難何由得過脫能中路沒水而死善男
子菩薩摩訶薩護持禁戒亦復如是如彼渡人
護惜浮囊菩薩如是護戒之時常有煩惱諸
惡羅剎語菩薩言汝當信我終不相欺但
破四禁護持餘戒以是因緣令汝安隱得入
涅槃菩薩尒時應作是言我今寧持如是禁
戒墮阿鼻獄終不毀犯而生天上煩惱羅剎
復作是言卿若不能破四禁者可破僧殘以
是因緣令汝安隱得入涅槃菩薩亦應不隨
其語羅剎復言卿若不能犯僧殘者亦可故
犯偷蘭遮罪以是因緣令汝安隱得入涅槃
菩薩尒時亦復不隨羅剎復言卿若不能犯
偷蘭遮可犯捨墮以是因緣可得安隱入於
涅槃菩薩尒時亦不隨之羅剎復言卿若不
能犯捨墮者可破波夜提以是因緣令汝安
隱得入涅槃菩薩尒時亦不隨之羅剎復
言若不能犯波夜提者幸可毀破突吉羅戒
是因緣緣可得安隱入於涅槃菩薩尒時心
自念言我今若犯突吉羅罪不發露者則不
能度生死彼岸而得涅槃菩薩摩訶薩於是
微小諸戒律中護持堅固心如金剛菩薩摩
訶薩持四重禁及突吉羅敬重堅固等无差
別菩薩若能如是堅持則爲具足五枝諸戒
所謂具足菩薩根本業清淨戒前後眷屬餘
清淨戒非諸惡覺覺清淨戒護持正念念清
淨戒迴向阿耨多羅三藐三菩提戒迦葉是

BD14764號　大般涅槃經（北本）卷一一　（9–4）

別菩薩若能如是堅持則為具足五枝諸戒
所謂具足菩薩根本業清淨戒前後眷屬餘
清淨戒非諸惡覺覺清淨戒護持正念念清
淨戒迴向阿耨多羅三藐三菩提戒迦葉是
菩薩摩訶薩復有二種戒一者受世教戒二
者得正法戒菩薩若受正法戒者終不為惡
受世教戒者白四羯磨然後乃得復次善男
子有二種戒一者性重戒二者息世譏嫌戒
性重戒者謂四禁也息世譏嫌者不作販賣
輕秤小斗欺誑於人因他形勢取人財物害
心繫縛破壞成功然明而臥田澤種殖家業
坐肆不畜象馬車乘牛羊駝驢雞犬獼猴孔
雀鸚鵡共命及拘枳羅豺狼虎豹猫狸猪豕
及餘惡獸童男童女大男大女奴婢僮僕金銀
流離頗梨真珠車𤦲馬瑙珊瑚璧玉珂貝諸
寶赤銅白鑞鍮石盂器氍氀毾㲪拘執敷衣
一切穀米大小麥豆粟稻麻生熟食具常
受一食不曾再食若行乞食及僧中食常知
止足不受別請不食肉不飲酒五辛能薰悉
不食之是故其身无有臭處常為諸天一切
世人恭敬供養尊重讚歎趣足而食終不長
受所受衣服裁足覆身進止常与三衣鉢俱
終不捨離如鳥二翼不畜根子莖子節子達
子子子不畜寶藏若金若銀飲食廚庫衣裳
服飾高廣大牀象牙金牀雜色綖織悉不用

BD14764號　大般涅槃經（北本）卷一一　（9–5）

世人恭敬供養尊重讚歎趣足而食終不長
受所受衣服裁足覆身進止常与三衣鉢俱
終不捨離如鳥二翼不畜根子莖子節子達
子子子不畜寶藏若金若銀飲食廚庫衣裳
服飾高廣大牀象牙金牀雜色綖織悉不用
坐不畜一切細濡諸席不坐象薦馬薦不以細
濡上妙衣裳用敷牀臥其牀兩頭不置二枕
亦不受畜妙好丹枕安黃木枕終不觀看象
鬪馬鬪車鬪兵鬪男鬪女鬪牛鬪羊鬪水牛
雞雉鸚鵡等鬪亦不故往觀看軍陣不應故
聽吹貝鼓角琴瑟箏笛箜篌歌叫伎樂之聲
除供養佛樗蒲圍碁波羅塞戲師子象鬪彈
碁六博拍毱擲石投壺牽道八道行城一切戲
笑悉不觀作終不占相手腳面目不以抓鏡芝
草楊枝鉢盂髑髏而作卜筮亦不仰觀虛空
星宿除欲解睡不作王家往返使命以此語
彼以彼語此終不諛諂耶命自活亦不宣說
王臣盜賊鬪諍飲食國土飢饉恐怖豐樂安
隱之事善男子是名菩薩摩訶薩息世譏嫌
戒善男子菩薩摩訶薩堅持如是遮制之戒
与性重戒等无差別善男子菩薩摩訶薩受
持如是諸禁戒已作如是願寧以此身投
於熾燃猛火深坑終不毀犯過去未來現在
諸佛所制禁戒与剎利女婆羅門女居士女
而行不淨復次善男子菩薩摩訶薩復作是
願寧以熱鐵周匝纏身終不敢以破戒之身

BD14764號　大般涅槃經（北本）卷一一　（9–6）

於熾燃猛火深埳終不毀犯過去未來現在
諸佛所制禁戒与刹利女婆羅門女居士女
而行不淨復次善男子菩薩摩訶薩復作是
願寧以熱鐵周迊纏身終不敢以破戒之身
受於信心檀越衣服復次善男子菩薩摩訶
薩復作是願寧以此口呑熱鐵丸終不敢以
毀戒之口食於信心檀越飲食復次善男子
菩薩摩訶薩復作是願寧卧此身大熱地上
終不敢以破戒之身受於信心檀越牀卧敷
具復次善男子菩薩摩訶薩復作是願我寧
以身受三百鉾終不敢以毀戒之身受於信
檀越醫藥復次善男子菩薩摩訶薩復作是
願寧以此身投熱鐵鑊不以破戒受信心檀
越房舍屋宅復次善男子菩薩摩訶薩復作是
願寧以鐵椎打碎以身從頭至足令如微塵
不以破戒之身受諸刹利婆羅門居士恭敬
礼拜復次善男子菩薩摩訶薩復作是願寧
以熱鐵挑其兩目不以染心視他好色復次
善男子菩薩摩訶薩復作是願寧以鐵錐遍
身椀判不以染心聽好音聲復次善男子菩薩
摩訶薩復作是願寧以利刀割去其鼻不以染心
貪嗅諸香復次善男子菩薩摩訶薩復作是
願寧以利刀割裂其舌不以染心貪著美味
復次善男子菩薩摩訶薩復作是願寧以利
斧斬斫其身不以染心貪著諸觸何以故以
是因緣能令行者墮於地獄畜生餓鬼迦葉

願寧以利刀割裂其舌不以染心貪著美味
復次善男子菩薩摩訶薩復作是願寧以利
斧斬斫其身不以染心貪著諸觸何以故以
是因緣能令行者墮於地獄畜生餓鬼迦葉
是名菩薩摩訶薩護持禁戒菩薩摩訶薩護
持如是諸禁戒已悉以施一切衆生以是因
緣願令衆生護持禁戒得清淨戒善戒不缺
戒不析戒大乘戒不退戒隨順戒畢竟戒具
足成就波羅蜜戒善男子菩薩摩訶薩脩治
如是清淨戒時即得住於初不動地云何名
爲不動地也菩薩住是不動地中不動不墮
不退不散善男子譬如須弥山隨藍猛風不
能令動墮落退散菩薩摩訶薩住是地中亦
復如是不爲色聲香味所動不墮地獄畜生
餓鬼不退聲聞辟支佛地不爲異見耶風所
散而作是耶命復次善男子又不動者不爲
貪欲恚癡所動又不墮者不墮四重又不退
者不退戒還家又不散者不爲違逆大乘經
者之所散壞復次菩薩摩訶薩亦復不爲諸
煩惱魔之所傾動不爲陰魔所墮乃至坐於
道場菩提樹下雖有天魔不能令其退於阿
耨多羅三藐三菩提亦復不爲死魔所散善
男子是名菩薩摩訶薩脩集聖行善男子云
何名爲聖行聖行者佛及菩薩之所行故故名
聖行以何等故名佛菩薩爲聖人也如是等
人有聖法故常觀諸法性空寂故以是義故

煩惱魔之所傾動不為陰魔所障乃至坐於
道場菩提樹下雖有天魔不能令其退於阿
耨多羅三藐三菩提亦復不為死魔所散善
男子是名菩薩摩訶薩脩集聖行善男子云
何名為聖行聖行者佛及菩薩之所行故故名
聖行以何等故名佛菩薩為聖人也如是等
人有聖法故常觀諸法性空寂故以是義故
故名聖人有聖戒故復名聖人有聖定慧故
故名聖人有七聖財所謂信戒慚愧多聞智
慧捨離故名聖人有七聖覺故名聖人以是
義故復名聖行

大般涅槃經卷第十一

BD14764 號　大般涅槃經（北本）卷一一　　（9–9）

BD14765 號背　護首　　（1–1）

姓地第八地具見地薄地離欲地已辦地獨
覺地菩薩地如來地非常非壞何以故本性
尒故舍利子聲聞乘非常非壞何以故本性
尒故獨覺乘大乘非常非壞何以故本性尒
故
舍利子以要言之一切善法非常非壞何以
故本性尒故一切非善法非常非壞何以故
本性尒故一切有記法非常非壞何以故本
性尒故一切無記法非常非壞何以故本性
尒故一切有漏法非常非壞何以故本性尒
故一切無漏法非常非壞何以故本性尒故

BD14765號　大般若波羅蜜多經卷六九　　（16–1）

故本性尒故一切非善法非常非壞何以故
本性尒故一切有記法非常非壞何以故本
性尒故一切無記法非常非壞何以故本性
尒故一切有漏法非常非壞何以故本性尒
故一切無漏法非常非壞何以故本性尒故
一切有爲法非常非壞何以故本性尒故一
切無爲法非常非壞何以故本性尒故舍利
子由此緣故我作是說諸法亦尒都無自性
尒時具壽善現復荅舍利子言如尊者所云
何緣故說色等諸法畢竟不生者舍利子色
本性畢竟不生何以故非所作故受想行識
本性畢竟不生何以故非所作故所以者何
以色乃至識作者不可得故舍利子眼處本
性畢竟不生何以故非所作故耳鼻舌身意
處本性畢竟不生何以故非所作故所以者
何以眼處乃至意處作者不可得故舍利子
色處本性畢竟不生何以故非所作故聲香
味觸法處本性畢竟不生何以故非所作故
所以者何以色處乃至法處作者不可得故
舍利子眼界本性畢竟不生何以故非所作
故色界眼識界及眼觸眼觸爲緣所生諸受
本性畢竟不生何以故非所作故所以者何
以眼界乃至眼觸爲緣所生諸受作者不可
得故舍利子耳界本性畢竟不生何以故非
所作故聲界耳識界及耳觸耳觸爲緣所生
諸受本性畢竟不生何以故非所作故所以
者何以耳界乃至耳觸爲緣所生諸受作者
不可得故舍利子鼻界本性畢竟不生何以

BD14765號　大般若波羅蜜多經卷六九　　（16–2）

得故舍利子耳界本性畢竟不生何以故非
所作故聲界耳識界及耳觸耳觸為緣所生
諸受本性畢竟不生何以故非所作故所以
者何以耳界乃至耳觸為緣所生諸受作者
不可得故舍利子鼻界本性畢竟不生何以
故非所作故香界鼻識界及鼻觸鼻觸為緣
所生諸受本性畢竟不生何以故非所作故
所以者何以鼻界乃至鼻觸為緣所生諸受
作者不可得故舍利子舌界本性畢竟不生
何以故非所作故味界舌識界及舌觸舌觸
為緣所生諸受本性畢竟不生何以故非所
作故所以者何以舌界乃至舌觸為緣所生
諸受作者不可得故舍利子身界本性畢竟
不生何以故非所作故觸界身識界及身觸
身觸為緣所生諸受本性畢竟不生何以故
非所作故所以者何以身界乃至身觸為緣
所生諸受作者不可得故舍利子意界本性
畢竟不生何以故非所作故法界意識界及
意觸意觸為緣所生諸受本性畢竟不生何
以故非所作故所以者何以意界乃至意觸
為緣所生諸受作者不可得故舍利子地界
本性畢竟不生何以故非所作故水火風空
識界本性畢竟不生何以故非所作故所以
者何以地界乃至識界作者不可得故舍利
子苦聖諦本性畢竟不生何以故非所作故
集滅道聖諦本性畢竟不生何以故非所作
故所以者何以苦聖諦乃至道聖諦作者不
可得故舍利子無明本性畢竟不生何以故

者何以地界乃至識界作者不可得故舍利
子苦聖諦本性畢竟不生何以故非所作故
集滅道聖諦本性畢竟不生何以故非所作
故所以者何以苦聖諦乃至道聖諦作者不
可得故舍利子無明本性畢竟不生何以故
非所作故行識名色六處觸受愛取有生老
死愁歎苦憂惱本性畢竟不生何以故非所
作故所以者何以無明乃至老死愁歎苦憂
惱作者不可得故舍利子內空本性畢竟不
生何以故非所作故外空內外空空空大空
勝義空有為空無為空畢竟空無際空散
空無變異空本性空自相空共相空一切法空
不可得空無性空自性空無性自性空本性
畢竟不生何以故非所作故所以者何以內
空乃至無性自性空作者不可得故
舍利子布施波羅蜜多本性畢竟不生何以
故非所作故淨戒安忍精進靜慮般若波羅
蜜多本性畢竟不生何以故非所作故所以
者何以布施波羅蜜多乃至般若波羅蜜多
作者不可得故舍利子四靜慮本性畢竟不
生何以故非所作故四無量四無色定本性
畢竟不生何以故非所作故所以者何以四
靜慮四無量四無色定作者不可得故舍利
子八解脫本性畢竟不生何以故非所作故
八勝處九次第定十遍處本性畢竟不生何
以故非所作故所以者何以八解脫乃至十
遍處作者不可得故舍利子四念住本性畢
竟不生何以故非所作故四正斷四神足五

子八解脫本性畢竟不生何以故非所作故
八勝處九次第定十遍處本性畢竟不生何
以故非所作故所以者何以八解脫乃至十
遍處作者不可得故舍利子四念住本性畢
竟不生何以故非所作故四正斷四神足五
根五力七等覺支八聖道支本性畢竟不生
何以故非所作故所以者何以四念住乃至
八聖道支作者不可得故舍利子空解脫門
本性畢竟不生何以故非所作故無所無願
解脫門本性畢竟不生何以故非所作故所
以者何以空解脫門無相無願解脫門作者
不可得故舍利子五眼本性畢竟不生何以
故非所作故六神通本性畢竟不生何以故
非所作故所以者何以五眼六神通作者不
可得故舍利子佛十力本性畢竟不生何以
故非所作故四無所畏四無礙解大慈大悲
大喜大捨十八佛不共法本性畢竟不生何
以故非所作故所以者何以佛十力乃至十
八佛不共法作者不可得故舍利子一切智
本性畢竟不生何以故非所作故道相智一
切相智本性畢竟不生何以故非所作故所
以者何以一切智道相智一切相智作者不可
得故舍利子無忘失法本性畢竟不生何
以故非所作故恒住捨性本性畢竟不生何
以故非所作故所以者何以無忘失法恒住
捨性作者不可得故舍利子一切陀羅尼門
本性畢竟不生何以故非所作故一切三摩

BD14765號　大般若波羅蜜多經卷六九

（16–5）

以故非所作故恒住捨性本性畢竟不生何
以故非所作故所以者何以無忘失法恒住
捨性作者不可得故舍利子一切陀羅尼門
本性畢竟不生何以故非所作故一切三摩
地門本性畢竟不生何以故非所作故所以
者何以一切陀羅尼門一切三摩地門作者
不可得故舍利子極喜地本性畢竟不生何
以故非所作故離垢地發光地焰慧地極難
勝地現前地遠行地不動地善慧地法雲地
本性畢竟不生何以故非所作故所以者何
以極喜地乃至法雲地作者不可得故舍利
子異生地本性畢竟不生何以故非所作故
種姓地第八地具見地薄地離欲地已辦地
獨覺地菩薩地如來地本性畢竟不生何以
故非所作故所以者何以異生地乃至如來
地作者不可得故舍利子聲聞乘本性畢竟
不生何以故非所作故獨覺乘大乘本性畢
竟不生何以故非所作故所以者何以聲聞
乘獨覺乘大乘作者不可得故舍利子由此
緣故我作是說色等諸法畢竟不生
尒時具壽善現復荅舍利子言如尊者所云
何緣故說若畢竟不生則不名色等者舍利
子如是如是若畢竟不生則不名色等何以
故舍利子色本性空故若法本性空則不可
施設若生若滅若住若異由此緣故若畢竟
不生則不名色舍利子受想行識本性空故
若法本性空則不可施設若生若滅若住若
異由此緣故若畢竟不生則不名受想行識

BD14765號　大般若波羅蜜多經卷六九

（16–6）

故舍利子色本性空故若法本性空則不可
施設若生若滅若住若異由此緣故若畢竟
不生則不名色舍利子受想行識本性空故
若法本性空則不可施設若生若滅若住若
異由此緣故若畢竟不生則不名受想行識
舍利子眼處本性空故若法本性空則不可
施設若生若滅若住若異由此緣故若畢竟
不生則不名眼處舍利子耳鼻舌身意處本
性空故若法本性空則不可施設若生若滅
若住若異由此緣故若畢竟不生則不名耳
鼻舌身意處舍利子色處本性空故若法本
性空則不可施設若生滅若住若異由此
緣故若畢竟不生則不名色處舍利子聲
香味觸法處本性空故若法本性空則不可施
設若生若滅若住若異由此緣故若畢竟不
生則不名聲香味觸法處舍利子眼界本性
空故若法本性空則不可施設若生若滅若
住若異由此緣故若畢竟不生則不名眼界
舍利子色界眼識界及眼觸眼觸為緣所生
諸受本性空故若法本性空則不可施設若
生若滅若住若異由此緣故若畢竟不生則
不名色界乃至眼觸為緣所生諸受舍利子
耳界本性空故若法本性空則不可施設若
生若滅若住若異由此緣故若畢竟不生則
不名耳界舍利子聲界耳識界及耳觸耳觸
為緣所生諸受本性空故若法本性空則不
可施設若生若滅若住若異由此緣故若畢

BD14765號　大般若波羅蜜多經卷六九　（16–7）

耳界本性空故若法本性空則不可施設若
生若滅若住若異由此緣故若畢竟不生則
不名耳界舍利子聲界耳識界及耳觸耳觸
為緣所生諸受本性空故若法本性空則不
可施設若生若滅若住若異由此緣故若畢
竟不生則不名聲界乃至耳觸為緣所生諸
受舍利子鼻界本性空故若法本性空則不
可施設若生若滅若住若異由此緣故若畢
竟不生則不名鼻界舍利子香界鼻識界及
鼻觸鼻觸為緣所生諸受本性空故若法本性空
則不可施設若生若滅若住若異由此緣故若畢竟不
生則不名香界乃至鼻觸為緣所生諸受
舍利子舌界本性空故若法本性空則不可
施設若生若滅若住若異由此緣故若畢竟
不生則不名舌界舍利子味界舌識界及舌
觸舌觸為緣所生諸受本性空故若法本
性空則不可施設若生若滅若住若異由此
緣故若畢竟不生則不名味界乃至舌觸為
緣所生諸受舍利子身界本性空故若法
本性空則不可施設若生若滅若住若異
由此緣故若畢竟不生則不名身界舍利子
觸界身識界及身觸身觸為緣所生諸受
本性空故若法本性空則不可施設若生
若滅若住若異由此緣故若畢竟不生則不
名觸界乃至身觸為緣所生諸受舍利子意
界本性空故若法本性空則不可施設若生
若滅若住若異由此緣故若畢竟不生則不名
意界舍利子法界意識界及意觸意觸為

BD14765號　大般若波羅蜜多經卷六九　（16–8）

若滅若住若異由此緣故若畢竟不生則不
名觸界乃至身觸為緣所生諸受舍利子意
界本性空故若法本性空則不可施設若生
若滅若住若異由此緣故若畢竟不生則不名
意界舍利子法界意識界及意觸意觸為
緣所生諸受本性空故若法本性空則不可
施設若生若滅若住若異由此緣故若畢
竟不生則不名法界乃至意觸為緣所生
諸受舍利子地界本性空故若法本性空則
不可施設若生若滅若住若異由此緣故若
畢竟不生則不名地界舍利子水火風空識
界本性空故若法本性空則不可施設若生
若滅若住若異由此緣故若畢竟不生則不
名水火風空識界舍利子苦聖諦本性空故
若法本性空則不可施設若生若滅若住若
異由此緣故若畢竟不生則不名苦聖諦舍
利子集滅道聖諦本性空故若法本性空則
不可施設若生若滅若住若異由此緣故若
畢竟不生則不名集滅道聖諦舍利子無明
本性空故若法本性空則不可施設若生若
滅若住若異由此緣故若畢竟不生則不名
無明舍利子行識名色六處觸受愛取有生
老死愁歎苦憂惱本性空故若法本性空則
不可施設若生若滅若住若異由此緣故若
畢竟不生則不名行乃至老死愁歎苦憂惱
舍利子內空本性空故若法本性空則不可
施設若生若滅若住若異由此緣故若畢竟
不生則不名內空舍利子外空內外空空空

BD14765號　大般若波羅蜜多經卷六九　（16–9）

畢竟不生則不名行乃至老死愁歎苦憂惱
舍利子內空本性空故若法本性空則不可
施設若生若滅若住若異由此緣故若畢竟
不生則不名內空舍利子外空內外空空空
大空勝義空有為空無為空畢竟空無際空
散空無變異空本性空自相空共相空一切
法空不可得空無性空自性空無性自性空
本性空故若法本性空則不可施設若生若
滅若住若異由此緣故若畢竟不生則不名
外空乃至無性自性空
舍利子布施波羅蜜多本性空故若法本性
空則不可施設若生若滅若住若異由此緣
故若畢竟不生則不名布施波羅蜜多舍利
子淨戒安忍精進靜慮般若波羅蜜多本性
空故若法本性空則不可施設若生若滅若
住若異由此緣故若畢竟不生則不名淨戒
乃至般若波羅蜜多舍利子四靜慮本性空
故若法本性空則不可施設若生若滅若住
若異由此緣故若畢竟不生則不名四靜慮
舍利子四無量四無色定本性空故若法本
性空則不可施設若生若滅若住若異由此
緣故若畢竟不生則不名四無量四無色定
舍利子八解脫本性空故若法本性空則不
可施設若生若滅若住若異由此緣故若畢
竟不生則不名八解脫舍利子八勝處九次
第定十遍處本性空故若法本性空則不可
施設若生若滅若住若異由此緣故若畢竟
不生則不名八勝處九次第定十遍處

BD14765號　大般若波羅蜜多經卷六九　（16–10）

舍利子八解脫本性空故若法本性空則不
可施設若生若滅若住若異由此緣故若畢
竟不生則不名八解脫舍利子八勝處九次
第定十遍處本性空故若法本性空則不可
施設若生若滅若住若異由此緣故若畢竟
不生則不名八勝處乃至十遍處舍利子四
念住本性空故若法本性空則不可施設若
生若滅若住若異由此緣故若畢竟不生則
不名四念住舍利子四正斷四神足五根五
力七等覺支八聖道支本性空故若法本性
空則不可施設若生若滅若住若異由此緣
故若畢竟不生則不名四正斷乃至八聖道
支舍利子空解脫門本性空故若法本性空
則不可施設若生若滅若住若異由此緣故
若畢竟不生則不名空解脫門舍利子無相
無願解脫門本性空故若法本性空則不可
施設若生若滅若住若異由此緣故若畢竟
不生則不名無相無願解脫門

大般若波羅蜜多經卷第六十九

智照寫

此燉煌石室唐人寫經也同邑高拙公

BD14765號　大般若波羅蜜多經卷六九　（16–11）

智照寫

此燉煌石室唐人寫經也同邑高拙公
自新疆攜還相贈余得之尤狂喜不
置以齋中所蓄楮紙一類無過於此
也拙公又言燉煌石室即小雷音寺大
雷音寺即在吐魯番兩處所藏唐
人寫經不下千萬卷吐魯番者精
石室者渾璞而全卷最難得者皆
殘缺不全甚可惜也石室尚有畫
馬一紙亦唐人無款精品其用筆
高過子昂百倍惜為王方伯攜去
今不知流落何所矣
民國既建之三年五月連文澂識

此唐人寫經乃高君子穀在西域時得
諸燉煌石室者歸以吾友明星之請
遂舉而貽之明星極寶愛此卷謂

BD14765號　大般若波羅蜜多經卷六九　（16–12）

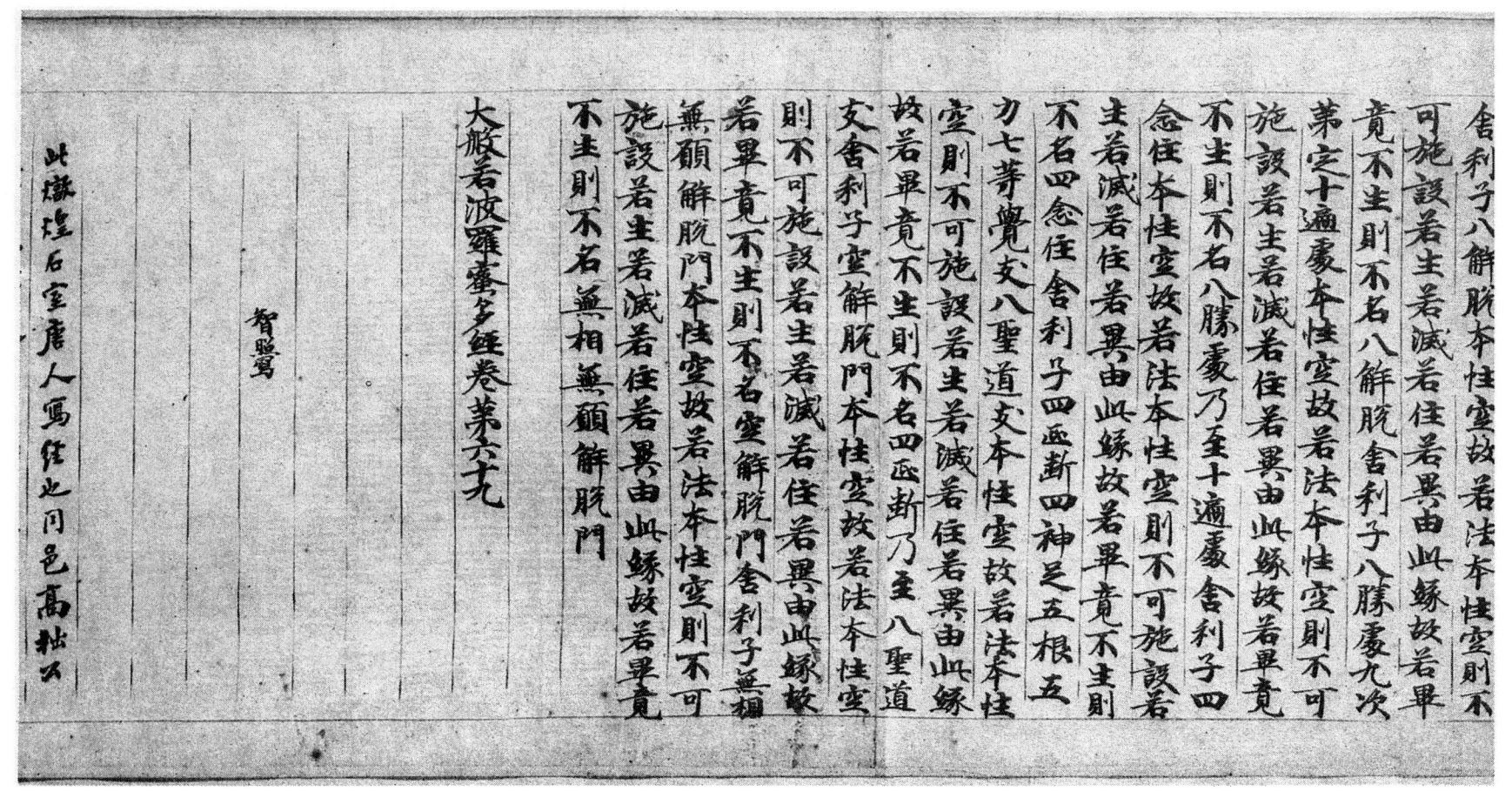

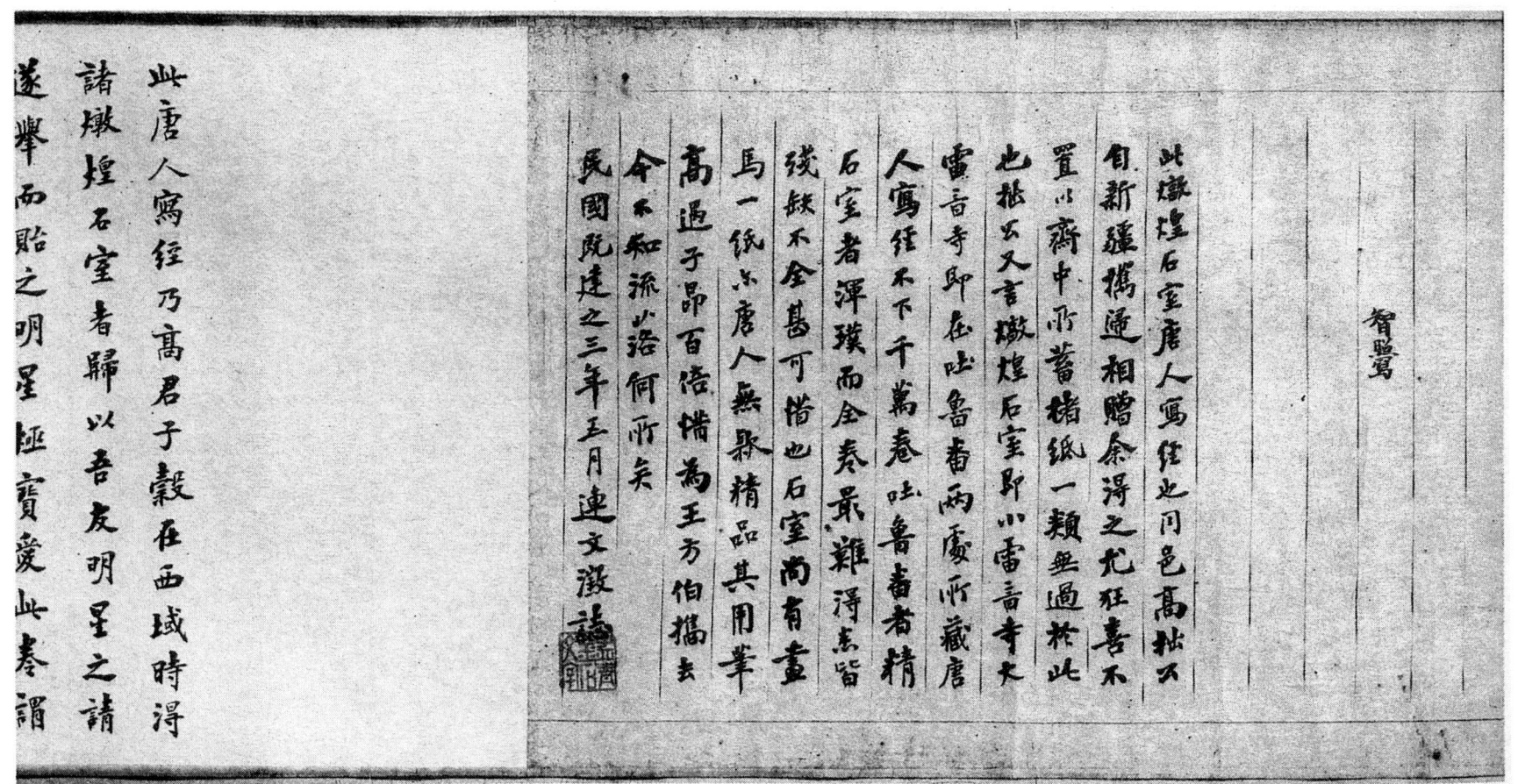

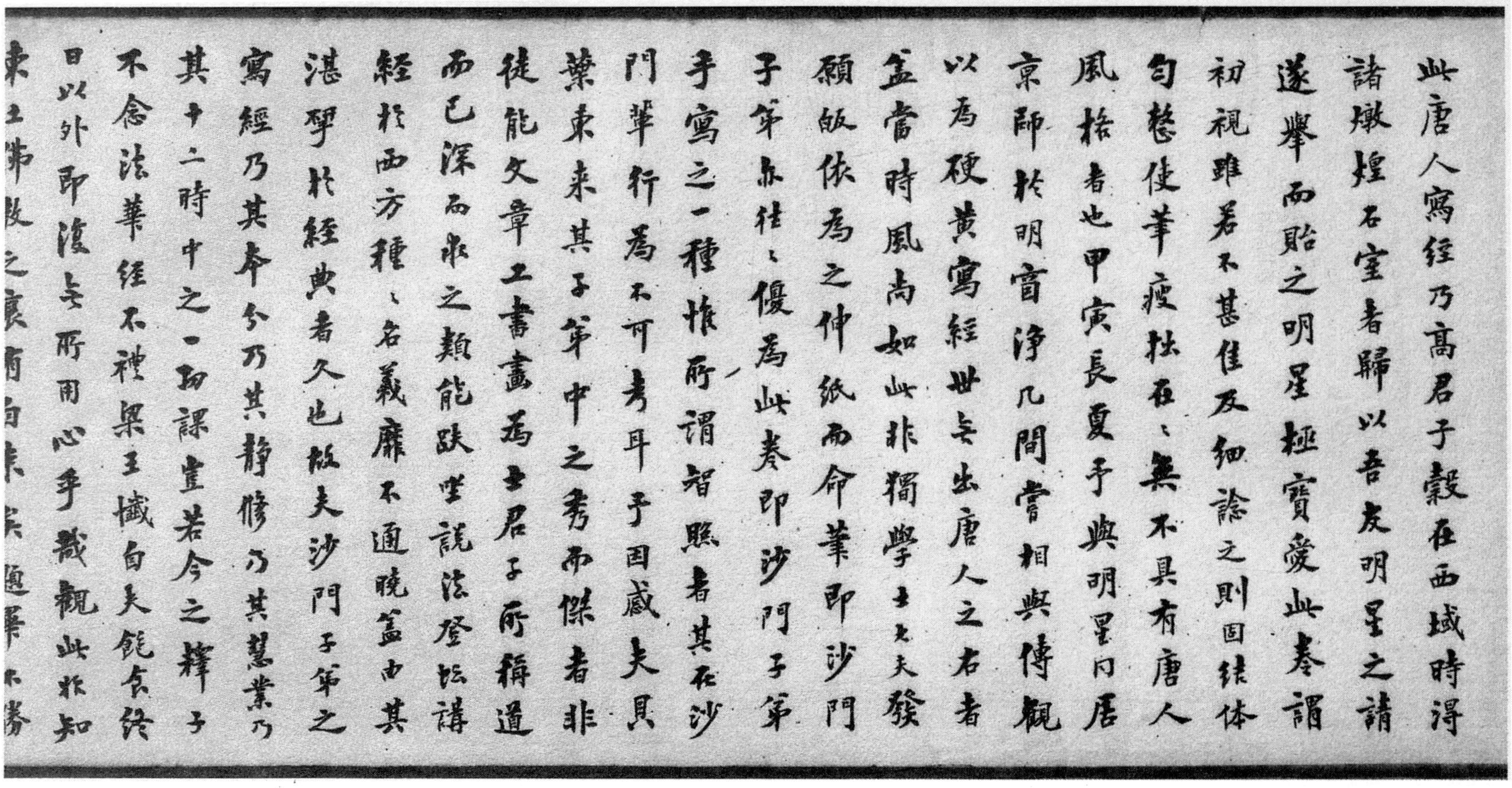

此唐人寫經乃高君子穀在西域時得
諸燉煌石室者歸以吾友明星之請
遂舉而貽之明星極寶愛此卷謂
初視雖若不甚佳及細諗之則固徐体
句整使筆瘦拙在在無不具有唐人
風格者也甲寅長夏予與明星同居
京師於明窗淨几間嘗相與傳觀
以為硬黃寫經世無出唐人之右者
蓋當時風尚如此非獨學士大夫發
願皈依為之伸紙而命筆即沙門
子弟亦往往優為此卷即沙門子弟
手寫之一種惟所謂智照者其在沙
門華行為不可考耳予因感夫具
葉東來其子弟中之秀而傑者非
徒能文章工書畫為士君子所稱道
而已深而求之類能趺坐說法登壇講
經於西方種種名義靡不通曉蓋由其
湛學於經典者久也故夫沙門子弟之
寫經乃其本分乃其靜修乃其慧業乃
其十二時中之一功課豈若今之緇子
不念法華經不禮梁王懺白天飽食終
日以外即復無所用心乎識觀此而知
東土佛教之衰有自來矣題畢不勝

BD14765 號　大般若波羅蜜多經卷六九　（16–13）

其十二時中之一功課豈若今之緇子
不念法華經不禮梁王懺白天飽食終
日以外即復無所用心乎識觀此而知
東土佛教之衰有自來矣題畢不勝
憮然支那學者張素
燉煌一石室多有中古書
保藏二千年曾不蝕蠹魚
而此寫經者唐人之所儲
有帋皆硬黃葉葉利卷舒
十萬貝多羅厥價珍瓊琚
吾友幸得之輒用誇示余
謂其運筆精古拙孜有餘
智永何足稱懷素者非歟
合配魏造像供養同精廬
因憶數載前訪古辰韓虛
偶獲禪師銘梵澤窺佉盧
今君又得此歎貴將何如
張素再題
燉皇石室所藏既空塵劫後

BD14765 號　大般若波羅蜜多經卷六九　（16–14）

燉皇石室所藏既空塵劫餘
精本泊完善者也入法蘭西
零練斷楮我國士夫好古
者迺僅得之淡可說饋庚
戌遊彥師友人以寫經二
張軸贈行世明年春自李
起脫身亡間圓寂盡
此經卷不知所歸一葉持
淨業者甯可勿捨棄何其
涉念甲寅之歲明星先生
因高君獲習見大師所書
大般若波羅蜜經弟六十
九卷歎意讀歎得未曾
有唐人寫經揚嘆矣所
藏尚最精然出於士人為

BD14765號　大般若波羅蜜多經卷六九　（16–15）

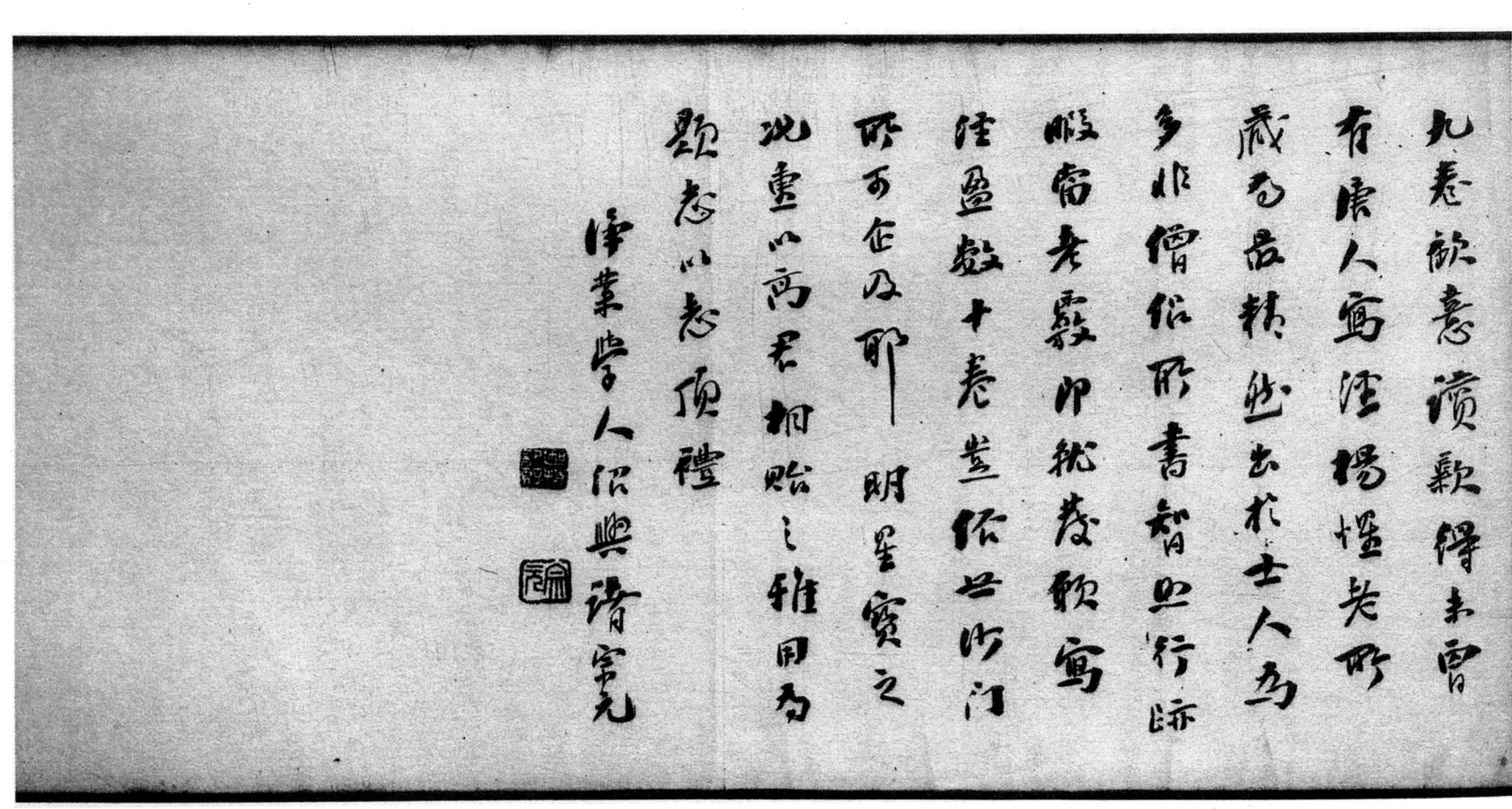

九卷歎意讀歎得未曾
有唐人寫經揚嘆矣所
藏尚最精然出於士人為
多非僧侶所書習見行跡
蹤爾高老靈即耽發歎寫
經盈數十卷並從世所門
所可企及耶一明星寶之
既重以高君相貽之雖因為
題志以志頂禮
淨業學人信與讀究

BD14765號　大般若波羅蜜多經卷六九　（16–16）

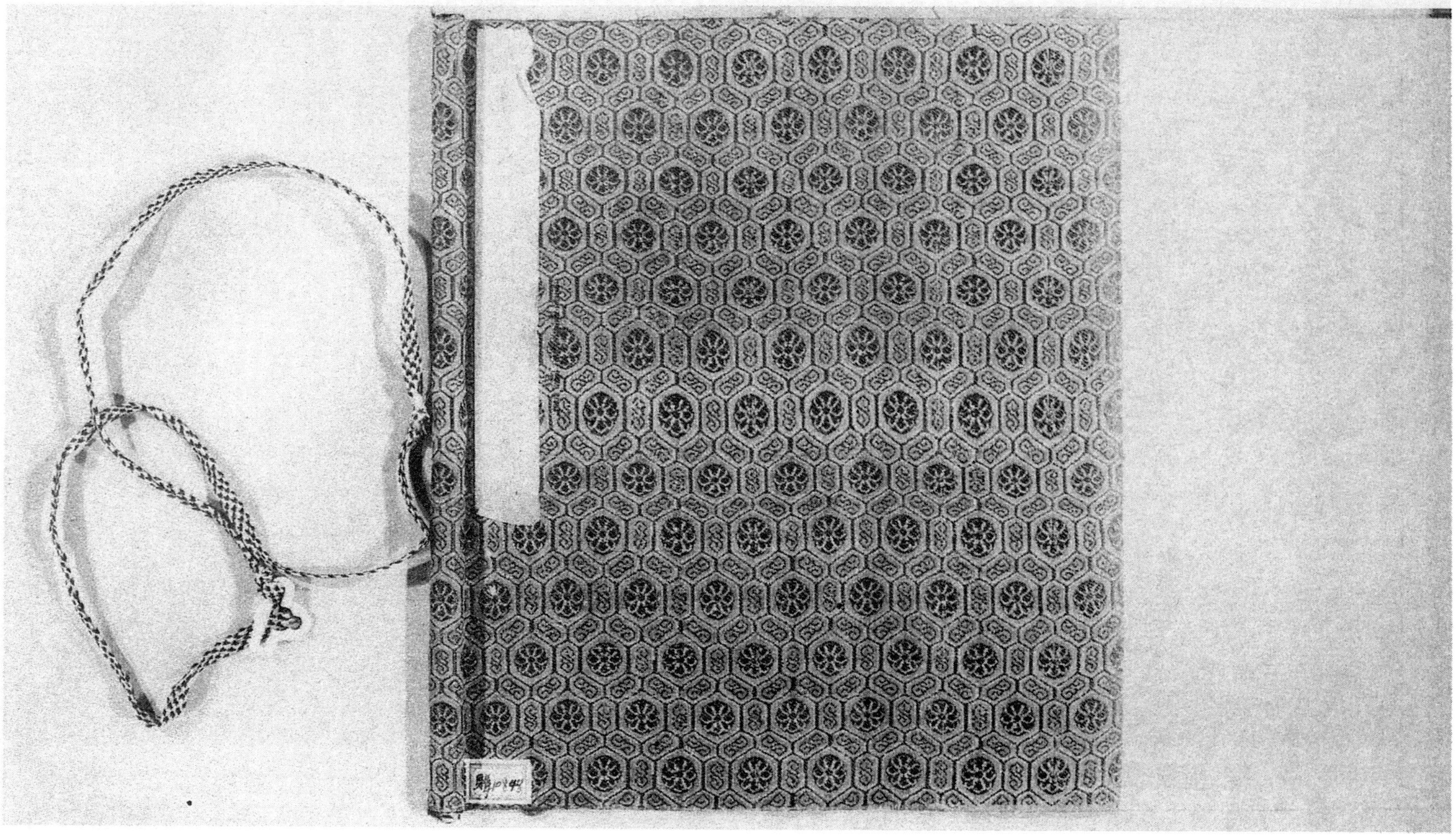

BD14766 號背　護首　　（1–1）

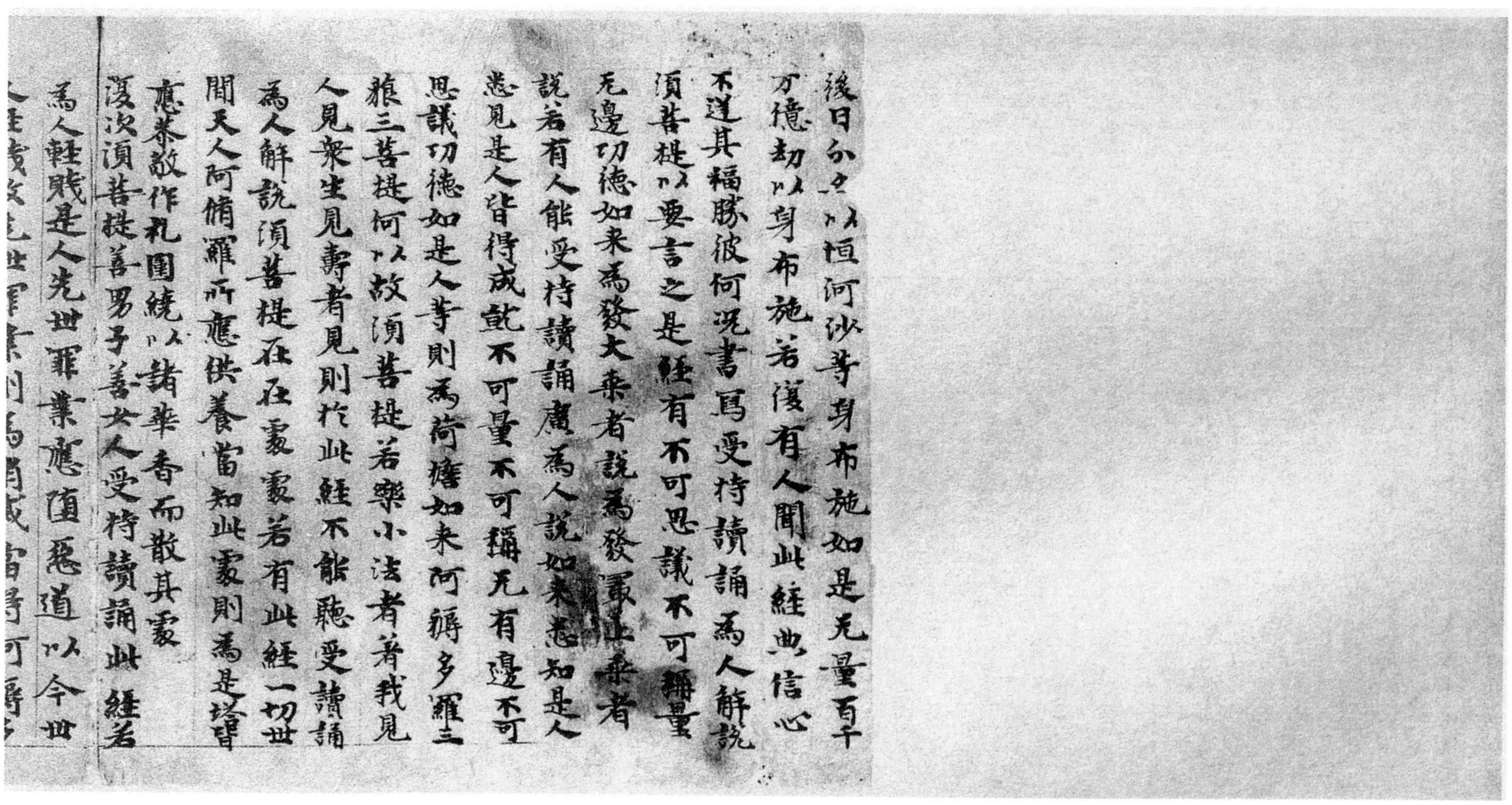

後日分亦以恒河沙等身布施如是无量百千
万億劫以身布施若復有人聞此經典信心
不逆其福勝彼何況書寫受持讀誦為人解說
須菩提以要言之是經有不可思議不可稱量
无邊功德如來為發大乘者說為發最上乘者
說若有人能受持讀誦廣為人說如來悉知是人
悉見是人皆得成就不可量不可稱无有邊不可
思議功德如是人等則為荷擔如來阿耨多羅三
藐三菩提何以故須菩提若樂小法者著我見
人見衆生見壽者見則於此經不能聽受讀誦
為人解說須菩提在在處處若有此經一切世
間天人阿脩羅所應供養當知此處則為是塔皆
應恭敬作禮圍繞以諸華香而散其處
復次須菩提善男子善女人受持讀誦此經若
為人輕賤是人先世罪業應墮惡道以今世
人輕賤故先世罪業則為消滅當得阿耨多

BD14766 號 A　金剛般若波羅蜜經　　（3–1）

為人解說須菩提在在處處若有此經一切世
間天人阿脩羅所應供養當知此處則為是塔皆
應恭敬作禮圍繞以諸華香而散其處
復次須菩提善男子善女人受持讀誦此經若
為人輕賤是人先世罪業應墮惡道以今世
人輕賤故先世罪業則為消滅當得阿耨多
羅三藐三菩提須菩提我念過去无量阿僧祇
劫於然燈佛前得值八百四千万億那由他
諸佛悉皆供養承事无空過者若復有人於
後末世能受持讀誦此經所得功德於我所
供養諸佛功德百分不及一千万億分乃至筭
數譬喻所不能及須菩提若善男子善女
人於後末世有受持讀誦此經所得功德我若
具說者或有人聞心則狂亂狐疑不信須菩提
當知是經義不可思議果報亦不可思議
尒時須菩提白佛言世尊善男子善女人發
阿耨多羅三藐三菩提心云何住云何降
伏其心佛告須菩提善男子善女人發阿耨多
羅三藐三菩提心者當生如是心我應滅度
一切衆生滅度一切衆生已而无有一衆生
實滅度者何以故若菩薩有我相人相衆
生相壽者相則非菩薩所以者何須菩提實
无有法發阿耨多羅三藐三菩提心者須菩
提於意云何如來於然燈佛所有法得阿耨
多羅三藐三菩提不不也世尊如我解佛所說
義佛於然燈佛所无有法得阿耨多羅三藐
三菩提佛言如是如是須菩提實无有法如來

BD14766 號 A　金剛般若波羅蜜經　（3–2）

提於意云何如來於然燈佛所有法得阿耨
多羅三藐三菩提不不也世尊如我解佛所說
義佛於然燈佛所无有法得阿耨多羅三藐
三菩提佛言如是如是須菩提實无有法如來
得阿耨多羅三藐三菩提須菩提若有法如
來得阿耨多羅三藐三菩提者然燈佛則不
與我受記汝於來世當得作佛号釋迦牟尼
以實无有法得阿耨多羅三藐三菩提是故
然燈佛與我受記作是言汝於來世當得作佛
号釋迦牟尼何以故如來者即諸法如義若有人
言如來得阿耨多羅三藐三菩提須菩提實无
有法佛得阿耨多羅三藐三菩提須菩提如
來所得阿耨多羅三藐三菩提於是中无實
无虛是故如來說一切法皆是佛法須菩提所
言一切法者即非一切法是故名一切法須菩提
譬如人身長大須菩提言世尊如來說人身長
大則為非大身是名大身須菩提菩薩亦如是
若作是言我當滅度无量衆生則不名菩薩何
以故須菩提實无有法名為菩薩是故佛說
一切法无我无人无衆生无壽者須菩提若菩薩
作是言我當莊嚴佛土是不名菩薩何以故
如來說莊嚴佛土者即非莊嚴是名莊嚴須
菩提若菩薩通達无我法者如來說名真
是菩薩

BD14766 號 A　金剛般若波羅蜜經　（3–3）

是菩薩

須菩提白佛言世尊頗有衆生得聞如是
言說章句生實信不佛告須菩提莫是說
如來滅後後五百歲有持戒脩福者於此章
句能生信心以此為實當知是人不於一佛二
佛三四五佛而種善根已於无量千万佛所種
諸善根聞是章句乃至一念生淨信者須菩
提如來悉知悉見是諸衆生得如是无量
福德何以故是諸衆生无復我相人相衆生相
壽者相无法相亦无非法相何以故是諸衆
生若心取相則為著我人衆生壽者若取法
相即著我人衆生壽者何以故若取非法相
即著我人衆生壽者是故不應取法不應
取非法以是義故如來常說汝等比丘知我
說法如筏喻者法尚應捨何況非法
須菩提於意云何如來得阿耨多羅三藐三
菩提耶如來有所說法耶須菩提言如我
解佛所說義无有定法名阿耨多羅三
藐三菩提亦无有定法如來可說何以故
如來所說法皆不取不可說非法非非法所
以者何一切賢聖皆以无為而有差別
須菩提於意云何若人滿三千大千世界七寶

BD14766 號 B　金剛般若波羅蜜經　（6–1）

藐三菩提亦无有定法如來可說何以故
如來所說法皆不取不可說非法非非法所
以者何一切賢聖皆以无為而有差別
須菩提於意云何若人滿三千大千世界七寶
以用布施是人所得福德寧為多不須菩提
言甚多世尊何以故是福德即非福德性是
故如來說福德多若復有人於此經中受
持乃至四句偈等為他人說其福勝彼何以
故須菩提一切諸佛及諸佛阿耨多羅三藐
三菩提法皆從此經出須菩提所謂佛法
者即非佛法
須菩提於意云何須陁洹能作是念我得
須陁洹果不須菩提言不也世尊何以故須
陁洹名為入流而无所入不入色聲香味觸
法是名須陁洹須菩提於意云何斯陁含
能作是念我得斯陁含果不須菩提言
不也世尊何以故斯陁含名一往來而實无
往來是名斯陁含須菩提於意云何阿
那含能作是念我得阿那含果不須菩提
言不也世尊何以故阿那含名為不來而
實无來是故名阿那含須菩提於意云
何阿羅漢能作是念我得阿羅漢道不
須菩提言不也世尊何以故實无有法名
阿羅漢世尊若阿羅漢作是念我得阿
羅漢道即為著我人衆生壽者世尊
佛說我得无諍三昧人中最為第一是第
一離欲阿羅漢我不作是念我是離欲阿

BD14766 號 B　金剛般若波羅蜜經　（6–2）

羅漢道即爲著我人衆生壽者世尊
佛說我得无諍三昧人中最爲第一是第
一離欲阿羅漢我不作是念我是離欲阿
羅漢世尊我若作是念我得阿羅漢
道世尊則不說須菩提是樂阿蘭那
行者以須菩提實无所行而名須菩提
是樂阿蘭那行
佛告須菩提於意云何如來昔在然燈
佛所於法有所得不世尊如來昔在然
燈所於法實无所得
須菩提於意云何菩薩莊嚴佛土不
不也世尊何以故莊嚴佛土者則非莊
嚴是名莊嚴是故須菩提諸菩薩摩
訶薩應如是生清淨心不應住色生心不
應住聲香味觸法生心應无所住而生
其心須菩提譬如有人身如須弥山王於
意云何是身爲大不須菩提言甚大世
尊何以故佛說非身是名大身
須菩提如恒河中所有沙數如是沙等恒
河於意云何是諸恒河沙寧爲多不須
菩提言甚多世尊但諸恒河尚多无數
何況其沙須菩提我今實言告汝若有
善男子善女人以七寶滿尒所恒沙河數
三千大千世界以用布施得福多不須菩
提言甚多世尊佛告須菩提若善男
子善女人於此經中乃至受持四句偈等
爲他人說而此福德勝前福德復次須菩
提隨說是經乃至四句偈等當知此處一

BD14766號B　金剛般若波羅蜜經　（6–3）

三千大千世界以用布施得福多不須菩
提言甚多世尊佛告須菩提若善男
子善女人於此經中乃至受持四句偈等
爲他人說而此福德勝前福德復次須菩
提隨說是經乃至四句偈等當知此處一
切世間天人阿脩羅皆應供養如佛塔
廟何況有人盡能受持讀誦須菩提當
知是人成就最上第一希有之法若是經
典所在之處則爲有佛若尊重弟子
尒時須菩提白佛言世尊當何名此經我等
云何奉持佛告須菩提是經名爲金剛般
若波羅蜜以是名字汝當奉持所以者何
須菩提於意云何如來所說法不須菩提
白佛言世尊如來无所說須菩提於意
云何三千大千世界所有微塵是爲多不須
菩提言甚多世尊須菩提諸微塵如
來說非微塵是名微塵如來說世界非世
界是名世界須菩提於意云何可以三十
二相見如來不不也世尊不可以三十二相得
見如來何以故如來說三十二相即是非相
是名三十二相
須菩提若有善男子善女人以恒河沙等
身命布施若復有人於此經中乃至受持
四句偈等爲他人說其福甚多
尒時須菩提聞說是經深解義趣涕淚
悲泣而白佛言希有世尊佛說如是甚
深經典我從昔來所得慧眼未曾得聞

BD14766號B　金剛般若波羅蜜經　（6–4）

身命布施若復有人於此經中乃至受持
四句偈等為他人說其福甚多
尒時須菩提聞說是經深解義趣涕淚
悲泣而白佛言希有世尊佛說如是甚
深經典我從昔來所得慧眼未曾得聞
如是之經世尊若復有人得聞是經信心
清淨則生實相當知是人成就第一希
有功德世尊是實相者則是非相是故
如來說名實相世尊我今得聞如是經
典信解受持不足為難若當來世後
五百歲其有眾生得聞是經信解受
持是人則為第一希有何以故此人无我相
人相眾生相壽者相所以者何我相即是
非相人相眾生相壽者相即是非相何
以故離一切諸相則名諸佛
佛告須菩提如是如是若復有人得聞此
經不驚不怖不畏當知是人甚為希有
何以故須菩提如來說第一波羅蜜非第
一波羅蜜是名第一波羅蜜須菩提
忍辱波羅蜜如來說非忍辱波羅蜜
何以故須菩提如我昔為歌利王割截
身體我於尒時无我相无人相无眾生相
无壽者相何以故我於往昔節節支解時
若有我相人相眾生相壽者相應生瞋恨
須菩提又念過去於五百世作忍辱仙人
於尒所世无我相无人相无眾生相无壽者
相是故須菩提菩薩應離一切諸相發阿

BD14766 號 B　金剛般若波羅蜜經　（6–5）

无壽者相何以故我於往昔節節支解時
若有我相人相眾生相壽者相應生瞋恨
須菩提又念過去於五百世作忍辱仙人
於尒所世无我相无人相无眾生相无壽者
相是故須菩提菩薩應離一切諸相發阿
耨多羅三藐三菩提心不應住色生心不
應住聲香味觸法生心應生无所住心若心
有住則為非住是故佛說菩薩心不應住
色布施須菩提菩薩為利益一切眾生
應如益一切眾生應如是布施如來說一切
諸相即是非相又說一切眾生則非眾生
須菩提如來是真語者實語者如語
不誑語者不異語者須菩提如來所得法
此法无實无虛
須菩提若菩薩心住於法而行布施如人入暗
則无所見若菩薩心不住法而行布施如人
有目日光明照種種色

BD14766 號 B　金剛般若波羅蜜經　（6–6）

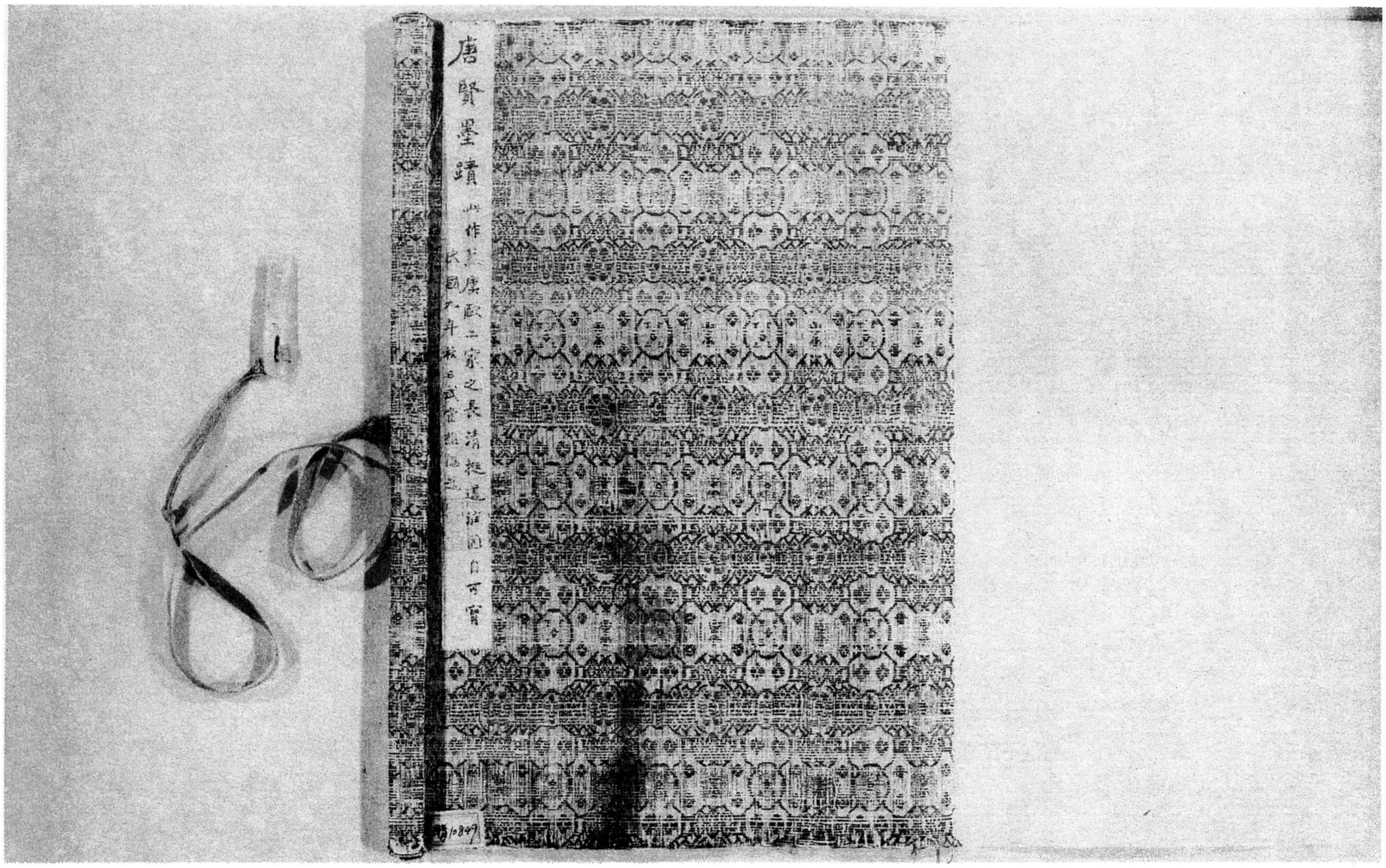

BD14767號背　護首　　　　（1–1）

男子善女人受持是經若

書寫得八百身功德得清

一憙見其身淨故三千大

死時上下好醜生善處惡

圍山大鐵圍山弥樓山摩

諸〻及〻中衆生悉於中現下

獄上至有頂所有及衆生悉於中

聞辟支佛菩薩諸佛說法皆於身中

色像尒時世尊欲重宣此義而說偈言

若持法華者　其身甚清淨　如彼淨琉璃　衆生皆憙見

又如淨明鏡　悉見諸色像　菩薩於淨身　皆見世所有

唯獨自明了　餘人所不見　三千世界中　一切諸群萌

天人阿脩羅　地獄鬼畜生　如是諸色像　皆於身中現

諸天等宮殿　乃至於有頂　鐵圍及弥樓　摩訶弥樓山

諸大海水等　皆於身中現　諸佛及聲聞　佛子菩薩等

BD14767號　妙法蓮華經卷六　　　　（14–1）

又如淨明鏡 悉見諸色像 菩薩於淨身 皆見世所有
唯獨自明了 餘人所不見 三千世界中 一切諸群萌
天人阿脩羅 地獄鬼畜生 如是諸色像 皆於身中現
諸天等宮殿 乃至於有頂 鐵圍及弥樓 摩訶弥樓山
諸大海水等 皆於身中現 諸佛及聲聞 佛子菩薩等
若獨若在衆 說法悉皆現 雖未得无漏 法性之妙身
以清淨常體 一切於中現
復次常精進 若善男子善女人如来滅後受
持是經 若讀若誦若解說若書寫 得千二百
意功德 以是清淨意根 乃至聞一偈一句 通
達无量无邊之義 解是義已 能演說一句一
偈 至於一月四月乃至一歲 諸所說法 隨其
義趣 皆與實相不相違背 若說俗閒經書 治
世語言資生業等 皆順正法 三千大千世界
六趣衆生 心之所行 心所動作 心所戲論 皆
悉知之 雖未得无漏智慧 而其意根清淨如
此 是人有所思惟籌量言說 皆是佛法 无不
真實 亦是先佛經中所說 尒時世尊欲重宣
此義而說偈言
是人意清淨 明利无穢濁 以此妙意根 知上中下法
乃至聞一偈 通達无量義 次第如法說 月四月至歲
是世界內外 一切諸衆生 若天龍及人 夜叉鬼神等
其在六趣中 所念若干種 持法華之報 一時皆悉知
十方无數佛 百福莊嚴相 為衆生說法 悉聞能受持
思惟无量義 說法亦无量 終始不忘錯 以持法華故
悉知諸法相 隨義識次第 達名字語言 如所知演說
此人有所說 皆是先佛法 以演此法故 於衆无所畏
持法華經者 意根淨若斯 雖未得无漏 先有如是相

BD14767號　妙法蓮華經卷六　　（14–2）

十方无數佛 百福莊
思惟无量義 說法亦无量 終始不忘錯 以持法華故
悉知諸法相 隨義識次第 達名字語言 如所知演說
此人有所說 皆是先佛法 以演此法故 於衆无所畏
持法華經者 意根淨若斯 雖未得无漏 先有如是相
是人持此經 安住希有地 為一切衆生 歡喜而愛敬
能以千万種 善巧之語言 分別而說法 持法華經故

七
妙法蓮華經常不輕菩薩品第二十

尒時佛告得大勢菩薩摩訶薩 汝今當知 若
比丘比丘尼優婆塞優婆夷持法華經者 若
有惡口罵詈誹謗 獲大罪報 如前所說 其所
得功德 如向所說 眼耳鼻舌身意清淨 得大
勢 乃往古昔 過无量无邊不可思議阿僧祇
劫 有佛名威音王如来應供正遍知明行足
善逝世間解无上士調御丈夫天人師佛世
尊 劫名離衰 國名大成 其威音王佛於彼世
中 為天人阿脩羅說法 為求聲聞者說應四
諦法 度生老病死 究竟涅槃 為求辟支佛者
說應十二因緣法 為諸菩薩因阿耨多羅三
藐三菩提 說應六波羅蜜法 究竟佛慧 得大
勢 是威音王佛壽四十万億那由他恒河沙
劫 正法住世劫數 如一閻浮提微塵 像法住
世劫數 如四天下微塵 其佛饒益衆生已 然
後滅度 正法像法滅盡之後 於此國土 復有
佛出 亦号威音王如来應供正遍知明行足
善逝世間解无上士調御丈夫天人師佛世
尊 如是次第有二万億佛 皆同一号 最初威
音王如来 既已滅度 正法滅後 於像法中 增
上慢比丘有大勢力 尒時有一菩薩比丘名

BD14767號　妙法蓮華經卷六　　（14–3）

善逝世間解无上士調御丈夫天人師佛世
尊如是次第有二万億佛皆同一号最初威
音王如来既已滅度正法滅後於像法中增
上慢比丘有大勢力尒時有一菩薩比丘名
常不輕得大勢以何因緣名常不輕是比丘
凡有所見若比丘比丘尼優婆塞優婆夷皆
悉礼拜讚嘆而作是言我深敬汝等不敢輕
慢所以者何汝等皆行菩薩道當得作佛而
是比丘不專讀誦經典但行礼拜乃至遠見
四衆亦復故往礼拜讚嘆而作是言我不敢
輕於汝等汝等皆當作佛故四衆之中有生
瞋恚心不淨者惡口罵詈言是无智比丘從
何所来自言我不輕汝而與我等受記當得
作佛我等不用如是虛妄受記如此經歷多
年常被罵詈不生瞋恚常作是言汝當作佛
說是語時衆人或以杖木瓦石而打擲之避
走遠住猶高聲唱言我不敢輕於汝等汝等
皆當作佛以其常作是語故增上慢比丘比
丘尼優婆塞優婆夷号之為常不輕是比丘
臨欲終時於虛空中具聞威音王佛先所說
法華經二十千万億偈悉能受持即得如上
眼根清淨耳鼻舌身意根清淨得是六根清
淨已更增壽命二百万億那由他歲廣為人
說是法華經於時增上慢四衆比丘比丘尼
優婆塞優婆夷輕賤是人為作不輕名者見
其得大神通力樂說辯力大善寂力聞其所
說皆信伏隨從是菩薩復化千万億衆令住
阿耨多羅三藐三菩提命終之後得值二千
億佛皆号日月燈明於其法中說是法華經

BD14767號　妙法蓮華經卷六　（14–4）

優婆塞優婆夷輕賤是人為作不輕名者見
其得大神通力樂說辯力大善寂力聞其所
說皆信伏隨從是菩薩復化千万億衆令住
阿耨多羅三藐三菩提命終之後得值二千
億佛皆号日月燈明於其法中說是法華經
以是因緣復值二千億佛同号雲自在燈王
於此諸佛法中受持讀誦為諸四衆說此經
典故得是常眼清淨耳鼻舌身意諸根清淨
於四衆中說法心无所畏得大勢是常不輕
菩薩摩訶薩供養如是若干諸佛恭敬尊重
讚嘆種諸善根於後復值千万億佛亦於諸
佛法中說是經典功德成就當得作佛得大
勢於意云何尒時常不輕菩薩豈異人乎則
我身是若我於宿世不受持讀誦此經為他
人說者不能疾得阿耨多羅三藐三菩提我
於先佛所受持讀誦此經為人說故疾得阿
耨多羅三藐三菩提得大勢彼時四衆比丘
比丘尼優婆塞優婆夷以瞋恚意輕賤我故
二百億劫常不值佛不聞法不見僧千劫於
阿鼻地獄受大苦惱畢是罪已復遇常不輕
菩薩教化阿耨多羅三藐三菩提得大勢於
汝意云何尒時四衆常輕是菩薩者豈異人
乎今此會中跋陀婆羅等五百菩薩師子月
等五百比丘尼思佛等五百優婆塞皆於阿
耨多羅三藐三菩提不退轉者是得大勢當
知是法華經大饒益諸菩薩摩訶薩能令至
於阿耨多羅三藐三菩提是故諸菩薩摩訶
薩於如来滅後常應受持讀誦解說書寫是
經尒時世尊欲重宣此義而說偈言

BD14767號　妙法蓮華經卷六　（14–5）

等五百比丘尼思佛等五百優婆塞皆於阿
耨多羅三藐三菩提不退轉者是得大勢當
知是法華經大饒益諸菩薩摩訶薩能令至
於阿耨多羅三藐三菩提是故諸菩薩摩訶
薩於如来滅後常應受持讀誦解說書寫是
經尒時世尊欲重宣此義而說偈言
過去有佛　号威音王　神智无量　將導一切
天人龍神　所共供養　是佛滅後　法欲盡時
有一菩薩　名常不輕　時諸四衆　計著於法
不輕菩薩　往到其所　而語之言　我不輕汝
汝等行道　皆當作佛　諸人聞已　輕毀罵詈
不輕菩薩　能忍受之　其罪畢已　臨命終時
得聞此經　六根清淨　神通力故　增益壽命
復為諸人　廣說是經　諸著法衆　皆蒙菩薩
教化成就　令住佛道　不輕命終　值无數佛
說是經故　得无量福　漸具功德　疾成佛道
彼時不輕　則我身是　時四部衆　著法之者
聞不輕言　汝當作佛　以是因緣　值无數佛
此會菩薩　五百之衆　并及四部　清信士女
今於我前　聽法者是　我於前世　勸是諸人
聽受斯經　第一之法　開示教人　令住涅槃
世世受持　如是經典　億億万劫　至不可議
時乃得聞　是法華經　億億万劫　至不可議
諸佛世尊　時說是經　是故行者　於佛滅後
聞如是經　勿生疑惑　應當一心　廣說此經
世世值佛　疾成佛道
妙法蓮華經如来神力品第二十一
尒時千世界微塵等菩薩摩訶薩從地踊出
者皆於佛前一心合掌瞻仰尊顏而白佛言

BD14767 號　妙法蓮華經卷六　（14–6）

世世值佛　疾成佛道
妙法蓮華經如来神力品第二十一
尒時千世界微塵等菩薩摩訶薩從地踊出
者皆於佛前一心合掌瞻仰尊顏而白佛言
世尊我等於佛滅後世尊分身所在國土滅
度之處當廣說此經所以者何我等亦自欲
得是真淨大法受持讀誦解說書寫而供養
之尒時世尊於文殊師利等无量百千万億
舊住娑婆世界菩薩摩訶薩及諸比丘比丘
尼優婆塞優婆夷天龍夜叉乾闥婆阿脩羅
迦樓羅緊那羅摩睺羅伽人非人等一切衆
前現大神力出廣長舌上至梵世一切毛孔
放於无量无數色光皆悉遍照十方世界衆
寶樹下師子座上諸佛亦復如是出廣長舌
放无量光釋迦牟尼佛及寶樹下諸佛現神
力時滿百千歲然後還攝舌相一時謦欬俱
共彈指是二音聲遍至十方諸佛世界地皆
六種震動其中衆生天龍夜叉乾闥婆阿脩
羅迦樓羅緊那羅摩睺羅伽人非人等以佛
神力故皆見此娑婆世界无量无邊百千万
億衆寶樹下師子座上諸佛及見釋迦牟尼
佛共多寶如来在寶塔中坐師子座又見无
量无邊百千万億菩薩摩訶薩及諸四衆恭
敬圍繞釋迦牟尼佛既見是已皆大歡喜得
未曾有即時諸天於虛空中高聲唱言過此
无量无邊百千万億阿僧祇世界有國名娑
婆是中有佛名釋迦牟尼今為諸菩薩摩訶
薩說大乘經名妙法蓮華教菩薩法佛所護

BD14767 號　妙法蓮華經卷六　（14–7）

敬圍繞釋迦牟尼佛既見是已皆大歡喜得
未曾有即時諸天於虛空中高聲唱言過此
无量无邊百千万億阿僧祇世界有國名娑
婆是中有佛名釋迦牟尼今為諸菩薩摩訶
薩說大乘經名妙法蓮華教菩薩法佛所護
念汝等當深心隨喜亦當礼拜供養釋迦牟
尼佛彼諸衆生聞虛空中聲已合掌向娑婆
世界作如是言南无釋迦牟尼佛南无釋迦
牟尼佛以種種華香瓔珞幡蓋及諸嚴身之
具珎寶妙物皆共遙散娑婆世界所散諸物
從十方來譬如雲集變成寶帳遍覆此間諸
佛之上于時十方世界通達无礙如一佛土
尒時佛告上行等菩薩大衆諸佛神力如是
无量无邊不可思議若我以是神力於无量
无邊百千万億阿僧祇劫為囑累故說此經
功德猶不能盡以要言之如來一切所有之
法如來一切自在神力如來一切祕要之藏
如來一切甚深之事皆於此經宣示顯說是
故汝等於如來滅後應一心受持讀誦解說
書寫如說脩行所在國土若有受持讀誦解
說書寫如說脩行若經卷所住之處若於園
中若於林中若於樹下若於僧坊若白衣舍
若在殿堂若山谷曠野是中皆應起塔供養
所以者何當知是處即是道場諸佛於此得
阿耨多羅三藐三菩提諸佛於此轉于法輪
諸佛於此而般涅槃尒時世尊欲重宣此義
而說偈言
諸佛救世者　住於大神通　為悅衆生故　現无量神力
舌相至梵天　身放无數光　為求佛道者　現此希有事

BD14767號　妙法蓮華經卷六　（14–8）

阿耨多羅三藐三菩提諸佛於此轉于法輪
諸佛於此而般涅槃尒時世尊欲重宣此義
而說偈言
諸佛救世者　住於大神通　為悅衆生故　現无量神力
舌相至梵天　身放无數光　為求佛道者　現此希有事
諸佛謦欬聲　及彈指之聲　周聞十方國　地皆六種動
以佛滅度後　能持是經故　諸佛皆歡喜　現无量神力
囑累是經故　讚美受持者　於无量劫中　猶故不能盡
是人之功德　无邊无有窮　如十方虛空　不可得邊際
能持是經者　則為已見我　亦見多寶佛　及諸分身者
又見我今日　教化諸菩薩　能持是經者　令我及分身
滅度多寶佛　一切皆歡喜　十方現在佛　并過去未來
亦見亦供養　亦令得歡喜　諸佛坐道場　所得祕要法
能持是經者　不久亦當得　能持是經者　於諸法之義
名字及言辭　樂說无窮盡　如風於空中　一切无障礙
於如來滅後　知佛所說經　因緣及次第　隨義如實說
如日月光明　能除諸幽冥　斯人行世間　能滅衆生暗
教无量菩薩　畢竟住一乘　是故有智者　聞此功德利
於我滅度後　應受持斯經　是人於佛道　決定无有疑
妙法蓮華經囑累品第二十二
尒時釋迦牟尼佛從法座起現大神力以右
手摩无量菩薩摩訶薩頂而作是言我於无
量百千万億阿僧祇劫脩習是難得阿耨多
羅三藐三菩提法今以付囑汝等汝等應當
一心流布此法廣令增益如是三摩諸菩薩
摩訶薩頂而作是言我於无量百千万億阿
僧祇劫脩習是難得阿耨多羅三藐三菩提
法今以付囑汝等汝等當受持讀誦廣宣此
法令一切衆生普得聞知所以者何如來有

BD14767號　妙法蓮華經卷六　（14–9）

摩訶薩頂而作是言我於无量百千万億阿
僧祇劫脩習是難得阿耨多羅三藐三菩提
法今以付囑汝等汝等當受持讀誦廣宣此
法令一切衆生普得聞知所以者何如来有
大慈悲无諸慳悋亦无所畏能與衆生佛之
智慧如来智慧自然智慧如来是一切衆生
之大施主汝等亦應隨學如来之法勿生慳
悋於未来世若有善男子善女人信如来智
慧者當為演說此法華經使得聞知為令其
人得佛慧故若有衆生不信受者當於如来
餘深法中示教利喜汝等若能如是則為已
報諸佛之恩時諸菩薩摩訶薩聞佛作是說
已皆大歡喜遍滿其身益加恭敬曲躬低頭
合掌向佛俱發聲言如世尊勑當具奉行唯
然世尊願不有慮諸菩薩摩訶薩衆如是三
反俱發聲言如世尊勑當具奉行唯然世尊
願不有慮尒時釋迦牟尼佛令十方来諸分
身佛各還本土而作是言諸佛各隨所安多
寶佛塔還可如故說是語時十方无量分身
諸佛坐寶樹下師子座上者及多寶佛并上
行等无邊阿僧祇菩薩大衆舍利弗等聲聞
四衆及一切世間天人阿脩羅等聞佛所說
皆大歡喜

妙法蓮華經藥王菩薩本事品第二十三

尒時宿王華菩薩白佛言世尊藥王菩薩云
何遊於娑婆世界世尊是藥王菩薩有若干
百千万億那由他難行苦行善哉世尊願少
解說諸天龍神夜叉乾闥婆阿脩羅迦樓羅

BD14767號　妙法蓮華經卷六

(14–10)

尒時宿王華菩薩白佛言世尊藥王菩薩云
何遊於娑婆世界世尊是藥王菩薩有若干
百千万億那由他難行苦行善哉世尊願少
解說諸天龍神夜叉乾闥婆阿脩羅迦樓羅
緊那羅摩睺羅伽人非人等又他國土諸来
菩薩及此聲聞衆聞皆歡喜尒時佛告宿王
華菩薩乃往過去无量恒河沙劫有佛号日
月淨明德如来應供正遍知明行足善逝世
間解无上士調御丈夫天人師佛世尊其佛
有八十億大菩薩摩訶薩七十二恒河沙大
聲聞衆佛壽四万二千劫菩薩壽命亦等彼
國无有女人地獄餓鬼畜生阿脩羅等及以
諸難地平如掌琉璃所成寶樹莊嚴寶帳覆
上垂寶華幡寶瓶香爐周遍國界七寶為臺
一樹一臺其樹去臺盡一箭道此諸寶樹皆
有菩薩聲聞而坐其下諸寶臺上各有百億
諸天作天伎樂歌嘆於佛以為供養尒時彼
佛為一切衆生憙見菩薩及衆菩薩諸聲聞
衆說法華經是一切衆生憙見菩薩樂習苦
行於日月淨明德佛法中精進經行一心求
佛滿万二千歲已得現一切色身三昧得此
三昧已心大歡喜即作念言我得現一切色
身三昧皆是得聞法華經力我今當供養日
月淨明德佛及法華經即時入是三昧於虛
空中雨曼陁羅華摩訶曼陁羅華細末堅黑
栴檀滿虛空中如雲而下又雨海此岸栴檀
之香此香六銖價直娑婆世界以供養佛作
是供養已從三昧起而自念言我雖以神力

BD14767號　妙法蓮華經卷六

(14–11)

栴檀滿虛空中如雲而下又雨海此岸栴檀
之香此香六銖價直娑婆世界以供養佛作
是供養已從三昧起而自念言我雖以神力
供養於佛不如以身供養即服諸香栴檀薰
陸兜樓婆畢力迦沉水膠香又飲瞻蔔諸華
香油滿千二百歲已香油塗身於日月淨明
德佛前以天寶衣而自纏身灌諸香油以神
通力願而自燃身光明遍照八十億恒河沙
世界其中諸佛同時讚言善哉善哉善男子
是真精進是名真法供養如來若以華香瓔
珞燒香末香塗香天繒幡蓋及海此岸栴檀
之香如是等種種諸物供養所不能及假使
國城妻子布施亦所不及善男子是名第一
之施於諸施中最尊最上以法供養諸如來
故作是語已而各默然其身火燃千二百歲
過是已後其身乃盡一切眾生憙見菩薩作
如是法供養已命終之後復生日月淨明德
佛國中於淨德王家結跏趺坐忽然化生即
為其父而說偈言
大王今當知　我經行彼處　即時得一切　現諸身三昧
勤行大精進　捨所愛之身
說是偈已而白父言日月淨明德佛今故現
在我先供養佛已得解一切眾生語言陀羅
尼復聞是法華經八百千万億那由他甄迦
羅頻婆羅阿閦婆等偈大王我今當還供養
此佛白已即坐七寶之臺上升虛空高七多
羅樹往到佛所頭面禮足合十指爪以偈讚
佛

BD14767號　妙法蓮華經卷六　　（14–12）

在我先供養佛已得解一切眾生語言陀羅
尼復聞是法華經八百千万億那由他甄迦
羅頻婆羅阿閦婆等偈大王我今當還供養
此佛白已即坐七寶之臺上升虛空高七多
羅樹往到佛所頭面禮足合十指爪以偈讚
佛
容顏甚奇妙　光明照十方　我適曾供養　今復還親近
尒時一切眾生憙見菩薩說是偈已而白佛
言世尊世尊猶故在世尒時日月淨明德佛
告一切眾生憙見菩薩善男子我涅槃時到
滅盡時至汝可安施床座我於今夜當般涅
槃又勅一切眾生憙見菩薩善男子我以佛
法囑累於汝及諸菩薩大弟子并阿耨多羅
三藐三菩提法亦以三千大千七寶世界諸
寶樹寶臺及給侍諸天悉付於汝我滅度後
所有舍利亦付囑汝當令流布廣設供養應
起若干千塔如是日月淨明德佛勅一切眾
生憙見菩薩已於夜後分入於涅槃尒時一
切眾生憙見菩薩見佛滅度悲感懊惱戀慕
於佛即以海此岸栴檀為積供養佛身而以
燒之火滅已後收取舍利作八万四千寶瓶
以起八万四千塔高三世界表刹莊嚴垂諸
幡蓋懸眾寶鈴尒時一切眾生憙見菩薩復
自念言我雖作是供養心猶未足我今當更
供養舍利便語諸菩薩大弟子及天龍夜叉
等一切大眾汝等當一心念我今供養日月
淨明德佛舍利作是語已即於八万四千塔
前燃百福莊嚴臂七万二千歲而以供養令
无數求聲聞眾无量阿僧祇人發阿耨多羅

BD14767號　妙法蓮華經卷六　　（14–13）

於佛前以海此岸栴檀為積供養佛身而以
燒之火滅已後收取舍利作八万四千寶瓶
以起八万四千塔高三世界表刹莊嚴垂諸
幡蓋懸衆寶鈴尒時一切衆生憙見菩薩復
自念言我雖作是供養心猶未足我今當更
供養舍利便語諸菩薩大弟子及天龍夜叉
等一切大衆汝等當一心念我今供養日月
淨明德佛舍利作是語已即於八万四千塔
前燃百福莊嚴臂七万二千歲而以供養令
无數求聲聞衆无量阿僧祇人發阿耨多羅
三藐三菩提心皆使得住現一切色身三昧
尒時諸菩薩天人阿脩羅等見其无臂憂惱
[illegible]哀而作是言[illegible]

BD14767 號　妙法蓮華經卷六　　（14–14）

[illegible]究竟大悲經卷第三

BD14768 號背　護首　　（1–1）

究竟大悲經卷第三
一切賢聖心海發作相㨍渾合品第九
復次踊猛菩薩摩訶薩白佛言世尊聞上所
說真實无過今戒喜踊无量大衆騰擲勇

BD14768號　究竟大悲經卷三　（14–1）

究竟大悲經卷第三
一切賢聖心海發作相㨍渾合品第九
復次踊猛菩薩摩訶薩白佛言世尊聞上所
說真實无過今戒喜踊无量大衆騰擲勇
武一時發作皆是法力覺悟使之然也唯願慈
尊聽許大衆各各說證得摧相拔神通之
用
佛告勇猛菩薩摩訶薩曰戒如一所言悉聽汝
說譬如水行天中蓮花臺內化生天子其花
開敷天子出現自試神通堪能出遊飛行以
不自試戒就得大自在遊騰虛空遍歷十方
而无滯㝵今汝自說證得大力任從說之踊
猛菩薩摩訶薩白佛言世尊唯願慈尊聽許
弟子自說所得法神力之所由也
佛告勇猛菩薩摩訶薩曰悉聽汝說
勇猛菩薩摩訶薩白佛言世尊垂慈聽許今
當以偈歎曰
哼喋无㝵碍　森山湛自在力　撞攪天地根　幸叱龍美髓
嶫嶫嶪巖峯　猴納相山海　傾進丘墟平　腈重得且莊
勇猛菩薩摩訶薩白佛言世尊從心性本際
海藏涌動佛乱出生无量諸佛无量菩薩无
量賢聖无量仙賢隱士无量經藏无量經教
无量法音无量智慧无量神通无量轉變无
量巧便无量辯才无量宮殿无量花蓋莊嚴
之具是故上盡頂天下盡水際於中一切聖
衆皆從心性本際而便有之說而不足以偈
歎曰

BD14768號　究竟大悲經卷三　（14–2）

无量法音无量智慧无量神通无量轉變无
量巧便无量辯才无量宮殿无量花蓋莊嚴
之具是故上盡頂天下盡水際於中一切聖
衆皆從心性本際而便有之說而不足以偈
歎曰
无㝵自在佛性王　妄生轉變蓮花臺
无量佛凡於中現　畢竟无誡无去来
嶫嶭碣礊心性王　憂爲覊諫使定乳
是非碎爛作微塵　混融大身一如口
神性智王无量力　駈使諸根順九流
狒㺐遠順情縱結　攝搭庆稔寘太幽
枒摄五陰諸見脉　貪善棄惡作微塵
三毒羅剎真佛智　一切身相實法跡
真性發作諸根身　无㝵振吼音聲低
一切得失即體融　三寶於是現世間
翹趍趯趍動不走　遍緣諸境不動身
往来任縱法使然　性照合通遍不應
无鄣无㝵神性王　无邊雜類智慧炬
體解歸真等法性　四辯應機共人語
心王自在嗜怩瞋　急䌷作帳伏諸魔
碎諸分別是非心　香臭俱融共同彼
无㝵法力力中力　和合四大作一體
轉用陰陽爲天地　一一身相无源底
衆生轉動混沌流　虛源一氣理處收
推尋㲉緒无頭尾　含抱異類周不周
四龍足力員天地　究轉動身嚴法界
山陵樵爛七日現　作帳初首試一觧
大力神王吼　要光除辭嗟　是非作微塵　安得更有觧
正士作神力　降注劍霜雹　當頭即焼兒　夜又尋隙討

衆生轉動混沌流　虛源一氣理處收
推尋㲉緒无頭尾　含抱異類周不周
四龍足力員天地　究轉動身嚴法界
山陵樵爛七日現　作帳初首試一觧
大力神王吼　要光除辭嗟　是非作微塵　安得更有觧
正士作神力　降注劍霜雹　當頭即焼兒　夜又尋隙討
十六一種人　分布齊應應　治操六魔賊　往往无當敵
而此无量偈　擁應出一身　方便心海湯　法界是一人
佛告勇猛菩薩摩訶薩曰汝說偈教汝等大
衆寧神沖身吾今重頌
心性本際真金山　阿梨耶龍引出雲
靉靆垂布遍十方　降注洸洸五陰村
阿梨耶龍雲中遊　伊離淌淪雹霈色
延長促短遍十方　皆是无㝵大心力
阿梨耶龍无㝵力　遊於四大五陰空
往来无諍和九流　任縱自韻神无功
梨耶舊迅振六合　雷電鼓擊光輝耀
不動真際而遍過　黑闇根中開明照
梨耶神通性无㝵　山河石壁於中過
无量質㝵不能遮　何苦能牽入鼎鑊
勇猛菩薩摩訶薩白佛言世尊大聖垂慈開
教悲圓不審此說爲從心出爲從心性而出爲
爲无從而出唯願慈尊分明顯示令迷教之
徒知根所由佛告勇猛菩薩摩訶薩曰上盡
頂天下盡水際於中一切衆生種種形質无
量善惡皆從心性而出何以故但心性无出无
无出之出是名真出是以得知上盡諸佛下
盡識海從心心而有性心有故一切皆心用
心用无邊緣知用名爲心心用用心无用无

頂天下盡水際於中一切衆生種種形質无
量善悪皆從心性而出何以故但心性无出无
无出之出是名真出是以得知上盡諸佛下
盡識海從心心而有性心有故一切皆心用
心用无邊際即用名為心心用用心无用无
心
復次真識菩薩摩訶薩白佛言世尊大聖所
說一切皆心心一切心无別心无別心故一
切皆心用若如是者云何有清涼心云何有
熱惱心云何得不清涼不熱惱等一心性熱則
常熱涼則常涼不涼不熱常應不涼不熱何
以故心性之理常无別故
佛告真識菩薩摩訶薩曰一切皆心心一切神
遊法界无鄣㝵心一切一切一心法界遊宅
愛无所愛无所不无所形聲影響皆无別真
識菩薩摩訶薩白佛言世尊不解為是心用
性性用心唯願大慈尊披析令衆得開解
佛告真識菩薩摩訶薩曰心用性緣處是真
淨性用心不可毀壞照真金是故心不用性
无織淨性不用心无混融无混融无始復无
終无始復无終心用性性用心
說是法時无量大衆乘寶智駕性性龍圖本
淨心緣功
一切諸法取相解脫品第十
復次天真菩薩摩訶薩白佛言世尊一切衆
聖莫不皆說順情之法何故今日世尊所說
之法皆是遠情遠情則苦苦是患源故知情
者以貪為體若无有貪无所依恃有依恃故

BD14768號　究竟大悲經卷三　（14–5）

一切諸法取相解脫品第十
復次天真菩薩摩訶薩白佛言世尊一切衆
聖莫不皆說順情之法何故今日世尊所說
之法皆是遠情遠情則苦苦是患源故知情
者以貪為體若无有貪无所依恃有依恃故
一切果報由情貪而有何以故若不貪善无
以息惡若不息惡无以歸真以此類之云何
今日如来說言泯非寘是福禍同流同歸
真歸真太樕太樕之理本无是非是非既寘
一切混融混融之中則无凡无佛何用教為
佛告天真菩薩摩訶薩曰貪者以情為體情
者以貪為本由有情起即有遠順遠順既興
隨虛妄流是故順情稱善遠情稱惡若情既
息貪亦隨亡情貪既无善惡自謝是以得知
貪善棄惡是繼縛業本非解脫是故據此情
貪之中五其与奪顯四種解脫何者為四一
者无願解脫二者无作解脫三者无想解脫
四者无學解脫何以故有願為願所繼從繼
業受生一非解脫有作為作業所繼從繼業
幸生二非解脫有想緣慮為相業所繼從繼業
幸生三非解脫有學有想念為想念繼學
所繼從繼業幸生四非解脫
天真菩薩摩訶薩白佛言世尊如来說四解
脫門復顯四種非解脫四種解脫名鄣解脫
義猶自未顯唯願世尊哀愍救護顯畢解說
佛告天真菩薩摩訶薩曰四種解脫者无願
為初何以故无願稱為解脫有願之来為願
所繼凡有願者有心要期要期滿願願之由

BD14768號　究竟大悲經卷三　（14–6）

脫門復顯四種非解脫四種解脫名竟解脫
義猶自未顯唯願世尊哀慜救護願畢解說
佛告天真菩薩摩訶薩曰四種解脫者无願
爲初何以故无願稱爲解脫有願之來爲願
所繫凡有願者有心要期要期滿願滿願之由
良由妄起望滿爲願滿所繫繫繫業招生
故知以妄集妄妄還繫妄繫相繫非解
脫无願无累无累无妄累妄俱融无滿无
稱名真解脫无作解脫者一切皆无作何
以故无作无爲无爲則无利无切德无利无
切德不爲利益切德所繫名爲无作解脫无
想解脫者若无想念則无繫結何以故想念
波動境風飄浮從外緣想事想事繫業繫業
招生不名解脫是故无想則无念无想繫結
不爲業事名爲无想解脫无學解脫者无學
无憂有學有憂何以故學從心意而起是故
學者勞心役慮增長我見是非得失分別好
惡貢高自恃以有如是見故名繫縛无學无
憂何以故万相自融圓流海藏藏舒用舒藏
用體泯名爲无學解脫
天真菩薩摩訶薩白佛言世尊心性是一解
脫應一何故如來今日說四解脫門心性是
一應說一解脫門
佛告天真菩薩摩訶薩曰一切衆生心性是
一而說四解脫者良由群生繫結之興不過
有四是以且據繫結說四解脫理而言之四繫
既沒一上猶无何容有四但以四权繫权无不
不盡故且舉四名擲其義屬所以然者體泯
目足解亦无解安得有脫以此類之捨惡從

佛告天真菩薩摩訶薩曰一切衆生心性是
一而說四解脫者良由群生繫結之興不過
有四是以且據繫結說四解脫理而言之四繫
既沒一上猶无何容有四但以四权繫权无不
不盡故且舉四名擲其義屬所以然者體泯
相沒解亦无解安得有脫以此類之捨惡從
善備道作佛皆是繫縛善及作佛猶是繫縛
况復誕縱諸非寧非繫縛故知繫縛是封封
善封惡以封結招生故非解脫
天真菩薩摩訶薩白佛言世尊解脫之因何
者爲是解脫之果何者爲是唯大慈慜願爲
重說
佛告天真菩薩摩訶薩曰有心脩善名天人
之因心存是非樂行惡行是三塗之因善惡雙
泯體融大舒名爲佛因亦名解脫因設名名
之佛因如實佛因不可名目何以故佛因者
无因可因有因之因因果相待相待之因名
爲繫縛因非解脫因
天真菩薩摩訶薩白佛言世尊因說竟果猶
未說唯願世尊重爲顯示解脫之果
佛告天真菩薩摩訶薩曰解脫果者金剛心
謝大明種智以爲解脫果理而言之解脫之
理无因无果无果之果名解脫果
說是法時无量大衆真會不起爲因无得爲
果同真際等法性
即相无相万物不遷事用究竟品第十一
復次鑒照菩薩摩訶薩白佛言世尊如上所
說次第十品五義不同言教各異衆聖道一
教門應一云何設名題目而有衆多不審此

果同真際等法性
即相无相万物不遷事用究竟品第十
復次鑒照菩薩摩訶薩白佛言世尊如上所
說次第十品五義不同言教各異衆聖道一
教門應一云何設名題目而有衆多不審此
理願佛說之令當来大衆知教開通擁閉同
異
佛告鑒照菩薩摩訶薩曰衆聖異談旨當唯
一所謂依心教門衆多所謂依身若離身心
則无言教故知言教塵沙理旨无殊教門无
量歸處无別以此類之十方諸佛語說同故无
量菩薩方便處多陳章吐教似如有異究
其玄旨畢竟无別辯如色界天子眷屬无量
音樂歎詠清雅婉約錚巧各畢遊騰虛空上
昇光音而至佛所各各一心盡意樂佛論其
文辞音曲瑩簇琴笛悉皆不同窮其意也皆
歎佛好歎好處同名爲一語上来教門差牙
不同隨問對釋雖教文殊万而无二趣但以種
種種開通會歸任殺說是衆聖无二之理圓
真教時水行天子樹音天子百千眷屬一時
雲會而至佛所各各恭敬正坐一面長跪叉
手以偈歎曰
衆聖說无別　有諸无諸如　一切相通達　言教悉无衆
衆聖言說異　意旨悉皆同　文字即解脫　大小理處通
衆聖明了慧　方便開初始　文起爲未悟　既悟相即理
衆聖善方便　隨宜皆不實　執教謂爲是　即使起文逐
衆聖相影響　同說一如理　教門雖无量　達解悉會是
衆聖所師法　軌處悉无殊　伏藏圓明顯　万相即體如
衆聖巧便說　惠心誘諸人　圓明顯大藏　覺性明了真

衆聖明了慧　方便開初始　文起爲未悟　既悟相即理
衆聖善方便　隨宜皆不實　執教謂爲是　即使起文逐
衆聖相影響　同說一如理　教門雖无量　達解悉會是
衆聖所師法　軌處悉无殊　伏藏圓明顯　万相即體如
衆聖巧便說　惠心誘諸人　圓明顯伏藏　覺性明了真
衆聖明了說　銷融於毒害　煩惱普自无　何處有塵
佛告水行天子樹音天子曰一切言教不離
心相至於文字不離身相是故身相得解脫
時文字即解脫用
水行天子樹音天子異口同音而白佛言世
尊一切言教文字以何爲體以何爲實言教
文字根本何者爲是尋教會理文字即解脫
用者何者爲是願大慈尊說其所由令无量
大衆知文字所由道教根本
佛告水行天子樹音天子曰一切言教心相
是本一切文字身相是體身相爲實尋教
會理者窮其心生住滅名爲尋教會理文字
即解脫用者諸根真照真照圓齊齊照照齊
同塵无染名爲文字即解用
鑒照菩薩摩訶薩前白佛言世尊大聖圓覺
軌法脩學而成等覺等覺圓具還說真軌自
得令他得同入正智乘乘者乘於法乘而究
竟之由何故如来今日說道心相是言教身
相是文字若心相是言教者一切衆生具足
言教若身相是文字者一切衆生具足文字
言教復具文字復具道教自有何用在大聖
會所而聽法乎軌心爲則軌身爲用則法成
用久来解脫何故今日說言文字即解脫用

言教若身相是文字者一切衆生具足文字
言教復具文字復具道教自有何用在大聖
會所而聽法乎輒心為則輒身為用則法戒
用久來解脫何故今日說言文字即解脫用
佛告鑒照菩薩摩訶薩曰若如汝所問心相
非言教身相非文字者十方諸佛无量菩薩
一切聖衆離心之與身而有言教者无有是
處譬如外求九十五道雜類鬼神入人身內
遂起惡見而要大聖若離身心及與善惡苦
樂果報而有言說我當信受若不然者所有
言說皆道我身身是頑銅心是穢源教我學
學其頑穢之法我定不從大聖復語汝若如
是要請之求何不離身心善惡苦樂果報而
要於我外之人即便荅大聖言曰我實離之
大聖復問汝若離身心而要請者汝今所問
為是離身心而問為不離而問若離身心
誰為問者若不離而問即非理之要所以然
者身為外攞挪心王常處中心王欲生念
使口而便問是以得知問者皆由身心若離
身心无復有問以此證知往古來今三世諸
佛所有法藏唯心性為本若離心性則无言
說是故无量真法隱在四大五陰千是万非
取捨蘭點惡見塵中隱名為四大五陰千是
万非取捨蘭點惡見塵勞顯即四大五陰千
是万非取捨蘭點惡見塵勞以為文字根本
若離身心縱令佛辯无所言說既无言說抄
何為經既无可抄字亦无字鑒照菩薩摩訶
薩前白佛言世尊若身心是法藏根本文字

BD14768號　究竟大悲經卷三

(14–11)

是万非取捨蘭點惡見塵勞以為文字根本
若離身心縱令佛辯无所言說既无言說抄
何為經既无可抄字亦无字鑒照菩薩摩訶
薩前白佛言世尊若身心是法藏根本文字
所由者法本无染文字常淨而此身心豈得
无染常淨
佛告鑒照菩薩摩訶薩曰心性本淨猶如明
王雖處身中不為身塵所染名為无染明王
雖在塵中王不染塵塵不染王塵不染塵名
為常淨无染常豈非真實法軌文字經教以
此證知无邊經卷唯一切衆生身是无邊法
藏唯一切衆生心性天真是若離此二衆聖
聖權實无量言教四辯宣揚悉皆息駕盲章
斷句是以得知大聖圓音古今理通唯說身心
是以愚人名身心為生滅識惡不名文字經
教以為生滅識惡豈不違理太甚橫增我
見顛倒情奢錯用非宜說而不足以偈頌曰
菩提大道想念融　畢竟三毒真佛體
是非從來任性流　始終本末无依底
身相究竟能容受　无蘭无擇无成破
无染常淨法力轉　搜窮蹤緒无善惡
鑒照菩薩摩訶薩白佛言世尊如佛所說體
融大行相即真用真用用真无真无用无真
无用云何而言違理太甚橫增我見顛倒情
奢錯用非宜性及身相畢竟无非是亦隨從
誰為遠理誰為橫增我見誰為顛倒誰為錯
用若有遠理我見顛倒錯用即非法藏亦非經
經卷何以故前言後教自相違故

BD14768號　究竟大悲經卷三

(14–12)

奢錯用非互性及身相畢竟无非是亦随役
誰爲遠理誰爲擯增我見誰爲顛倒誰爲錯
用若有遠理我見顛倒錯用即非法藏亦非經
經卷何以故前言後教自相違故
佛告鑒照菩薩摩訶薩曰實如所言快聞是
義體融大寂相即无㝵混沌天真名作太一
攝爲法藏顯爲文字攝則歸空設影顯身
相俱現對身名經隱覆名藏改形換質正是
太一洪源神變自在是故經教文字乃是生
滅苦空所攝言文字即解脱用者是教門之
中苦空解脱非是太一洪源神變解脱汝復
以遠理我見顛倒錯用以難我者非无理路
但教門與棄顯異去結理而言之遠與无遠猶
寂滅寂滅无滅无滅可滅也
尒時衆中有一菩薩摩訶薩名曰普滅闇佛
所説豁然意解即於身上了了分明見十二
部經精麁深淺慚頓炳著行行分明義句對
與相泯百非理融万是混合混沌天成无縫
金紙銀字通天卷軸以皮爲紙以骨爲筆以
清脉爲水以髓爲墨以自性理書之而无錯
以法聽法吾今爲汝大衆而説偈曰
衆生身相皆法聚　究其性相是佛塊
煩惱體實不生滅　真性金剛不俎壞
從頭至足无非法　圓明寂照遍十方
善惡理融无鄣㝵　随流離合不相妨
十方世界大經卷　唯有此法衆生是
息忘融真同性際　乃爲尋教會如理
説是法時无量大衆歡喜踊躍具足法照

從頭至足无非法　圓明寂照遍十方
善惡理融无鄣㝵　随流離合不相妨
十方世界大經卷　唯有此法衆生是
息忘融真同性際　乃爲尋教會如理
説是法時无量大衆歡喜踊躍具足法照
法智法眼法雲无生頂戴奉行
究竟大悲經卷第三

須菩提於意云何須陀洹能作是念我得須
陀洹果不須菩提言不也世尊何以故須陀
洹名為入流而无所入不入色聲香味觸法
是名須陀洹須菩提於意云何斯陀含能作
是念我得斯陀含果不須菩提言不也世尊
何以故斯陀含名一往來而實无往來是名
斯陀含須菩提於意云何阿那含能作是念
我得阿那含果不須菩提言不也世尊何以
故阿那含名為不來而實无來是故名阿那
含須菩提於意云何阿羅漢能作是念我得
阿羅漢道不須菩提言不也世尊何以故實
无有法名阿羅漢世尊若阿羅漢作是念我
得阿羅漢道即為著我人衆生壽者世尊
佛說我得无諍三昧人中最為第一是第一
欲阿羅漢我不作是念我是離欲阿羅漢世
尊我若作是念我得阿羅漢道世尊則不說
須菩提是樂阿蘭那行者以須菩提實无所

BD14769 號　金剛般若波羅蜜經　（12–1）

得阿羅漢道即為著我人衆生壽者世尊
佛說我得无諍三昧人中最為第一是第一
欲阿羅漢我不作是念我是離欲阿羅漢世
尊我若作是念我得阿羅漢道世尊則不說
須菩提是樂阿蘭那行者以須菩提實无所
行而名須菩提是樂阿蘭那行
佛告須菩提於意云何如來昔在然燈佛所
於法有所得不世尊如來在然燈佛所於法
實无所得須菩提於意云何菩薩莊嚴佛
土不不也世尊何以故莊嚴佛土者則非莊嚴
是名莊嚴是故須菩提諸菩薩摩訶薩應
如是生清淨心不應住色生心不應住聲香
味觸法生心應无所住而生其心須菩提譬
如有人身如須弥山王於意云何是身為大不
須菩提言甚大世尊何以故佛說非身是
名大身
須菩提如恒河中所有沙數如是沙等恒河
於意云何是諸恒河沙寧為多不須菩提
言甚多世尊但諸恒河尚多无數何況其沙
須菩提我今實言告汝若有善男子善女人
以七寶滿尒所恒河沙數三千大千世界以用
布施得福多不須菩提言甚多世尊佛告
須菩提若善男子善女人於此經中乃至受持
四句偈等為他人說而此福德勝前福德
復次須菩提隨說是經乃至四句偈等當
知此處一切世間天人阿脩羅皆應供養如

BD14769 號　金剛般若波羅蜜經　（12–2）

布施得福多不須菩提言甚多世尊佛告
須菩提若善男子善女人於此中乃至受持
四句偈等爲他人說而此福德勝前福德
復次須菩提隨說是經乃至四句偈等當
知此處一切世間天人阿脩羅皆應供養如
佛塔廟何况有人盡能受持讀誦須菩提
當知是人成就最上第一希有之法若是
經典所在之處則爲有佛若尊重弟子
尒時須菩提白佛言世尊當何名此經我
等云何奉持佛告須菩提是經名爲金剛
般若波羅蜜以是名字汝當奉持所以者何
須菩提佛說般若波羅蜜則非般若波羅蜜
須菩提於意云何如來有所說法不須菩提
白佛言世尊如來无所說須菩提於意云何
三千大千世界所有微塵是爲多不須菩提
言甚多世尊須菩提是諸微塵如來說非微
塵是名微塵如來說世界非世界是名世界
須菩提於意云何可以卅二相見如來不不
也世尊何以故如來所說卅二相即是非相
是名卅二相須菩提若有善男子善女人
以恒河沙等身命布施若復有人於此經
中乃至受持四句偈等爲他人說其福甚多
尒時須菩提聞說是經深解義趣涕淚悲
泣而白佛言希有世尊佛說如是甚深經
典我從昔來所得慧眼未曾得聞如是之經
世尊若復有人得聞是經信心清淨則生實
相當知是人成就第一希有功德世尊是實

BD14769號　金剛般若波羅蜜經　（12–3）

泣而白佛言希有世尊佛說如是甚深經
典我從昔來所得慧眼未曾得聞如是之經
世尊若復有人得聞是經信心清淨則生實
相當知是人成就第一希有功德世尊是實
相者則是非相是故如來說名實相世尊我
今得聞如是經典信解受持不足爲難若當
來世後五百歲其有衆生得聞是經信解受
持是人則爲第一希有何以故此人无我相人
相衆生相壽者相所以者何我相即是非相
人相衆生相壽者相即是非相何以故離一切
諸相則名諸佛佛告須菩提如是如是若復
有人得聞是經不驚不怖不畏當知是人甚
爲希有何以故須菩提如來說第一波羅蜜
非第一波羅蜜是名第一波羅蜜
須菩提忍辱波羅蜜如來說忍辱波羅蜜
何以故須菩提如我昔爲歌利王割截身體
我於尒時无我相无人相无衆生相无壽者
相何以故我於往昔節節支解時若有我相
人相衆生相壽者相應生瞋恨須菩提又念
過去於五百世作忍辱仙人於尒所世无我
相无人相无衆生相无壽者相是故須菩提
菩薩應離一切相發阿耨多羅三藐三菩提
心不應住色生心不應住聲香味觸法生心
應生无所住心若心有住則爲非住是故佛
說菩薩心不應色布施須菩提菩薩爲利
益一切衆生應如是布施如來說一切諸相

BD14769號　金剛般若波羅蜜經　（12–4）

心不應住色生心不應住聲香味觸法生心
應生无所住心若心有住則為非住是故佛
說菩薩心不應色布施須菩提菩薩為利
益一切衆生應如是布施如来說一切諸相
即是非相又說一切衆生則非衆生須菩提
如来是真語者實語者如語者不誑語者
不異語者須菩提如来所得法此法无實无
虛
須菩提若菩薩心住於法而行布施如人入
闇則无所見若菩薩心不住法而行布施如
人有目日光明照見種種色須菩提當来之
世若有善男子善女人能於此經受持讀誦
則為如来以佛智慧悉知是人悉見是人皆
得成就无量无邊功德
須菩提若有善男子善女人初日分以恒河
沙等身布施中日分復以恒河沙等身布施
後日分亦以恒河沙等身布施如是无量百
千万億劫以身布施若復有人聞此經典信
心不逆其福勝彼何況書寫受持讀誦為人
解說須菩提以要言之是經有不可思議不
可稱量无邊功德如来為發大乘者說為發
冣上乘者說若有人能受持讀誦廣為人說
如来悉知是人悉見是人皆成就不可量不
可稱无有邊不可思議功德如是人等則為
荷擔如来阿耨多羅三藐三菩提何以故須
菩提若樂小法者著我見人見衆生見壽者

BD14769 號　金剛般若波羅蜜經　（12–5）

如来悉知是人悉見是人皆成就不可量不
可稱无有邊不可思議功德如是人等則為
荷擔如来阿耨多羅三藐三菩提何以故須
菩提若樂小法者著我見人見衆生見壽者
見則於此經不能聽受讀誦為人解說須菩
提在在處處若有此經一切世間天人阿脩
羅所應供養當知此處則為是塔皆應恭
敬作礼圍遶以諸花香而散其處
復次須菩提善男子善女人受持讀誦此經
若為人輕賤是人先世罪業應墮惡道以今
世人輕賤故先世罪業則為消滅當得阿耨
多羅三藐三菩提須菩提我念過去无量阿
僧祇劫於然燈佛前得值八百四千万億那
由他諸佛悉皆供養承事无空過者若復有
人於後末世能受持讀誦此經所得功德於
我所供養諸佛功德百分不及一千万億分
乃至筭數譬喻所不能及須菩提若善男子
善女人於後末世有受持讀誦此經所得功
德我若具說者或有人聞心則狂亂狐疑不
信須菩提當知是經義不可思議果報亦不
可思議
尒時須菩提白佛言世尊善男子善女人發
阿耨多羅三藐三菩提心云何應住云何降
伏其心佛告須菩提善男子善女人發阿耨
多羅三藐三菩提者當生如是心我應滅度
一切衆生滅度一切衆生已而无有一衆生
實滅度者何以故若菩薩有我相人相衆生

BD14769 號　金剛般若波羅蜜經　（12–6）

伏其心佛告須菩提善男子善女人發阿耨
多羅三藐三菩提者當生如是心我應滅度
一切衆生滅度一切衆生已而无有一衆生
實滅度者何以故若菩薩有我相人相衆生
相壽者相則非菩薩所以者何須菩提實无
有法發阿耨多羅三藐三菩提者須菩提於
意云何如来於然燈佛所有法得阿耨多羅
三藐三菩提不不也世尊如我解佛所說義
佛於然燈佛所无有法得阿耨多羅三藐
三菩提佛言如是如是須菩提實无有法如
来得阿耨多羅三藐三菩提須菩提若有法
如来得阿耨多羅三藐三菩提者然燈佛則
不與我受記汝於来世當得作佛号釋迦牟
尼以實无有法得阿耨多羅三藐三菩提是
故然燈佛與我受記作是言汝於来世當得
作佛号釋迦牟尼何以故如来者即諸法如
義若有人言如来得阿耨多羅三藐三菩提
須菩提實无有法佛得阿耨多羅三藐三菩
提須菩提如来所得阿耨多羅三藐三菩提
於是中无實无虛是故如来說一切法皆是
佛法須菩提所言一切法者即非一切法是
故名一切法須菩提譬如人身長大須菩提
言世尊如来說人身長大則為非大身是名
大身須菩提菩薩亦如是若作是言我當滅
度无量衆生則不名菩薩何以故須菩提實
无有法名為菩薩是故佛說一切法无我无
人无衆生无壽者須菩提若菩薩作是言我

BD14769號　金剛般若波羅蜜經　（12–7）

故名一切法須菩提譬如人身長大須菩提
言世尊如来說人身長大則為非大身是名
大身須菩提菩薩亦如是若作是言我當滅
度无量衆生則不名菩薩何以故須菩提實
无有法名為菩薩是故佛說一切法无我无
人无衆生无壽者須菩提若菩薩作是言我
當荘嚴佛土是不名菩薩何以故如来說荘
嚴佛土者即非荘嚴是名荘嚴須菩提若
菩薩通達无我法者如来說名真菩薩
須菩提於意云何如来有肉眼不如是世尊
如来有肉眼須菩提於意云何如来有天眼
不如是世尊如来有天眼須菩提於意云何
如来有慧眼不如是世尊如来有慧眼須菩
提於意云何如来有法眼不如是世尊如来
有法眼須菩提於意云何如来有佛眼不如
是世尊如来有佛眼須菩提於意云何恒河
中所有沙佛說是沙不如是世尊如来說是
沙須菩提於意云何如一恒河中所有沙有
如是等恒河是諸恒河所有沙數佛世界如
是寧為多不甚多世尊佛告須菩提尒所国
土中所有衆生若干種心如来悉知何以故
如来說諸心皆為非心是名為心所以者何
須菩提過去心不可得現在心不可得未来
心不可得須菩提於意云何若有人滿三千
大千世界七寶以用布施是人以是因緣得
福多不如是世尊此人以是因緣得福甚多
須菩提若福德有實如来不說得福德多以

BD14769號　金剛般若波羅蜜經　（12–8）

須菩提過去心不可得現在心不可得未来
心不可得須菩提於意云何若有人滿三千
大千世界七寶以用布施是人以是因緣得
福多不如是世尊此人以是因緣得福甚多
須菩提若福德有實如来不説得福德多以
福德无故如来説得福德多
須菩提於意云何佛可以具足色身見不不
也世尊如来不應以具足色身見何以故如
来説具足色身即非具足色身是名具足色
身須菩提於意云何如来可以具足諸相見
不不也世尊如来不應以具足諸相見何以
故如来説諸相具足即非具足是名諸相具
足須菩提汝勿謂如来作是念我當有所説
法莫作是念何以故若人言如来有所説法
即為謗佛不能解我所説故須菩提説法者
无法可説是名説法須菩提白佛言世尊佛
得阿耨多羅三藐三菩提為无所得耶如是
如是須菩提我於阿耨多羅三藐三菩提乃
至无有少法可得是名阿耨多羅三藐三菩
提復次須菩提是法平等无有高下是名阿
耨多羅三藐三菩提以无我无人无衆生无
壽者脩一切善法則得阿耨多羅三藐三菩
提須菩提所言善法者如来説非善法是名
善法須菩提若三千大千世界中所有諸須
弥山王如是等七寶聚有人持用布施若人
以此般若波羅蜜經乃至四句偈等受持讀
誦為他人説於前福德百分不及一百千万
億分乃至筭數譬喻所不能及

BD14769 號　金剛般若波羅蜜經　（12–9）

提須菩提所言善法者如来説非善法是名
善法須菩提若三千大千世界中所有諸須
弥山王如是等七寶聚有人持用布施若人
以此般若波羅蜜經乃至四句偈等受持讀
誦為他人説於前福德百分不及一百千万
億分乃至筭數譬喻所不能及
須菩提於意云何汝等勿謂如来作是念我
當度衆生須菩提莫作是念何以故實无有
衆生如来度者若有衆生如来度者如来則
有我人衆生壽者須菩提如来説有我者則
非有我而凡夫之人以為有我須菩提凡夫
者如来説則非凡夫
須菩提於意云何可以卅二相觀如来不須菩
提言如是如是以卅二相觀如来者言須菩
提若以卅二相觀如来者轉輪聖王則是如
来須菩提白佛言世尊如我解佛所説義
不應以卅二相觀如来尒時世尊而説偈言
若以色見我　以音聲求我　是人行邪道　不能見如来
須菩提汝若作是念如来不以具足相故得
阿耨多羅三藐三菩提須菩提莫作是念如
来不以具足相故得阿耨多羅三藐三菩提
須菩提汝若作是念發阿耨多羅三藐三菩
提心者説諸法斷滅莫作是念何以故發阿
耨多羅三藐三菩提心者於法不説斷滅相
須菩提若菩薩以滿恒河沙等世界七寶布
施若復有人知一切法无我得成於忍此菩
薩勝前菩薩所得功德須菩提以諸菩薩
不受福德故須菩提白佛言世尊云何菩薩

BD14769 號　金剛般若波羅蜜經　（12–10）

提心者說諸法斷滅莫作是念何以故發阿
耨多羅三藐三菩提心者於法不說斷滅相
須菩提若菩薩以滿恒河沙等世界七寶布
施若復有人知一切法无我得成於忍此菩
薩勝前菩薩所得功德須菩提以諸菩薩
不受福德故須菩提白佛言世尊云何菩薩
不受福德須菩提菩薩所作福德不應貪著
是故說不受福德須菩提若有人言如來若
來若去若坐若卧是人不解我所說義何以
故如來者无所從來亦无所去故名如來
須菩提若善男子善女人以三千大千世界
碎為微塵於意云何是微塵衆寧為多
不甚多世尊何以故若是微塵衆實有者佛
則不說是微塵衆所以者何佛說微塵衆則
非微塵衆是名微塵衆世尊如來所說三千
大千世界則非世界是名世界何以故若世界
實有者則是一合相如來說一合相則非一合
相是名一合相須菩提一合相者則是不
可說但凡夫之人貪著其事
須菩提若人言佛說我見人見衆生見壽者
見須菩提於意云何是人解我所說義不世
尊是人不解如來所說義何以故世尊說我
見人見衆生見壽者見即非我見人見衆生
見壽者見是名我見人見衆生見壽者見
須菩提發阿耨多羅三藐三菩提心者於一
切法應如是知如是見如是信解不生法相
須菩提所言法相者如來說即非法相是名

BD14769號　金剛般若波羅蜜經　（12–11）

尊是人不解如來所說義何以故世尊說我
見人見衆生見壽者見即非我見人見衆生
見壽者見是名我見人見衆生見壽者見
須菩提發阿耨多羅三藐三菩提心者於一
切法應如是知如是見如是信解不生法相
須菩提所言法相者如來說即非法相是名
法相須菩提若有人以滿无量阿僧祇世界
七寶持用布施若有善男子善女人發菩薩
心者持於此經乃至四句偈等受持讀誦為
人演說其福勝彼云何為人演說不取於相如
如不動何以故
一切有為法　如夢幻泡影　如露亦如電　應作如是觀
佛說是經已長老須菩提及諸比丘比丘尼
優婆塞優婆夷一切世間天人阿脩羅聞佛
所說皆大歡喜信受奉行

金剛般若波羅蜜經

二百四十八行

BD14769號　金剛般若波羅蜜經　（12–12）

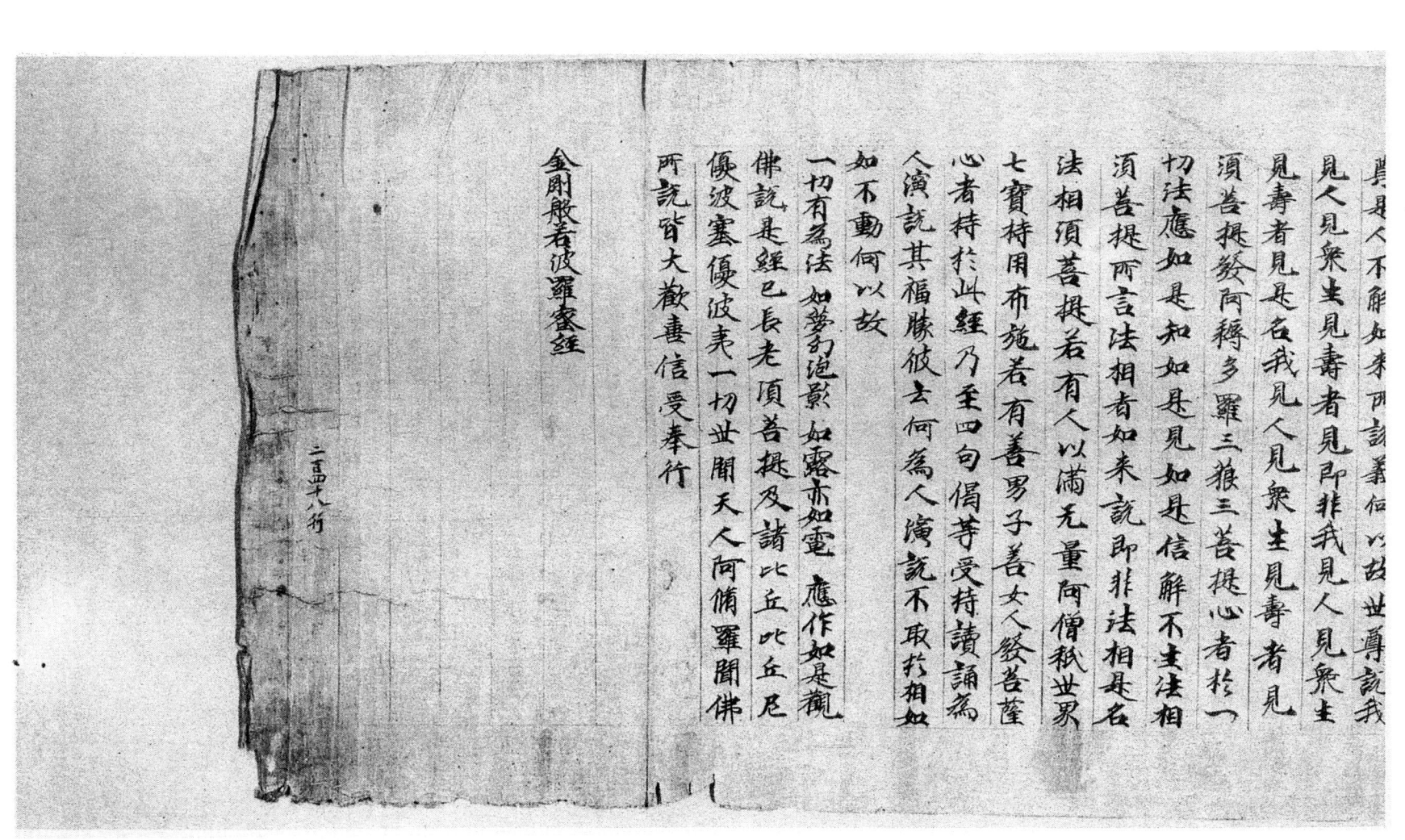

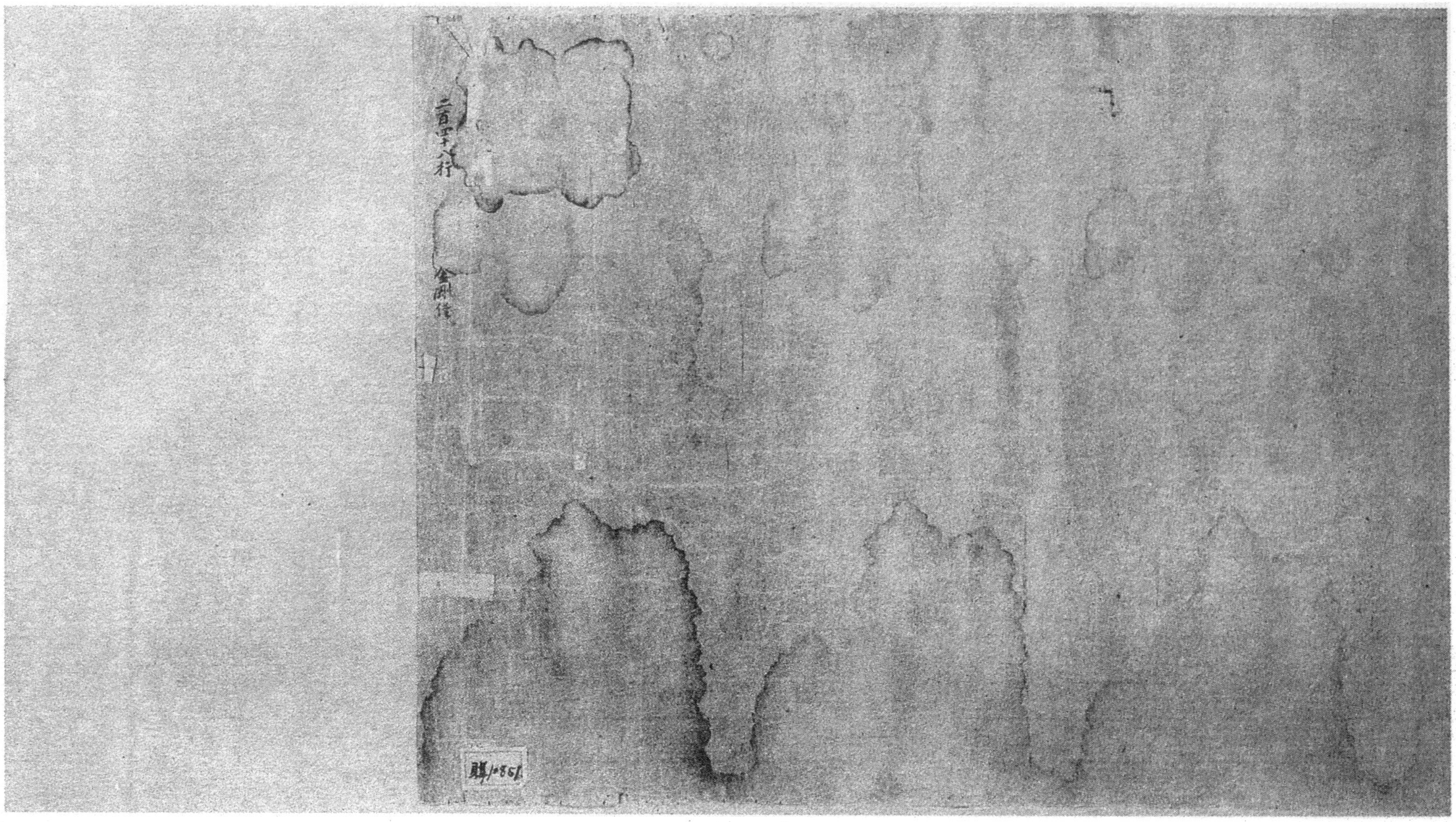

BD14769 號背　勘記　　（2–1）

BD14769 號背　勘記　　（2–2）

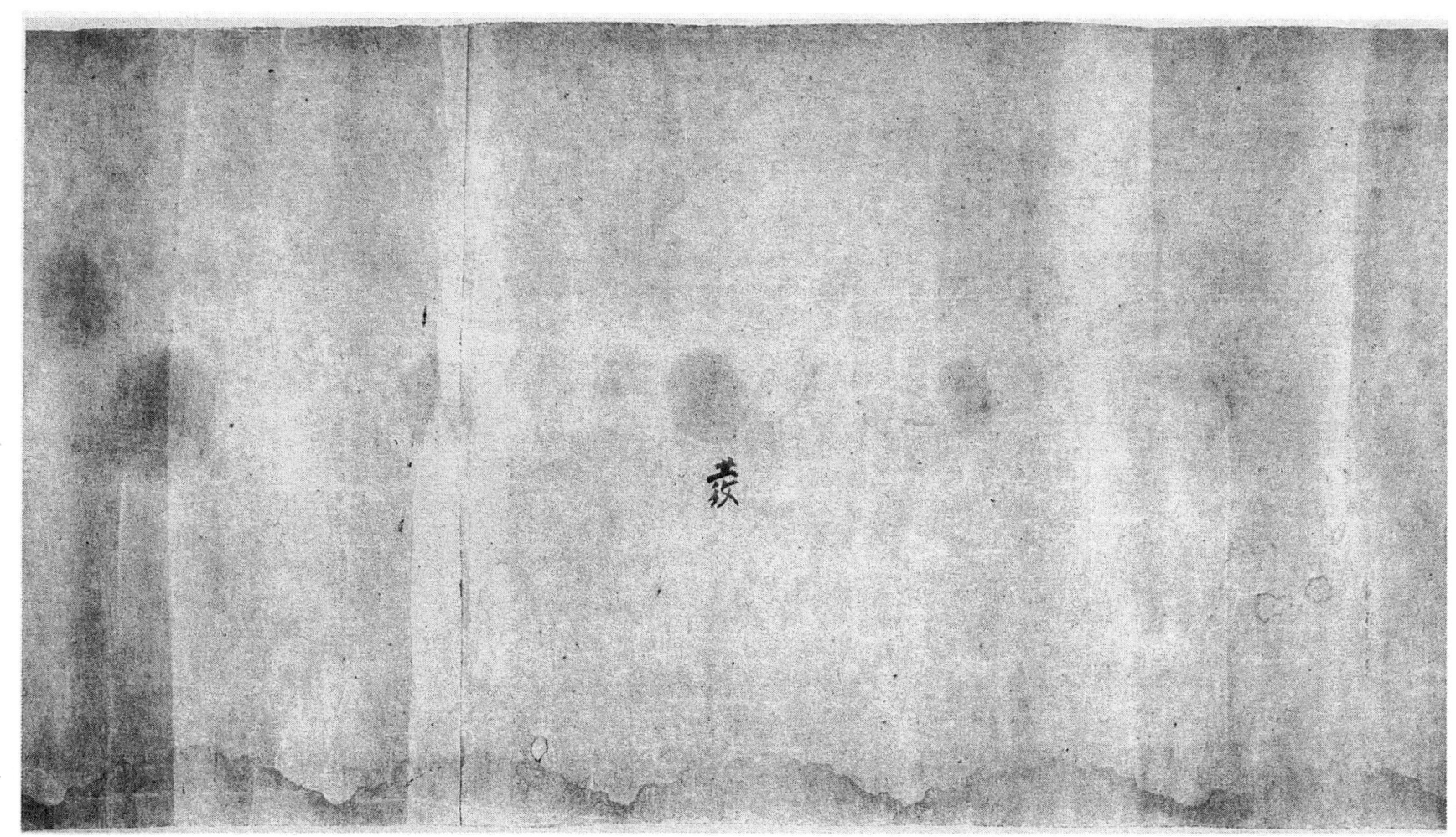

BD14769 號背　雜寫　（1–1）

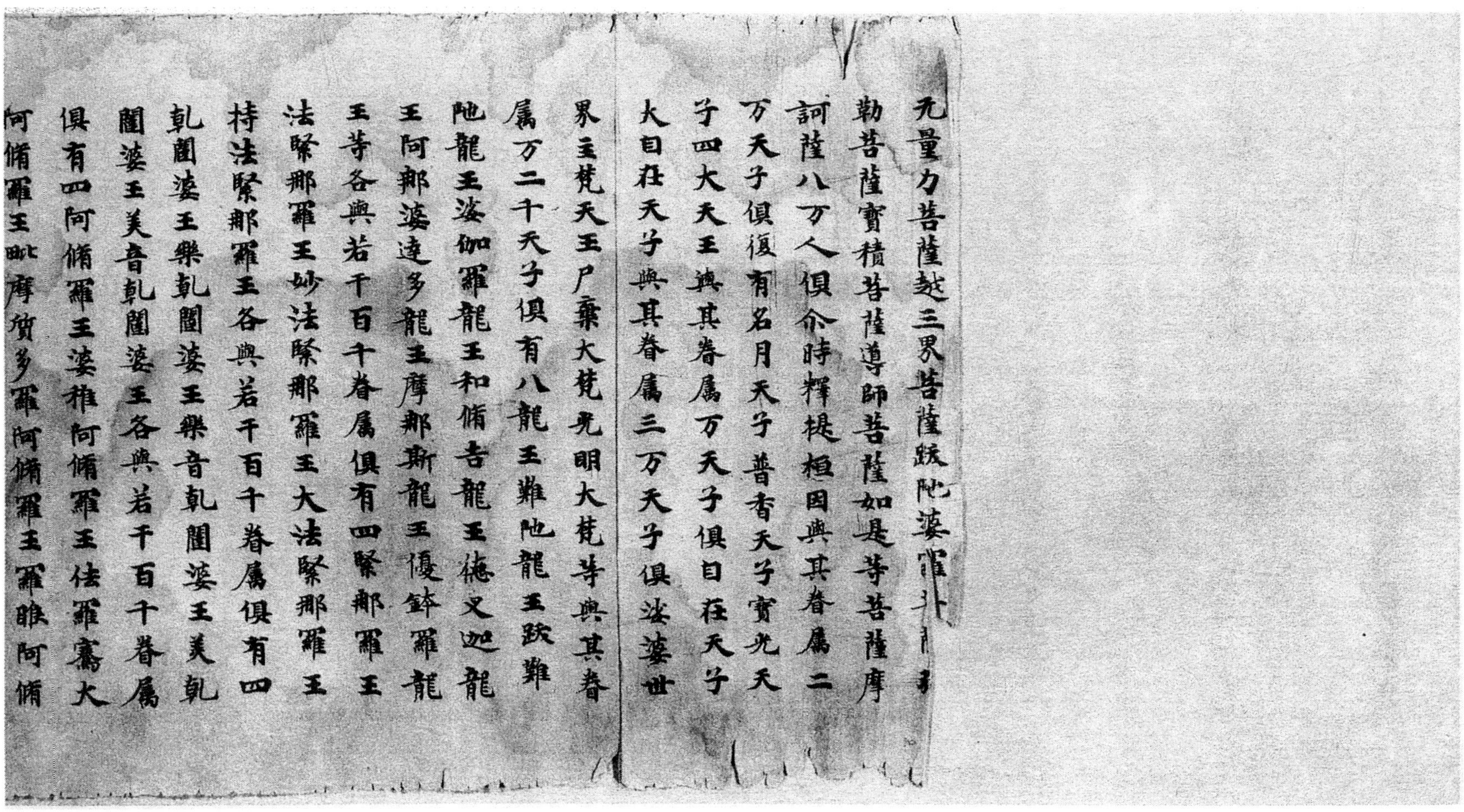

无量力菩薩越三界菩薩跋陁婆羅[illegible]
勒菩薩寳積菩薩導師菩薩如是等菩薩摩
訶薩八万人俱尒時釋提桓因與其眷屬二
万天子俱復有名月天子普香天子寳光天
子四大天王與其眷屬万天子俱自在天子
大自在天子與其眷屬三万天子俱娑婆世
界主梵天王尸棄大梵光明大梵等與其眷
屬万二千天子俱有八龍王難陁龍王跋難
陁龍王娑伽羅龍王和脩吉龍王徳叉迦龍
王阿那婆達多龍王摩那斯龍王優鉢羅龍
王等各與若干百千眷屬俱有四緊那羅王
法緊那羅王妙法緊那羅王大法緊那羅王
持法緊那羅王各與若干百千眷屬俱有四
乾闥婆王樂乾闥婆王樂音乾闥婆王美乾
闥婆王美音乾闥婆王各與若干百千眷屬
俱有四阿脩羅王婆稚阿脩羅王佉羅騫大
阿脩羅王毗摩質多羅阿脩羅王羅睺阿脩

BD14770 號　妙法蓮華經卷一　（3–1）

法緊那羅王妙法緊那羅王大法緊那羅王
持法緊那羅王各與若干百千眷屬俱有四
乾闥婆王樂乾闥婆王樂音乾闥婆王美乾
闥婆王美音乾闥婆王各與若干百千眷屬
俱有四阿脩羅王婆稚阿脩羅王佉羅騫大
阿脩羅王毗摩質多羅阿脩羅王羅睺阿脩
羅王各與若干百千眷屬俱有四迦樓羅王
大威德迦樓羅王大身迦樓羅王大滿迦樓
羅王如意迦樓羅王各與若干百千眷屬俱
韋提希子阿闍世王與若干百千眷屬俱各
礼佛足退坐一面尒時世尊四衆圍繞供養
恭敬尊重讚歎為諸菩薩說大乘經名无量
義教菩薩法佛所護念佛說此經已結跏趺
坐入於无量義處三昧身心不動是時天雨
曼陁羅華摩訶曼陁羅華曼殊沙華摩訶曼
殊沙華而散佛上及諸大衆普佛世界六種
震動尒時會中比丘比丘尼優婆塞優婆夷
天龍夜叉乾闥婆阿脩羅迦樓羅緊那羅摩
睺羅伽人非人及諸小王轉輪聖王是諸大
衆得未曾有歡喜合掌一心觀佛尒時佛放
眉間白豪相光照東方万八千世界靡不周
遍下至阿鼻地獄上至阿迦尼吒天於此世
界盡見彼土六趣衆生又見彼土現在諸佛
及聞諸佛所說經法并見彼諸比丘比丘尼
優婆塞優婆夷諸脩行得道者復見諸菩薩
摩訶薩種種因緣種種信解種種相貌行菩

BD14770 號　妙法蓮華經卷一　（3–2）

曼陁羅華摩訶曼陁羅華曼殊沙華摩訶曼
殊沙華而散佛上及諸大衆普佛世界六種
震動尒時會中比丘比丘尼優婆塞優婆夷
天龍夜叉乾闥婆阿脩羅迦樓羅緊那羅摩
睺羅伽人非人及諸小王轉輪聖王是諸大
衆得未曾有歡喜合掌一心觀佛尒時佛放
眉間白豪相光照東方万八千世界靡不周
遍下至阿鼻地獄上至阿迦尼吒天於此世
界盡見彼土六趣衆生又見彼土現在諸佛
及聞諸佛所說經法并見彼諸比丘比丘尼
優婆塞優婆夷諸脩行得道者復見諸菩薩
摩訶薩種種因緣種種信解種種相貌行菩
薩道復見諸佛般涅槃者復見諸佛般涅槃
後以佛舍利起七寶塔尒時弥勒菩薩作是
念今者世尊現神變相以何因緣而有此瑞
今佛世尊入于三昧是不可思議現希有事
當以問誰誰能荅者復作此念是文殊師利
法王之子已曾親近供養過去无量諸佛必
應見此希有之相我今當問尒時比丘比丘
尼優婆塞優婆夷及諸天龍鬼神等咸作此
念是佛光明神通之相今當問誰尒時弥勒

BD14770 號　妙法蓮華經卷一　（3–3）

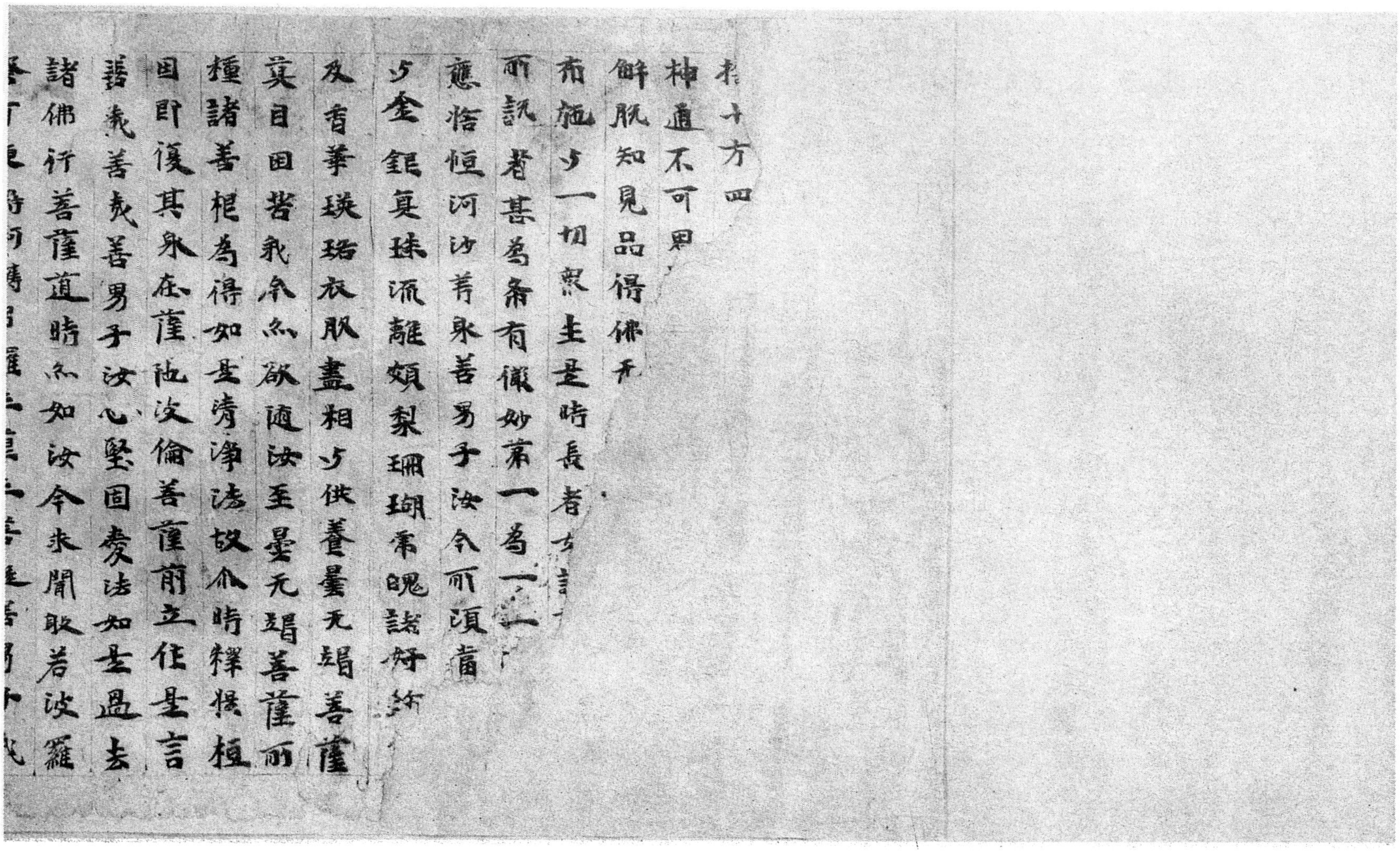

於十方四
神通不可思
解脫知見品得佛无
布施与一切衆生是時長者女言
所說者甚為希有微妙第一為一
應捨恒河沙等身善男子汝今所須當
与金銀真珠琉璃頗梨珊瑚車磲諸好綵
及香華瓔珞衣服盡相与供養曇无竭菩薩
莫自因苦我今亦欲隨汝至曇无竭菩薩所
種諸善根為得如是清淨法故尒時釋提桓
因即復其身在薩陀波倫菩薩前立作是言
善哉善哉善男子汝心堅固愛法如是過去
諸佛行菩薩道時亦如汝今求聞般若波羅

BD14771號　小品般若波羅蜜經卷一〇　（3–1）

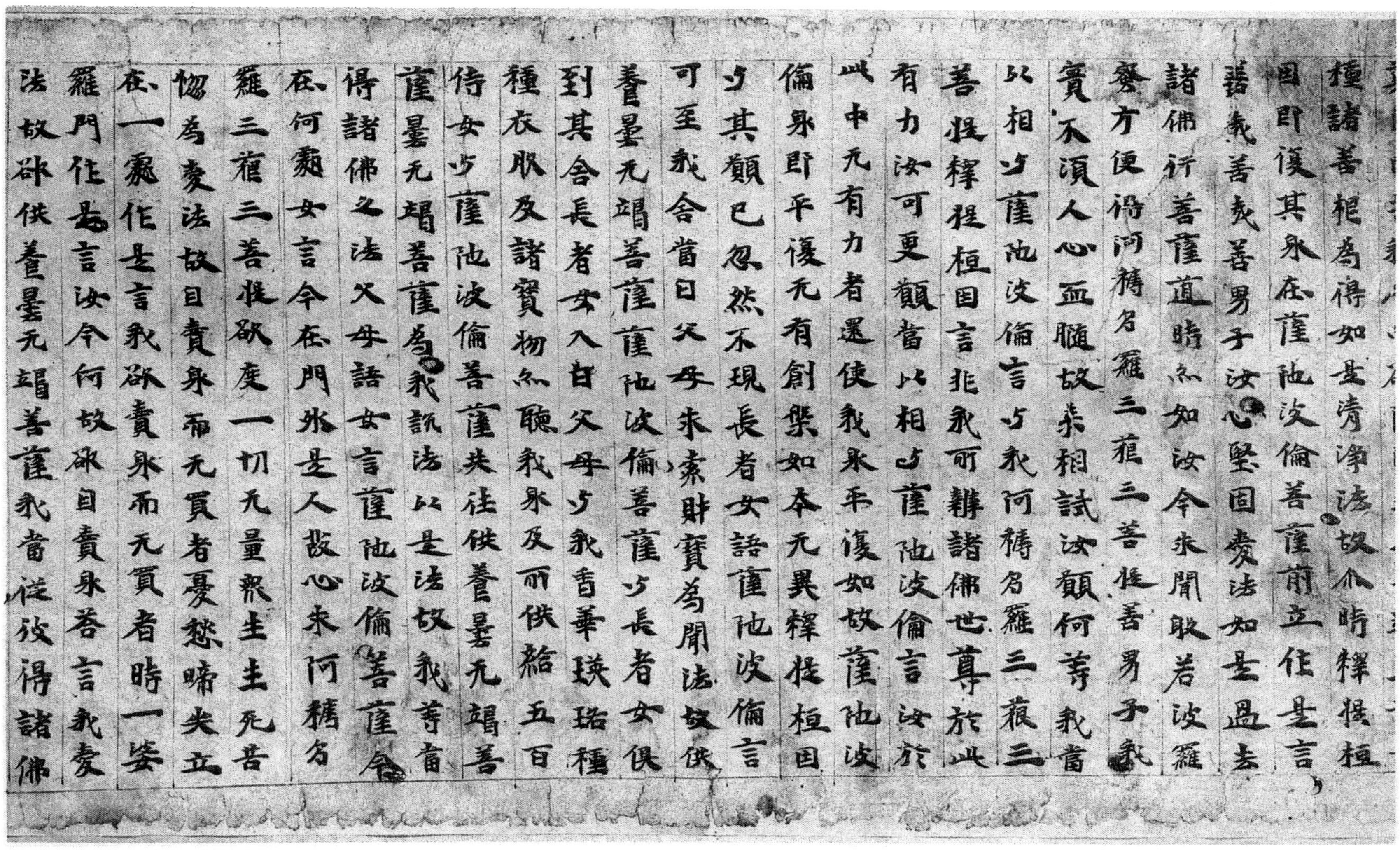

種諸善根為得如是清淨法故尒時釋提桓
因即復其身在薩陀波倫菩薩前立作是言
善哉善哉善男子汝心堅固愛法如是過去
諸佛行菩薩道時亦如汝今求聞般若波羅
蜜方便得阿耨多羅三藐三菩提善男子我
實不須人心血髓故來相試汝願何等我當
以相与薩陀波倫言与我阿耨多羅三藐三
菩提釋提桓因言非我所辦諸佛世尊於此
有力汝可更願當以相与薩陀波倫言汝於
此中无有力者還使我身平復如故薩陀波
倫身即平復无有創瘢如本无異釋提桓因
与其願已忽然不現長者女語薩陀波倫言
可至我舍當白父母求索財寶為聞法故供
養曇无竭菩薩薩陀波倫菩薩与長者女俱
到其舍長者女入白父母与我香華瓔珞種
種衣服及諸寶物亦聽我身及所供給五百
侍女与薩陀波倫菩薩共往供養曇无竭菩
薩曇无竭菩薩為我說法以是法故我等當
得諸佛之法父母語女言薩陀波倫菩薩今
在何處女言今在門外是人發心求阿耨多
羅三藐三菩提欲度一切无量衆生生死苦
惱為愛法故自賣身而无買者憂愁啼哭立
在一處作是言我欲賣身而无買者時一婆
羅門作是言汝今何故欲自賣身答言我愛
法故欲供養曇无竭菩薩我當從彼得諸佛

BD14771號　小品般若波羅蜜經卷一〇　（3–2）

惱為受法故自責身而无買者憂愁啼哭立
在一邊作是言我欲賣身而无買者時一婆
羅門作是言汝今何故欲自賣身荅言我愛
法故欲供養曇无竭菩薩我當從彼得諸佛
法婆羅門言我不須人今欲大祀當須人心
人血人髓即時是人心大歡喜手執利刀刺
臂出血復割右髀破骨出髓我於閣上遙見
此事心自念言是人何故困苦其身當往問
之我即往問荅言我今貧窮无財欲賣心
血髓與是婆羅門我時問言善男子持是財
物欲作何等荅我言為受法故供養曇无竭
菩薩我復問言善男子汝於是中得何等功
德利即荅我言我於是中當得无量不可思
議功德之利我聞是无量不可思議諸佛功
德心大歡喜作是念是善男子甚為希有乃
能自受如是苦惱為受法故尚能捨身我當
云何不供養法我今多有財物於是事中當
發大願我時語言善男子汝莫如是困苦其
身當與汝財物供養曇无竭菩薩我亦隨汝
至曇无竭所自供養我今亦欲得是諸法所
謂无上佛法如上所說又女人[illegible]

BD14771 號　小品般若波羅蜜經卷一〇　　（3–3）

讚善哉當知是人為釋迦牟尼佛手摩其
頭當知是人為釋迦牟尼佛衣之所覆如是
之人不復貪著世樂不好外道經書手筆亦
復不憙親近其人及諸惡者若屠兒若畜猪
羊雞狗若獵師若衒賣女色是人心意質直
有正憶念有福德力是人不為三毒所惱亦
不為嫉妬我慢邪慢增上慢所惱是人少欲
知足能脩普賢之行普賢若如來滅後後五
百歲若有人見受持讀誦法華經者應作是
念此人不久當詣道場破諸魔衆得阿耨多
羅三藐三菩提轉法輪擊法鼓吹法螺雨法
雨當坐天人大衆中師子法座上普賢若於
後世受持讀誦是經典者是人不復貪著衣
服卧具飲食資生之物所願不虛亦於現世得
其福報若有人輕毀之言汝狂人耳空作是
行終无所獲如是罪報當世世无眼若有

BD14772 號 1　妙法蓮華經卷七　　（3–1）

後世受持讀誦是經典者是人不復貪著衣
服卧具飲食資生之物所願不虛亦於現世得
其福報若有人輕毀之言汝狂人耳空作是
行終无所獲如是罪報當世世无眼若有
供養讚歎之者當於今世得現果報若復見
受持是經者出其過惡若實若不實此人現
世得白癩病若輕咲之者當世世牙齒踈缺醜
脣平鼻手脚繚戾眼目角睞身體臭穢惡瘡
膿血水腹短氣諸惡重病是故普賢若見受
持是經典者當起遠迎當如敬佛說是普賢
勸發品時恒河沙等无量无邊菩薩得百千
億旋陁羅尼三千大千世界微塵等諸菩薩
具普賢道佛說是經時普賢等諸菩薩舍
利弗等諸聲聞及諸天龍人非人等一切大
會皆大歡喜受持佛語作礼而去

起无名无相實无所有无量无邊无㝵无鄣
但以因緣有從顛到生故說常樂觀如是法
相是名菩薩摩訶薩第二親近處尒時世尊
欲重宣此義而說偈言
若有菩薩 於後惡世 无怖畏心 欲說是經
應入行處 及親近處 常離國王 及國王子
大臣官長 凶險戲者 及旃陁羅 外道梵志
亦不親近 增上慢人 貪著小乘 三藏學者
破戒比丘 名字羅漢 及比丘尼 好戲咲者
深著五欲 求現滅度 諸優婆夷 皆勿親近
若是人等 以好心来 到菩薩所 為聞佛道

BD14772號1　妙法蓮華經卷七　（3–2）
BD14772號2　妙法蓮華經卷五

大臣官長 凶險戲者 及旃陁羅 外道梵志
亦不親近 增上慢人 貪著小乘 三藏學者
破戒比丘 名字羅漢 及比丘尼 好戲咲者
深著五欲 求現滅度 諸優婆夷 皆勿親近
若是人等 以好心来 到菩薩所 為聞佛道
菩薩則以 无所畏心 不懷悕望 而為說法
寡女處女 及諸不男 皆勿親近 以為親厚
亦莫親近 屠兒魁膾 田獵魚捕 為利煞害
販肉自活 衒賣女色 如是之人 皆勿親近
凶險相撲 種種嬉戲 諸婬女等 盡勿親近
莫獨屏處 為女說法 若說法時 无得戲咲
入里乞食 將一比丘 若无比丘 一心念佛
是則名為 行處近處 以此二處 能安樂說
又復不行 上中下法 有為无為 實不實法
亦不分別 是男是女 不得諸法 不知不見
是則名為 菩薩行處 一切諸法 空无所有
无有常住 亦无起滅 是名智者 所親近處
顛倒分別 諸法有无 是實非實 是生非生
在於閑處 脩攝其心 安住不動 如須弥山
觀一切法 皆无所有 猶如虛空 无有堅固
不生不出 不動不退 常住一相 是名近處
若有比丘 於我滅後 入是行處 及親近處
說斯經時 无有怯弱 菩薩有時 入於靜室
以正憶念 隨義觀法 從禪定起 為諸國王
王子臣民 婆羅門等 開化演暢 說斯經典
其心安隱 无有怯弱 文殊師利 是名菩薩
安住初法 能於後世 說法華經

BD14772號2　妙法蓮華經卷五　（3–3）

妙法蓮華經提婆達多品第十二

尒時佛告諸菩薩及天人四衆吾於過去无量劫中求法華經无有懈惓於多劫中常作國王發願求於无上菩提心不退轉為欲滿足六波羅蜜勤行布施心无悋惜象馬七珍國城妻子奴婢僕從頭目髓腦身肉手足不惜軀命時世人民壽命无量為於法故捐捨國位委政太子擊鼓宣令四方求法誰能為我說大乘者吾當終身供給走使時有仙人來白王言我有大乘名妙法華若不違我當為宣說王聞仙言歡喜踊躍即隨仙人供給所須採菓汲水拾薪設食乃至以身而為床座身心无惓于時奉事經於千歲為於法故精勤給侍令无所乏尒時世尊欲重宣此義而說偈言

我念過去劫　為求大法故　雖作世國王　不貪五欲樂

搥鍾告四方　誰有大法者　若為我解說　身當為奴僕

BD14773號　妙法蓮華經卷四　（5–1）

座身心无惓于時奉事經於千歲為於法故精勤給侍令无所乏尒時世尊欲重宣此義而說偈言

我念過去劫　為求大法故　雖作世國王　不貪五欲樂

搥鍾告四方　誰有大法者　若為我解說　身當為奴僕

時有阿私仙　來白於大王　我有微妙法　世間所希有

若能脩行者　吾當為汝說　時王聞仙言　心生大喜悅

即便隨仙人　供給於所須　採薪及菓蓏　隨時恭敬與

情存妙法故　身心无懈惓　普為諸衆生　勤求於大法

亦不為己身　及以五欲樂　故為大國王　勤求獲此法

遂致得成佛　今故為汝說

佛告諸比丘尒時王者則我身是時仙人者今提婆達多是由提婆達多善知識故令我具足六波羅蜜慈悲喜捨三十二相八十種好紫磨金色十力四无所畏四攝法十八不共神通道力成等正覺廣度衆生皆因提婆達多善知識故告諸四衆提婆達多却後過无量劫當得成佛号曰天王如來應供正遍知明行足善逝世間解无上士調御丈夫天人師佛世尊世界名天道時天王佛住世二十中劫廣為衆生說於妙法恒河沙衆生得阿羅漢果无量衆生發緣覺心恒河沙衆生發无上道心得无生忍至不退轉時天王佛般涅槃後正法住世二十中劫全身舍利起七寶塔高六十由旬縱廣四十由旬諸天人民悉以雜華末香燒香塗香衣服瓔珞幢幡寶蓋伎樂歌頌禮拜供養七寶妙塔无量衆

BD14773號　妙法蓮華經卷四　（5–2）

阿羅漢果无量衆生發緣覺心恒河沙衆生
發无上道心得无生忍至不退轉時天王佛
般涅槃後正法住世二十中劫全身舍利起
七寶塔高六十由旬縱廣四十由旬諸天人
民悉以雜華末香燒香塗香衣服瓔珞幢幡
寶蓋伎樂歌頌礼拜供養七寶妙塔无量衆
生得阿羅漢果无量衆生悟辟支佛不可思議
衆生發菩提心至不退轉佛告諸比丘未來
世中若有善男子善女人聞妙法華經提婆
達多品淨心信敬不生疑惑者不墮地獄餓
鬼畜生生十方佛前所生之處常聞此經若
生人天中受勝妙樂若在佛前蓮華化生於
時下方多寶世尊所從菩薩名曰智積白多
寶佛當還本土釋迦牟尼佛告智積曰善男
子且待須臾此有菩薩名文殊師利可與相
見論說妙法可還本土尒時文殊師利坐千
葉蓮華大如車輪俱來菩薩亦坐寶華從於
大海娑竭羅龍宮自然踊出住虛空中詣靈鷲
山從蓮華下至於佛所頭面敬礼二世尊足
脩敬已畢往智積所共相慰問却坐一面智
積菩薩問文殊師利仁往龍宮所化衆生其
數幾何文殊師利言其數无量不可稱計非
口所宣非心所測且待須臾自當有證所言
未竟无數菩薩坐寶蓮華從海踊出詣靈鷲
山住在虛空此諸菩薩皆是文殊師利之所化
度具菩薩行皆共論說六波羅蜜本聲聞人

BD14773號　妙法蓮華經卷四　（5–3）

口所宣非心所測且待須臾自當有證所言
未竟无數菩薩坐寶蓮華從海踊出詣靈鷲
山住在虛空此諸菩薩皆是文殊師利之所化
度具菩薩行皆共論說六波羅蜜本聲聞人
在虛空中說聲聞行今皆脩行大乘空義
文殊師利謂智積曰於海教化其事如是尒
時智積菩薩以偈讃曰
大智德勇健　化度无量衆　今此諸大會　及我皆已見
演暢實相義　開闡一乘法　廣度諸羣生　令速成菩薩
文殊師利言我於海中唯常宣說妙法華經
智積問文殊師利言此經甚深微妙諸經中
寶世所希有頗有衆生勤加精進脩行此經
速得佛不文殊師利言有娑竭羅龍王女年
始八歲智慧利根善知衆生諸根行業得陁
羅尼諸佛所說甚深秘藏悉能受持深入禪
定了達諸法於刹那頃發菩提心得不退轉
辯才无礙慈念衆生猶如赤子功德具足心
念口演微妙廣大慈悲仁讓志意和雅能至
菩提智積菩薩言我見釋迦如來於无量劫
難行苦行積功累德求菩提道未曾止息觀
三千大千世界乃至无有如芥子許非是菩
薩捨身命處為衆生故然後乃得成菩提道
不信此女於須臾頃便成正覺言論未訖時
龍王女忽現於前頭面礼敬却住一面以偈
讃曰
深達罪福相　遍照於十方　微妙淨法身　具相三十二

BD14773號　妙法蓮華經卷四　（5–4）

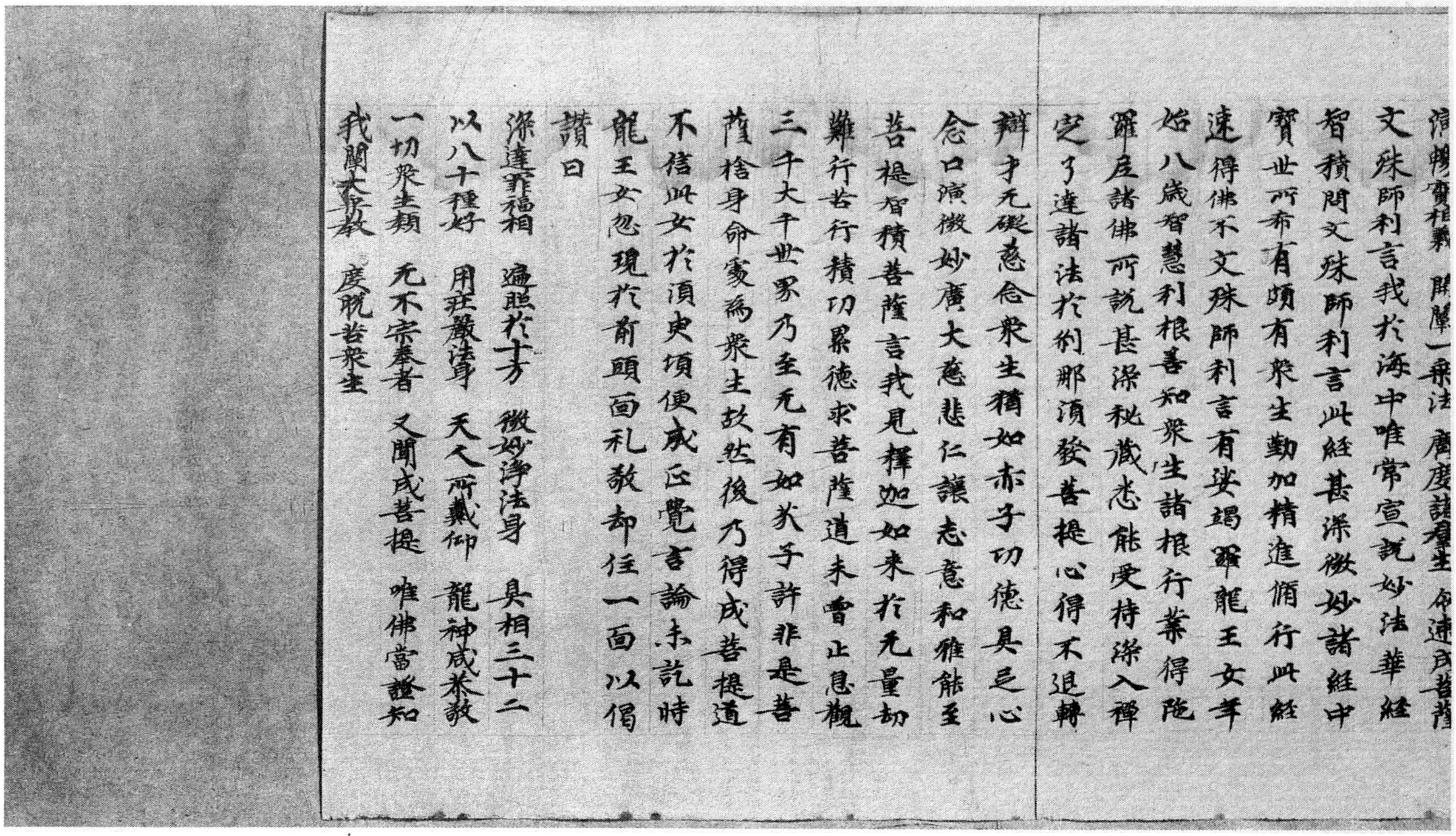
演暢實相義　開闡一乘法　廣度諸羣生　令速成菩薩
文殊師利言我於海中唯常宣說妙法華經
智積問文殊師利言此經甚深微妙諸經中
寶世所希有頗有衆生勤加精進脩行此經
速得佛不文殊師利言有娑竭羅龍王女年
始八歲智慧利根善知衆生諸根行業得陁
羅尼諸佛所說甚深秘藏悉能受持深入禪
定了達諸法於刹那頃發菩提心得不退轉
辯才无礙慈念衆生猶如赤子功德具足心
念口演微妙廣大慈悲仁讓志意和雅能至
菩提智積菩薩言我見釋迦如來於无量劫
難行苦行積功累德求菩薩道未曾止息觀
三千大千世界乃至无有如芥子許非是菩
薩捨身命處為衆生故然後乃得成菩提道
不信此女於須臾頃便成正覺言論未訖時
龍王女忽現於前頭面礼敬却住一面以偈
讚曰
深達罪福相　遍照於十方　微妙淨法身　具相三十二
以八十種好　用莊嚴法身　天人所戴仰　龍神咸恭敬
一切衆生類　无不宗奉者　又聞成菩提　唯佛當證知
我闡大乘教　度脫苦衆生

BD14773號　妙法蓮華經卷四　（5–5）

大唐吐蕃文字

BD14774號背　護首　（1–2）

BD14774 號　藏文（無量壽宗要經甲本）　　（6–1）

BD14774 號　藏文（無量壽宗要經甲本）　　（6–2）

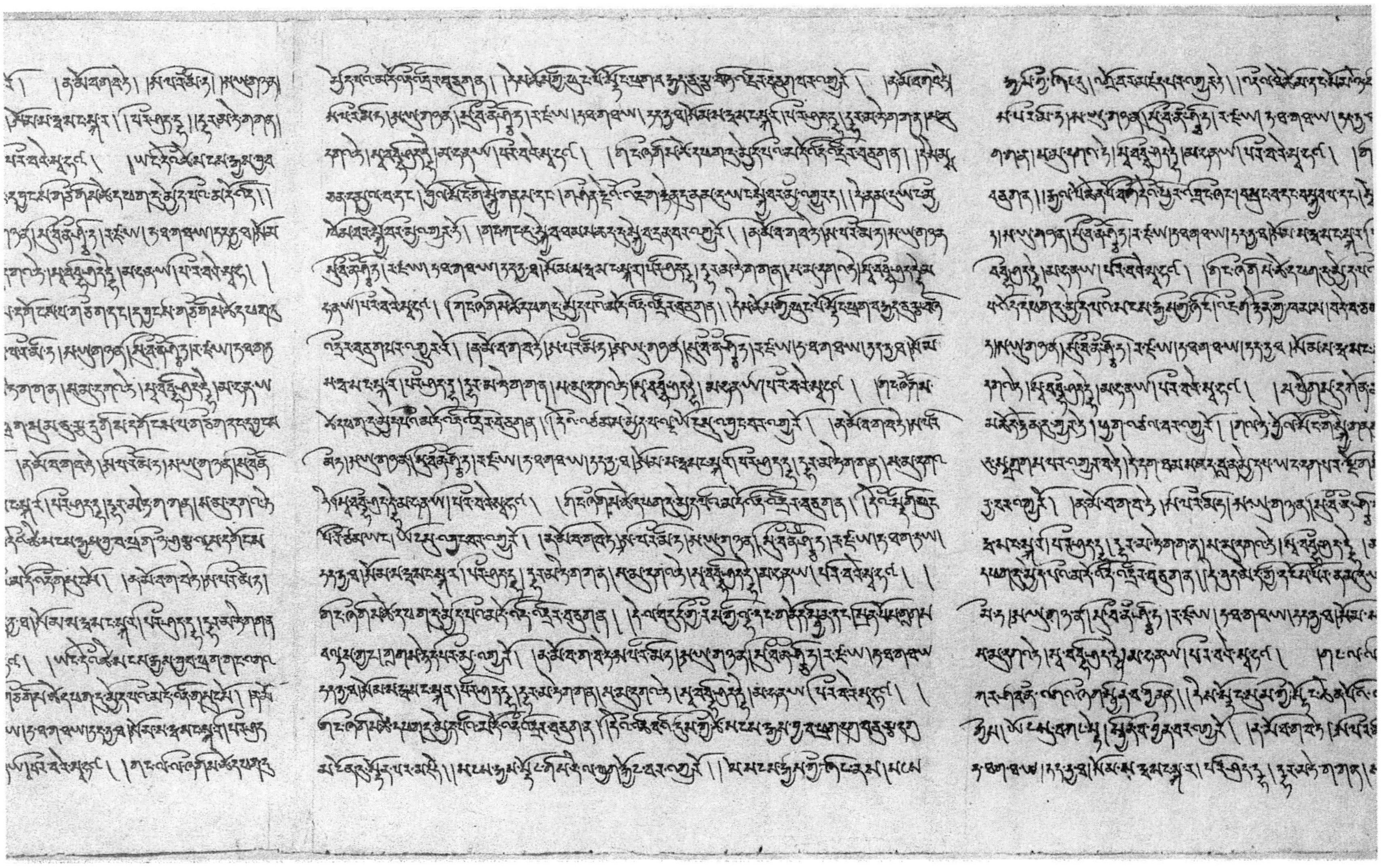

BD14774 號　藏文（無量壽宗要經甲本）　　（6–3）

BD14774 號　藏文（無量壽宗要經甲本）　　（6–4）

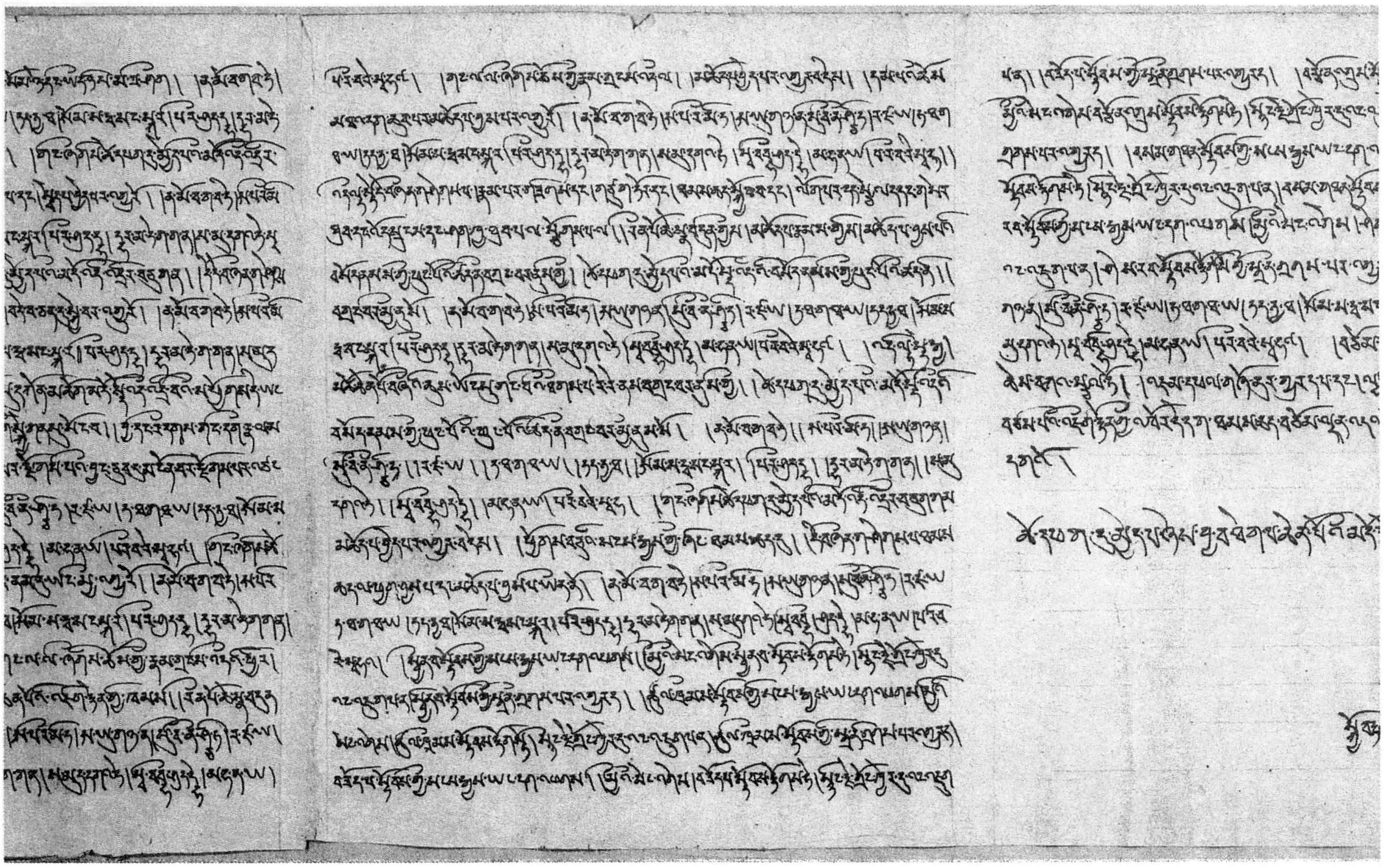

BD14774 號　藏文（無量壽宗要經甲本）　（6–5）

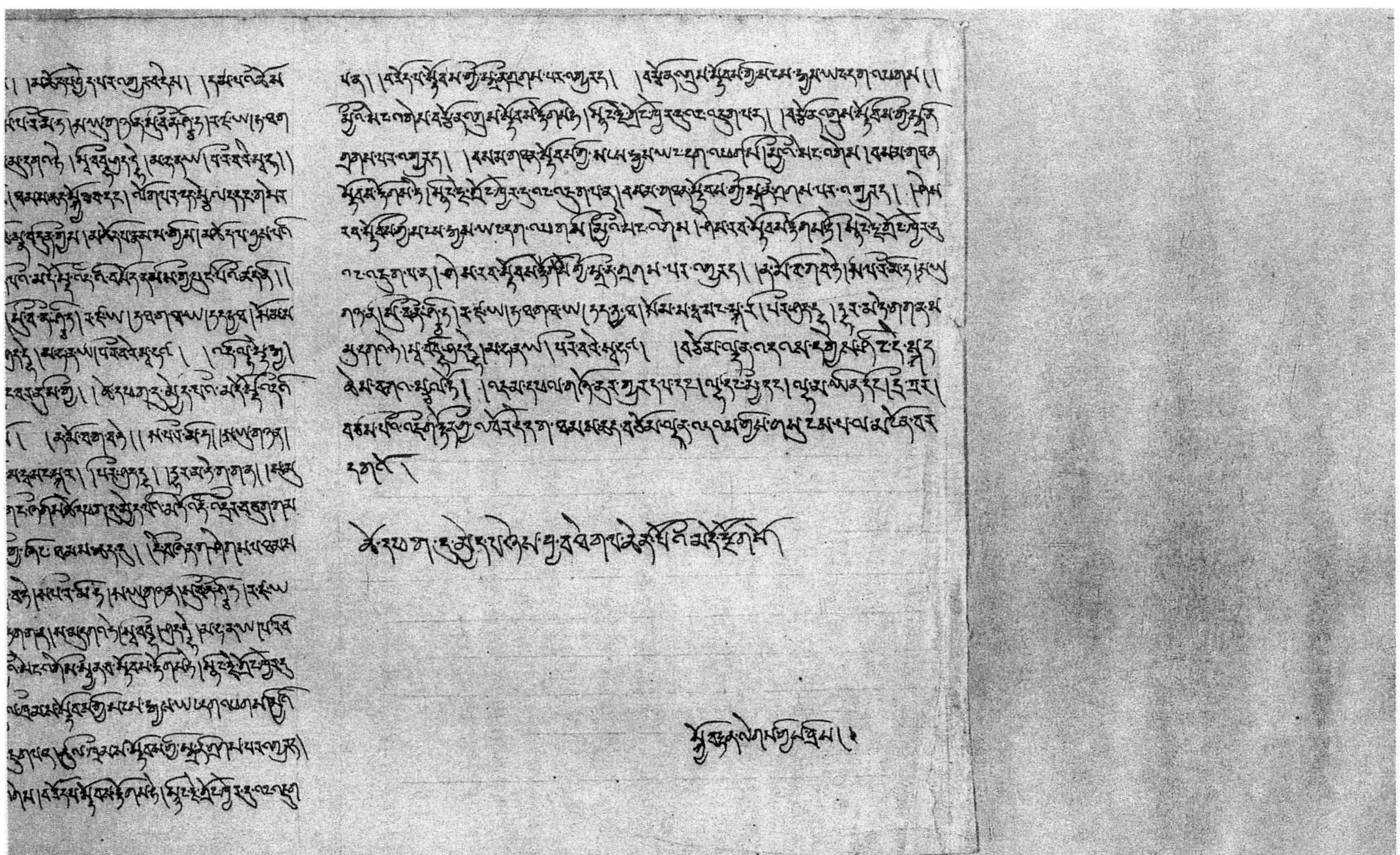

BD14774 號　藏文（無量壽宗要經甲本）　（6–6）

陁利多
生无遮護華其河兩
目多伽華占婆華波吒羅華婆師羅華摩利
迦華大摩利迦華新摩利迦華須摩那華由
提迦華檀㝹迦利華常華一切衆生不遮護
華底布金沙有四梯陛金銀琉璃雜色頗梨
多有衆鳥遊集其上復有无量虎狼師子諸
惡鳥獸其心相視猶如赤子彼世界中一切无
有犯重禁者誹謗正法及一闡提五逆等罪
其土調適无有寒熱飢渴苦惱无貪欲恚
放逸嫉妬无有日月晝夜時節猶如第二忉
利天上其土人民等有光明各各无有憍慢
之心一切悉是菩薩大士皆得神通具大功
德其心悉皆尊重正法乘於大乘愛念大乘
貪樂大乘護惜大乘大慧成就得大摠持心
常憐愍一切衆生其佛號曰滿月光明如来

BD14775號　大般涅槃經（北本）卷二一　（5–1）

放逸嫉妬无有日月晝夜時節猶如第二忉
利天上其土人民等有光明各各无有憍慢
之心一切悉是菩薩大士皆得神通具大功
德其心悉皆尊重正法乘於大乘愛念大乘
貪樂大乘護惜大乘大慧成就得大摠持心
常憐愍一切衆生其佛號曰滿月光明如来
應正遍知明行足善逝世間解无上士調御
丈夫天人師佛世尊随所住處有所講宣其
土衆生无不得聞為琉璃光菩薩摩訶薩講
宣如是大涅槃經言善男子菩薩摩訶薩若
能脩行大涅槃經所不聞者悉皆得聞彼琉
璃光菩薩摩訶薩問滿月光明佛亦如此間
光明遍照高貴德王菩薩摩訶薩所問等无
有異彼滿月光明佛即告琉璃光菩薩言善
男子西方去此卌恒河沙佛土彼有世界名
曰娑婆其土多有山陵堆阜土沙礫石荊蕀
惡刺周遍充滿常有飢渴寒熱苦惱其土人
民不能恭敬沙門婆羅門父母師長貪著非
法欲於非法脩行耶法不信正法壽命促短
有行姧詐王者微之王雖有國不知滿足於
他所有生貪利心興師相伐枉死者衆王者
脩行如是非法四天善神心无歡喜故降灾
旱穀米不登人民多病苦惱无量彼中有佛
號釋迦牟尼如来應正遍知明行足善逝世
間解无上士調御丈夫天人師佛世尊大悲
純厚愍衆生故於拘尸那城娑羅雙樹間為

BD14775號　大般涅槃經（北本）卷二一　（5–2）

穀米不登人民多病苦惱无量彼中有佛
號釋迦牟尼如来應正遍知明行足善逝世
間解无上士調御丈夫天人師佛世尊大悲
純厚愍衆生故於拘尸那城娑羅雙樹間為
諸大衆敷演如是大涅槃經彼有菩薩名光
明遍照高貴德王已問斯事如汝无異佛今
荅之汝可速往自當得聞世尊彼琉璃光菩
薩聞是事已與八万四千菩薩摩訶薩欲来
至此故先現瑞以是因緣有此光明是名因
緣亦非因緣尒時琉璃光菩薩與八万四千
諸菩薩俱持諸幡蓋香華瓔珞種種伎樂倍
勝於前俱来至此拘尸那城娑羅雙樹間以
己所持供養之具供養於佛頭面禮足合掌
恭敬右遶三匝脩敬已畢却坐一面尒時世
尊問彼菩薩善男子汝為到来為不到来琉
璃光菩薩言世尊到亦不来不到亦不来我
觀是義都无有来世尊諸行若常亦復不来
若是无常亦无有来若人見有衆生性者有
来不来我今不見衆生定性云何當言有来
不来有憍慢者見有去来无憍慢者則无去
来有所行者見有去来无所行者則无去来
若見如来畢竟涅槃則有去来不見如来畢
竟涅槃則无去来不聞佛性則有去来聞佛
性者則无去来若見聲聞辟支佛人有涅槃
者則有去来不見聲聞辟支佛人有涅槃者
則无去来若見聲聞辟支佛人常樂我淨則

BD14775號　大般涅槃經（北本）卷二一　（5–3）

来有所行者見有去来无所行者則无去来
若見如来畢竟涅槃則有去来不見如来畢
竟涅槃則无去来不聞佛性則有去来聞佛
性者則无去来若見聲聞辟支佛人有涅槃
者則有去来不見聲聞辟支佛人有涅槃者
則无去来若見聲聞辟支佛人常樂我淨則
有去来若不見者則无去来若見如来无常
樂我淨則有去来若見如来常樂我淨則无
去来世尊且置斯事欲有所問唯垂哀愍少
見聽許佛言善男子隨意所問今正是時我
當為汝分別解說所以者何諸佛難值如優
曇華法亦如是難可得聞十二部中方等復
難是故應當專心聽受時琉璃光菩薩摩訶
薩既蒙聽許兼被戒勑即白佛言世尊云何
菩薩摩訶薩有能脩行大涅槃經聞所不聞
尒時如来讚言善哉善哉善男子汝今欲盡
如是大乘大涅槃海正復值我能善解說汝
今所有疑网毒箭我為大醫能善拔出汝於
佛性猶未明了我有智炬能為照明汝今欲
度生死大河我能為汝作大船師汝於我所
生父母想我亦於汝生赤子心汝心今者貪
正法寶值我多有能相慧施諦聽諦聽善思
念之吾當為汝分別宣釋善男子欲聽法者
今正是時若聞法已當生敬信至心聽受恭
敬尊重於正法所莫求其過莫念貪欲瞋恚
愚癡莫觀法師種姓好惡既聞法已莫生憍

BD14775號　大般涅槃經（北本）卷二一　（5–4）

令所有疑網毒箭我為大醫能善拔出汝於
佛性猶未明了我有智炬能為照明汝今欲
度生死大河我能為汝作大船師汝於我所
生父母想我亦於汝生赤子心汝心今者貪
正法寶值我多有能相慧施諦聽諦聽善思
念之吾當為汝分別宣釋善男子欲聽法者
今正是時若聞法已當生敬信至心聽受恭
敬尊重於正法所莫求其過莫念貪欲瞋恚
愚癡莫觀法師種姓好惡既聞法已莫生憍
慢莫為恭敬名譽利養當為度世甘露法利
亦莫生念我聽法已先自度身然後度人先
自解身然後解人先自安身然後安人先自
涅槃然後令人而得涅槃於佛法僧應生等
想於生死中生大苦想於大涅槃應生常樂
我淨之想先為他人然後為身當為大乘莫
為二乘於一切法當無所住亦莫專執一切法
相於諸法中莫生貪相常生知法見法之
相善男子汝能如是至心聽法是則名為聞
所不聞善男子有不聞聞有不聞不聞有聞
不聞有聞聞善男子

BD14775號　大般涅槃經（北本）卷二一　　（5–5）

一切皆當　得成佛道　是乘微妙　清淨第一
於諸世間　為无有上　佛所悅可　一切衆生
所應稱讚　供養禮拜　无量億千　諸力解脫
禪定智慧　及佛餘法　得如是乘　令諸子等
日夜劫數　常得遊戲　與諸菩薩　及聲聞衆
乘此寶乘　直至道場　以是因緣　十方諦求
更无餘乘　除佛方便　告舍利弗　汝諸人等
皆是吾子　我則是父　汝等累劫　衆苦所燒
我皆濟拔　令出三界　我雖先說　汝等滅度
但盡生死　而實不滅　今所應作　唯佛智慧
若有菩薩　於是衆中　能一心聽　諸佛實法
諸佛世尊　雖以方便　所化衆生　皆是菩薩
若人小智　深著愛欲　為此等故　說於苦諦
衆生心喜　得未曾有　佛說苦諦　真實无異
若有衆生　不知苦本　深著苦因　不能暫捨
為是等故　方便說道　諸苦所因　貪欲為本
若滅貪欲　无所依止　滅盡諸苦　名第三諦

BD14776號　妙法蓮華經卷二　　（15–1）

諸佛世尊　雖以方便　所化衆生　皆是菩薩
若人小智　深著愛欲　爲此等故　說於苦諦
衆生心喜　得未曾有　佛說苦諦　真實无異
若有衆生　不知苦本　深著苦因　不能暫捨
爲是等故　方便說道　諸苦所因　貪欲爲本
若滅貪欲　无所依止　滅盡諸苦　名第三諦
爲滅諦故　脩行於道　離諸苦縛　名得解脫
是人於何　而得解脫　但離虛妄　名爲解脫
其實未得　一切解脫　佛說是人　未實滅度
斯人未得　无上道故　我意不欲　令至滅度
我爲法王　於法自在　安隱衆生　故現於世
汝舍利弗　我此法印　爲欲利益　世間故說
在所遊方　勿妄宣傳　若有聞者　隨喜頂受
當知是人　阿鞞跋致　若有信受　此經法者
是人已曾　見過去佛　恭敬供養　亦聞是法
若人有能　信汝所說　則爲見我　亦見於汝
及比丘僧　并諸菩薩　斯法華經　爲深智說
淺識聞之　迷惑不解　一切聲聞　及辟支佛
於此經中　力所不及　汝舍利弗　尚於此經
以信得入　况餘聲聞　其餘聲聞　信佛語故
隨順此經　非己智分　又舍利弗　憍慢懈怠
計我見者　莫說此經　凡夫淺識　深著五欲
聞不能解　亦勿爲說　若人不信　毀謗此經
則斷一切　世間佛種　或復顰蹙　而懷疑惑
汝當聽說　此人罪報　若佛在世　若滅度後
其有誹謗　如斯經典　見有讀誦　書持經者

隨順此經　非己智分　又舍利弗　憍慢懈怠
計我見者　莫說此經　凡夫淺識　深著五欲
聞不能解　亦勿爲說　若人不信　毀謗此經
則斷一切　世間佛種　或復顰蹙　而懷疑惑
汝當聽說　此人罪報　若佛在世　若滅度後
其有誹謗　如斯經典　見有讀誦　書持經者
輕賤憎嫉　而懷結恨　此人罪報　汝今復聽
其人命終　入阿鼻獄　具足一劫　劫盡更生
如是展轉　至无數劫　從地獄出　當墮畜生
若狗野干　其形頓瘦　梨黮疥癩　人所觸嬈
又復爲人　之所惡賤　常困飢渴　骨肉枯竭
生受楚毒　死被瓦石　斷佛種故　受斯罪報
若作駱駝　或生驢中　身常負重　加諸杖捶
但念水草　餘无所知　謗斯經故　獲罪如是
有作野干　來入聚落　身體疥癩　又无一目
爲諸童子　之所打擲　受諸苦痛　或時致死
於此死已　更受蟒身　其形長大　五百由旬
聾騃无足　宛轉腹行　爲諸小虫　之所唼食
晝夜受苦　无有休息　謗斯經故　獲罪如是
若得爲人　諸根闇鈍　矬陋攣躄　盲聾背傴
有所言說　人不信受　口氣常臭　鬼魅所著
貧窮下賤　爲人所使　多病痟瘦　无所依怙
雖親附人　人不在意　若有所得　尋復忘失
若脩醫道　順方治病　更增他疾　或復致死
若自有病　无人救療　設服良藥　而復增劇
若他反逆　抄劫竊盜　如是等罪　橫羅其殃
如斯罪人　永不見佛　衆聖之王　說法教化

雖親附人 人不在意 若有所得 尋復忘失
若脩醫道 順方治病 更增他疾 或復致死
若自有病 无人救療 設服良藥 而復增劇
若他返逆 抄劫竊盜 如是等罪 横羅其殃
如斯罪人 永不見佛 衆聖之王 說法教化
如斯罪人 常生難處 狂聾心亂 永不聞法
於无數劫 如恒河沙 生輒聾瘂 諸根不具
常處地獄 如遊園觀 在餘惡道 如己舍宅
駝驢猪狗 是其行處 謗斯經故 獲罪如是
若得爲人 聾盲瘖瘂 貧窮諸衰 以自莊嚴
水腫乾痟 疥癩癰疽 如是等病 以爲衣服
身常臭處 垢穢不淨 深著我見 增益瞋恚
婬欲熾盛 不擇禽獸 謗斯經故 獲罪如是
告舍利弗 謗斯經者 若說其罪 窮劫不盡
以是因緣 我故語汝 无智人中 莫說此經
若有利根 智慧明了 多聞強識 求佛道者
如是之人 乃可爲說 若人曾見 億百千佛
殖諸善本 深心堅固 如是之人 乃可爲說
若人精進 常脩慈心 不惜身命 乃可爲說
若人恭敬 无有異心 離諸凡愚 獨處山澤
如是之人 乃可爲說 又舍利弗 若見有人
捨惡知識 親近善友 如是之人 乃可爲說
若見佛子 持戒清潔 如淨明珠 求大乘經
如是之人 乃可爲說 若人无瞋 質直柔軟
常愍一切 恭敬諸佛 如是之人 乃可爲說
復有佛子 於大衆中 以清淨心 種種因緣

BD14776號　妙法蓮華經卷二　（15–4）

若見佛子 持戒清潔 如淨明珠 求大乘經
如是之人 乃可爲說 若人无瞋 質直柔軟
常愍一切 恭敬諸佛 如是之人 乃可爲說
復有佛子 於大衆中 以清淨心 種種因緣
譬喻言辭 說法无礙 如是之人 乃可爲說
若有比丘 爲一切智 四方求法 合掌頂受
但樂受持 大乘經典 乃至不受 餘經一偈
如是之人 乃可爲說 如人至心 求佛舍利
如是求經 得已頂受 其人不復 志求餘經
亦未曾念 外道典籍 如是之人 乃可爲說
告舍利弗 我說是相 求佛道者 窮劫不盡
如是等人 則能信解 汝當爲說 妙法華經

妙法蓮華經信解品第四

尒時慧命須菩提摩訶迦旃延摩訶迦葉摩
訶目揵連從佛所聞未曾有法世尊授舍利
弗阿耨多羅三藐三菩提記發希有心歡喜
踊躍即從座起整衣服偏袒右肩右膝著地
一心合掌曲躬恭敬瞻仰尊顔而白佛言我
等居僧之首年並朽邁自謂已得涅槃无所
堪任不復進求阿耨多羅三藐三菩提世尊
往昔說法既久我時在座身體疲懈但念空
无相无作於菩薩法遊戲神通淨佛國土成
就衆生心不喜樂所以者何世尊令我等出
於三界得涅槃證又今我等年已朽邁於佛
教化菩薩阿耨多羅三藐三菩提不生一念
好樂之心我等今於佛前聞授聲聞阿耨多

BD14776號　妙法蓮華經卷二　（15–5）

无相无作於菩薩法遊戲神通淨佛國土成
就衆生心不喜樂所以者何世尊令我等出
於三界得涅槃證又今我等年已朽邁於佛
教化菩薩阿耨多羅三藐三菩提不生一念
好樂之心我等今於佛前聞授聲聞阿耨多
羅三藐三菩提記心甚歡喜得未曾有不謂
於今忽然得聞希有之法深自慶幸獲大善
利无量珎寶不求自得世尊我等今者樂說
譬喻以明斯義譬若有人年既幼稚捨父
逃逝久住他國或十二十至五十歲年既長
大加復窮困馳騁四方以求衣食漸漸遊行
遇向本國其父先來求子不得中止一城其家
大富財寶无量金銀琉璃珊瑚虎珀頗梨珠
等其諸倉庫悉皆盈溢多有僮僕臣佐吏民
象馬車乘牛羊无數出入息利乃遍他國商
估賈客亦甚衆多時貧窮子遊諸聚落經歷
國邑遂到其父所止之城父每念子與子離別
五十餘年而未曾向人說如此事但自思惟
心懷悔恨自念老朽多有財物金銀珎寶
倉庫盈溢无有子息一旦終沒財物散失无
所委付是以慇懃每憶其子復作是念我若
得子委付財物坦然快樂无復憂慮世尊爾
時窮子傭賃展轉遇到父舍住立門側遙見
其父踞師子床寶几承足諸婆羅門剎利居
士皆恭敬圍繞以真珠瓔珞價直千万莊嚴
其身吏民僮僕手執白拂侍立左右覆以寶
帳垂諸華幡香水灑地散衆名華羅列寶物

得子委付財物坦然快樂无復憂慮世尊爾
時窮子傭賃展轉遇到父舍住立門側遙見
其父踞師子床寶几承足諸婆羅門剎利居
士皆恭敬圍繞以真珠瓔珞價直千万莊嚴
其身吏民僮僕手執白拂侍立左右覆以寶
帳垂諸華幡香水灑地散衆名華羅列寶物
出內取與有如是等種種嚴飾威德特尊窮
子見父有大力勢即懷恐怖悔來至此竊作
是念此或是王或是王等非我傭力得物之
處不如往至貧里肆力有地衣食易得若久
住此或見逼迫強使我作作是念已疾走而去
時富長者於師子座見子便識心大歡喜
即作是念我財物庫藏今有所付我常思念
此子无由見之而忽自來甚適我願我雖年
朽猶故貪惜即遣傍人急追將還爾時使者
疾走往捉窮子驚愕稱怨大喚我不相犯何
為見捉使者執之愈急強牽將還于時窮子
自念无罪而被囚執此必定死轉更惶怖悶絕
躃地父遙見之而語使言不須此人勿強將來
以冷水灑面令得醒悟莫復與語所以者
何父知其子志意下劣自知豪貴為子所
難審知是子而以方便不語他人云是我子
使者語之我今放汝隨意所趣窮子歡喜
得未曾有從地而起往至貧里以求衣食爾
時長者將欲誘引其子而設方便密遣二人
形色憔悴无威德者汝可詣彼徐語窮子此
有作處倍與汝直窮子若許將來使作若言

使者語之我今放汝隨意所趣窮子歡喜
得未曾有從地而起往至貧里以求衣食尒
時長者將欲誘引其子而設方便密遣二人
形色憔悴无威德者汝可詣彼徐語窮子此
有作處倍與汝直窮子若許將來使作若言
欲何所作便可語之雇汝除糞我等二人亦共
汝作時二使人即求窮子既已得之具陳上
事尒時窮子先取其價尋與除糞其父見
子愍而怪之又以他日於窓牖中遥見子身羸
瘦憔悴糞土塵坌汙穢不淨即脫瓔珞細軟
上服嚴飾之具更著麁弊垢膩之衣塵土坌
身右手執持除糞之器狀有所畏語諸作人
汝等勤作勿得懈息以方便故得近其子後
復告言咄男子汝常此作勿復餘去當加汝
價諸有所須瓮器米麵塩醋之屬莫自疑難
亦有老弊使人須者相給好自安意我如汝
父勿復憂慮所以者何我年老大而汝少壯
汝常作時无有欺怠瞋恨怨言都不見汝有
此諸惡如餘作人自今已後如所生子即時長
者更與作字名之為兒尒時窮子雖欣此遇
猶故自謂客作賤人由是之故於二十年中常
令除糞過是已後心相體信入出无難然
其所止猶在本處世尊尒時長者有病自
知將死不久語窮子言我今多有金銀珎寶
倉庫盈溢其中多少所應取與汝悉知之我
心如是當體此意所以者何今我與汝便為不
異宜加用心无令漏失尒時窮子即受教勑

其所止猶在本處世尊尒時長者有病自
知將死不久語窮子言我今多有金銀珎寶
倉庫盈溢其中多少所應取與汝悉知之我
心如是當體此意所以者何今我與汝便為不
異宜加用心无令漏失尒時窮子即受教勑
領知衆物金銀珎寶及諸庫藏而无悕取
一飡之意然其所止故在本處下劣之心亦未
能捨復經少時父知子意漸已通泰成就
大志自鄙先心臨欲終時而命其子并會親
族國王大臣剎利居士皆悉已集即自宣言
諸君當知此是我子我之所生於某城中捨
吾逃走跉跰辛苦五十餘年其本字某我名
某甲昔在本城懷憂推覓忽於此間遇會得
之此實我子我實其父今我所有一切財物
皆是子有先所出內是子所知世尊是時窮
子聞父此言即大歡喜得未曾有而作是念
我本无心有所悕求今此寶藏自然而至世
尊大富長者則是如來我等皆似佛子如來
常說我等為子世尊我等以三苦故於生死
中受諸熱惱迷惑无知樂著小法今日世尊
令我等思惟蠲除諸法戲論之糞我等於中
勤加精進得至涅槃一日之價既得此已心大
歡喜自以為足便自謂於佛法中勤精進故
所得弘多然世尊先知我等心著弊欲樂
於小法便見縱捨不為分別汝等當有如來
知見寶藏之分世尊以方便力說如來智慧

勤加精進得至涅槃一日之價既得此已心大
歡喜自以為足便自謂於佛法中勤精進故
所得弘多然世尊先知我等心著弊欲樂
於小法便見縱捨不為分別汝等當有如來
知見寶藏之分世尊以方便力說如來智慧
我等從佛得涅槃一日之價以為大得於此
大乘无有志求我等又因如來智慧為諸菩
薩開示演說而自於此无有志願所以者何
佛知我等心樂小法以方便力隨我等說而
我等不知真是佛子今我等方知世尊於佛
智慧无所悋惜所以者何我等昔來真是佛
子而但樂小法若我等有樂大之心佛則為我
說大乘法此經中唯說一乘而昔於菩薩前
毀呰聲聞樂小法者然佛實以大乘教化
是故我等說本无心有所悕求今法王大寶
自然而至如佛子所應得者皆已得之尒時
摩訶迦葉欲重宣此義而說偈言
我等今日　聞佛音教　歡喜踊躍　得未曾有
佛說聲聞　當得作佛　无上寶聚　不求自得
譬如童子　幼稚无識　捨父逃逝　遠到他土
周流諸國　五十餘年　其父憂念　四方推求
求之既疲　頓止一城　造立舍宅　五欲自娛
其家巨富　多諸金銀　車𤦲馬瑙　真珠琉璃
象馬牛羊　輦轝車乘　田業僮僕　人民衆多
出入息利　乃遍他國　商估賈人　无處不有
千万億衆　圍繞恭敬　常為王者　之所愛念
群臣豪族　皆共宗重　以諸緣故　往來者衆

求之既疲　頓止一城　造立舍宅　五欲自娛
其家巨富　多諸金銀　車𤦲馬瑙　真珠琉璃
象馬牛羊　輦轝車乘　田業僮僕　人民衆多
出入息利　乃遍他國　商估賈人　无處不有
千万億衆　圍繞恭敬　常為王者　之所愛念
群臣豪族　皆共宗重　以諸緣故　往來者衆
豪富如是　有大力勢　而年朽邁　益憂念子
夙夜惟念　死時將至　癡子捨我　五十餘年
庫藏諸物　當如之何　尒時窮子　求索衣食
從邑至邑　從國至國　或有所得　或无所得
飢餓羸瘦　體生瘡癬　漸次經歷　到父住城
傭賃展轉　遂至父舍　尒時長者　於其門內
施大寶帳　處師子座　眷屬圍繞　諸人侍衛
或有計算　金銀寶物　出內財產　注記券疏
窮子見父　豪貴尊嚴　謂是國王　若是王等
驚怖自怪　何故至此　覆自念言　我若久住
或見逼迫　強驅使作　思惟是已　馳走而去
借問貧里　欲往傭作　長者是時　在師子座
遙見其子　默而識之　即勅使者　追捉將來
窮子驚喚　迷悶躃地　是人執我　必當見殺
何用衣食　使我至此　長者知子　愚癡狹劣
不信我言　不信是父　即以方便　更遣餘人
眇目矬陋　无威德者　汝可語之　云當相雇
除諸糞穢　倍與汝價　窮子聞之　歡喜隨來
為除糞穢　淨諸房舍　長者於牖　常見其子
念子愚劣　樂為鄙事　於是長者　著弊垢衣
執除糞器　往到子所　方便附近　語令勤作

除諸糞穢 倍與汝價 窮子聞之 歡喜隨來
為除糞穢 淨諸房舍 長者於牖 常見其子
念子愚劣 樂為鄙事 於是長者 著弊垢衣
執除糞器 往到子所 方便附近 語令勤作
既益汝價 并塗足油 飲食充足 薦席厚暖
如是苦言 汝當勤作 又以軟語 若如我子
長者有智 漸令入出 經二十年 執作家事
示其金銀 真珠頗梨 諸物出入 皆使令知
猶處門外 止宿草菴 自念貧事 我无此物
父知子心 漸已曠大 欲與財物 即聚親族
國王大臣 剎利居士 於此大眾 說是我子
捨我他行 經五十歲 自見子來 已二十年
昔於某城 而失是子 周行求索 遂來至此
凡我所有 舍宅人民 悉以付之 恣其所用
子念昔貧 志意下劣 今於父所 大獲珍寶
并及舍宅 一切財物 甚大歡喜 得未曾有
佛亦如是 知我樂小 未曾說言 汝等作佛
而說我等 得諸无漏 成就小乘 聲聞弟子
佛勑我等 說最上道 修習此者 當得成佛
我承佛教 為大菩薩 以諸因緣 種種譬喻
若干言辭 說无上道 諸佛子等 從我聞法
日夜思惟 精勤修習 是時諸佛 即授其記
汝於來世 當得作佛 一切諸佛 祕藏之法
但為菩薩 演其實事 而不為我 說斯真要
如彼窮子 得近其父 雖知諸物 心不悕取
我等雖說 佛法寶藏 自无志願 亦復如是

BD14776號　妙法蓮華經卷二　（15–12）

汝於來世 當得作佛 一切諸佛 祕藏之法
但為菩薩 演其實事 而不為我 說斯真要
如彼窮子 得近其父 雖知諸物 心不悕取
我等雖說 佛法寶藏 自无志願 亦復如是
我等內滅 自謂為足 唯了此事 更无餘事
我等若聞 淨佛國土 教化眾生 都无欣樂
所以者何 一切諸法 皆悉空寂 无生无滅
无大无小 无漏无為 如是思惟 不生喜樂
我等長夜 於佛智慧 无貪无著 无復志願
而自於法 謂是究竟 我等長夜 修習空法
得脫三界 苦惱之患 住最後身 有餘涅槃
佛所教化 得道不虛 則為已得 報佛之恩
我等雖為 諸佛子等 說菩薩法 以求佛道
而於是法 永无願樂 導師見捨 觀我心故
初不勸進 說有實利 如富長者 知子志劣
以方便力 柔伏其心 然後乃付 一切財物
佛亦如是 現希有事 知樂小者 以方便力
調伏其心 乃教大智 我等今日 得未曾有
非先所望 而今自得 如彼窮子 得无量寶
世尊我今 得道得果 於无漏法 得清淨眼
我等長夜 持佛淨戒 始於今日 得其果報
法王法中 久修梵行 今得无漏 无上大果
我等今者 真是聲聞 以佛道聲 令一切聞
我等今者 真阿羅漢 於諸世間 天人魔梵
普於其中 應受供養 世尊大恩 以希有事

BD14776號　妙法蓮華經卷二　（15–13）

我等長夜 持佛淨戒 始於今日 得其果報
法王法中 久脩梵行 今得无漏 无上大果
我等今者 真是聲聞 以佛道聲 令一切聞
我等今者 真阿羅漢 於諸世間 天人魔梵
普於其中 應受供養 世尊大恩 以希有事
憐愍教化 利益我等 无量億劫 誰能報者
手足供給 頭頂礼敬 一切供養 皆不能報
若以頂戴 兩肩荷負 於恒沙劫 盡心恭敬
又以美饍 无量寶衣 及諸卧具 種種湯藥
牛頭栴檀 及諸珎寶 以起塔廟 寶衣布地
如斯等事 以用供養 於恒沙劫 亦不能報
諸佛希有 无量无邊 不可思議 大神通力
无漏无為 諸法之王 能為下劣 忍于斯事
取相凡夫 隨宜為說 諸佛於法 得最自在
知諸衆生 種種欲樂 及其志力 隨所堪任
以无量喻 而為說法 隨諸衆生 宿世善根
又知成熟 未成熟者 種種籌量 分別知已
於一乘道 隨宜說三

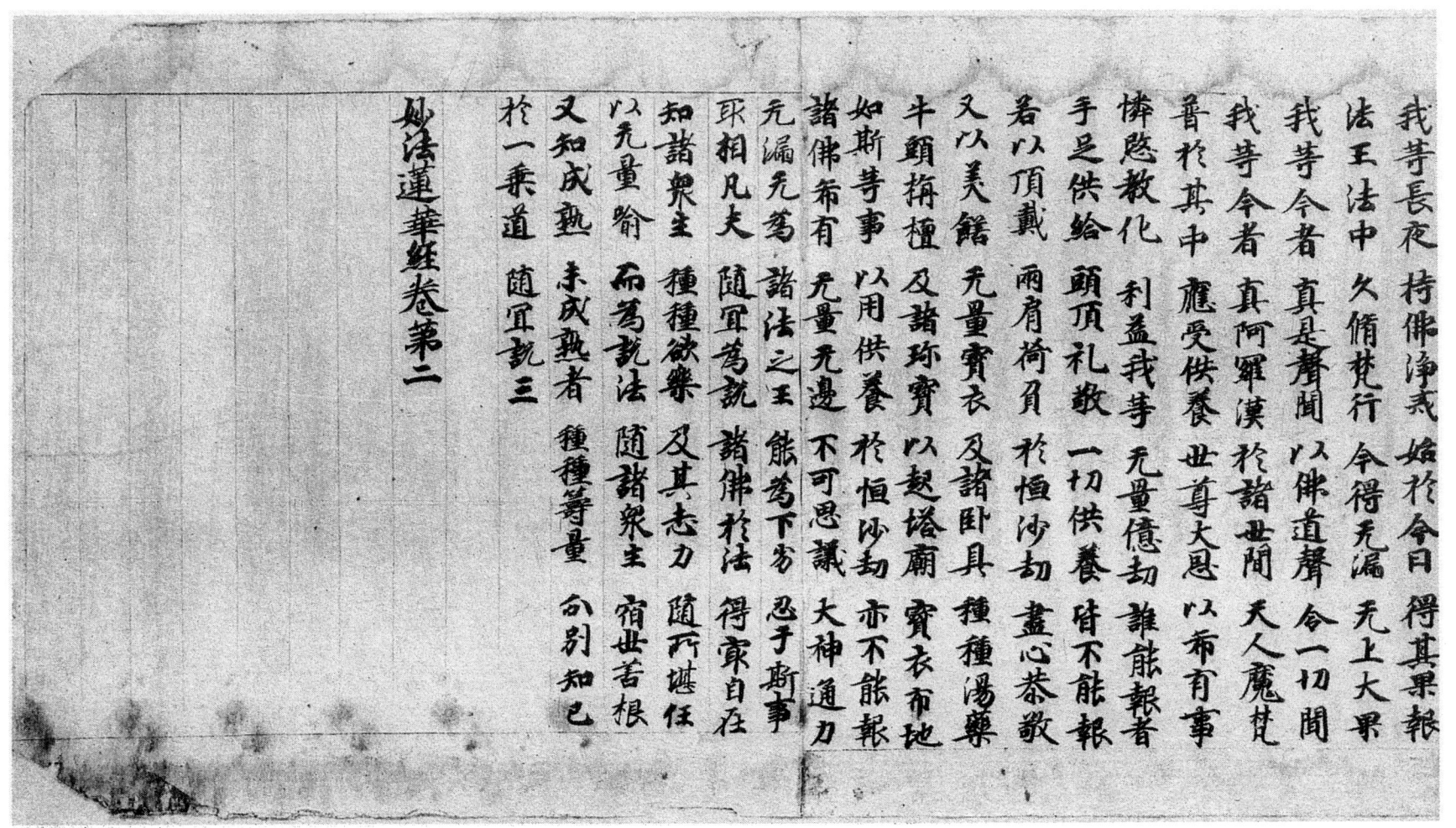

妙法蓮華経卷第二

BD14776號 妙法蓮華經卷二 （15–14）

又以美饍 无量寶衣 及諸卧具 種種湯藥
牛頭栴檀 及諸珎寶 以起塔廟 寶衣布地
如斯等事 以用供養 於恒沙劫 亦不能報
諸佛希有 无量无邊 不可思議 大神通力
无漏无為 諸法之王 能為下劣 忍于斯事
取相凡夫 隨宜為說 諸佛於法 得最自在
知諸衆生 種種欲樂 及其志力 隨所堪任
以无量喻 而為說法 隨諸衆生 宿世善根
又知成熟 未成熟者 種種籌量 分別知已
於一乘道 隨宜說三

妙法蓮華経卷第二

BD14776號 妙法蓮華經卷二 （15–15）

遠久受懃苦乃可得成佛知是心怯弱下劣
以方便力而於中道為止息故說二涅槃若
衆生住於二地如來尒時即便為說汝等所
作未辦汝所住地近於佛慧當觀察籌量所
得涅槃非真實也但是如來方便之力於一
佛乘分別說三如彼導師為止息故化作大
城既知息已而告之言寶處在近此城非實
我化作耳尒時世尊欲重宣此義而說偈言
大通智勝佛　十劫坐道場　佛法不現前　不得成佛道
諸天神龍王　阿脩羅衆等　常雨於天華　以供養彼佛
諸天擊天皷　并作衆伎樂　香風吹萎華　更雨新好者
過十小劫已　乃得成佛道　諸天及世人　心皆懷踊躍
彼佛十六子　皆與其眷屬　千万億圍遶　俱行至佛所
頭面礼佛足　而請轉法輪　聖師子法雨　充我及一切
世尊甚難值　久遠時一現　為覺悟群生　震動於一切
東方諸世界　五百万億國　梵宮殿光耀　昔所未曾有
諸梵見此相　尋來至佛所　散華以供養　并奉上宮殿
請佛轉法輪　以偈而讚歎　佛知時未至　受請嘿然坐

世尊甚難值　久遠時一現　為覺悟群生　震動於一切
東方諸世界　五百万億國　梵宮殿光耀　昔所未曾有
諸梵見此相　尋來至佛所　散華以供養　并奉上宮殿
請佛轉法輪　以偈而讚歎　佛知時未至　受請嘿然坐
三方及四維　上下亦復然　散華奉宮殿　請佛轉法輪
世尊甚難值　願以大慈悲　廣開甘露門　轉无上法輪
无量慧世尊　受彼衆人請　為宣種種法　四諦十二緣
无明至老死　皆從生緣有　如是衆過患　汝等應當知
宣暢是法時　六百万億姟　得盡諸苦際　皆成阿羅漢
第二說法時　千万恒沙衆　於諸法不受　亦得阿羅漢
從是後得道　其數无有量　万億劫筭數　不能得其邊
時十六王子　出家作沙弥　皆共請彼佛　演說大乘法
我等及營從　皆當成佛道　願得如世尊　慧眼第一淨
佛知童子心　宿世之所行　以无量因緣　種種諸譬喻
說六波羅蜜　及諸神通事　分別真實法　菩薩所行道
說是法華經　如恒河沙偈　彼佛說經已　靜室入禪定
一心一處坐　八万四千劫
是諸沙弥等　知佛禪未出　為无量億衆　說佛无上慧
各各坐法座　說是大乘經　於佛宴寂後　宣揚助法化
一一沙弥等　所度諸衆生　有六百万億　恒河沙等衆
彼佛滅度後　是諸聞法者　在在諸佛土　常與師俱生
是十六沙弥　具足行佛道　今現在十方　各得成正覺
尒時聞法者　各在諸佛所　其有住聲聞　漸教以佛道
我在十六數　亦曾為汝說　是故以方便　引汝趣佛慧
以是本因緣　今說法華經　令汝入佛道　慎勿懷驚懼
譬如險惡道　迥絕多毒獸　又復无水草　人所怖畏處

尒時聞法者　各在諸佛所　其有住聲聞　漸教以佛道
我在十六數　亦曾為汝說　是故以方便　引汝趣佛慧
以是本因緣　今說法華經　令汝入佛道　慎勿懷驚懼
譬如險惡道　迥絕多毒獸　又復无水草　人所怖畏處
无數千万衆　欲過此險道　其路甚曠遠　經五百由旬
時有一導師　強識有智慧　明了心決定　在險濟衆難
衆人皆疲惓　而白導師言　我等今頓乏　於此欲退還
導師作是念　此輩甚可愍　如何欲退還　而失大珎寶
尋時思方便　當設神通力　化作大城郭　莊嚴諸舍宅
周迊有園林　渠流及浴池　重門高樓閣　男女皆充滿
即作是化已　慰衆言勿懼
汝等入此城　各可隨所樂　諸人既入城　心皆大歡喜
皆生安隱想　自謂已得度　導師知息已　集衆而告言
汝等當前進　此是化城耳　我見汝疲極　中道欲退還
故以方便力　權化作此城　汝今懃精進　當共至寶所
我亦復如是　為一切導師　見諸求道者　中路而懈廢
不能度生死　煩惱諸險道　故以方便力　為息說涅槃
言汝等苦滅　所作皆已辦　既知到涅槃　皆得阿羅漢
尒乃集大衆　為說真實法　諸佛方便力　分別說三乘
唯有一佛乘　息處故說二　今為汝說實　汝所說非滅
為佛一切智　當發大精進　汝證一切智　十力等佛法
具三十二相　乃是真實滅　諸佛之導師　為息說涅槃
既知是息已　引入於佛慧

妙法蓮華經卷第三

尒時五百万億諸梵天王偈讚佛已各白佛
言唯願世尊轉於法輪多所安隱多所度脫

BD14777 號 1　妙法蓮華經卷三　（7–3）

既知是息已　引入於佛慧

妙法蓮華經卷第三

尒時五百万億諸梵天王偈讚佛已各白佛
言唯願世尊轉於法輪多所安隱多所度脫
時諸梵天王而說偈言
世尊轉法輪　擊甘露法鼓　度苦惱衆生　開示涅槃道
唯願受我請　以大微妙音　哀愍而敷演　无量劫集法
尒時大通智勝如來受十方諸梵天王及十
六王子請即時三轉十二行法輪若沙門婆
羅門若天魔梵及餘世間所不能轉謂是苦
是苦集是苦滅是苦滅道及廣說十二因緣
法无明緣行行緣識識緣名色名色緣六入
六入緣觸觸緣受受緣愛愛緣取取緣有有
緣生生緣老死憂悲苦惱无明滅則行滅行
滅則識滅識滅則名色滅名色滅則六入滅
六入滅則觸滅觸滅則受滅受滅則愛滅愛
滅則取滅取滅則有滅有滅則生滅生滅則
老死憂悲苦惱滅佛於天人大衆之中說是
法時六百万億那由他人以不受一切法故
而於諸漏心得解脫皆得深妙禪定三明六
通具八解脫第二第三第四說法時千万億
恒河沙那由他等衆生亦以不受一切法故
而於諸漏心得解脫從是已後諸聲聞衆无
量无邊不可稱數
尒時十六王子皆以童子出家而為沙彌諸
根通利智慧明了已曾供養百千万億諸佛

BD14777 號 1　妙法蓮華經卷三　（7–4）

量无邊不可稱數
尒時十六王子皆以童子出家而為沙弥諸
根通利智慧明了已曾供養百千万億諸佛
淨脩梵行求阿耨多羅三藐三菩提俱白佛
言世尊是諸无量千万億大德聲聞皆已成
就世尊亦當為我等說阿耨多羅三藐三菩
提法我等聞已皆共脩學世尊我等志願如
来知見深心所念佛自證知尒時轉輪聖王
所將衆中八万億人見十六王子出家亦求
出家王即聽許尒時彼佛受沙弥請過二万
劫已乃於四衆之中說是大乘經名妙法蓮
華教菩薩法佛所護念說是經已十六沙弥
為阿耨多羅三藐三菩提故皆共受持讀誦
通利說是經時十六菩薩沙弥皆悉信受聲
聞衆中亦有信解其餘衆生千万億種皆生
疑惑佛說是經於八千劫未曾休癈說此經
已即入靜室住於禪定八万四千劫是時十
六菩薩沙弥知佛入室寂然禪定各昇法座
亦於八万四千劫為四部衆廣說分別妙法
華經一一皆度六百万億那由他恒河沙等
衆生示教利喜令發阿耨多羅三藐三菩提
心
大通智勝佛過八万四千劫已從三昧起往
詣法座安庠而坐普告大衆是十六菩薩沙
弥甚為希有諸根通利智慧明了已曾供養
无量千万億數諸佛於諸佛所常脩梵行受

BD14777 號 1　妙法蓮華經卷三　（7–5）

心
大通智勝佛過八万四千劫已從三昧起往
詣法座安庠而坐普告大衆是十六菩薩沙
弥甚為希有諸根通利智慧明了已曾供養
无量千万億數諸佛於諸佛所常脩梵行受
持佛智開示衆生令入其中汝等皆當數數
親近而供養之所以者何若聲聞辟支佛及

法有法空无法有法空中不見有法空舍利
弗菩薩摩訶薩行般若波羅蜜得入菩薩位
復次舍利弗菩薩摩訶薩欲學般若波羅蜜
應如是學不念色受想行識不念有眼乃
至有意不念色乃至法不念檀波羅蜜尸波
羅蜜羼提波羅蜜毗梨耶波羅蜜禪波羅蜜
般若波羅蜜乃至十八不共法如是舍利弗
菩薩摩訶薩行般若波羅蜜得是心不應念
不應高无等等心不應念不應高大心不應
念不應高何以故是心非心心相常淨故舍
利弗語須菩提云何名心相常淨須菩提言
若菩薩知是心相與婬怒癡不合不離諸
纏流縛等諸結使一切煩惱不合不離聲聞
辟支佛心不合不離舍利弗是名菩薩心相
常淨舍利弗語須菩提有是无心相心不須
菩提報舍利弗言无心相中有心相无心相可
得不舍利弗言不可得須菩提言若不可得
不應問有是无心非心不舍利弗復問何等
是无心相須菩提言諸法不壞不分別是名无
心相舍利弗復問須菩提但是心不壞不分
別色亦不壞不分別乃至佛道亦不壞不分

BD14777 號 1　妙法蓮華經卷三　（7–6）
BD14777 號 2　摩訶般若波羅蜜經卷三

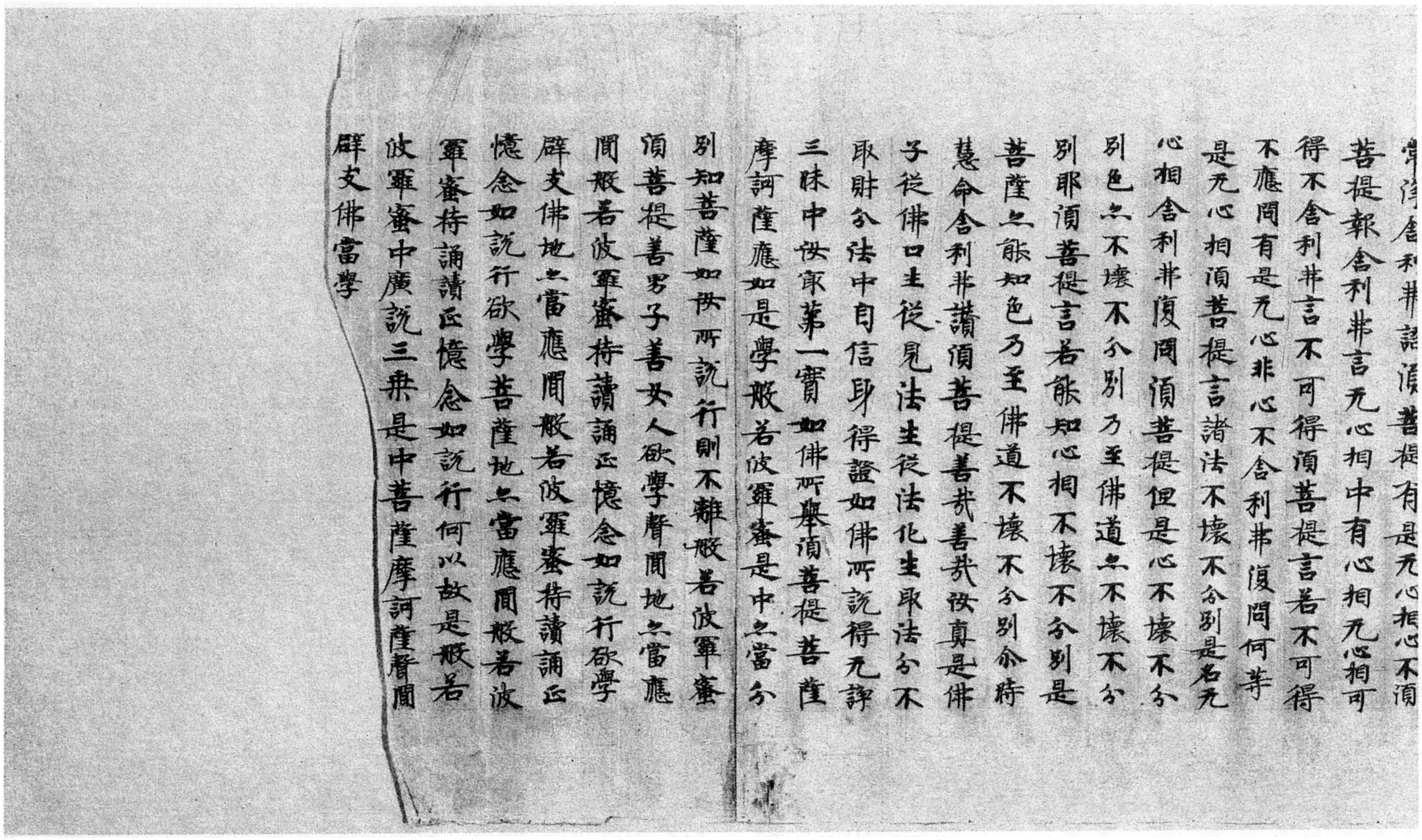
常淨舍利弗語須菩提有是无心相心不須
菩提報舍利弗言无心相中有心相无心相可
得不舍利弗言不可得須菩提言若不可得
不應問有是无心非心不舍利弗復問何等
是无心相須菩提言諸法不壞不分別是名无
心相舍利弗復問須菩提但是心不壞不分
別色亦不壞不分別乃至佛道亦不壞不分
別耶須菩提言若能知心相不壞不分別是
菩薩亦能知色乃至佛道不壞不分別尒時
慧命舍利弗讚須菩提善哉善哉汝真是佛
子從佛口生從見法生從法化生取法分不
取財分法中自信身得證如佛所說得无諍
三昧中汝最第一實如佛所舉須菩提菩薩
摩訶薩應如是學般若波羅蜜是中亦當分
別知菩薩如汝所說行則不離般若波羅蜜
須菩提善男子善女人欲學聲聞地亦當應
聞般若波羅蜜持讀誦正憶念如說行欲學
辟支佛地亦當應聞般若波羅蜜持讀誦正
憶念如說行欲學菩薩地亦當應聞般若波
羅蜜持誦讀正憶念如說行何以故是般若
波羅蜜中廣說三乘是中菩薩摩訶薩聲聞
辟支佛當學

BD14777 號 2　摩訶般若波羅蜜經卷三　（7–7）

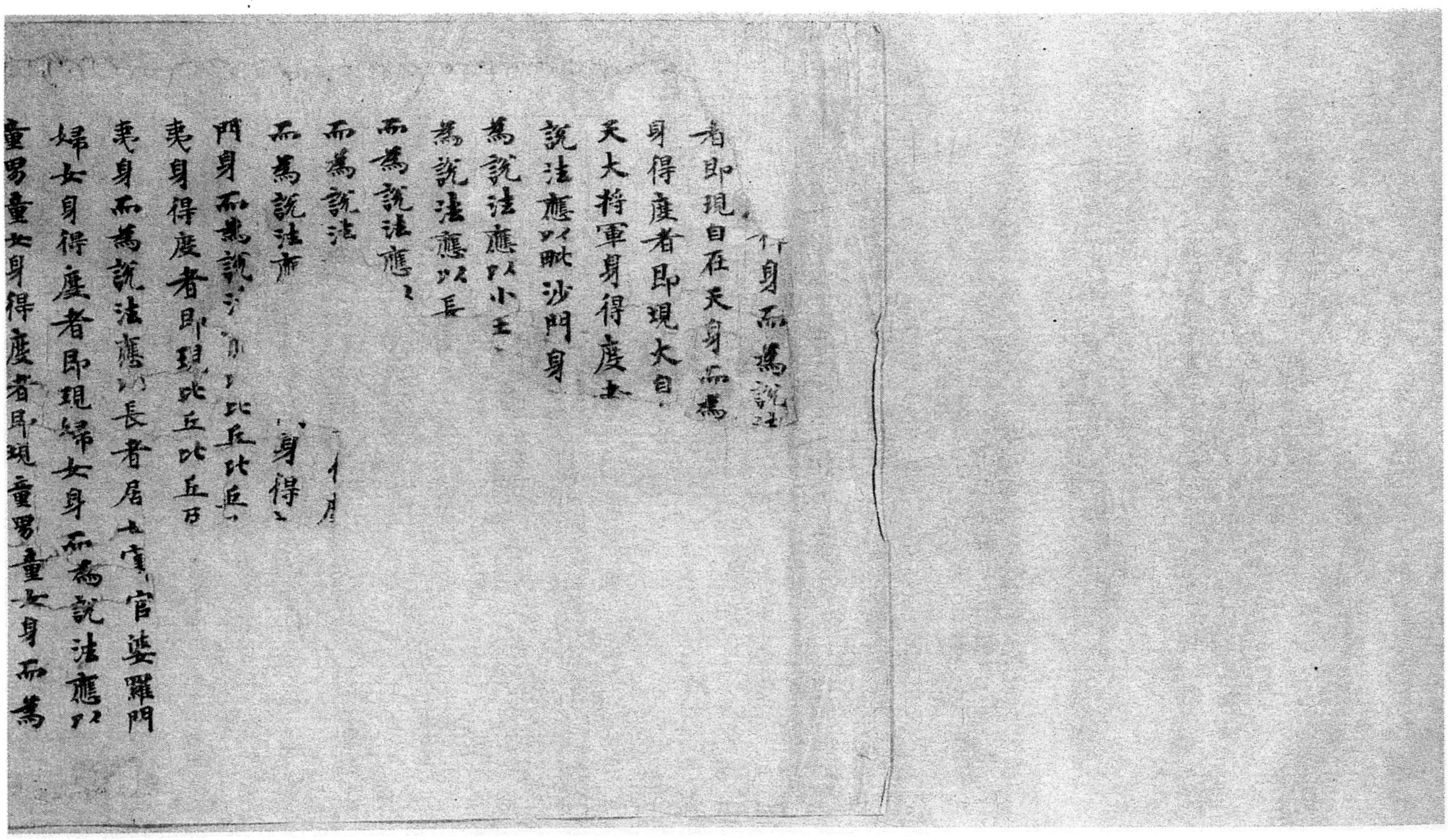
身而爲說法
者即現自在天身而爲
身得度者即現大自〻
天大將軍身得度者
說法應以毗沙門身
爲說法應以小王〻
爲說法應以長
而爲說法應〻
而爲說法
而爲說法而
身得〻
門身而爲說〻〻〻比丘比丘〻
夷身得度者即現比丘比丘尼
夷身而爲說法應以長者居士宰官婆羅門
婦女身得度者即現婦女身而爲說法應以
童男童女身得度者即現童男童女身而爲

BD14778 號　妙法蓮華經卷七　（4–1）

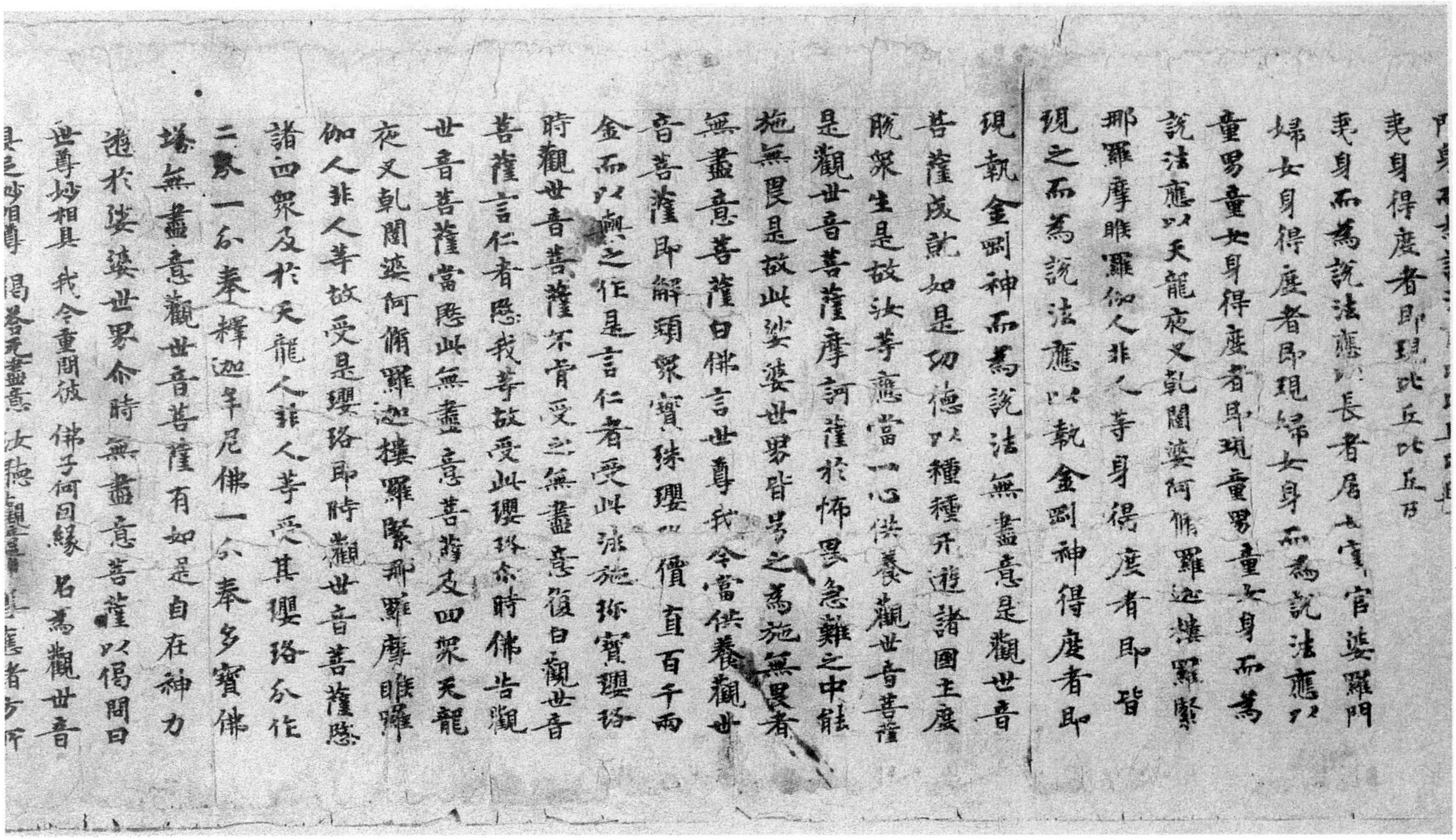
門身而為說法應以比丘比丘尼
夷身得度者即現比丘比丘尼
夷身而為說法應以長者居士宰官婆羅門
婦女身得度者即現婦女身而為說法應以
童男童女身得度者即現童男童女身而為
說法應以天龍夜叉乾闥婆阿脩羅迦樓羅緊
那羅摩睺羅伽人非人等身得度者即皆
現之而為說法應以執金剛神得度者即
現執金剛神而為說法無盡意是觀世音
菩薩成就如是功德以種種形遊諸國土度
脫眾生是故汝等應當一心供養觀世音菩薩
是觀世音菩薩摩訶薩於怖畏急難之中能
施無畏是故此娑婆世界皆號之為施無畏者
無盡意菩薩白佛言世尊我今當供養觀世
音菩薩即解頸眾寶珠瓔珞價直百千兩
金而以與之作是言仁者受此法施珍寶瓔珞
時觀世音菩薩不肯受之無盡意復白觀世音
菩薩言仁者愍我等故受此瓔珞尒時佛告觀
世音菩薩當愍此無盡意菩薩及四眾天龍
夜叉乾闥婆阿脩羅迦樓羅緊那羅摩睺羅
伽人非人等故受是瓔珞即時觀世音菩薩愍
諸四眾及於天龍人非人等受其瓔珞分作
二分一分奉釋迦牟尼佛一分奉多寶佛
塔無盡意觀世音菩薩有如是自在神力
遊於娑婆世界尒時無盡意菩薩以偈問曰
世尊妙相具　我今重問彼　佛子何因緣　名為觀世音
具足妙相尊　偈荅無盡意　汝聽觀音行　善應諸方所

BD14778號　妙法蓮華經卷七　（4–2）

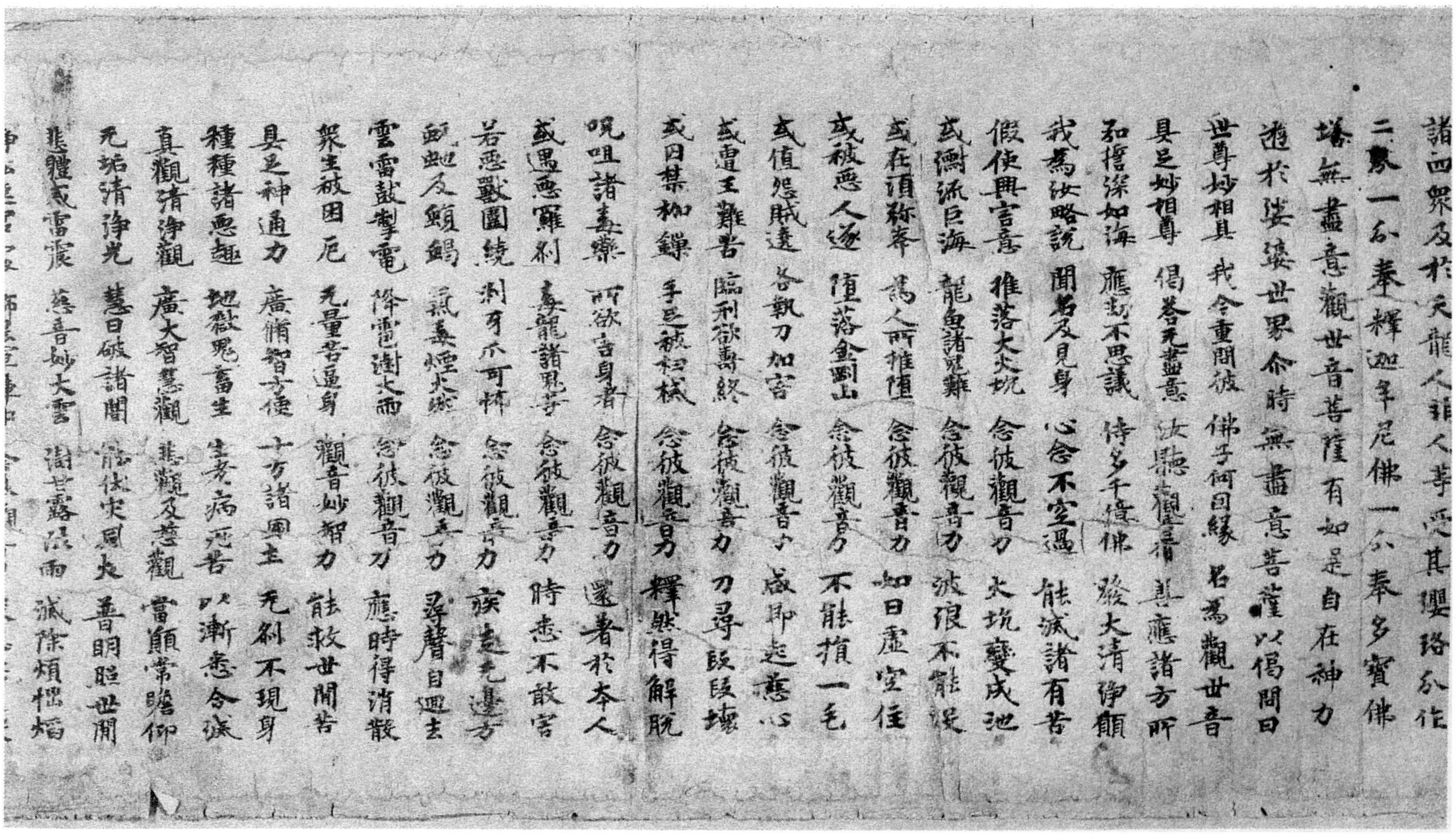
諸四眾及於天龍人非人等受其瓔珞分作
二分一分奉釋迦牟尼佛一分奉多寶佛
塔無盡意觀世音菩薩有如是自在神力
遊於娑婆世界尒時無盡意菩薩以偈問曰
世尊妙相具　我今重問彼　佛子何因緣　名為觀世音
具足妙相尊　偈荅無盡意　汝聽觀音行　善應諸方所
弘誓深如海　歷劫不思議　侍多千億佛　發大清淨願
我為汝略說　聞名及見身　心念不空過　能滅諸有苦
假使興害意　推落大火坑　念彼觀音力　火坑變成池
或漂流巨海　龍魚諸鬼難　念彼觀音力　波浪不能沒
或在須彌峯　為人所推墮　念彼觀音力　如日虛空住
或被惡人逐　墮落金剛山　念彼觀音力　不能損一毛
或值怨賊遶　各執刀加害　念彼觀音力　咸即起慈心
或遭王難苦　臨刑欲壽終　念彼觀音力　刀尋段段壞
或囚禁枷鎖　手足被杻械　念彼觀音力　釋然得解脫
呪詛諸毒藥　所欲害身者　念彼觀音力　還著於本人
或遇惡羅剎　毒龍諸鬼等　念彼觀音力　時悉不敢害
若惡獸圍遶　利牙爪可怖　念彼觀音力　疾走無邊方
蚖蛇及蝮蝎　氣毒煙火然　念彼觀音力　尋聲自迴去
雲雷鼓掣電　降雹澍大雨　念彼觀音力　應時得消散
眾生被困厄　無量苦逼身　觀音妙智力　能救世間苦
具足神通力　廣脩智方便　十方諸國土　無剎不現身
種種諸惡趣　地獄鬼畜生　生老病死苦　以漸悉令滅
真觀清淨觀　廣大智慧觀　悲觀及慈觀　常願常瞻仰
無垢清淨光　慧日破諸闇　能伏災風火　普明照世間
悲體戒雷震　慈意妙大雲　澍甘露法雨　滅除煩惱焰

BD14778號　妙法蓮華經卷七　（4–3）

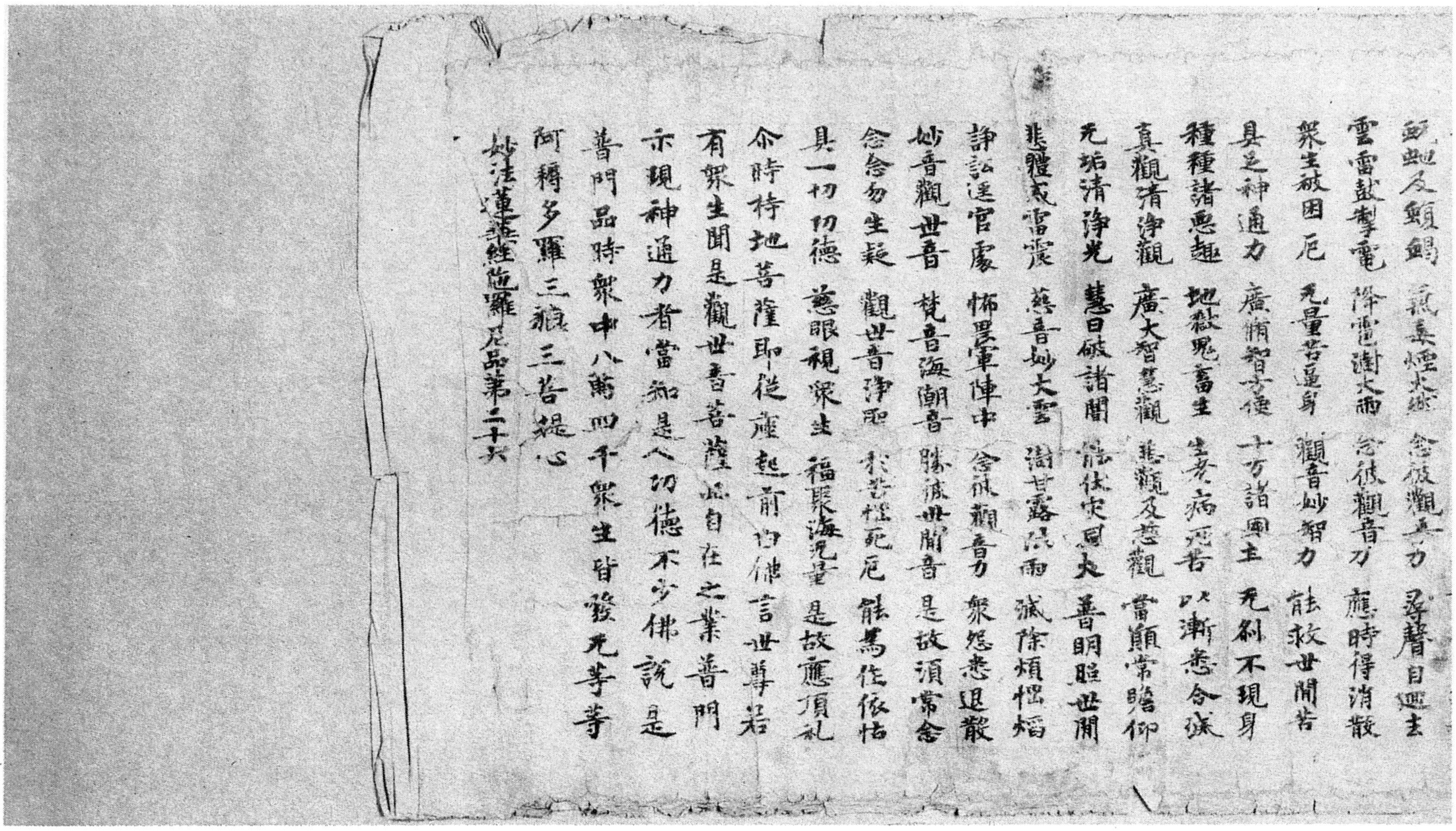
蚖蛇及蝮蠍　氣毒煙火燃　念彼觀音力　尋聲自迴去
雲雷鼓掣電　降雹澍大雨　念彼觀音力　應時得消散
衆生被困厄　无量苦逼身　觀音妙智力　能救世間苦
具足神通力　廣脩智方便　十方諸國土　无刹不現身
種種諸惡趣　地獄鬼畜生　生老病死苦　以漸悉令滅
真觀清淨觀　廣大智慧觀　悲觀及慈觀　常願常瞻仰
无垢清淨光　慧日破諸闇　能伏災風火　普明照世間
悲體戒雷震　慈意妙大雲　澍甘露法雨　滅除煩惱焰
諍訟經官處　怖畏軍陣中　念彼觀音力　衆怨悉退散
妙音觀世音　梵音海潮音　勝彼世間音　是故須常念
念念勿生疑　觀世音淨聖　於苦惱死厄　能為作依怙
具一切功德　慈眼視衆生　福聚海无量　是故應頂禮
尒時持地菩薩即從座起前白佛言世尊若
有衆生聞是觀世音菩薩品自在之業普門
示現神通力者當知是人功德不少佛說是
普門品時衆中八萬四千衆生皆發无等等
阿耨多羅三藐三菩提心
妙法蓮華經陁羅尼品第二十六

BD14778 號　妙法蓮華經卷七　（4–4）

與大比丘衆千二百五十人俱尒時
時著衣持鉢入舍衛大城乞食於其城
第乞已還至本處飯食訖收衣鉢洗足已
座而坐時長老須菩提在大衆中即從座起
偏袒右肩右膝著地合掌恭敬而白佛言
有世尊如來善護念諸菩薩善付囑諸菩薩
世尊善男子善女人發阿耨多羅三藐三菩
提心應云何住云何降伏其心佛言善哉善
哉須菩提如汝所說如來善護念諸菩薩善
付囑諸菩薩汝今諦聽當為汝說善男子善
女人發阿耨多羅三藐三菩提心應如是住
如是降伏其心唯然世尊願樂欲聞
佛告須菩提諸菩薩摩訶薩應如是降伏其
心所有一切衆生之類若卵生若胎生若濕
生若化生若有色若无色若有想若无想若
非有想非无想我皆令入无餘涅槃而滅度
之如是滅度无量无數无邊衆生實无衆生

BD14779 號　金剛般若波羅蜜經　（15–1）

佛告須菩提諸菩薩摩訶薩應如是降伏其
心所有一切衆生之類若卵生若胎生若濕
生若化生若有色若无色若有想若无想若
非有想非无想我皆令入无餘涅槃而滅度
之如是滅度无量无數无邊衆生實无衆生
得滅度者何以故須菩提若菩薩有我相人
相衆生相壽者相即非菩薩
復次須菩提菩薩於法應无所住行於布施
所謂不住色布施不住聲香味觸法布施須
菩提菩薩應如是布施不住於相何以故若
菩薩不住相布施其福德不可思量須菩提
於意云何東方虛空可思量不不也世尊須
菩提南西北方四維上下虛空可思量不不
也世尊須菩提菩薩无住相布施福德亦復
如是不可思量須菩提菩薩但應如所教住
須菩提於意云何可以身相見如來不不也
世尊不可以身相得見如來何以故如來所
說身相即非身相佛告須菩提凡所有相皆
是虛妄若見諸相非相則見如來
須菩提白佛言世尊頗有衆生得聞如是言
說章句生實信不佛告須菩提莫作是說如
來滅後後五百歲有持戒脩福者於此章句
能生信心以此為實當知是人不於一佛二
佛三四五佛而種善根已於无量千万佛所
種諸善根聞是章句乃至一念生淨信者須
菩提如來悉知悉見是諸衆生得如是无量
福德何以故是諸衆生无復我相人相衆生

BD14779號　金剛般若波羅蜜經　（15–2）

能生信心以此為實當知是人不於一佛二
佛三四五佛而種善根已於无量千万佛所
種諸善根聞是章句乃至一念生淨信者須
菩提如來悉知悉見是諸衆生得如是无量
福德何以故是諸衆生无復我相人相衆生
相壽者相无法相亦无非法相何以故是諸
衆生若心取相則為著我人衆生壽者若取
法相即著我人衆生壽者何以故若取非法
相即著我人衆生壽者是故不應取法不應
取非法以是義故如來常說汝等比丘知我
說法如筏喻者法尚應捨何況非法
須菩提於意云何如來得阿耨多羅三藐三
菩提耶如來有所說法耶須菩提言如我解
佛所說義无有定法名阿耨多羅三藐三菩
提亦无有定法如來可說何以故如來所說
法皆不可取不可說非法非非法所以者何
一切賢聖皆以无為法而有差別
須菩提於意云何若人滿三千大千世界七
寶以用布施是人所得福德寧為多不須菩
提言甚多世尊何以故是福德即非福德性
是故如來說福德多若復有人於此經中受
持乃至四句偈等為他人說其福勝彼何以
故須菩提一切諸佛及諸佛阿耨多羅三藐
三菩提法皆從此經出須菩提所謂佛法者
即非佛法
須菩提於意云何須陁洹能作是念我得須
陁洹果不須菩提言不也世尊何以故須陁
洹名為入流而无所入不入色聲香味觸法

BD14779號　金剛般若波羅蜜經　（15–3）

三菩提法皆從此經出須菩提所謂佛法者
即非佛法
須菩提於意云何須陁洹能作是念我得須
陁洹果不須菩提言不也世尊何以故須陁
洹名為入流而无所入不入色聲香味觸法
是名須陁洹須菩提於意云何斯陁含能作
是念我得斯陁含果不須菩提言不也世尊
何以故斯陁含名一往來而實无往來是名
斯陁含須菩提於意云何阿那含能作是念
我得阿那含果不須菩提言不也世尊何以
故阿那含名為不來而實无來是故名阿那
含須菩提於意云何阿羅漢能作是念我得
阿羅漢道不須菩提言不也世尊何以故實
无有法名阿羅漢世尊若阿羅漢作是念我
得阿羅漢道即為著我人衆生壽者世尊佛
說我得无諍三昧人中最為第一是第一離
欲阿羅漢我不作是念我是離欲阿羅漢世
尊我若作是念我得阿羅漢道世尊則不說
須菩提是樂阿蘭那行者以須菩提實无所
行而名須菩提是樂阿蘭那行
佛告須菩提於意云何如來昔在然燈佛所
於法有所得不世尊如來在然燈佛所於法
實无所得須菩提於意云何菩薩莊嚴佛土
不不也世尊何以故莊嚴佛土者則非莊嚴
是名莊嚴是故須菩提諸菩薩摩訶薩應如
是生清淨心不應住色生心不應住聲香味
觸法生心應无所住而生其心

BD14779號　金剛般若波羅蜜經　（15–4）

實无所得須菩提於意云何菩薩莊嚴佛土
不不也世尊何以故莊嚴佛土者則非莊嚴
是名莊嚴是故須菩提諸菩薩摩訶薩應如
是生清淨心不應住色生心不應住聲香味
觸法生心應无所住而生其心
須菩提譬如有人身如須弥山王於意云何
是身為大不須菩提言甚大世尊何以故佛
說非身是名大身
須菩提如恒河中所有沙數如是沙等恒河
於意云何是諸恒河沙寧為多不須菩提言
甚多世尊但諸恒河尚多无數何況其沙須
菩提我今實言告汝若有善男子善女人以
七寶滿尒所恒河沙數三千大千世界以用
布施得福多不須菩提言甚多世尊佛告須
菩提若善男子善女人於此經中乃至受持
四句偈等為他人說而此福德勝前福德
復次須菩提隨說是經乃至四句偈等當知
此處一切世間天人阿脩羅皆應供養如佛
塔廟何況有人盡能受持讀誦須菩提當知
是人成就最上第一希有之法若是經典所
在之處則為有佛若尊重弟子
尒時須菩提白佛言世尊當何名此經我等
云何奉持佛告須菩提是經名為金剛般若
波羅蜜以是名字汝當奉持所以者何須菩
提佛說般若波羅蜜則非般若波羅蜜須菩
提於意云何如來有所說法不須菩提白佛
言世尊如來无所說須菩提於意云何三千

BD14779號　金剛般若波羅蜜經　（15–5）

尒時須菩提白佛言世尊當何名此經我等
云何奉持佛告須菩提是經名為金剛般若
波羅蜜以是名字汝當奉持所以者何須菩
提佛說般若波羅蜜則非般若波羅蜜須菩
提於意云何如来有所說法不須菩提白佛
言世尊如来无所說須菩提於意云何三千
大千世界所有微塵是為多不須菩提言甚
多世尊須菩提諸微塵如来說非微塵是名
微塵如来說世界非世界是名世界須菩提
於意云何可以三十二相見如来不不也世
尊何以故如来說三十二相即是非相是名
三十二相須菩提若有善男子善女人以恒
河沙等身命布施若復有人於此經中乃至
受持四句偈等為他人說其福甚多
尒時須菩提聞說是經深解義趣涕淚悲泣
而白佛言希有世尊佛說如是甚深經典我
從昔来所得慧眼未曾得聞如是之經世尊
若復有人得聞是經信心清淨則生實相當
知是人成就第一希有功德世尊是實相者
則是非相是故如来說名實相世尊我今得
聞如是經典信解受持不是為難若當来世
後五百歲其有眾生得聞是經信解受持是
人則為第一希有何以故此人无我相人相
眾生相壽者相所以者何我相即是非相人
相眾生相壽者相即是非相何以故離一切
諸相則名諸佛佛告須菩提如是如是若復
有人得聞是經不驚不怖不畏當知是人甚

BD14779 號　金剛般若波羅蜜經　（15–6）

人則為第一希有何以故此人无我相人相
眾生相壽者相所以者何我相即是非相人
相眾生相壽者相即是非相何以故離一切
諸相則名諸佛佛告須菩提如是如是若復
有人得聞是經不驚不怖不畏當知是人甚
為希有何以故須菩提如来說第一波羅蜜
非第一波羅蜜是名第一波羅蜜
須菩提忍辱波羅蜜如来說非忍辱波羅蜜
何以故須菩提如我昔為歌利王割截身體
我於尒時无我相无人相无眾生相无壽者
相何以故我於往昔節節支解時若有我相
人相眾生相壽者相應生瞋恨須菩提又念
過去於五百世作忍辱仙人於尒所世无我
相无人相无眾生相无壽者相是故須菩提
菩薩應離一切相發阿耨多羅三藐三菩提
心不應住色生心不應住聲香味觸法生心
應生无所住心若心有住則為非住是故佛
說菩薩心不應住色布施須菩提菩薩為利
益一切眾生應如是布施如来說一切諸相
即是非相又說一切眾生則非眾生須菩提
如来是真語者實語者如語者不誑語者不
異語者須菩提如来所得法此法无實无虛
須菩提若菩薩心住於法而行布施如人入
闇則无所見若菩薩心不住於法而行布施
如人有目日光明照見種種色須菩提當来
之世若有善男子善女人能於此經受持讀
誦則為如来以佛智慧悉知是人悉見是人

BD14779 號　金剛般若波羅蜜經　（15–7）

異語者須菩提如來所得法此法无實无虛
須菩提若菩薩心住於法而行布施如人入
闇則无所見若菩薩心不住於法而行布施
如人有目日光明照見種種色須菩提當來
之世若有善男子善女人能於此經受持讀
誦則為如來以佛智慧悉知是人悉見是人
皆得成就无量无邊功德
須菩提若有善男子善女人初日分以恒河
沙等身布施中日分復以恒河沙等身布施
後日分亦以恒河沙等身布施如是无量百
千万億劫以身布施若復有人聞此經典信
心不逆其福勝彼何況書寫受持讀誦為人
解說須菩提以要言之是經有不可思議不
可稱量无邊功德如來為發大乘者說為發
最上乘者說若有人能受持讀誦廣為人說
如來悉知是人悉見是人皆成就不可量不
可稱无有邊不可思議功德如是人等則為
荷擔如來阿耨多羅三藐三菩提何以故須
菩提若樂小法者著我見人見衆生見壽者
見則於此經不能聽受讀誦為人解說須菩
提在在處處若有此經一切世間天人阿脩
羅所應供養當知此處則為是塔皆應恭敬
作礼圍遶以諸華香而散其處
復次須菩提善男子善女人受持讀誦此經
若為人輕賤是人先世罪業應墮惡道以今
世人輕賤故先世罪業則為消滅當得阿耨
多羅三藐三菩提須菩提我念過去无量阿

BD14779號　金剛般若波羅蜜經　（15–8）

作礼圍遶以諸華香而散其處
復次須菩提善男子善女人受持讀誦此經
若為人輕賤是人先世罪業應墮惡道以今
世人輕賤故先世罪業則為消滅當得阿耨
多羅三藐三菩提須菩提我念過去无量阿
僧祇劫於然燈佛前得值八百四千万億那
由他諸佛悉皆供養承事无空過者若復有
人於後末世能受持讀誦此經所得功德於
我所供養諸佛功德百分不及一千万億分
乃至筭數譬喻所不能及須菩提若善男子
善女人於後末世有受持讀誦此經所得功
德我若具說者或有人聞心則狂亂狐疑不
信須菩提當知是經義不可思議果報亦不
可思議
尒時須菩提白佛言世尊善男子善女人發
阿耨多羅三藐三菩提心云何應住云何降
伏其心佛告須菩提善男子善女人發阿耨
多羅三藐三菩提者當生如是心我應滅度
一切衆生滅度一切衆生已而无有一衆生
實滅度者何以故若菩薩有我相人相衆生
相壽者相即非菩薩所以者何須菩提實无
有法發阿耨多羅三藐三菩提者
須菩提於意云何如來於然燈佛所有法得
阿耨多羅三藐三菩提不不也世尊如我解
佛所說義佛於然燈佛所无有法得阿耨多
羅三藐三菩提佛言如是如是須菩提實无

BD14779號　金剛般若波羅蜜經　（15–9）

有法發阿耨多羅三藐三菩提者
須菩提於意云何如来於然燈佛所有法得
阿耨多羅三藐三菩提不不也世尊如我解
佛所說義佛於然燈佛所无有法得阿耨多
羅三藐三菩提佛言如是如是須菩提實无
有法如来得阿耨多羅三藐三菩提須菩提
若有法如来得阿耨多羅三藐三菩提然燈
佛則不與我受記汝於来世當得作佛号釋
迦牟尼以實无有法得阿耨多羅三藐三菩
提是故然燈佛與我受記作是言汝於来世
當得作佛号釋迦牟尼何以故如来者即諸
法如義若有人言如来得阿耨多羅三藐三
菩提須菩提實无有法佛得阿耨多羅三藐
三菩提須菩提如来所得阿耨多羅三藐三
菩提於是中无實无虛是故如来說一切法
皆是佛法須菩提所言一切法者即非一切
法是故名一切法須菩提譬如人身長大須
菩提言世尊如来說人身長大則為非大身
是名大身須菩提菩薩亦如是若作是言我
當滅度无量衆生則不名菩薩何以故須菩
提實无有法名為菩薩是故佛說一切法无
我无人无衆生无壽者須菩提若菩薩作是
言我當庄嚴佛土是不名菩薩何以故如来
說庄嚴佛土者即非庄嚴是名庄嚴須菩提
若菩薩通達无我法者如来說名真是菩薩
須菩提於意云何如来有肉眼不如是世尊
如来有肉眼須菩提於意云何如来有天眼

言我當庄嚴佛土是不名菩薩何以故如来
說庄嚴佛土者即非庄嚴是名庄嚴須菩提
若菩薩通達无我法者如来說名真是菩薩
須菩提於意云何如来有肉眼不如是世尊
如来有肉眼須菩提於意云何如来有天眼
不如是世尊如来有天眼須菩提於意云何
如来有慧眼不如是世尊如来有慧眼須菩
提於意云何如来有法眼不如是世尊如来
有法眼須菩提於意云何如来有佛眼不如
是世尊如来有佛眼須菩提於意云何恒河
中所有沙佛說是沙不如是世尊如来說是
沙須菩提於意云何如一恒河中所有沙有
如是等恒河是諸恒河所有沙數佛世界如
是寧為多不甚多世尊佛告須菩提尒所國
土中所有衆生若干種心如来悉知何以故
如来說諸心皆為非心是名為心所以者何
須菩提過去心不可得現在心不可得未来
心不可得須菩提於意云何若有人滿三千
大千世界七寶以用布施是人以是因緣得
福多不如是世尊此人以是因緣得福甚多
須菩提若福德有實如来不說得福德多以
福德无故如来說得福德多
須菩提於意云何佛可以具足色身見不不
也世尊如来不應以具足色身見何以故如
来說具足色身即非具足色身是名具足色
身須菩提於意云何如来可以具足諸相見

須菩提若福德有實如来不說得福德多以
福德无故如来說得福德多
須菩提於意云何佛可以具足色身見不不
也世尊如来不應以具足色身見何以故如
来說具足色身即非具足色身是名具足色
身須菩提於意云何如来可以具足諸相見
不不也世尊如来不應以具足諸相見何以
故如来說諸相具足即非具足是名諸相具
足須菩提汝勿謂如来作是念我當有所說
法莫作是念何以故若有人言如来有所說
法即為謗佛不能解我所說故須菩提說法
者无法可說是名說法
須菩提白佛言世尊佛得阿耨多羅三藐三
菩提為无所得耶如是如是須菩提我於阿
耨多羅三藐三菩提乃至无有少法可得是
名阿耨多羅三藐三菩提復次須菩提是法
平等无有高下是名阿耨多羅三藐三菩提
以无我无人无衆生无壽者脩一切善法則
得阿耨多羅三藐三菩提須菩提所言善法
者如来說非善法是名善法
須菩提若三千大千世界中所有諸須弥山
王如是等七寳聚有人持用布施若人以此
般若波羅蜜經乃至四句偈等受持為他人
說於前福德百分不及一千万億分乃至筭
數譬喻所不能及
須菩提於意云何汝等勿謂如来作是念我
當度衆生須菩提莫作是念何以故實无有

BD14779號　金剛般若波羅蜜經　（15–12）

般若波羅蜜經乃至四句偈等受持為他人
說於前福德百分不及一千万億分乃至筭
數譬喻所不能及
須菩提於意云何汝等勿謂如来作是念我
當度衆生須菩提莫作是念何以故實无有
衆生如来度者若有衆生如来度者如来則
有我人衆生壽者須菩提如来說有我者則
非有我而凡夫之人以為有我須菩提凡夫
者如来說則非凡夫須菩提於意云何可以
三十二相觀如来不須菩提言如是如是以
三十二相觀如来佛言須菩提若以三十二
相觀如来者轉輪聖王則是如来須菩提白
佛言世尊如我解佛所說義不應以三十二
相觀如来尒時世尊而說偈言
若以色見我　以音聲求我　是人行邪道　不能見如来
須菩提汝若作是念如来不以具足相故得
阿耨多羅三藐三菩提須菩提莫作是念如
来不以具足相故得阿耨多羅三藐三菩提
須菩提汝若作是念發阿耨多羅三藐三菩
提者說諸法斷滅相莫作是念何以故發阿
耨多羅三藐三菩提者於法不說斷滅相須
菩提若菩薩以滿恒河沙等世界七寳布施
若復有人知一切法无我得成於忍此菩薩
勝前菩薩所得功德須菩提以諸菩薩不受
福德故須菩提白佛言世尊云何菩薩不受
福德須菩提菩薩所作福德不應貪著是故
說不受福德須菩提若有人言如来若来若

BD14779號　金剛般若波羅蜜經　（15–13）

若復有人知一切法无我得成於忍此菩薩
勝前菩薩所得功德須菩提以諸菩薩不受
福德故須菩提白佛言世尊云何菩薩不受
福德須菩提菩薩所作福德不應貪著是故
說不受福德須菩提若有人言如來若來若
去若坐若卧是人不解如來所說義何以故
如來者无所從來亦无所去故名如來須菩
提若善男子善女人以三千大千世界碎為
微塵於意云何是微塵衆寧為多不甚多世
尊何以故若是微塵衆實有者佛則不說是
微塵衆所以者何佛說微塵衆則非微塵衆
是名微塵衆世尊如來所說三千大千世界
則非世界是名世界何以故若世界實有者
則是一合相如來說一合相則非一合相是
名一合相須菩提一合相者則是不可說但
凡夫之人貪著其事須菩提若人言佛說我
見人見衆生見壽者見須菩提於意云何是
人解我所說義不世尊是人不解如來所說
義何以故世尊說我見人見衆生見壽者見
即非我見人見衆生見壽者見是名我見人
見衆生見壽者見須菩提發阿耨多羅三藐
三菩提心者於一切法應如是知如是見如
是信解不生法相須菩提所言法相者如來
說即非法相是名法相須菩提若有人以滿
无量阿僧祇世界七寶持用布施若有善男
子善女人發菩薩心者持於此經乃至四句
偈等受持讀誦為人演說其福勝彼云何為

BD14779號　金剛般若波羅蜜經　（15–14）

是名微塵衆世尊如來所說三千大千世界
則非世界是名世界何以故若世界實有者
則是一合相如來說一合相則非一合相是
名一合相須菩提一合相者則是不可說但
凡夫之人貪著其事須菩提若人言佛說我
見人見衆生見壽者見須菩提於意云何是
人解我所說義不世尊是人不解如來所說
義何以故世尊說我見人見衆生見壽者見
即非我見人見衆生見壽者見是名我見人
見衆生見壽者見須菩提發阿耨多羅三藐
三菩提心者於一切法應如是知如是見如
是信解不生法相須菩提所言法相者如來
說即非法相是名法相須菩提若有人以滿
无量阿僧祇世界七寶持用布施若有善男
子善女人發菩薩心者持於此經乃至四句
偈等受持讀誦為人演說其福勝彼云何為
人演說不取於相如如不動何以故
一切有為法　如夢幻泡影　如露亦如電　應作如是觀
佛說是經已長老須菩提及諸比丘比丘尼
優婆塞優婆夷一切世間天人阿脩羅聞佛
所說皆大歡喜信受奉行

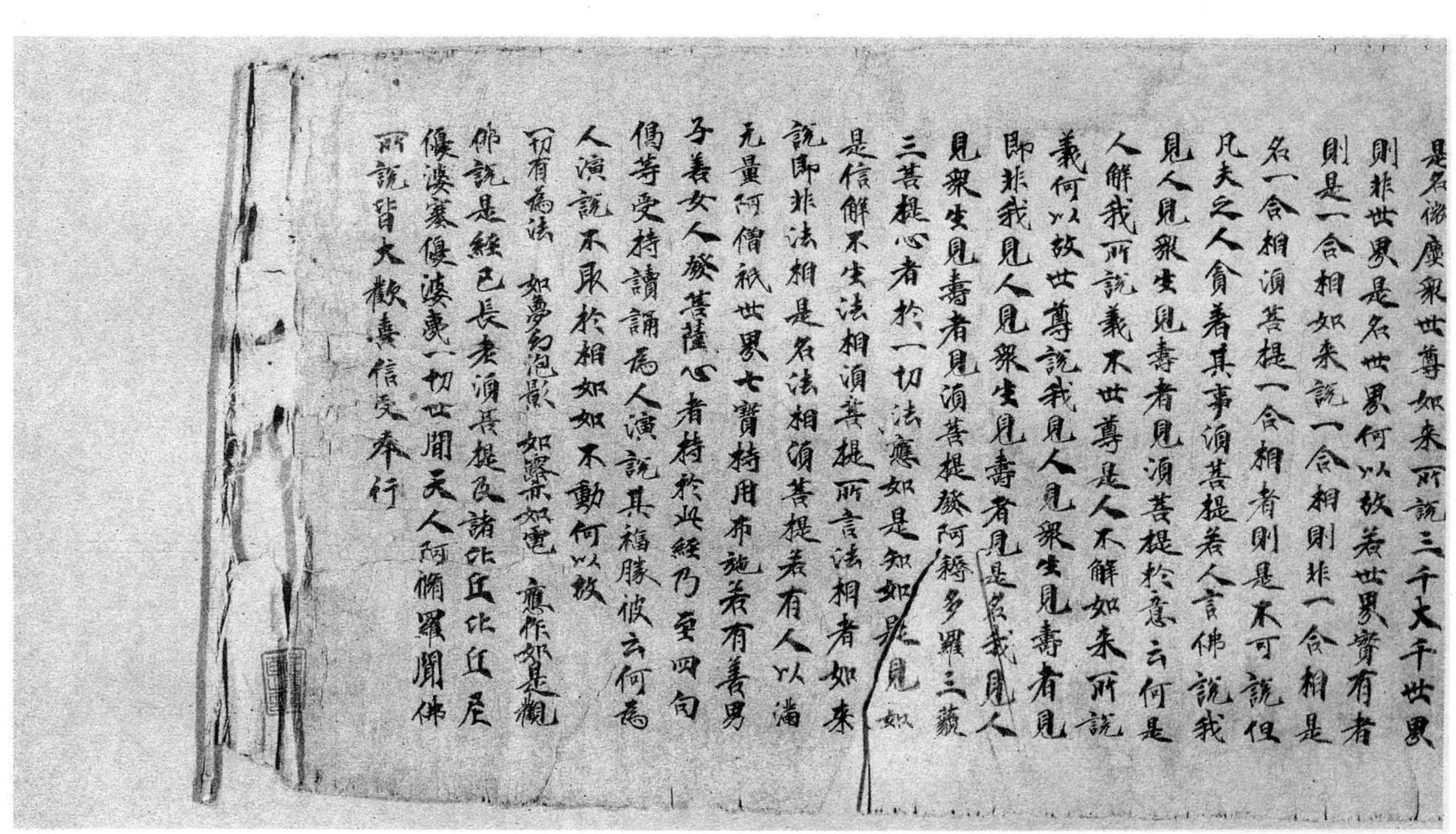

BD14779號　金剛般若波羅蜜經　（15–15）

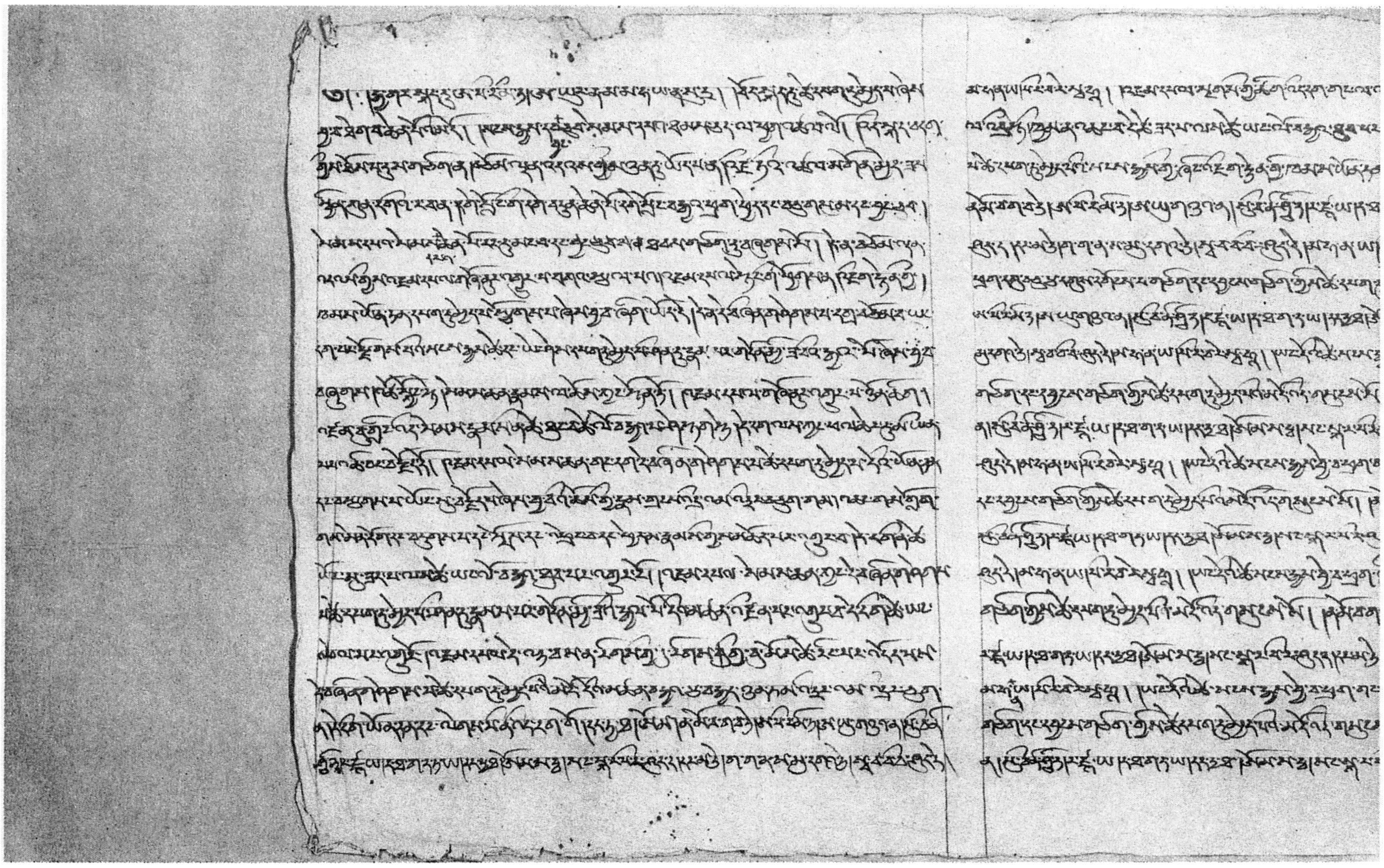

BD14780 號　藏文（無量壽宗要經甲本）　　（6–1）

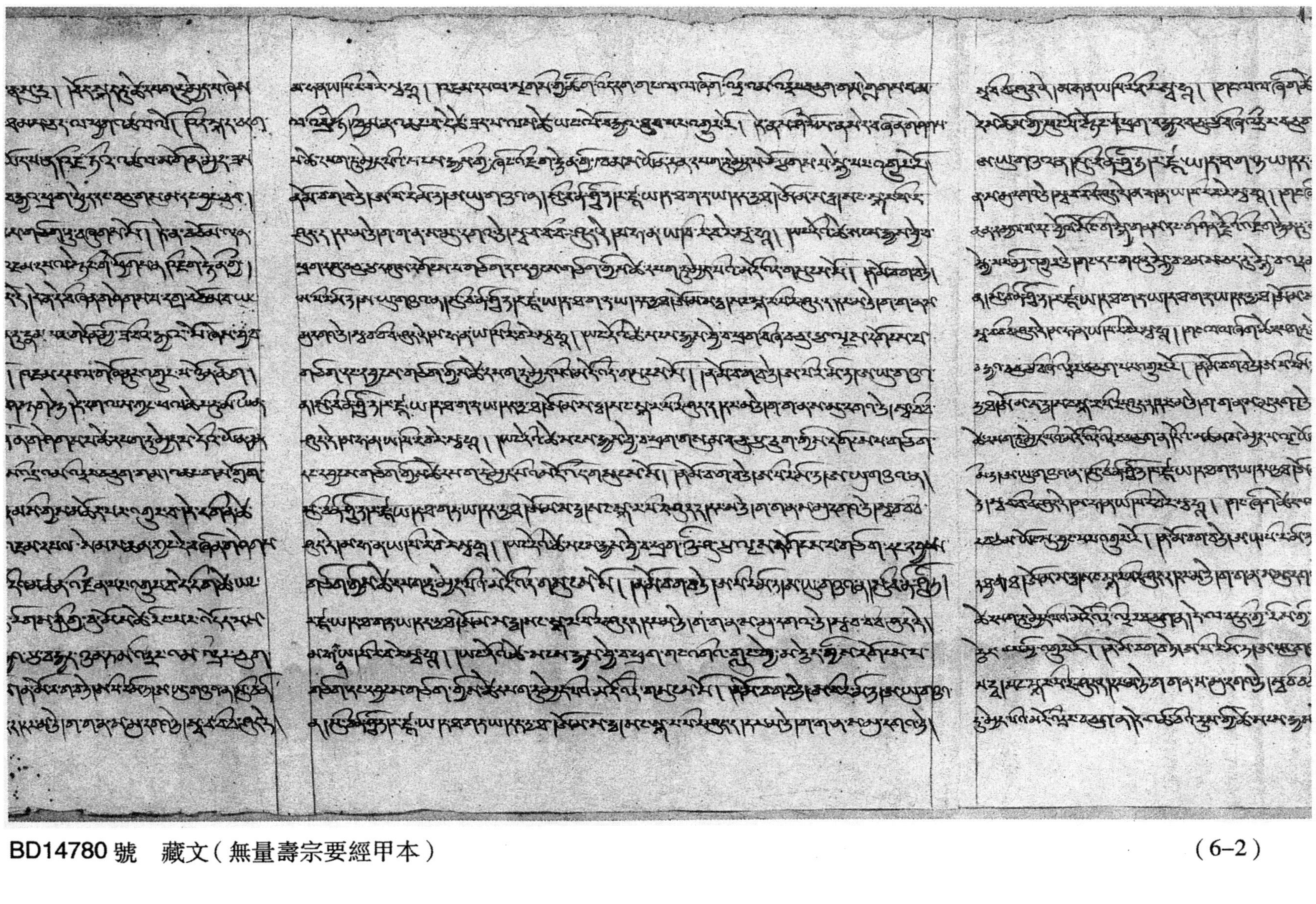

BD14780 號　藏文（無量壽宗要經甲本）　　（6–2）

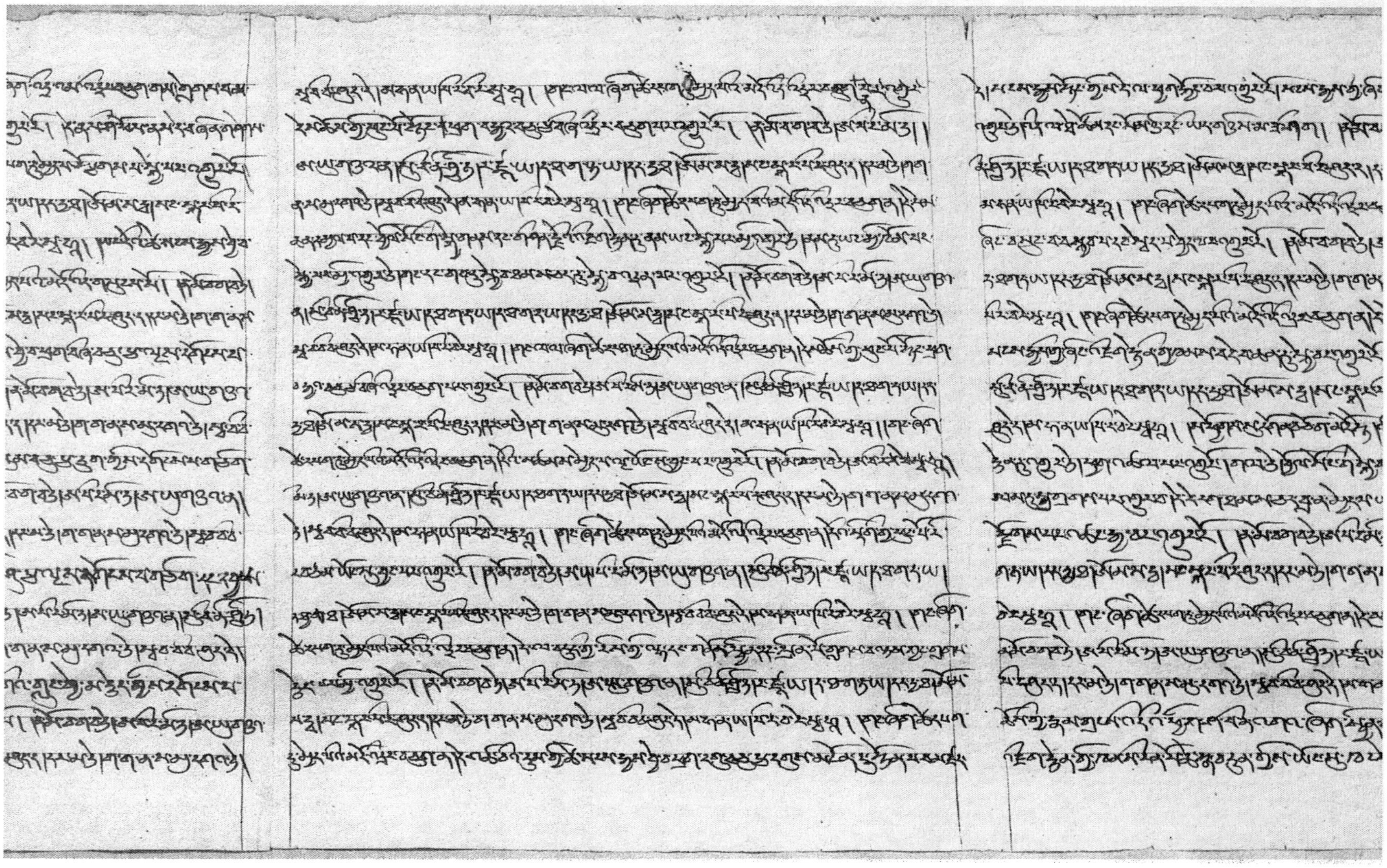

BD14780 號　藏文（無量壽宗要經甲本）　　（6–3）

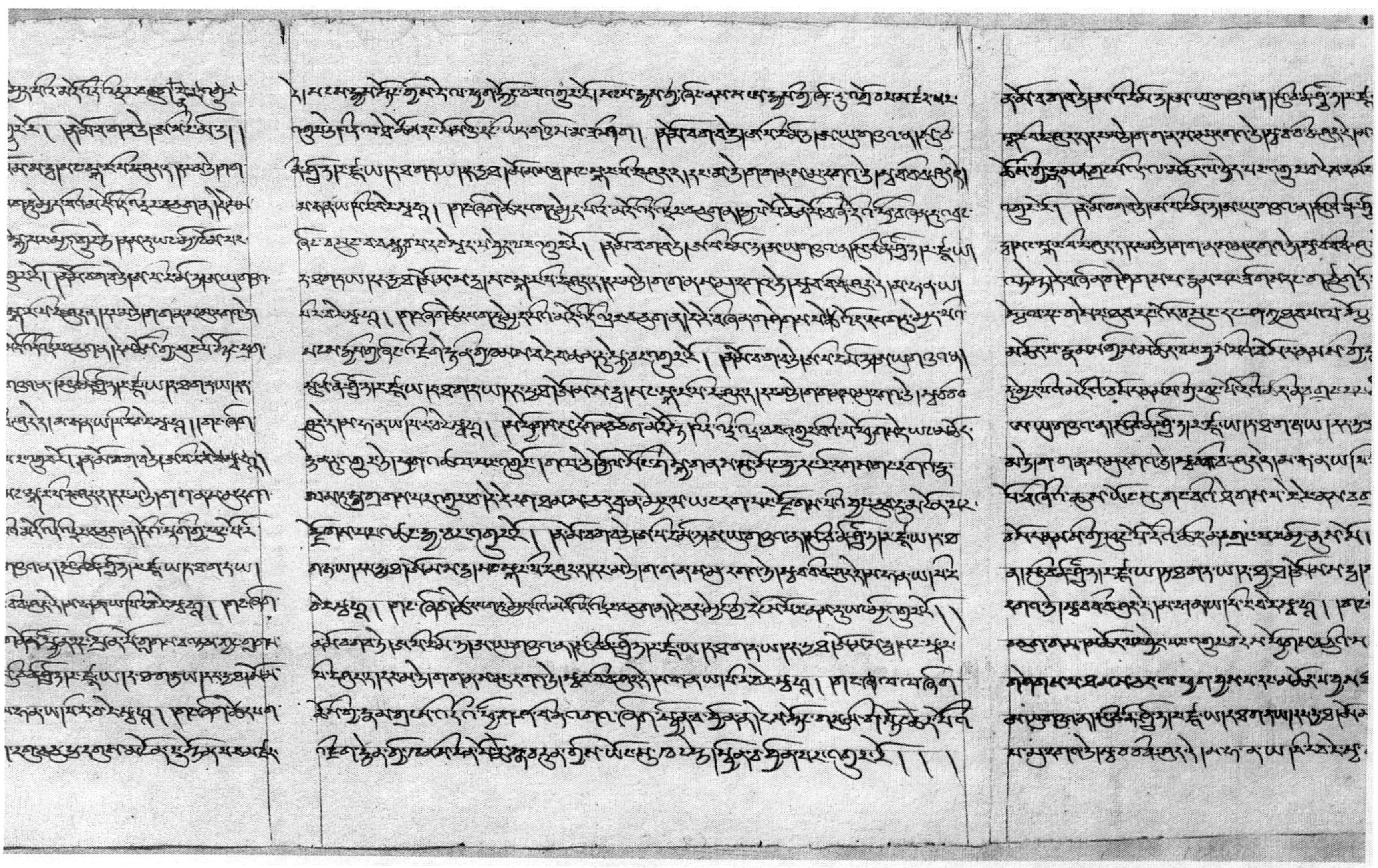

BD14780 號　藏文（無量壽宗要經甲本）　　（6–4）

BD14780 號　藏文（無量壽宗要經甲本）　　（6–5）

BD14780 號　藏文（無量壽宗要經甲本）　　（6–6）

東方千國土乃下一點大如微塵又過千國
土復下一點如是展轉盡地種墨於汝等意
云何是諸國土若算師若算師弟子能得
邊際知其數不不也世尊諸比丘是人所經
國土若點不點盡末為塵一塵一劫彼佛滅
度已來復過是數無量無邊百千萬億阿
僧祇劫以來知見力故觀彼久遠猶若今
日尒時世尊欲重此義而說偈言
我念過去世　無量無邊劫　有佛兩足尊　名大通智勝
如人以力磨　三千大千土　盡此諸地種　皆悉以為墨
過於千國土　乃下一塵點　如是展轉點　盡此諸塵墨
如是諸國土　點與不點等　復盡抹為塵　一塵為一劫
此諸微塵數　其數復過是　彼佛滅度來　如是無量劫
如來無礙智　知彼佛滅度　及聲聞菩薩　如見今滅度
諸比丘當知　佛智淨微妙　無漏無所礙　通達無量劫
佛告諸比丘大通智勝佛壽五百四十萬億
那由他劫其佛本坐道場破魔軍已垂得阿
耨多羅三藐三菩提而諸佛法不現在前如

BD14781號　妙法蓮華經卷三　（7–1）

如來無礙智　知彼佛滅度　及聲聞菩薩　如見今滅度
諸比丘當知　佛智淨微妙　無漏無所礙　通達無量劫
佛告諸比丘大通智勝佛壽五百四十萬億
那由他劫其佛本坐道場破魔軍已垂得阿
耨多羅三藐三菩提而諸佛法不現在前如
是一小劫乃至十小劫結跏趺坐身心不動
而諸佛法猶不在前尒時忉利諸天先為彼
佛於菩提樹下敷師子座高一由旬佛於此
坐當得阿耨多羅三藐三菩提適坐此座時
諸梵天王雨衆天華面百由旬香風時來吹
去萎華更雨新者如是不絕滿十小劫供
養於佛乃至滅度常雨此華四王諸天為供
養佛常擊天鼓其餘諸天作天伎樂滿十小
劫至于滅度亦復如是諸比丘大通智勝佛
過十小劫諸佛之法乃現在前成阿耨多羅三藐
三菩提其佛未出家時有十六子其第一
者名曰智積諸子各有種種珍異玩好之具
聞父得成阿耨多羅三藐三菩提皆捨所珍
往詣佛所諸母涕泣而隨送之其祖轉輪聖
王與一百大臣及餘百千萬億人民皆共圍
繞隨至道場咸欲親近大通智勝如來供養
恭敬尊重讚歎到已頭面禮足繞佛畢已一
心合掌瞻仰世尊以偈頌曰
大威德世尊　為度衆生故　於無量億歲　尒乃得成佛
諸願已具足　善哉吉無上　世尊甚希有　一坐十小劫
身體及手足　靜然安不動　其心常惔怕　未曾有散亂
究竟永寂滅　安住無漏法　今者見世尊　安隱成佛道

BD14781號　妙法蓮華經卷三　（7–2）

心合掌瞻仰世尊以偈頌曰
大威德世尊　為度衆生故　於无量億歲　尒乃得成佛
諸願已具足　善哉吉无上　世尊甚希有　一坐十小劫
身體及手足　靜然安不動　其心常惔怕　未曾有散亂
究竟永寂滅　安住無漏法　今者見世尊　安隱成佛道
我等得善利　稱慶大歡喜　衆生常苦惱　盲瞑無導師
不識苦盡道　不知求解脫　長夜增惡趣　減損諸天衆
從瞑入於瞑　永不聞佛名　今佛得最上　安隱無漏道
我等及天人　為得最大利　是故咸稽首　歸命無上尊
尒時十六王子偈讚佛已勸請世尊轉於法
輪咸作是言世尊說法多所安隱憐愍饒益
諸天人民重說偈言
世雄無等倫　百福自莊嚴　得無上智慧　願為世間說
度脫於我等　及諸衆生類　為分別顯示　令得是智慧
若我等得佛　衆生亦復然　世尊知衆生　深心之所念
亦知所行道　又知智慧力　欲樂及脩福　宿命所行業
世尊悉知已　當轉無上輪
佛告諸比丘大通智勝佛得阿耨多羅三藐
三菩提時十方各五百萬億諸佛世界六種
震動其國中間幽瞑之處日月威光所不能
照而皆大明其中衆生各得相見咸作是言
此中云何忽生衆生又其國界諸天宮殿乃至
梵宮六種震動大光普照遍滿世界勝諸天
光尒時東方五百萬億諸國土中梵天宮殿
光明照曜倍於常明諸梵天王各作是念
今者宮殿光明昔所未有以何因緣而現此相
是時諸梵天王即各相詣共議此事時彼衆

梵宮六種震動大光普照遍滿世界勝諸天
光尒時東方五百萬億諸國土中梵天宮殿
光明照曜倍於常明諸梵天王各作是念
今者宮殿光明昔所未有以何因緣而現此相
是時諸梵天王即各相詣共議此事時彼衆
中有一大梵天王名救一切為諸梵衆而說偈
言
我等諸宮殿　光明昔未有　此是何因緣　宜各共求之
為大德天生　為佛出世間　而此大光明　遍照於十方
尒時五百萬億國土諸梵天王與宮殿俱各
以衣裓盛諸天華共詣西方推尋是相見大
通智勝如來處于道場菩提樹下坐師子座
諸天龍王乾闥婆緊那羅摩睺羅伽人非人
等恭敬圍繞及見十六王子請佛轉法輪即時
諸梵天王頭面禮佛繞百千帀即以天華而
散佛上其所散華如須彌山并以供養佛菩
提樹其菩提樹高十由旬華供養已各以宮
殿奉上彼佛而作是言唯見哀愍饒益我
等所獻宮殿願垂納受時諸梵天王即於佛
前一心同聲以偈頌曰
世尊甚希有　難可得值遇　具無量功德　能救護一切
天人之大師　哀愍於世間　十方諸衆生　普皆蒙饒益
我等所從來　五百萬億國　捨深禪定樂　為供養佛故
我等先世福　宮殿甚嚴飾　今以奉世尊　唯願哀納受
尒時諸梵天王偈讚佛已各作是言唯願世
尊轉於法輪度脫衆生開涅槃道時諸梵天
王一心同聲而說偈言

我等所從來 五百萬億國 捨深禪定樂 為供養佛故
我等先世福 宮殿甚嚴飾 今以奉世尊 唯願哀納受
尒時諸梵天王偈讚佛已各作是言唯願世
尊轉於法輪度脫衆生開涅槃道時諸梵天
王一心同聲而說偈言
世雄兩足尊 唯願演說法 以大慈悲力 度苦惱衆生
尒時大通智勝如來默然許之又諸比丘東南
方五百萬億國土諸大梵王各自見宮殿光明
照曜昔所未有歡喜踊躍生希有心各各相
詣共議此事時彼衆中有一大梵天王名曰
大悲為諸梵衆而說偈言
是事何因緣 而現如此相 我等諸宮殿 光明昔未有
為大德天生 為佛出世間 未曾見此相 當共一心求
過千萬億土 尋光共推之 多是佛出世 度脫苦衆生
尒時五百萬億諸梵天王與宮殿俱各以衣
裓盛諸天華共詣西北方推尋是相見大通
智勝如來處于道場菩提樹下坐師子座諸
天龍王乾闥婆緊那羅摩睺羅伽人非人等
恭敬圍繞及見十六王子請佛轉法輪時諸
梵天王頭面礼佛繞百千帀即以天華而散佛
上所散之華如須弥山并以供養佛菩提樹
華供養已各以宮殿奉上彼佛而作是言唯
見哀愍饒益我等所獻宮殿願垂納受尒
時諸梵天王即於佛前一心同聲以偈頌曰
聖主天中王 迦陵頻伽聲 哀愍衆生者 我等今敬礼
世尊甚希有 久遠乃一現 一百八十劫 空過無有佛

BD14781 號 妙法蓮華經卷三 （7–5）

見哀愍饒益我等所獻宮殿願垂納受尒
時諸梵天王即於佛前一心同聲以偈頌曰
聖主天中王 迦陵頻伽聲 哀愍衆生者 我等今敬礼
世尊甚希有 久遠乃一現 一百八十劫 空過無有佛
三惡道充滿 諸天衆減少 今佛出於世 為衆生作眼
世間所歸趣 救護於一切 為衆生之父 哀愍饒益者
我等宿福慶 今得值世尊
尒時諸梵天王偈讚佛已各作是言唯願世
尊哀愍一切轉於法輪度脫衆生時諸梵天
王一心同聲而說偈言
大聖轉法輪 顯示諸法相 度苦惱衆生 令得大歡喜
衆生聞此法 得道若生天 諸惡道減少 忍善者增益
尒時大通智勝如來黙然許之諸比丘南
方五百萬億國土諸大梵王各自見宮殿光
明照曜昔所未有歡喜踊躍生希有心即各
相詣共議此事以何因緣我等宮殿有此光
曜而彼衆中有一大梵天王名曰妙法為諸梵
衆而說偈言
我等諸宮殿 光明甚威曜 此非無因緣 是相宜求之
過於百千劫 未曾見是相 為大德天生 為佛出世間
尒時五百萬億諸梵天王與宮殿俱各以衣
裓盛諸天華共詣北方推尋是相見大通智
勝如來處于道場菩提樹下坐師子座諸天
龍王乾闥婆緊那羅摩睺羅伽人非人等恭
敬圍繞及見十六王子請佛轉法輪時諸梵天
王頭面礼佛繞百千帀即以天華而散佛上
所散之華如須弥山并以供養佛菩提樹華

BD14781 號 妙法蓮華經卷三 （7–6）

[illegible]
勝如來處于道場菩提樹下坐師子座諸天
龍王乾闥婆緊那羅摩睺羅伽人非人等恭
敬圍繞及見十六王子請佛轉法輪時諸梵天
王頭面礼佛繞百千帀即以天華而散佛上
所散之華如須弥山并以供養佛菩提樹華
供養已各以宮殿奉上彼佛而作是言唯見
哀愍饒益我等所獻宮殿願垂納受尒時
諸梵天王即於佛前一心同聲以偈頌曰
世尊甚難見　破諸煩惱者　過百三十劫　今乃得一見
諸飢渴眾生　以法雨充滿　昔所未曾見　無量智慧者
如優曇鉢羅　今日乃值遇　我等諸宮殿　蒙光故嚴飾
世尊大慈愍　唯願垂納受
尒時諸梵天王偈讚佛已各作是言唯願世
尊轉於法輪令一切世間諸天魔梵沙門婆
羅門皆獲安隱而得度脫時諸梵天王一心
同聲以偈頌曰
唯願天人尊　轉無上法輪　擊于大法鼓　而吹大法螺
普雨大法雨　度無量眾生　我等咸歸請　當
尒時大通智勝如來
下方亦復

BD14781號　妙法蓮華經卷三　（7–7）

或見菩薩　餚饍飲食　百種湯藥　施佛及僧
名衣上服　價直千万　或无價衣　施佛及僧
千万億種　栴檀寶舍　眾妙卧具　施佛及僧
清淨園林　華菓茂盛　流泉浴池　施佛及僧
如是等施　種種微妙　歡喜无猒　求无上道
或有菩薩　說寂滅法　種種教詔　无數眾生
或見菩薩　觀諸法性　无有二相　猶如虛空
又見佛子　心无所著　以此妙慧　求无上道
文殊師利　又有菩薩　佛滅度後　供養舍利
又見佛子　造諸塔廟　无數恒沙　嚴飾國界
寶塔高妙　五千由旬　縱廣正等　二千由旬
一一塔廟　各千幢幡　珠交露幔　寶鈴和鳴
諸天龍神　人及非人　香華伎樂　常以供養
文殊師利　諸佛子等　為供舍利　嚴飾塔廟
國界自然　殊特妙好　如天樹王　其華開敷
佛放一光　我及眾會　見此國界　種種殊妙

BD14782號　妙法蓮華經卷一　（19–1）

寶塔高妙　五千由旬　縱廣正等　二千由旬
一一塔廟　各千幢幡　珠交露幔　寶鈴和鳴
諸天龍神　人及非人　香華伎樂　常以供養
文殊師利　諸佛子等　為供舍利　嚴飾塔廟
國界自然　殊特妙好　如天樹王　其華開敷
佛放一光　我及衆會　見此國界　種種殊妙
諸佛神力　智慧希有　放一淨光　照无量國
我等見此　得未曾有　佛子文殊　願決衆疑
四衆欣仰　瞻仁及我　世尊何故　放斯光明
佛子時荅　決疑令喜　何所饒益　演斯光明
佛坐道場　所得妙法　為欲說此　為當授記
示諸佛土　衆寶嚴淨　及見諸佛　此非小緣
文殊當知　四衆龍神　瞻察仁者　為說何等
尒時文殊師利語彌勒菩薩摩訶薩及諸大
士善男子等如我惟忖今佛世尊欲說大法
雨大法雨吹大法螺擊大法鼓演大法義諸
善男子我於過去諸佛曾見此瑞放斯光已
即說大法是故當知今佛現光亦復如是欲
令衆生咸得聞知一切世間難信之法故現
斯瑞諸善男子如過去无量无邊不可思議
阿僧祇劫尒時有佛号日月燈明如來應供
正遍知明行足善逝世間解无上士調御丈
夫天人師佛世尊演說正法初善中善後善
其義深遠其語巧妙純一无雜具足清白梵
行之相為求聲聞者說應四諦法度生老病
死究竟涅槃為求辟支佛者說應十二因緣
法為諸菩薩說應六波羅蜜令得阿耨多羅
三藐三菩提成一切種智次復有佛亦名曰

BD14782號　妙法蓮華經卷一　（19–2）

其義深遠其語巧妙純一无雜具足清白梵
行之相為求聲聞者說應四諦法度生老病
死究竟涅槃為求辟支佛者說應十二因緣
法為諸菩薩說應六波羅蜜令得阿耨多羅
三藐三菩提成一切種智次復有佛亦名曰
月燈明次復有佛亦名日月燈明如是二万
佛皆同一字号日月燈明又同一姓姓頗羅墮
彌勒當知初佛後佛皆同一字名日月燈
明十号具足所可說法初中後善其最後佛
未出家時有八王子一名有意二名善意三
名无量意四名寶意五名增意六名除疑意
七名嚮意八名法意是八王子威德自在各
領四天下是諸王子聞父出家得阿耨多羅
三藐三菩提悉捨王位亦隨出家發大乘意
常脩梵行皆為法師已於千万佛所殖諸善
本是時日月燈明佛說大乘經名无量義教
菩薩法佛所護念說是經已即於大衆中結
跏趺坐入於无量義處三昧身心不動是時天
雨曼陁羅華摩訶曼陁羅華曼殊沙華摩
訶曼殊沙華而散佛上及諸大衆普佛世界
六種震動尒時會中比丘比丘尼優婆塞優
婆夷天龍夜叉乾闥婆阿脩羅迦樓羅緊那
羅摩睺羅伽人非人及諸小王轉輪聖王等
是諸大衆得未曾有歡喜合掌一心觀佛尒
時如來放眉間白毫相光照東方万八千佛
土靡不周遍如今所見是諸佛土彌勒當知
尒時會中有二十億菩薩樂欲聽法是諸菩
薩見此光明普照佛土得未曾有欲知此光

BD14782號　妙法蓮華經卷一　（19–3）

是諸大衆得未曾有歡喜合掌一心觀佛
時如来放眉間白豪相光照東方万八千佛
土靡不周遍如今所見是諸佛土弥勒當知
尒時會中有二十億菩薩樂欲聽法是諸菩
薩見此光明普照佛土得未曾有欲知此光
所為因緣時有菩薩名曰妙光有八百弟子
是時日月燈明佛從三昧起因妙光菩薩說
大乘經名妙法蓮華教菩薩法佛所護念六
十小劫不起于座時會聽者亦坐一處六十
小劫身心不動聽佛所說謂如食頃是時衆
中无有一人若身若心而生懈惓日月燈明
佛於六十小劫說是經已即於梵魔沙門婆
羅門及天人阿脩羅衆中而宣此言如来於
今日中夜當入无餘涅槃時有菩薩名曰德
藏日月燈明佛即授其記告諸比丘是德藏
菩薩次當作佛号曰淨身多陁阿伽度阿羅
訶三藐三佛陁佛授記已便於中夜入无餘
涅槃佛滅度後妙光菩薩持妙法蓮華經滿
八十小劫為人演說日月燈明佛八子皆師
妙光妙光教化令其堅固阿耨多羅三藐三
菩提是諸王子供養无量百千万億佛已皆
成佛道其最後成佛者名曰然燈八百弟子
中有一人号曰求名貪著利養雖復讀誦衆
經而不通利多所忘失故号求名是人亦以
種諸善根因緣故得值无量百千万億諸佛
供養恭敬尊重讚歎弥勒當知尒時妙光菩
薩豈異人乎我身是也求名菩薩汝身是也
今見此瑞與本无異是故惟忖今日如来當

BD14782號　妙法蓮華經卷一　（19-4）

經而不通利多所忘失故号求名是人亦以
種諸善根因緣故得值无量百千万億諸佛
供養恭敬尊重讚歎弥勒當知尒時妙光菩
薩豈異人乎我身是也求名菩薩汝身是也
今見此瑞與本无異是故惟忖今日如来當
說大乘經名妙法蓮華教菩薩法佛所護念
尒時文殊師利於大衆中欲重宣此義而說
偈言
我念過去世　无量无數劫　有佛人中尊　号日月燈明
世尊演說法　度无量衆生　无數億菩薩　令入佛智慧
佛未出家時　所生八王子　見大聖出家　亦隨修梵行
時佛說大乘　經名无量義　於諸大衆中　而為廣分別
佛說此經已　即於法座上　跏趺坐三昧　名无量義處
天雨曼陁華　天鼓自然鳴　諸天龍鬼神　供養人中尊
一切諸佛土　即時大震動　佛放眉間光　現諸希有事
此光照東方　万八千佛土　示一切衆生　生死業報處
有見諸佛土　以衆寶莊嚴　琉璃頗梨色　斯由佛光照
及見諸天人　龍神夜叉衆　乹闥緊那羅　各供養其佛
又見諸如来　自然成佛道　身色如金山　端嚴甚微妙
如淨琉璃中　内現真金像　世尊在大衆　敷演深法義
一一諸佛土　聲聞衆无數　因佛光所照　悉見彼大衆
或有諸比丘　在於山林中　精進持淨戒　猶如護明珠
又見諸菩薩　行施忍辱等　其數如恒沙　斯由佛光照
又見諸菩薩　深入諸禪定　身心寂不動　以求无上道
又見諸菩薩　知法寂滅相　各於其國土　說法求佛道
尒時四部衆　見日月燈佛　現大神通力　其心皆歡喜
各各自相問　是事何因緣　天人所奉尊　適從三昧起
讚妙光菩薩　汝為世間眼　一切所歸信　能奉持法藏

BD14782號　妙法蓮華經卷一　（19-5）

又見諸菩薩　知法寂滅相　各於其國土　說法求佛道
尒時四部衆　見日月燈佛　現大神通力　其心皆歡喜
各各自相問　是事何因緣　天人所奉尊　適從三昧起
讚妙光菩薩　汝為世間眼　一切所歸信　能奉持法藏
如我所說法　唯汝能證知　世尊既讚歎　令妙光歡喜
說是法華經　滿六十小劫　不起於此座　所說上妙法
是妙光法師　悉皆能受持　佛說是法華　令衆歡喜已
尋即於是日　告於天人衆　諸法實相義　已為汝等說
我今於中夜　當入於涅槃　汝一心精進　當離於放逸
諸佛甚難值　億劫時一遇　世尊諸子等　聞佛入涅槃
各各懷悲惱　佛滅一何速　聖主法之王　安慰无量衆
我若滅度時　汝等勿憂怖　是德藏菩薩　於无漏實相
心已得通達　其次當作佛　號曰為淨身　亦度无量衆
佛此夜滅度　如薪盡火滅　分布諸舍利　而起无量塔
比丘比丘尼　其數如恒沙　倍復加精進　以求无上道
是妙光法師　奉持佛法藏　八十小劫中　廣宣法華經
是諸八王子　妙光所開化　堅固无上道　當見无數佛
供養諸佛已　隨順行大道　相繼得成佛　轉次而授記
最後天中天　號曰然燈佛　諸仙之導師　度脫无量衆
是妙光法師　時有一弟子　心常懷懈怠　貪著於名利
求名利无猒　多遊族姓家　棄捨所習誦　廢忘不通利
以是因緣故　號之為求名　亦行衆善業　得見无數佛
供養於諸佛　隨順行大道　具六波羅蜜　今見釋師子
其後當作佛　號名曰彌勒　廣度諸衆生　其數无有量
彼佛滅度後　懈怠者汝是　妙光法師者　今則我身是
我見燈明佛　本光瑞如此　以是知今佛　欲說法華經
今相如本瑞　是諸佛方便　今佛放光明　助發實相義

BD14782號　妙法蓮華經卷一　（19–6）

其後當作佛　號名曰彌勒　廣度諸衆生　其數无有量
彼佛滅度後　懈怠者汝是　妙光法師者　今則我身是
我見燈明佛　本光瑞如此　以是知今佛　欲說法華經
今相如本瑞　是諸佛方便　今佛放光明　助發實相義
諸人今當知　合掌一心待　佛當雨法雨　充足求道者
諸求三乘人　若有疑悔者　佛當為除斷　令盡无有餘

妙法蓮華經方便品第二

尒時世尊從三昧安詳而起告舍利弗諸佛
智慧甚深无量其智慧門難解難入一切聲
聞辟支佛所不能知所以者何佛曾親近百
千万億无數諸佛盡行諸佛无量道法勇猛
精進名稱普聞成就甚深未曾有法隨宜所
說意趣難解舍利弗吾從成佛已來種種因
緣種種譬喻廣演言教无數方便引導衆生
令離諸著所以者何如來方便知見波羅蜜
皆已具足舍利弗如來知見廣大深遠无量无
礙力无所畏禪定解脫三昧深入无際成就
一切未曾有法舍利弗如來能種種分別巧說
諸法言辭柔軟悅可衆心舍利弗取要言
言之无量无邊未曾有法佛悉成就止舍利
弗不須復說所以者何佛所成就第一希有
難解之法唯佛與佛乃能究盡諸法實相所
謂諸法如是相如是性如是體如是力如是
作如是因如是緣如是果如是報如是本末
究竟等尒時世尊欲重宣此義而說偈言
世雄不可量　諸天及世人　一切衆生類　无能知佛者
佛力无所畏　解脫諸三昧　及佛諸餘法　无能測量者
本從无數佛　具足行諸道　甚深微妙法　難見難可了

BD14782號　妙法蓮華經卷一　（19–7）

究竟等尒時世尊欲重此義而說偈言
世雄不可量　諸天及世人　一切衆生類　无能知佛者
佛力无所畏　解脫諸三昧　及佛諸餘法　无能測量者
本從无數佛　具足行諸道　甚深微妙法　難見難可了
於无量億劫　行此諸道已　道場得成果　我已悉知見
如是大果報　種種性相義　我及十方佛　乃能知是事
是法不可示　言辭相寂滅　諸餘衆生類　无有能得解
除諸菩薩衆　信力堅固者　諸佛弟子衆　曾供養諸佛
一切漏已盡　住是最後身　如是諸人等　其力所不堪
假使滿世間　皆如舍利弗　盡思共度量　不能測佛智
正使滿十方　皆如舍利弗　及餘諸弟子　亦滿十方刹
盡思共度量　亦復不能知　辟支佛利智　无漏最後身
亦滿十方界　其數如竹林　斯等共一心　於億无量劫
欲思佛實智　莫能知少分　新發意菩薩　供養无數佛
了達諸義趣　又能善說法　如稻麻竹葦　充滿十方刹
一心以妙智　於恒河沙劫　咸皆共思量　不能知佛智
不退諸菩薩　其數如恒沙　一心共思求　亦復不能知
又告舍利弗　无漏不思議　甚深微妙法　我今已具得
唯我知是相　十方佛亦然　舍利弗當知　諸佛語无異
於佛所說法　當生大信力　世尊法久後　要當說真實
告諸聲聞衆　及求緣覺乘　我令脫苦縛　逮得涅槃者
佛以方便力　示以三乘教　衆生處處著　引之令得出
尒時大衆中有諸聲聞漏盡阿羅漢阿若憍
陳如等千二百人及發聲聞辟支佛心比丘
比丘尼優婆塞優婆夷各作是念今者世尊
何故慇懃稱歎方便而作是言佛所得法甚
深難解有所言說意趣難知一切聲聞辟支
佛所不能及佛說一解脫義我等亦得此法到

BD14782號　妙法蓮華經卷一　（19–8）

陳如等千二百人及發聲聞辟支佛心比丘
比丘尼優婆塞優婆夷各作是念今者世尊
何故慇懃稱歎方便而作是言佛所得法甚
深難解有所言說意趣難知一切聲聞辟支
佛所不能及佛說一解脫義我等亦得此法到
於涅槃而今不知是義所趣尒時舍利弗知
四衆心疑自亦未了而白佛言世尊何因何
緣慇懃稱歎諸佛第一方便甚深微妙難
解之法我自昔來未曾從佛聞如是說今者
四衆咸皆有疑唯願世尊敷演斯事世尊何
故慇懃稱歎甚深微妙難解之法尒時舍利弗
欲重宣此義而說偈言
慧日大聖尊　久乃說是法　自說得如是　力无畏三昧
禪定解脫等　不可思議法　道場所得法　无能發問者
我意難可測　亦无能問者　无問而自說　稱歎所行道
智慧甚微妙　諸佛之所得　无漏諸羅漢　及求涅槃者
今皆墮疑網　佛何故說是　其求緣覺者　比丘比丘尼
諸天龍鬼神　及乾闥婆等　相視懷猶豫　瞻仰兩足尊
是事為云何　願佛為解說　於諸聲聞衆　佛說我第一
我今自於智　疑惑不能了　為是究竟法　為是所行道
佛口所生子　合掌瞻仰待　願出微妙音　時為如實說
諸天龍神等　其數如恒沙　求佛諸菩薩　大數有八万
又諸万億國　轉輪聖王至　合掌以敬心　欲聞具足道
尒時佛告舍利弗止止不須復說若說是事
一切世間諸天及人皆當驚疑舍利弗重白
佛言世尊唯願說之唯願說之所以者何是
會无數百千万億阿僧祇衆生曾見諸佛諸

BD14782號　妙法蓮華經卷一　（19–9）

尒時佛告舍利弗止止不須復說若說是事
一切世間諸天及人皆當驚疑舍利弗重白
佛言世尊唯願說之唯願說之所以者何是
會无數百千万億阿僧祇衆生曾見諸佛諸
根猛利智慧明了聞佛所說則能敬信尒時
舍利弗欲重宣此義而說偈言
法王无上尊　唯說願勿慮　是會无量衆　有能敬信者
佛復止舍利弗若說是事一切世間天人阿
脩羅皆當驚疑增上慢比丘將墜於大坑尒
時世尊重說偈言
止止不須說　我法妙難思　諸增上慢者　聞必不敬信
尒時舍利弗重白佛言世尊唯願說之唯願
說之今此會中如我等比百千万億世世已
曾從佛受化如此人等必能敬信長夜安隱
多所饒益尒時舍利弗欲重宣此義而說偈言
无上兩足尊　願說第一法　我為佛長子　唯垂分別說
是會无量衆　能敬信此法　佛已曾世世　教化如是等
皆一心合掌　欲聽受佛語　我等千二百　及餘求佛者
願為此衆故　唯垂分別說　是等聞此法　則生大歡喜
尒時世尊告舍利弗汝已慇懃三請豈得不
說汝今諦聽善思念之吾當為汝分別解說
說此語時會中有比丘比丘尼優婆塞優婆
夷五千人等即從座起礼佛而退所以者何
此輩罪根深重及增上慢未得謂得未證謂
證有如此失是以不住世尊默然而不制止
尒時佛告舍利弗我今此衆无復枝葉純有
貞實舍利弗如是增上慢人退亦佳矣汝今

BD14782號　妙法蓮華經卷一　　（19–10）

夷五千人等即從座起礼佛而退所以者何
此輩罪根深重及增上慢未得謂得未證謂
證有如此失是以不住世尊默然而不制止
尒時佛告舍利弗我今此衆无復枝葉純有
貞實舍利弗如是增上慢人退亦佳矣汝今
善聽當為汝說舍利弗言唯然世尊願樂欲
聞
佛告舍利弗如是妙法諸佛如來時乃說之
如優曇鉢華時一現耳舍利弗汝等當信佛
之所說言不虛妄舍利弗諸佛隨宜說法意
趣難解所以者何我以无數方便種種因緣
譬喻言辭演說諸法是法非思量分別之所
能解唯有諸佛乃能知之所以者何諸佛世
尊唯以一大事因緣故出現於世舍利弗云
何名諸佛世尊唯以一大事因緣故出現於
世諸佛世尊欲令衆生開佛知見使得清淨
故出現於世欲示衆生佛之知見故出現於
世欲令衆生悟佛知見故出現於世欲令衆
生入佛知見道故出現於世舍利弗是為諸
佛以一大事因緣故出現於世佛告舍利弗
諸佛如來但教化菩薩諸有所作常為一事
唯以佛之知見示悟衆生舍利弗如來但以
一佛乘故為衆生說法无有餘乘若二若三
舍利弗一切十方諸佛法亦如是舍利弗過
去諸佛以无量无數方便種種因緣譬喻言
辭而為衆生演說諸法是法皆為一佛乘故
是諸衆生從諸佛聞法究竟皆得一切種智
舍利弗未來諸佛當出於世亦以无量无數

BD14782號　妙法蓮華經卷一　　（19–11）

舍利弗一切十方諸佛法亦如是舍利弗過
去諸佛以无量无數方便種種因緣譬喻言
辭而為衆生演說諸法是法皆為一佛乘故
是諸衆生從諸佛聞法究竟皆得一切種智
舍利弗未來諸佛當出於世亦以无量无數
方便種種因緣譬喻言辭而為衆生演說諸
法是法皆為一佛乘故是諸衆生從佛聞法
究竟皆得一切種智舍利弗現在十方无量
百千万億佛土中諸佛世尊多所饒益安樂
衆生是諸佛亦以无量无數方便種種因緣
譬喻言辭而為衆生演說諸法是法皆為一
佛乘故是諸衆生從佛聞法究竟皆得一切
種智舍利弗是諸佛但教化菩薩欲以佛之
知見示衆生故欲以佛之知見悟衆生故欲
令衆生入佛之知見故舍利弗我今亦復如
是知諸衆生有種種欲深心所著隨其本性
以種種因緣譬喻言辭方便力而為說法舍
利弗如此皆為得一佛乘一切種智故舍利
弗十方世界中尚无二乘何况有三舍利弗
諸佛出於五濁惡世所謂劫濁煩惱濁衆生
濁見濁命濁如是舍利弗劫濁乱時衆生垢
重慳貪嫉妬成就諸不善根故諸佛以方便
力於一佛乘分別說三舍利弗若我弟子自
謂阿羅漢辟支佛者不聞不知諸佛如來但
教化菩薩事此非佛弟子非阿羅漢非辟支
佛又舍利弗是諸比丘比丘尼自謂已得阿
羅漢是最後身究竟涅槃便不復志求阿耨
多羅三藐三菩提當知此輩皆是增上慢人

BD14782號　妙法蓮華經卷一　（19–12）

謂阿羅漢辟支佛者不聞不知諸佛如來但
教化菩薩事此非佛弟子非阿羅漢非辟支
佛又舍利弗是諸比丘比丘尼自謂已得阿
羅漢是最後身究竟涅槃便不復志求阿耨
多羅三藐三菩提當知此輩皆是增上慢人
所以者何若有比丘實得阿羅漢若不信此
法无有是處除佛滅度後現前无佛所以者
何佛滅度後如是等經受持讀誦義者是
人難得若遇餘佛於此法中便得決了舍
利弗汝等當一心信解受持佛語諸佛如來
言无虛妄无有餘乘唯一佛乘尒時世尊欲
重宣此義而說偈言

比丘比丘尼　有懷增上慢　優婆塞我慢　優婆夷不信
如是四衆等　其數有五千　不自見其過　於戒有缺漏
護惜其瑕疵　是小智已出　衆中之糟糠　佛威德故去
斯人尠福德　不堪受是法　此衆无枝葉　唯有諸貞實
舍利弗善聽　諸佛所得法　无量方便力　而為衆生說
衆生心所念　種種所行道　若干諸欲性　先世善惡業
佛悉知是已　以諸緣譬喻　言辭方便力　令一切歡喜
或說修多羅　伽陀及本事　本生未曾有　亦說於因緣
譬喻并祇夜　優波提舍經　鈍根樂小法　貪著於生死
於諸无量佛　不行深妙道　衆苦所惱乱　為是說涅槃
我設是方便　令得入佛慧　未曾說汝等　當得成佛道
所以未曾說　說時未至故　今正是其時　決定說大乘
我此九部法　隨順衆生說　入大乘為本　以故說是經
有佛子心淨　柔軟亦利根　无量諸佛所　而行深妙道
為此諸佛子　說是大乘經　我記如是人　來世成佛道
以深心念佛　修持淨戒故　此等聞得佛　大喜充遍身

BD14782號　妙法蓮華經卷一　（19–13）

所以未曾說　說時未至故　今正是其時　決定說大乘
我此九部法　隨順衆生說　入大乘爲本　以故說是經
有佛子心淨　柔軟亦利根　无量諸佛所　而行深妙道
爲此諸佛子　說是大乘經　我記如是人　來世成佛道
以深心念佛　脩持淨戒故　此等聞得佛　大喜充遍身
佛知彼心行　故爲說大乘　聲聞若菩薩　聞我所說法
乃至於一偈　皆成佛无疑　十方佛土中　唯有一乘法
无二亦无三　除佛方便說　但以假名字　引導於衆生
說佛智慧故　諸佛出於世　唯此一事實　餘二則非真
終不以小乘　濟度於衆生　佛自住大乘　如其所得法
定慧力莊嚴　以此度衆生　自證无上道　大乘平等法
若以小乘化　乃至於一人　我則墮慳貪　此事爲不可
若人信歸佛　如來不欺誑　亦无貪嫉意　斷諸法中惡
故佛於十方　而獨无所畏　我以相嚴身　光明照世間
无量衆所尊　爲說實相印　舍利弗當知　我本立誓願
欲令一切衆　如我等无異　如我昔所願　今者已滿足
化一切衆生　皆令入佛道　若我遇衆生　盡教以佛道
无智者錯亂　迷惑不受教　我知此衆生　未曾脩善本
堅著於五欲　癡愛故生惱　以諸欲因緣　墜墮三惡道
輪迴六趣中　備受諸苦毒　受胎之微形　世世常增長
薄德少福人　衆苦所逼迫　入邪見稠林　若有若无等
依止此諸見　具足六十二　深著虛妄法　堅受不可捨
我慢自矜高　諂曲心不實　於千万億劫　不聞佛名字
亦不聞正法　如是人難度　是故舍利弗　我爲設方便
說諸盡苦道　示之以涅槃　我雖說涅槃　是亦非真滅
諸法從本來　常自寂滅相　佛子行道已　來世得作佛
我有方便力　開示三乘法　一切諸世尊　皆說一乘道
今此諸大衆　皆應除疑惑　諸佛語无異　唯一无二乘

亦不聞正法　如是人難度　是故舍利弗　我爲設方便
說諸盡苦道　示之以涅槃　我雖說涅槃　是亦非真滅
諸法從本來　常自寂滅相　佛子行道已　來世得作佛
我有方便力　開示三乘法　一切諸世尊　皆說一乘道
今此諸大衆　皆應除疑惑　諸佛語无異　唯一无二乘
過去无數劫　无量滅度佛　百千万億種　其數不可量
如是諸世尊　種種緣譬喻　无數方便力　演說諸法相
是諸世尊等　皆說一乘法　化无量衆生　令入於佛道
又諸大聖主　知一切世間　天人羣生類　深心之所欲
更以異方便　助顯第一義　若有衆生類　值諸過去佛
若聞法布施　或持戒忍辱　精進禪智等　種種脩福慧
如是諸人等　皆已成佛道　諸佛滅度已　若人善軟心
如是諸衆生　皆已成佛道　諸佛滅度已　供養舍利者
起万億種塔　金銀及頗梨　車璩與馬瑙　玫瑰琉璃珠
清淨廣嚴飾　莊校於諸塔　或有起石廟　栴檀及沈水
木蜜并餘材　甎瓦泥土等　若於曠野中　積土成佛廟
乃至童子戲　聚沙爲佛塔　如是諸人等　皆已成佛道
若人爲佛故　建立諸形像　刻雕成衆相　皆已成佛道
或以七寶成　鍮鉐赤白銅　白鑞及鉛錫　鐵木及與泥
或以膠漆布　嚴飾作佛像　如是諸人等　皆已成佛道
彩畫作佛像　百福莊嚴相　自作若使人　皆已成佛道
乃至童子戲　若草木及筆　或以指爪甲　而畫作佛像
如是諸人等　漸漸積功德　具足大悲心　皆已成佛道
但化諸菩薩　度脫无量衆　若人於塔廟　寶像及畫像
以華香幡蓋　敬心而供養　若使人作樂　擊鼓吹角貝
簫笛琴箜篌　琵琶鐃銅鈸　如是衆妙音　盡持以供養
或以歡喜心　歌唄頌佛德　乃至一小音　皆已成佛道
若人散亂心　乃至以一華　供養於畫像　漸見无數佛

但化諸菩薩　度脫无量眾　若人於塔廟　寶像及畫像
以華香幡蓋　敬心而供養　若使人作樂　擊鼓吹角貝
簫笛琴箜篌　琵琶鐃銅鈸　如是眾妙音　盡持以供養
或以歡喜心　歌唄頌佛德　乃至一小音　皆已成佛道
若人散亂心　乃至以一華　供養於畫像　漸見无數佛
或有人禮拜　或復但合掌　乃至舉一手　或復小低頭
以此供養像　漸見无量佛　自成无上道　廣度无數眾
入无餘涅槃　如薪盡火滅　若人散亂心　入於塔廟中
一稱南无佛　皆已成佛道　於諸過去佛　在世或滅後
若有聞是法　皆已成佛道　未來諸世尊　其數无有量
是諸如來等　亦方便說法　一切諸如來　以无量方便
度脫諸眾生　入佛无漏智　若有聞法者　无一不成佛
諸佛本誓願　我所行佛道　普欲令眾生　亦同得此道
未來世諸佛　雖說百千億　无數諸法門　其實為一乘
諸佛兩足尊　知法常无性　佛種從緣起　是故說一乘
是法住法位　世間相常住　於道場知已　導師方便說
天人所供養　現在十方佛　其數如恒沙　出現於世間
安隱眾生故　亦說如是法　知第一寂滅　以方便力故
雖示種種道　其實為佛乘　知眾生諸行　深心之所念
過去所習業　欲性精進力　及諸根利鈍　以種種因緣
譬喻亦言辭　隨應方便說　今我亦如是　安隱眾生故
以種種法門　宣示於佛道　我以智慧力　知眾生性欲
方便說諸法　皆令得歡喜　舍利弗當知　我以佛眼觀
見六道眾生　貧窮无福慧　入生死險道　相續苦不斷
深著於五欲　如犛牛愛尾　以貪愛自蔽　盲瞑无所見
不求大勢佛　及與斷苦法　深入諸邪見　以苦欲捨苦
為是眾生故　而起大悲心　我始坐道場　觀樹亦經行
於三七日中　思惟如是事　我所得智慧　微妙最第一

BD14782 號　妙法蓮華經卷一　（19–16）

見六道眾生　貧窮无福慧　入生死險道　相續苦不斷
深著於五欲　如犛牛愛尾　以貪愛自蔽　盲瞑无所見
不求大勢佛　及與斷苦法　深入諸邪見　以苦欲捨苦
為是眾生故　而起大悲心　我始坐道場　觀樹亦經行
於三七日中　思惟如是事　我所得智慧　微妙最第一
眾生諸根鈍　著樂癡所盲　如斯之等類　云何而可度
爾時諸梵王　及諸天帝釋　護世四天王　及大自在天
并餘諸天眾　眷屬百千万　恭敬合掌禮　請我轉法輪
我即自思惟　若但讚佛乘　眾生沒在苦　不能信是法
破法不信故　墜於三惡道　我寧不說法　疾入於涅槃
尋念過去佛　所行方便力　我今所得道　亦應說三乘
作是思惟時　十方佛皆現　梵音慰喻我　善哉釋迦文
第一之導師　得是无上法　隨諸一切佛　而用方便力
我等亦皆得　最妙第一法　為諸眾生類　分別說三乘
少智樂小法　不自信作佛　是故以方便　分別說諸果
雖復說三乘　但為教菩薩　舍利弗當知　我聞聖師子
深淨微妙音　稱南无諸佛　復作如是念　我出濁惡世
如諸佛所說　我亦隨順行　思惟是事已　即趣波羅奈
諸法寂滅相　不可以言宣　以方便力故　為五比丘說
是名轉法輪　便有涅槃音　及以阿羅漢　法僧差別名
從久遠劫來　讚示涅槃法　生死苦永盡　我常如是說
舍利弗當知　我見佛子等　志求佛道者　无量千万億
咸以恭敬心　皆來至佛所　曾從諸佛聞　方便所說法
我即作是念　如來所以出　為說佛慧故　今正是其時
舍利弗當知　鈍根小智人　著相憍慢者　不能信是法
今我喜无畏　於諸菩薩中　正直捨方便　但說无上道
菩薩聞是法　疑網皆已除　千二百羅漢　悉亦當作佛
如三世諸佛　說法之儀式　我今亦如是　說无分別法

BD14782 號　妙法蓮華經卷一　（19–17）

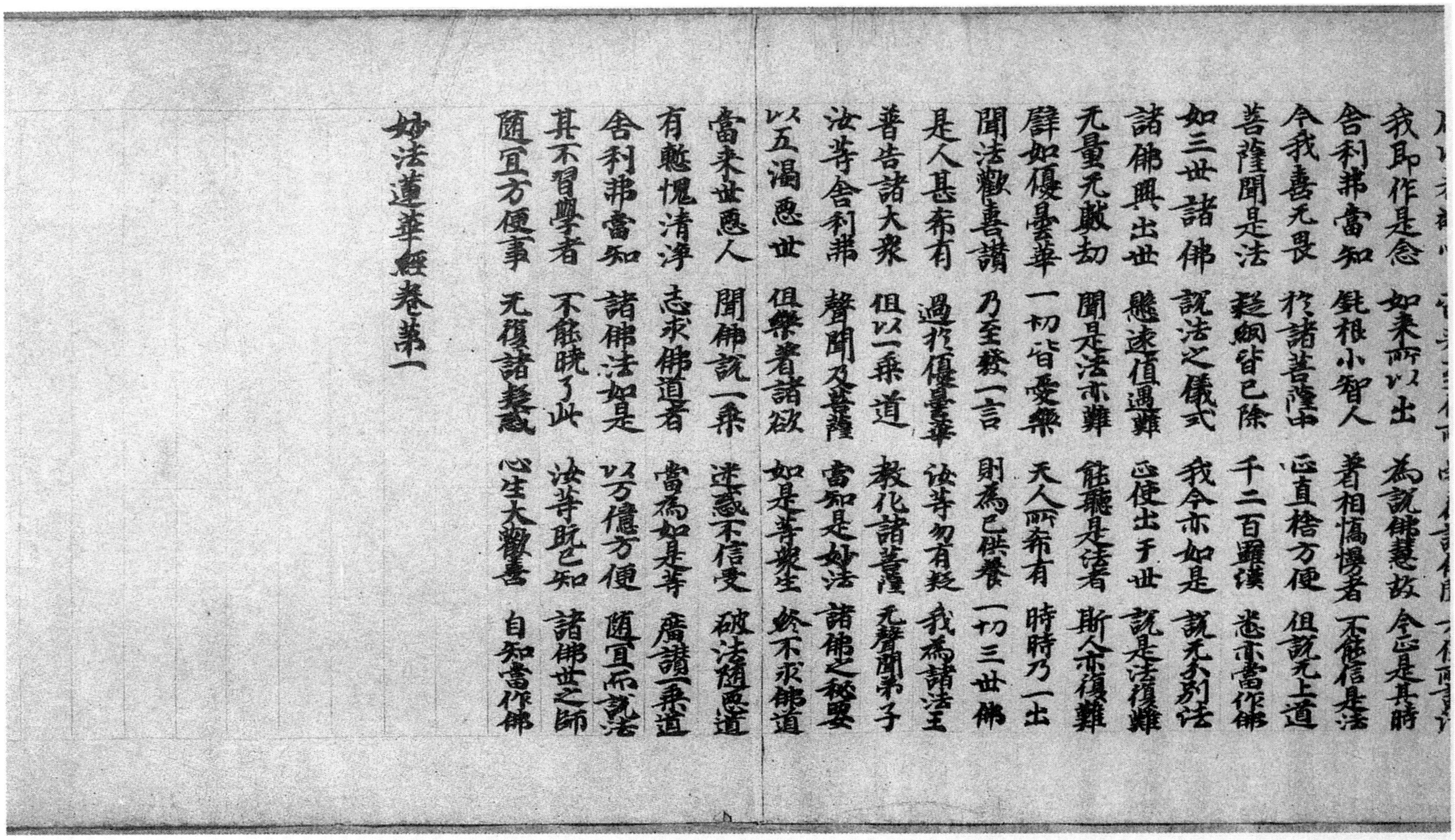
我即作是念　如來所以出　為說佛慧故　今正是其時
舍利弗當知　鈍根小智人　著相憍慢者　不能信是法
今我喜无畏　於諸菩薩中　正直捨方便　但說无上道
菩薩聞是法　疑網皆已除　千二百羅漢　悉亦當作佛
如三世諸佛　說法之儀式　我今亦如是　說无分別法
諸佛興出世　懸遠值遇難　正使出于世　說是法復難
无量无數劫　聞是法亦難　能聽是法者　斯人亦復難
譬如優曇華　一切皆愛樂　天人所希有　時時乃一出
聞法歡喜讚　乃至發一言　則為已供養　一切三世佛
是人甚希有　過於優曇華　汝等勿有疑　我為諸法王
普告諸大眾　但以一乘道　教化諸菩薩　无聲聞弟子
汝等舍利弗　聲聞及菩薩　當知是妙法　諸佛之秘要
以五濁惡世　但樂著諸欲　如是等眾生　終不求佛道
當來世惡人　聞佛說一乘　迷惑不信受　破法墮惡道
有慚愧清淨　志求佛道者　當為如是等　廣讚一乘道
舍利弗當知　諸佛法如是　以万億方便　隨宜而說法
其不習學者　不能曉了此　汝等既已知　諸佛世之師
隨宜方便事　无復諸疑惑　心生大歡喜　自知當作佛

妙法蓮華經卷第一

BD14782號　妙法蓮華經卷一　（19–18）

其不習學者　不能曉了此　汝等既已知　諸佛世之師
隨宜方便事　无復諸疑惑　心生大歡喜　自知當作佛

妙法蓮華經卷第一

BD14782號　妙法蓮華經卷一　（19–19）

木雀獨在樹上時師子王語木雀曰汝今何
爲乃壞吾目時彼木雀以偈答師子王曰
重恩不知報　反更生害心　今留汝一目　此恩何可忘
汝雖獸中王　所行無反復　從是各自休　莫復住緣對
佛告目連時師子王豈異人乎莫造斯觀所
以然者今此身智菩薩是時木雀者今汝摩
訶[illegible]是此正士等自從是來恒行誹謗
不信如來三身之要方當經歷地獄之難佛
復告目連若有菩薩摩訶薩循淨纓絡得三
身定者神足遊戲無所罣礙爲人重任荷負
衆苦譬如空界無所不覆淨妙瓔珞三身法
者亦復如是滿足一切衆生所願譬如大海
深廣清淨不受穢惡諸不淨者菩薩摩訶
薩亦復如是得淨瓔珞三身法者不受塵垢
縛着顛倒譬如摩尼寶珠光明徹照非日月
星辰光明所能過絶菩薩摩訶薩亦復如是
獲淨妙纓絡三身法者不爲五道神仙禁呪神

BD14783 號　菩薩瓔珞經卷一一　（2–1）

身定者神足遊戲無所罣礙爲人重任荷負
衆苦譬如空界無所不覆淨妙瓔珞三身法
者亦復如是滿足一切衆生所願譬如大海
深廣清淨不受穢惡諸不淨者菩薩摩訶
薩亦復如是得淨瓔珞三身法者不受塵垢
縛着顛倒譬如摩尼寶珠光明徹照非日月
星辰光明所能過絶菩薩摩訶薩亦復如是
獲淨妙纓絡三身法者不爲五道神仙禁呪神
藥所能制持譬如四道受證自信道慧已度
五道不爲衆邪所見留住譬如滅盡定人燒
盡本行菩薩摩訶薩盡生死根信心牢固不
興誹謗譬如士夫得如意珠隨意所念皆現
在前菩薩摩訶薩亦復如是得如意定觀
衆生類純淑根者漸漸訓導各至無爲猶
如不退轉法不復墮落染着生死菩薩摩訶
薩亦復如是雖處生死不懷畏懼言我當復
退轉在生死中譬如非男非女之人持戒妙
五欲之中亦不生心染着情欲菩薩摩訶薩
亦復如是周旋教化遍入五道知而不着不

BD14783 號　菩薩瓔珞經卷一一　（2–2）

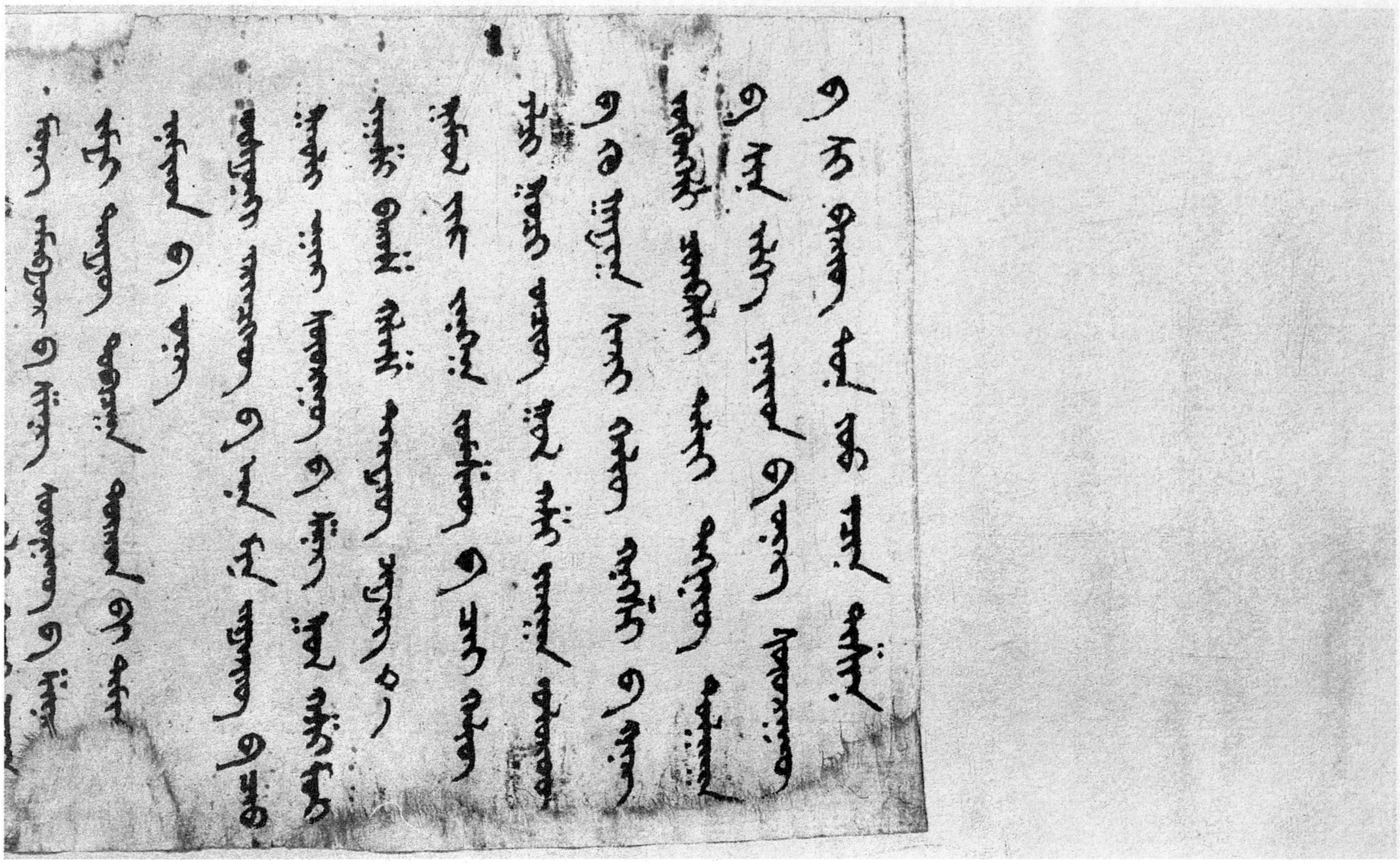

BD14783 號背　回鶻文文獻（待考）　（2–1）

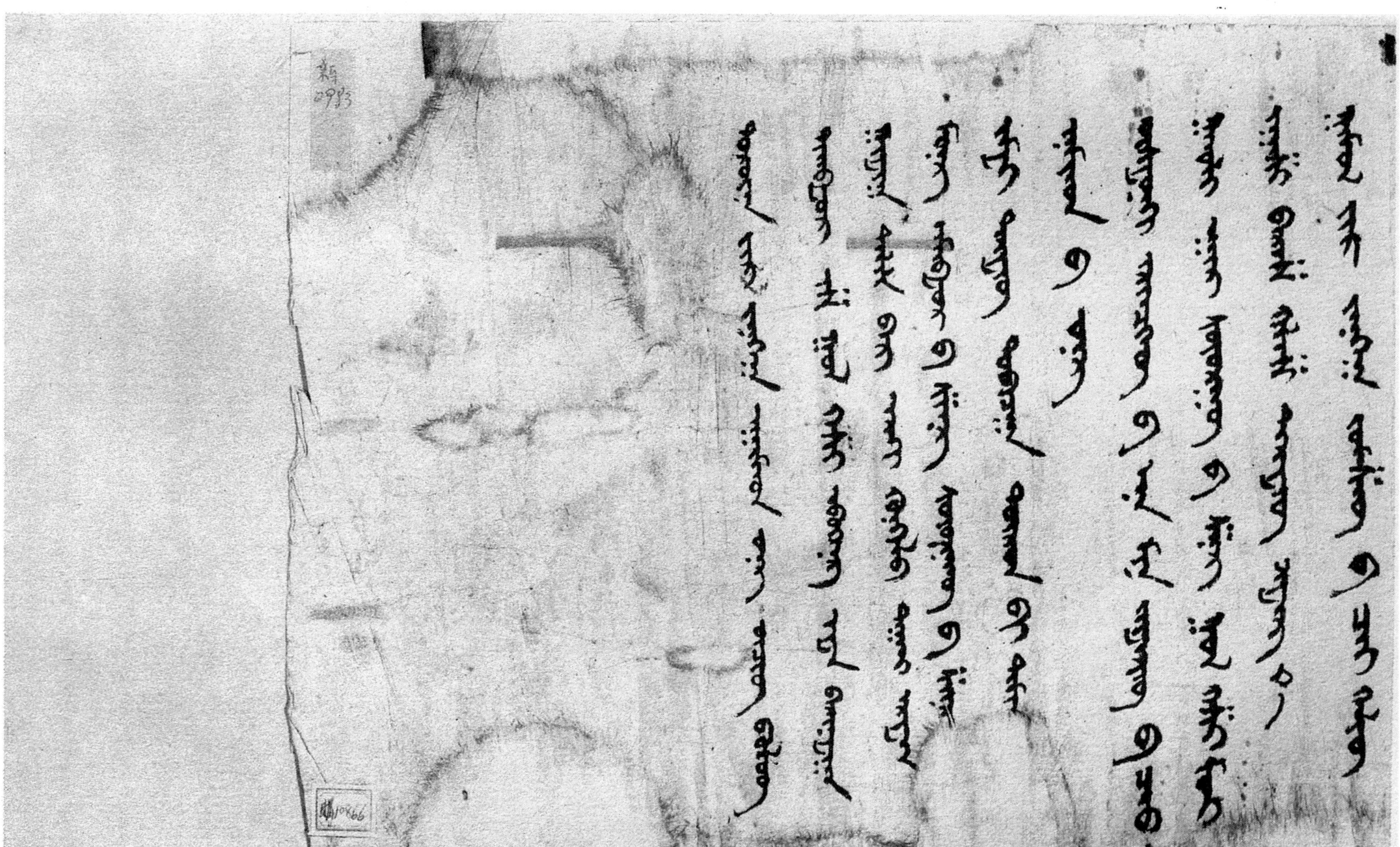

BD14783 號背　回鶻文文獻（待考）　（2–2）

大般若波羅蜜多經卷第四百五十六

第二分[illegible]品第六十五之一　三藏法師玄奘奉詔譯

復次善現若菩薩摩訶薩如是修學甚深般
若波羅蜜多方便善巧威德力故攝持一切波
羅蜜多增長一切波[illegible]引一切波
羅蜜多何以故善[illegible]羅蜜多中
舍藏一切波羅蜜[illegible]耶見
遍能舍藏六十[illegible]蜜多亦

BD14784 號　大般若波羅蜜多經卷四五六　（21–1）

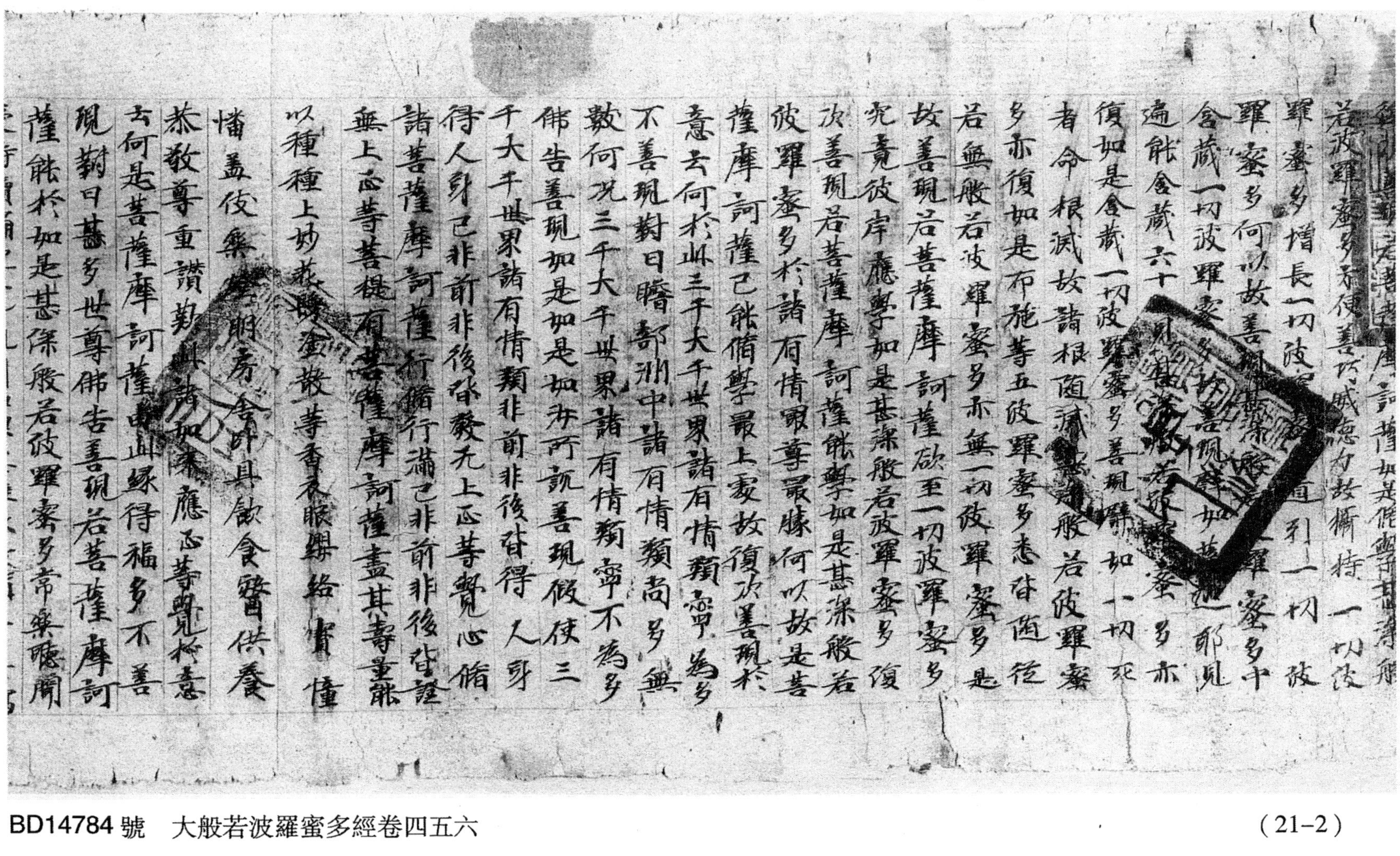

若波羅蜜多方便善巧威德力故攝持一切波
羅蜜多增長一切波[illegible]引一切波
羅蜜多何以故善[illegible]羅蜜多中
舍藏一切波羅蜜[illegible]耶見
遍能舍藏六十[illegible]蜜多亦
復如是舍藏一切波[illegible]如一切死
者命根滅故諸根隨滅[illegible]般若波羅蜜
多亦復如是布施等五波羅蜜多悉皆隨從
若無般若波羅蜜多亦無一切波羅蜜多是
故善現若菩薩摩訶薩欲至一切波羅蜜多
究竟彼岸應學如是甚深般若波羅蜜多復
次善現若菩薩摩訶薩能學如是甚深般若
波羅蜜多於諸有情眾尊最勝何以故是菩
薩摩訶薩已能修學最上處故復次善現於
意云何於此三千大千世界諸有情類寧為多
不善現對曰贍部洲中諸有情類尚多無
數何況三千大千世界諸有情類寧不為多
佛告善現如是如是如汝所說善現假使三
千大千世界諸有情類非前非後皆得人身
得人身已非前非後皆發无上正等覺心修
諸菩薩摩訶薩行修行滿已非前非後皆證
無上正等菩提有菩薩摩訶薩盡其壽量能
以種種上妙花鬘塗散等香衣服瓔珞寶幢
幡蓋伎樂燈明房舍卧具飲食醫藥供養
恭敬尊重讚歎如是諸如來應正等覺於意
云何是菩薩摩訶薩由此因緣得福多不善
現對曰甚多世尊佛告善現若菩薩摩訶
薩能於如是甚深般若波羅蜜多常樂聽聞

BD14784 號　大般若波羅蜜多經卷四五六　（21–2）

幡蓋伎樂燈明房舍卧具飲食醫供養
恭敬尊重讚歎此諸如來應正等覺於意
云何是菩薩摩訶薩由此緣得福多不善
現對曰甚多世尊佛告善現若菩薩摩訶
薩能於如是甚深般若波羅蜜多常樂聽聞
受持讀誦究竟通利如理思惟依教脩行書寫
流布所獲福聚甚多於前無量倍數所以者
何甚深般若波羅蜜多具大義用能令菩
薩摩訶薩衆疾得無上正等菩提是故善現
若菩薩摩訶薩欲若一切有情上首欲普饒
益一切有情無救護者為作救護無歸依者為
作歸依無所趣者為作所趣無眼目者為作
眼目無光明者為作光明失正路者示以
正路未涅槃者令得涅槃當學如是甚深般
若波羅蜜多善現若菩薩摩訶薩欲得无
上正等菩提欲行如來所行境界欲遊戲佛所
遊戲處欲作如來大師子吼欲擊諸佛無上
法鼓欲扣諸佛无上法鍾欲吹諸佛无上法
螺欲昇諸佛無上法座欲宣諸佛无上法義
欲決一切有情疑網欲入諸佛妙甘露界欲
受諸佛微妙法樂欲證如來殊勝功德當學
如是甚深般若波羅蜜多善現若菩薩摩訶
薩能學如是甚深般若波羅蜜多無有一切
功德善根而不能攝無有一切功德善根 而
不能得所以者何甚深般若波羅蜜多是一
切種功德善根所依處故具壽善現白言世
尊諸菩薩摩訶薩能學如是甚深般若波
羅蜜多豈於一切聲聞獨覺功德善根能攝能

BD14784號　大般若波羅蜜多經卷四五六　（21-3）

功德善根而不能攝無有一切功德善根 而
不能得所以者何甚深般若波羅蜜多是一
切種功德善根所依處故具壽善現白言世
尊諸菩薩摩訶薩能學如是甚深般若波
羅蜜多豈於一切聲聞獨覺功德善根能攝能
得佛告善現是菩薩摩訶薩亦於一切聲聞
獨覺功德善根能攝能得然於其中無住無
著以勝智見正觀察已超過聲聞及獨覺地
趣入菩薩正性離生故此菩薩摩訶薩衆无
有一切功德善根而不攝得善現若菩薩摩
訶薩能學如是甚深般若波羅蜜多則為隣
近一切智智速證無上正等菩提善現若 菩
薩摩訶薩能學如是甚深般若波羅蜜多
則為一切世間天人阿素洛等真實福田超諸
世間沙門梵志聲聞獨覺福田之上疾能證
得一切智智隨所生處不捨般若波羅蜜多
不離般若波羅蜜多常行般若波羅蜜多善
現若菩薩摩訶薩能如是甚深般若波羅
蜜多當知已於一切智智得不退轉於一切法
能正覺知遠離聲聞及獨覺地隣近无上
正等菩提善現若菩薩摩訶薩作如念念此
是般若波羅蜜多此是脩時此是脩處我能
脩此甚深般若波羅蜜多我由如是甚深般
若波羅蜜多棄捨如是所應捨法之當證得
一切智智是菩薩摩訶薩非行般若波羅蜜
多亦於般若波羅蜜多不能解了何以故甚
深般若波羅蜜多不作是念我是般若波羅
蜜多此是脩時此是脩處此是脩者此是般

BD14784號　大般若波羅蜜多經卷四五六　（21-4）

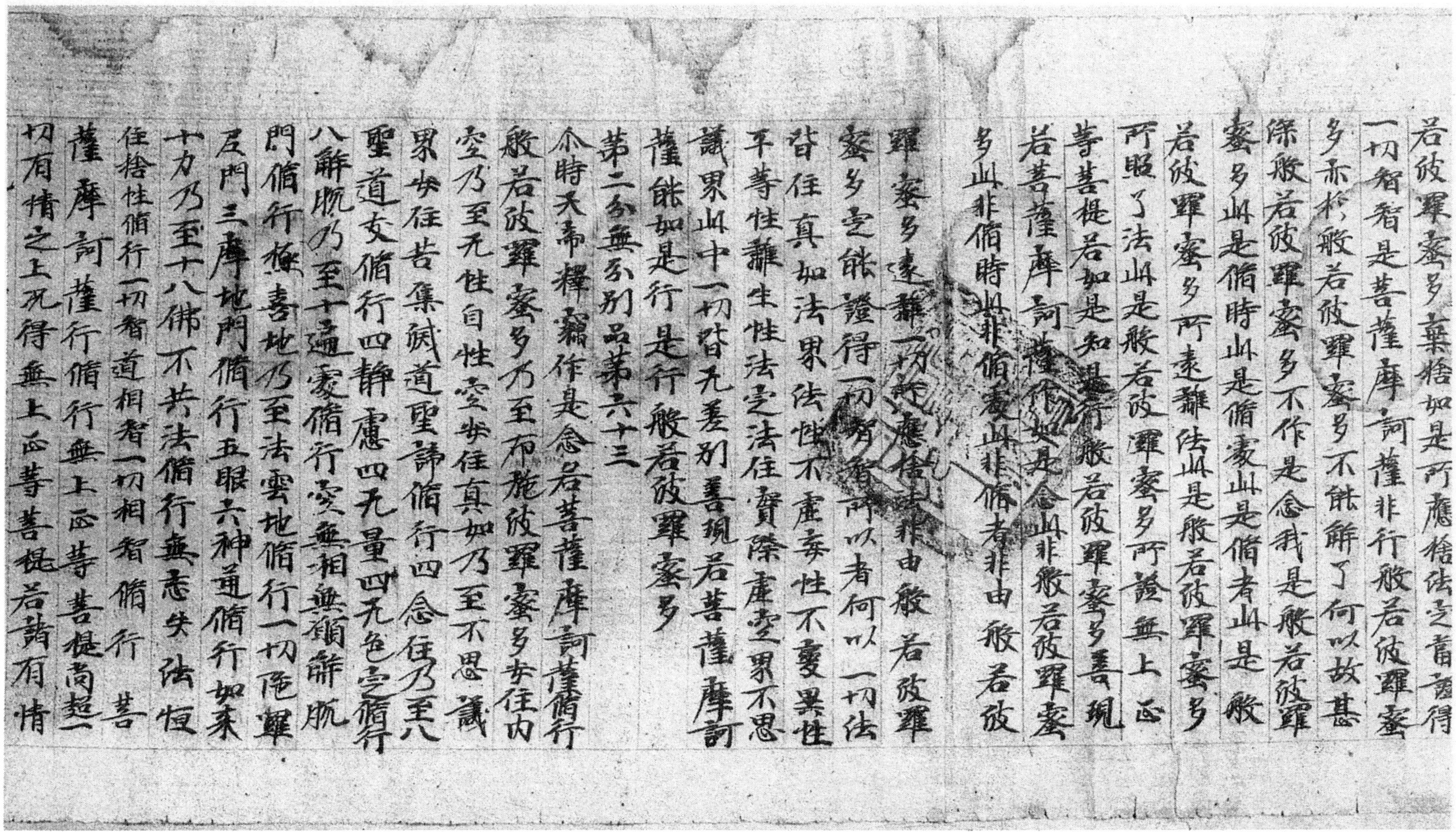
若波羅蜜多棄捨如是所應捨法是當證得
一切智智是菩薩摩訶薩非行般若波羅蜜
多亦於般若波羅蜜多不能解了何以故甚
深般若波羅蜜多不作是念我是般若波羅
蜜多此是脩時此是脩處此是脩者此是般
若波羅蜜多所遠離法此是般若波羅蜜多
所照了法此是般若波羅蜜多所證無上正
等菩提若如是知是行般若波羅蜜多善現
若菩薩摩訶薩作如是念此非般若波羅蜜
多此非脩時此非脩處此非脩者非由般若波
羅蜜多遠離一切應捨法非由般若波羅
蜜多定能證得一切智智所以者何以一切法
皆住真如法界法性不虛妄性不變異性
平等性離生性法定法住實際虛空界不思
議界此中一切皆无差別善現若菩薩摩訶
薩能如是行是行般若波羅蜜多
第二分無示別品第六十三
尒時天帝釋竊作是念若菩薩摩訶薩脩行
般若波羅蜜多乃至布施波羅蜜多安住內
空乃至无性自性空安住真如乃至不思議
界安住苦集滅道聖諦脩行四念住乃至八
聖道支脩行四靜慮四无量四无色定脩行
八解脫乃至十遍處脩行空無相無願解脫
門脩行極喜地乃至法雲地脩行一切陁羅
尼門三摩地門脩行五眼六神通脩行如來
十力乃至十八佛不共法脩行無忘失法恒
住捨性脩行一切智道相智一切相智脩行菩
薩摩訶薩行脩行無上正等菩提高超一
切有情之上況得無上正等菩提若諸有情

BD14784 號　大般若波羅蜜多經卷四五六　（21–5）

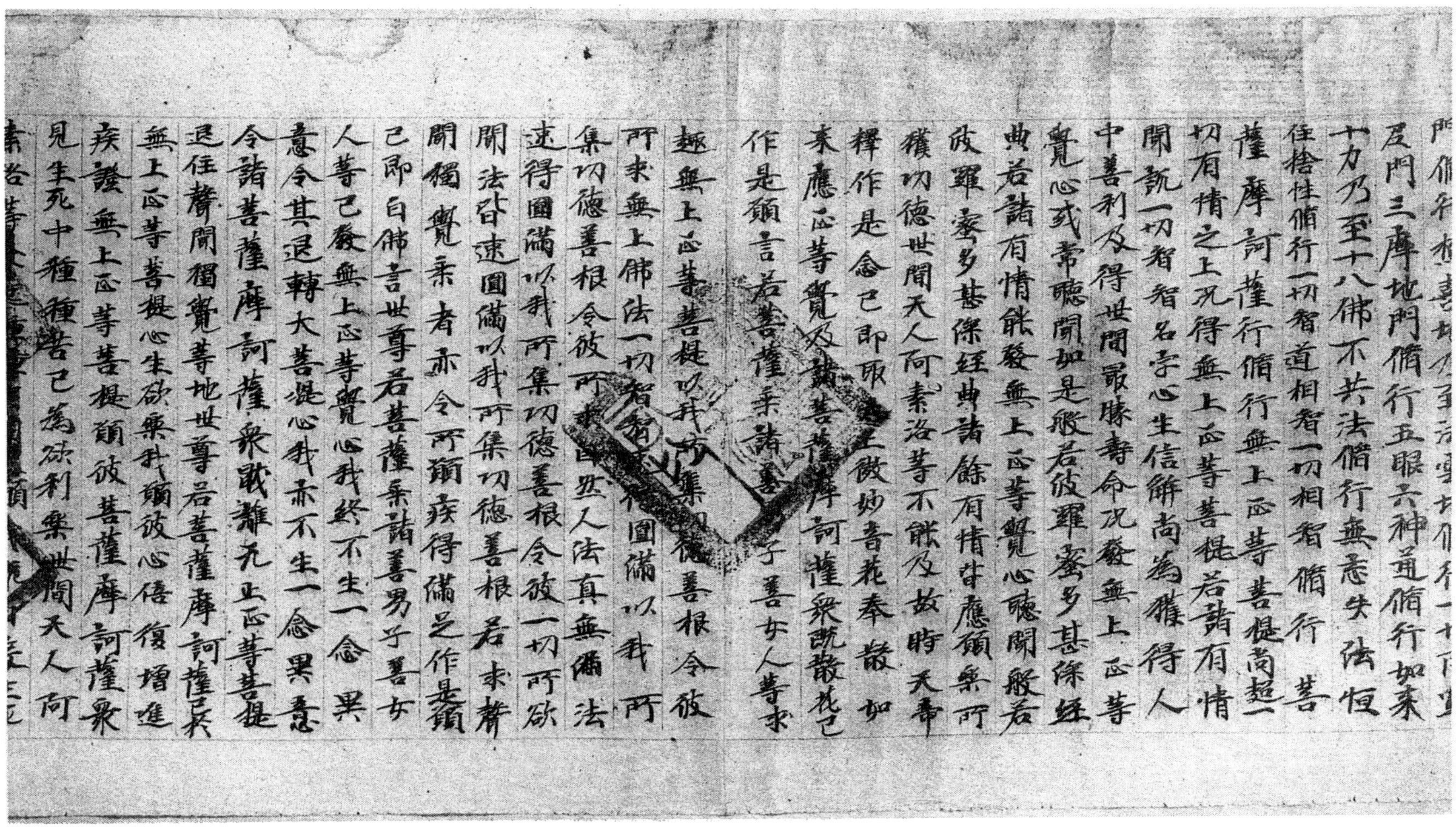
門脩行極喜地乃至法雲地脩行一切陁羅
尼門三摩地門脩行五眼六神通脩行如來
十力乃至十八佛不共法脩行無忘失法恒
住捨性脩行一切智道相智一切相智脩行菩
薩摩訶薩行脩行無上正等菩提高超一
切有情之上況得無上正等菩提若諸有情
聞說一切智智名字心生信解尚為獲得人
中善利及得世間最勝壽命況發無上正等
覺心或常聽聞如是般若波羅蜜多甚深經
典若諸有情能發無上正等覺心聽聞般若
波羅蜜多甚深經典諸餘有情皆應頂禮所
獲功德世間天人阿素洛等不能及故時天帝
釋作是念已即取天上微妙音花奉散如
來應正等覺及諸菩薩摩訶薩衆既散花已
作是願言若菩薩乘諸善男子善女人等求
趣無上正等菩提以我所集善根令彼
所求無上佛法一切智智速得圓滿以我所
集功德善根令彼所求自然人法真無漏法
速得圓滿以我所集功德善根令一切所欲
聞法皆速圓滿以我所集功德善根若求聲
聞獨覺乘者亦令所願疾得備足作是願
已即白佛言世尊若菩薩乘諸善男子善女
人等已發無上正等覺心我終不生一念異
意令其退轉大菩提心我亦不生一念異意
令諸菩薩摩訶薩衆厭離無上正等菩提
退住聲聞獨覺等地世尊若菩薩摩訶薩於
無上正等菩提心生欣樂我願彼心倍復增進
疾證無上正等菩提願彼菩薩摩訶薩衆
見生死中種種苦已為欲利樂世間天人阿

BD14784 號　大般若波羅蜜多經卷四五六　（21–6）

令諸菩薩摩訶薩衆厭離无上正等菩提
退住聲聞獨覺等地世尊若菩薩摩訶薩已發
無上正等菩提心生欣樂我願彼心倍復增進
疾證無上正等菩提願彼菩薩摩訶薩衆
見生死中種種苦已為欲利樂世間天人阿
素洛等[illegible]願我既自度生死
大海亦當[illegible]我既自解生死繫
縛亦當[illegible]種種生死怖畏既
自安隱亦當精勤[illegible]者我既自[illegible]
竟復[illegible]發者皆同證[illegible]世尊
若善男[illegible]等於[illegible]發菩薩摩訶薩
功德善根起隨喜心得幾許福於久發心菩
薩摩訶薩功德善根起隨喜心得幾許福於
不退轉地菩薩摩訶薩功德善根起隨喜心
得幾許福於一生所繫菩薩摩訶薩功德善
根起隨喜心得幾許福尒時佛告天帝釋言憍
尸迦四大洲界可知兩數此善男子善女人
等隨喜俱心所生福德不可知量憍尸迦
乃至三千大千世界可知兩數此善男子善
女人等隨喜俱心所生福德不可知量憍尸
迦假使三千大千世界為一大海有取一毛析
為百分持一分端霑大海水可知滴數此善
男子善女人等隨喜俱心所生福德不可
知量時天帝釋復白佛言世尊若諸有情於
菩薩摩訶薩功德善根不隨喜者當知皆是
魔所魅著世尊若諸有情於菩薩摩訶薩
功德善根不隨喜者當知皆是惡魔眷屬世
若諸有情於菩薩摩訶薩功德善根不隨喜
者當知皆從魔界中沒來生是間所以者何

BD14784號　大般若波羅蜜多經卷四五六　（21–7）

知量時天帝釋復白佛言世尊若諸有情於
菩薩摩訶薩功德善根不隨喜者當知皆是
魔所魅著世尊若諸有情於菩薩摩訶薩
功德善根不隨喜者當知皆是惡魔眷屬世
若諸有情於菩薩摩訶薩功德善根不隨喜
者當知皆從魔界中沒來生是間所以者何
若菩薩摩訶薩求趣無上正等菩提脩諸菩
薩摩訶薩行若諸有情於彼菩薩摩訶薩
衆功德善根隨喜迴向皆能破壞一切魔軍宮
殿眷屬世尊若諸有情深心敬愛佛法僧寶
隨所生處常欲見佛常欲聞法常欲遇僧於
諸菩薩摩訶薩衆功德善根應生隨喜既隨
喜已迴向无上正等菩提而不應生二无二
想若能如是疾證无上正等菩提利樂有情
破魔軍衆尒時佛告天帝釋言如是如是如
汝所說憍尸迦若諸有情於菩薩摩訶薩功
德善根深心隨喜迴向無上正等菩提是諸
有情速能圓滿諸菩薩行疾證无上正等菩
根若諸有情於菩薩摩訶薩功德善根深心
隨喜迴向无上正等菩提是諸有情具大威
力常能奉事一切如來應正等覺及善知識
恒聞般若波羅蜜多甚深經典善知義趣憍
尸迦是諸有情成就如是隨喜迴向功德善根
隨所生處常為一切世間天人阿素洛等供
養恭敬尊重讚歎不見惡色不聞惡聲不齅
惡香不嘗惡味不覺惡觸不念惡法常不遠
離諸佛世尊從一佛國至一佛國親近諸佛
種諸善根成熟有情嚴淨佛土何以故憍尸
迦是諸有情能於無數無量初發心菩薩摩訶

BD14784號　大般若波羅蜜多經卷四五六　（21–8）

養恭敬尊重讚歎不觀惡色不聞惡聲不齅
惡香不嘗惡味不覺惡觸不思惡法常不遠
離諸佛世尊從一佛國至一佛國親近諸佛
種諸善根成熟有情嚴淨佛土何以故憍尸
迦是諸有情能於無數劫初發心菩薩摩訶
薩功德善根深心隨喜迴向無上正等菩提
能於無數已住初地乃至十地菩薩摩訶薩
功德善根深心隨喜迴向無上正等菩提能
於無數一生所繫菩薩摩訶薩功德善根深
心隨喜迴向無上正等菩提由此因緣是諸有
情善根增進速證無上正等菩提說證無
上正等菩提能盡未來如實利樂無量無數
無邊有情令住無餘般涅槃界以是故憍尸
迦住菩薩乘諸善男子善女人等於初發心
菩薩摩訶薩功德善根於久發心菩薩摩
訶薩功德善根於不退轉地菩薩摩訶薩功德
善根於一生所繫菩薩摩訶薩功德善根皆
應隨喜迴向無上正等菩提於生隨喜及迴
向時不應執著即心離心隨喜迴向不應執
著即心脩行離心脩行若能如是無所執著
隨喜迴向脩諸菩薩摩訶薩行速證無上正
等菩提能盡未來利益安樂諸有情衆皆令
安住究竟涅槃
爾時具壽善現白佛言世尊如佛所說諸法
如幻及至諸法如變化事云何菩薩摩訶薩
以如幻心能證無上正等菩提佛告善現於
意云何汝見菩薩摩訶薩等如幻心不善現
對曰不也世尊我不見幻亦不見有如幻之

BD14784 號　大般若波羅蜜多經卷四五六　（21–9）

爾時具壽善現白佛言世尊如佛所說諸法
如幻及至諸法如變化事云何菩薩摩訶薩
以如幻心能證無上正等菩提佛告善現於
意云何汝見菩薩摩訶薩等如幻心不善現
對曰不也世尊我不見幻亦不見有如幻之
心佛告善現於意云何若無幻無如幻心
汝見有是心能證無上正等菩提不善現對
曰不也世尊我都不見有處無幻無如幻心
更有是心能證無上正等菩提佛告善現於
意云何若處離幻離如幻心汝見有是法能
證無上正等菩提不善現對曰不也世尊我
都不見有處離幻離如幻心更有是法能證
無上正等菩提世尊我都不見即離心法說
何等法是有是無以一切法畢竟遠離故若
一切法畢竟遠離者不可施設此法是有此
法是無若法不可施設有無則不可說能證
無上正等菩提非無所有法能證菩提故所
以者何以一切法皆無所有性不可得無生
無滅無染無淨何以故世尊般若波羅蜜多
乃至布施波羅蜜多畢竟遠離故內空乃至
無性自性空畢竟遠離故真如乃至不思議
界畢竟遠離故苦集滅道聖諦畢竟遠離故
四念住乃至八聖道支畢竟遠離故四靜慮
四無量四無色定畢竟遠離故八解脫乃至
十遍處畢竟遠離故空無相無願解脫門畢
竟遠離故極喜地乃至法雲地畢竟遠離故
一切陀羅尼門三摩地門畢竟遠離故五眼
六神通畢竟遠離故如來十力乃至十八佛
不共法畢竟遠離故無忘失法恒住捨性畢

BD14784 號　大般若波羅蜜多經卷四五六　（21–10）

四無量四无色定畢竟遠離故八解脫乃至
十遍處畢竟遠離故空無相無願解脫門畢
竟遠離故極喜地乃至法雲地畢竟遠離故
一切陀羅尼門三摩地門畢竟遠離故五眼
六神通畢竟遠離故如來十力乃至十八佛
不共法畢竟遠離故无忘失法恒住捨性畢
竟遠離故一切智道相智一切相智畢竟遠離
故一切菩薩摩訶薩行畢竟遠離故諸佛
无上正等菩提畢竟遠離故一切智智畢竟
遠離故世尊若法畢竟遠離是法不應脩亦
不應遣亦復不應有所引發甚深般若波羅
蜜多亦畢竟遠離故於法不應有所引發世
尊甚深般若波羅蜜多既畢竟遠離云何可
說諸菩薩摩訶薩依甚深般若波羅蜜多證
得無上正等菩提諸佛无上正等菩提亦畢
竟遠離云何遠離法能證遠離法是故般若
波羅蜜多應不可說證得無上正等菩提佛
告善現善哉善哉如是如是如汝所說所以
者何善現甚深般若波羅蜜多乃至布施波羅
蜜多畢竟遠離如是乃至一切菩薩摩訶薩
行畢竟遠離諸佛无上正等菩提畢竟遠離
一切智智亦畢竟遠離善現以甚深般若波
羅蜜多乃至布施波羅蜜多畢竟遠離可說
菩薩摩訶薩證得畢竟遠離无上正等菩提
如是乃至以一切智智畢竟遠離可說菩薩
摩訶薩證得畢竟遠離无上正等菩提善現
若甚深般若波羅蜜多乃至布施波羅蜜多
非畢竟遠離應非般若波羅蜜多乃至布施
波羅蜜多如是乃至若一切智智非畢竟遠

BD14784號　大般若波羅蜜多經卷四五六　（21–11）

如是乃至以一切智智畢竟遠離可說菩薩
摩訶薩證得畢竟遠離无上正等菩提善現
若甚深般若波羅蜜多乃至布施波羅蜜多
非畢竟遠離應非般若波羅蜜多乃至布施
波羅蜜多如是乃至若一切智智非畢竟遠
離應非一切智智善現以甚深般若波羅蜜
多乃至布施波羅蜜多畢竟遠離得名般若
波羅蜜多乃至布施波羅蜜多如是乃至以
一切智智畢竟遠離得名一切智智是故善現
諸菩薩摩訶薩非不依止甚深般若波羅
蜜多證得无上正等菩提善現雖非遠離法
能證遠離法而證无上正等菩提非不依止
甚深般若波羅蜜多是故菩薩摩訶薩衆
欲得无上正等菩提常應精勤脩學如是甚深
般若波羅蜜多具壽善現白言世尊諸菩薩
摩訶薩所行法義甚為甚深佛告善現如是
如是諸菩薩摩訶薩所行法義甚為甚深難
見難覺非所尋思超尋思境微妙智者自內
所證不可宣說善現當知諸菩薩摩訶薩能
為難事雖行如是甚深法義而於聲聞獨覺
地法能不作證具壽善現復白佛言如我解
佛所說義者諸菩薩摩訶薩所作无難不應
說彼能為難事所以者何諸菩薩摩訶薩所
證法義都不可得能證般若波羅蜜多亦不
可得證法證者證處證時亦不可得世尊諸
菩薩摩訶薩觀一切法既不可得有何法義
可為所證有何般若波羅蜜多可為能證復
有何等而可施設證法證者證處證時既尒
云何可執由此證得无上正等菩提無上正

BD14784號　大般若波羅蜜多經卷四五六　（21–12）

菩薩摩訶薩觀一切法既不可得有何法義
可為所證有何般若波羅蜜多可為能證復
有何等而可施設證法證者證處證時既尒
云何可執由此證得无上正等菩提無上正
等菩提尚不可證況證聲聞獨覺地法世尊
若如是行是名菩薩无所得行若菩薩摩訶
薩能行如是无所得行於一切法无障无导世
尊若菩薩摩訶薩聞說此語其心不驚不
恐不怖不憂不悔不沉不沒是行般若波羅
蜜多世尊是菩薩摩訶薩如是行時不見諸
相不見我行不見不行不見般若波羅蜜多
是我所行不見无上正等菩提是我所證亦
復不見證時處等世尊是菩薩摩訶薩行深
般若波羅蜜多不作是念我遠聲聞獨覺等
地我近无上正等菩提世尊譬如虛空不作
是念我去彼法若遠若近何以故虛空无動
亦无差別无分別故諸菩薩摩訶薩亦復如
是行深般若波羅蜜多不作是念我遠聲聞
獨覺等地我近无上正等菩提何以故甚深
般若波羅蜜多於一切法無分別故世尊譬
如幻士不作是念幻質幻師觀衆去我若遠若
近何以故所幻之士无分別故諸菩薩摩訶
薩亦復如是行深般若波羅蜜多不作是
念我遠聲聞獨覺等地我近无上正等菩提
何以故甚深般若波羅蜜多於一切法无分
別故世尊譬如影像不作是念我去本質及
我所依若遠若近何以故所現影像无分別
故諸菩薩摩訶薩亦復如是行深般若波
羅蜜多不作是念我遠聲聞獨覺等地我近无

念我遠聲聞獨覺等地我近无上正等菩提
何以故甚深般若波羅蜜多於一切法无分
別故世尊譬如影像不作是念我去本質及
我所依若遠若近何以故所現影像无分別
故諸菩薩摩訶薩亦復如是行深般若波
羅蜜多不作是念我遠聲聞獨覺等地我近无
上正等菩提何以故甚深般若波羅蜜多於
一切法无分別故世尊行深般若波羅蜜多諸
菩薩摩訶薩无愛無憎何以故甚深般若
波羅蜜多若愛若憎及境自性不可得故世
尊如諸如來應正等覺於一切法无愛无憎
行深般若波羅蜜多諸菩薩摩訶薩亦復如
是於一切法无愛无憎何以故諸佛菩薩甚
深般若波羅蜜多愛憎斷故世尊如諸如來
應正等覺一切分別種種分別周遍分別皆畢
竟斷行深般若波羅蜜多諸菩薩摩訶薩
亦復如是一切分別種種分別周遍分別皆
畢竟斷何以故諸佛菩薩甚深般若波羅蜜
多於一切法无分別故世尊如諸如來應正
等覺不作是念我遠聲聞獨覺等地我近无
上正等菩提行深般若波羅蜜多諸菩薩摩
訶薩亦復如是不作是念我遠聲聞獨覺等
地我近無上正等菩提何以故諸菩薩甚
深般若波羅蜜多於一切法无分別故世尊
如諸如來應正等覺所變化者不作是念我
遠聲聞獨覺等地我近无上正等菩提何以
故一切如來應正等覺及所變化无分別故
行深般若波羅蜜多諸菩薩摩訶薩亦復如
是不作是念我遠聲聞獨覺等地我近无上

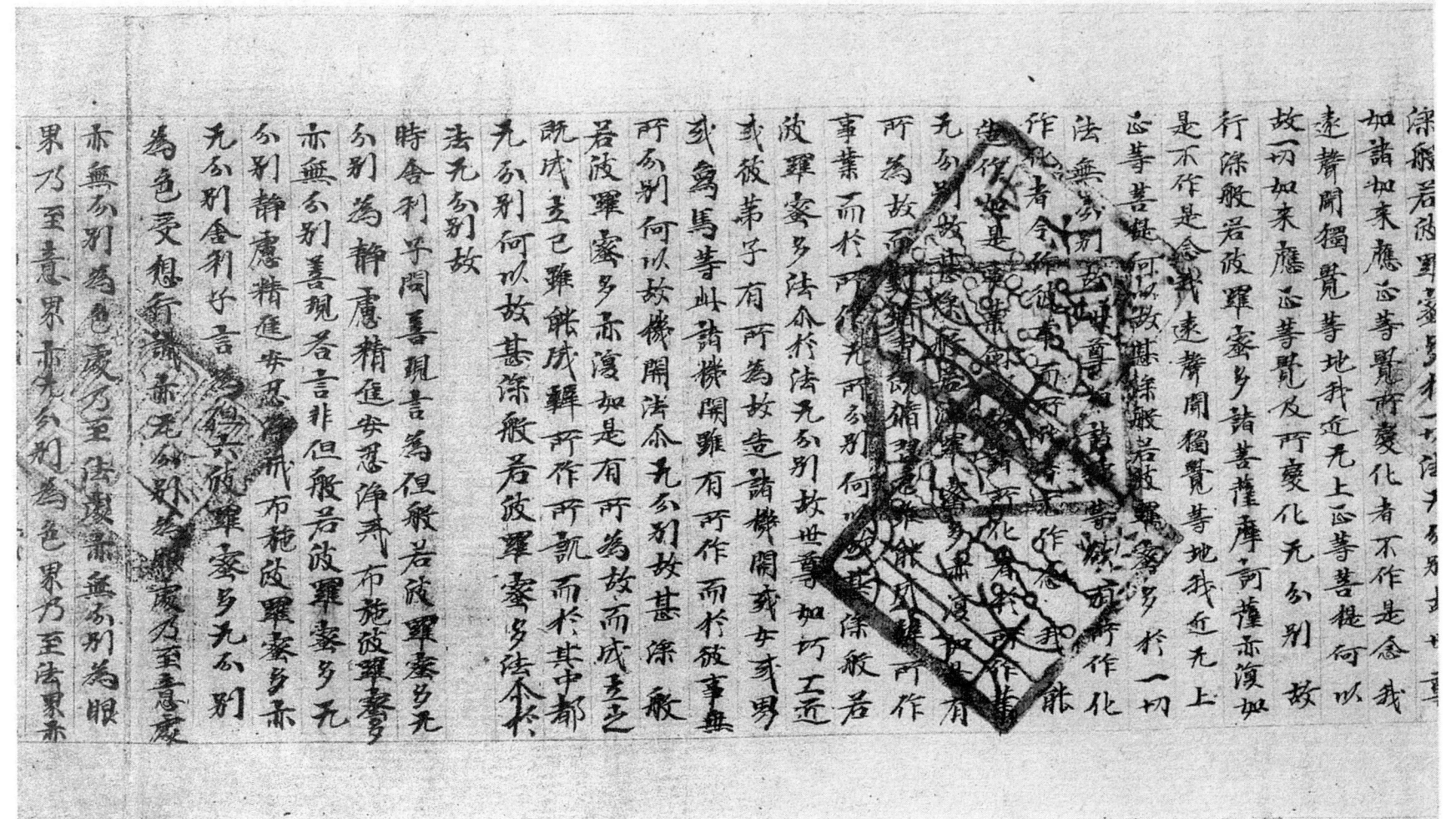

深般若波羅蜜多於一切法无分別故世尊
如諸如來應正等覺所變化者不作是念我
遠聲聞獨覺等地我近无上正等菩提何以
故一切如來應正等覺及所變化无分別故
行深般若波羅蜜多諸菩薩摩訶薩亦復如
是不作是念我遠聲聞獨覺等地我近无上
正等菩提何以故甚深般若波羅蜜多於一切
法無分別故世尊[illegible]作化
作[illegible]者令作[illegible]能
[illegible]是[illegible]作[illegible]
无分別故[illegible]有
所為故而[illegible]所分別何以[illegible]所作
事業而於所[illegible]无所分別何以[illegible]深般若
波羅蜜多法尒於法无分別故世尊如巧工匠
或彼弟子有所為故造諸機關或女或男
或象馬等此諸機關雖有所作而於彼事無
所分別何以故機關法尒无分別故甚深般
若波羅蜜多亦復如是有所為故而成立之
既成立已雖能成辦所作所說而於其中都
无分別何以故甚深般若波羅蜜多法尒於
法无分別故
時舍利子問善現言為但般若波羅蜜多无
分別為靜慮精進安忍淨戒布施波羅蜜多
亦無分別善現答言非但般若波羅蜜多无
分別靜慮精進安忍淨戒布施波羅蜜多亦
无分別舍利子言[illegible]六波羅蜜多无分別
為色受想行識亦无分別為眼處乃至意處
亦無分別為色處乃至法處亦無分別為眼
界乃至意界亦无分別為色界乃至法界亦

BD14784號　大般若波羅蜜多經卷四五六　（21–15）

无分別舍利子言[illegible]六波羅蜜多无分別
為色受想行識亦无分別為眼處乃至意處
亦無分別為色處乃至法處亦無分別為眼
界乃至意界亦无分別為色界乃至法界亦
無分別為眼識界乃至意識界亦无分別為
眼觸乃至意觸亦无分別為眼觸為緣所生
諸受乃至意觸為緣所生諸受亦无分別為
地界乃至識界亦无分別為无明乃至老死
亦无分別為內空乃至无性自性空亦无分
別為真如乃至不思議界亦無分別為苦集
滅道聖諦亦无分別為四靜慮四无量四无
色定亦无分別為八解脫乃至十遍處亦无
分別為四住乃至八聖道支亦无分別為
空無相無願解脫門亦無分別為淨觀地乃至
如來地亦無分別為極喜地乃至法雲地亦无
分別為一切陁羅尼門三摩地門亦无分
別為五眼六神通亦無分別為如來十力乃
至十八佛不共法亦无分別為无忘失法恒
住捨性亦无分別為一切智道相智一切相
智亦無分別為預流果乃至獨覺菩提亦无
分別為一切菩薩摩訶薩行亦无分別為諸
佛無上正等菩提亦無分別為有為界亦無
分別為無為界亦無分別善現答言非但六
波羅蜜多無分別色亦無分別受想行識亦
無分別乃至有為界亦無分別無為界亦无
分別舍利子言若一切法皆无分別云何分
別五趣差別謂是地獄是傍生是鬼界是人
是天云何分別聖者差別謂是預流是一來
是不還是阿羅漢是獨覺是菩薩是如來善

BD14784號　大般若波羅蜜多經卷四五六　（21–16）

無分別乃至有為界亦無分別無為界亦无
分別舍利子言若一切法皆无分別云何分
別五趣差別謂是地獄是傍生是鬼界是人
是天云何分別聖者差別謂是預流是一來
是不還是阿羅漢是獨覺是菩薩是如來善
現答言有情顛倒煩惱因緣種種身語意
業由此感得欲為根本業異熟果依此施設
地獄傍生鬼界人天五趣差別又所問言
云何分別聖者差別者舍利子無分別故施設
預流及預流果無分別故施設一來及一來
果無分別故施設不還及不還果無分別故
施設阿羅漢及阿羅漢果無分別故施設獨
覺及獨覺菩提無分別故施設菩薩摩訶薩
及菩薩摩訶薩行無分別故施設如來應正
等覺及彼無上正等菩提舍利子過去如來
應正等覺由無分別分別斷故可施設有種
種差別未來如來應正等覺亦無分別分別
斷故可施設有種種差別現在十方諸佛世界
一切如來應正等覺現說法者亦無分別
分別斷故可施設有種種差別舍利子由是
因緣當知諸法皆無分別由無分別真如法
界廣說乃至不思議界為定量故舍利子諸
菩薩摩訶薩應行如是无所分別甚深般若
波羅蜜多若菩薩摩訶薩能行如是無所分
別甚深般若波羅蜜多便能證得無所分別
微妙無上正等菩提覺一切法無分別性 盡
未來際利樂有情

第二分堅非堅品第六十四

時舍利子問善現言諸菩薩摩訶薩脩行般

BD14784號　大般若波羅蜜多經卷四五六　（21-17）

微妙無上正等菩提覺一切法無分別性 盡
未來際利樂有情
第二分堅非堅品第六十四
時舍利子問善現言諸菩薩摩訶薩脩行般
若波羅蜜多為行堅法為行非堅法善現答
言諸菩薩摩訶薩脩行般若波羅蜜多行非
堅法不行堅法何以故舍利子般若波羅蜜多
乃至布施波羅蜜多非堅法故內空乃至无
性自性空非堅法故真如乃至不思議界
非堅法故苦集滅道聖諦非堅法故四念住乃
至八聖道支非堅法故四靜慮四無量四
無色定非堅法故八解脫乃至十遍處非堅
法故空無相無願解脫門非堅法故極喜地
乃至法雲地非堅法故一切陀羅尼門三摩
地門非堅法故五眼六神通非堅法故如來
十力乃至十八佛不共法非堅法故無忘失法
恒住捨性非堅法故一切智道相智一切
相智非堅法故一切菩薩摩訶薩行非堅法
故諸佛無上正等菩提非堅法故一切智智
非堅法故所以者何諸菩薩摩訶薩行深般
若波羅蜜多時於深般若波羅蜜多尚不見
有非堅可得況見有堅可得如是乃至行一
切智智時於一切智智尚不見有非堅可得
況見有堅可得時有無量欲色界天咸作是
念住菩薩乘諸善男子善女人等能發無上
正等覺心如深般若波羅蜜多所說義行不
證實際平等法性不墮聲聞及獨覺地由此
因緣是善男子善女人等甚為希有能為難
事應當敬禮尒時善現知彼諸天心之所念

BD14784號　大般若波羅蜜多經卷四五六　（21-18）

正等覺心如說般若波羅蜜多所說義行不
證實際平等法性不墮聲聞及獨覺地由此
因緣是善男子善女人等甚為希有能為難
事應當敬禮尒時善現知彼諸天心之所念
便告彼曰是善男子善女人等不證實際平
等法性不墮聲聞及獨覺地非甚希有亦未
為難若菩薩摩訶薩知一切法及諸有情皆
不可得而發無上正等覺心被精進甲誓度无
量無邊有情令入無餘般涅槃界是菩薩
摩訶薩乃甚希有能為難事諸天當知若菩
薩摩訶薩雖知有情都無所有而發無上正
等覺心被精進甲為欲調伏諸有情類如有
為欲調伏虛空何以故虛空離故當知一
切有情亦離虛空空故當知一切有情亦空
虛空非堅實故當知一切有情亦非堅實虛
空無所有故當知一切有情亦無所有由此
因緣是菩薩摩訶薩乃甚希有能為難事
諸天當知是菩薩摩訶薩被大悲甲為欲調
伏一切有情而諸有情都無所有如有被甲與
虛空戰諸天當知是菩薩摩訶薩被大悲甲
為欲利樂一切有情而說有情及大悲甲俱
不可得所以者何有情離故此大悲甲當知
亦離有情空故此大悲甲當知亦空有情非
堅實故此大悲甲當知亦非堅實有情無所
有故此大悲甲當知亦無所有諸天當知是
菩薩摩訶薩調伏利樂諸有情事亦不可得
所以者何有情離空非堅實無所有故此調
伏利樂事當知亦離空非堅實無所有諸天
當知是菩薩摩訶薩亦無所有所以者何有
情離空非堅實無所有故當知菩薩亦離空

BD14784 號　大般若波羅蜜多經卷四五六　　(21–19)

菩薩摩訶薩調伏利樂諸有情事亦不可得
所以者何有情離空非堅實無所有故此調
伏利樂事當知亦離空非堅實無所有諸天
當知是菩薩摩訶薩亦無所有所以者何有
情離空非堅實無所有故當知菩薩亦離空
非堅實無所有諸天當知若菩薩摩訶薩聞
如是事其心不驚不恐不怖不憂不悔不沉
不沒當知是菩薩摩訶薩行深般若波羅蜜
多所以者何諸色離即有情離受想行識離
即有情離眼處乃至意處離即有情離色處
乃至法處離即有情離眼界乃至意界離即
有情離色界乃至法界離即有情離眼識界
乃至意識界離即有情離眼觸乃至意觸離
即有情離眼觸為緣所生受乃至意觸為
緣所生諸受離即有情離地界乃至識界離
即有情離因緣乃至增上緣離即有情離無
明乃至老死離即有情離布施波羅蜜多乃
至般若波羅蜜多離即有情離內空乃至无
性自性空離即有情離真如乃至不思議界
離即有情離苦集滅道聖諦離即有情離四
念住乃至八聖道支離即有情離四靜慮四
無量四無色定離即有情離八解脫乃至十
遍處離即有情離空無相無願解脫門離即
有情離淨觀地乃至如來地離即有情離極
喜地乃至法雲地離即有情離一切陀羅尼門
三摩地門離即有情離五眼六神通離即
有情離如來十力乃至十八佛不共法離即
有情離三十二大士相八十隨好離即有情
離無忘失法恒住捨性離即有情離一切智
道相智一切相智離即有情離預流果乃至

BD14784 號　大般若波羅蜜多經卷四五六　　(21–20)

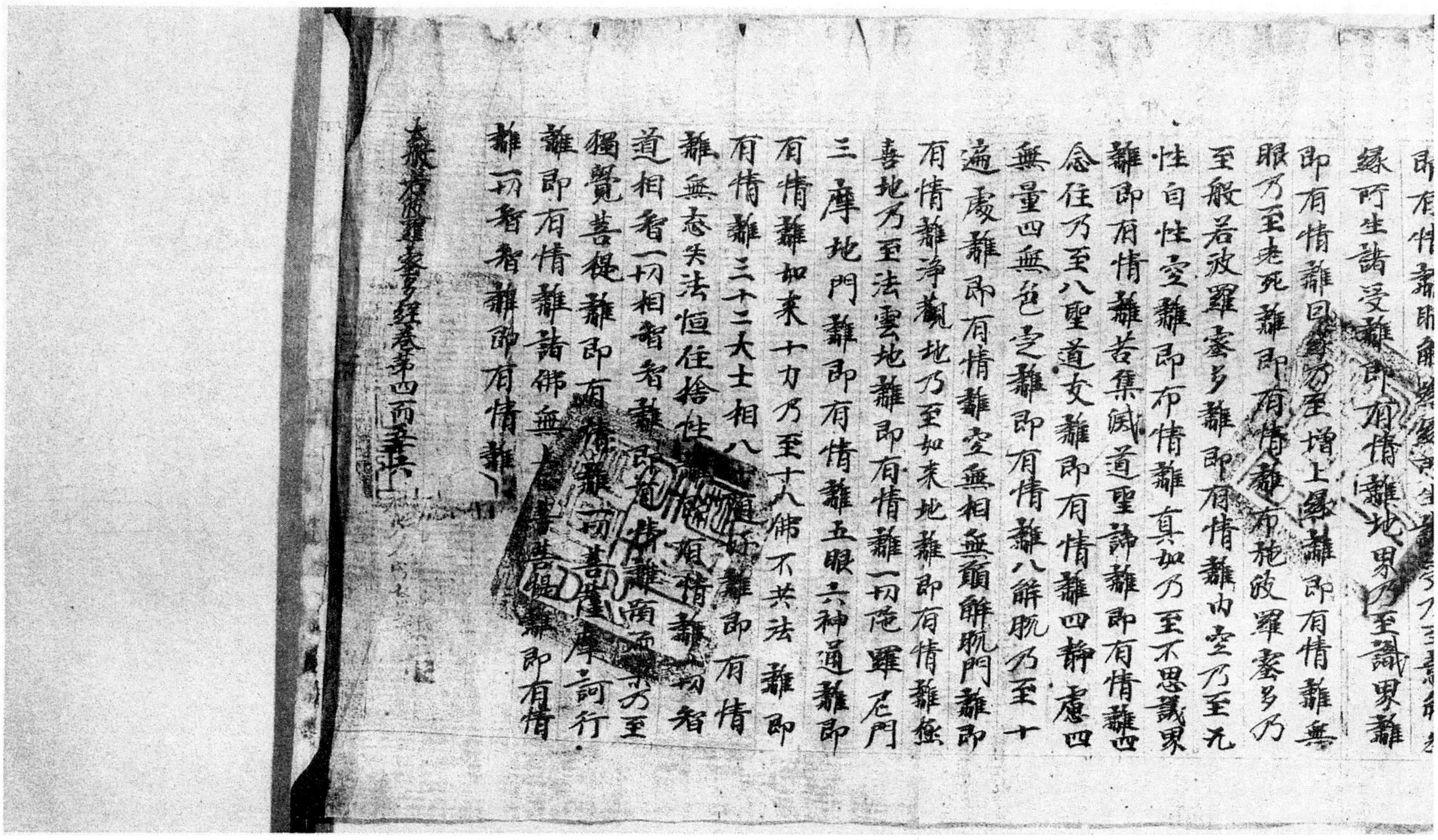

BD14784 號　大般若波羅蜜多經卷四五六　（21–21）

BD14784 號背　雜寫　（2–1）

BD14784 號背　雜寫　　（2–2）

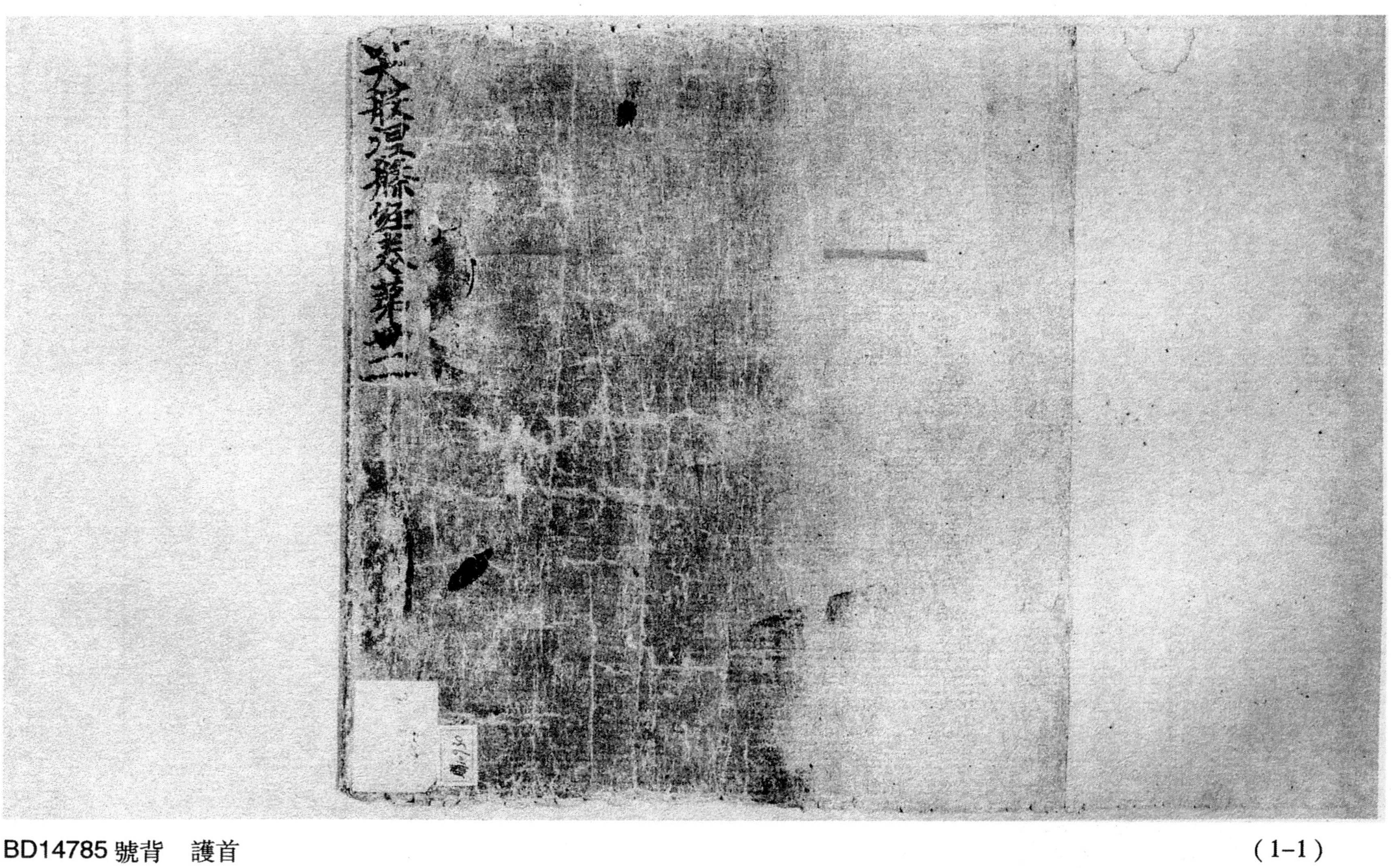

BD14785 號背　護首　　（1–1）

大般涅槃經卷第十二
復次善男子菩薩摩訶薩聖行者觀察是身
從頭至足其中唯有髮毛爪齒不淨垢穢皮
肉筋骨脾腎心肺肝膽腸胃生熟二藏大小

BD14785號 大般涅槃經（北本）卷一二 （25–1）

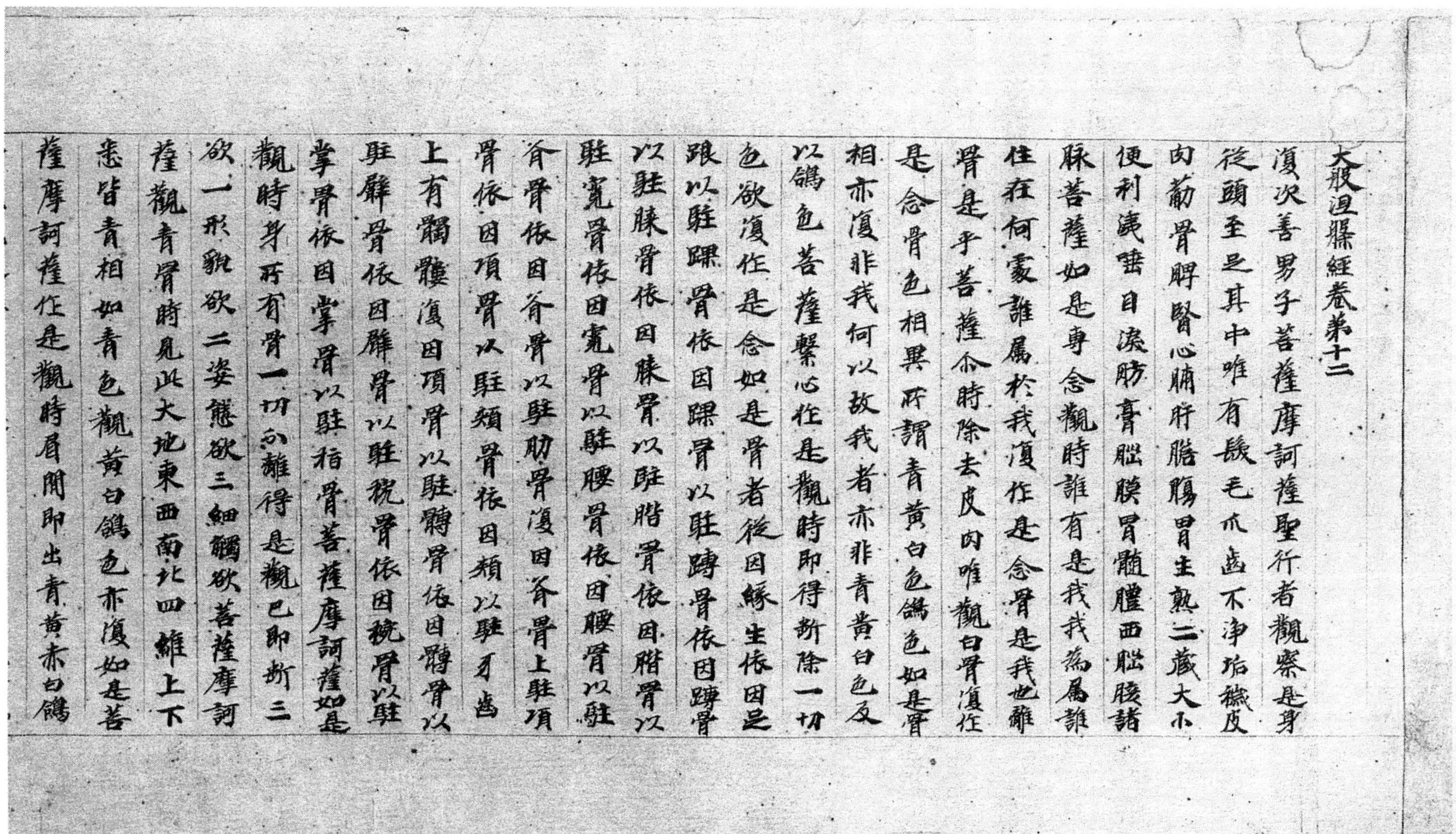
大般涅槃經卷第十二
復次善男子菩薩摩訶薩聖行者觀察是身
從頭至足其中唯有髮毛爪齒不淨垢穢皮
肉筋骨脾腎心肺肝膽腸胃生熟二藏大小
便利涕唾目淚肪膏腦膜骨髓膿血腦胲諸
脈菩薩如是專念觀時誰有是我我為屬誰
住在何處誰屬於我復作是念骨是我也離
骨是乎菩薩尒時除去皮肉唯觀白骨復作
是念骨色相異所謂青黃白色鴿色如是骨
相亦復非我何以故我者亦非青黃白色及
以鴿色菩薩繫心作是觀時即得斷除一切
色欲復作是念如是骨者從因緣生依因足
跟以駐踝骨依因踝骨以駐膊骨依因膊骨
以駐膝骨依因膝骨以駐髀骨依因髀骨以
駐臗骨依因臗骨以駐腰骨依因腰骨以駐
脊骨依因脊骨以駐肋骨復因脊骨上駐項
骨依因項骨以駐頷骨依因頷以駐牙齒
上有髑髏復因項骨以駐髆骨依因髆骨以
駐臂骨依因臂骨以駐腕骨依因腕骨以駐
掌骨依因掌骨以駐指骨菩薩摩訶薩如是
觀時身所有骨一切分離得是觀已即斷三
欲一形貌欲二姿態欲三細觸欲菩薩摩訶
薩觀青骨時見此大地東西南北四維上下
悉皆青相如青色觀黃白鴿色亦復如是菩
薩摩訶薩作是觀時眉間即出青黃赤白鴿

BD14785號 大般涅槃經（北本）卷一二 （25–2）

欲一形貌欲二姿態欲三細觸欲菩薩摩訶
薩觀青骨時見此大地東西南北四維上下
悉皆青相如青色觀黃白鴿色亦復如是菩
薩摩訶薩作是觀時眉間即出青黃赤白鴿
等色光是菩薩於是一一諸光明中見有佛
像見已即問如此身者不淨因緣和合共成
云何而得坐起行住屈申俯仰視眴喘息悲
泣喜咲此中無主誰使之然作是問已光中
諸佛忽然不現復作是念或識是我故使諸
佛不為我說復觀此識次第生滅猶如流水
亦復非我復作是念若識非我出息入息或
能是我復作是念是出入息直是風也而是
風性乃是四大四大之中何者是我地性非
我水火風性亦復非我復作是念此身一切
悉無有我唯有心風因緣和合示現種種所
作事業譬如呪力幻術所作亦如箜篌隨意
出聲是故此身如是不淨假眾因緣和合共
成而於何處生此貪欲若被罵辱復於何處
而生瞋恚而我此身卅六物不淨臭穢何處
當有受罵辱者若聞其罵即便思惟以何音
聲而見罵也一一音聲不能見罵若一不能
多亦不能以是義故不應生瞋若他來打亦
應思惟如是打者從何而生復作是念因手
刀杖及以我身故得名打我今何緣橫瞋於
他乃是我身自招此咎以我受是五陰身故
譬如因的則有箭中我身亦爾有身有打我

BD14785號　大般涅槃經（北本）卷一二　（25-3）

多亦不能以是義故不應生瞋若他來打亦
應思惟如是打者從何而生復作是念因手
刀杖及以我身故得名打我今何緣橫瞋於
他乃是我身自招此咎以我受是五陰身故
譬如因的則有箭中我身亦爾有身有打我
若不忍心則散亂心若散亂則失正念若失
正念則不能觀善不善義若不能觀善不善
義則行惡法惡法因緣則墮地獄畜生餓鬼
菩薩爾時作是觀已得四念處得四念處已
則得住於堪忍地中菩薩摩訶薩住是地已
則能堪忍貪欲瞋癡亦能堪忍寒熱飢渴蚊
虻蚤虱暴風惡觸種種疾疫惡口罵詈撾打
楚撻身心苦惱一切能忍是故名為住堪忍
地迦葉菩薩摩訶薩白佛言世尊菩薩未得
住不動地淨持戒時頗有因緣得破戒不善
男子有菩薩未得住不動地有因緣故可得
破戒迦葉敬諾何者是也佛言迦葉若有菩
薩知以破戒因緣則能令人受持愛樂大乘
經典乃能令其讀誦通利書寫經卷廣為他
說不退轉於阿耨多羅三藐三菩提為如是
故故得破戒菩薩爾時應作是念我寧一劫
若減一劫墮於阿鼻地獄受罪要必當令如
是之人不退轉於阿耨多羅三藐三菩提迦
葉以是因緣菩薩摩訶薩得毀淨戒爾時文
殊師利菩薩摩訶薩白佛言世尊若有菩薩
攝取護持如是之人令不退於菩提之心為
是毀戒若墮阿鼻無有是處爾時佛讚文殊

BD14785號　大般涅槃經（北本）卷一二　（25-4）

是之人不退轉於阿耨多羅三藐三菩提迦
葉以是因緣菩薩摩訶薩得受淨戒尒時文
殊師利菩薩摩訶薩白佛言世尊若有菩薩
攝取護持如是之人令不退於菩提之心爲
是毀戒者墮阿鼻無有是處尒時佛讚文殊
師利善哉善哉如汝所説我念往昔於閻浮
提作大國王名曰仙與愛念敬重大乘經典
其心純善無有麁惡嫉妬慳悋口常宣説愛
語善語身常攝護貧窮孤獨布施精進無有
休廢時世無佛聲聞緣覺我於尒時愛樂大
乘方等經典十二年中事婆羅門供所須
過十二年施安已訖即作是言師等今應
發阿耨多羅三藐三菩提心婆羅門言大王菩
提之性是無所有大乘經典亦復如是大王
云何乃令人物同於虛空善男子我於尒時
心重大乘聞婆羅門誹謗方等聞已即時斷
其命根善男子以是因緣從是已來不墮地
獄善男子擁護攝持大乘經典乃有如是無
量勢力復次迦葉又有聖行所謂四聖諦苦
集滅道是名四諦迦葉苦者逼迫相集者能
生長相滅者寂滅相道者大乘相復次善男
子苦者現相集者轉相滅者除相道者能除
相復次善男子苦者有三相苦相行苦相
壞苦相集者廿五有滅者滅廿五有道者脩
戒定慧復次善男子有漏法者有二種有因
有果無漏法者亦有二種有因有果有漏果

相復次善男子苦者有三相苦相行苦相
壞苦相集者廿五有滅者滅廿五有道者脩
戒定慧復次善男子有漏法者有二種有因
有果無漏法者亦有二種有因有果有漏果
者是則名苦有漏因者則名爲集無漏果者
則名爲滅無漏因者則名爲道復次善男子
八相名苦所謂生苦老苦病苦死苦愛別離
苦怨憎會苦求不得苦五盛陰苦能生如是
八苦法者是名爲集無有如是八法之處是
名爲滅十力四無所畏三念處大悲是名爲
道善男子生者出相所謂五種一者初出二
者至終三者增長四者出胎五者種類生何
等爲老老有二種一念念老二終身老復有
二種一增長老二滅壞老是名爲老云何爲
病病謂四大毒虵互不調適亦有二種一者
身病二者心病身病有五一者因水二者因
風三者因熱四者雜病五者客病客病有四
一者非分強作二者忘誤墮落三者刀杖瓦
石四者鬼魅所著心病亦有四種一者踊躍
二者恐怖三者憂愁四者愚癡復次善男子
身心之病凡有三種何等爲三一者業報二者
不得遠離惡對三者時節代謝生如是等
因緣名字受分別病因緣者風等諸病名字
者心悶肺脹上氣咳逆心驚下利受分別者
頭痛目痛手足等痛是名爲病何等爲死死
者捨所受身捨所受身亦有二種一命盡死

因緣名字受分別病因緣者所謂病名字
者心悶肺脹上氣咳逆心驚下利受分別者
頭痛目痛手足等痛是名為病何等為死死
者捨所受身捨所受身亦有二種一命盡死
二外緣死命盡死者亦有三種一者命盡非
是福盡二者福盡非是命盡三者福命俱盡
外緣死者復有三種一者非分自害而死二
者橫為他死三者俱死又有三種死一放逸
死二破戒死三壞命根死何等名為放逸死
也若有誹謗大乘方等般若波羅蜜是名放
逸死何等名為破戒死也毀犯去來現在諸
佛所制禁戒是名破戒死何等名為壞命根
死捨五陰身是名壞命根死如是名曰死為
大苦何等名為愛別離苦所愛之物破壞離
散所愛之物破壞離散亦有二種一者人中
五陰壞二者天中五陰壞如是人天所愛五
陰分別校計有無量種是名愛別離苦何等
名為怨憎會苦所不愛者而共聚集所不愛
者而共聚集復有三種所謂地獄餓鬼畜生
如是三趣分別校計有無量種如是則名怨
憎會苦何等名為求不得苦求不得苦復有
二種一者所悕望處求不能得二者多役
功力不得果報如是則名求不得苦何等名為
五盛陰苦五盛陰苦者生苦老苦病苦死苦愛
別離苦怨憎會苦求不得苦是故名為五盛
陰苦迦葉生之根本凡有如是七種之苦老
苦乃至五盛陰苦迦葉夫衰老者非一切有

BD14785號　大般涅槃經（北本）卷一二　（25–7）

五盛陰苦五陰苦者生苦老苦病苦死苦愛
別離苦怨憎會苦求不得苦是故名為五盛
陰苦迦葉生之根本凡有如是七種之苦老
苦乃至五盛陰苦迦葉夫衰老者非一切有
佛及諸天一向定無人中不定或有或無迦
葉三界受身無不有生老不必定是故一切
生為根本迦葉世間眾生顛倒覆心貪著生
相厭患老死迦葉菩薩不尒觀其初生已見過
患迦葉如有女人入於他舍是女端正顏貌
瓌麗以好瓔珞莊嚴其身主人見已即便
問言汝字何等繫屬於誰女人答言我身即
是功德大天主人問言汝所至處為何所作
女人答言我所至處能與種種金銀琉璃頗
梨真珠珊瑚虎珀車璩馬瑙象馬車乘奴婢
僕使主人聞已心生歡喜踊躍無量我今福
德故令汝來至我舍宅即便燒香散華供養
恭敬禮拜復於門外更見一女其形醜陋衣
裳弊壞多諸垢膩皮膚皴裂其色艾白見已
問言汝字何等繫屬誰家女人答言我字黑
闇復問何故名為黑闇女人答言我所行處
能令其家所有財寶一切衰耗主人聞已即
持利刀作如是言汝若不去當斷汝命女人
答言汝甚愚癡無有智慧主人問言云何名
為癡無智慧女人答言汝舍中者即是我姊
我常與姊進止共俱汝若驅我亦當驅彼主
人還入問功德天外有一女云是汝妹實為
是不功德天言實是我妹我與此妹行住共

BD14785號　大般涅槃經（北本）卷一二　（25–8）

爲癡無智慧女人答言汝舍中者即是我姊
我常與姊進止共俱汝若駈我亦當駈彼主
人還入問功德天外有一女云是汝妹實爲
是不功德天言實是我妹我與此妹行住共
俱未曾相離隨所住處我常作好彼常作惡
我常利益彼常作衰若愛我者亦應愛彼若
見恭敬亦應敬彼主人即言若有如是好惡
事者我俱不用各隨意去是時二女俱共相
將還其所止尒時主人見其還去心生歡喜
踊躍無量是時二女復共相隨至一貧家貧
人見已心生歡喜即請之言從今已去願汝
二人常住我家功德天言我等先已爲他所
駈汝復何緣俱請我住貧人答言汝今念我
我以汝故復當敬彼是故俱請令住我家迦
葉菩薩摩訶薩亦復如是不願生天以生當
有老病死故是以俱棄曾無受心凡夫愚人
不知老病死等過患是故貪愛生死二法復
次迦葉如婆羅門幼稚童子爲飢所逼見人
糞中有菴羅菓即便取之有智見已呵嘖之
言汝婆羅門種姓清淨何故取是糞中穢菓
童子聞已赧然有愧即答之言我實不食爲
欲洗淨還棄捨之智者語言汝大愚癡若還
棄者本不應取善男子菩薩摩訶薩亦復如
是於此生分不受不捨如彼智者呵嘖童子
凡夫之人欣生惡死如彼童子取果還棄
復次迦葉譬如四衢道頭有人器盛滿食色香

欲洗淨還棄捨之智者語言汝大愚癡若還
棄者本不應取善男子菩薩摩訶薩亦復如
是於此生分不受不捨如彼智者呵嘖童子
凡夫之人欣生惡死如彼童子取果還棄
復次迦葉譬如四衢道頭有人器盛滿食色香
味具而欲賣之有人遠來飢虛羸乏見其飲
食色香味具即詣之言此是何物食主答言
此是上食色香味具若食此食得色得力能
除飢渴得見諸天唯有一患所謂命終是人
聞已即作是念我今不用色力見天亦不用
死即作是言食是食已若命終者汝今何用
於此賣之食主答言有智之人終不肯買
唯有愚人不知是事多與我價貪而食之善
男子菩薩摩訶薩亦復如是不願生天得色得
力見於諸天何以故以其不免諸苦惱故凡
夫愚癡隨有生處皆悉貪受以其不見老病
死故復次善男子譬如毒樹根亦能殺莖亦
能殺皮華果實悉亦能殺善男子廿五有
受生之處所受五陰亦復如是一切能殺復次
迦葉譬如糞穢多少俱臭善男子生亦如是
設受八万下至十歲俱亦受苦復次迦葉譬
如險岸上有草覆於彼岸邊多有甘露若有
食者壽天千年永除諸病安隱快樂凡夫愚
人貪其味故不知其下有大深坑即前欲取
不覺脚跌墮坑而死智者知已捨離遠去善
男子菩薩摩訶薩亦復如是尚不欲受天上
如食況復人中凡夫之人乃於地獄吞啖鐵

人貪其味故不知其下有大深坑即前欲取
不覺脚跌墮坑而死智者知已捨離遠去善
男子菩薩摩訶薩亦復如是尚不欲受天上
如食況復人中凡夫之人乃於地獄吞噉鐵
丸況復人天上妙餚饍而能不食迦葉以如
是豁及餘無量無邊譬喻當知是生實為大
苦迦葉是名菩薩摩訶薩住於大乘大涅槃
經觀於生苦迦葉云何菩薩摩訶薩於是大
乘大涅槃經觀於老苦老者能為咳逆上氣
能壞勇力憶念進持盛年快樂憍慢貢高安
隱自恣能作背僂懈怠嬾墯為他所輕迦葉
譬如池水蓮華滿中開敷鮮榮甚可愛樂值
天降雹悉皆破壞善男子老亦如是悉能破
壞盛壯好色復次迦葉譬如國王有一智臣
善知兵法有敵國王拒逆不順王遣此臣往
討伐之即便禽獲將來詣王老亦如是禽獲
壯色將付死王復次迦葉譬如折軸無所復
用老亦如是無所復用復次迦葉如大富家
多有財寶金銀瑠璃珊瑚虎珀車璖馬瑙有
諸怨賊若入其家即能劫奪悉令空盡善男
子盛年好色亦復如是常為老賊之所劫奪
復次迦葉譬如貧人貪著上饍細濡衣裳雖
復悕望而不能得善男子老亦如是雖有貪
心欲受富樂五欲自恣而不能得復次迦葉
如陸地龜心常念水善男子人亦如是既為
衰老之所乾枯心常憶念壯時所受五欲之

復悕望而不能得善男子老亦如是雖有貪
心欲受富樂五欲自恣而不能得復次迦葉
如陸地龜心常念水善男子人亦如是既為
衰老之所乾枯心常憶念壯時所受五欲之
樂復次迦葉猶如秋月所有蓮華皆為一
切之所樂見及其萎黃人所惡賤善男子盛年
壯色亦復如是皆為一切之所愛樂及其老
至衆所惡賤復次迦葉譬如甘蔗既被壓已
滓無復味善男子壯年盛色亦復如是既被
老壓無三種味一出家味二讀誦味三坐禪
味復次迦葉譬如滿月夜多光明晝則不介
善男子人亦如是壯則端嚴形貌瓌瑋老則
衰羸形神枯悴復次迦葉譬如有王常以正
法治於國土真實無曲慈悲好施時為敵國
之所破壞流離逃迸遂至他土他土人民見
已生於憐愍之心咸作是言大王往日正法
治國不枉万姓如何一旦流離至此善男子
人亦如是既為衰老所敗壞已常讚壯時所
行事業復次迦葉譬如燈炷唯賴膏油膏油
既盡勢不久停善男子人亦如是唯賴壯膏
壯膏既盡衰老之炷何得久停復次迦葉譬
如枯河不能利益人及非人飛鳥走獸善男
子人亦如是為老所枯不能利益一切作業
復次迦葉譬如河岸臨峻大樹若遇暴風必
當顛墮善男子人亦如是臨老嶮岸死風既
至勢不得住復次迦葉如車軸折不任重載
善男子老亦如是不能諮受一切善法復次

子人亦如是爲老所枯不能利益一切作業
復次迦葉譬如河岸臨峻大樹若遇暴風必
當顛墮善男子人亦如是臨老嶮岸死風既
至勢不得住復次迦葉如車軸析不任重載
善男子老亦如是不能諸受一切善法復次
迦葉譬如嬰兒爲人所輕善男子老亦如是
常爲一切之所輕毀迦葉以是等喻及餘無
量無邊譬喻當知是老實爲大苦迦葉是名
菩薩摩訶薩脩行大乘大涅槃經觀於老苦
迦葉云何菩薩摩訶薩脩行大乘大涅槃經
觀於病苦所謂病者能壞一切安隱樂事譬
如雹雨傷壞穀苗復次迦葉如人有怨心常
憂愁而懷恐怖善男子一切衆生亦復如是
常畏病苦心懷憂愁復次迦葉譬如有人形
貌端正爲王夫人欲心所愛遣信遙呼與共
交通時王捕得即時使人挑其一目截其一
耳斬一手足是人尒時形容改異人所惡賤
善男子人亦如是雖復身體耳目具足既
爲病苦所纏逼已則爲衆人之所惡賤復次迦
葉如芭蕉樹竹葦蘆騾有子則死善男子人
亦如是有病則死復次迦葉如轉輪王主兵
大臣常在前導王隨後行亦如魚王蟻王蠡
王牛王商主在前行時如是諸衆悉皆隨從
無捨離者善男子死轉輪王亦復如是常隨
病王不相捨離魚蟻蠡牛商主病王亦復如
是常爲死衆之所隨逐迦葉病因緣者所謂

BD14785號　大般涅槃經（北本）卷一二　（25–13）

王牛王商主在前行時如是諸衆悉皆隨從
無捨離者善男子死轉輪王亦復如是常隨
病王不相捨離魚蟻蠡牛商主病王亦復如
是常爲死衆之所隨逐迦葉病因緣者所謂
苦惱愁憂悲歎身心不安或爲怨賊之所逼
害破壞浮囊撤橋梁亦能劫奪正念根本復
能破壞盛壯好色力勢安樂除捨慚愧能爲
身心焦熱燋然以是等喻及餘無量無邊譬
喻當知病苦是爲大苦迦葉是名菩薩摩訶
薩脩行大乘大涅槃經觀於病苦迦葉云何
菩薩摩訶薩脩行大乘大涅槃經觀於死苦
所謂死者能燒滅故迦葉如火災起能燒一
切唯除二禪力不至故善男子死大亦尒能
燒一切唯除菩薩住於大乘大般涅槃勢不
及故復次迦葉如水災起一切漂沒唯除三
禪力不至故善男子死水亦尒漂沒一切唯
除菩薩住於大乘大般涅槃復次迦葉如風
災起能吹一切悉令散滅唯除四禪力不至
故善男子死風亦尒悉能吹滅一切所有唯
除菩薩住於大乘大般涅槃迦葉菩薩白佛
言世尊彼第四禪以何因緣風不能吹水不
能漂火不能燒佛告迦葉善男子彼第四禪
內外過患一切無故善男子初禪過患內有
覺觀外有火災二禪過患內有歡喜外有水
災三禪過患內有喘息外有風災善男子彼
第四禪內外過患一切俱無是故諸災不能

BD14785號　大般涅槃經（北本）卷一二　（25–14）

内外過患一切無故善男子禪初過患内有
覺觀外有火災二禪過患内有歡喜外有水
災三禪過患内有喘息外有風災善男子彼
第四禪内外過患一切俱無是故諸災不能
及之善男子菩薩摩訶薩亦復如是安住大
乘大般涅槃内外過患一切皆盡是故死王
不能及之復次善男子如金翅鳥能噉能消
一切龍魚金銀等寶唯除金剛不能令消善
男子死金翅鳥亦復如是能噉能消一切衆
生唯不能消住於大乘大般涅槃菩薩摩訶
薩復次迦葉譬如河岸所有草木大水暴漲
悉隨漸流入於大海唯除楊柳以其濡故善
男子一切衆生亦復如是悉皆隨流入乎死
海唯除菩薩住於大乘大般涅槃復次迦葉
如那羅延悉能摧伏一切力士唯除大風何
以故以無閡故善男子死那羅延亦復如是
悉能摧伏一切衆生唯除菩薩住於大乘大
般涅槃何以故以無閡故復次迦葉譬如有
於怨憎中詐現親善常相追逐如影隨形伺
求其便而欲殺之彼怨謹慎堅牢自備故使
是人不能得殺善男子死怨亦尒常伺衆生
而欲殺之唯不能殺住於大乘大般涅槃菩
薩摩訶薩何以故以是菩薩不放逸故復次
迦葉譬如卒降金剛暴雨悉壞藥木諸樹山
林土沙凡石金銀瑠璃一切之物唯不能壞
金剛真寶善男子金剛死雨亦復如是悉能

BD14785號　大般涅槃經（北本）卷一二　（25–15）

而欲殺之唯不能殺住於大乘大般涅槃菩
薩摩訶薩何以故以是菩薩不放逸故復次
迦葉譬如卒降金剛暴雨悉壞藥木諸樹山
林土沙凡石金銀瑠璃一切之物唯不能壞
金剛真寶善男子金剛死雨亦復如是悉能
破壞一切衆生唯除金剛菩薩住於大乘大
般涅槃復次迦葉如金翅鳥能噉諸龍唯不
能噉受三歸者善男子死金翅鳥亦復如是
能噉一切無量衆生唯除菩薩住三定者何
謂三定空無相願復次迦葉如摩羅毒蛇凡
所蠚螫雖有良呪上妙好藥無如之何唯阿
竭多星呪能令除愈善男子死毒所螫亦復
如是一切醫方無如之何唯除菩薩住於大
乘大涅槃呪復次迦葉譬如有人為王所瞋
其人若能以濡善語貢上財寶便可得脫善
男子死王不尒雖以濡語錢財珎寶而貢上
之亦不得脫善男子夫死者於險難處無有
資粮去處懸遠而無伴侶晝夜常行不知邊
際深邃幽闇無有燈明入無門戶而有處所
雖無痛處不可療治往無遮止到不得脫無
所破壞見者愁毒非是惡色而令人怖敷在
身邊不可覺知迦葉以是等喻及餘無量無
邊譬喻當知是死真為大苦迦葉是名菩薩
摩訶薩脩行大乘大涅槃經觀於死苦迦葉
云何菩薩摩訶薩住於大乘大涅槃經觀愛
別離苦愛別離苦能為一切衆苦根本如說
因愛生憂因愛生怖若離於愛何憂何怖

BD14785號　大般涅槃經（北本）卷一二　（25–16）

邊譬喻當知是死真為大苦迦葉是名菩薩
摩訶薩脩行大乘大涅槃經觀於死苦迦葉
云何菩薩摩訶薩住於大乘大涅槃經觀愛
別離苦愛別離苦能為一切衆苦根本如說
因愛生憂因愛生怖若離於愛何憂何怖
愛因緣故則生憂苦以憂苦故則令衆生生
於衰老愛別離者所謂命終善男子以別離
故能生種種微細諸苦今當為汝分別顯示
善男子過去之世人壽無量時世有王名為
善住其王尒時為童子身太子治事及登王
位各八万四千歲時王頂上生一肉疱其疱
柔濡如兠羅綿細濡劫貝漸漸增長不以為
患足滿十月疱即開劈生一童子其形端正
奇異火變色像分明人中第一父王歡喜字
之頂生時善住王即以國事委付頂生棄捨
宮殿妻子眷屬入山學道滿八万四千歲尒
時頂生於十五日處在高樓沐浴受齋即於
東方有金輪寶其輪千輻轂輞具足非工匠
造自然成就而來應之頂生大王即作是念
我昔曾聞五通仙說若刹利王於十五日處
在高樓沐浴受齋若有金輪千輻不減轂輞
具足非工匠造自然成就而來應者當知是
王即當得作轉輪聖帝復作是念我今當試
即以左手擎此輪寶右執香爐右膝著地而
發誓言是金輪寶若實不虛應如過去轉輪
聖王所行道去作是誓已是金輪寶飛昇虛
空遍十方已還來住在頂生左手尒時頂生

BD14785號　大般涅槃經（北本）卷一二　（25–17）

即以左手擎此輪寶右執香爐右膝著地而
發誓言是金輪寶若實不虛應如過去轉輪
聖王所行道去作是誓已是金輪寶飛昇虛
空遍十方已還來住在頂生左手尒時頂生
心生歡喜踊躍無量復作是言我今定當作
轉輪王其後不久復有象寶狀貌端嚴如白
蓮華七枝拄地頂生見已復作是念我昔曾
聞五通仙說若轉輪王於十五日處在高樓
沐浴受齋若有象寶狀貌端嚴如白蓮華七
枝拄地而來應者當知是王即是聖王復作
是念我今當試即擎香爐右膝著地而發誓
言是白象寶若實不虛應如過去轉輪聖王
所行道去作是誓已是白象寶從旦至夕周
遍八方盡大海際還住本處尒時頂生心大
歡喜踊躍無量復作是言我今定是轉輪聖
王其後不久次有馬寶其色紺艷髦尾金色
頂生見已復作是念我昔曾聞五通仙說若
轉輪王於十五日處在高樓沐浴受齋若有
馬寶其色紺艷髦尾金色而來應者當知是
王即是聖王復作是念我今當試即執香爐
右膝著地而發誓言是紺馬寶若實不虛應
如過去轉輪聖王所行道去作是誓已是紺
馬寶從旦至夕周遍八方盡大海際還住本
處尒時頂生心大歡喜踊躍無量復作是言
我今定是轉輪聖王其後不久復有女寶形
容端正微妙第一不長不短不白不黑身諸

BD14785號　大般涅槃經（北本）卷一二　（25–18）

馬寶從旦至夕周遍八方盡大海際還住本
處尒時頂生心大歡喜踊躍無量復作是言
我今定是轉輪聖王其後不久復有女寶形
容端正微妙第一不長不短不白不黑身諸
毛孔出栴檀香口氣香潔如青蓮華其目遠
視見一由旬耳聞鼻嗅亦復如是其舌廣大
出能覆面形色細薄如赤銅葉心聰叡哲有
大智慧於諸眾生常有濡語是女以手觸王
衣時即知王身安樂痛惱亦知王心所緣之
處尒時頂生復作是念若有女人能知王心
即是女寶其後不久於王宮内自然而有寶
摩尼珠純青瑠璃大如人髀能於闇中照一
由旬若天降雨渧如車軸是珠力能作蓋遍
覆是一由旬遮此大雨不令下過尒時頂生
復作是念若轉輪王得是寶珠必是聖王其
後不久有主藏臣自然而出多饒財寶巨富
無量庫藏盈溢無所乏少報得眼根力能徹
見一切地中所有伏藏隨王所念皆能辦之
尒時頂生復欲試之即共乘船入於大海告
藏臣言我今欲得珎異之寶藏臣聞已即以
兩手攪大海水時十指頭出十寶藏以奉聖
王而白王言大王所須隨意用之其餘在者
當投大海尒時頂生心大歡喜踊躍無量復
作念言我今定是轉輪聖王其後不久有主
兵臣自然而出勇健猛略策謀第一善知四
兵若任鬪者則現聖王若不任者退不令現

BD14785號　大般涅槃經（北本）卷一二　（25–19）

當投大海尒時頂生心大歡喜踊躍無量復
作念言我今定是轉輪聖王其後不久有主
兵臣自然而出勇健猛略策謀第一善知四
兵若任鬪者則現聖王若不任者退不令現
未摧伏者能令摧伏已摧伏者力能守護尒
時頂生復作是念若轉輪王得是兵寶當
知定是轉輪聖王尒時頂生轉輪聖帝告諸大
臣汝等當知此閻浮提安隱豐樂然我今已
七寶成就千子具足更何所為諸臣答言唯
然大王東弗婆提猶未歸德王應往討尒時
聖王與其七寶一切營從飛空而往東弗婆
提彼土人民歡喜歸化復告大臣我閻浮提
及弗婆提安隱豐樂人民熾盛悉來歸化七
寶成就千子具足復何所為諸臣答言唯然
大王西瞿陁尼猶未歸德尒時聖王復與七
寶一切營從飛空而往西瞿陁尼王既至彼
彼土人民亦復歸伏復告大臣我閻浮提及
弗婆提此瞿陁尼安隱豐樂人民熾盛咸以
歸化七寶成就千子具足復何所為諸臣答
言唯然大王北欝單日猶未歸化尒時聖王
復與七寶一切營從飛空而往北欝單曰王
既至彼彼土人民歡喜歸德復告大臣我四
天下安隱豐樂人民熾盛咸以歸德七寶成
就千子具足更何所為諸臣答言唯然聖王
卅三天壽命極長安隱快樂彼天身形端嚴
無比所居宮殿牀榻卧具悉是七寶自恃天

BD14785號　大般涅槃經（北本）卷一二　（25–20）

天下安隱豐樂人民熾盛咸以歸德七寶成
就千子具足更何所為諸臣答言唯然聖王
卅三天壽命極長安隱快樂彼天身形端嚴
無比所居宮殿牀榻臥具悉是七寶自恃天
福未來歸化今可往討令其摧伏尒時聖王
復與七寶一切營從飛騰虛空上忉利天見
有一樹其色青綠聖王見已即問大臣此是
何色大臣答言此是波利質多羅樹忉利諸
天夏三月日常於其下娛樂受樂復見白色
猶如白雲復問大臣是何色大臣答言是
善法堂忉利諸天常集其中論人天事於是
天主釋提桓因知頂生王已來在外即出迎
逆見已執手昇善法堂分座而坐彼時二王
形容相貌等無差別唯有視眴為別異耳是
時聖王即生念言我今寧可退彼天主即住
其中為天王不善男子尒時帝釋受持讀誦
大乘經典開示分別為他演說唯於深義未
盡通達以是讀誦受持分別為他廣說因緣
力故有大威德善男子而是頂生於此帝釋
生惡心已即便墮落還閻浮提與所愛念人
天離別生大苦惱復遇惡病即便命終尒時
帝釋迦葉佛是時轉輪聖王則我身是善男子
當知如是愛別離者極為大苦善男子菩薩
摩訶薩尚憶過去如是等輩愛別離苦何況
菩薩摩訶薩住於大乘大涅槃經而當不觀
現在之世愛別離苦善男子云何菩薩摩訶
薩脩行大乘大涅槃經觀怨憎會苦善男子

當知如是愛別離者極為大苦善男子菩薩
摩訶薩尚憶過去如是等輩愛別離苦何況
菩薩摩訶薩住於大乘大涅槃經而當不觀
現在之世愛別離苦善男子云何菩薩摩訶
薩脩行大乘大涅槃經觀怨憎會苦善男子
是菩薩摩訶薩觀於地獄畜生餓鬼人中天
上皆有如是怨憎會苦譬如人觀牢獄繫閉
枷鎖杻械以為大苦菩薩摩訶薩亦復如是
觀於五道一切受生悉是怨憎合會大苦復
次善男子譬如有人常畏怨家枷鎖杻械捨
離父母妻子眷屬珍寶生業而遠逃避善男
子菩薩摩訶薩亦復如是畏怖生死具足脩
行六波羅蜜入於涅槃迦葉是名菩薩摩訶
薩脩行大乘大般涅槃觀怨憎會苦善男子
云何菩薩脩行大乘大般涅槃觀求不得苦
求者一切盡求盡求有二種一求善法二求
不善法善法未得苦惡法未離苦是則略說
五盛陰苦迦葉是名苦諦尒時迦葉菩薩摩
訶薩白佛言世尊如佛所說五盛陰苦是義
不然何以故如佛往昔告釋摩男若色苦者
一切眾生不應求色若有求者則不名苦如
佛告諸比丘有三種受苦受樂受不苦不樂
受如佛先為諸比丘說若有人能脩行善法
則得受樂又如佛說於善道中六觸受樂眼
見好色是則為樂耳鼻舌身意思好法亦復
如是如佛說偈
持戒則為樂　身不受眾苦　睡眠得安隱　寤則心歡喜

則得受樂又如佛說於善道中六觸受樂眼
見好色是則為樂耳鼻舌身意思好法亦復
如是如佛說偈
持戒則為樂　身不受眾苦　睡眠得安隱　寤則心歡喜
若受衣食時　誦習而經行　獨處於山林　如是為最樂
若能於眾生　晝夜常脩慈　因是得常樂　以不惱他故
少欲知足樂　多聞分別樂　無著阿羅漢　亦名為受樂
菩薩摩訶薩　畢竟到彼岸　所作眾事辦　是名為最樂
世尊如諸經中所說樂相其義如是如佛今說
云何當與此義相應
佛告迦葉善哉善哉善男子善能諮問如來
是義善男子一切眾生於下苦中橫生樂想
是故我今所說苦相與本不異爾時迦葉菩
薩白佛言如佛所說於下苦中生樂相者下
生下老下病下死下愛別離下求不得下怨
憎會下五盛陰如是等苦亦應有樂世尊下
生者所謂三惡中生者所謂人中上生者所
謂天上若復有人作如是問若於下樂生於
苦想於中樂中生無苦樂想於上樂中生於
樂想當云何答世尊若下苦中生樂想者未
見有人當受千罰初一下時已生樂想若不
生者云何說言於下苦中而生樂想佛告迦
葉如是如是如汝所說以是義故無有樂想
何以故猶如彼人當受千罰受一下已即得
脫者是人爾時便生樂想是故當知於無樂
中妄生樂想迦葉言世尊彼人不以一下生

BD14785號　大般涅槃經（北本）卷一二　（25–23）

葉如是如是如汝所說以是義故無有樂想
何以故猶如彼人當受千罰受一下已即得
脫者是人爾時便生樂想是故當知於無樂
中妄生樂想迦葉言世尊彼人不以一下生
於樂想以得脫故而生樂想迦葉是故我昔
為釋摩男說五陰中樂實不虛也迦葉有三
受三苦三受者所謂樂受苦受不苦不樂受
三苦者所謂苦苦行苦壞苦善男子苦受者
名為三苦所謂苦苦行苦壞苦餘二受者所
謂行苦壞苦善男子以是因緣生死之中實
有樂受菩薩摩訶薩以苦樂性不相捨離是
故說言一切皆苦善男子生死之中實無有
樂但諸佛菩薩隨順世間說言有樂迦葉菩
薩白佛言世尊諸佛菩薩若隨俗說是虛妄
不如佛所說脩行善者則受樂報持戒安樂
身不受苦乃至眾事以辦是為最樂如是等
經所說樂受是虛妄不若是虛妄諸佛世尊
久於無量百千萬億阿僧祇劫脩菩提道已
離妄語今作是說其義云何佛言善男子如
上所說諸受樂偈即是菩提道之根本亦能
長養阿耨多羅三藐三菩提以是義故先於
經中說是樂相善男子譬如世間所須資生
能為樂因故名為樂所謂女色耽湎飲酒上
饌甘味渴時得水寒時遇火衣服瓔珞象馬
車乘奴婢僮僕金銀瑠璃珊瑚真珠倉庫穀
米如是等物世間所須能為樂因是名為樂
善男子如是等物亦能生苦因於女人生男

BD14785號　大般涅槃經（北本）卷一二　（25–24）

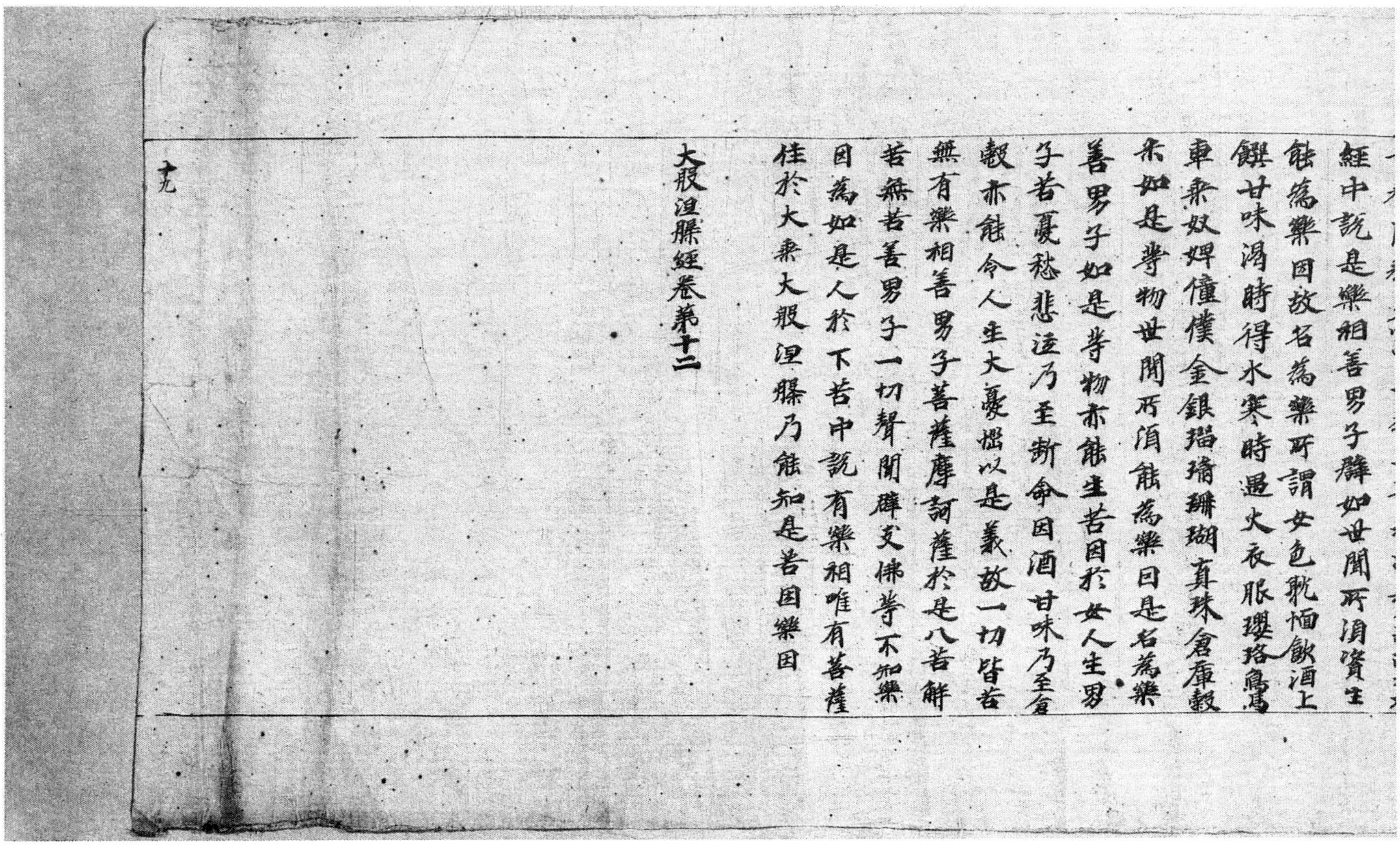

經中說是樂相善男子譬如世間所須資生
能為樂因故名為樂所謂女色耽湎飲酒上
饌甘味渴時得水寒時遇火衣服瓔珞象馬
車乘奴婢僮僕金銀瑠璃珊瑚真珠倉庫穀
米如是等物世間所須能為樂因是名為樂
善男子如是等物亦能生苦因於女人生男
子苦憂愁悲泣乃至斷命因酒甘味乃至倉
穀亦能令人生大憂惱以是義故一切皆苦
無有樂相善男子菩薩摩訶薩於是八苦解
苦無苦善男子一切聲聞辟支佛等不知樂
因為如是人於下苦中說有樂相唯有菩薩
住於大乘大般涅槃乃能知是苦因樂因

大般涅槃經卷第十二

十九

BD14785 號　大般涅槃經（北本）卷一二　（25–25）

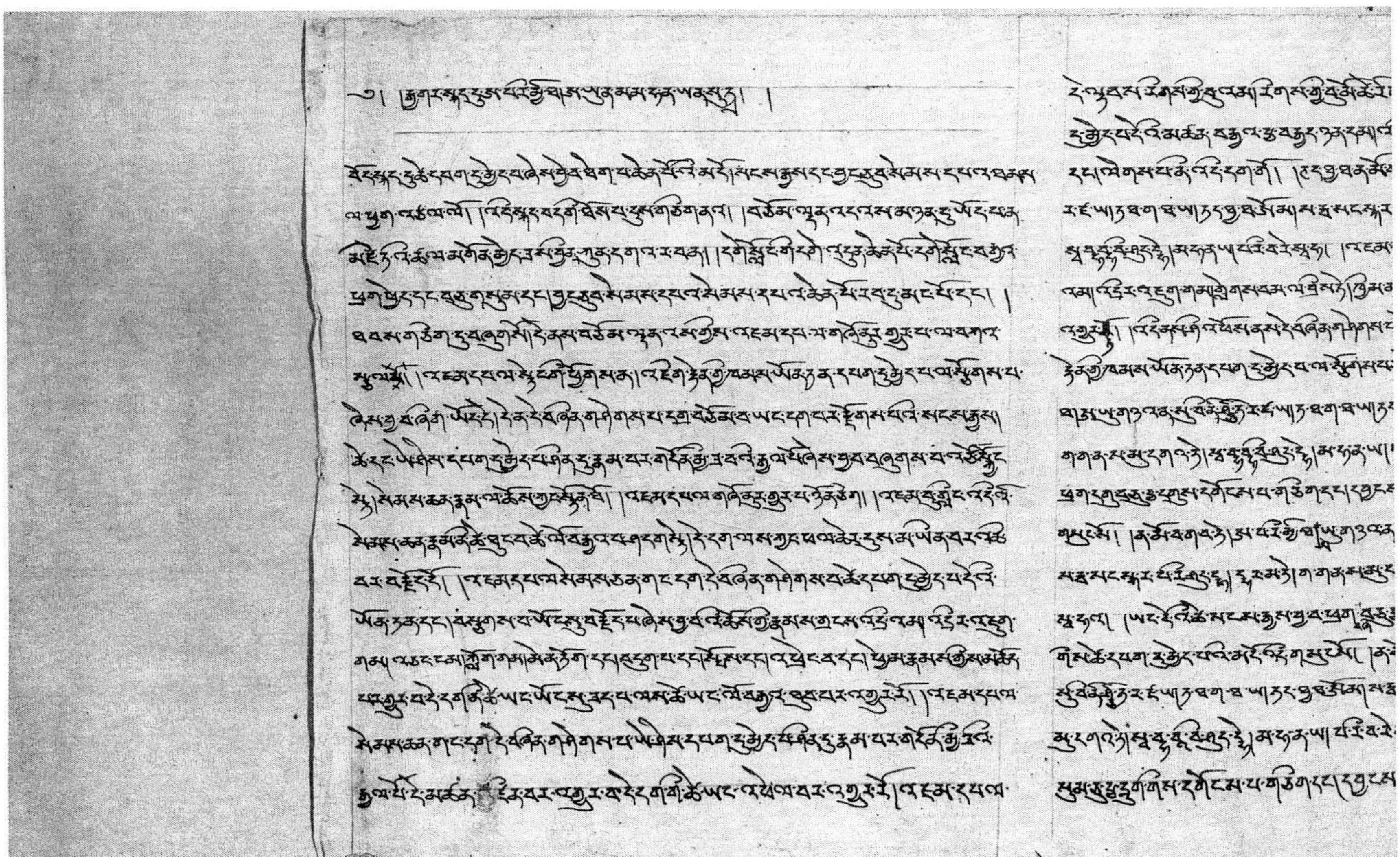

BD14786 號　藏文（無量壽宗要經甲本）　（8–1）

BD14786 號　藏文（無量壽宗要經甲本）　　（8–2）

BD14786 號　藏文（無量壽宗要經甲本）　　（8–3）

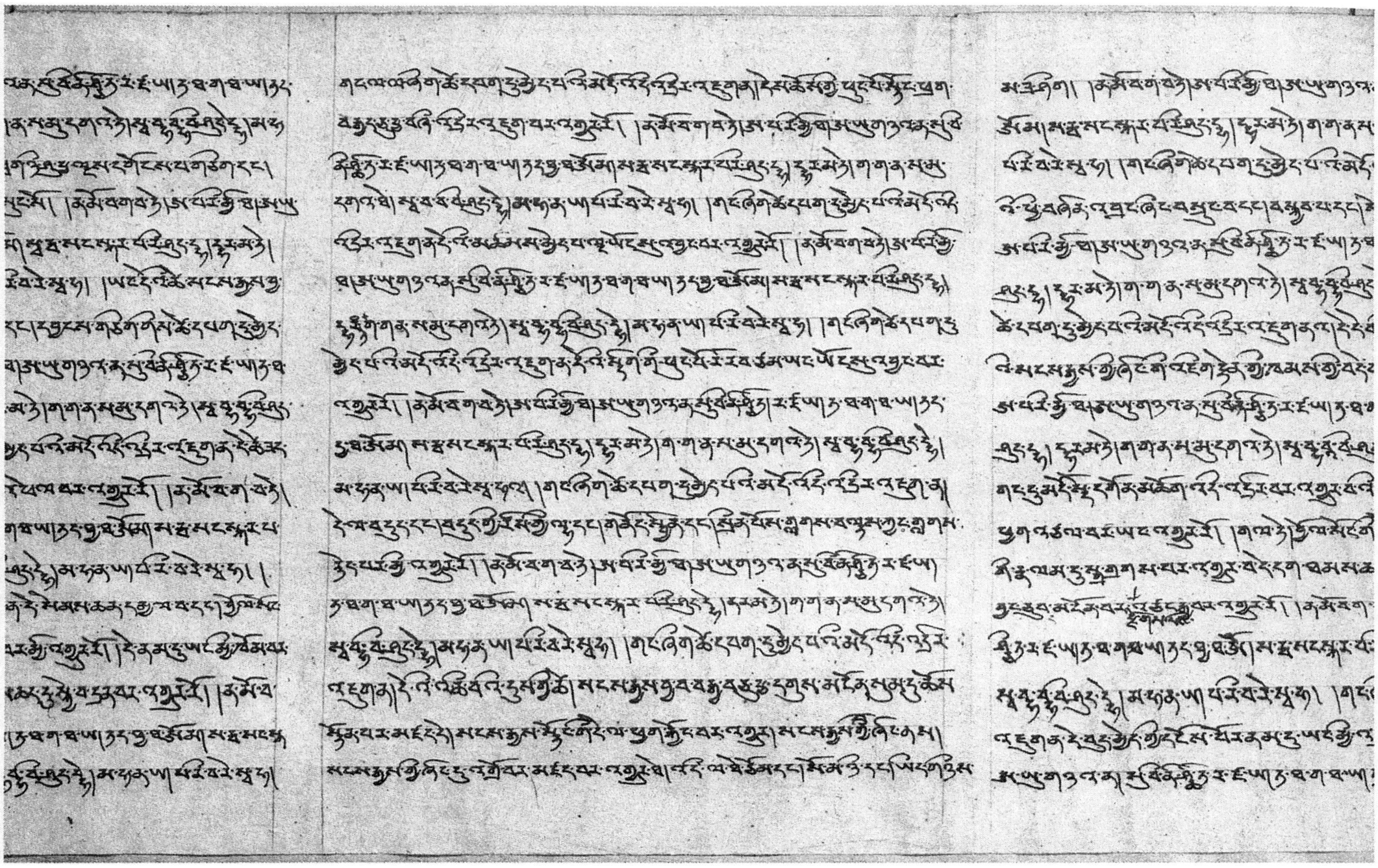

BD14786 號　藏文（無量壽宗要經甲本） （8–4）

BD14786 號　藏文（無量壽宗要經甲本） （8–5）

BD14786 號　藏文（無量壽宗要經甲本）　　（8–6）

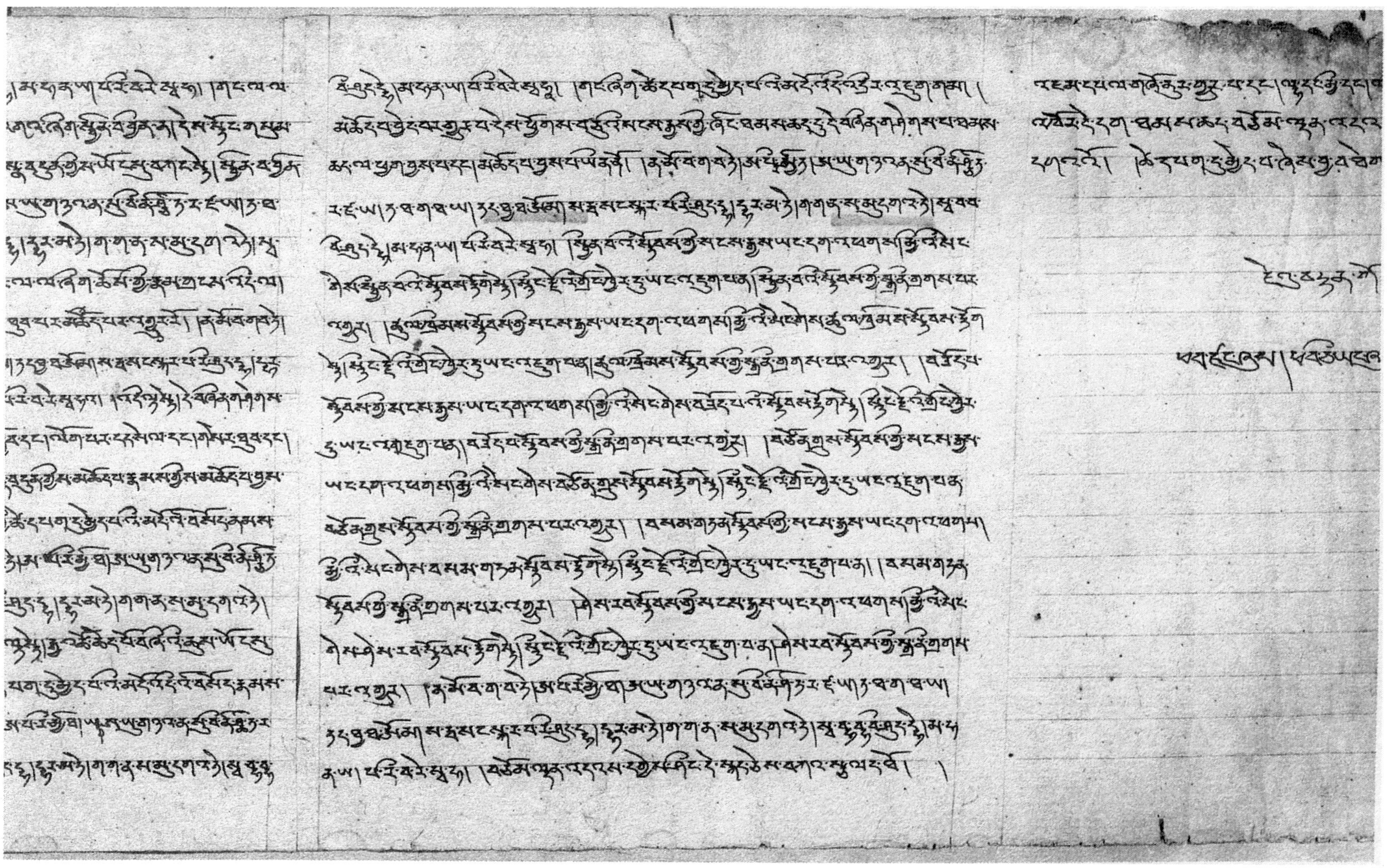

BD14786 號　藏文（無量壽宗要經甲本）　　（8–7）

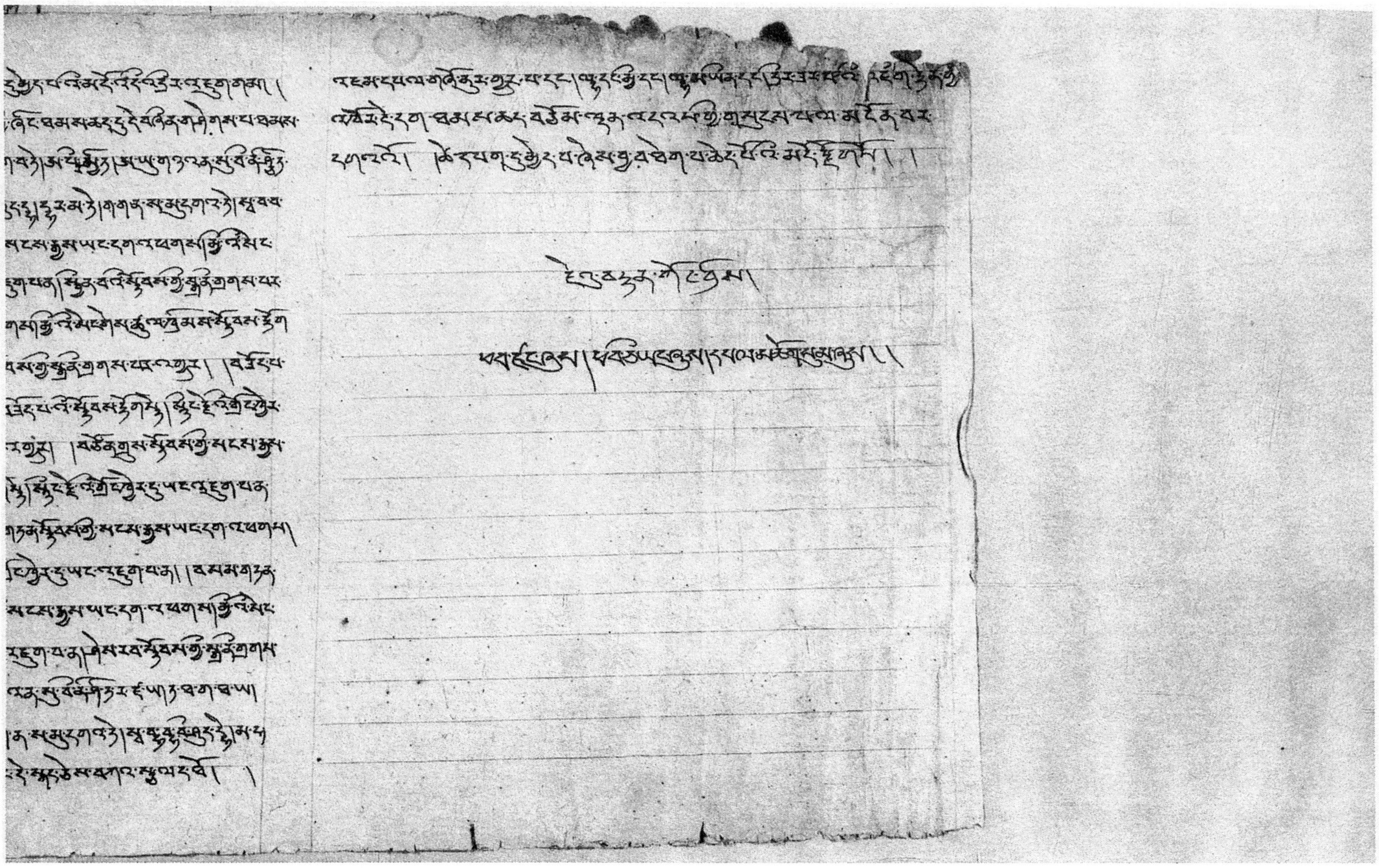

BD14786 號　藏文（無量壽宗要經甲本）　　（8–8）

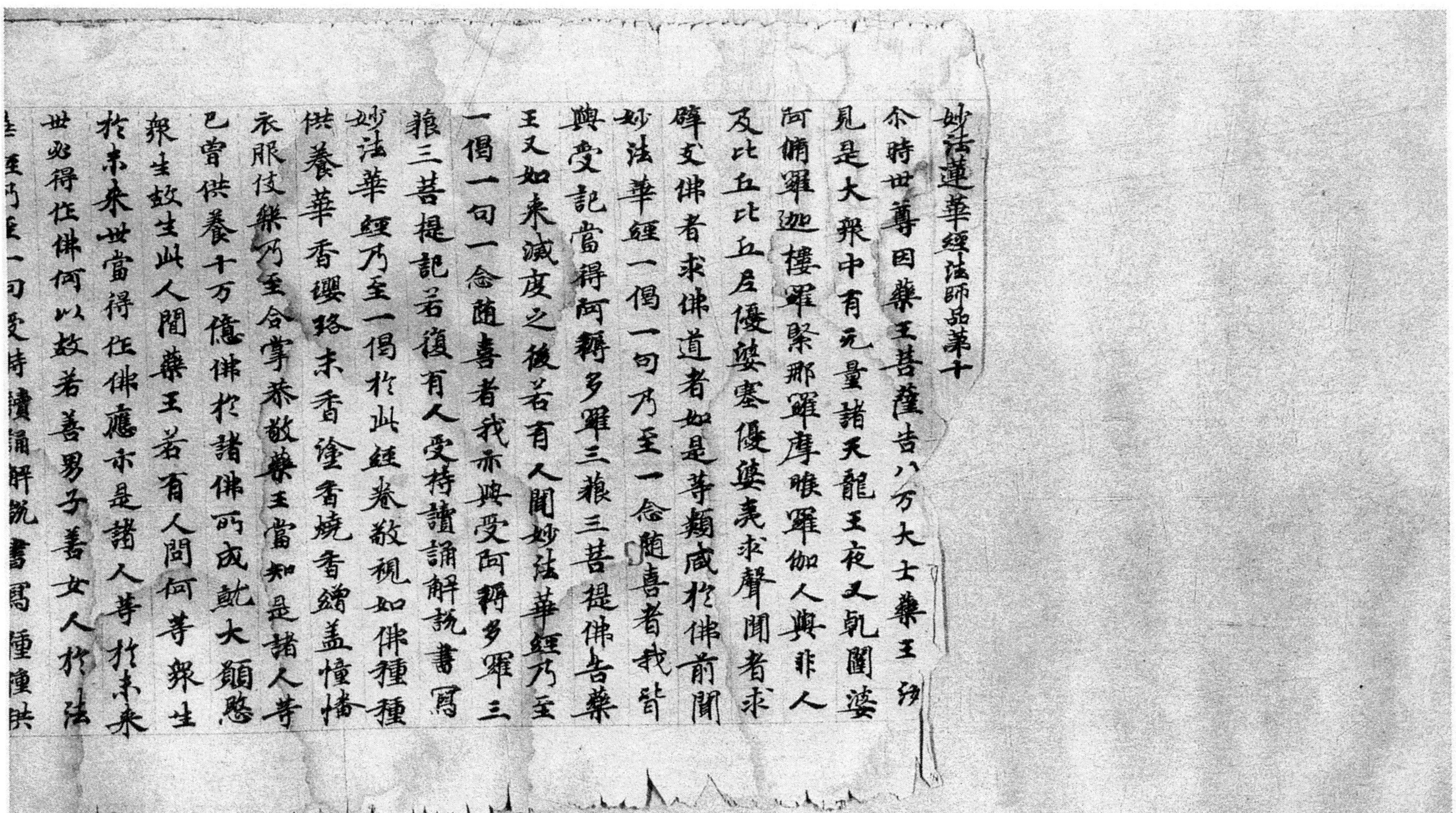

妙法蓮華經法師品第十
尒時世尊因藥王菩薩告八万大士藥王汝
見是大衆中有无量諸天龍王夜叉乹闥婆
阿脩羅迦樓羅緊那羅摩睺羅伽人與非人
及比丘比丘尼優婆塞優婆夷求聲聞者求
辟支佛者求佛道者如是等類咸於佛前聞
妙法華經一偈一句乃至一念隨喜者我皆
與受記當得阿耨多羅三藐三菩提佛告藥
王又如來滅度之後若有人聞妙法華經乃至
一偈一句一念隨喜者我亦與受阿耨多羅三
藐三菩提記若復有人受持讀誦解說書寫
妙法華經乃至一偈於此經卷敬視如佛種種
供養華香瓔珞末香塗香燒香繒蓋幢幡
衣服伎樂乃至合掌恭敬藥王當知是諸人等
已曾供養十万億佛於諸佛所成就大願愍
衆生故生此人間藥王若有人問何等衆生
於未來世當得作佛應示是諸人等於未來
世必得作佛何以故若善男子善女人於法
華經乃至一句受持讀誦解說書寫種種供

BD14787 號　妙法蓮華經卷四　　（14–1）

衣服伎樂乃至合掌恭敬藥王當知是諸人等已曾供養十万億佛於諸佛所成就大願愍衆生故生此人間藥王若有人問何等衆生於未來世當得作佛應示是諸人等於未來世必得作佛何以故若善男子善女人於法華經乃至一句受持讀誦解說書寫種種供養經卷華香瓔珞末香塗香燒香繒蓋幢幡衣服伎樂合掌恭敬是人一切世間所應瞻奉應以如來供養而供養之當知此人是大菩薩成就阿耨多羅三藐三菩提哀愍衆生願生此間廣演分別妙法華經何況盡能受持種種供養者藥王當知是人自捨清淨業報於我滅度後愍衆生故生於惡世廣演此經若是善男子善女人我滅度後能竊為一人說法華經乃至一句當知是人則如來使如來所遣行如來事何況於大衆中廣為人說藥王若有惡人以不善心於一劫中現於佛前常毀罵佛其罪尚輕若人以一惡言毀呰在家出家讀誦法華經者其罪甚重藥王其有讀誦法華經者當知是人以佛莊嚴而自莊嚴則為如來肩所荷擔其所至方應隨向礼一心合掌恭敬供養尊重讚歎華香瓔珞末香塗香燒香繒蓋幢幡衣服餚饍作諸伎樂人中上供而供養之應持天寶而以散之天上寶聚應以奉獻所以者何是人歡喜說法須臾聞之即得究竟阿耨多羅三藐三菩提故尒時世尊欲重宣此義而說偈言

若欲住佛道　成就自然智　常當勤供養　受持法華者

珞末香塗香燒香繒蓋幢幡衣服餚饍作諸伎樂人中上供而供養之應持天寶而以散之天上寶聚應以奉獻所以者何是人歡喜說法須臾聞之即得究竟阿耨多羅三藐三菩提故尒時世尊欲重宣此義而說偈言

若欲住佛道　成就自然智　常當勤供養　受持法華者
其有欲疾得　一切種智慧　當受持是經　并供持經者
若有能受持　妙法華經者　當知佛所使　愍念諸衆生
諸有能受持　妙法華經者　捨於清淨土　愍衆故生此
當知如是人　自在所欲生　能於此惡世　廣說無上法
應以天華香　及天寶衣服　天上妙寶聚　供養說法者
吾滅後惡世　能持是經者　當合掌礼敬　如供養世尊
上饌衆甘美　及種種衣服　供養是佛子　兾得須臾聞
若能於後世　受持是經者　我遣在人中　行於如來事
若於一劫中　常懷不善心　作色而罵佛　獲無量重罪
其有讀誦持　是法華經者　須臾加惡言　其罪復過彼
有人求佛道　而於一劫中　合掌在我前　以無數偈讚
由是讚佛故　得無量功德　歎美持經者　其福復過彼
於十八億劫　以最妙色聲　及與香味觸　供養持經者
如是供養已　若得須臾聞　則應自欣慶　我今獲大利
藥王今告汝　我所說諸經　而於此經中　法華最第一

尒時佛復告藥王菩薩摩訶薩我所說經典無量千万億已說今說當說而於其中此法華經最為難信難解藥王此經是諸佛秘要之藏不可分別妄授與人諸佛世尊之所守護從昔已來未曾顯說而此經者如來現在猶多怨嫉況滅度後藥王當知如來滅後其能

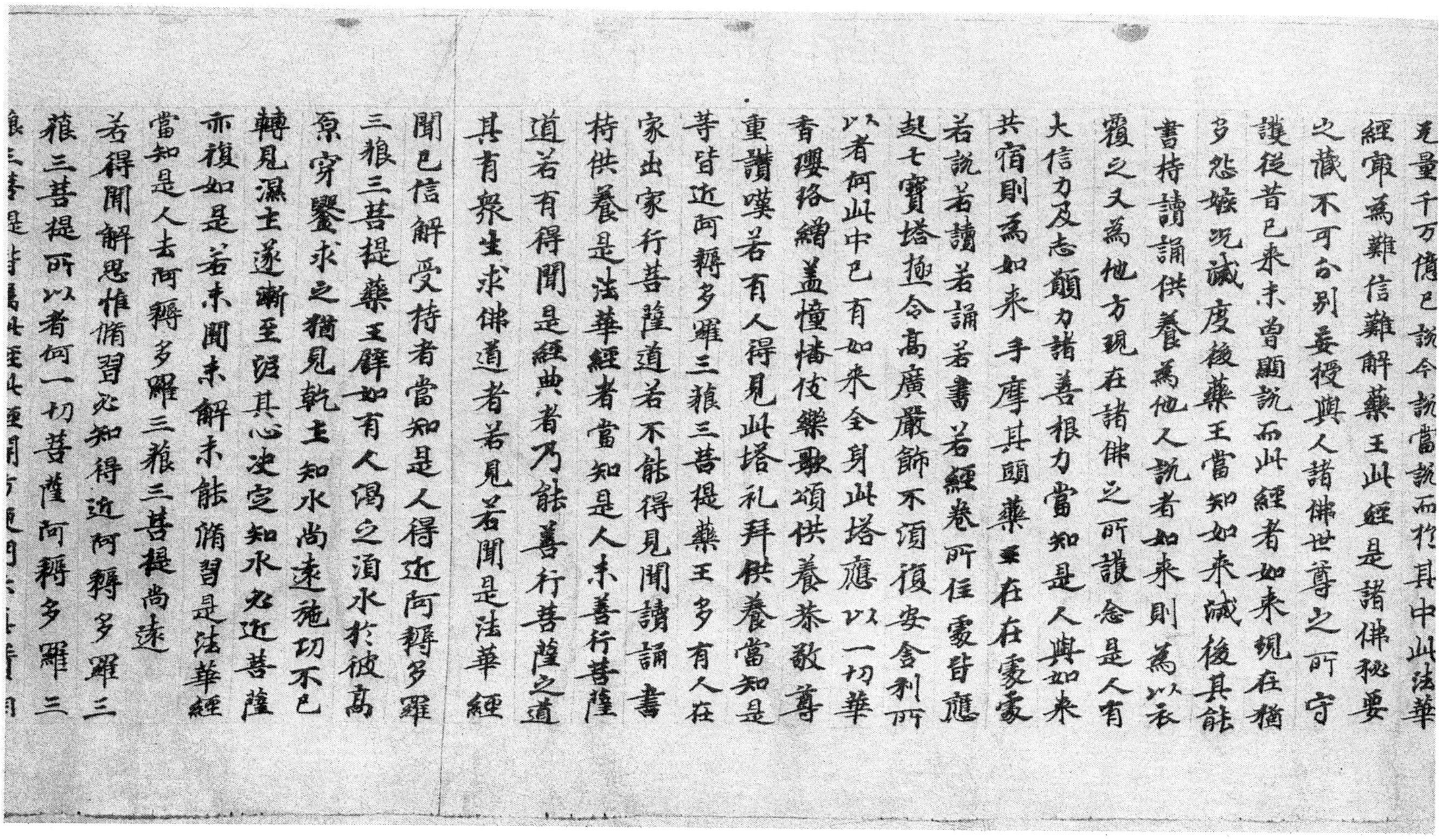

无量千万億已說今說當說而於其中此法華
經最爲難信難解藥王此經是諸佛祕要
之藏不可分別妄授與人諸佛世尊之所守
護從昔已來未曾顯說而此經者如來現在猶
多怨嫉況滅度後藥王當知如來滅後其能
書持讀誦供養爲他人說者如來則爲以衣
覆之又爲他方現在諸佛之所護念是人有
大信力及志願力諸善根力當知是人與如來
共宿則爲如來手摩其頭藥王在在處處
若說若讀若誦若書若經卷所住處皆應
起七寶塔極令高廣嚴飾不須復安舍利所
以者何此中已有如來全身此塔應以一切華
香瓔珞繒蓋幢幡伎樂歌頌供養恭敬尊
重讚歎若有人得見此塔礼拜供養當知是
等皆近阿耨多羅三藐三菩提藥王多有人在
家出家行菩薩道若不能得見聞讀誦書
持供養是法華經者當知是人未善行菩薩
道若有得聞是經典者乃能善行菩薩之道
其有衆生求佛道者若見若聞是法華經
聞已信解受持者當知是人得近阿耨多羅
三藐三菩提藥王譬如有人渴乏須水於彼高
原穿鑿求之猶見乾土知水尚遠施功不已
轉見濕土遂漸至泥其心決定知水必近菩薩
亦復如是若未聞未解未能脩習是法華經
當知是人去阿耨多羅三藐三菩提尚遠
若得聞解思惟脩習必知得近阿耨多羅三
藐三菩提所以者何一切菩薩阿耨多羅三

BD14787號　妙法蓮華經卷四

（14–4）

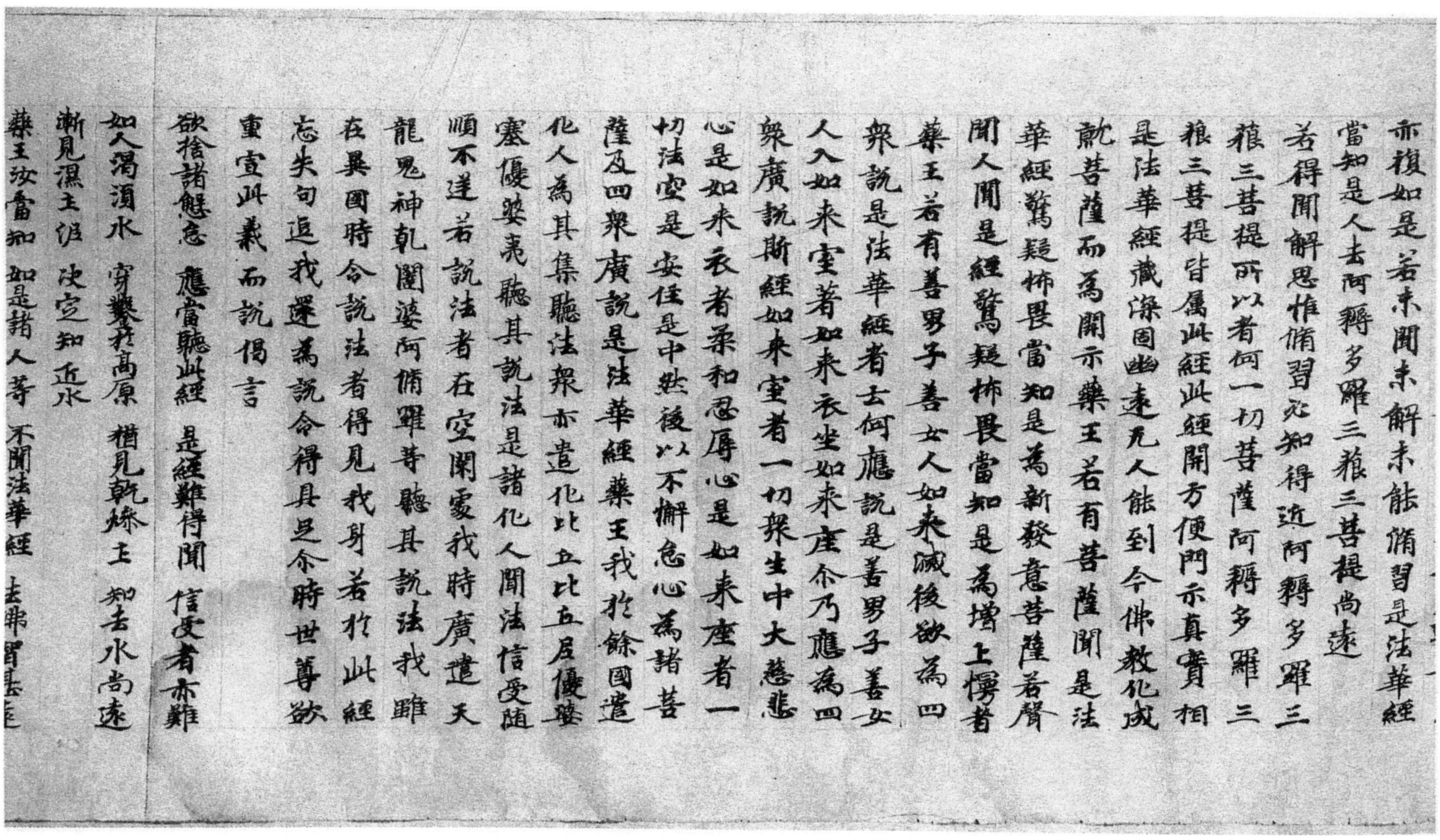

亦復如是若未聞未解未能脩習是法華經
當知是人去阿耨多羅三藐三菩提尚遠
若得聞解思惟脩習必知得近阿耨多羅三
藐三菩提所以者何一切菩薩阿耨多羅三
藐三菩提皆屬此經此經開方便門示真實相
是法華經藏深固幽遠无人能到今佛教化成
就菩薩而爲開示藥王若有菩薩聞是法
華經驚疑怖畏當知是爲新發意菩薩若聲
聞人聞是經驚疑怖畏當知是爲增上慢者
藥王若有善男子善女人如來滅後欲爲四
衆說是法華經者云何應說是善男子善女
人入如來室著如來衣坐如來座尒乃應爲四
衆廣說斯經如來室者一切衆生中大慈悲
心是如來衣者柔和忍辱心是如來座者一
切法空是安住是中然後以不懈怠心爲諸菩
薩及四衆廣說是法華經藥王我於餘國遣
化人爲其集聽法衆亦遣化比丘比丘尼優婆
塞優婆夷聽其說法是諸化人聞法信受隨
順不逆若說法者在空閑處我時廣遣天
龍鬼神乾闥婆阿脩羅等聽其說法我雖
在異國時令說法者得見我身若於此經
忘失句逗我還爲說令得具足尒時世尊欲
重宣此義而說偈言
欲捨諸懈怠　應當聽此經　是經難得聞　信受者亦難
如人渴須水　穿鑿於高原　猶見乾燥土　知去水尚遠
漸見濕土泥　決定知近水
藥王汝當知　如是諸人等　不聞法華經　去佛智甚遠

BD14787號　妙法蓮華經卷四

（14–5）

重宣此義而說偈言
欲捨諸懈怠　應當聽此經　是經難得聞　信受者亦難
如人渴須水　穿鑿於高原　猶見乾燥土　知去水尚遠
漸見濕土泥　決定知近水
藥王汝當知　如是諸人等　不聞法華經　去佛智甚遠
若聞是深經　決了聲聞法　是諸經之王　聞已諦思惟
當知此人等　近於佛智慧　若人說此經　應入如來室
著於如來衣　而坐如來座　處衆无所畏　廣為分別說
大慈悲為室　柔和忍辱衣　諸法空為座　處此為說法
若說此經時　有人惡口罵　加刀杖瓦石　念佛故應忍
我千万億土　現淨堅固身　於无量億劫　為衆生說法
若我滅度後　能說此經者　我遣化四衆　比丘比丘尼
及清信士女　供養於法師　引導諸衆生　集之令聽法
若人欲加惡　刀杖及瓦石　則遣變化人　為之作衛護
若說法之人　獨在空閑處　寂寞无人聲　讀誦此經典
我尒時為現　清淨光明身　若忘失章句　為說令通利
若人具是德　或為四衆說　空處讀誦經　皆得見我身
若人在空閑　我遣天龍王　夜叉鬼神等　為作聽法衆
是人樂說法　分別无罣㝵　諸佛護念故　能令大衆喜
若親近法師　速得菩薩道　隨順是師學　得見恒沙佛
妙法蓮華經見寶塔品第十一
尒時佛前有七寶塔高五百由旬縱廣二百
五十由旬從地踊出住在空中種種寶物而
莊校之五千欄楯龕室千万无數幢幡以為
嚴飾垂寶瓔珞寶鈴万億而懸其上四面皆
出多摩羅跋栴檀之香充遍世界其諸幡蓋
以金銀琉璃車𤦲馬瑙真珠玫瑰七寶合成

BD14787號　妙法蓮華經卷四　（14–6）

莊校之五千欄楯龕室千万无數幢幡以為
嚴飾垂寶瓔珞寶鈴万億而懸其上四面皆
出多摩羅跋栴檀之香充遍世界其諸幡蓋
以金銀琉璃車𤦲馬瑙真珠玫瑰七寶合成
高至四天王宮卅三天雨天曼陀羅華供養
寶塔餘諸天龍夜叉乾闥婆阿脩羅迦樓羅
緊那羅摩睺羅伽人非人等千万億衆以一
切華香瓔珞幡蓋伎樂供養寶塔恭敬尊重
讚歎尒時寶塔中出大音聲歎言善哉善哉
釋迦牟尼世尊能以平等大慧教菩薩法佛
所護念妙法華經為大衆說如是如是釋迦牟
尼世尊如所說者皆是真實尒時四衆見
大寶塔住在空中又聞塔中所出音聲皆得
法喜怪未曾有從座而起恭敬合掌却住一
面尒時有菩薩摩訶薩名大樂說知一切世間
天人阿脩羅等心之所疑而白佛言世尊以何因
緣有此寶塔從地踊出又於其中發是音聲
尒時佛告大樂說菩薩此寶塔中有如來全
身乃往過去東方无量千万阿僧祇世界國
名寶淨彼中有佛号曰多寶其佛行菩薩道
時作大誓願若我成佛滅度之後於十方國
土有說法華經處我之塔廟為聽是經故
踊現其前為作證明讚言善哉彼佛成道已
臨滅度時於天人大衆中告諸比丘我滅度後
欲供養我全身者應起一大塔其佛以神通
願力十方世界在在處處若有說法華經者
彼之寶塔皆踊出其前全身在於塔中讚言

BD14787號　妙法蓮華經卷四　（14–7）

足現其前爲作證明讚言善哉彼佛成道已
臨滅度時於天人大衆中告諸比丘我滅度後
欲供養我全身者應起一大塔其佛以神通
願力十方世界在在處處若有說法華經者
彼之寶塔皆踊出其前全身在於塔中讚言
善哉善哉大樂說今多寶如來塔聞說法華
經故從地踊出讚言善哉善哉是時大樂說菩
薩以如來神力故白佛言世尊我等願欲見
此佛身佛告大樂說菩薩摩訶薩是多寶
佛有深重願若我寶塔爲聽法華經故出於
諸佛前時其有欲以我身示四衆者彼佛分
身諸佛在於十方世界說法盡還集一處然
後我身乃出現耳大樂說我分身諸佛在於
十方世界說法者今應當集大樂說白佛言
世尊我等亦願欲見世尊分身諸佛禮拜供
養尒時佛放白毫一光即見東方五百万億
那由他恒河沙等國土諸佛彼諸國土皆以
頗梨爲地寶樹寶衣以爲莊嚴无數千万億
菩薩充滿其中遍張寶幔寶網羅上彼國諸
佛以大妙音而說諸法及見无量千万億菩薩
遍滿諸國爲衆說法南西北方四維上下白
毫相光所照之處亦復如是
尒時十方諸佛各告衆菩薩言善男子我今
應往娑婆世界釋迦牟尼佛所并供養多寶
如來寶塔時娑婆世界即變清淨瑠璃爲地
寶樹莊嚴黃金爲繩以界八道无諸聚落村
營城邑大海江河山川林藪燒大寶香曼陁羅

BD14787 號　妙法蓮華經卷四　（14–8）

尒時十方諸佛各告衆菩薩言善男子我今
應往娑婆世界釋迦牟尼佛所并供養多寶
如來寶塔時娑婆世界即變清淨瑠璃爲地
寶樹莊嚴黃金爲繩以界八道无諸聚落村
營城邑大海江河山川林藪燒大寶香曼陁羅
華遍布其地以寶網幔羅覆其上懸諸寶鈴
唯留此會衆移諸天人置於他土是時諸
佛各將一大菩薩以爲侍者至娑婆世界各
到寶樹下一一寶樹高五百由旬枝葉華菓
次第莊嚴諸寶樹下皆有師子座高五
由旬亦以大寶而校飾之
尒時諸佛各於此坐結跏趺坐如是展轉遍
滿三千大千世界而於釋迦牟尼佛一方所分
之身猶故未盡時釋迦牟尼佛欲容受所分
身諸佛故八方各更變二百万億那由他國
皆令清淨无有地獄餓鬼畜生及阿修羅又
移諸天人置於他土所化之國亦以瑠璃爲地
寶樹莊嚴樹高五百由旬枝葉華菓次第
嚴飾樹下皆有寶師子座高五由旬種種
諸寶以爲莊校亦无大海江河及目真隣陁
山摩訶目真隣陁山鐵圍山大鐵圍山須弥
山等諸山王通爲一佛國土寶地平正寶交露
幔遍覆其上懸諸幡蓋燒大寶香諸天寶
華遍布其地釋迦牟尼佛爲諸佛當來坐故
復於八方各變二百万億那由他國皆令清
淨无有地獄餓鬼畜生及阿修羅又移諸天人
置於他土所化之國亦以瑠璃爲地寶樹莊嚴

BD14787 號　妙法蓮華經卷四　（14–9）

華遍布其地釋迦牟尼佛為諸佛當來坐故
復於八方各變二百万億那由他國皆令清
淨无有地獄餓鬼畜生及阿脩羅又移諸天人
置於他土所化之國亦以瑠璃為地寶樹莊嚴
其樹高五百由旬枝葉華菓次第莊嚴樹
下皆有寶師子座高五百由旬亦以大寶而
校餝之亦无大海江河及目真隣陁山摩訶
目真隣陁山鐵圍山大鐵圍山須弥山等諸山王
為一佛國土寶地平正寶交露幔遍覆其
上懸諸幡蓋燒大寶香諸天寶華遍布其地
尒時東方釋迦牟尼所分之身百千万億那
由他恒河沙等國土中諸佛各各說法來集
於此如是次第十方諸佛皆悉來集坐於八方
尒時一一方四百万億那由他國土諸佛如來
遍滿其中是時諸佛各在寶樹下坐師子
座皆遣侍者問訊釋迦牟尼佛各賫寶華
滿掬而告之曰善男子汝往詣耆闍崛山釋
迦牟尼佛所如我辭曰少病少惱氣力安樂
及菩薩聲聞眾悉安隱不以此寶華散佛
供養而作是言彼某甲佛亦欲開此寶塔諸
佛遣使亦復如是
尒時釋迦牟尼佛見所分身諸佛悉已來集
各各坐於師子之座皆聞諸佛與欲同開寶
塔即從坐起住虛空中一切四眾起立合掌
一心觀佛於是釋迦牟尼佛以右指開七寶
塔戶出大音聲如却關鑰開大城門即時一
切眾會皆見多寶如來於寶塔中坐師子座

BD14787號　妙法蓮華經卷四　（14–10）

各各坐於師子之座皆聞諸佛與欲同開寶
塔即從坐起住虛空中一切四眾起立合掌
一心觀佛於是釋迦牟尼佛以右指開七寶
塔戶出大音聲如却關鑰開大城門即時一
切眾會皆見多寶如來於寶塔中坐師子座
全身不散如入禪定又聞其言善哉善哉釋
迦牟尼佛快說是法華經我為聽是經故而
來至此尒時四眾等見過去无量千万億劫
滅度佛說如是言歎未曾有以天寶華聚
散多寶佛及釋迦牟尼佛上
尒時多寶佛於寶塔中分半座與釋迦牟
尼佛而作是言釋迦牟尼佛可就此座即時釋
迦牟尼佛入其塔中坐其半座結跏趺坐尒時
大眾見二如來在七寶塔中師子座上結跏
趺坐各作是念佛坐高遠唯願如來以神
通力令我等輩俱處虛空即時釋迦牟尼佛
以神通力接諸大眾皆在虛空以大音聲普
告四眾誰能於此娑婆國土廣說妙法華經
今正是時如來不久當入涅槃佛欲以此妙法
華經付囑有在尒時世尊欲重宣此義而
說偈言
聖主世尊　雖久滅度　在寶塔中　尚為法來
諸人云何　不勤為法
此佛滅度　无鞅數劫　處處聽法　以難遇故
彼佛本願　我滅度後　在在所往　常為聽法
又我分身　无量諸佛　如恒沙等　來欲聽法
及見滅度　多寶如來

BD14787號　妙法蓮華經卷四　（14–11）

諸人云何 不勤為法
此佛滅度 无鞅數劫 處處聽法 以難遇故
彼佛本願 我滅度後 在在所往 常為聽法
又我分身 无量諸佛 如恒沙等 來欲聽法
及見滅度 多寶如來
各捨妙土 及弟子眾 天人龍神 諸供養事
令法久住 故來至此 為坐諸佛 以神通力
移无量眾 令國清淨 諸佛各各 詣寶樹下
如清淨池 蓮華莊嚴 其寶樹下 諸師子座
佛坐其上 光明嚴飾 如夜闇中 然大炬火
身出妙香 遍十方國 眾生蒙薰 喜不自勝
譬如大風 吹小樹枝 以是方便 令法久住
告諸大眾 我滅度後 誰能護持 讀誦斯經
今於佛前 自說誓言
其多寶佛 雖久滅度 以大誓願 而師子吼
多寶如來 及與我身 所集化佛 當知此意
諸佛子等 誰能護法 當發大願 令得久住
其有能持 此經法者 則為供養 我及多寶
此多寶佛 處於寶塔 常遊十方 為是經故
亦復供養 諸來化佛 莊嚴光飾 諸世界者
若說此經 則為見我 多寶如來 及諸化佛
諸善男子 各諦思惟 此為難事 宜發大願
諸餘經典 數如恒沙 雖說此等 未足為難
若接須彌 擲置他方 无數佛土 亦未為難
若以足指 動大千界 遠擲他國 亦未為難
若立有頂 為眾演說 无量餘經 亦未為難
若佛滅後 於惡世中 能說此經 是則為難

BD14787號 妙法蓮華經卷四 （14–12）

若接須彌 擲置他方 无數佛土 亦未為難
若以足指 動大千界 遠擲他國 亦未為難
若立有頂 為眾演說 无量餘經 亦未為難
若佛滅後 於惡世中 能說此經 是則為難
假使有人 手把虛空 而以遊行 亦未為難
於我滅後 若自書持 若使人書 是則為難
若以大地 置足甲上 昇於梵天 亦未為難
佛滅度後 於惡世中 暫讀此經 是則為難
假使劫燒 擔負乾草 入中不燒 亦未為難
我滅度後 若持此經 為一人說 是則為難
若持八万 四千法藏 十二部經 為人演說
令諸聽者 得六神通 雖能如是 亦未為難
於我滅後 聽受此經 問其義趣 是則為難
若人說法 令千万億 无量无數 恒沙眾生
得阿羅漢 具六神通 雖有是益 亦未為難
於我滅後 若能奉持 如斯經典 是則為難
我為佛道 於无量土 從始至今 廣說諸經
而於其中 此經第一 若有能持 則持佛身
諸善男子 於我滅後 誰能受持 讀誦此經
今於佛前 自說誓言
此經難持 若暫持者 我則歡喜 諸佛亦然
如是之人 諸佛所歎 是則勇猛 是則精進
是名持戒 行頭陀者 則為疾得 无上佛道
能於來世 讀持此經 是真佛子 住純善地
佛滅度後 能解其義 是諸天人 世間之眼
於恐畏世 能須臾說 一切天人 皆應供養

BD14787號 妙法蓮華經卷四 （14–13）

若持八万四千法藏　十二部經　爲人演說
令諸聽者　得六神通　雖能如是　亦未爲難
於我滅後　聽受此經　問其義趣　是則爲難
若人說法　令千万億　无量无數　恒沙衆生
得阿羅漢　具六神通　雖有是益　亦未爲難
於我滅後　若能奉持　如斯經典　是則爲難
我爲佛道　於无量土　從始至今　廣說諸經
而於其中　此經第一　若有能持　則持佛身
諸善男子　於我滅後　誰能受持　讀誦此經
今於佛前　自說誓言
此經難持　若暫持者　我則歡喜　諸佛亦然
如是之人　諸佛所歎　是則勇猛　是則精進
是名持戒　行頭陀者　則爲疾得　无上佛道
能於來世　讀持此經　是真佛子　住純善地
佛滅度後　能解其義　是諸天人　世間之眼
於恐畏世　能須臾說　一切天人　皆應供養

見寶塔品第十一經文至此完全無缺

BD14787 號　妙法蓮華經卷四　（14–14）

妙法蓮華經提婆達多品第十二
尒時佛告諸菩薩及天人四衆吾於過去无
量劫中求法華經无有懈惓於多劫中常作
國王發願求於无上菩提心不退轉爲欲滿
足六波羅蜜勤行布施心无悋惜象馬七珎
國城妻子奴婢僕使頭目髓腦身肉手足不
惜軀命時世人民壽命无量爲於法故捐捨
國位委政太子擊鼓宣令四方求法誰能爲
我說大乘者吾當終身供給走使時有仙人
來白王言我有大乘名妙法蓮華經若不違
我當爲宣說王聞仙言歡喜踊躍即隨仙人
供給所須採菓汲水拾薪設食乃至以身而
作床座身心无惓于時奉事經於千歲爲於
法故精勤給侍令无所乏尒時世尊欲重宣此
義而說偈言
我念過去劫　爲求大法故　雖作世國王　不貪五欲樂
椎鍾告四方　誰有大法者　若爲我解說　身當爲奴僕
時有阿私仙　來白於大王　我有微妙法　世間所希有
若能脩行者　吾當爲汝說　時王聞仙言　心生大喜悅

BD14788 號　妙法蓮華經卷四　（9–1）

義而説偈言
我念過去劫　為求大法故　雖作世國王　不貪五欲樂
推鍾告四方　誰有大法者　若為我解説　身當為奴僕
時有阿私仙　来白於大王　我有微妙法　世間所希有
若能修行者　吾當為汝説　時王聞仙言　心生大喜悦
即便随仙言　供給於所欲　採薪及菓蓏　随時恭敬與
情存妙法故　身心无懈惓　普為諸衆生　勤求於此法
亦不為己身　及以五欲樂　故為諸國王　勤求獲此法
遂致得成佛　今故為汝説
佛告諸比丘尒時王者則我身是時仙人者
今提婆達多是由提婆達多善知識故令我
具足六波羅蜜慈悲喜捨卅二相八十種好
紫磨金色十力四无所畏四攝法十八不共神
通道力成等正覺廣度衆生皆因提婆達
多善知識故告諸四衆提婆達多却後過
无量劫當得成佛号曰天王如来應供正遍知
明行足善逝世間解无上士調御丈夫天人師
佛世尊世界名天道時天王佛住世廿中劫廣
為衆生説於妙法恒河沙衆生得阿羅漢
果无量衆生發縁覺心恒河沙衆生發无上
道心得无生忍住不退轉時天王佛般涅槃
後正法住世廿中劫全身舍利起七寶塔高
六十由旬縱廣四十由旬諸天人民悉以雜
華末香燒香塗香衣服瓔珞幢幡寶蓋伎樂
歌頌礼拜供養七寶妙塔无量衆生得阿羅
漢无量衆生悟辟支佛不可思議衆生發菩
提心至不退轉佛告諸比丘未来世中若有

BD14788 號　妙法蓮華經卷四　（9–2）

六十由旬縱廣四十由旬諸天人民悉以雜
華末香燒香塗香衣服瓔珞幢幡寶蓋伎樂
歌頌礼拜供養七寶妙塔无量衆生得阿羅
漢无量衆生悟辟支佛不可思議衆生發菩
提心至不退轉佛告諸比丘未来世中若有
善男子善女人聞妙法蓮華經提婆達多品
淨心信敬不生疑惑者不墮地獄餓鬼畜生
生十方佛前所生之處常聞是經若生人天
中受勝妙樂若在佛前蓮華化生於時下方
多寶世尊所從菩薩名曰智積白多寶佛
當還本土釋迦牟尼佛告智積曰善男子且
待須臾此有菩薩名文殊師利可與相見論
説妙法可還本土
尒時文殊師利坐千葉蓮華大如車輪俱来
菩薩亦坐寶蓮華從於大海娑竭羅龍宫
自然踊出住虚空中詣靈鷲山從蓮華下至
於佛所頭面礼敬二世尊足脩敬已畢往智積
所共相慰問却坐一面智積菩薩問文殊師
利仁往龍宫所化衆生其數幾何文殊師
利言其數无量不可稱計非口所宣非心所測
且待須臾自當有證所言未竟无數菩薩
坐寶蓮華從海踊出詣靈鷲山住在虚空此
諸菩薩皆是文殊師利之所化度具菩薩行
皆共論説六波羅蜜本聲聞人在虚空中説
聲聞行今皆修行大乘空義文殊師利謂智
積曰於海教化其事如是尒時智積菩薩以
偈讃曰

BD14788 號　妙法蓮華經卷四　（9–3）

皆共論說六波羅蜜本聲聞人在虛空中說
聲聞行今皆修行大乘空義文殊師利謂智
積曰於海教化其事如是尒時智積菩薩以
偈讚曰
大智德勇健　化度无量衆　今此諸大會　及我皆已見
演暢實相義　開示一乘法　廣導諸群生　令速成菩提
文殊師利言我於海中唯常宣說妙法蓮華
經智積問文殊師利言此經甚深微妙諸經
中寶世所希有頗有衆生勤加精進脩行此
經速得佛不文殊師利言有娑竭羅龍王女
年始八歲智慧利根善知衆生諸根行業得
陁羅尼諸佛所說甚深秘藏悉能受持深入
禪定了達諸法於剎那頃發菩提心得不
退轉辯才无礙慈念衆生猶如赤子功德具
足心念口演微妙廣大慈悲仁讓志意和雅
能至菩提智積菩薩言我見釋迦如來於无
量劫難行苦行積功累德求菩薩道未曾止
息觀三千大千世界乃至无有如芥子許非是
菩薩捨身命處爲衆生故然後乃得成菩提
道不信此女於須臾頃便成正覺言論未說時
龍王女忽現於前頭面礼敬却住一面以偈讚曰
深達罪福相　遍照於十方　微妙淨法身　具相三十二
以八十種好　用莊嚴法身　天人所戴仰　龍神咸恭敬
一切衆生類　无不宗奉者　又聞成菩提　唯佛當證知
我闡大乘教　度脫苦衆生
時舍利弗語龍女言汝謂不久得无上道是
事難信所以者何女身垢穢非是法器云何能

以八十種好　用莊嚴法身　天人所戴仰　龍神咸恭敬
一切衆生類　无不宗奉者　又聞成菩提　唯佛當證知
我闡大乘教　度脫苦衆生
時舍利弗語龍女言汝謂不久得无上道是
事難信所以者何女身垢穢非是法器云何能
得无上菩提佛道懸曠經无量劫勤苦積行
具脩諸度然後乃成又女人身猶有五障一
者不得作梵天王二者帝釋三者魔王四者
轉輪聖王五者佛身云何女身速得成佛尒
時龍女有一寶珠價直三千大千世界持以上
佛佛即受之龍女謂智積菩薩尊者舍利
弗言我獻寶珠世尊納受是事疾不荅言甚
疾女言以汝神力觀我成佛復速於此當時
衆會皆見龍女忽然之間變成男子具菩薩
行即往南方无垢世界坐寶蓮華成等正
覺三十二相八十種好普爲十方一切衆生演
說妙法尒時娑婆世界菩薩聲聞天龍八
部人與非人皆遙見彼龍女成佛普爲時會
人天說法心大歡喜悉遙敬礼无量衆生聞
法解悟得不退轉无量衆生得受道記无垢
世界六反震動娑婆世界三千衆生住不退
地三千衆生發菩提心而得受記智積菩薩
及舍利弗一切衆會嘿然信受
妙法蓮華經持品第十三
尒時藥王菩薩摩訶薩及大樂說菩薩摩
訶薩與二万菩薩眷屬俱皆於佛前作是誓
言唯願世尊不以爲慮我等於佛滅後當奉
持讀誦說此經典後惡世衆生善根轉少多增

妙法蓮華經勸持品第十三

尒時藥王菩薩摩訶薩及大樂說菩薩摩
訶薩與二万菩薩眷屬俱皆於佛前作是誓
言唯願世尊不以爲慮我等於佛滅後當奉
持讀誦說此經典後惡世衆生善根轉少多増
上慢貪利供養増不善根遠離解脫雖難可
教化我等當起大忍力讀誦此經持說書寫
種種供養不惜身命尒時衆中五百阿羅漢
得受記者白佛言世尊我等亦自誓願於異
國土廣說此經復有學无學八千人得受記
者從座而起合掌向佛作是誓言世尊我等
亦當於他國土廣說此經所以者何是娑婆
國中人多弊惡懷増上慢功德淺薄瞋濁諂
曲心不實故尒時佛姨母摩訶波闍波提比丘
尼與學无學比丘尼六千人俱從座而起
一心合掌瞻仰尊顏目不暫捨於時世尊告
憍曇弥何故憂色而視如來汝心將无謂我
不說汝名授阿耨多羅三藐三菩提記耶憍
曇弥我先惣說一切聲聞皆已授記今汝欲
知記者將來之世當於六万八千億諸佛法
中爲大法師及六千學无學比丘尼俱爲法
師汝如是漸漸具菩薩道當得作佛号一切
衆生憙見如來應供正遍知明行足善逝世
閒解无上士調御丈夫天人師佛世尊憍曇
弥是一切衆生憙見佛及六千菩薩轉次
授記得阿耨多羅三藐三菩提尒時羅睺羅母
耶輸陁羅比丘尼作是念世尊於授記中獨
不說我名佛告耶輸陁羅汝於來世百万億

閒解无上士調御丈夫天人師佛世尊憍曇
弥是一切衆生憙見佛及六千菩薩轉次
授記得阿耨多羅三藐三菩提尒時羅睺羅母
耶輸陁羅比丘尼作是念世尊於授記中獨
不說我名佛告耶輸陁羅汝於來世百万億
諸佛法中脩菩薩行爲大法師漸具佛道於
善國中當得作佛号具足千万光相如來應
供正遍知明行足善逝世閒解无上士調御
丈夫天人師佛世尊佛壽无量阿僧祇劫尒
時摩訶波闍波提比丘尼及耶輸陁羅比丘
尼并其眷屬皆大歡喜得未曾有即於佛
前而說偈言
世尊導師　安隱天人　我等聞記　心安具足
諸比丘尼說是偈已白佛言世尊我等亦能
於他方國土廣宣此經尒時世尊視八十万
億那由他諸菩薩摩訶薩是諸菩薩皆是
阿惟越致轉不退法輪得諸陁羅尼即從座
起至於佛前一心合掌而作是念若世尊告
勑我等持說此經者當如佛教廣宣斯法復
作是念佛今嘿然不見告勑我當云何時諸菩
薩敬順佛意并欲自滿本願便於佛前作師
子吼而發誓言世尊我等於如來滅後周旋
往反十方世界能令衆生書寫此經受持讀
誦解說其義如法脩行正憶念皆是佛之威
力唯願世尊在於他方遙見守護即時諸菩
薩俱同發聲而說偈言
唯願不爲慮　於佛滅度後　恐怖惡世中　我等當廣說

誦解說其義如法脩行正憶念皆是佛之威
力唯願世尊在於他方遙見守護即時諸菩
薩俱同發聲而說偈言

唯願不為慮　於佛滅度後　恐怖惡世中　我等當廣說
有諸无智人　惡口罵詈等　及加刀杖者　我等皆當忍
惡世中比丘　邪智心諂曲　未得謂為得　我慢心充滿
或有阿練若　納衣在空閑　自謂行真道　輕賤人間者
貪著利養故　與白衣說法　為世所恭敬　如六通羅漢
是人懷惡心　常念世俗事　假名阿練若　好出我等過
而作如是言　此諸比丘等　為貪利養故　說外道論議
自作此經典　誑惑世間人　為求名聞故　分別於是經
常在大衆中　欲毀我等故　向國王大臣　婆羅門居士
及餘比丘衆　誹謗說我惡　謂是邪見人　說外道論議
我等敬佛故　悉忍是諸惡　為斯所輕言　汝等皆是佛
如此輕慢言　皆當忍受之　濁劫惡世中　多有諸恐怖
惡鬼入其身　罵詈毀辱我　我等敬信佛　當著忍辱鎧
為說是經故　忍此諸難事　我不愛身命　但惜无上道
我等於來世　護持佛所囑　世尊自當知　濁世惡比丘
不知佛方便　隨宜所說法　惡口而嚬蹙　數數見擯出
遠離於塔寺　如是等衆惡　念佛告勅故　皆當忍是事
諸聚落城邑　其有求法者　我皆到其所　說佛所囑法
我是世尊使　處衆无所畏　我當善說法　願佛安隱住
我於世尊前　諸來十方佛　發如是誓言　佛自知我心

妙法蓮華經卷第四

BD14788號　妙法蓮華經卷四　（9–8）

惡世中比丘　邪智心諂曲　未得謂為得　我慢心充滿
或有阿練若　納衣在空閑　自謂行真道　輕賤人間者
貪著利養故　與白衣說法　為世所恭敬　如六通羅漢
是人懷惡心　常念世俗事　假名阿練若　好出我等過
而作如是言　此諸比丘等　為貪利養故　說外道論議
自作此經典　誑惑世間人　為求名聞故　分別於是經
常在大衆中　欲毀我等故　向國王大臣　婆羅門居士
及餘比丘衆　誹謗說我惡　謂是邪見人　說外道論議
我等敬佛故　悉忍是諸惡　為斯所輕言　汝等皆是佛
如此輕慢言　皆當忍受之　濁劫惡世中　多有諸恐怖
惡鬼入其身　罵詈毀辱我　我等敬信佛　當著忍辱鎧
為說是經故　忍此諸難事　我不愛身命　但惜无上道
我等於來世　護持佛所囑　世尊自當知　濁世惡比丘
不知佛方便　隨宜所說法　惡口而嚬蹙　數數見擯出
遠離於塔寺　如是等衆惡　念佛告勅故　皆當忍是事
諸聚落城邑　其有求法者　我皆到其所　說佛所囑法
我是世尊使　處衆无所畏　我當善說法　願佛安隱住
我於世尊前　諸來十方佛　發如是誓言　佛自知我心

妙法蓮華經卷第四

BD14788號　妙法蓮華經卷四　（9–9）

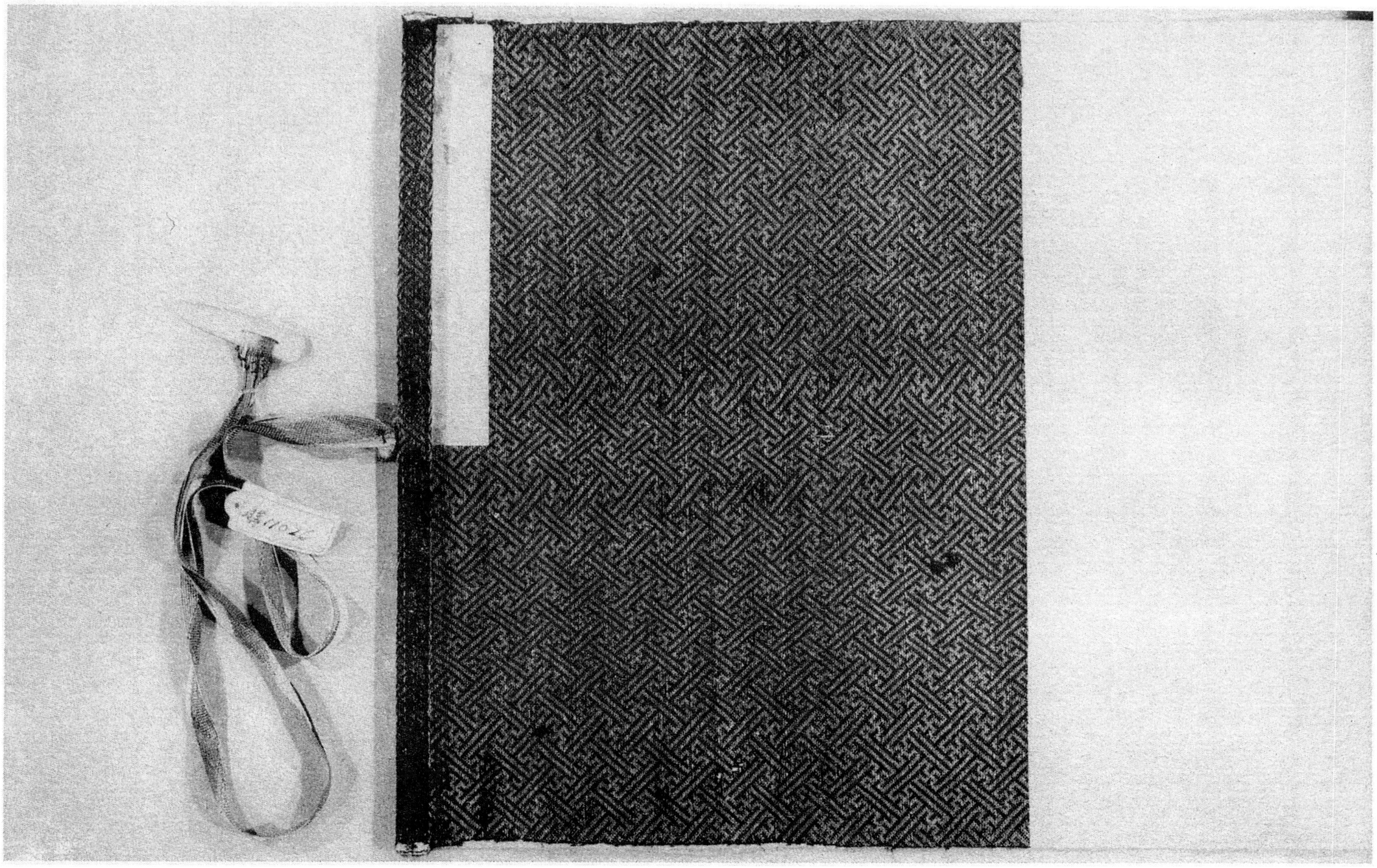

BD14789 號背　護首　　　　　　　　　　　　　　　　（1–1）

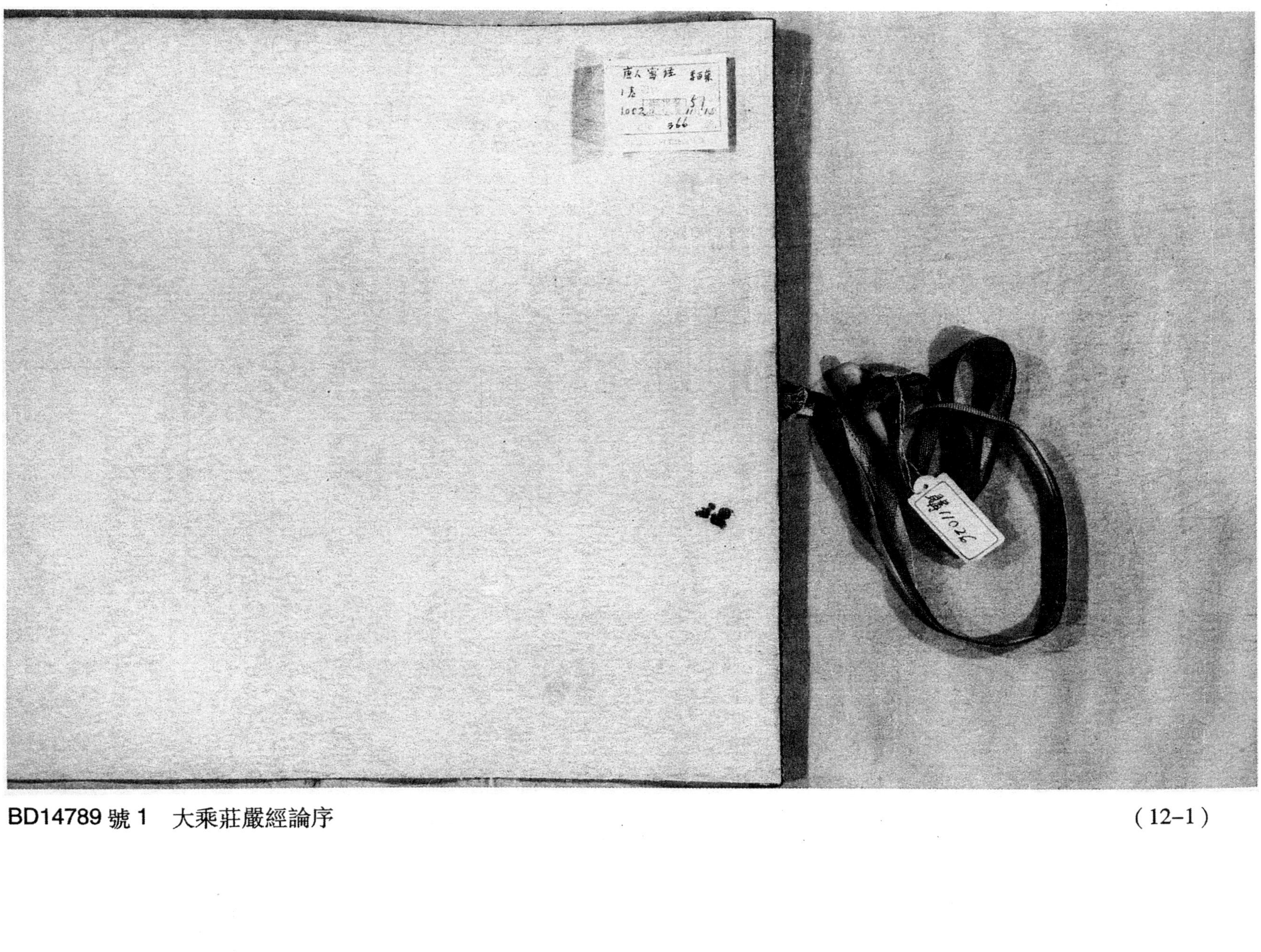

BD14789 號 1　大乘莊嚴經論序　　　　　　　　　　　　　（12–1）

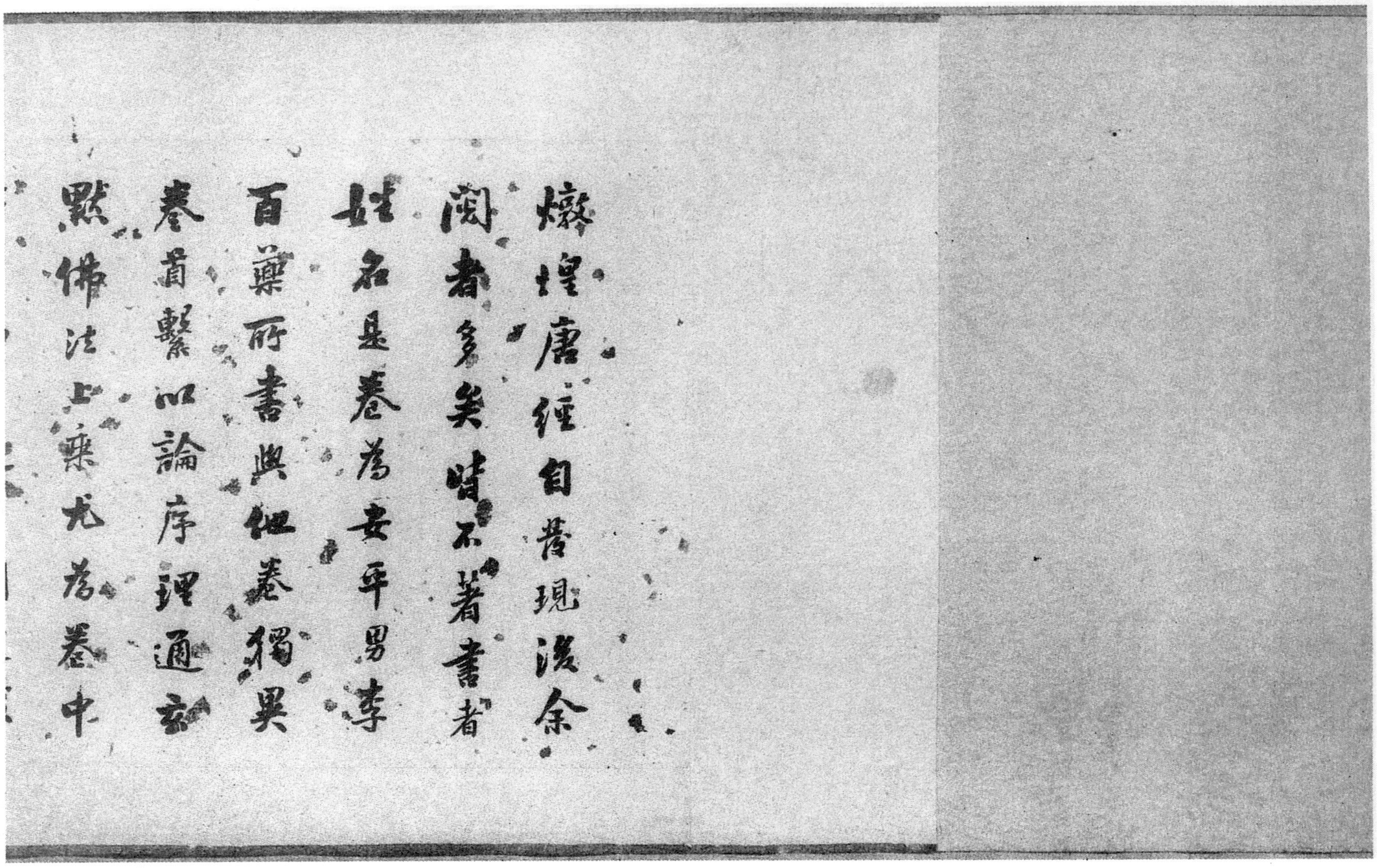
燉煌唐經自昔現後余
閱者多矣時不著書者
姓名是卷為安平男李
百藥所書與他卷獨異
卷首繫以論序理通玄
默佛法上乘尤為卷中

BD14789 號 1　大乘莊嚴經論序　　　　（12–2）

百藥所書與他卷獨異
卷首繫以論序理通玄
默佛法上乘尤為卷中
所無而字之秀潤挺拔
如以錐畫沙嗜古之士
往往於古人殘碑斷碣
摩挲而不忍釋手況於
千餘年後而得諸墨蹟
滴可寶也
乙巳立夏日葛議潘齡皋
識於津門旅次之河須大
容齋

BD14789 號 1　大乘莊嚴經論序　　　　（12–3）

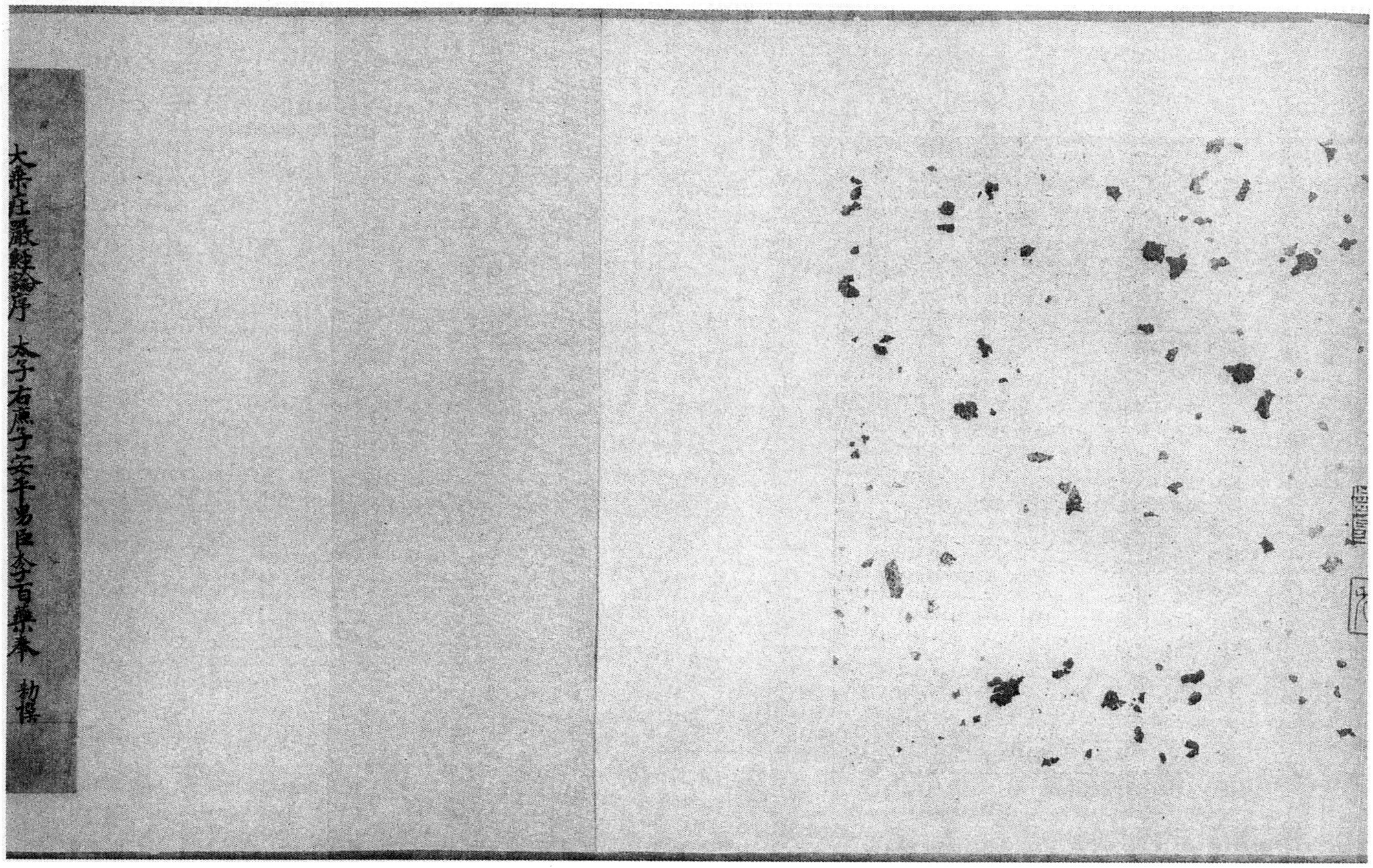
大乘莊嚴經論序 太子右庶子安平男臣李百藥奉 勅撰

BD14789 號 1 大乘莊嚴經論序 （12–4）

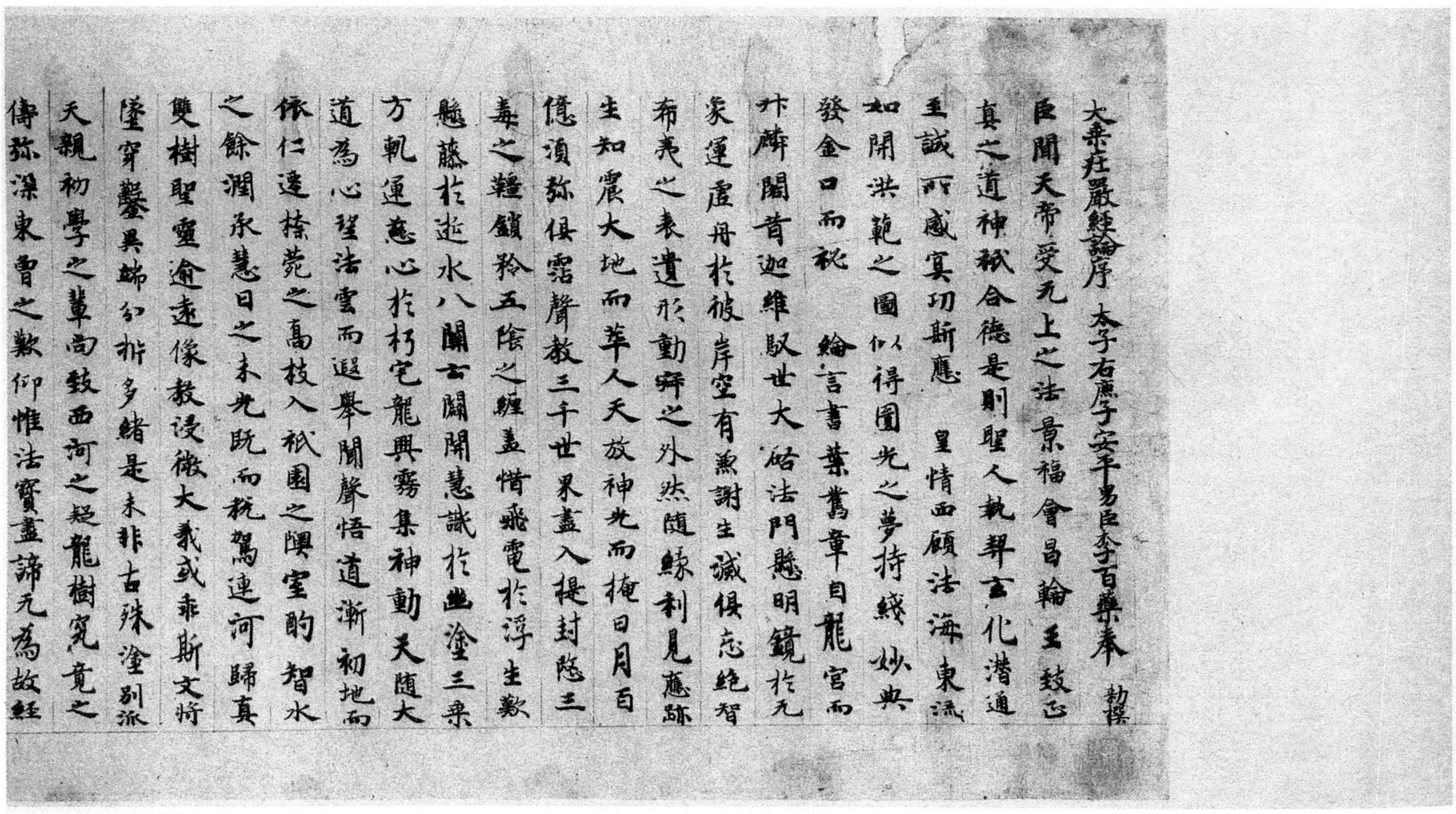
大乘莊嚴經論序 太子右庶子安平男臣李百藥奉 勅撰
臣聞天帝受无上之法景福會昌輪王致正
真之道神祇合德是則聖人執契玄化潛通
至誠所感冥功斯應 皇情西顧法海東流
如開洪範之圖似得圓光之夢持綫妙典
發金口而祕 綸言書葉鷲章自龍宮而
升麟閣昔迦維馭世大啓法門懸明鏡於无
象運虛舟於彼岸空有兼謝生滅俱忘絕智
希夷之表遺形動寂之外然隨緣利見應跡
生知震大地而萃人天放神光而掩日月百
億須彌俱霑聲教三千世界盡入提封愍三
毒之纏鎖矜五陰之纏盖惜飛電於浮生歎
懸藤於逝水八關玄闢開慧識於幽塗三乘
方軌運慈心於朽宅龍興霧集神動天隨大
道爲心望法雲而遐舉聞聲悟道漸初地而
依仁遠榛菀之高枝入祇園之奧室酌智水
之餘潤承慧日之末光既而稅駕連河歸真
雙樹聖靈逾遠像教浸微大義或乖斯文將
墜穿鑿異端紛析多緒是未非古殊塗別派
天親初學之輩尚鼓西河之疑龍樹究竟之
儔弥深東曾之歎仰惟法寶盡諦无爲故經

BD14789 號 1 大乘莊嚴經論序 （12–5）

之餘淵序慧日之來光既而翫鷲連河歸真
雙樹聖靈逾遠像教浸微大義或乖斯文將
墜穿鑿異端紛析多緒是末非古殊塗別派
天親初學之輩尚致西河之疑龍樹究竟之
傳彌深東魯之歎仰惟法寶盡諦無為故經
文云佛以法為師佛從法生佛依法住豈正
研幾盡性妙物窮神出入無間苞含無氣而
已若夫性天為大寒暑運其功謂地蓋厚山
澤通其氣是以姬文以大聖之姿幽贊易道
丘明懷同恥之德祖述微言諸經著論俯同
斯旨大乘莊嚴論者無著菩薩纂焉菩薩以
如來滅度之後含章秀發卅二相具體而微
八千億結承風俱解弘通正法莊飾經王明
真如功德之宗顯大士位行之地破小乘執
著成大乘經紀其菩提一品最為微妙轉八
識以成四智束四智以具三身詳諸經論所
未嘗有可謂聞所未聞見所未見聖上受飛
行之寶命摠步驟於前王屈天師之尊智周
万物應人皇之運道照三明慈惠外宣神幾
內湛端扆而役百靈垂拱而朝万國彌綸造
化之初含吐陰陽之際功成作樂既韶韺
治定制禮言動舉華金輪所王封疆之固惟
永芬城雖滿龜鼎之祚無窮光闡大猷開導
群品凡諸內典盡令翻譯摩伽陁國三藏法
師波羅頗蜜多羅唐言明友即中天竺刹利
王之種姓也以　大唐貞觀元年十二月
入京法師戒行精勤才識明敏至德鄰千初

BD14789 號 1　大乘莊嚴經論序　（12–6）

群品凡諸內典盡令翻譯摩伽陁國三藏法
師波羅頗蜜多羅唐言明友即中天竺刹利
王之種姓也以　大唐貞觀元年十二月
入京法師戒行精勤才識明敏至德鄰千初
果多能亞夫將聖繼澄什之清塵來儀上國
標生遠之逸氣高步玄門　帝心簡在
皇儲禮敬具博聞強記探幽洞微京城大德
莫不推許粵以貞觀四年恭承　明詔又
勅尚書左僕射邢國公玄齡散騎常侍行太
子左庶子杜正倫銓定義學法師慧乘慧朗
法常智解曇藏智首道岳慧明僧辯僧珍法
琳靈佳慧賾慧淨玄謨僧伽等於勝光寺共
成勝業又　勅太府卿蘭陵男蕭璟監掌
脩緝三藏法師云外國凡大小乘學悉以此
論為本若於此不通未可弘法是以覃思專
精特加研究慧淨法師聰敏博識受旨綴文
玄謨法師善達方言又兼義解至心譯語一
無紕謬以七年獻春之始撰之斯畢勒成十
有三卷二十四品　勅太子右庶子安平男
李百藥序之云尔
大乘莊嚴經論緣起品第一　无著菩薩造
偈曰
義智作諸義　言句皆无垢　救濟苦眾生　慈悲為性故
巧說方便法　所謂最上乘　為發大心者　略以五義現
釋曰莊嚴大乘經論誰能莊嚴荅義智能莊
嚴問義智云何莊嚴荅開作諸義問以何開

BD14789 號 1　大乘莊嚴經論序　（12–7）
BD14789 號 2　大乘莊嚴經論卷一

偈曰
義智作諸義　言句皆无垢　救濟苦衆生　慈悲爲性故
巧說方便法　所謂最上乘　爲發大心者　略以五義現
釋曰莊嚴大乘經論誰能莊嚴答義智能莊
嚴問義智云何莊嚴答開作諸義問以何開
作答以言及句問以何等言以何等句答以
无垢言以无垢句无垢言者謂能至涅槃城
无垢句者謂字句相應若離无垢言句則於
諸義不能開曉問以何義故莊嚴答爲救濟
苦衆生故問衆生自苦何因救濟答爲菩薩
者大悲爲體生憐愍故問若救他苦莊嚴何
法答莊嚴如來巧說方便法問何等方便法
答所謂最上乘問爲誰故莊嚴答爲發大乘
心者問以幾義莊嚴答略以五義亦現問何
者五義偈曰
譬如金成器　譬如華正敷　譬如食美饍　譬如解文字
譬如開寶匧　是各得歡喜　五義法莊嚴　歡喜亦如是
釋曰此中五譬即譬彼五義莊嚴如其次第
能令發大心者信向故受教故思惟故脩習
故證得故問其義云何答金成譬爲令信向
轉彼心故華敷譬爲令受教開示彼故食饍
譬爲令思惟得法味故解文譬爲令脩習更
不思故開匧譬爲令證得真實菩提分寶自
覺證故由此五義分別大乘能令彼人得生愛
樂問若彼法自性功德具足何義更須莊嚴
爲答此問偈曰
[illegible]

BD14789 號 2　大乘莊嚴經論卷一　（12–8）

不思故開匧譬爲令證得真實菩提分寶自
覺證故由此五義分別大乘能令彼人得生愛
樂問若彼法自性功德具足何義更須莊嚴
爲答此問偈曰
譬如莊美質　臨鏡生勝喜　妙法莊嚴已　得喜更第一
釋曰譬如美質加莊像現於鏡則生勝喜何
以故爲有悅故菩薩亦尒莊嚴妙法義入自
心則生勝喜何以故爲有聞故問彼法有何
功德須此莊嚴強欲令他恭敬信受耶偈曰
譬如飲藥苦　病差則爲樂　住文及解義　苦樂亦如是
譬如難事王　因事得威力　如是難解法　因解得法財
譬如見生寶　不別則不愛　如是聞妙法　不覺亦不喜
釋曰此三偈次第顯示妙法有三功德一顯
斷鄣因功德二顯自在因功德三顯妙喜因
功德問此義云何答如飲苦藥初時則苦以
難服故後時則樂以病差故此法亦尒住文
時苦味難得故解義時樂鄣病破故如事嚴
王初時則苦難得意故後時則樂與威力故
此法亦尒思惟時苦深難解故思度時樂長
聖財故如見生寶未別時則不受謂无用故
識別時則深重知有用故此法亦尒脩行時
則不喜謂空无用故脩度時則深悅知有大
用故緣起品究竟
大乘莊嚴經論成宗品第二
釋曰有人疑此大乘非佛所說云何有此功
德可得我今決彼疑網成立大乘真是佛說
偈曰

BD14789 號 2　大乘莊嚴經論卷一　（12–9）

明故緣起品究竟
大乘莊嚴經論成宗品第二
釋曰有人疑此大乘非佛所說云何有此功
德可得我今決彼疑成立大乘真是佛說
偈曰
不記亦同行　不行亦成就　體非體能治　文異八因成
釋曰成立大乘略有八因一者不記二者同
行三者不行四者成就五者體六者非體七
者能治八者文異第一不記者先法已盡後
佛正出若此大乘非是正法何故世尊初不
記耶譬如未來有畏世尊即記此不記故知
是佛說第二同行者聲聞乘與大乘非先非
後一時同行汝云何知此大乘獨非佛說第
三不行者大乘深廣非忖度人之所能信況
復能行外道諸論彼種不可得是故不行由
彼不行故是佛說第四成就者若汝言餘得
菩提者說有大乘非是今佛說有大乘若作
此執則反成我義彼得菩提亦則是佛如是
說故第五體者若汝言餘佛有大乘體此佛
无大乘體若作此執亦成我義大乘无異體
是一故第六非體者若汝言此佛无大乘體
則聲聞乘亦无體若汝言聲聞乘是佛說故
有體大乘非佛說故无體若作此執有大過
失若无佛乘而有佛出說聲聞乘者理不應
故第七能治者由依此法脩行得无分別智
由无分別智能破諸煩惱由此因故不得言
无大乘第八文異者大乘甚深非如文義不

BD14789 號 2　大乘莊嚴經論卷一　（12–10）

有體大乘非佛說故无體若作此執有大過
失若无佛乘而有佛出說聲聞乘者理不應
故第七能治者由依此法脩行得无分別智
由无分別智能破諸煩惱由此因故不得言
无大乘第八文異者大乘甚深非如文義不
應一向隨文取義言非佛語復次若汝言初
不記者由佛无功用心捨故若作此執是義
不然偈曰
諸佛三因緣　現見亦護法　如來智无礙　捨者不應尒
釋曰若此大乘非佛說者是為大鄣諸佛有
三因緣何故不記一无功用智恒起是眼恒
見二恒作正勤守護正法三如來智力无有
鄣礙由此三因汝言捨而不記者不應道理
復次若汝言有體者即聲聞乘是大乘體何
以故即以此乘得大菩提故若作此執是義
不然偈曰
非全非不違　非行非教授　是故聲聞乘　非即是大乘
釋曰有四因緣非即以聲聞乘為大乘體非
全故非不違故非行故非教授故非全者聲
聞乘无有利他教授但為自厭離欲解脫而
教授故非不違者若言聲聞乘以自方便而
教授他即是他利教授是義不然何以故雖
以自利安他彼亦自求涅槃勤行方便不可
以此得大菩提故非行者若汝言若能久行
聲聞乘行則得大菩提果是義不然非方便
故聲聞乘非大菩提方便不以久行非方便
能得大乘果譬如攢角求乳不可得故非教

BD14789 號 2　大乘莊嚴經論卷一　（12–11）

以以目利安他被亦目求涅槃勤行方便不可
以以以此得大菩提故非行者若汝言若能久行
聲聞乘行則得大菩提果是義不然非方便
故聲聞乘非大菩提方便不以久行非方便
能得大乘果譬如攝角求乳不可得故非教
授者如大乘教授聲聞乘无是故聲聞乘不
得即是大乘復次今更示汝相違義偈曰
發心與教授　方便及住持　時節下上乘　五事一切異
釋曰聲聞乘與大乘有五種相違一發心異
二教授異三方便異四住持異五時節異聲
聞乘若發心若教授若勤方便皆為自得涅
槃故住持亦少福智聚小故時節亦少乃至
三生得解脫故大乘不尒發心教授勤方便
皆為利他故住持亦多福智聚大故時節亦
多經三大阿僧祇劫故如是一切相違是故
不應以以小乘行而得大乘果復次若汝言佛
語有三相一者入脩多羅二者顯示毗尼三
者不違法空汝以以一切法无自性而為教授違
此三相故非佛語若作此執是義不然偈曰

BD14789 號 2　大乘莊嚴經論卷一　（12–12）

无須弥佛
南无尸棄佛　南无常精進佛
南无善住佛　南无无邊嚴佛
南无无相嚴佛　南无作嚴佛
南无作燈佛　南无作明佛
南无无邊像佛　南无无邊精進佛
南无網光佛　南无大神佛
南无明輪佛　南无觀智佛
南无不虛稱佛　南无壞衆怖畏佛
南无離怖畏佛　南无无邊德王明佛
南无壞諸怨賊佛　南无過諸魔界佛
南无无量華佛　南无持无量德佛

BD14790 號　賢劫十方千五百佛名經（二卷本）卷上　（9–1）

南无紙光佛　南无大神佛
南无明輪佛　南无觀智佛
南无不虛稱佛　南无壞衆怖畏佛
南无離怖畏佛　南无无邊德王明佛
南无壞諸怨賊佛　南无過諸魔界佛
南无无量華佛　南无持无量德佛
南无无量音聲佛　南无光聚明德佛
南无離二邊佛　南无无量覺華見佛
南无无量聲佛　南无明弥樓佛
南无莎羅王佛　南无日面佛
南无妙眼佛　南无上德佛
南无寶華佛　南无寶生佛
南无月華佛　南无一切衆生嚴佛
南无轉一切生死佛　南无无邊辯才佛
南无持炬佛　南无火相佛
南无智聚佛　南无善淨德光佛
南无六百廿方同字一切義佛　南无流布力王佛
南无功德王明佛　南无現智佛
南无華高生德佛　南无寶火佛
南无赤蓮華德佛　南无壞一切疑佛
南无善衆佛　南无拘樓孫佛
南无相王佛　南无蓮華德生佛
南无放光佛　南无弥勒佛
南无蓮華光明佛　南无上法王相佛
南无无量力佛　南无勝山海佛
南无釋迦文佛　南无不虛見佛
南无无㝵音聲佛　南无无量名德明佛

BD14790號　賢劫十方千五百佛名經（二卷本）卷上　（9–2）

南无蓮華光明佛　南无上法王相佛
南无无量力佛　南无勝山海佛
南无釋迦文佛　南无不虛見佛
南无无㝵音聲佛　南无无量名德明佛
南无无分別嚴佛　南无无量光佛
南无妙眼佛　南无善利佛
南无吉利嚴佛　南无寶相佛
南无淨光佛　南无香尊王佛
南无出法无垢王佛　南无无垢目大寶藏佛
南无力无鄣㝵王佛　南无自知功德力佛
南无无鄣㝵利益佛　南无得自在佛
南无衣服知足佛　南无智慧藏佛
南无大山王佛　南无日力藏佛
南无求功德佛　南无華幢波佛
南无衆生光明佛　南无无癡功德王佛
南无法相佛　南无尊音王佛
南无堅持金剛佛　南无堅自然幢佛
南无弥寶自在王佛　南无山劫佛
南无雨娛樂佛　南无增益善法佛
南无娑羅王佛　南无遍滿大海功德佛
南无智慧和合佛　南无智識佛
南无華衆佛　南无世間尊佛
南无優曇鉢華幢佛　南无香幢自在王佛
南无旃檀王佛　南无善住佛
南无精進力佛　南无憶㝵光明佛
南无智步佛　南无海幢佛
南无法稱佛　南无壞魔王佛

BD14790號　賢劫十方千五百佛名經（二卷本）卷上　（9–3）

南无旃檀王佛　南无善住佛
南无精進力佛　南无幢等光明佛
南无智步佛　南无海幢佛
南无法稱佛　南无壞魔王佛
南无衆光明佛　南无智出明佛
南无慧鎧稱佛　南无安隱王佛
南无智音佛　南无幢攝取佛
南无天金剛佛　南无无思惟佛
南无種種莊嚴王佛　南无无勝像聚佛
南无德聚盛光佛　南无慧群朗佛
南无思衆尊意佛　南无須弥山意佛
南无覺善香薰佛　南无自在德盛佛
南无眼踰蓮華趣无為佛　南无方帝相佛
南无梵相佛　南无寶明佛
南无天帝金剛佛　南无金海自在王佛
南无寶蓋照空王佛　一百敬礼者却六百劫生死之罪
南无妙寶佛　一百敬礼者却八千劫生死之罪
南无諦幢佛　一百敬礼者却八百九十六劫生死之罪
南无梵幢佛　一百敬礼者却六十七劫生死之罪
現在西方一百五十佛名　佛言若有善男子善女人學菩薩道聞此佛名不
生疑罔篤信敬事者所生之處致演光明三昧正
定尋復逮得无量三昧門臨終之時亦見十方
各十億恆諸佛正覺皆能語受甚深法言正成
佛道終不廢忘能却千億劫生死之罪永棄不
受月
南无西方寶上佛　南无寶山佛
南无金剛步迹佛　南无无量明佛
南无无量壽佛　南无火光明佛
南无尊音王佛　南无音智藏佛

受月
南无西方寶上佛　南无寶山佛
南无金剛步迹佛　南无无量明佛
南无无量壽佛　南无火光明佛
南无尊音王佛　南无音智藏佛
南无月藏光明光姤尊佛　南无稱黃佛
南无寶山王佛　南无勝光无憂佛
南无遍藏華佛　南无二千億同字雲自在燈王佛
南无梵華佛　南无勢進佛
南无法燈勇佛　南无寶月佛
南无師子吼相尊佛　南无攝諸根淨目佛
南无世自在王佛　南无師子意佛
南无法意佛　南无梵相佛
南无世妙佛　南无慈悲佛
南无世主佛　南无人王佛
南无月德佛　南无寶德佛
南无相德佛　南无火相佛
南无珠蓋佛　南无師子膀佛
南无破无明佛　南无多摩羅跋栴檀香王佛
南无持大功德佛　南无雨七寶佛
南无超勇佛　南无離瞋恨佛
南无大莊嚴佛　南无无相佛
南无寶藏佛　南无德須佛
南无多伽羅香佛　南无旃檀香佛
南无蓮華佛　南无莊嚴道路佛
南无龍蓋佛　南无雨華佛
南无散華佛　南无華光明佛

南无多伽羅香佛　南无旃檀香佛
南无蓮華佛　南无莊嚴道路佛
南无龍蓋佛　南无雨華佛
南无散華佛　南无華光明佛
南无日音聲佛　南无離日月佛
南无流璃藏佛　南无梵音佛
南无淨明佛　南无金藏佛
南无須弥頂佛　南无山王佛
南无音聲自在佛　南无淨眼佛
南无月明佛　南无如須弥山佛
南无日月佛　南无得衆佛
南无華生佛　南无梵音聲佛
南无世主佛　南无師子行佛
南无妙法意佛　南无師子吼佛
南无珠寶蓋珊瑚色佛　南无破癡闇佛
南无水月佛　南无衆華佛
南无菩提佛　南无開智慧雜寶佛
南无華超出佛　南无真琉璃明佛
南无離日月佛　南无持大功德佛
南无得正慧佛　南无勇健佛
南无離諂曲佛　南无除惡根栽佛
南无大音道央佛　南无水光佛
南无海雲慧遊佛　南无德頂華佛
南无莊嚴佛　南无日音聲佛
南无月勝佛　南无如琉璃佛
南无梵聲佛　南无光明佛
南无金藏佛　南无山王佛

BD14790號　賢劫十方千五百佛名經（二卷本）卷上　（9–6）

南无大音道央佛　南无水光佛
南无海雲慧遊佛　南无德頂華佛
南无莊嚴佛　南无日音聲佛
南无月勝佛　南无如琉璃佛
南无梵聲佛　南无光明佛
南无金藏佛　南无山王佛
南无音王佛　南无龍勝佛
南无无染佛　南无淨面佛
南无月面佛　南无如須弥佛
南无旃檀香佛　南无威勢佛
南无燃燈佛　南无難勝佛
南无寶德佛　南无離垢明佛
南无師子佛　南无王王佛
南无力勝佛　南无喜音佛
南无光明佛　南无龍勝佛
南无華齒佛　南无无畏明佛
南无香頂佛　南无普賢佛
南无普華佛　南无寶相佛
南无上香佛　南无施一切樂佛
南无見一切緣佛　南无壞諸鬪畏佛
南无安立王佛　南无寶明佛
南无利一切衆佛　南无无邊空嚴德佛
南无善嚴佛　南无空相佛
南无威華生德佛　南无上德佛
南无淨眼佛　南无无邊自在精佛
南无大調御佛　南无无邊相佛
南无最高德弥樓佛　南无衆歸佛

BD14790號　賢劫十方千五百佛名經（二卷本）卷上　（9–7）

南无威華生德佛　南无上德佛
南无淨眼佛　南无无邊自在精佛
南无大調御佛　南无无邊相佛
南无冣高德弥樓佛　南无衆歸佛
南无天香弥樓佛　南无月聞王佛
南无上弥樓佛　南无寶生德佛
南无名聞弥樓佛　南无美德佛
南无梵德佛　南无无㝵眼佛
南无无邊德積佛　南无无量華佛
南无滅德王佛
南无寶大佛　一心敬礼者其人得不退轉菩薩位
南无淨月幢稱光明佛　一心敬礼者卻百六十劫生死之罪
南无阿弥陀佛　聞名一心信樂誦念敬禮者得无量福離三惡道臨終之日佛自來迎之
南无殊勝佛　聞名歡喜信樂誦念能降魔衆卻六十劫生死之罪
南无集音佛　聞名歡喜信樂誦念其人得菩薩衆中說法能卻八十劫生死之罪
南无金剛步精佛　一心敬礼者卻百劫生死之罪
南无造王神通炎華佛　南无早王神通佛
南无无量幡佛　南无淨日幢稱光明佛
南无度一切世間苦惱佛　南无大光普佛
南无善達立殊臺王佛　南无寶幡佛
南无淨光佛　南无盧舍那佛
南无普賢華敷佛　南无寶上佛
南无普光外勝高王佛　南无樹根華佛
南无疾神通佛　南无維越莊嚴佛
南无自在王神通佛　南无度一切世間苦惱佛
南无須弥相佛　南无多摩羅跋栴檀香神通佛
南无大悲光明王佛　南无蓮華樹世界長精進佛
南无妙樂佛　一心敬礼者卻五百劫生死之罪

BD14790號　賢劫十方千五百佛名經（二卷本）卷上　（9–8）

南无普光外勝高王佛　南无樹根華佛
南无疾神通佛　南无維越莊嚴佛
南无自在王神通佛　南无度一切世間苦惱佛
南无須弥相佛　南无多摩羅跋栴檀香神通佛
南无大悲光明王佛　南无蓮華樹世界長精進佛
南无妙樂佛　一心敬礼者卻五百劫生死之罪
南无无量幢幢幡佛　一心敬礼者卻五百劫生死之罪
南无无量幢佛　一心敬礼者卻八十劫生死之罪
南无大光普遍佛　一心敬礼者卻九十二劫生死之罪
南无寶幢佛　一心敬礼者卻七十九劫生死之罪
南无淨光佛　一心敬礼者卻二百劫生死之罪
南无寶上佛　一心敬礼者卻百八十一劫生死之罪
南无樹根華王佛　一心敬礼者卻三百二十三劫生死之罪
南无維越莊嚴佛　一心敬礼者卻九百八十劫生死之罪
南无无量明佛

佛說賢劫十方千五百佛名經卷上

BD14790號　賢劫十方千五百佛名經（二卷本）卷上　（9–9）

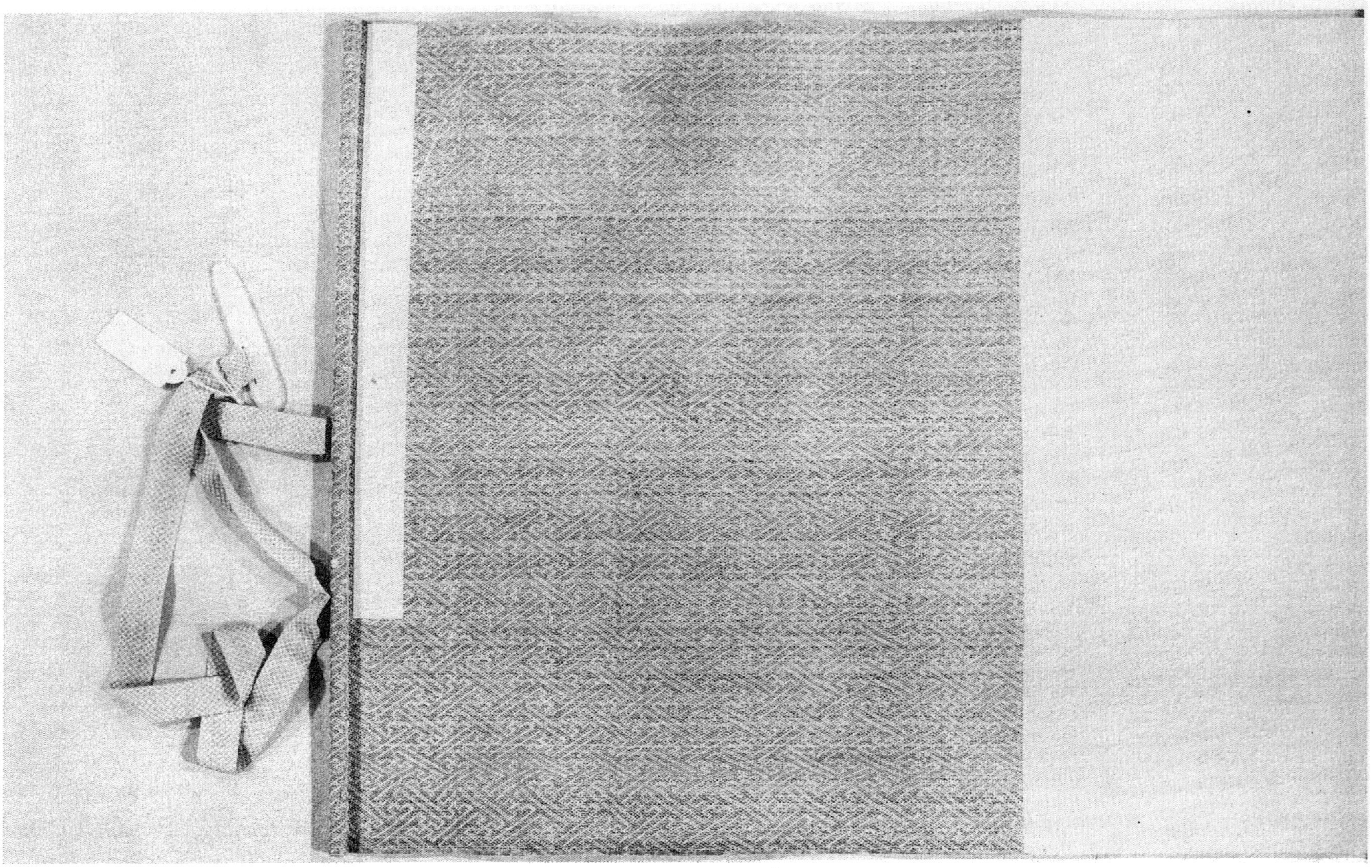

BD14791 號背　護首　　（1–1）

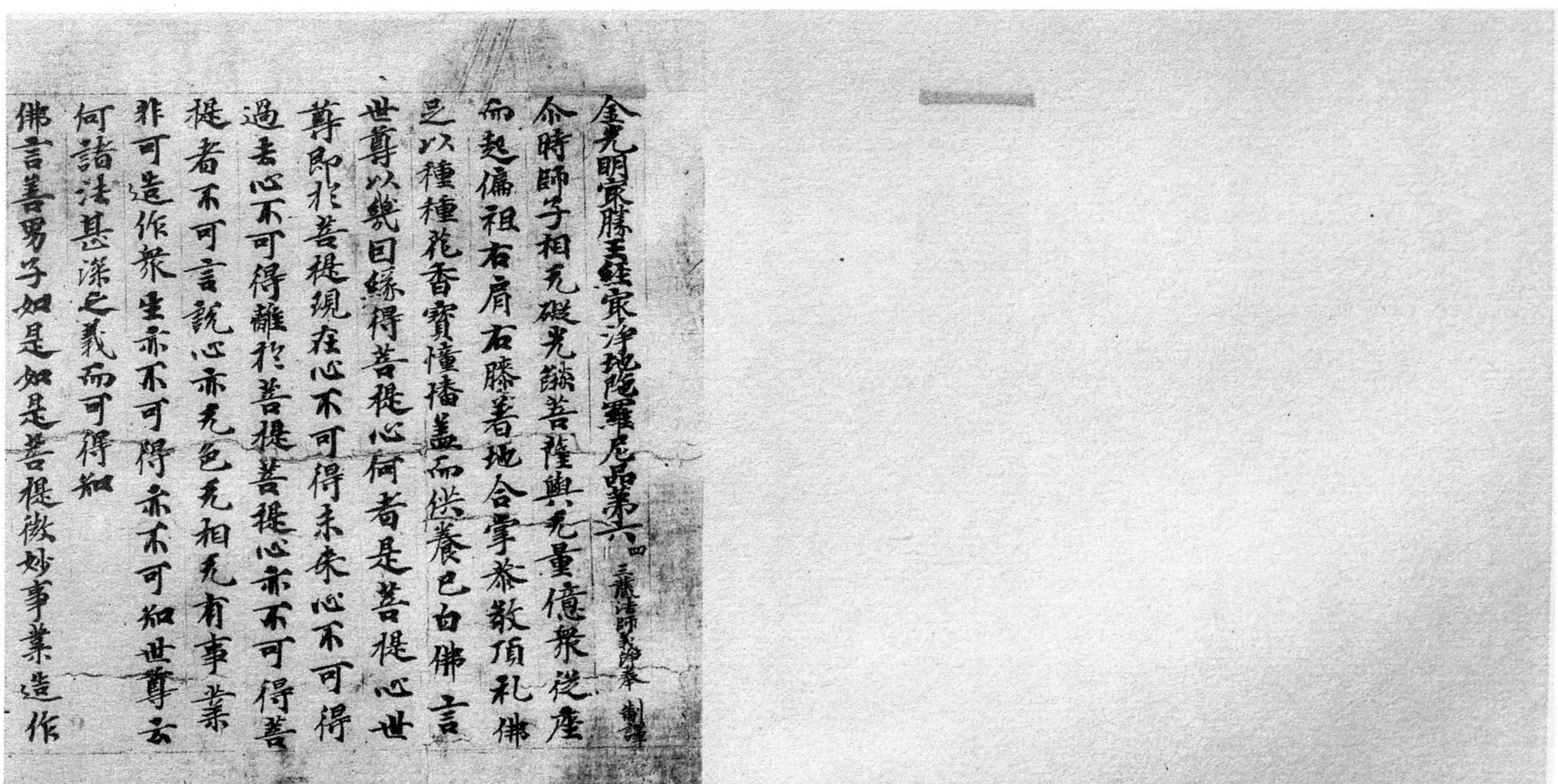

金光明最勝王經最淨地陁羅尼品第六　四　三藏法師義淨奉　制譯
尒時師子相无礙光燄菩薩與无量億衆從座
而起偏袒右肩右膝著地合掌恭敬頂禮佛
足以種種花香寶幢幡蓋而供養已白佛言
世尊以幾因緣得菩提心何者是菩提心世
尊即於菩提現在心不可得未來心不可得
過去心不可得離於菩提菩提心亦不可得菩
提者不可言說心亦无色无相无有事業
非可造作衆生亦不可得亦不可知世尊云
何諸法甚深之義而可得知
佛言善男子如是如是菩提微妙事業造作

BD14791 號　金光明最勝王經卷四　　（18–1）

提者不可言說心亦无色无相无有事業
非可造作衆生亦不可得亦不可知世尊云
何諸法甚深之義而可得知
佛言善男子如是如是菩提微妙事業造作
皆不可得若離菩提菩提心亦不可得菩提者
不可說心亦不可說无色无相无事業一切
衆生亦不可得何以故菩提及心同真如故能
證所證皆平等故非无諸法而可了知善男
子菩薩摩訶薩如是知者乃得名爲通達諸
法善說菩提及菩提心菩提心者非過去非未
来非現在心亦如是衆生亦如是於中二相實
不可得何以故以一切法皆无生故菩提不
可得菩提名亦不可得衆生衆生名不可得
聲聞聲聞名不可得獨覺獨覺名不可得
菩薩菩薩名不可得佛佛名不可得行非
行不可得行非行名不可得以不可得故於
一切寂靜法中而得安住此依一切功德善根
而得生起
善男子譬如寶須弥山王饒益一切此菩提
心利衆生故是名第一布施波羅蜜因善男
子譬如大地持衆物故是名第二持戒波羅
蜜因譬如師子有大威力獨步无畏離驚怖
故是名第三忍辱波羅蜜因譬如風輪那羅
延力勇壯速疾心不退故是名第四勤策波
羅蜜因譬如七寶樓觀有四階道清涼之風
来吹四門受安隱樂靜慮法藏求滿足故是
名第五靜慮波羅蜜因譬如日輪光耀熾盛

故是名第三忍辱波羅蜜因譬如風輪那羅
延力勇壯速疾心不退故是名第四勤策波
羅蜜因譬如七寶樓觀有四階道清涼之風
来吹四門受安隱樂靜慮法藏求滿足故是
名第五靜慮波羅蜜因譬如日輪光耀熾盛
此心速能破滅生死无明闇故是名第六智慧
波羅蜜因譬如高主能令一切心願滿足此
心能度生死險道獲功德寶故是名第七方
便勝智波羅蜜因譬如淨月圓滿无翳此心
能於一切境界清淨具足故是名第八願波
羅蜜因譬如輪轉聖王主兵寶臣隨意自在
此心善能莊嚴淨佛國土无量功德廣利群
生故是名第九力波羅蜜因譬如虛空及轉
輪聖王此心能於一切境界无有障礙於一切
處皆得自在至灌頂位故是名第十智波
羅蜜因善男子是名菩薩摩訶薩十種菩
提心因如是十因汝當脩學
善男子依五種法菩薩摩訶薩成就布施波
羅蜜云何爲五一者信根二者慈悲三者无
求欲心四者攝受一切衆生五者願求一切智
智善男子是名菩薩摩訶薩成就布施波
羅蜜善男子復依五法菩薩摩訶薩成就持
戒波羅蜜云何爲五一者三業清淨二者不
爲一切衆生作煩惱因緣三者閉諸惡道開善
趣門四者過於聲聞獨覺之地五者一切功德
皆悉滿足善男子是名菩薩摩訶薩成就持
戒波羅蜜善男子復依五法菩薩摩訶薩

戒波羅蜜云何為五一者三業清淨二者不
為一切眾生作煩惱因緣三者閉諸惡道開善
趣門四者過於聲聞獨覺之地五者一切功德
皆悉滿足善男子是名菩薩摩訶薩成就持
戒波羅蜜善男子復依五法菩薩摩訶薩
成就忍辱波羅蜜云何為五一者能伏貪瞋
煩惱二者不惜身命不求安樂止息之想三
者思惟往業遭苦能忍四者發慈悲心成就眾
生諸善根故五者為得甚深无生法忍善男
子是名菩薩摩訶薩成就忍辱波羅蜜
善男子復依五法菩薩摩訶薩成就勤策波
羅蜜云何為五一者與諸煩惱不樂共住二
者福德未具不受安樂三者於諸難行苦行
之事不生厭心四者以大慈悲攝受利益
方便成熟一切眾生五者願求不退轉地善
男子是名菩薩摩訶薩成就勤策波羅蜜善
男子復依五法菩薩摩訶薩成就靜慮波羅
蜜云何為五一者於諸善法攝令不散故二者
常願解脫不著二邊故三者願得神通成就
眾生諸善根故四者為清法界蠲除心垢故五
者為斷眾生煩惱根本故善男子是名菩薩
摩訶薩成就靜慮波羅蜜善男子復依五
法菩薩摩訶薩成就智慧波羅蜜云何為
五一者常於一切諸佛菩薩及明智者供養
親近不生厭背二者諸佛如來說甚深法心常
樂聞无有厭足三者真俗勝智樂善分別四

BD14791 號　金光明最勝王經卷四　（18–4）

法菩薩摩訶薩成就智慧波羅蜜云何為
五一者常於一切諸佛菩薩及明智者供養
親近不生厭背二者諸佛如來說甚深法心常
樂聞无有厭足三者真俗勝智樂善分別四
者見修煩惱咸速斷除五者世間伎術五明之
法皆悉通達善男子是名菩薩摩訶薩成
就智慧波羅蜜善男子復依五法菩薩摩訶
薩成就方便波羅蜜云何為五一者於一切眾
生意樂煩惱心行差別悉皆通達二者无量
諸法對治之門心皆曉了三者大慈悲定出
入自在四者於諸波羅蜜多皆願修行成
熟滿足五者一切佛法皆願了達攝受无遺
善男子是名菩薩摩訶薩成就方便勝智波
羅蜜善男子復依五法菩薩摩訶薩成就願
波羅蜜云何為五一者於一切法從本以來不
生不滅非有非无心得安住二者觀一切法
最妙理趣離垢清淨心得安住三者過一切
相心本真如无作无行不異不動心得安
住四者為欲利益諸眾生事於俗諦中心
得安住五者於奢摩他毗鉢舍那同時運行
心得安住善男子是名菩薩摩訶薩成就願波
羅蜜善男子復依五法菩薩摩訶薩成就力
波羅蜜云何為五一者以正智力能了一切
眾生心行善惡二者能令一切眾生入於甚
深微妙之法三者一切眾生輪迴生死隨其
緣業如實了知四者於諸眾生三種根性以
正智力能分別知五者於諸眾生如理為說

BD14791 號　金光明最勝王經卷四　（18–5）

波羅蜜云何為五一者以正智力能了一切
衆生心行善惡二者能令一切衆生入於甚
深微妙之法三者一切衆生輪迴生死隨其
緣業如實了知四者於諸衆生三種根性以
正智力能分別知五者於諸衆生如理為說
令種善根成熟度脫皆是智力故善男子
是名菩薩摩訶薩成就力波羅蜜善男子復
依五法菩薩摩訶薩成就智波羅蜜云何為
五一者能於諸法分別善惡二者於黑白法
遠離攝受三者能於生死涅槃不厭不喜四
者具福智行至究竟處五者受勝灌頂能得
諸佛不共法等及一切智智善男子是名菩
薩摩訶薩成就智波羅蜜善男子何者是波
羅蜜義所謂脩習勝利是波羅蜜義滿足无
量大甚深智是波羅蜜義行非行法心不執
著是波羅蜜義生死過失涅槃功德正覺正
觀是波羅蜜義愚人智人皆悉攝受是波羅
蜜義能現種種珍妙法寶是波羅蜜義无礙
解脫智慧滿足是波羅蜜義法界衆生界正
分別知是波羅蜜義施等及智能令至不退轉
是波羅蜜義无生法忍能令滿足是波羅蜜
義一切衆生功德善根能令成熟是波羅蜜
義能於菩提成佛十力四无所畏不共法等皆
悉成就是波羅蜜義生死涅槃了无二相是
波羅蜜義濟度一切是波羅蜜義一切外道
來相詰難善能解釋令其降伏是波羅蜜
義能轉十二妙行法輪是波羅蜜義无所著

BD14791 號　金光明最勝王經卷四　（18–6）

悉成就是波羅蜜義生死涅槃了无二相是
波羅蜜義濟度一切是波羅蜜義一切外道
來相詰難善能解釋令其降伏是波羅蜜
義能轉十二妙行法輪是波羅蜜義无所著
无所見无患累是波羅蜜多義
善男子初地菩薩是相先現三千大千世界
无量无邊種種寶藏无不盈滿菩薩悉見善
男子二地菩薩是相先現三千大千世界地
平如掌无量无邊種種妙色清淨珍寶莊嚴
之具菩薩悉見善男子三地菩薩是相先現
自身勇健甲仗莊嚴一切怨賊皆能摧伏菩
薩悉見善男子四地菩薩是相先現四方風
輪種種妙花悉皆散灑充布地上菩薩悉見
善男子五地菩薩是相先現有妙寶女衆寶
瓔珞周遍嚴身首冠名花以為其飾菩薩悉
見善男子六地菩薩是相先現七寶花池有
四階道金沙遍布清淨无穢八功德水皆悉
盈滿嗢鉢羅花拘物頭花分陁利花隨處莊
嚴於花池所遊戲快樂清涼无比菩薩悉見
善男子七地菩薩是相先現於菩薩前有諸
衆生應墮地獄以菩薩力便得不墮无有損
傷亦无恐怖菩薩悉見善男子八地菩薩是
相先現於身兩邊有師子王以為衛護一切
衆獸悉皆怖畏菩薩悉見善男子九地菩薩
是相先現轉輪聖王无量億衆圍遶供養頂
上白蓋无量衆寶之所莊嚴菩薩悉見善男

BD14791 號　金光明最勝王經卷四　（18–7）

像前無怖畏菩薩悉見善男子八地菩薩是
相先現於身兩邊有師子王以為衛護一切
衆獸悉皆怖畏菩薩悉見善男子九地菩薩
是相先現轉輪聖王無量億衆圍繞供養頂
上白蓋無量衆寶之所莊嚴菩薩悉見善男
子十地菩薩是相先現如來之身金色晃耀無
量淨光悉皆圓滿有無量億梵王圍繞恭敬
供養轉於無上微妙法輪菩薩悉見
善男子云何初地名為歡喜謂初證得出世
之心昔所未得而今始得於大事用如其所願
悉皆成就生極喜樂是故最初名為歡喜諸
微細垢犯戒過失皆得清淨是故二地名為
無垢無量智慧三昧光明不可傾動無能摧
伏聞持陀羅尼以為根本是故三地名為
明地以智慧火燒諸煩惱增長光明修行覺
品是故四地名為焰地修行方便勝智自
在極難得故見修煩惱難伏能伏是故五地名為
難勝行法相續了了顯現無相思惟皆悉
現前是故六地名為現前無漏無間無相思
惟解脫三昧遠修行故是地清淨無有障礙
是故七地名為遠行無相思惟修得自在諸
煩惱行不能令動是故八地名為不動說一
切法種種差別皆得自在無患無累增長智
慧自在無礙是故九地名為善慧法身如虛
空智慧如大雲皆能遍滿覆一切故是故第
十名為法雲
善男子執著有相我法無明怖畏生死惡趣無

BD14791 號　金光明最勝王經卷四　（18–8）

慧自在無礙是故九地名為善慧法身如虛
空智慧如大雲皆能遍滿覆一切故是故第
十名為法雲
善男子執著有相我法無明怖畏生死惡趣無
明此二無明障於初地微細學處誤犯無明發
起種種業行無明此二無明障於二地未得
令得愛著無明能障殊勝總持無明此二
無明障於三地味著等至喜悅無明微妙淨
法愛樂無明此二無明障於四地欲背生死無
明希趣涅槃無明此二無明障於五地觀行
流轉無明麤相現前無明此二無明障於
六地微細諸相現行無明作意欣樂無相無
明此二無明障於七地於無相觀功用無明執
相自在無明此二無明障於八地於所說義
及名句文此二無量未善巧無明於詞辯才
不隨意無明此二無明障於九地於大神通
未得自在變現無明微細秘密未能悟解事
業無明此二無明障於十地於一切境微細
所知障礙無明極細煩惱麤重無明此二無明
障於佛地
善男子菩薩摩訶薩於初地中行施波羅蜜
於第二地行戒波羅蜜於第三地行忍波羅
蜜於第四地行勤波羅蜜於第五地行定波
羅蜜於第六地行慧波羅蜜於第七地行方
便勝智波羅蜜於第八地行願波羅蜜於第
九地行力波羅蜜於第十地行智波羅蜜善
男子菩薩摩訶薩最初發心攝受能生妙寶

BD14791 號　金光明最勝王經卷四　（18–9）

羅蜜於第六地行慧波羅蜜於第七地行方
便勝智波羅蜜於第八地行願波羅蜜於第
九地行力波羅蜜於第十地行智波羅蜜善
男子菩薩摩訶薩最初發心攝受能生妙寶
三摩地第二發心攝受能生可愛樂三摩地
第三發心攝受能生難動三摩地第四發心
攝受能生不退轉三摩地第五發心攝受能
生寶花三摩地第六發心攝受能生日圓光
燄三摩地第七發心攝受能生一切願如意成
就三摩地第八發心攝受能生現前證住三
摩地第九發心攝受能生智藏三摩地第十
發心攝受能生勇進三摩地善男子是名
菩薩摩訶薩十種發心善男子菩薩摩訶薩
於此初地得陀羅尼名依功德力尒時世尊即
說呪曰
怛 姪 他 晡嘌你 曼奴 喇 剎
獨虎獨虎獨虎 耶跋蘇利瑜
阿婆婆薩底(丁里反下皆同) 耶跋旃達羅
調 怛 底 多跋達咯叉 滂
憚荼鉢唎訶藍 雉 嚕 莎 訶
善男子此陀羅尼是過一恒河沙數諸佛所說
為護初地菩薩故若有誦持此陀羅尼呪者
得脫一切怖畏所謂虎狼師子惡獸之類
一切惡鬼人非人等怨賊災橫及諸苦惱解脫
五障不忘念初地
善男子菩薩摩訶薩於第二地得陀羅尼名

BD14791 號　金光明最勝王經卷四　(18–10)

得脫一切怖畏所謂虎狼師子惡獸之類
一切惡鬼人非人等怨賊災橫及諸苦惱解脫
五障不忘念初地
善男子菩薩摩訶薩於第二地得陀羅尼名
善安樂住
怛 姪 他 嗢 篤(入聲下同) 里
質 里 質 里 嗢篤羅篤羅 引喃
繕覩繕覩嗢篤里 虎嚕虎嚕 莎訶
善男子此陀羅尼是過二恒河沙數諸佛所
說為護二地菩薩故若有誦持此陀羅尼呪
者脫諸怖畏惡獸惡鬼人非人等怨賊災橫
及諸苦惱解脫五障不忘念二地
善男子菩薩摩訶薩於第三地得陀羅尼名
難勝力
怛 姪 他 憚宅枳 般 宅 枳
羯頼㩳高頼㩳 雞由哩憚㩳里 莎 訶
善男子此陀羅尼是過三恒河沙數諸佛所
說為護三地菩薩故若有誦持此陀羅尼呪
者脫諸怖畏惡獸惡鬼人非人等怨賊災橫
及諸苦惱解脫五障不忘念三地
善男子菩薩摩訶薩於第四地得陀羅尼名
大利益
怛 姪 他 室 剎 室 剎
陀弭你 陀弭你 陀哩 陀哩 你
室 剎 室 哩 你 毗舍羅波世波始娜
畔陀弭 帝 莎 訶
善男子此陀羅尼是過四恒河沙數諸佛所

BD14791 號　金光明最勝王經卷四　(18–11)

怛姪他室唎室唎
陁須你陁須你 陁哩陁哩你
室唎室哩你 毗舍羅波世波始娜
畔陁須帝莎訶
善男子此陁羅尼是過四恒河沙數諸佛所
說爲護四地菩薩故若有誦持此陁羅尼呪
者脫諸怖畏惡獸惡鬼人非人等怨賊災橫
及諸苦惱解脫五障不忘念四地
善男子菩薩摩訶薩於第五地得陁羅尼
名種種功德莊嚴
怛 姪 他 訶哩訶 引 哩你
遮哩遮 引 哩你 羯頼摩 引 你
僧羯頼摩 引 你 三婆山你瞻跋你
悉耽婆你謨漢你 碎闍步階莎訶
善男子此陁羅尼是過五恒河沙數諸佛所
說爲護五地菩薩摩訶薩故若有誦持此陁
羅尼呪者脫諸怖畏惡獸惡鬼人非人等怨
賊災橫及諸苦惱解脫五障不忘念五地
善男子菩薩摩訶薩於第六地得陁羅尼名
圓滿智
怛 姪 他 毗徒哩毗徒哩
摩哩你迦里迦里 毗 度 漢 底
嚕嚕嚕嚕 主嚕主嚕
杜嚕婆杜嚕婆 捨捨設者婆哩灑
莎入悉底薩婆薩埵喃 悉 甸 覩 湯
曼怛羅鉢陁你莎訶
善男子此陁羅尼是過六恒河沙數諸佛所

BD14791 號　金光明最勝王經卷四　（18–12）

杜嚕婆杜嚕婆 捨捨設者婆哩灑
莎入悉底薩婆薩埵喃 悉 甸 覩 湯
曼怛羅鉢陁你莎訶
善男子此陁羅尼是過六恒河沙數諸佛所
說爲護六地菩薩摩訶薩故若有誦持此陁
羅尼呪者脫諸怖畏惡獸惡鬼人非人等怨賊
災橫及諸苦惱解脫五障不忘念六地
善男子菩薩摩訶薩於第七地得陁羅尼名
法勝行
怛 姪 他 勺訶 上 勺訶 引 嚕
勺訶勺訶勺訶嚕 鞞陸枳鞞陸枳
阿蜜栗多嗑漢你 勃里山你
鞞嚕勑枳婆嚕伐底 鞞提呬枳
頻陁鞞哩你 阿蜜哩底枳
薄虎主愈 薄虎主愈莎訶
善男子此陁羅尼是過七恒河沙數諸佛所
說爲護七地菩薩故若有誦持此陁羅尼呪
者脫諸怖畏惡獸惡鬼人非人等怨賊災橫
及諸苦惱解脫五障不忘念七地
善男子菩薩摩訶薩於第八地得陁羅尼
名無盡藏
怛 姪 他 室唎室唎室唎 你
蜜底蜜底蜜底 羯哩羯哩醯嚕醯嚕
主嚕主嚕 畔陁須莎訶
善男子此陁羅尼過八恒河沙數諸佛所說
爲護八地菩薩故若有誦持此陁羅尼呪者
脫諸怖畏惡獸惡鬼人非人等怨賊災橫及

BD14791 號　金光明最勝王經卷四　（18–13）

蜜底 蜜底 底 羯哩羯哩醯嚕醯嚕
主嚕 主嚕 畔陀彌 莎訶
善男子此陀羅尼過八恒河沙數諸佛所說
為護八地菩薩故若有誦持此陀羅尼呪者
脫諸怖畏惡獸惡鬼人非人等怨賊灾橫及
諸苦惱解脫五障不忘念八地
善男子菩薩摩訶薩於第九地得陀羅尼名
无量門
怛 姪 他 訶哩旃荼哩枳
俱 藍婆喇體 天里反 都 剌 死
㧞吒㧞吒死室剌室剌 迦室哩迦必室剌
莎 撫活反 悉 底 薩婆薩埵喃 莎訶
善男子此陀羅尼是過九恒河沙數諸佛所說
為護九地菩薩故若有誦持此陀羅尼呪者
脫諸怖畏惡獸惡鬼人非人等怨賊灾橫及
諸苦惱解脫五障不忘念九地
善男子菩薩摩訶薩於第十地得陀羅尼名
破金剛山
怛 姪 他 悉提 去 蘇悉提 去
謨折你木察你 毗木底菴末 麗
毗末麗涅末麗 忙 揭 麗
呬囒若揭鞞 遏喇怛娜揭鞞
三曼多跋姪麗 薩婆頞他娑憚你
摩捺斯莫訶摩捺斯 頞 步 底
頞 哩 步 底 阿喇逝 毗喇逝
頞主底菴蜜栗底 阿喇逝 毗喇逝
跋 藍 謎 跋羅蚶 大含 麼莎 入 嚟

BD14791 號　金光明最勝王經卷四　（18–14）

摩捺斯莫訶摩捺斯 頞 步 底
頞 哩 步 底 阿喇逝 毗喇逝
頞主底菴蜜栗底 阿喇逝 毗喇逝
跋 藍 謎 跋羅蚶 大含 麼莎 入 嚟
晡喇你晡喇娜 曼奴喇剃 莎訶
善男子此陀羅尼灌頂吉祥句是過十恒河沙
數諸佛所說為護十地菩薩故若有誦持此
陀羅尼呪者脫諸怖畏惡獸惡鬼人非人等
怨賊灾橫一切毒害皆悉除滅解脫五障
不忘念十地
尒時師子相无礙光焰菩薩聞佛說此不可
思議陀羅尼已即從座起偏袒右肩右膝著
地合掌恭敬頂礼佛足以頌讚佛
敬礼无譬喻 甚深无相法 衆生失正知 唯佛能濟度
如來明慧眼 不見一法相 復以正法眼 普照不思議
不生於一法 亦不滅一法 由斯平等見 得至无上處
不壞於生死 亦不住涅槃 不著於二邊 是故證圓寂
於淨不淨品 世尊知一味 由不分別故 獲得最清淨
世尊无邊身 不說於一字 令諸弟子衆 法雨皆充滿
佛觀衆生相 一切種皆无 然於苦惱者 常興於救護
苦樂常无常 有我无我等 不一亦不異 不生亦不滅
如是衆多義 隨說有差別 譬如空谷響 唯佛能了知
法界无分別 是故无異乘 為度衆生故 分別說有三
尒時大自在梵天王亦從座起偏袒右肩右膝
著地合掌恭敬頂礼佛足而白佛言世尊此金
光明最勝王經希有難量初中後善文義
究竟皆能成就一切佛法若受持者是人則

BD14791 號　金光明最勝王經卷四　（18–15）

法界无分別　是故无異乘　為度衆生故　分別說有三
尒時大自在梵天王亦從座起偏袒右肩右膝
著地合掌恭敬頂礼佛足而白佛言世尊此金
光明最勝王經希有難量初中後善文義
究竟皆能成就一切佛法若受持者是人則
為報諸佛恩佛言善男子如是如是如汝所
說善男子若得聽聞是經典者皆不退於阿
耨多羅三藐三菩提何以故善男子是能成
熟不退地菩薩殊勝善根是第一法印是衆
經王故應聽聞受持讀誦何以故善男子若
一切衆生未種善根未成熟善根未親近諸
佛者不能聽聞是微妙法若善男子善女
人能聽受者一切罪障皆悉除滅得最清淨
常得見佛不離諸佛及善知識勝行之人恒
聞妙法住不退地獲得如是勝陀羅尼門所謂
无盡无減海印出妙功德陀羅尼无盡无減通
達衆生意行言語陀羅尼无盡无減日圓无
垢相光陀羅尼无盡无減滿月相光陀羅尼
无盡无減能伏諸惑演功德流陀羅尼无盡无
減破金剛山陀羅尼无盡无減說不可說義
因緣藏陀羅尼无盡无減通達實語法則
音聲陀羅尼无盡无減虛空无垢心行印陀
羅尼无盡无減无邊佛身皆能顯現陀羅尼
无盡无減
善男子如是等无盡无減諸陀羅尼門得成
就故是菩薩摩訶薩能於十方一切佛土化
作佛身演說无上種種正法 真如不動不

BD14791 號　金光明最勝王經卷四

羅尼无盡无減无邊佛身皆能顯現陀羅尼
无盡无減
善男子如是等无盡无減諸陀羅尼門得成
就故是菩薩摩訶薩能於十方一切佛土化
作佛身演說无上種種正法 真如不動不
住不來不去善能成熟一切衆生善根亦不
見一衆生可成熟者雖說種種諸法於言詞
中不動不住不去不來能於生滅證无生滅
以何因緣說諸行法无有去來由一切法
體无異故說是法時三万億菩薩摩訶薩
得无生法忍无量諸菩薩不退菩提心无量
无邊苾芻苾芻尼得法眼淨无量衆生發
菩提心尒時世尊而說頌曰
勝法能逆生死流　甚深微妙難得見
有情盲冥貪欲覆　由不見衆受諸苦
尒時大衆俱從座起頂礼佛足而白佛言世尊
若所在處講宣讀誦金光明最勝王經
我等大衆皆悉往彼為作聽衆是說法師令
得利益安樂无障身意泰然我等皆當盡
心供養亦令聽衆安隱快樂所住國土无諸惡
賊恐怖厄難飢饉之要人民熾盛此說法處
道場之地一切諸天人非人等一切衆生不應
履踐及以汙穢何以故說法之處即是制底
當以香花繒綵幡蓋而為供養我等當為
守護令離衰損佛告大衆善男子汝等應
當精勤修習此妙經典是則正法久住於世

BD14791 號　金光明最勝王經卷四

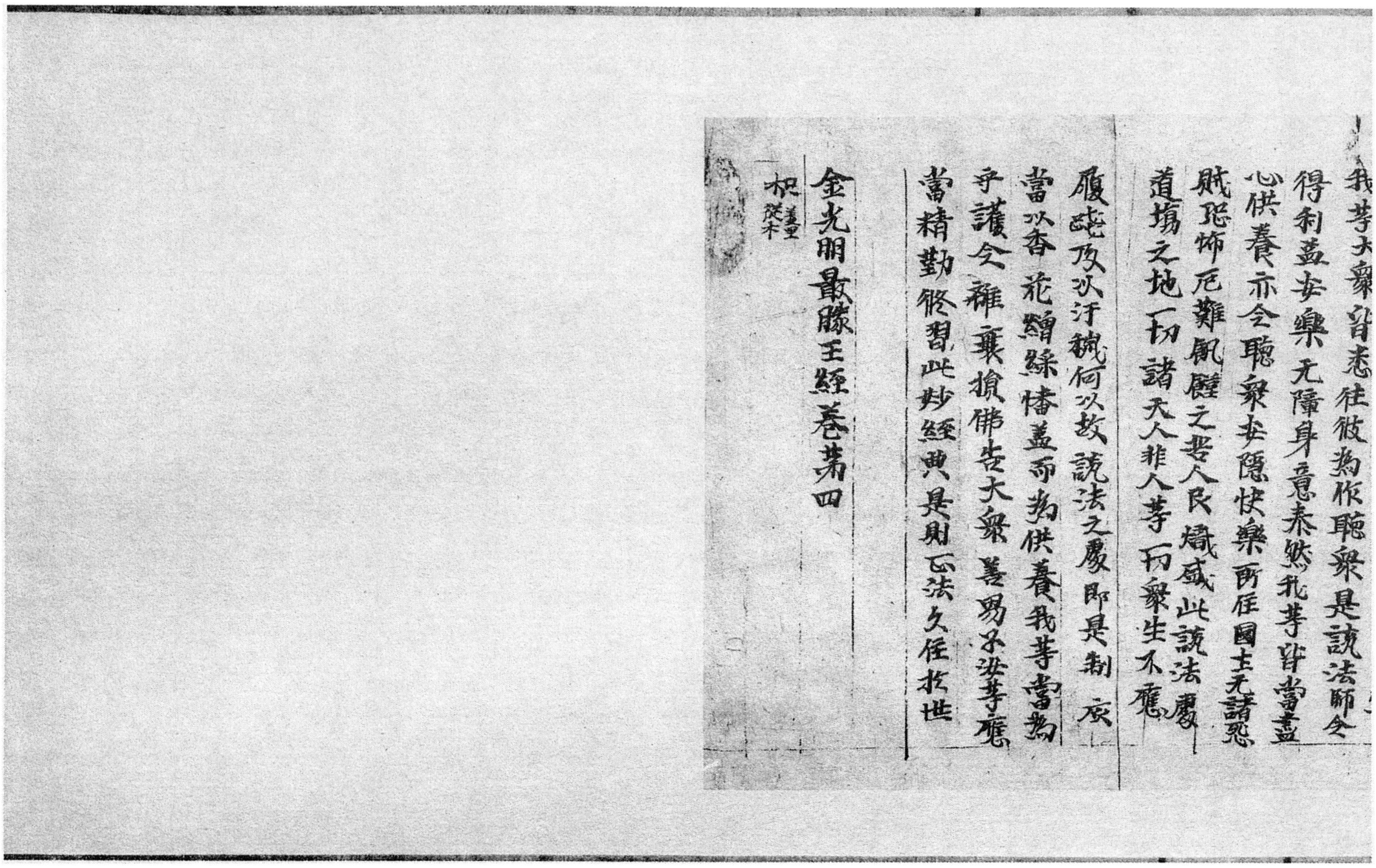

我等大衆皆悉往彼為作聽衆是說法師令
得利益安樂无障身意泰然我等皆當盡
心供養亦令聽衆安隱快樂所住國土无諸怨
賊恐怖厄難飢饉之苦人民熾盛此說法處
道場之地一切諸天人非人等一切衆生不應
履踐及以汙穢何以故說法之處即是制底
當以香花繒綵幡蓋而為供養我等常為
守護令離衰損佛告大衆善男子汝等應
當精勤修習此妙經典是則正法久住於世
金光明最勝王經卷第四

BD14791 號　金光明最勝王經卷四　　（18–18）

BD14792 號 1　藏文（無量壽宗要經甲本）　　（24–1）

BD14792 號 1　藏文（無量壽宗要經甲本）　　（24–2）

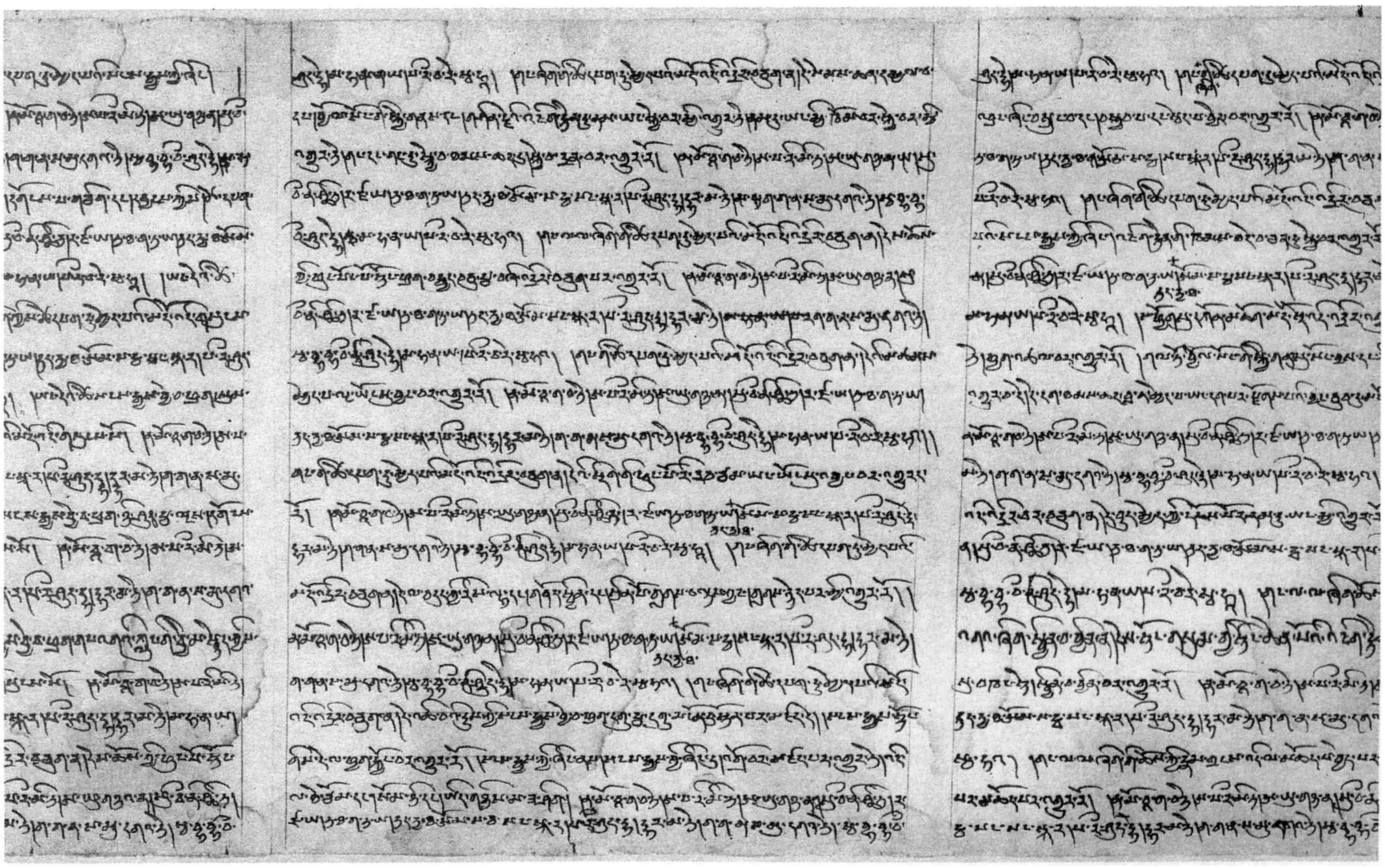

BD14792 號 1　藏文（無量壽宗要經甲本）　　（24–3）

BD14792 號 1　藏文（無量壽宗要經甲本）　（24–4）

BD14792 號 1　藏文（無量壽宗要經甲本）　（24–5）

BD14792 號 1　藏文（無量壽宗要經甲本）　（24–6）

BD14792 號 2　藏文（無量壽宗要經甲本）　（24–7）

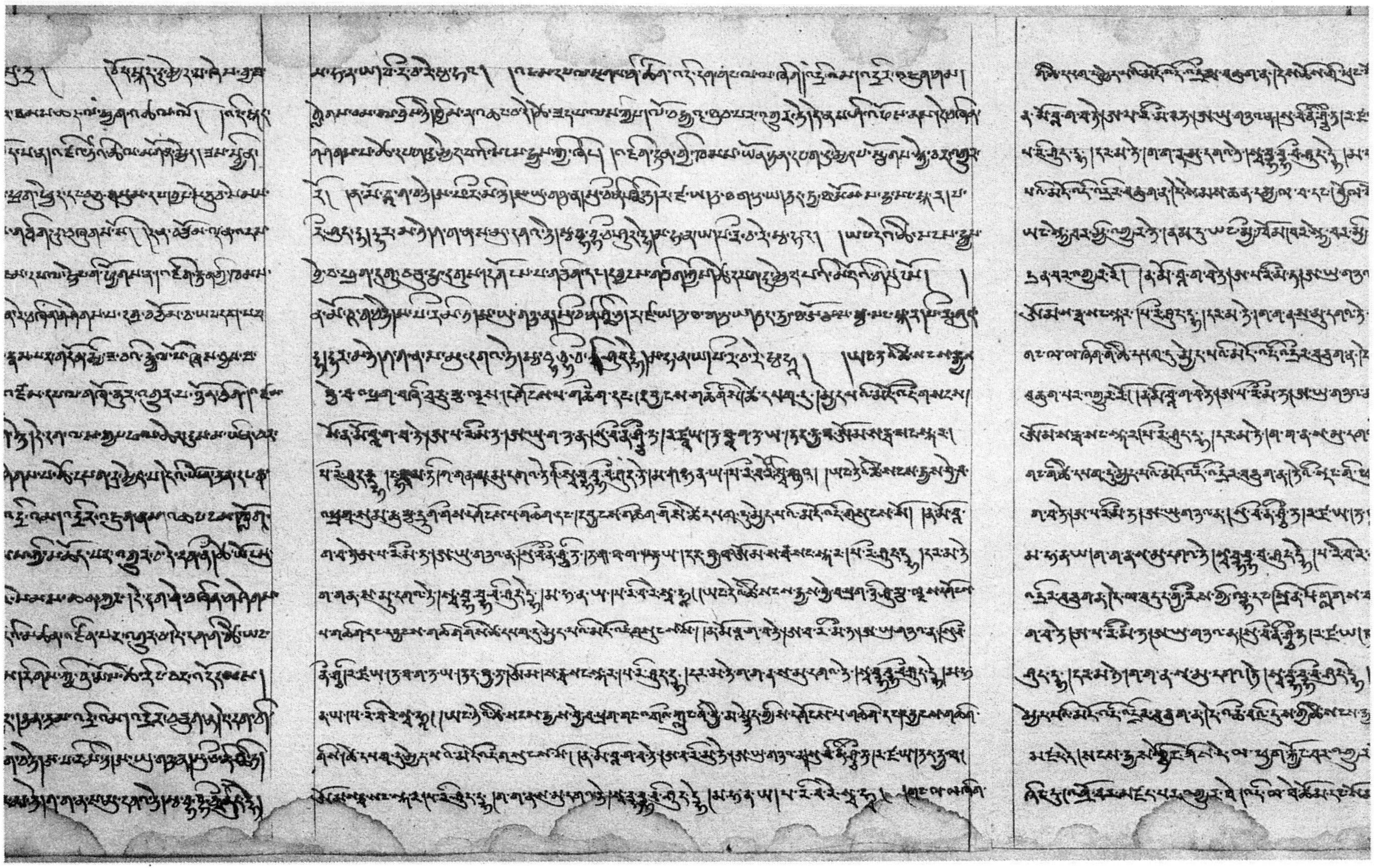

BD14792 號 2　藏文（無量壽宗要經甲本）　　（24–8）

BD14792 號 2　藏文（無量壽宗要經甲本）　　（24–9）

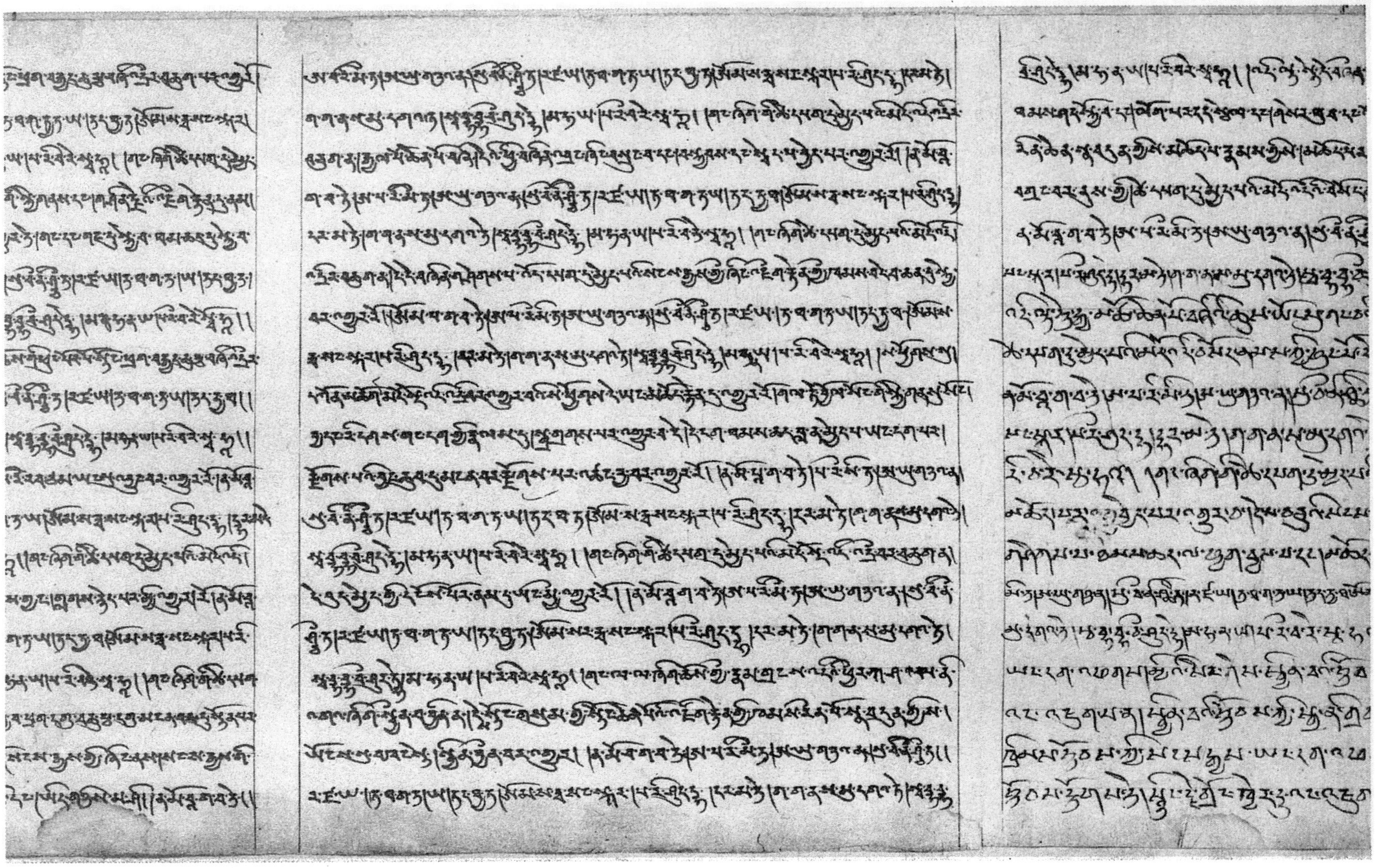

BD14792 號 2　藏文（無量壽宗要經甲本）　（24–10）

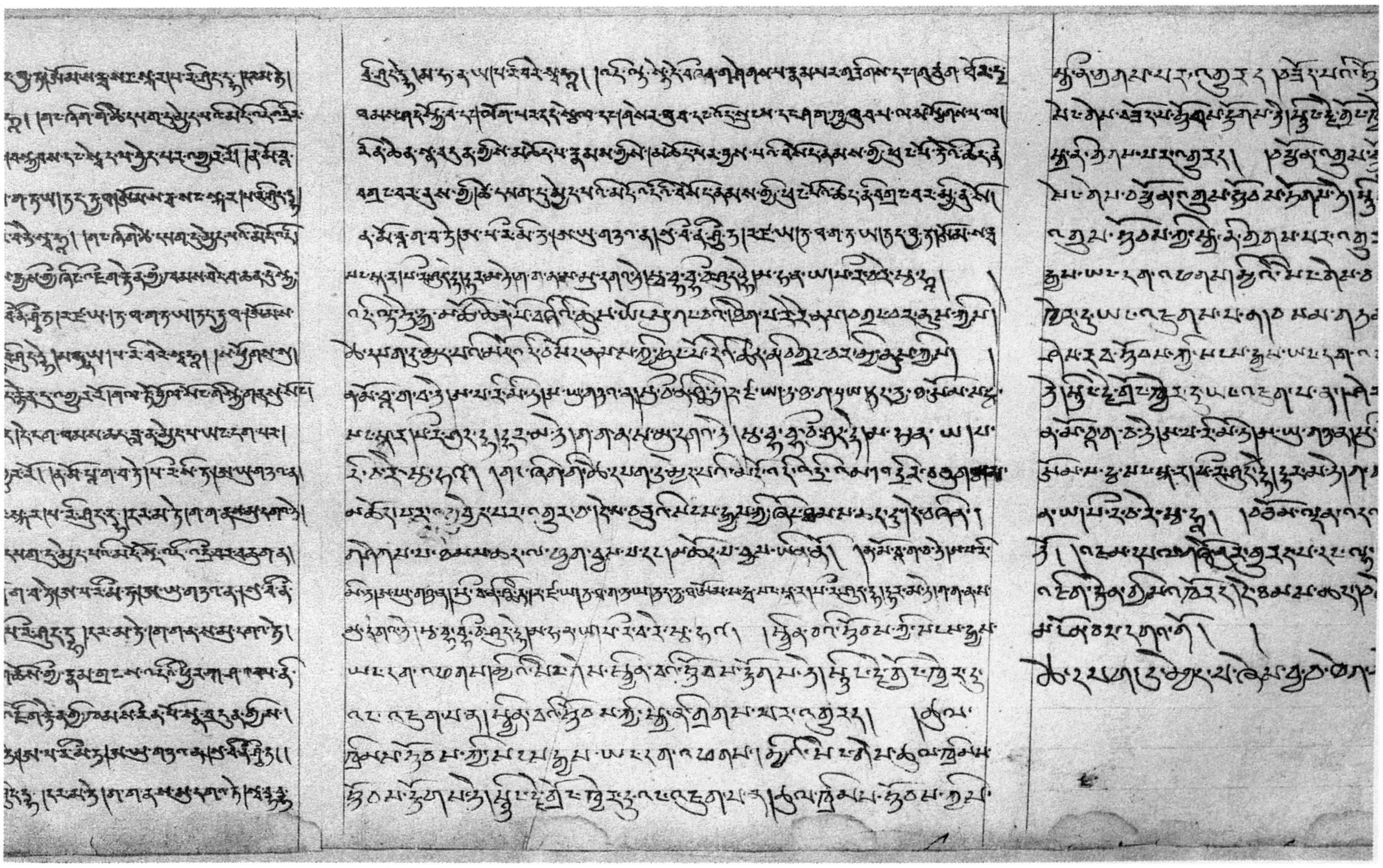

BD14792 號 2　藏文（無量壽宗要經甲本）　（24–11）

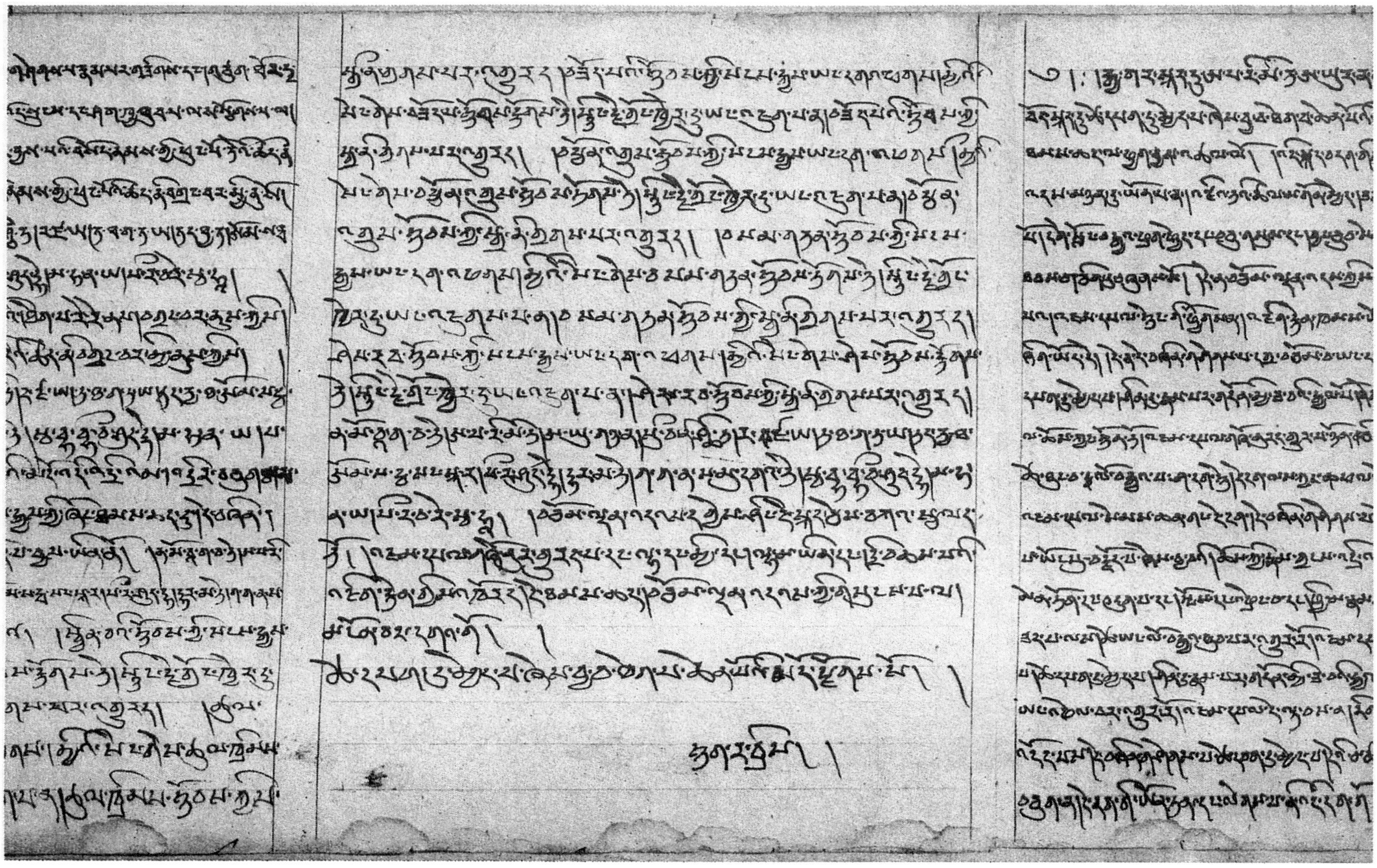

BD14792 號 2　藏文（無量壽宗要經甲本）　　（24–12）

BD14792 號 3　藏文（無量壽宗要經甲本）　　（24–13）

BD14792 號 3　藏文（無量壽宗要經甲本）　（24–14）

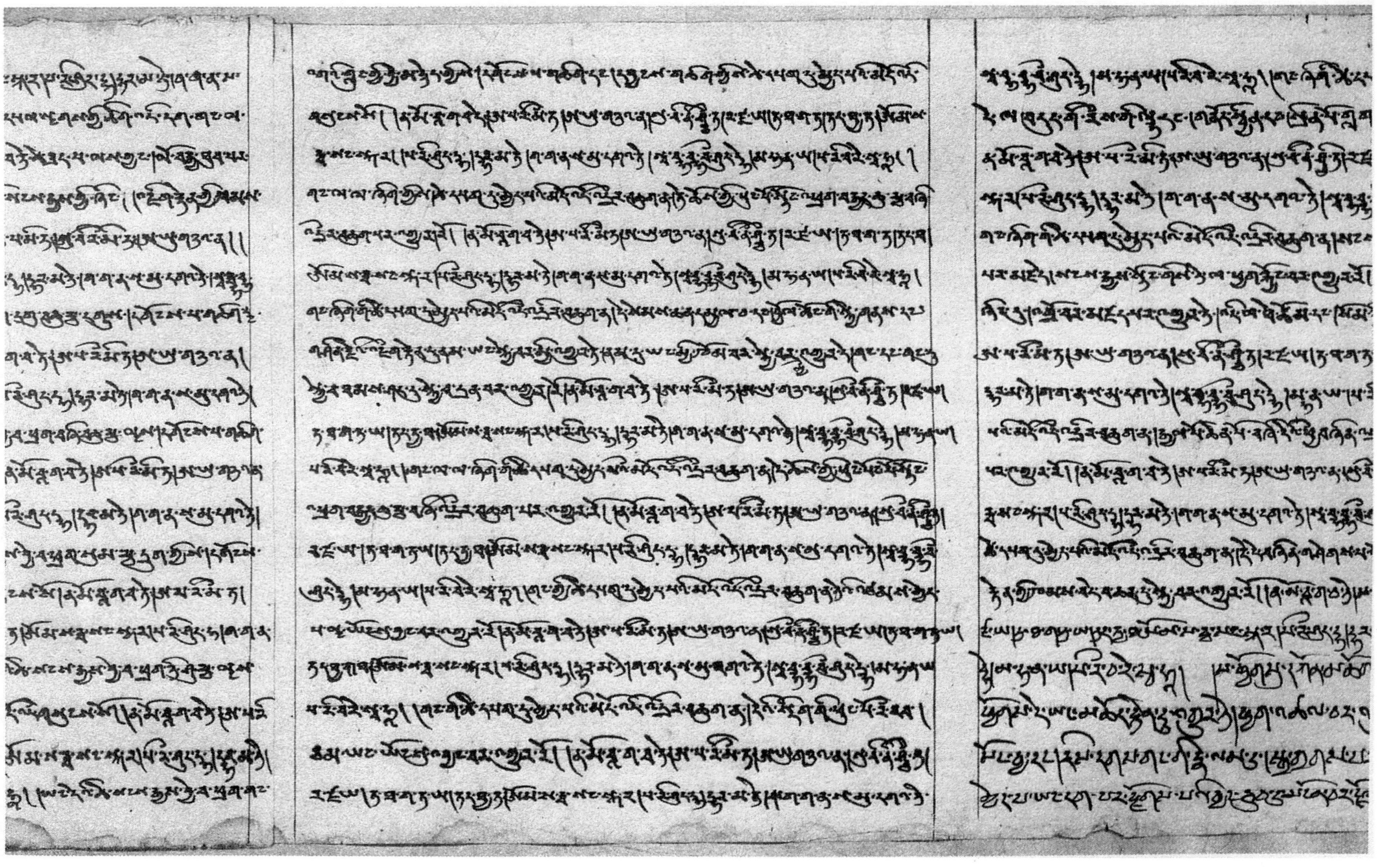

BD14792 號 3　藏文（無量壽宗要經甲本）　（24–15）

BD14792 號 3　藏文（無量壽宗要經甲本）　（24–16）

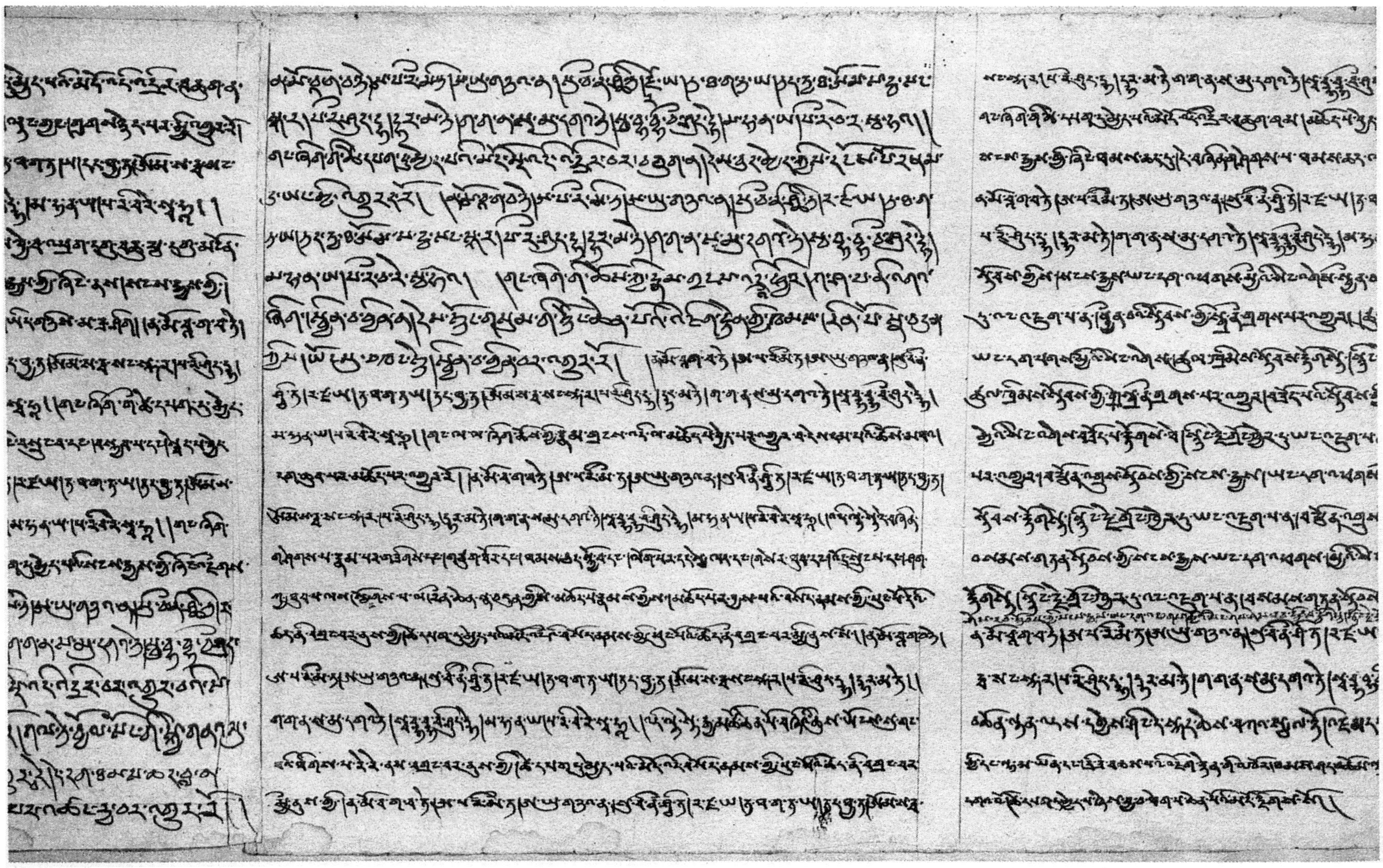

BD14792 號 3　藏文（無量壽宗要經甲本）　（24–17）

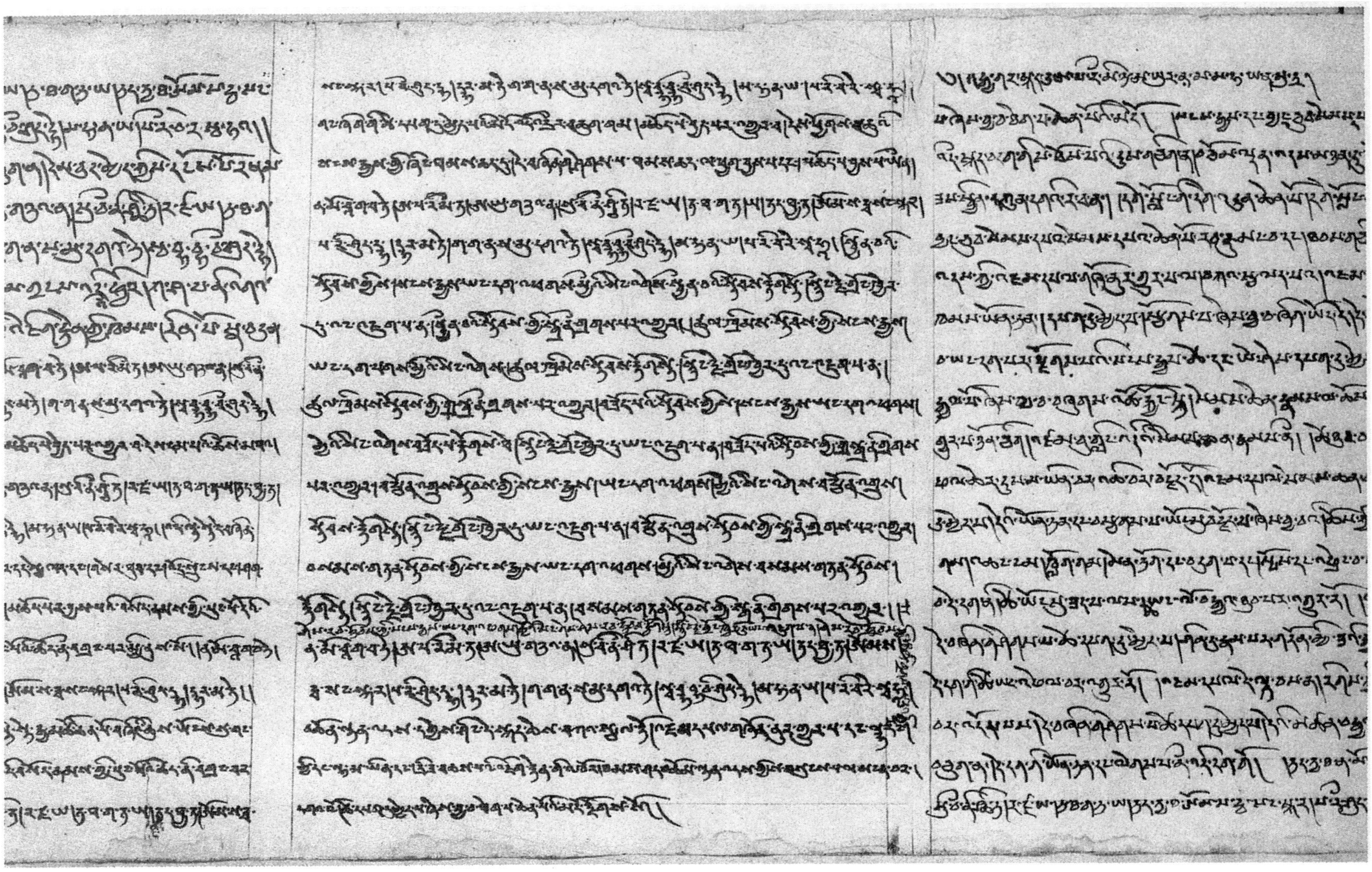

BD14792 號 3　藏文（無量壽宗要經甲本）　（24–18）

BD14792 號 4　藏文（無量壽宗要經甲本）　（24–19）

BD14792 號 4　藏文（無量壽宗要經甲本）　　（24–20）

BD14792 號 4　藏文（無量壽宗要經甲本）　　（24–21）

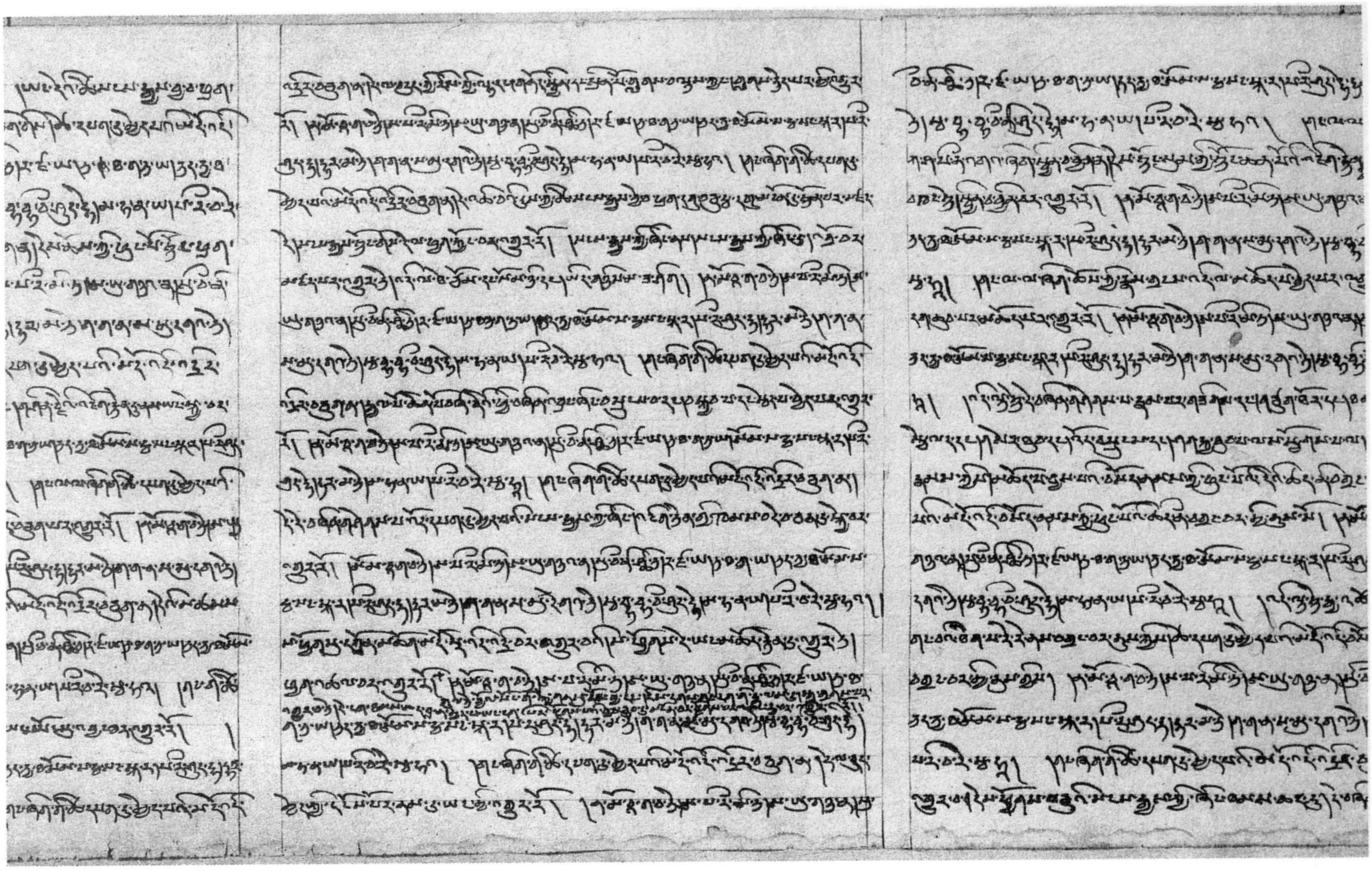

BD14792 號 4　藏文（無量壽宗要經甲本）　　（24–22）

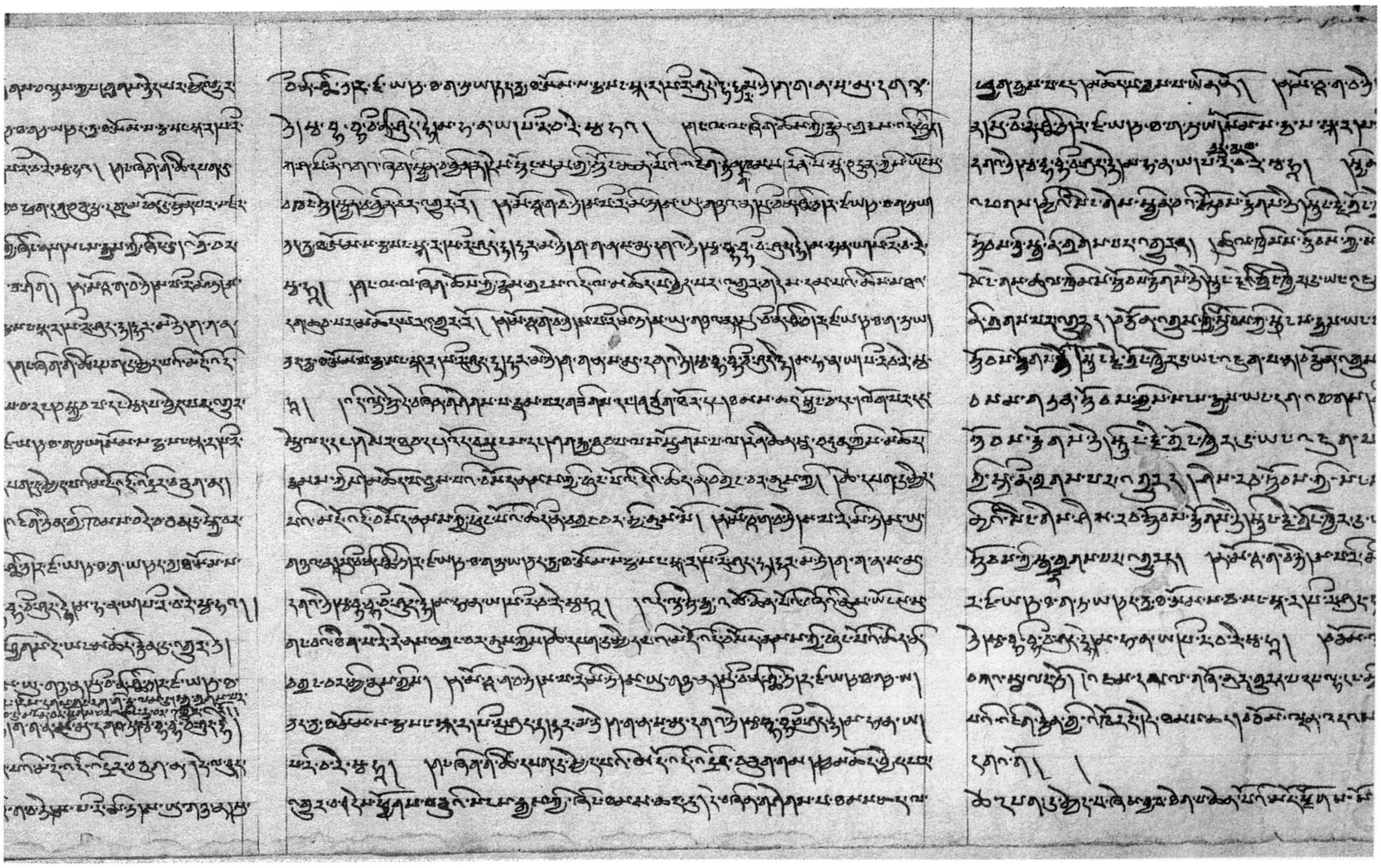

BD14792 號 4　藏文（無量壽宗要經甲本）　　（24–23）

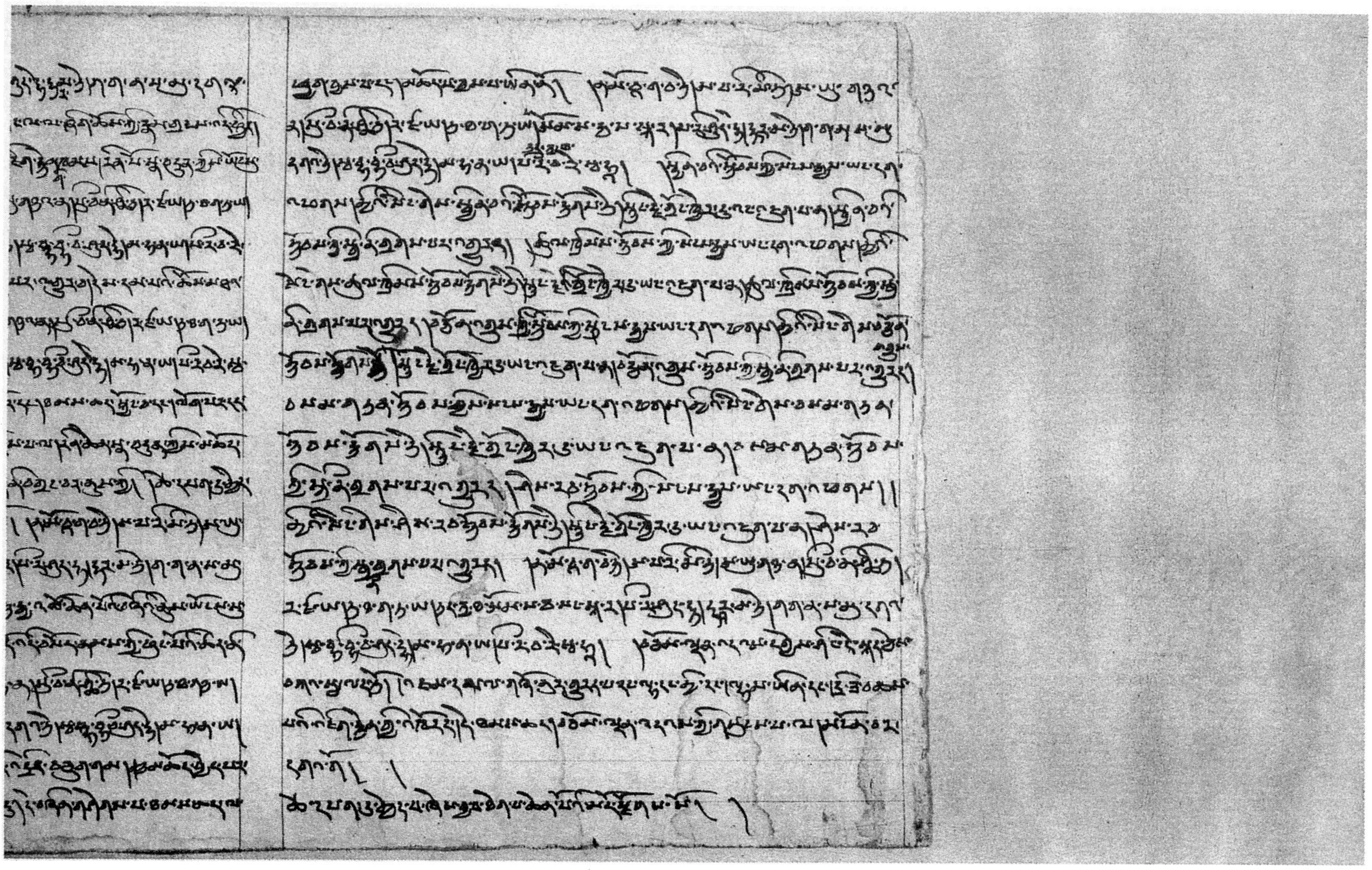

BD14792 號 4　藏文（無量壽宗要經甲本）　（24–24）

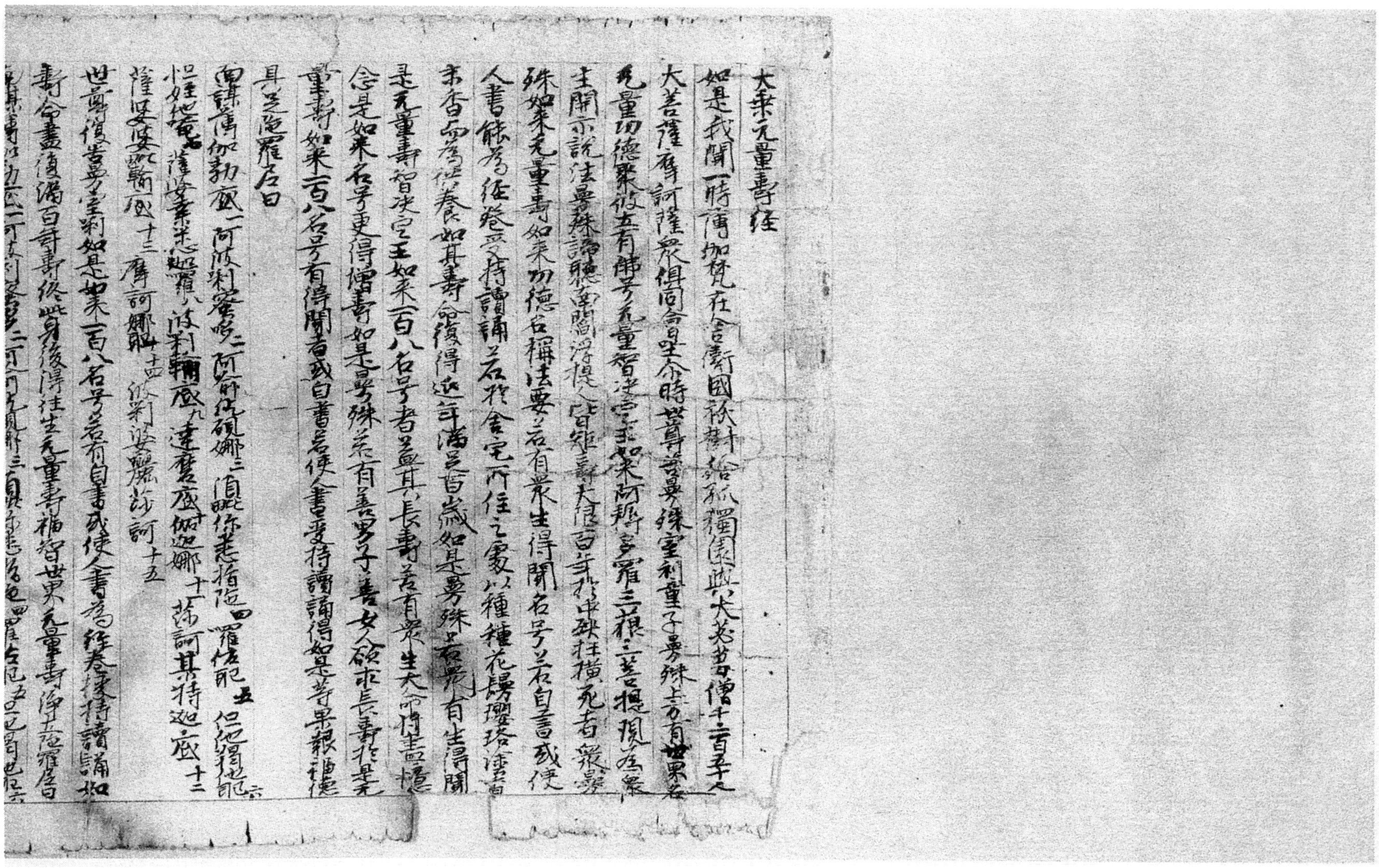

大乘无量壽経
如是我聞一時薄伽梵在舍衛國祇樹給孤獨園與大苾芻僧千二百五十人
大菩薩摩訶薩衆俱會爾時世尊告曼殊室利童子曼殊上方有世界名
无量功德聚彼土有佛号无量智決定王如來阿羅訶三藐三菩提現為衆
生開示說法曼殊諦聽南贍部洲人皆短壽大限百年於中殀枉横死者衆曼
殊如來无量壽如來功德名稱法要若有衆生得聞名号若自書或使
人書能為經卷受持讀誦若於舍宅所住之處以種種花鬘瓔珞塗香
末香而為供養如其壽命復得延年滿足百歲如是曼殊若有衆生得聞
是无量壽智決定王如來一百八名号者益其長壽若有衆生大命將盡憶
念是如來名号更得增壽如是曼殊若有善男子善女人欲求長壽於是
无量壽如來一百八名号有得聞者或自書或使人書受持讀誦得如是等果報福德
具足陀羅尼曰
南謨薄伽勒底一 阿波唎蜜哆二 阿喻紇硯娜三 須毗你悉指陁四 羅佐耶五 怛他揭他耶六
怛姪他唵七 薩婆桑悉迦羅八 波唎輸底九 達麼底伽伽娜十 莎訶 某特迦底十二
薩婆婆毗輸底十三 摩訶娜耶十四 波唎婆囉莎訶十五
世尊復告曼殊室利如是如來一百八名号若有自書或使人書為經卷受持讀誦如
壽命盡復滿百歲壽終此身後得往生无量壽福智世界无量壽淨土陀羅尼曰
南謨薄伽勒底一 阿波唎蜜哆二 阿喻紇硯娜三 須毗你悉指陁四 羅佐耶五 怛他揭他也六

BD14793 號　無量壽宗要經　（6–1）

南謨薄伽勃底 阿波唎蜜多 阿喻紇硯娜 須毗你失指陀 囉佐耶 怛他羯他耶
怛姪他唵七 薩婆桑悉迦羅八 波唎輸底九 達磨底十 伽迦娜十一 莎訶其特迦底十二
薩婆婆毗輸底十三 摩訶娜耶十四 波唎婆羅莎訶十五
世尊復告曼殊室利如是如來一百八名號若有自書或使人書爲經卷受持讀誦如
壽命盡復滿百年壽終之後得往生無量福智世界無量壽淨土陀羅尼曰
南謨薄伽勃底一 阿波唎蜜多二 阿喻紇硯娜三 須毗你失指陀四 囉佐耶五 怛他羯他耶六
怛姪他唵七 薩婆桑悉迦羅八 波唎輸底九 達磨底十 伽迦娜十一 莎訶其特迦底十二
薩婆婆毗輸底十三 摩訶娜耶十四 波唎婆羅莎訶十五
爾時有九十九殑伽佛一時同聲說是無量壽宗要經陀羅尼曰
南謨薄伽勃底一 阿波唎蜜多二 阿喻紇硯娜三 須毗你失指陀四 囉佐耶五 怛他羯他耶六
怛姪他唵七 薩婆桑悉迦羅八 波唎輸底九 達磨底十 伽迦娜十一 莎訶其特迦底十二
薩婆婆毗輸底十三 摩訶娜耶十四 波唎婆羅莎訶十五
爾時復有一百四殑伽佛一時同聲說是無量壽宗要經陀羅尼曰
南謨薄伽勃底一 阿波唎蜜多二 阿喻紇硯娜三 須毗你失指陀四 囉佐耶五 怛他羯他耶六
怛姪他唵七 薩婆桑悉迦羅八 波唎輸底九 達磨底十 伽迦娜十一 莎訶其特迦底十二
薩婆婆毗輸底十三 摩訶娜耶十四 波唎婆羅莎訶十五
爾時復有七殑伽佛一時同聲說是無量壽宗要經陀羅尼曰
南謨薄伽勃底一 阿波唎蜜多二 阿喻紇硯娜三 須毗你失指陀四 囉佐耶五 怛他羯他耶六
怛姪他唵七 薩婆桑悉迦羅八 波唎輸底九 達磨底十 伽迦娜十一 莎訶其特迦底十二
薩婆婆毗輸底十三 摩訶娜耶十四 波唎婆羅莎訶十五
爾時復有六十五殑伽佛一時同聲說是無量壽宗要經陀羅尼曰
南謨薄伽勃底一 阿波唎蜜多二 阿喻紇硯娜三 須毗你失指陀四 囉佐耶五 怛他羯他耶六
怛姪他唵七 薩婆桑悉迦羅八 波唎輸底九 達磨底十 伽迦娜十一 莎訶其特迦底十二
薩婆婆毗輸底十三 摩訶娜耶十四 波唎婆羅莎訶十五
爾時復有五十五殑伽佛一時同聲說是無量壽宗要經陀羅尼曰
南謨薄伽勃底一 阿波唎蜜多二 阿喻紇硯娜三 須毗你失指陀四 囉佐耶五 怛他羯他耶六
怛姪他唵七 薩婆桑悉迦羅八 波唎輸底九 達磨底十 伽迦娜十一 莎訶其特迦底十二
薩婆婆毗輸底十三 摩訶娜耶十四 波唎婆羅莎訶十五
爾時復有四十五殑伽佛一時同聲說是無量壽宗要經陀羅尼曰
南謨薄伽勃底一 阿波唎蜜多二 阿喻紇硯娜三 須毗你失指陀四 囉佐耶五 怛他羯他耶六
怛姪他唵七 薩婆桑悉迦羅八 波唎輸底九 達磨底十 伽迦娜十一 莎訶其特迦底十二

BD14793 號　無量壽宗要經　（6–2）

薩婆婆毗輸底十三 摩訶娜耶十四 波唎婆羅莎訶十五
爾時復有四十五殑伽佛一時同聲說是無量壽宗要經陀羅尼曰
南謨薄伽勃底一 阿波唎蜜多二 阿喻紇硯娜三 須毗你失指陀四 囉佐耶五 怛他羯他耶六
怛姪他唵七 薩婆桑悉迦羅八 波唎輸底九 達磨底十 伽迦娜十一 莎訶其特迦底十二
薩婆婆毗輸底十三 摩訶娜耶十四 波唎婆羅莎訶十五
爾時復有十二六殑伽佛一時同聲說是無量壽宗要陀羅尼曰
南謨薄伽勃底一 阿波唎蜜多二 阿喻紇硯娜三 須毗你失指陀四 囉佐耶五 怛他羯他耶六
怛姪他唵七 薩婆桑悉迦羅八 波唎輸底九 達磨底十 伽迦娜十一 莎訶其特迦底十二
薩婆婆毗輸底十三 摩訶娜耶十四 波唎婆羅莎訶十五
爾時復有廿五殑伽佛一時同聲說是無量壽宗要經陀羅尼曰
南謨薄伽勃底一 阿波唎蜜多二 阿喻紇硯娜三 須毗你失指陀四 囉佐耶五 怛他羯他耶六
怛姪他唵七 薩婆桑悉迦羅八 波唎輸底九 達磨底十 伽迦娜十一 莎訶其特迦底十二
薩婆婆毗輸底十三 摩訶娜耶十四 波唎婆羅莎訶十五
爾時復有恒河沙殑伽佛一時同聲說是無量壽宗要經陀羅尼曰
南謨薄伽勃底一 阿波唎蜜多二 阿喻紇硯娜三 須毗你失指陀四 囉佐耶五 怛他羯他耶六
怛姪他唵七 薩婆桑悉迦羅八 波唎輸底九 達磨底十 伽迦娜十一 莎訶其特迦底十二
薩婆婆毗輸底十三 摩訶娜耶十四 波唎婆羅莎訶十五
善男子若有自書寫教人書寫是無量壽宗要經如其命盡復得長壽命滿百年
陀羅尼曰 南謨薄伽勃底一 阿波唎蜜多二 阿喻紇硯娜三 須毗你失指陀四 囉佐耶五
怛他羯他耶六 怛姪他唵七 薩婆桑悉迦羅八 波唎輸底九 達磨底十 伽迦娜十一 莎訶其
特迦底十二 薩婆婆毗輸底十三 摩訶娜耶十四 波唎婆羅莎訶十五
若自書寫教人書寫是無量壽宗要經讀誦受持畢竟不墮地獄在在所生
得宿命知陀羅尼曰 南謨薄伽勃底一 阿波唎蜜多二 阿喻紇硯娜三 須毗你失指
陀四 囉佐耶五 怛他羯他耶六 怛姪他唵七 薩婆桑悉迦羅八 波唎輸底九 達磨底十
伽迦娜十一 莎訶其特迦底十二 薩婆婆毗輸底十三 摩訶娜耶十四 波唎婆羅莎訶十五
若有自書寫教人書寫是無量壽宗要經受持讀誦如同書寫八万四千一切經典
陀羅尼曰 南謨薄伽勃底一 阿波唎蜜多二 阿喻紇硯娜三 須毗你失指陀四 囉佐耶五
怛他羯他耶六 怛姪他唵七 薩婆桑悉迦羅八 波唎輸底九 達磨底十 伽迦娜十一 莎訶
其特迦底十二 薩婆婆毗輸底十三 摩訶娜耶十四 波唎婆羅莎訶十五
若有自書寫教人書寫是無量壽宗要經即是書寫八万四千部建立塔廟

BD14793 號　無量壽宗要經　（6–3）

若有自書寫是无量壽宗要經受持讀誦如同書寫八万四千一切經典
陁羅尼曰　南謨薄伽勃底一阿波唎蜜多二阿喻紇硯娜三須毗你悉指陁四囉佐耶五
怛他羯他耶六怛姪他唵七薩婆桑悉迦囉八波唎輸底九達磨底十伽伽娜十一莎訶
其特迦底十二薩婆婆毗輸底十三摩訶娜耶十四波唎婆欇莎訶十五
若有自書寫教人書寫是无量壽宗要經即是書寫八万四千部建立塔廟陁
羅尼曰　南謨薄伽勃底一阿波唎蜜多二阿喻紇硯娜三須毗你悉指陁四囉佐耶五
怛他羯他耶六怛姪他唵七薩婆桑悉迦囉八波唎輸底九達磨底十伽伽娜十一
莎訶其特迦底十二薩婆婆毗輸底十三摩訶娜耶十四波唎婆欇莎訶十五
若有自書寫教人書寫是无量壽宗要經能消五无間等一切重罪陁羅尼曰
南謨薄伽勃底一阿波唎蜜多二阿喻紇硯娜三須毗你悉指陁四囉佐耶五怛他羯他耶六
怛姪他唵七薩婆桑悉迦囉八波唎輸底九達磨底十伽伽娜十一莎訶其特迦底十二
薩婆婆毗輸底十三摩訶娜耶十四波唎婆欇莎訶十五
若有自書寫教人書寫是无量壽宗要經受持讀誦設有重罪猶如須弥盡
能除滅陁羅尼曰　南謨薄伽勃底一阿波唎蜜多二阿喻紇硯娜三須毗你悉指陁四
囉佐耶五怛他羯他耶六怛姪他唵七薩婆桑悉迦囉八波唎輸底九達磨底十伽伽娜十一
莎訶其特迦底十二薩婆婆毗輸底十三摩訶娜耶十四波唎婆欇莎訶十五
若有自書寫教人書寫是无量壽宗要經受持讀誦若魔魔之眷属夜叉羅刹
不得其便終无枉死陁羅尼曰　南謨薄伽勃底一阿波唎蜜多二阿喻紇硯娜三須毗你悉指
陁四囉佐耶五怛他羯他耶六怛姪他唵七薩婆桑悉迦囉八波唎輸底九達磨底十
伽伽娜十一莎訶其特迦底十二薩婆婆毗輸底十三摩訶娜耶十四波唎婆欇莎訶十五
若有自書寫教人書寫是无量壽宗要經受持讀誦當命終時有九十九俱胝佛現其
人前並千佛授手能遊一切佛刹莫於此經生於疑惑陁羅尼曰
南謨薄伽勃底一阿波唎蜜多二阿喻紇硯娜三須毗你悉指陁四囉佐耶五怛他羯他耶六
怛姪他唵七薩婆桑悉迦囉八波唎輸底九達磨底十伽伽娜十一莎訶其特迦底十二
薩婆婆毗輸底十三摩訶娜耶十四波唎婆欇莎訶十五
若有自書寫教人書寫是无量壽宗要經受持讀誦常得四天大王隨其衛護陁羅
尼曰　南謨薄伽勃底一阿波唎蜜多二阿喻紇硯娜三須毗你悉指陁四囉佐耶五
怛他羯他耶六怛姪他唵七薩婆桑悉迦囉八波唎輸底九達磨底十伽伽娜十一莎訶其
特迦底十二薩婆婆毗輸底十三摩訶娜耶十四波唎婆欇莎訶十五
若有自書寫教人書寫是无量壽宗要經當得往生西方極樂世界阿弥陁淨土陁羅
尼曰　南謨薄伽勃底一阿波唎蜜多二阿喻紇硯娜三

若有自書寫教人書寫是无量壽宗要經受持讀誦常得四天大王隨其衛護陁羅
尼曰　南謨薄伽勃底一阿波唎蜜多二阿喻紇硯娜三須毗你悉指陁四囉佐耶五
怛他羯他耶六怛姪他唵七薩婆桑悉迦囉八波唎輸底九達磨底十伽伽娜十一莎訶其
特迦底十二薩婆婆毗輸底十三摩訶娜耶十四波唎婆欇莎訶十五
若有自書寫教人書寫是无量壽宗要經當得往生西方極樂世界阿弥陁淨土陁羅
尼曰　南謨薄伽勃底一阿波唎蜜多二阿喻紇硯娜三須毗你悉指陁四囉佐耶五怛他羯
他耶六怛姪他唵七薩婆桑悉迦囉八波唎輸底九達磨底十伽伽娜十一莎訶其特迦底十二
薩婆婆毗輸底十三摩訶娜耶十四波唎婆欇莎訶十五
若有方內自書寫使人書寫是无量壽宗要經典之處則為是處皆應恭敬
作礼若是畜生飛鳥獸得聞是經如是等類皆當不久得成一切種智陁羅尼曰
南謨薄伽勃底一阿波唎蜜多二阿喻紇硯娜三須毗你悉指陁四囉佐耶五怛他羯他耶六
怛姪他唵七薩婆桑悉迦囉八波唎輸底九達磨底十伽伽娜十一莎訶其特迦底十二
薩婆婆毗輸底十三摩訶娜耶十四波唎婆欇莎訶十五
若有於是无量壽經自書寫若使人書畢竟不受女人之身陁羅尼曰
南謨薄伽勃底一阿波唎蜜多二阿喻紇硯娜三須毗你悉指陁四囉佐耶五怛他羯他耶六
怛姪他唵七薩婆桑悉迦囉八波唎輸底九達磨底十伽伽娜十一莎訶其特迦底十二
薩婆婆毗輸底十三摩訶娜耶十四波唎婆欇莎訶十五
若有能於是經少分能惠施者等於三千大千世界滿中七寶布施陁羅尼曰
南謨薄伽勃底一阿波唎蜜多二阿喻紇硯娜三須毗你悉指陁四囉佐耶五怛他羯他耶六
怛姪他唵七薩婆桑悉迦囉八波唎輸底九達磨底十伽伽娜十一莎訶其特迦底十二
薩婆婆毗輸底十三摩訶娜耶十四波唎婆欇莎訶十五
若有能供養是經者則是供養一切諸經等无有異陁羅尼曰
南謨薄伽勃底一阿波唎蜜多二阿喻紇硯娜三須毗你悉指陁四囉佐耶五怛他羯他耶六
怛姪他唵七薩婆桑悉迦囉八波唎輸底九達磨底十伽伽娜十一莎訶其特迦底十二
薩婆婆毗輸底十三摩訶娜耶十四波唎婆欇莎訶十五
如是毗婆尸佛尸弃佛毗舍浮佛俱留孫佛俱那含牟尼佛迦葉佛釋迦牟尼佛若
有人以七寶供養如是七佛其福有限書寫受持是无量壽經典所有功德不可
限量陁羅尼曰　南謨薄伽勃底一阿波唎蜜多二阿喻紇硯娜三須毗你悉指陁四
囉佐耶五怛他羯他耶六怛姪他唵七薩婆桑悉迦囉八波唎輸底九達磨底十
伽伽娜十一莎訶其特迦底十二薩婆婆毗輸底十三摩訶娜耶十四波唎婆欇莎訶十五
若有七寶等於須弥山用施布其福上能知其限量是无量壽經典其福不可知數

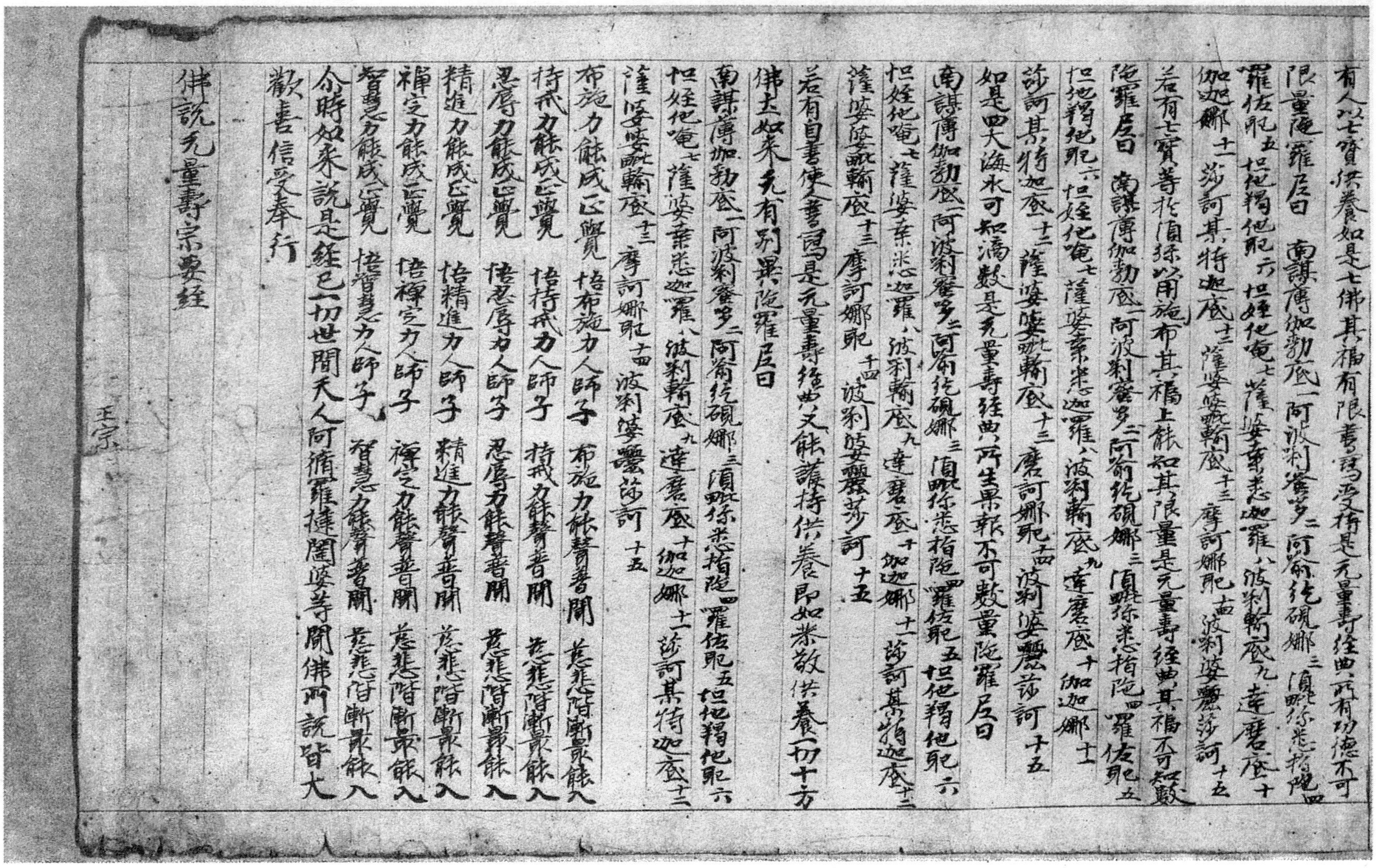

有人以七寶供養如是七佛其福有限書寫受持是无量壽經典所有功德不可
限量陁羅尼曰 南謨薄伽勃底一 阿波唎蜜多二 阿喻紇硯娜三 須毗你悉指陁四
囉佐耶五 怛他羯他耶六 怛姪他唵七 薩婆桑悉迦羅八 波唎輸底九 達磨底十
伽迦娜十一 莎訶其特迦底十二 薩婆婆毗輸底十三 摩訶娜耶十四 波唎婆囇莎訶十五
若有七寶善於須彌以用施布其福上能知其限量是无量壽經典其福不可知數
陁羅尼曰 南謨薄伽勃底一 阿波唎蜜多二 阿喻紇硯娜三 須毗你悉指陁四 囉佐耶五
怛他羯他耶六 怛姪他唵七 薩婆桑悉迦羅八 波唎輸底九 達磨底十 伽迦娜十一
莎訶其特迦底十二 薩婆婆毗輸底十三 摩訶娜耶十四 波唎婆囇莎訶十五
如是四大海水可知滴數是无量壽經典所生果報不可數量陁羅尼曰
南謨薄伽勃底一 阿波唎蜜多二 阿喻紇硯娜三 須毗你悉指陁四 囉佐耶五 怛他羯他耶六
怛姪他唵七 薩婆桑悉迦羅八 波唎輸底九 達磨底十 伽迦娜十一 莎訶其特迦底十二
薩婆婆毗輸底十三 摩訶娜耶十四 波唎婆囇莎訶十五
若有自書使人書寫是无量壽經典又能護持供養即如恭敬供養一切十方
佛大如來无有別異陁羅尼曰
南謨薄伽勃底一 阿波唎蜜多二 阿喻紇硯娜三 須毗你悉指陁四 囉佐耶五 怛他羯他耶六
怛姪他唵七 薩婆桑悉迦羅八 波唎輸底九 達磨底十 伽迦娜十一 莎訶其特迦底十二
薩婆婆毗輸底十三 摩訶娜耶十四 波唎婆囇莎訶十五
布施力能成正覺 由布施力人師子 布施力能響普聞 慈悲門斷衆能入
持戒力能成正覺 由持戒力人師子 持戒力能響普聞 慈悲門斷衆能入
忍辱力能成正覺 由忍辱力人師子 忍辱力能響普聞 慈悲門斷衆能入
精進力能成正覺 由精進力人師子 精進力能響普聞 慈悲門斷衆能入
禪定力能成正覺 由禪定力人師子 禪定力能響普聞 慈悲門斷衆能入
智慧力能成正覺 由智慧力人師子 智慧力能響普聞 慈悲門斷衆能入
爾時如來說是經已一切世間天人阿脩羅揵闥婆等聞佛所說皆大
歡喜信受奉行
佛說无量壽宗要經
王宗

BD14793 號　無量壽宗要經　（6–6）

BD14793 號背　勘記、印章　（1–1）

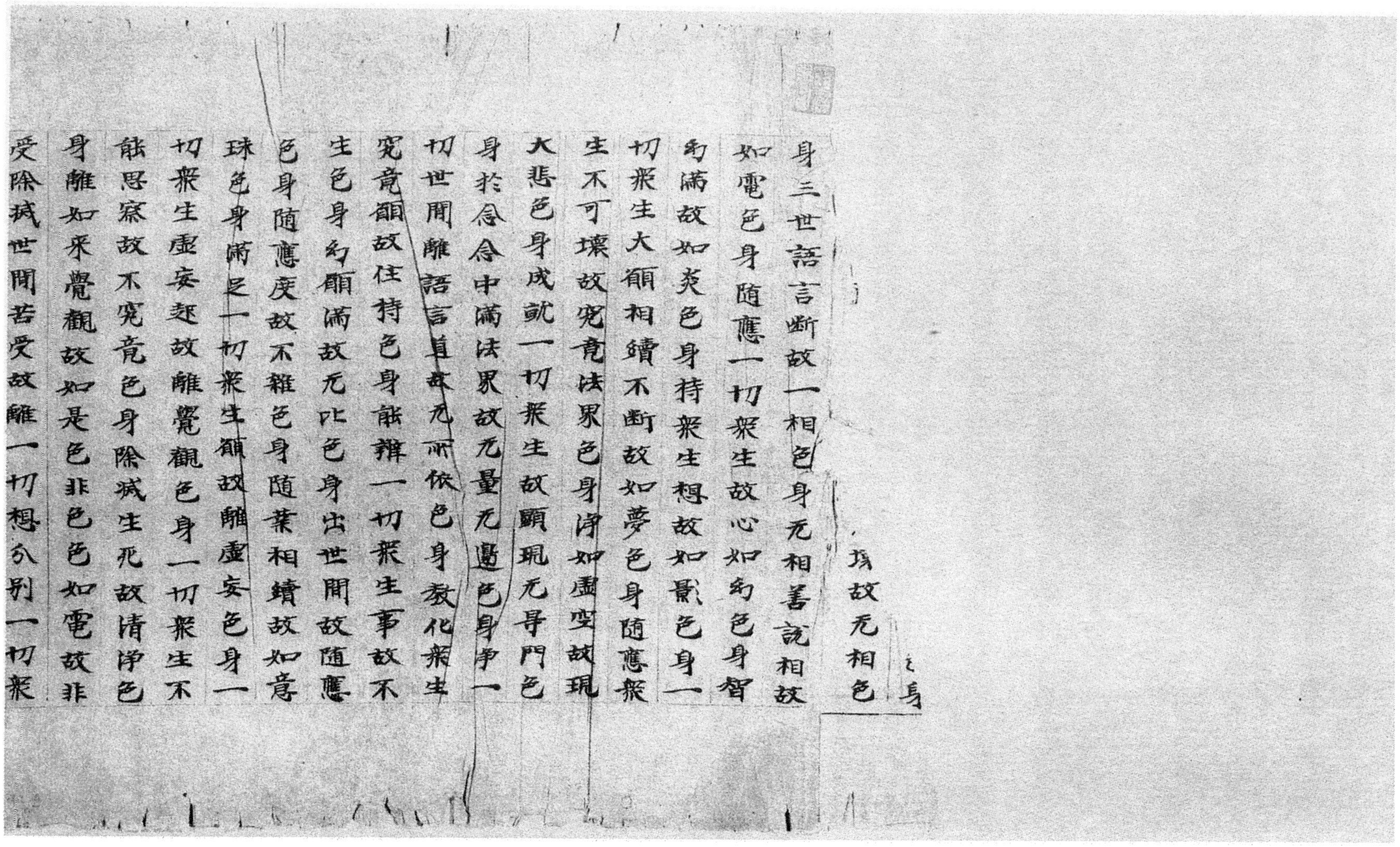

殘故无相色
身
身三世語言斷故一相色身无相善說相故
如電色身隨應一切衆生故心如幻色身智
幻滿故如炎色身持衆生想故如影色身一
切衆生大願相續不斷故如夢色身隨應衆
生不可壞故究竟法界色身淨如虛空故現
大悲色身成就一切衆生故顯現无导門色
身於念念中滿法界故无量无邊色身淨一
切世間離語言道故无所依色身教化衆生
究竟願故住持色身能辯一切衆生事故不
生色身幻願滿故无比色身出世間故隨應
色身隨應度故不離色身隨業相續故如意
珠色身滿足一切衆生願故離虛妄色身一
切衆生虛妄起故離覺觀色身一切衆生不
能思察故不究竟色身除滅生死故清淨色
身離如來覺觀故如是色非色色如電故非
受除滅世間苦受故離一切想分別一切衆

BD14794號　大方廣佛華嚴經（晉譯五十卷本）卷四八　　（23–1）

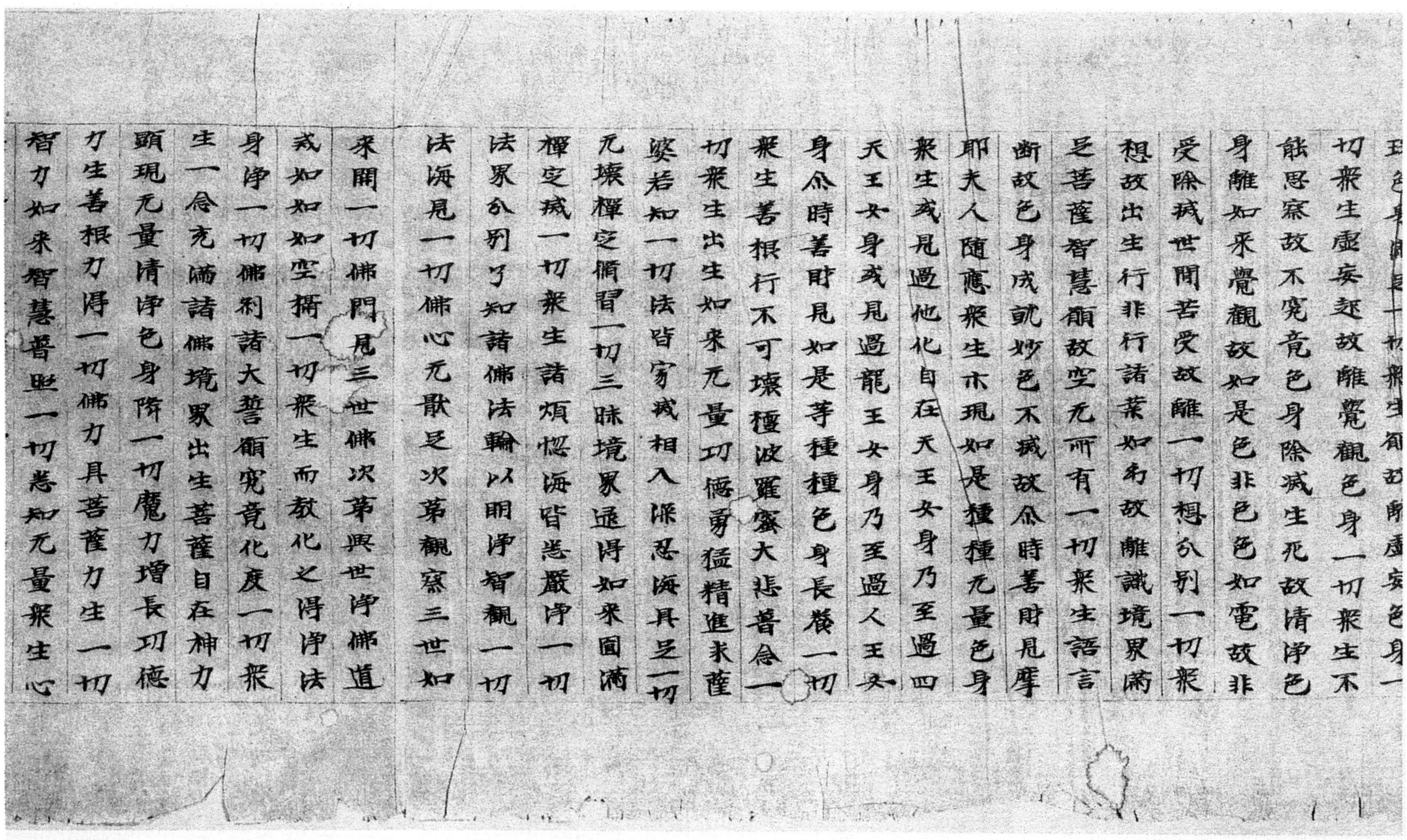

切衆生虛妄起故離覺觀色身一切衆生不
能思察故不究竟色身除滅生死故清淨色
身離如來覺觀故如是色非色色如電故非
受除滅世間苦受故離一切想分別一切衆
想故出生行非行諸業如幻故離識境界滿
足菩薩智慧願故空无所有一切衆生語言
斷故色身成就妙色不滅故尒時善財見摩
耶夫人隨應衆生亦現如是種種无量色身
衆生或見過他化自在天王女身乃至過四
天王女身或見過龍王女身乃至過人王女
身尒時善財見如是等種種色身長養一切
衆生善根行不可壞檀波羅蜜大悲普念一
切衆生出生如來无量功德勇猛精進求薩
婆若知一切法皆寂滅相入深忍海具足一切
无壞禪定脩習一切三昧境界逮得如來圓滿
禪定滅一切衆生諸煩惱海皆悉嚴淨一切
法界分別了知諸佛法輪以明淨智觀一切
法海見一切佛心无猒足次第觀察三世如
來開一切佛門見三世佛次第興世淨佛道
或如如如空攝一切衆生而教化之得淨法
身淨一切佛刹諸大菩薩願究竟化度一切衆
生一念充滿諸佛境界出生菩薩自在神力
顯現无量清淨色身降一切魔力增長功德
力生善根力得一切佛力具菩薩力生一切
智力如來智慧普照一切悉知无量衆生心

BD14794號　大方廣佛華嚴經（晉譯五十卷本）卷四八　　（23–2）

生一念充滿諸佛境界出生菩薩自在神力
顯現无量清淨色身降一切魔力增長功德
力生善根力得一切佛力具菩薩力生一切
智力如來智慧普照一切悉知无量衆生心
海了知衆生諸根欲性一身充滿十方无量
无邊佛刹悉分別知佛刹成敗開淨智眼見
三世海諸佛法海出生一切如來功德知一
切菩薩所脩功德從初發心乃至究竟長養
一切衆生善根於一切世間讃歎一切諸佛
功德成滿一切菩薩母願尒時善財見摩耶
夫人有如是等閻浮提微塵等未曾有事即
變化己身悉與摩耶夫人身等合掌礼敬五
體投地即得无量无邊諸三昧門正念脩習
分別觀察隨順出生平等已從三昧起已敬
遶摩耶夫人及諸眷屬恭敬合掌於一面住
白言大聖文殊師利菩薩注昔教我發阿耨
多羅三藐三菩提心求善知識親近供養我
已漸求至大聖所願爲演說云何菩薩學菩
薩行脩菩薩道答言佛子我已成就大願智
幻法門得此法門故爲盧舍那如來母於此
閻浮提迦毗羅城淨飯王宮從右脇生悉達
太子顯現不可思議自在神力善男子菩薩
於兜率天命終時一一毛孔放大光明名一
切如來受生圓滿功德顯現不可說不可說
佛刹微塵等菩薩受生莊嚴普照一切世界照
已來罩我頂遍入我身於一切毛孔入已普

BD14794號　大方廣佛華嚴經（晉譯五十卷本）卷四八　（23–3）

於兜率天命終時一一毛孔放大光明名一
切如來受生圓滿功德顯現不可說不可說
佛刹微塵等菩薩受生莊嚴普照一切世界照
已來罩我頂遍入我身於一切毛孔入已普
見菩薩受生自在莊嚴又見出家注詣道場
成等正覺菩薩天人大衆圍遶恭敬供養轉
正法輪彼諸如來於過去世行菩薩行於諸
佛所恭敬供養發菩提心淨諸佛刹无量化
身充滿法界教化衆生乃至示現大般涅槃
如是等事皆悉覩見又善男子彼妙光明來
入我身尒時超出世間與虛空等亦不過人
身悉能容受十方菩薩莊嚴宮殿尒時菩薩
從兜率天降神下時與十佛刹微塵等菩薩
俱皆悉同行大願善根莊嚴法門智慧自在
一切諸地清淨法身无量色身究竟普賢諸
大願行悉皆同等如是菩薩眷屬圍遶又與八
万諸龍王俱娑伽羅龍王等及諸夜叉八部神
等恭敬供養降神下時放大光明普照世界
現自在力除滅一切諸惡道苦以巧方便教
化不可思議衆生皆悉令知宿世業行令諸
菩薩脩不放逸无所染著擁護衆生令悉覩
見此菩薩身如是等諸奇特事與大衆俱来
處我胎彼諸菩薩於我胎内遊行自在或以三
千大千世界以爲一步或不可說不可佛說刹
微塵等世界以爲一步又念念中十方一切
世界一切佛所不可說不可說菩薩眷屬及

BD14794號　大方廣佛華嚴經（晉譯五十卷本）卷四八　（23–4）

處我胎彼諸菩薩於我胎內遊行自在或以三
千大千世界以爲一步或不可說不可佛說剎
微塵等世界以爲一步又念念中十方一切
世界一切佛所不可說不可說菩薩眷屬及
四天王剎利天王乃至梵王如是等一切天
王皆入我胎欲見菩薩恭敬供養聽受正法
悉皆容受如是等衆而胎不廣大亦不迫迮
於此世界亦現如是神變受生十方一切閻
浮提中亦復如是亦不分身種種現化隨其
所應爲菩薩母何以故脩此大願智幻法門
故善男子我爲盧舍那佛母拘樓孫佛拘那
含牟尼佛迦葉佛弥勒佛師子佛法幢佛善
眼佛淨華佛妙德華佛提舍佛弗沙佛歡喜
意佛自在佛離垢佛明淨月佛熱炬佛樂靜
佛金剛楯佛清淨義佛阿私陀佛度彼岸佛
高炎山佛熱燈佛寶華蓮佛功德稱佛无量
德持佛妙德燈佛莊嚴身佛善威儀佛妙德
慧佛善幢佛智威佛无量音佛无諍佛散起
佛清淨佛廣光佛速淨佛妙德雲佛莊嚴頂
髮佛樹王佛莊嚴寶冠佛智海佛淨寶佛堅
天冠佛具諸願佛大自在佛妙德王佛勝妙
德佛稱種雲佛廣淨眼佛殊勝慧佛脩習智
佛高王佛自在慧佛離色佛師子意佛无上
王佛妙德頂佛金剛智山佛妙德藏佛寶網
嚴身佛善慧佛自在天佛大地天佛无著功德
佛衆功德佛慧光佛妙德天佛无上坐佛无

BD14794號　大方廣佛華嚴經（晉譯五十卷本）卷四八　（23–5）

佛高王佛自在慧佛離色佛師子意佛无上
王佛妙德頂佛金剛智山佛妙德藏佛寶網
嚴身佛善慧佛自在天佛大地天佛无著功德
佛衆功德佛慧光佛妙德天佛无上坐佛无
上德佛仙人伏根佛隨順語佛自在德幢佛
明淨幢佛分別支佛毗舍佉佛放一切衆生
香光明佛金剛寶嚴佛歡喜眼佛滅欲塵佛
高大身佛善天佛无上天佛向窮滅佛覺知
佛離塵垢佛光炎王佛安住佛毗舍佉天佛
金剛山佛智炎盛妙德佛安隱佛優波提舍
佛具淨德佛樂賢德佛第一義勇佛百光炎
佛一增上佛深音聲佛大地王佛白淨佛山
音聲佛殊勝佛不可壞佛无上醫佛功德月
佛不違逆佛功德聚佛月出佛功德天佛光
明盛佛婆羅險佛藥王佛勝寶佛金剛慧佛
八十妙德佛一切无壞佛大名稱王佛勇進
持佛无量光佛大莊嚴炎佛法王不虛佛不
退地佛明淨天佛苦行淨天佛同意佛解脫
音佛无壞王佛滅諂僞佛淨薝蔔光佛善勝
月佛熱明炬佛莊嚴身佛不可說佛觀衆生
佛无量光佛无畏音佛寂勝天佛无畏智威
佛妙德華佛月光炎佛不退慧佛離愛佛不
著慧佛長養德聚佛滅惡道佛无量化師子
吼佛義不退佛見无量佛降衆魔佛不著相
佛離虛妄海佛清淨海佛不可阻壞須弥山
佛无著智佛无量坐佛興魔滅佛道師行佛

BD14794號　大方廣佛華嚴經（晉譯五十卷本）卷四八　（23–6）

佛妙德華佛月光炎佛不退慧佛離愛佛不
著慧佛長養德衆佛滅惡道佛无量化師子
吼佛義不退佛見无导佛降衆魔佛不著相
佛離虛妄海佛清淨海佛不可阻壞須弥山
佛无着智佛无量坐佛與魔戰佛隨師行佛
无上調佛常月佛饒益王佛不動除佛饒益
名佛饒益慧佛壽持佛壽名佛滿稱佛无壞
威佛色明淨佛无相智佛勇无動佛難思妙
德佛同月行佛无量身佛隨順王佛增壽天
佛佛子如是等賢劫一切佛於此世界成等
正覺我悉爲毋之於十方一切世界教化衆
生尒時善財白言大聖得此法門其已久如
答言佛子乃往古世過不可思議非諸菩薩
通明境界不可數劫有劫名淨光時有世界
名曰妙德須弥山王其土清淨无諸垢穢衆
寶合成種種嚴飾見者无猒彼世界中有十
億四天下諸四天下中有一四天下彼四天
下中有八十億大王之都彼王都中有一王
都名曰智幢有轉輪王名曰勇盛彼王都北
有道場名曰光明其道場神名淨妙德時有
菩薩名離垢幢坐於道場臨成正覺時有惡
魔名金剛光明與眷屬俱至菩薩所壞其道
行時勇盛王具足菩薩神力自在化作兵衆
多彼魔軍而摧伏之時彼菩薩得成正覺時
道場神見此事已歡喜无量發如是願此轉
輪王乃至成佛我爲其毋善男子我曾於彼
道場共養十那由他佛善男子彼道場神豈

多彼魔軍而摧伏之時彼菩薩得成正覺時
道場神見此事已歡喜无量發如是願此轉
輪王乃至成佛我爲其毋善男子我曾於彼
道場供養十那由他佛善男子彼道場神豈
異人乎我身是也轉輪王者盧舍那佛是也
善男子我從尒時發願以來盧舍那佛於一
切有行菩薩行教化衆生乃至最後受生我
常爲毋復次善男子現在過去十方无量无
邊諸佛放大光明來照我身官殿住處者彼
最後生我悉爲毋善男子我唯知此大願
智幻法門諸大菩薩具大悲藏教化衆生心
无猒足得自在法一一毛孔現一切佛自在
神力我當云何能知能說彼功德行善男子
此世界中忉利天上有天名正念彼天有女
汝詣彼問云何菩薩學菩薩行脩菩薩道尒
時有妙德大童子妙德慧童子以不可思議
善根力令善財身柔濡光澤自說本願又作
是言善男子於此南方有一國土名曰海潤
彼有園林名大莊嚴藏於彼林中有大樓觀
名嚴淨藏菩薩往昔善根所起菩薩諸願自
在諸通智力巧妙方便功德大悲法門所起
彼園中有菩薩摩訶薩名曰弥勒常化父毋
親戚眷屬及同行者又復長養其餘无量衆
生善根令住大乘之欲爲汝顯現菩薩方便
法門欲明菩薩受生自在欲對現教化一切
衆生令伏者有宣明菩薩大悲力覺悟菩

親戚眷屬及同行者又復長養其餘无量衆
生善根令住大乘之欲為汝顯現菩薩方便
法門欲明菩薩受生自在欲對現教化一切
衆生令歡諸有宣明菩薩大慈悲力覺悟菩
薩无相法門明諸有趣恚无自相汝詣彼問
云何菩薩淨菩薩道云何菩薩學菩薩戒云
何菩薩淨菩薩心云何菩薩發諸大願云何
菩薩積功德具云何菩薩得菩薩地云何菩
薩滿足一切諸波羅蜜云何菩薩得諸忍法
云何菩薩住功德行云何菩薩近善知識何
以故彼菩薩摩訶薩究竟一切諸菩薩行分
別了知衆生心行以巧便智而教化之滿足
一切諸波羅蜜住菩薩地得諸忍門誕於菩
薩離生之法於諸佛所而得受記於菩薩法
自在遊戲持諸佛持无量諸佛以一切智甘
露正法而灌其頂善男子彼菩薩摩訶薩能
亦導汝真善知識堅菩提心長養善根住正
直心現菩薩根說无等法平等諸地讚歎善
薩所出生道具諸菩薩願行功德能廣演說普
賢所行善男子汝不應於一善根中生知足想
一光明法一行一願一受記莂得法忍門六波
羅蜜菩薩諸地所淨佛刹近善知識於是事中
生知足想何以故善男子菩薩摩訶薩應一向
求无量善根積集无量菩提具積集无量菩
提回歸脩習无量諸大迴向教化成就无量衆生

BD14794號　大方廣佛華嚴經（晉譯五十卷本）卷四八　（23–9）

生知足想何以故善男子菩薩摩訶薩應一向
求无量善根積集无量菩提具積集无量菩
提回歸脩習无量諸大迴向教化成就无量衆生
了知无量諸衆生心諸根欲性衆生諸行除滅
无量衆生煩惱結業習氣除滅无量衆生耶
見諸深汙心令發无量諸清淨心拔出无量
諸苦惱判消竭无量愛欲之海遠離无量愚
癡闇冥壞散无量大憍慢山解散无量生死
繫縛越度无量煩惱有流竭无量受生海
源拯拔无量愛欲淤泥於三界獄免濟苦難
悉令安立八聖道枝普令滅除三毒熾燃斷
絕无量諸魔鉤餌遠離无量諸惡魔業脩淨
无量菩薩直心長養菩薩无量方便出生菩
薩无量諸根淨脩菩薩无量欲性深入菩薩
无等等法脩行菩薩无量勝行清淨菩薩无
量功德淨脩菩薩无量威儀亦現菩薩无量
隨順世間發起无量不壞信心發起无量大
精進力淨脩无量諸正念力成滿无量諸三
昧力開發无量諸大悲力堅固无量諸欲性
力積聚无量諸功德力長養无量諸淨智力
發起无量菩薩諸力成滿无量諸知來力悉
分別知无量法門普入无量諸法方面淨脩
无量法門發起无量法明照无量法无量諸
根了知无量諸煩惱病積集无量諸妙法藥
以善方便療衆結病脩習无量甘露正法詣

BD14794號　大方廣佛華嚴經（晉譯五十卷本）卷四八　（23–10）

分別知无量法門普入无量諸法方面淨脩
无量法門義趣无量法明照无量法无量諸
根了知无量諸煩惱病積集无量諸妙法藥
以善方便療衆結病脩習无量甘露正法詣
諸佛剎恭敬供養无量如來遍入菩薩大衆
源底護持无量如來正法不識无量衆生罪
各除滅无量惡道諸難令无量衆生生天人
中捴攝无量諸衆生類淨脩无量陁羅尼門
成滿无量諸大願行脩習无量大慈願力不
惜身命求无量法脩習无量寂滅法力出生
无量淨智通明知无量衆生諸趣受生而爲
應現无量化身知无量心諸語言法悉入菩
薩无量諸行脩菩薩法觀察菩薩甚深法門
覺悟菩薩難知境界到諸菩薩難至之處趣
攝持菩薩勇猛功德證於菩薩離生淨妙難
證之法覺悟菩薩諸莊嚴行於一切處顯現菩
薩自在神力受持菩薩无壞法雲增廣菩
薩无量无邊淨智慧行究竟无量諸波羅蜜
受於菩薩无量記莂深入菩薩无量忍門脩
治菩薩不思議地諸正法門於无量劫以大
弘誓而自莊嚴供養諸佛淨不可說諸佛世
界義不可說菩薩願行善男子略說菩薩教
化一切衆生於一切劫行菩薩行於一切趣
應現受生以明淨智了一切三世淨一切剎
滿一切願供養一切佛與一切菩薩同脩願
行親近一切諸善知識是故善男子應一向

BD14794號　大方廣佛華嚴經（晉譯五十卷本）卷四八　（23–11）

化一切衆生於一切劫行菩薩行於一切趣
應現受生以明淨智了一切三世淨一切剎
滿一切願供養一切佛與一切菩薩同脩願
行親近一切諸善知識是故善男子應一向
求諸善知識若見聞法恭敬供養於善知識
勿生厭足身心懈歡令一切善知識心大歡
悅何以故曰善知識究竟一切諸菩薩行成
滿一切菩薩功德一切菩薩大願一切菩薩
善根一切菩薩助道法生一切菩薩法明淨
一切菩薩法門淨脩一切菩薩禁戒一切菩
薩禪定三昧一切菩薩堅固无上菩提之心
一切菩薩捴持辯才淨一切菩薩功德藏同
一切菩薩大願解一切菩薩密法一切菩薩
法寶長養一切菩薩諸根積聚一切菩薩智
聚護一切菩薩功德法藏清淨一切菩薩受
生聞持一切菩薩法雲出生一切菩薩正道
義趣一切菩薩道心成就一切諸佛菩提一
切菩薩諸行了知十方一切法界讚一切菩
薩直心功德趣一切菩薩大慈悲力攝一切
菩薩无量善根得一切菩薩道枝得一切菩
薩饒益衆生心遠離惡道安住大乘脩菩薩
行遠惡知識於菩薩法心不退轉超出凡夫
聲聞緣覺一切世間心无惑亂无所深著廣
脩菩薩无量諸行長養一切諸善功德除滅
煩惱一切諸魔莫能俎壞曰善知識悉能成
辯如是等事何以故善知識者能令除滅諸

BD14794號　大方廣佛華嚴經（晉譯五十卷本）卷四八　（23–12）

行遠惡知識於菩薩法心不退轉超出凡夫
聲聞緣覺一切世間心无惑亂无所染著廣
脩菩薩无量諸行長養一切諸善功德除滅
煩惱一切諸魔莫能沮壞曰善知識悉能成
辨知是等事何以故善知識者能令除滅諸
鄣身故遠不善法離惡知識滅无明闇諸耶
見縛超出生死一切世間斷魔鉤餌拔苦惱
剌出无智嶮難耶惑山澗越度有流諸惡耶
徑示導清淨菩提正道教菩薩法脩習四道
明淨慧眼安立薩婆若增長菩提心廣大慈
悲脩波羅蜜住菩薩地得深法忍淨一切善
根積集一切菩薩功德施與一切菩薩功德
見一切佛心大歡喜護持淨戒解真實義出
正法門離諸耶道現明法門普照一切聞持
无量諸佛法雲滅一切煩惱增長一切智住
一切佛法復次善男子善知識者則爲慈母
生佛家故善知識者則爲慈父以无量事益
衆生故善知識者則爲養育守護不爲一切
惡故善知識者則爲大師教化令學菩薩戒
故善知識者則爲導師教化令至彼岸道故
善知識者則爲良醫療治一切煩惱患故善
知識者則爲雪山長養明淨智慧藥故善知
識者則爲勇將防護一切諸恐怖故善知識
者則爲牢船悉令越度生死海故善知識者
則爲船師令至一切智法寶洲故是故善男
子當應如是正念思惟諸善知識又善男子

BD14794號　大方廣佛華嚴經（晉譯五十卷本）卷四八　（23–13）

識者則爲勇將防護一切諸恐怖故善知識
者則爲牢船悉令越度生死海故善知識者
則爲船師令至一切智法寶洲故是故善男
子當應如是正念思惟諸善知識又善男子
詣善知識發大地心持一切事无疲倦故發
金剛心堅固正直不可壞故發金剛山心一
切苦患不能壞故發无自心隨彼意故發弟
子心不違一切教故發僮僕心一切苦役不
疲猒故發養育心不畏煩惱所汙染故發傭
作心隨所受教不違逆故發卑下心遠離自
大增上慢故發成熟心善知時非時故發寶
馬心離憍慢不調故發車心載一切故發大
鳥心伏諸根故發大山心一切惡風不能動
故發小犬心離瞋恚故發旃陀羅心離憍慢
故發折角心離威勢故發大風心无所著故
發大船心於彼此岸往反不疲故發橋梁心
度善知識教故發孝子心見善知識无猒足
故發王子心順君教故又善男子應於自身
生病苦想於善知識生醫王想於所說教生
良藥想又於自身生遠行想於善知識生導
師想於所說教生正路想又於自身生趣彼
岸想於善知識生知濟想於所說法生涼池
想又於自身生農夫想於善知識生龍王想
於所說法生時澤想於隨說行生成熟想又
於自身生貧窮想於善知識生毗沙門寶天
王想於所說教生珎寶想又於自身生弟子

BD14794號　大方廣佛華嚴經（晉譯五十卷本）卷四八　（23–14）

想又於自身生農夫想於善知識生龍王想
於所說法生時澤想於隨說行生成熟想又
於自身生貧窮想於善知識生毗沙門寶天
王想於所說教生珎寶想又於自身生弟子
想於善知識生大師想於所說法生脩學想
又於自身生怯劣想於善知識生勇健想於
所說法生器仗想又於自身生商人想於善
知識生導師想於所說法生珎寶想隨聞說
行生勝寶想又於自身生子息想於善知識
生慈父想於所說法生立家想又於自身生
王子想於善知識生大臣想於所說法學王
教想善男子諸善知識應正思念發如是想
何以故曰淨直心見善知識隨順其教增長
善根如依雪山出衆藥草為佛法器如海呑
流生諸勝德如海出寶淨菩提心如鍊真金
超出世間如須弥不染世間如水蓮華不
受諸惡如海死屍長白淨法如月盛滿普照
法界如日迴曜長菩薩身如母養子善男子
略說菩薩摩訶薩若能隨順善知識教得十
不可說百千億那由他諸功德明十不可說
百千億那由他淨直深心增長十不可說百
千億那由他菩薩諸根淨十不可說百千億
那由他菩薩諸持職十不可說百千億那由
他諸鄣导法超十不可說百千億那由他諸
惡魔業入十不可說百千億那由他菩薩法

BD14794號　大方廣佛華嚴經（晋譯五十卷本）卷四八　（23–15）

千億那由他菩薩諸根淨十不可說百千億
那由他菩薩諸持職十不可說百千億那由
他諸鄣导法超十不可說百千億那由他諸
惡魔業入十不可說百千億那由他菩薩法
門滿十不可說百千億那由他諸妙功德脩
十不可說百千億那由他菩薩所行具十不
可說百千億那由他菩薩大願善男子略說
菩薩曰善知識究竟一切菩薩行一切菩薩
波羅蜜一切菩薩地一切菩薩忍一切菩薩
陁羅尼一切菩薩三昧門一切菩薩通明智
自在一切菩薩迴向一切菩薩大願善男子
如是等一切法善知識為本依善知識起依
善知識生依善知識取依善知識發依善知識
長依善知識住依善知識得尒時善財聞如
是等讚善知識諸菩薩行如來正法心大歡
憙踊躍无量正念思惟菩薩所行漸漸遊行
向海潤國以過去際脩身業力及清淨心遠離
惡行超出世間虛妄惑倒求佛法寶義長養
諸根滿足大願具精進力不惜身命饒益衆
生脩菩薩行積集佛法見諸如來淨一切刹
供養法師護持正法成就菩薩諸淨願身善
知識起脩習不可思議善根作是念已淨心
信敬一切菩薩如世尊想脩習諸根心不顛
倒正念恭敬離世間想滿足諸願出生无量
菩薩化身讚嘆三世一切諸佛菩薩法門智
慧覺悟如來菩薩一切至處自在神力乃至

BD14794號　大方廣佛華嚴經（晋譯五十卷本）卷四八　（23–16）

信敬一切菩薩如世尊想備習諸根心不顛
倒正念恭敬離世間想滿足諸願出生无量
菩薩化身讚嘆三世一切諸佛菩薩法門智
慧覺悟如來菩薩一切至處自在神力乃至
一毛孔中佛菩薩身皆悉充滿无㝵智眼觀
十方法界及虛空界三世諸法尒時善財如
是恭敬供養具諸願忍以无量智觀界境地
尒時善財五體敬礼彼嚴淨藏高大樓觀作
如是念此是諸佛菩薩諸善知識是諸佛塔
是諸如來像諸佛菩薩法寶住處是聲聞緣
覺亦是其塔此是衆聖亦是父母亦是福田此
是一切法界境界作是念已久復等觀猶如
虛空等觀如法界无有鄣㝵等觀如實除至
一切處等觀如如如來除諸虛妄无所深著等
觀如影如夢如電如響悉從緣起非有非无
深心信解隨諸業因而受果報知從信心成
等正覺因解佛功德供養諸佛因恭敬心出
化佛身因脩善根起諸佛法因般若波羅蜜
起一切波羅蜜因堅固願起諸佛法因諸迴
向起一切菩薩行一切智境界法門解了迴
向非常非斷非生非滅非无因作捨離有見
諸顛倒惑謂從自在而生諸法本有實性次
第而出離我我所深達緣起入諸法界見有
為法猶如鏡像離有无見不生不滅滅耶癡
惑了諸法空悉无自在起出諸相入无相際
而亦不違種生才法悉知一切從因緣生知

BD14794號　大方廣佛華嚴經（晉譯五十卷本）卷四八　（23-17）

第而出離我我所深達緣起入諸法界見有
為法猶如鏡像離有无見不生不滅滅耶癡
惑了諸法空悉无自在起出諸相入无相際
而亦不違種生才法悉知一切從因緣生知
因印故而生印像如鏡中像如電如夢如響
如幻各隨因有一切諸法亦復如是隨業受
報以善方便潤澤諸法尒時善財礼未起間
知法如是得不思議善根柔濡身心稽首礼
畢敬達千匝合掌諦觀復作是念此是解空
无相願者之所住處離虛妄者之所住處住
法界者了知衆生非實有者知不生者知一
切世間无所著者方便分別一切衆生者一
切无所依者離一切相者知一切法无自性
者不虛妄取一切業者了知一切心意識相
者知一切道非出非不出者住一切甚深大
智度者方便充滿普門法界者寂滅一切衆
煩惱者智慧斷除見愛慢者一切禪定解脫
三昧神通遊戲者脩一切菩薩三昧境界者
安住一切如來所者以一劫為一切劫以一
切劫為一劫者以一切刹為一刹以一刹為
一切刹而亦不壞諸刹相者以一法為一切
法以一切法為一法而亦不壞諸法相者以
一衆生為一切衆生以一切衆生為一衆生
而解衆生无差別者以一佛為一切佛以一
切佛為一佛而解諸佛无有二者以三世為
一念以一念為三世者於一念中詣一切刹者

BD14794號　大方廣佛華嚴經（晉譯五十卷本）卷四八　（23-18）

而解衆生无差别者以一佛爲一切佛以一
切佛爲一佛而解諸佛无有二者以三世爲
一念以一念爲三世者於一念中詣一切剎者
普照饒益一切衆生者得一切入者出過去
生爲教化故而不捨離者不依一切剎而遊
行莊嚴一切世界供養佛者詣一切佛无染
著者依善知識不味法者住一切魔宮不樂
欲者入一切相而不捨離一切智者了一切
衆生身无我无衆生无二觀者自身容受一
切世界而不壞法性者盡未來劫脩諸願行
而不取劫長短相者不離一毛端處而現一
切世界普爲衆生說正法者可尊重者解甚
深者達无二者了无性者善對者體法空者
住慈悲者遠離一切聲聞緣覺地者超出一
切魔境界者不染一切世間境界者究竟一
切菩薩法門者隨順一切佛法門者歎一切
生死而不謗聲聞離生法者知一切法无生
而亦不起不生見者觀不淨法不謗離欲法
不染愛者脩習大慈不爲除滅瞋恚法者觀
於緣起一切法中无愚癡者住於四禪不隨
生者住四无量不生无色爲教化者脩習正
觀不謗明脫化衆生者住空三昧滅无見者
住无相三昧爲化衆生不捨相者住无相願
三昧不捨菩薩一切願者一切煩惱業中得自
在力爲教化故亦現隨順煩惱業者離於生
死而現受生爲教化者離一切趣現入諸趣

BD14794 號　大方廣佛華嚴經（晉譯五十卷本）卷四八　（23–19）

觀不謗明脫化衆生者住空三昧滅无見者
住无相三昧爲化衆生不捨相者住无相願
三昧不捨菩薩一切願者一切煩惱業中得自
在力爲教化故亦現隨順煩惱業者離於生
死而現受生爲教化者離一切趣現入諸趣
化衆生者脩大慈悲不隨愛脩習喜心見衆
生苦常憂慼者脩習捨心而不捨離利他
事者得九次第定而不猒離欲界生者離於
諸受而不謗實際者住三脫門而不謗聲聞
解脫法者觀四真諦而不謗諸果者觀於緣
起離斷見者脩八正道而不永出生死難者
超凡夫地而不隨於二乘地者觀陰熾燃而
不永滅於五陰者離四魔道不不永捨諸魔
覺者捨六入鄣而現受者觀真如相而不謗
於實際法者現學一切乘而不捨離摩訶衍
者如此捿觀住一切功德者之所住處尒時
善財以偈頌曰
安住大慈心　彌勒摩訶薩　具足妙功德　饒益諸群生
住於灌頂地　諸佛之長子　思惟佛境界　安住此法堂
一切諸佛子　常履大乘行　遊行諸法界　安住此法堂
施戒忍精進　禪定方便願　究竟彼岸者　安住此法堂
无等智如空　普照三世法　了知一切者　安住此法堂
解了一切法　真實无生相　智慧遊空者　安住此法堂
除滅貪恚癡　一切諸顛倒　常樂寂靜者　安住此法堂
三脫門道觀　陰入界緣起　遠離惡道者　安住此法堂

BD14794 號　大方廣佛華嚴經（晉譯五十卷本）卷四八　（23–20）

无㝵智如空　普照三世法　了知一切者　安住此法堂
解了一切法　真實无生相　如鳥遊空者　安住此法堂
除滅貪恚癡　一切諸顛倒　常樂寂靜者　安住此法堂
三脫門道觀　陰入界緣起　遠離惡道者　安住此法堂
深入无㝵智　等觀衆生刹　如法无性者　安住此法堂
三世法无㝵　猶如空中風　无所染著者　安住此法堂
見衆生受苦　无有歸依處　大悲普濟者　安住此法堂
見盲冥衆生　捨正入險路　爲示正道者　安住此法堂
見諸有爲中　生老病死逼　令免恐怖者　安住此法堂
見衆生結患　積集智慧藥　悲心醫王者　安住此法堂
見无量衆生　沒溺生死海　大悲船度者　安住此法堂
深入生死海　摧滅煩惱龍　採佛智寶者　安住此法堂
願地慈悲眼　觀海出衆生　如金翅鳥者　安住此法堂
法界空中行　猶如淨日月　慧光普照者　安住此法堂
爲一一衆生　盡未曾際劫　荷負諸苦者　安住此法堂
一一諸刹中　盡未劫脩行　金剛精進者　安住此法堂
一坐處聞持　諸佛法无猒　大智慧海者　安住此法堂
遍遊世界者　及諸大衆海　供養佛海者　安住此法堂
一切劫海中　脩諸大願海　出生功德者　安住此法堂
一一毛孔中　佛刹劫衆生　无㝵眼見者　安住此法堂
一念中遍入　不可說諸劫　知念无㝵者　安住此法堂
一切刹微塵　衆生水渧等　生此等願者　安住此法堂
无量劫脩行　攝持禪定願　解脫法門者　安住此法堂
一切諸佛子　出生无量德　饒益衆生者　安住此法堂
成就无㝵智　通明巧方便　隨應現生者　安住此法堂
從初發道心　究竟一切行　化身滿法界　顯現自在力

BD14794號　大方廣佛華嚴經（晉譯五十卷本）卷四八　（23–21）

一念中遍入　不可說諸劫　知念无㝵者　安住此法堂
一切刹微塵　衆生水渧等　生此等願者　安住此法堂
无量劫脩行　攝持禪定願　解脫法門者　安住此法堂
一切諸佛子　出生无量德　饒益衆生者　安住此法堂
成就无㝵智　通明巧方便　隨應現生者　安住此法堂
從初發道心　究竟一切行　化身滿法界　顯現自在力
一念成正覺　入无量智業　莫能測量者　安住此法堂
无㝵淨慧力　遊行諸法界　无垢智觀者　安住此法堂
成就无㝵足　一切无所著　了別无二者　安住此法堂
觀諸寂滅法　皆悉如虛空　離垢境界者　安住此法堂
大悲觀衆生　諸苦所逼迫　救濟饒益者　安住此法堂
不離一坐處　普現衆生前　如明淨日月　除滅魔鈎餌
佛子住此堂　哀愍諸群生　出无量化身　充滿諸法界
佛子住此堂　遍遊諸世界　一切如來所　无量无數劫
无依入此堂　稱量諸境界　无量无數劫　其心无猒倦
佛子住此堂　念念入諸定　一一三昧門　顯現佛境界
佛子住此堂　覺了一切刹　三世一切法　衆生佛名号
佛子住此堂　諸劫爲一念　遠離妄想惑　隨順於衆生
佛子住此堂　脩習諸三昧　一一心中念　了達三世法
佛子住此堂　一處跏趺坐　普現一切刹　一切諸趣中
佛子住此堂　悉飲佛法海　深入智慧海　趣度功德海
无㝵智思量　三世无數刹　諸劫諸如來　无數衆生類
佛子住此堂　常於一念中　了知於三世　諸佛刹成敗
善知諸家勝　所脩諸行願　并衆生諸根　脩習佛境界
一一微塵中　見一切劫刹　諸佛及眷屬　一切衆生類
佛子住此堂　常觀一切法　衆生刹世劫　皆悉无自性

BD14794號　大方廣佛華嚴經（晉譯五十卷本）卷四八　（23–22）

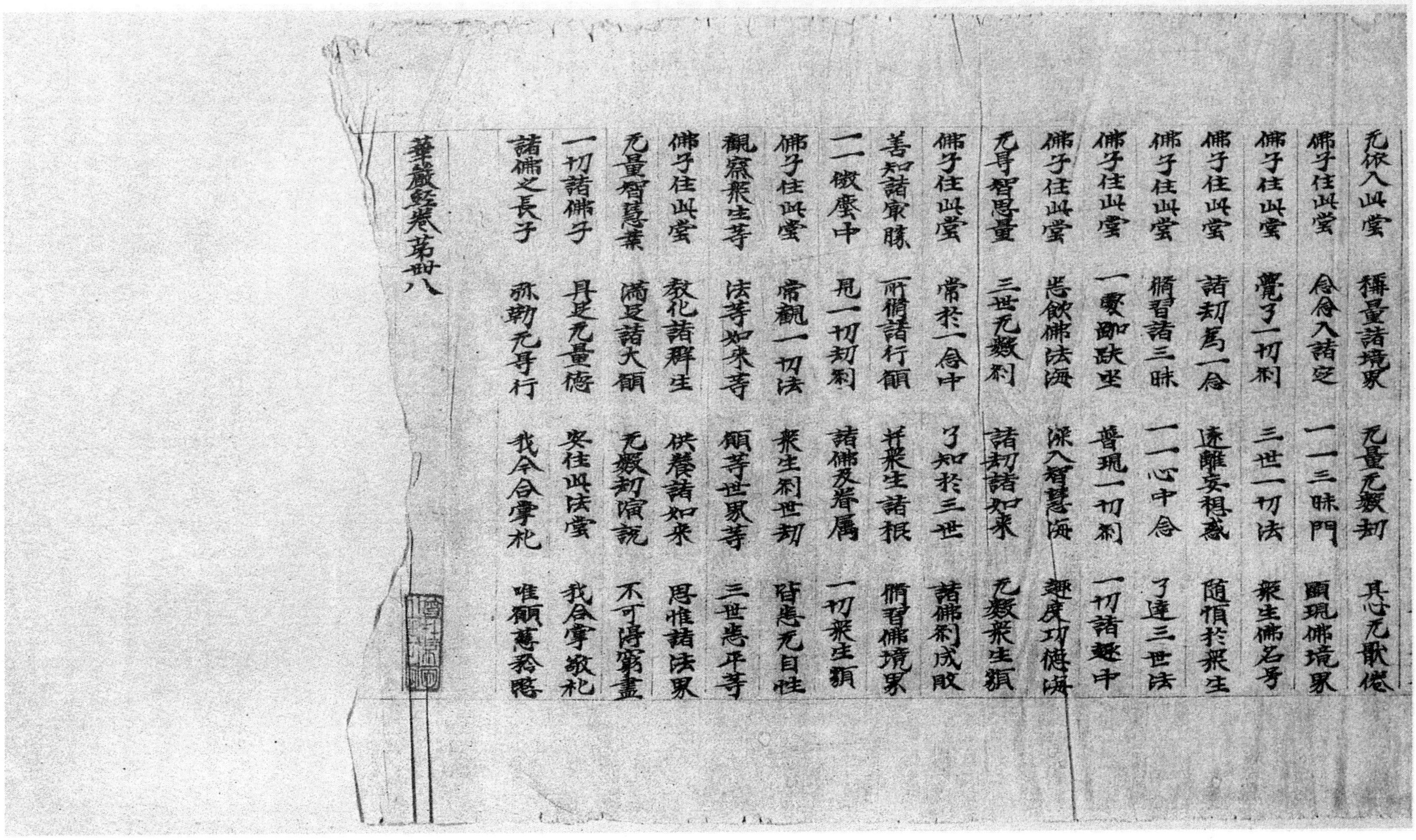

華嚴經卷第卌八

无依入此定　稱量諸境界　无量无數刧　其心无猒倦
佛子住此定　念念入諸定　一一三昧門　顯現佛境界
佛子住此定　覺了一切刹　三世一切法　衆生佛名号
佛子住此定　諸刧爲一念　遠離妄想惑　隨順於衆生
佛子住此定　脩習諸三昧　一一心中念　了達三世法
佛子住此定　一結跏趺坐　普現一切刹　一切諸趣中
佛子住此定　悉飲佛法海　深入智慧海　具足功德海
无量智思量　三世无數刹　諸刧諸如來　无數衆生類
佛子住此定　常於一念中　了知於三世　諸佛刹成敗
善知諸衆勝　所脩諸行願　并衆生諸根　脩習佛境界
一一微塵中　見一切刧刹　諸佛及眷屬　一切衆生類
佛子住此定　常觀一切法　衆生刹世刧　皆悉无自性
觀察衆生等　法等如來等　願等世界等　三世悉平等
佛子住此定　教化諸群生　供養諸如來　思惟諸法界
无量智慧業　滿足諸大願　无數刧演說　不可得窮盡
一切諸佛子　具足无量德　安住此法定　我合掌敬礼
諸佛之長子　亦勤无等行　我今合掌礼　唯願蒙矜愍

BD14794 號　大方廣佛華嚴經（晉譯五十卷本）卷四八　　（23–23）

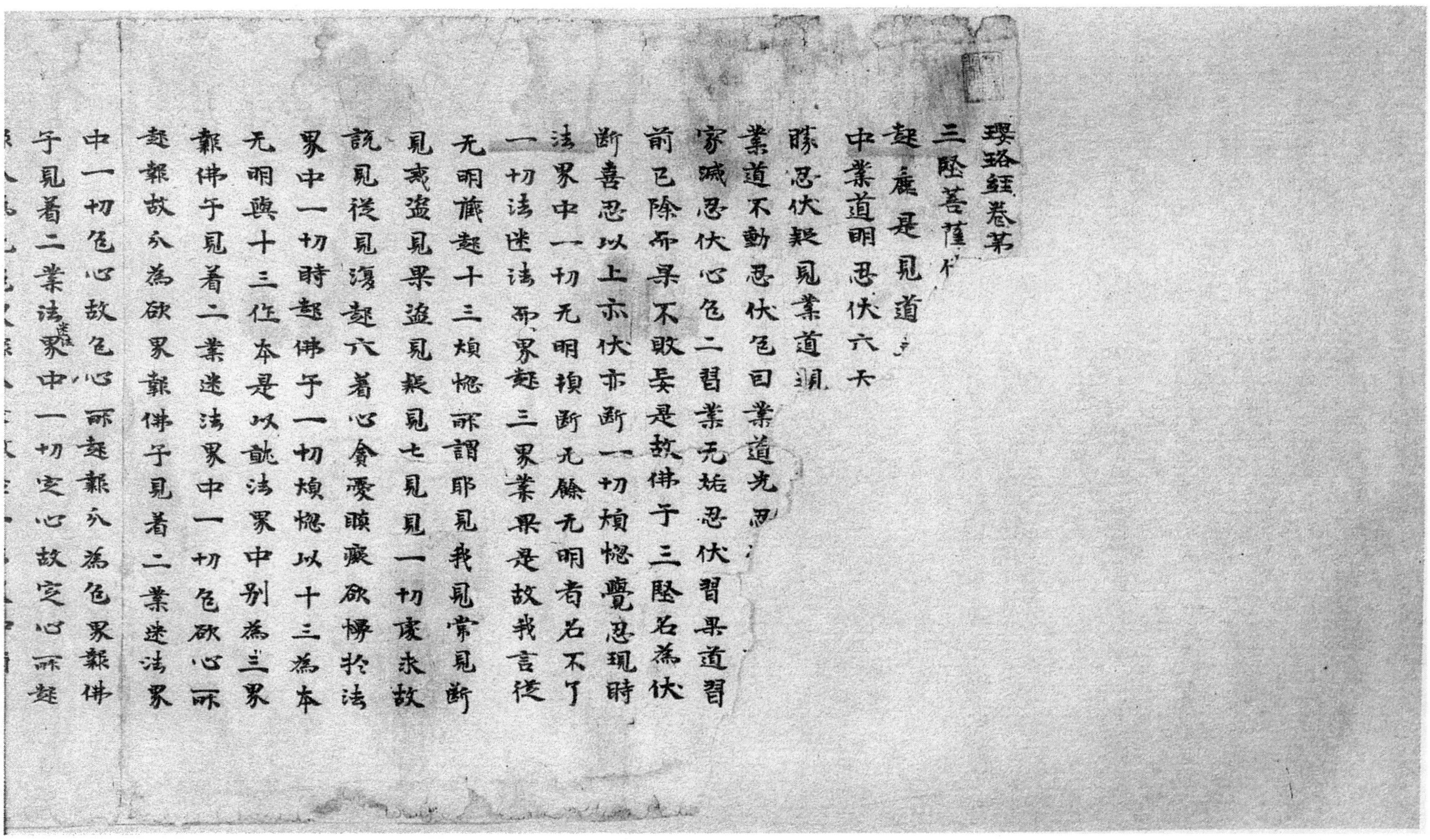

瓔珞經卷第
三賢菩薩伏
起麁是見道
中業道明忍伏六天
勝忍伏疑見業道頂
業道不動忍伏色曰業道光忍
家滅忍伏心色二習業无始忍伏習果道習
前已除而果不敢妄是故佛子三賢名爲伏
斷喜忍以上亦伏亦斷一切煩惱覺忍現時
法界中一切无明煩斷无餘无明者名不了
一切法迷法而界起三界業果是故我言從
无明藏起十三煩惱所謂耶見我見常見斷
見戒盜見果盜見疑見七見見一切處求故
說見從見復起六着心貪愛瞋癡欲憍於法
界中一切時起佛子一切煩惱以十三爲本
无明與十三住本是以能法界中别爲三界
報佛子見着二業迷法界中一切色欲心所
起報故分爲欲界報佛子見着二業迷法界
中一切色心故色心所起報分爲色界報佛
子見着二業法迷界中一切定心故定心所起

BD14795 號　菩薩藏修道衆經要第一〇　　（23–1）

无明與十三住本是以亂法界中別為三界
報佛子見着二業迷法界中一切色欲心所
起報故分為欲界報佛子見着二業迷法界
中一切色心故色心所起報分為色界報佛
子見着二業法界中一切定心故定心所起
報分為无色界報分是故於一法界中有
三報界一切有為法若凡若聖若見着若曰
果法不出法界唯佛一人在法界外然後為
復来入法界藏中為无明衆生現一切善惡
道果報差別无量佛子前堅三伏三界无明
而用麁業何以故當受生時善為緣子愛為
潤業故受来亦果故名息用而不斷受用又
十一人亦伏法界中三界業果故初地乃至
七地三界業果俱伏盡无餘八地乃盡故從
此以上示現住佛王宮受生出家得道轉法
輪滅度亦現一切佛界故无无于愛三界之
報唯有无明習在以大願力故變化生是以
我昔天中說生不生議業生變生佛子聖位
中二種業一慧業无相无生智心心緣法性
而生无照是名業二功德業實智出有諦中
有為无漏集百万阿僧祇功德故名為功德
業從初聖以上而現受生以變易故於故不
造新以願力故住受百劫千劫變化生一切
燈炷法門
大智度論卷第七十九
復菩提問佛以初心得无上道為用後心得
者問曰復菩提何曰緣故住是問難荅曰復
菩提上聞諸佛不增不減心自生疑若諸法

BD14795號　菩薩藏修道衆經要第一〇　（23–2）

大智度論卷第七十九
復菩提問佛以初心得无上道為用後心得
者問曰復菩提何曰緣故住是問難荅曰復
菩提上聞諸佛不增不減心自生疑若諸法
若諸法
不增不減云何得无上道復次若以如實正
行得无上道唯佛能尒菩薩未斷无明等煩
惱云何能如實正行復次復菩提此中自說
問難曰緣所謂初心不至後心後心不在初
心云何增益善根得无上道如是等曰緣故
住是問以初心得後心得佛以深曰緣法荅
所諸不但以初心得亦不離初心得所以者
何若菩初心得不以後心者菩薩初發心應
便是佛若无初心云何有第二第三心第二
第三心以初心為本根曰緣亦不但後心亦
不離後心者是後心亦不離初心若无初心
則无後心初心集无量功德後心則具足具
足故能斷煩惱習得无上道復菩提此由自
說難曰緣初心後心數法不俱不俱者則過
去已滅不得和合若无和合則根善不集善
根不集云何成无上道佛以現事辟喻荅如
燈炷非獨初炎燋亦不離初非獨後炎燋而
不離後炎而燈炷燋我亦以佛眼見菩薩得
无上道不以初心得亦不離初心亦不以後
心得亦不離後心而得无上道燈辟如菩薩
道炷喻无明等煩惱炎如初地相應智慧乃
至金對三昧相應智慧燋无明等煩惱炷亦
不初心智炎亦非非後心智炎而无明等煩
惱炷燋盡得成无上道

BD14795號　菩薩藏修道衆經要第一〇　（23–3）

心淂亦不離後心而淂无上道燈辟如菩薩
道炷喻无明等煩惱炎如初地相應智慧乃
至金對三昧相應智慧燋无明等煩惱炷亦
不初心智炎亦非非後心智炎而无明等煩
惱炷燋盡淂成无上道

菩薩瓔珞經卷第二

佛子復從是向明轉照照智學相似平等觀
觀名无淂假淂喻如燃燈有主非初
觀名无淂无淂假淂喻如燃燈有非主初炎
者非初炎有時中有燒非離初失者非初炎
无時中有燒後亦如之直以有為諸法二諦
皆迭遷假号故燒故知始炎非今今燋非始
今燋非始故於今方有始炎非今故於今无
燒无燒於今今燒假燒淂平等觀亦復如是
非初心有中有淂亦非初心无中有淂後心
亦然是故始心非今今起非始起今起非始
起故於今方有始心非今故於今无淂无淂
於今今淂假淂中道第一議諦心念念寂滅
入万法明門從十信乃至十回自然流入平
等道无淂一相真實觀一照相入初地道

五忍法門

仁王經一卷

五忍是菩薩法伏忍上中下信忍上中下順
忍上中下无生忍上中下寂滅忍上下名為諸
佛菩薩脩般若波羅蜜
初發想信恒河沙衆生脩行伏忍於三寶中
生習種性十心信心精進心念心慧心定心
施心戒心護心願心迴向心是為菩薩能少

BD14795號　菩薩藏修道衆經要第一〇　（23–4）

忍上中下无生忍上中下寂滅忍上下名為諸
佛菩薩脩般若波羅蜜
初發想信恒河沙衆生脩行伏忍於三寶中
生習種性十心信心精進心念心慧心定心
施心戒心護心願心迴向心是為菩薩能少
分化衆生已超過二乘一切善地一切諸佛
菩薩長十心為聖胎也第次起于慧
性種性有十心所謂四意止身受心法不淨
苦无常无我也三意止三善根慈施慧也三
意止所謂三世過去因忍現在因果忍未來
果忍也是菩薩亦能化一切衆生已能過我
人知見衆生等想及外道倒想所不壞
復有十道種性地所觀色識想受行淂戒忍
知見忍定忍慧忍解脫忍觀三界因果空忍
无願忍无相忍觀二諦虛實一切法常名无
常忍一切法空淂无生忍
又信忍菩薩所謂善達明中行者斷三界色
煩惱縛
又順忍菩薩所謂現勝現法能斷三界心等煩
惱縛
又无生忍菩薩所謂遠不動觀慧亦斷三界
心色等習煩惱
復次寂滅忍佛与菩薩同用此忍入金對三
昧下忍中行名為菩薩上忍中行名薩婆若
共觀第一義諦斷三界心習无明盡相為金
對盡相无相為薩云若超度世諦第一義諦
之外為第十一地薩云若覺非有非无湛然清
淨常住不變同真際等法性无緣大悲教化
一切衆生乘薩婆若乘來化三界

BD14795號　菩薩藏修道衆經要第一〇　（23–5）

菩觀第一義諦斷三界心習无明盡相爲金
對盡相无相爲薩雲若超度世諦第一義諦
之外爲第十一地薩雲若覺非有非无湛然清
淨常住不變同真際等法性无緣大悲教化
一切衆生乘薩婆若乘來化三界
善男子一切衆生煩惱不出三界藏一切衆
生果報廿二根不出三界諸佛應化法身亦
不出三界三界外无衆生佛何所化是故我
言三界外別有一衆生界藏者外道大有經
中說非七佛之所說大王我常語一切衆生
斷三界煩惱果報盡者名爲佛自性清淨名
覺薩雲若性衆生本業是諸佛菩薩本所循
行五忍中十四忍具足是十四法門三世一切
衆生一切三乘一切諸佛之所循集未來諸
佛亦復如是若一切諸佛菩薩不由此門得
薩婆若者无有是處何以故一切佛及菩薩
无異路故是故若有人聞諸忍法門信忍止
忍堅忍善覺忍離達忍明忍炎慧忍勝慧忍
法現忍遠達忍等覺忍惠光忍灌頂忍圓覺
忍者是人超過百劫千劫无量恒河沙生生
苦難入此法門現身得報
入法二无我法門
寶雲經卷第三
善男子云何菩薩具足知智人无我智具足
知法无我智具足云何名菩薩知人无我觀
五陰不堅无牢固虛妄无真實乃至滅謝亦
不見有去菩薩住是念此五陰无我无衆生
无壽命无養育无士夫凡愚人謂實有我故
取我想猶如鬼魅妖異所著衆生妄計亦復

五陰不堅无牢固虛妄无真實乃至滅謝亦
不見有去菩薩住是念此五陰无我无衆生
无壽命无養育无士夫凡愚人謂實有我故
取我想猶如鬼魅妖異所著衆生妄計亦復
如是惑陰取是我我取是陰惑陰是我所我
所是陰着虛妄我不見真實於生死中如旋
火轉虛妄无實菩薩如實能知是名菩薩知
人无我具足
云何名菩薩觀法无我知如實相見生見滅
知一切物猶如假借但有名用假施設生无
有實體假施設亦不斷不常但從緣而生從
緣而滅菩薩如實而知諸法實真是名觀法
无我具足
金剛波若論卷第一
須菩提是諸菩薩无復我相衆生相人相壽
者相須菩提是諸菩薩无法亦非无法相无
相亦非无相又偈言
彼壽者及法　遠離於取相　亦說知彼相　依八八義別
此義云何復說般若義不斷故說何等義明
彼菩薩離於壽者相離於法相故以對彼相
故說此義偈言依八八義別故此復云何
四種壽者相有四種義故依四種法相有四
種義故是故依八相有八種義差別故此義
復云何偈言
差別相續體　不斷至命住　復趣於異道　是我相四種
此義云何明壽者相義故何者是四種一我
相二者衆生相三者命相四者壽者相我相
者見五陰差別一一陰是我如是妄取是名
我相衆生相者見相續不斷是名衆生相命

差別相對雖不斷至命住 復趣於異道 是我相四種
此義云何明壽者相義故何者是四種一我
相二者衆生相三者命相四者壽者相我相
者見五陰差別一一陰是我如是妄取是名
我相衆生相者見相續不斷是名衆生相命
相者一報命根不斷住故是名命相壽者相
者命根斷滅復生六道是名壽者相如經何
以故須菩提是諸菩薩无復我相衆生人相
壽者相故云何及法偈言
一切空无物 實有不可說 依言辭而說 是法相四種
何者是四種 一者法相 二者非法相 三者相
四者非相 此義云何 有可取能取 一切法无
故言无法相 以无物故 彼法无我空實有故
言亦非无法相 彼空无物[illegible]此不可說有无
故言无相 依言辭而說故言亦非无相 何以
故以於无言處依言相說是故依八種差別
義離八種相 所謂離人相離法相 是故說有
智慧

金剛三昧法門

十住毗婆沙論卷第七

金剛三昧者諸佛世尊金剛三昧是不共法
无能壞故於一切處无有鄣导故得正遍知
故壞一切法鄣故导等貫穿故得諸功德利
益力故諸禪定中最上故无能壞者是故名為
金剛三昧如金剛寶无物能破者是三昧亦
如是无法可以壞者是故名金剛三昧問曰
何故不可壞答曰一切處无有导故如帝釋
金剛无导處是三昧亦如是問曰是三昧

BD14795號　菩薩藏修道衆經要第一〇　（23–8）

益力故諸禪定中最上故无能壞者是故名為
金剛三昧如金剛寶无物能破者是三昧亦
如是无法可以壞者是故名金剛三昧問曰
何故不可壞答曰一切處无有导故如帝釋
金剛无导處是三昧亦如是問曰是三昧
何故名一切處不导答曰正通達一切法
故諸佛住是三昧悉能通達過去現在未來
過三世不可說五藏所攝法是故名一切處
不导若諸佛住是三昧諸所有法若不通達
名為有导而實不尒是故名无导問曰何以
故是三昧通達一切法答曰是三昧能開一
切鄣导法故所謂煩惱鄣导定鄣导智鄣导
能開故是名能通達一切法問曰是三昧何
故能開一切鄣餘三昧不能答曰三昧善等
貫穿二法能壞諸煩惱心令无餘故正遍通
達一切法故善德不壞法故心解脫故是故此
三昧能開一切鄣問曰是三昧何故等貫穿
二法答住是三昧得力故能得一切諸功德
餘三昧无如是力是故是三昧能等貫穿問
曰何故住是三昧得力故能得一切諸功德
答曰是三昧於定中最為第一是故住是三
昧能得諸功德問曰何故是三於昧諸
定中最為第一答曰是三昧无量无邊善根
所成故於定中最為第一問曰是三昧何故
无量无邊善根所成答曰是三昧唯一切
智人有餘人所无是故名為金三剛昧

大智度論卷第五十七

是菩薩欲為一切聖人主故大心要一切善

BD14795號　菩薩藏修道衆經要第一〇　（23–9）

而成故於定中最為第一問曰是三昧何故
无量无邊善根所成答曰是三昧唯一切
智人有餘人所无是故名為金三〻對昧
大智度論卷第五十七
是菩薩欲為一切聖人主故大心受一切善
薩心堅如金對不動故金對心者一切結使煩
惱所不能動譬如金對山不為風所傾搖諸
諸惡眾生魔人來不隨行不信受其諸瞋罵
謗毀打縛閉繫斫剌割截心不變異有來乞
索頭目髓腦手足皮宍盡能與之求者意猶
无猒足更瞋恚罵詈尒時心忍不動譬如牢
固金對山人來斷鑿毀壞諸虫來齧无所虧
損是名金對心復次佛自說金對心相所謂
菩薩應作是念我不應一月一歲一世二世
乃至千万劫世大撥莊嚴我應无量无數无
邊世生死中利益度脫一切眾生二者我應
捨一切內外所有貴重之物三者一切眾生
中等心无增愛四者我當以三乘和應度脫
一切眾生五者度如是眾生已實无所一度
而无其功此中亦不悔不沒六者我知一切
法不生不滅不來不去不垢不淨等諸相七
者我應以清淨不雜心行六波羅蜜迴向薩
婆若八者我應當善知一切世間所住之事
及出世間所應知事皆悉通達了知九者我
應解當了諸法一相智門所謂一切諸法畢
竟空觀一切諸法如无餘涅槃相離諸憶想
分別十者我應當知諸法二相三相乃至无
量相門通達明了二相者一切法有二種若有
若有若无若生若滅若作若不作若色若无

應解當了諸法一相智門所謂一切諸法畢
竟空觀一切諸法如无餘涅槃相離諸憶想
分別十者我應當知諸法二相三相乃至无
量相門通達明了二相者一切法有二種若有
若有若无若生若滅若作若不作若色若无
色等三門者若一若二若多從三已上皆名
為多若有若无若非有非无非上非中若下
若過去若未來若現在三界三法善不善无
記等三門四門五門如是等无量法門皆通
達无导是中心不悔不恃不疑信受通達无
导常行不息滅諸煩惱乃至眾鄣及諸鄣导
之事皆令敗壞如金對寶能摧破諸山住是金
對心中當於大眾中而作上首以不可得空
故不可得空者若菩薩生如是大心如金對
而生憐愍者罪過凡夫以是故說用无所得
諸法无定相如幻如化復次心如金對者隨
三惡道所有眾生我當代受懃苦為一眾
故代受地獄乃至是眾生從三惡道出集諸
善本至无餘涅槃已後救一眾生如是展轉
一切眾生度已後當自為集諸功德无量阿
僧祇劫乃至作佛是中心不悔不縮能如是
代眾生受苦懃自作諸功德久住生死心不
悔不沒如金對地能持三千國土令不動搖
是心堅固名為如金對
涅槃經卷廿第四
菩薩脩大涅槃得金對三昧安住是中悉能
破散一切諸法見一切法皆是无常皆是動相
恐怖因緣病苦劫盜念〻滅壞无有真實
一切皆是魔之境界无可見相菩薩摩訶薩

涅槃經卷七第四

菩薩脩大涅槃得金剛三昧安住是中悉能
破散一切諸法見一切法皆是无常皆是動相
恐怖因緣病苦刧盗念〻滅壞无有真實
一切皆是魔之境界无可見相菩薩摩訶薩
住是三昧雖施衆生乃至不見一衆生實為
衆生故精進懃脩集尸波羅蜜乃至脩集般
若波羅蜜亦復如是菩薩若見有一衆生不
能畢竟具足成就檀波羅蜜乃至具足般若波
羅蜜譬如金剛所擬之處无不破壞而是金
剛无有折損金剛三昧亦復如是所擬之法
无不破壞而是三昧无有折損譬如有人其
力盛疾人无當者復更有人力能伏之當知
是人世所稱美金剛三昧亦復如是力能摧
伏難伏之法以是義故一切三昧悉来歸屬
若有菩薩安住如是金剛三昧見一切法无
有鄣㝵如於掌中觀何摩勒果如由乾陁山
七日並現其山所有樹木藂林一切燒盡菩
薩脩集金剛三昧亦復如是所有一切煩惱
藂林尋時消滅菩薩安住如是三昧雖見衆
生而心初无衆生之相雖見男女无男女相
雖見色法无有色相乃至見識亦无識相雖
晝夜无晝夜相唯見一切无一切相雖見一
切煩惱諸結亦无一切煩惱之相見八聖道
无聖道相雖見菩提无菩提相見於涅槃无
涅槃相何以何故一切諸法本无相故菩薩
以是三昧力故見一切法如本无相何故名
為金剛三昧譬如金剛若在日中色則不定
金剛三昧亦復如是在於本衆色亦不定是

BD14795 號　菩薩藏修道衆經要第一〇　(23–12)

涅槃相何以何故一切諸法本无相故菩薩
以是三昧力故見一切法如本无相何故名
為金剛三昧譬如金剛若在日中色則不定
金剛三昧亦復如是在於本衆色亦不定是
故名為金剛三昧譬如金剛一切世人不能平
實金剛三昧亦復如是所有功德一切人天
不能平實是故名金剛三昧譬如貧人得金
剛寶則得遠離貧窮困苦惡鬼耶妻菩薩摩
訶薩亦復如是得是三昧則能遠離煩惱諸
苦諸魔耶妻是故復名金剛三昧

五法三自性法門

名　相　妄相　正智　如如

妄相自性　緣起自性　成自性

㮮伽經卷第四

大慧何者為名謂眼識見前色等法相如聲
相耳相鼻相舌相身相大慧如是等相我說
名為名相大慧彼相者眼識所照名為色
耳鼻舌身意〻識所照名為法聲香味觸法
是名為相大慧相者若處所形相色象等現
是為相大慧彼妄相者施設衆名顯示諸相
如來不異象馬車步男女等名是名妄相施
設名衆顯示諸相瓶等心心法是名妄相大
慧何者分別以依何等法說名示相了別此
法如是如是畢竟不異象馬車步人民等分
別種〻相是名分別大慧彼正智者彼名相
不可得猶如過客諸識不生不斷不常不隨
一切外道聲聞緣覺之地大慧何者正智以
觀察名相觀察已不見實法以[illegible]

BD14795 號　菩薩藏修道衆經要第一〇　(23–13)

法如是如是畢竟不異鳥馬車步人民等分
別種種相是名分別大慧彼正智者彼名相
不可得猶如過客諸識不生不斷不常不隨
一切外道聲聞緣覺之地大慧何者正智以
觀察名相觀察已不見實法以彼迷共回生
故見迷共生者識不復起分別識相不斷不
常是故不墮一切外道聲聞辟支佛地大慧
是名正智復次大慧菩薩依正智不取名相
法以為有不取不見相以為无何以故以離
有无邪見故以不見相名是正智義是故我
說名為真如復次大慧菩薩摩訶薩以此正
智不立名相非不立名相捨離二見建立及
誹謗名相不生是名如如彼名彼相畢竟不
可得始終无覺於諸法无轉不實妄相是名
如如
三自性　妄相自性　緣起自性　成自性
大慧白佛言世尊云何世尊為三種自性入
於五法為若有自相宗佛告大慧彼名及相
是名妄想自性大慧若依彼妄想生心心法
名假時生如日光俱種種相各別是名緣起
自性大慧正智如如者不可壞故名成自性
菩薩住如如得无所有境界故得菩薩歡喜
地得觀喜地已永離一切外道惡趣正住出
世間趣法相成熟尒時世尊欲重宣此義偈
言
五法三自性　及與八種識　二種无有我　悉攝摩訶衍
名想　自性三種相　正智及如如　是則為成相
大慧菩薩住真如法者得入无相寂靜境界

言
五法三自性　及與八種識　二種无有我　悉攝摩訶衍
名想　自性三種相　正智及如如　是則為成相
大慧菩薩住真如法者得入无相寂靜境界
入已得入菩薩初歡喜地菩薩得初歡喜地
時證百金對三昧明門捨離廿五有一切果
業過諸聲聞辟支佛地住如來家真如境界
如實脩行　大慧白佛言世尊為五法入三
法為三法入五法中為自體相各各差別佛
告大慧三法入五法中大慧非但三法入五
法中八種識二種无我亦入五法尒時世尊
重說偈言
五法自體相　及與八種識　二種无我法　攝取諸大乘
名相及分別　三法自體相　正智及真如　是第一義相
九法門法
涅槃經卷第卅八
善男子若有菩薩於卅七品知根知因知攝
知增知主知導知勝知實知畢竟者如是菩
薩則得名為清淨梵行迦葉菩薩白佛言世
尊云何名為知根乃至知畢竟耶佛言善男
子善哉善哉菩薩摩訶為於二事一者為自
知二者為他知故汝今已知但為无量眾生
亦解啟請是事是故我今重讚嘆汝善哉善
善哉善男子卅七品根本是欲因名明集攝
取名愛增名善思主名為念導名為定勝名
智慧實名解脫畢竟名為大般涅槃善男子
善欲即是初發道心乃至阿耨多羅三藐三
菩提之根本也是故我說欲為根本善男子

善哉善男子卅七品根本是欲因名明導攝
受名愛增名善思主名為念導名為定勝名
智慧實名解脫畢竟名為大般涅槃善男子
善欲即是初發道心乃至阿耨多羅三藐三
菩提之根本也是故我說欲為根本善男子
如世間說一切苦惱愛為本根一切疾病宿
食為本一切斷事鬪諍為本一切惡事虛妄
為本迦葉菩薩白佛言世尊如來先於此經
中說一切善法不放逸為本今乃說欲是義
云何佛言善男子若言生因善欲是也若言
了因不放逸是如世間說一切果者子為其
因或復有說子為生因地為了因是義亦尒
迦葉菩薩言世尊如來先於餘經中說卅七
品佛是根本是義云何善男子如來先說諸眾
生初知卅七品佛是根本若自證得欲為根
本世尊云何明導首善男子如來或
時說明為慧或說為信善男子信因緣故親
近善友是名為導親近因緣得聞正法是名
為導因得聞正法身口意淨是名為導因三
業淨獲得正命是名為導因正命故得淨根
戒因淨根戒樂寂靜處因樂寂靜能善思惟
因善思惟得如法住因如法住得卅七品能
壞無量諸惡煩惱是名為導善男子受名攝
受眾生受時能住善惡是故名受為攝受也
善男子受因緣故生諸煩惱三十七品能破
壞之是故以受為攝受也因善思惟能破煩
惱是故名增何以故懃脩集故得如是等三
十七品若觀能破諸惡煩惱要專念是故以

善男子受因緣故生諸煩惱三十七品能破
壞之是故以受為攝受也因善思惟能破煩
惱是故名增何以故懃脩集故得如是等三
十七品若觀能破諸惡煩惱要專念是故以
念為主如世間中一切四兵隨主將意
三十七品亦復如是皆隨念主善男子既
入定已三十七品能善分別一切法相是故
以定為本導是卅七品分別法相智為眾勝
是故以慧為勝如是智慧知煩惱已智慧力
故煩惱消滅如世間中四兵壞怨或一或二
勇健者能三十七品亦復如是智慧力故能
壞煩惱是故以慧為勝善男子雖因脩集三
十七品獲得四禪神通安樂亦不名實若壞心
煩惱證解脫時乃名為實是三十七品發心
脩道雖得世樂及出世樂四沙門果及以解
脫亦不得名為畢竟也若能斷除三十七品
所行之事是名涅槃是故我說畢竟者即大
涅槃復次善男子善愛念心即是欲也因善愛
念親近善友故名為導是名為因因近善友
故名為受是名攝受因近善友善能思惟故
名為增因是四法能生長道所謂欲念定智
是則名為主導勝也因是三法得二解脫除
斷愛故得心解脫斷無明故慧得解脫是名
為實如是八法畢竟得果名為涅槃故名畢
竟

六種決定法門
一者觀相決定　二者真實善決定　三者勝善決定
四者因善決定　五者大善決定　六者不悕懈善決定

為實如是[illegible]
竟
六種決定法門
一者觀相決定　二者真實善決定　三者勝善決定
四者因善決定　五者大善決定　六者不怯弱善決定
十地論第一卷
顯善決定者如初地中說發菩提心即此本
分中顯應知善決定者真實知攝故善決定
者是舉善決定此以入初地非信地所攝此
善決定有六種一者觀相善決定真如觀一
味相故如經无雜故二者真實善決定非一
切世間境界出間故如經不可見故三者勝
善決定大法界故一切佛根本故如經廣大
如法界故大勝高廣一體異名法相義故一
切法尒故復法界大真如觀勝諸佗天二乘
智等淨法尒故復法界大方便集地謂大說
乘法法尒故復法界大曰法界善法法尒故
四者因善決定有　成无常變
果因善決定是因如虛空依是生諸色色不
盡故如經究竟如虛空故二常果因善決定
得涅槃莫如經盡未來際故五者大善決定
隨順住利益他行如經實說一切眾生界故
次前善決定此顯世間涅槃中非一向住故
六者不怯弱善定決入一切諸佛智地不怯
弱故如經佛于是諸菩薩乃至入現在諸佛
智地故
有盡无盡解脫法門
維摩經卷第三
佛告諸菩薩有盡无盡解脫法門汝等當學何

六者不怯弱善定決入一切諸佛智地不怯
弱故如經佛于是諸菩薩乃至入現在諸佛
智地故
有盡无盡解脫法門
維摩經卷第三
佛告諸菩薩有盡无盡解脫法門汝等當學何
謂為盡謂有為法何謂无盡謂无為法如如
菩薩者不盡有為不住无為何謂不盡為有
謂不離大慈不捨大悲深發一切智心而不
忽忘教化眾生終不厭惓於四攝法常念順
行護持正法不惜軀命種諸善根无有疲猒
志常安住方便迴向求法不懈說法不悋懃
供諸佛故入生死而无所畏於諸榮辱心无
憂喜不輕未學敬學如佛隨煩惱者令發正
念於遠離樂不以為貴不著己樂慶於彼樂
在於禪定如地獄想於生死中如園觀想見
來者求為善師想捨諸所有具一切智想見
毀戒人起救護想諸波羅蜜為父母想道品
法為眷屬想發行善根无有齊限以諸淨國
嚴飾之事成己佛土阿大施具足相好除一
切惡身口意淨故生死无數劫意而有勇聞
佛无量德志而不惓以智慧劍破煩惱賊出
陰界入荷負眾生永使解脫以大精進摧伏
魔軍常求无念實相智慧行少欲知足而不
捨世法不壞威儀而能隨俗起神通慧引導
眾生得念持總所聞不忘善別諸根斷眾生
疑以樂說辯演法无导淨十善道受天人福
脩四无量開梵天道勸請說法隨喜讚善得
佛音聲身口意善得佛威儀深脩善法所行

捨世法不壞威儀而能隨信起神通慧頂
衆生得念持、攝所聞不忘善别諸根斷衆生
疑以樂説辯演法无尋淨十善道受天人福
脩四无量聞梵天道勸請説法隨喜讃善得
佛音聲身口意善得佛威儀深脩善法所行
轉勝以大乘教成菩薩僧心无放逸不失衆
善行如此法是名菩薩不盡有為何謂菩薩
不住无為謂脩學空不以空為證脩學无相
无作不以无相无作為脩學无起不以无起
為證觀於无常而不猒善本觀世間苦而不
惡生死觀於无我而誨人不惓觀於寂滅而
不求寂滅觀於遠離而身心脩善觀无所歸
而歸善法觀於无生而以生法荷負一切觀
於无漏而不斷諸漏觀无所行而以行法教
化衆生觀於空无而不捨大悲觀正法位而
不隨小乘觀諸法虛忘无牢无人无生无相
本願未滿而不虛福德禪定智慧脩如此法是
名菩薩不住无為又具福德故不住无為具
智慧故不盡有為大慈大悲故不住无為滿
本願故不盡有為集法藥故不住无為隨授
藥故不盡有為知衆生病故不住无為滅衆
生病故不盡有為諸正士菩薩已脩此法不
盡有為不住无為是名盡无盡无尋法門汝等
當學

四懃行精進法門

大集經卷第十

時大衆中有一菩薩名堅固莊嚴從坐而起
前礼佛足長跪合掌住如是言世尊云何菩
薩懃行精進佛言善男子懃行精進凡有四

四懃行精進法門

大集經卷第十

時大衆中有一菩薩名堅固莊嚴從坐而起
前礼佛足長跪合掌住如是言世尊云何菩
薩懃行精進佛言善男子懃行精進凡有四
法何等為四一者發心二者住心三者觀心
四者如法住如是四法即是具足佛法因緣
何以故善男子發者即是生善法因住者名
為增善法因觀者名為利衆生因如法住者名
入一切佛法因緣又復發者求聞正法住者
聞已能説觀者善思惟義如法住者如説而
住又復發者調伏慳心住者能一切施觀者
為衆生施迴向菩提如法住者不求施果又
復發者求覓受人住者見來求者生慈愍心
觀者觀財无常如法住者不求果報又復發
者如法求財住者求於淨命觀者於不堅物
脩於堅法如法住者一切捨時不生憍慢又
復發者離諸惡戒住者至心受持諸淨梵行
戒觀者至心調伏毀禁之人如法住者淨持
禁戒不生憍慢又復發者淨於口業住者淨
於身業觀者淨於意業如法住者脩集善法
又復發者遠離瞋心住者脩集忍辱觀者持
護自他如法住者脩忍辱已不生憍慢又復
發者常樂教化耶見衆生住者能壞衆生瞋
恚之心觀者不見内外如法住者遠離一切
煩惱諸結又復發者遠離懈怠住者懃脩精
進觀者調伏一切懈怠衆生如法住者觀諸
衆生令脩精進又復發者名為善慈住者所
住已竟觀者不求餘乘如法住者不失无上

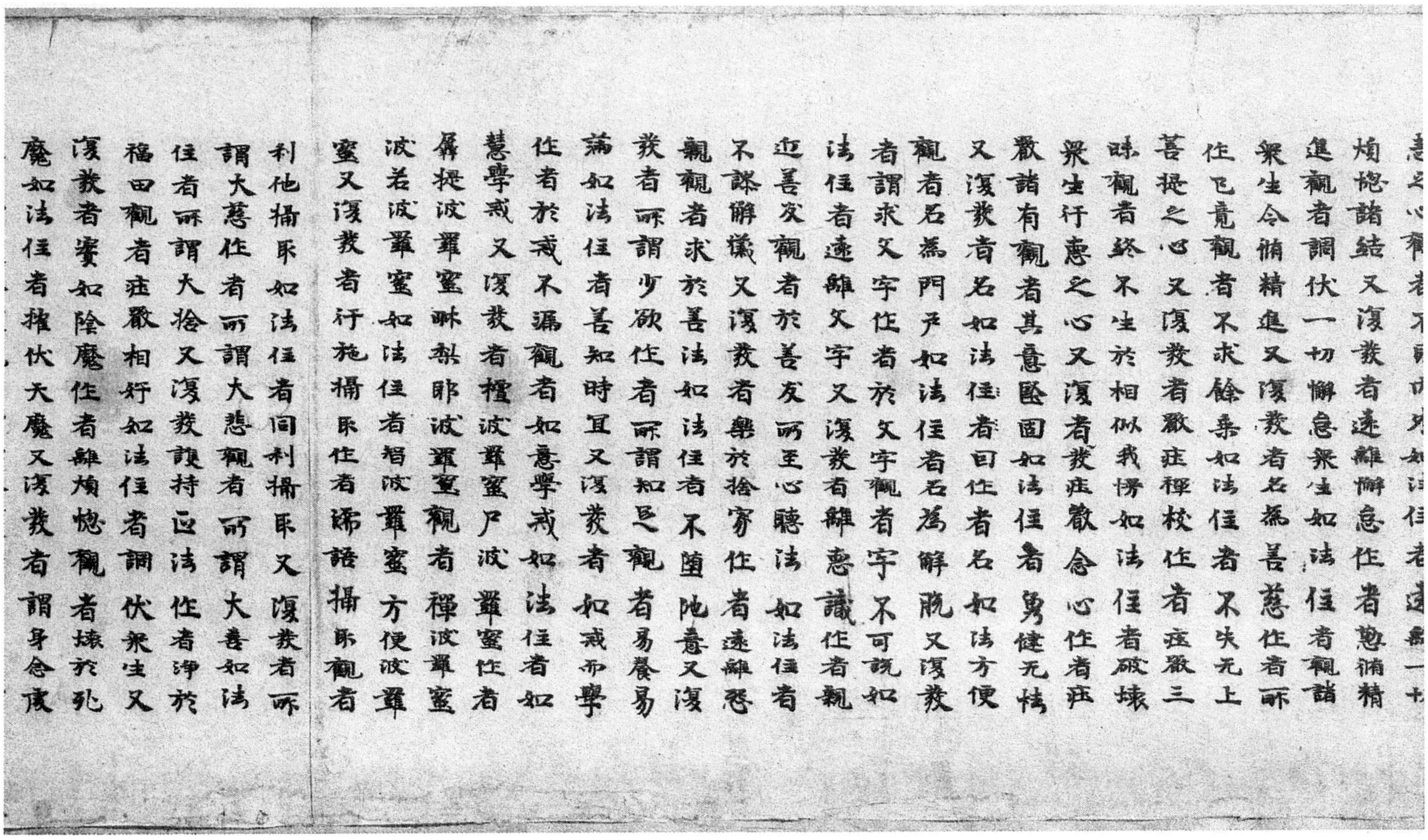
惡之心觀者不□□如法住者遠離一切
煩惱諸結又復發者遠離懈怠住者懃脩精
進觀者調伏一切懈怠衆生如法住者觀諸
衆生令脩精進又復發者名為善慈住者所
住飞竟觀者不求餘乘如法住者不失无上
菩提之心又復發者歡莊禪枝住者莊嚴三
昧觀者終不生於相似我憐如法住者破壞
衆生行惡之心又復者發莊歡念心住者莊
歡諸有觀者其意堅固如法住者勇健无怯
又復發者名如法住者曰住者名如法方便
觀者名為門戶如法住者名為解脫又復發
者謂求文字住者於文字觀者字不可說如
法住者遠離文字又復發者離惡識住者觀
近善友觀者於善友所至心聽法如法住者
不諍辭儀又復發者樂於捨家住者遠離怨
觀觀者求於善法如法住者不隨阤意又復
發者所謂少欲住者所謂知足觀者易養易
滿如法住者善知時宜又復發者如戒而學
住者於戒不漏觀者如意學戒如法住者如
慧學戒又復發者檀波羅蜜尸波羅蜜住者
羼提波羅蜜毗梨耶波羅蜜觀者禪波羅蜜
波若波羅蜜如法住者智波羅蜜方便波羅
蜜又復發者行施攝取住者綺語攝取觀者
利他攝取如法住者同利攝取又復發者所
謂大慈住者所謂大悲觀者所謂大喜如法
住者所謂大捨又復發護持正法住者淨於
福田觀者莊嚴相好如法住者調伏衆生又
復發者寶如陰魔住者離煩惱觀者壞於死
魔如法住者摧伏天魔又復發者謂身念處

BD14795 號　菩薩藏修道衆經要第一〇　　（23–22）

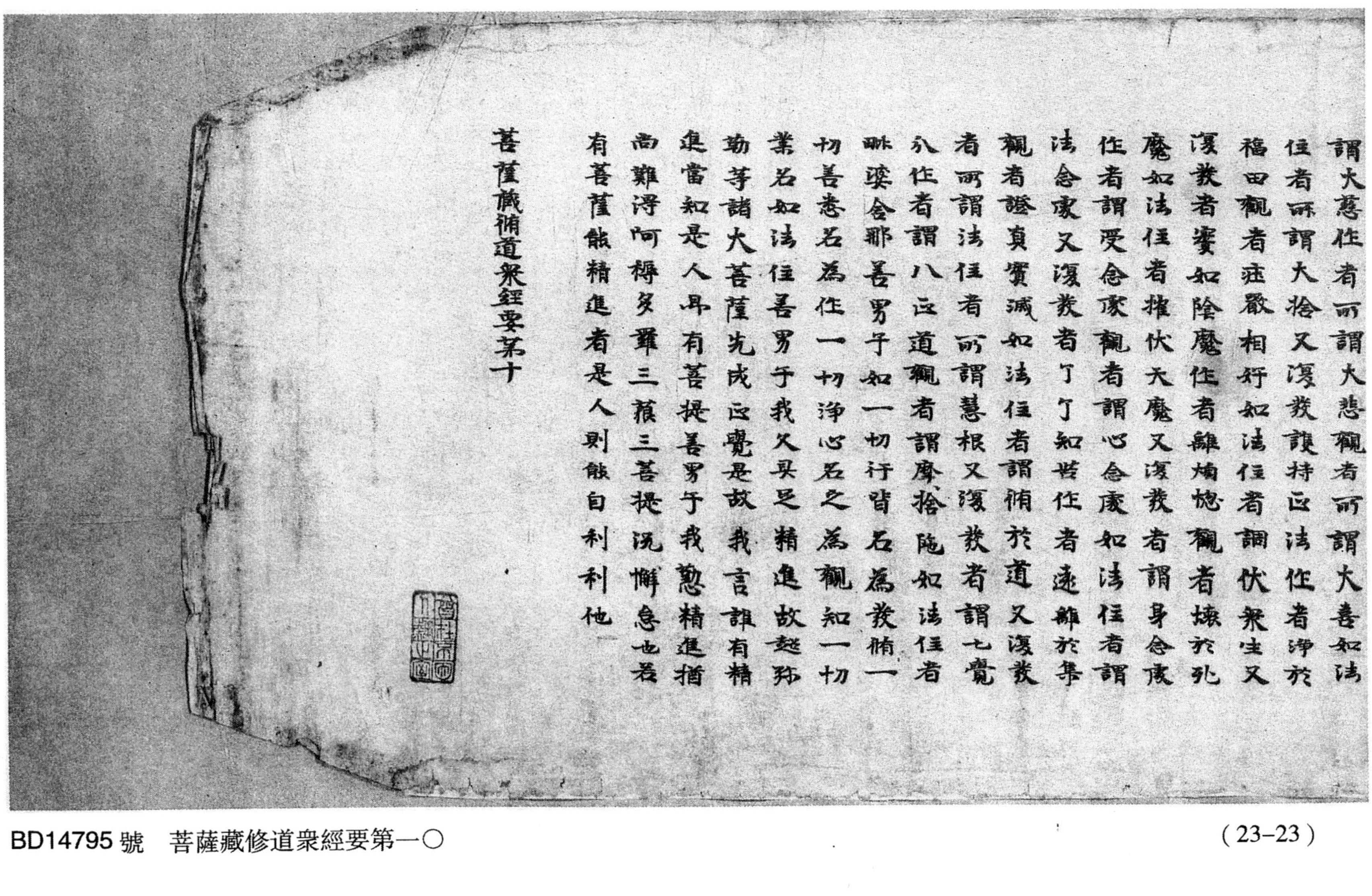
謂大慈住者所謂大悲觀者所謂大喜如法
住者所謂大捨又復發護持正法住者淨於
福田觀者莊嚴相好如法住者調伏衆生又
復發者寶如陰魔住者離煩惱觀者壞於死
魔如法住者摧伏天魔又復發者謂身念處
住者謂受念處觀者謂心念處如法住者謂
法念處又復發者了了知世住者遠離於集
觀者證真實滅如法住者謂脩於道又復發
者所謂法住者所謂慧根又復發者謂七覺
分住者謂八正道觀者謂摩捨陁如法住者
毗婆舍那善男子如一切行皆名為發脩一
切善悉名為住一切淨心名之為觀知一切
業名如法住善男子我久具足精進故越彌
勒等諸大菩薩先成正覺是故我言誰有精
進當知是人則有菩提善男子我懃精進猶
尚難得阿耨多羅三藐三菩提況懈怠也若
有菩薩能精進者是人則能自利利他
菩薩藏脩道衆經要第十

BD14795 號　菩薩藏修道衆經要第一〇　　（23–23）

之苦所
以薩埵摩訶薩□
言汝等食已然後為汝演說
年少語藥上言我不識汝汝為
滅離三惡道怖如汝身相誰之
中七寶莊嚴身服寶纓以功
是何等人我等不須食亦不須飲以
甚可憎惡變成屎尿作血肉筋皮是故我等
不須食飲不須一切細耎衣服不須辟卯金
釧真珠瓔珞莊嚴身具皆所不欲以无常故
我等亦不顧惜身命為離惡道我等求於法
施為安樂天人為求善知識不求轉輪聖王
以轉輪王雖主四方不免磨滅男女妻子不
能隨從所有七寶亦不逐去无量人衆亦不
隨去於四天下无復自在一身為王多見无
常作惡業故墮叫喚地獄七寶自在遊四天
下竟何所在仁者且聽我等所說速至佛所
一切愍之如子我等无父无母兄弟親族一
切皆无佛為我父如來是母佛如日月示人
[illegible]

BD14796號　僧伽吒經卷四　　（7–1）

隨去於四天下无復自在一身為王多見无
常作惡業故墮叫喚地獄七寶自在遊四天
下竟何所在仁者且聽我等所說速至佛所
一切愍之如子我等无父无母兄弟親族一
切皆无佛為我父如來是母佛如日月示人
善道於生死中能救衆生、不復生諸煩惱
河甚可怖畏衆生在中煩惱溺如來救之
令不復入世尊憐愍為說正法示人无上菩
提之處我等不貪飲食不欲世間富貴不願
生天不畏墮惡道得人身已願見世尊衆生
短壽流轉无常以惡業故貪著五欲不覺死
至知死必至亦不怖畏不念生滅不知細法
不脩細業不知寂滅界无明覆心生已歸死
死已復生心亦不生猒離之想長夜受苦鞭
闥撾打不生猒離但起劫奪受獄縛苦五縛
繫本惡業故命識欲滅悲泣而言誰救濟
一切悲與金銀雜寶身為奴僕一切作使
恚能為王位自在我恚不欲不須財物但
活命如是仁者我等不須飲食諸王自在
上味會歸於死天食甘露亦歸磨滅種
味王所貪著求實則无飲食等味我等
須我等求聞正法令得離苦願離愛縛諸
結煩惱歸依世尊願離諸縛我等敬礼大仙
世尊為諸衆生未知仁者名字何等願自說
之藥上菩提薩埵言世界廣博衆生名字寧
可盡知諸年少言我等願知仁者名字甚深
名字願為宣說藥上答言我名藥上治衆生
病藥中最上我今為汝等說令離諸病滅除

BD14796號　僧伽吒經卷四　　（7–2）

世尊為諸衆生未知仁者名字何等願自說
之藥上菩提薩埵言世界廣博衆生名字寧
可盡知諸年少言我等願知仁者名字甚深
名字願為宣說藥上荅言我名藥上治衆生
病藥中最上我今為汝等說令離諸病滅除
一切世界病苦世閒貪為大病能除滅之瞋
為大病无智衆生流轉地獄畜生餓鬼癡為
大病衆生受苦皆能滅除諸年少言聞此妙
法離諸苦難凡夫无智受諸苦惱聞此淨法
離諸惡業離惡業故无惡道畏速見如來救
一切病醫王施藥療治衆苦仁者速去礼敬
如來以我等語向世尊說世尊能除我等之
病滅煩惱大欲大燒身不能滅除我等極苦
願佛佛憐愍身為重擔甚可怖畏三毒所壓
不可得勝去來常擔不能遠離不知死至不
生驚怖不知解脫道亦不知示解脫者以愚
癡意自謂不死見父母死猶不生怖諸業煩
惱濁亂其心受諸苦惱云何而食我无明覆
心有如是苦大怖重擔想行及受癡愛无智
流轉諸有世閒妄生不識解脫世人愚癡沿
以香湯衣以上服食以上味耳聽樂音種種
自娛種種好色樂欲觀之一切好味舌求貪
食細耎之觸身欲著之二身和合癡心謂樂
此身頑癡何處有樂著好履屣衣服飲食无
如之何臨終囙至无有能救自不能救衣服
之具豈能救濟生在世閒馳諸鳥馬常作惡
業不求解脫自作教人不知後報我等前死
有生今生有死憂悲苦惱我具見父母兄弟

此身頑癡何處有樂著好履屣衣服飲食无
如之何臨終囙至无有能救自不能救衣服
之具豈能救濟生在世閒馳諸鳥馬常作惡
業不求解脫自作教人不知後報我等前死
有生今生有死憂悲苦惱我具見父母兄弟
姊妹妻子亶亡悲哀憂愁苦惱皆悉見之諸
行皆空智者云何而生樂著不求寂滅法不
求離生死法以貪覆心生在世時不行布施
一切過中无過貪心著於世法多作有行不
知脩習禪定解脫之道不知發大誓願成无
上道佛是父母佛是示解脫道者能雨利益
衆生愚癡衆生不知護法發心願求无上菩
提名為護法一切行空財物亦空若觀我空
不復受生願仁者憐愍以我等語具向佛說
為諸菩提薩埵故諸菩薩法不應懈怠勤脩
精進捨惡行善仁者為我往至佛所礼敬如
來作如是言世尊知一切法悉无有疑惡魔
眷屬佛已調伏如來已然大法炬令衆得
樂如是之法能成佛者我等未聞仁者速往
佛所為我等故我等不見如來猶未得度卅
二相八十種好見此身已然後得度尒時藥
上菩提薩埵語諸年少汝觀上方有何等相
諸人聞已即觀上方見五百化佛又見三千大
臺七寶嚴飾七寶羅網以覆其上如蓮華葉
出種種香時衆生問藥上言此諸華出是何
等相藥上荅言此是汝出速至佛所礼敬如
來諸年少言我等不知所行之路不見如來
知諸何方礼敬如來藥上告言汝但礼敬如

出種種香時衆生問藥上言此諸華出是何
等相藥上荅言此是汝出速至佛所礼敬如
来諸年少言我等不知所行之路不見如来
知諸何方礼敬如来藥上告言汝但礼敬如
来世尊如虗空塵无有住處如来亦如是如
来安住處如須弥山如来等須弥山如大海
水三千世界微塵數等十方菩薩欲知佛住
不知所在十方諸菩提薩埵但遥礼敬諸年
少言顚仁慈愍濡我所顚心欲見佛親近礼
敬藥上告言如来不求香華為衆生作因㑹
離生死悪魔眷属不共諍論歸依佛者不入
死門速得法陁羅尼發淨心顚即得見佛尒
時世尊以伽陵頻伽音熙然微咲從其面門
放八万四千光明遍照三千大千世界下至
十八地獄上至阿迦尼吒天其光雜色青黄
赤白頗梨等色如是等光從面門出遍照三
千大千世界遇斯光者一切衆生皆得安樂
照世界已還至佛所遶佛七迊從佛頂入尒
時藥上菩提薩埵從坐而起合掌向佛言世
尊我欲少問若佛聽者乃敢發言尒時世尊
告藥上言善男子随汝所問如来為汝分別
解説令汝歡喜藥上白佛言世尊此三万億
年少欲聽如来微妙深法顚為説之佛告藥
上善男子若聞如来深妙法者當覺諸法得
具之一切功德日即得住於十地能擊大法
鼓建大法幢藥上汝見如是大臺不邪藥上
言世尊唯然已見

BD14796號　僧伽吒經卷四　（7–5）

上善男子若聞如来深妙法者當覺諸法得
具之一切功德日即得住於十地能擊大法
鼓建大法幢藥上汝見如是大臺不邪藥上
言世尊唯然已見
佛告藥上此諸年少今日得坐此臺證一切
法濡之一切善根之法今日當得擊大法鼓
无量天人得聞法已悉得利益无量地獄衆
生得聞法已得背悪道説此語時衆中九千
億者衆生得須陁洹果藥上聞此法者得離
一切苦具一切善法藥上一切皆能成就佛
身藥上汝觀四方諸大菩提薩埵尒時藥上
即觀四方見東方界五十億恒伽河沙菩薩
而来向此見南方界六十億恒伽河沙菩提
薩埵而来向此見西方界七十億恒伽沙菩
提薩埵而来向此見北方界八十億恒伽沙
菩提薩埵而来向此見下方界九十億恒伽
沙菩提薩埵而来向此見上方界百億恒伽
沙菩提薩埵而来向此到已皆於佛前在一
面住藥上白佛言世尊於虗空中見黒色黄
色是何等相佛告藥上汝不知邪藥上白佛
唯佛如来能一切知佛告藥上此是悪魔及
眷属欲来至此藥上汝欲見不藥上白佛言
世尊我欲見之佛令藥上即見悪魔藥上見
已白佛言世尊何因縁故悪魔至此佛告藥
上魔欲亂此法坐藥上白佛言世尊此諸菩
提薩埵為觀諸年少受位故来藥上汝見此
諸菩薩種種形色種種相貌種種力不藥上
白佛言世尊唯然我見百千億恒伽沙菩提

BD14796號　僧伽吒經卷四　（7–6）

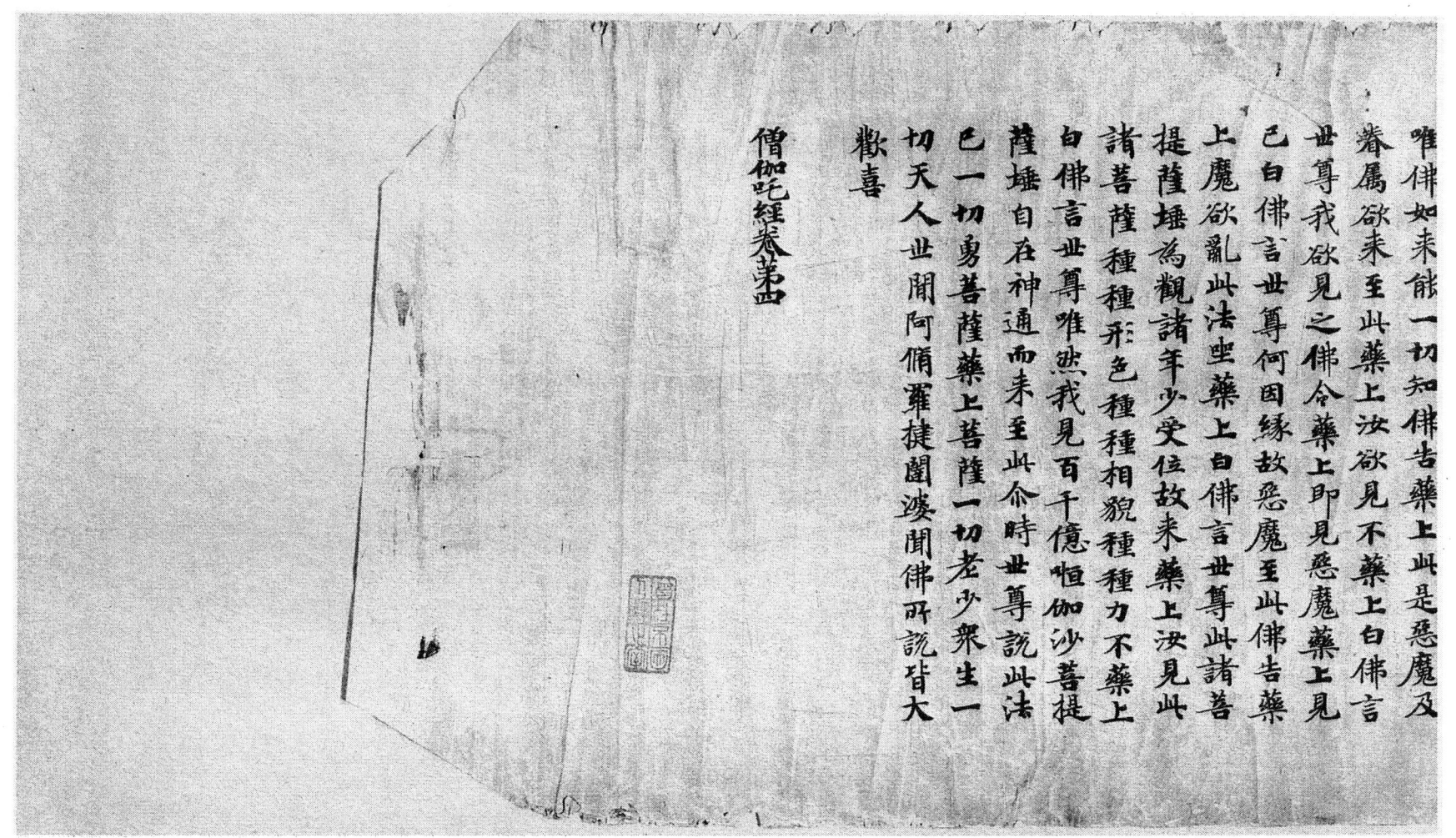

唯佛如来能一切知佛告藥上此是惡魔及
眷屬欲来至此藥上汝欲見不藥上白佛言
世尊我欲見之佛令藥上即見惡魔藥上見
已白佛言世尊何因緣故惡魔至此佛告藥
上魔欲亂此法坐藥上白佛言世尊此諸菩
提薩埵為觀諸年少受位故来藥上汝見此
諸菩薩種種形色種種相貌種種力不藥上
白佛言世尊唯然我見百千億恒伽沙菩提
薩埵自在神通而来至此尒時世尊說此法
已一切勇菩薩藥上菩薩一切老少衆生一
切天人世間阿脩羅揵闥婆聞佛所説皆大
歡喜

僧伽吒經卷第四

BD14796號　僧伽吒經卷四　　（7–7）

人物疑為奎梯物為非人物得突吉羅非人物疑為人物非人物得偷蘭罪
非人物疑為畜生物非人物得突吉羅若畜生物疑為奎梯物為畜生物得
突吉羅畜生物疑為畜生物非〻為人物得突吉羅畜生物疑為畜生物為人物得
偷蘭遮此九句皆是方便此緣不具故名為方便非是進趣成他名為方便无主
重物作主想所這有三句云何作无主物作人物想所得偷蘭遮无主物作非人
物想所得突吉羅无主物作畜生物想所得突吉羅无主重物疑作六句云何
作无主物疑為人物為奎梯物所得偷蘭无主物疑為人為非人為物所得偷蘭
无主物疑為人為畜生物所得偷蘭无主物疑為奎梯物為非人物所得突吉
羅无主物疑為非人物為畜生物所得突吉羅无主物為奎梯物為畜生物
下減五錢作廿七亦同上无異唯以減五為異尔
次明殺戒凡殺凡人易辦若殺聖人齊已許来得逆辦判律時從須陁洹至
下三果以来若殺正得无量逆不在五逆數何以然未是至極福田斷法未
盡故尔若殺餘伯叔兄弟俗无量逆中看和上亦殺何以故五逆中更无
文故尔一解若盜僧物法仏物法物依餘十輪經皆俗廿五逆中信人時盜
僧物五錢不得出家故知是重解殺父母作不知是父母亦得逆何知〻以十誦
中有一女人洛胎餘女人檢著腹中懷十月滿產生長大出家憂波離問此

盡故尒若殺餘伯叔兄弟落无量逆中者和上亦殺何以故五逆中更无
文故尒一解若盜僧物法物佛物法物依餘十輪經皆落廿五逆中信人時盜
僧物五錢不得出家故知是重解殺父母作不知是父母亦得逆何以知十誦
中有一女人落胎餘女人撿著腹中懷十月滿產生長大出家憂波離問此
人出家云何問佛佛言聞所生養後若殺云何佛言前母邊得逆人問父母
以遠恩養故殺得逆云何殺前得逆言恩養非謂衣食正以攬父母遺
區以為恩養何以然以此遺區得成我體有如此故理應報恩敬養今
曰遠養斷命莫問識知不知皆逆罪向前落胎者正曰名識知顏拔姿
悉常相親近如不知是母故殺得逆不謂報然不見知者何以知後憂波離問
佛頗有殺父母不得殺者佛答異相者是云何異想十誦中如夜賊來破家人
趣訖行父母在中謂賊而殺此者是異想故不得逆不異者如向女人雖常
見此女而不知是母而殺得逆何以然不離此所識女更有別女故得逆若
羅漢亦尒莫知是非但是羅漢殺便得逆何以知四分律中有信人殺阿羅
漢有出家廣誦經書方始知前曰殺者羅漢注云佛佛言滅擯此是不識
知是羅漢而殺者得逆罪何以然不離是比丘別有羅漢故殺得逆又一
解時正以殺聖人不識得逆父母唯識得逆罪不識不得逆何以聖人不知
是羅漢而殺得逆正明聖人以无漏為體不離此比丘別更有无漏可得是
故不知是得逆罪父母正以遠恩養邊得逆罪而父母非恩養體若要
得恩養作父母體者不知亦得逆而體即非恩養故知使有遠殺得逆
罪不知則不得得　聖人即以无漏為聖人故殺不知得逆罪若依律家直作
有心知是父母羅漢者亦具四緣殺得逆罪一是父母二知是父母三有殺心
四斷命相續便得逆罪若不知是父母但知是人闕緣而殺者波羅夷不
得逆罪羅漢亦尒四緣得逆闕緣波羅夷作知殺者依十誦云何解上文
此人先有人語之此是汝本物託時母先識故有殺得逆佛答憂波離不異

有心知是父母羅漢者亦具四緣殺得逆罪一是父母二知是父母三有殺心
四斷命相續便得逆罪若不知是父母但知是人闕緣而殺者波羅夷不
得逆罪羅漢亦介四緣得逆闕緣波羅夷作知殺者依十誦云何解上文
此人先有人語之此是汝本物託時母先識故有殺得逆似吞夏波離不異
相者具知是父母故得逆罪夜賊來不知是父母故不得逆罪也依四分
殺羅漢者此人先在俗時廣誦讀經書識知是羅漢而殺有時因行
見本殺處即憶便道非是不知何以知先識自言殺時顏容不喪故知是
先識故殺得逆父若母是羅漢殺得既罪十誦解川得二逆罪一波羅夷
何以知夏波離問父母是羅漢殺幾罪仏言波羅夷并二逆罪故知得三
罪今律師解時止得一罪何以知罪起闕心由竟心是一云何得三罪若得
多罪不應言并直并時明知作一罪此知者皆具四緣成若闕如上解若
直殺人具四緣成罪闕則輕重不同不等若闕初緣實是兀作人想殺得
偷蘭實是畜生作人想殺得偷蘭此三句闕初
一緣皆得偷蘭應若闕第二緣實是人作非人想殺得突吉羅人作畜
想亦得突吉羅人作兀想殺无罪此三句闕第二緣若闕第三緣實是人疑為
人為非人若殺得偷蘭遮人疑為兀為人若殺得偷蘭遮人疑為畜生為人若
殺亦得偷蘭此三皆闕第三緣偷蘭若闕第三緣或得波逸提或得突吉
羅何者是第若打比丘作殺心若死得波逸提打餘衆得突吉羅若闕第
四緣或得偷蘭或得突吉羅若作殺人心前人命不斷得偷蘭起心遲息得
突吉羅若殺非人亦具四緣成罪若闕初緣實是人作非人想殺得突吉羅
是畜生作非人想殺得突吉羅杌作非人想殺得突吉羅此三句闕初緣皆
得突吉羅若闕第二緣實非人作人想得偷蘭實非人作畜生想得突
吉羅作兀想无罪若闕第二緣是非人疑為人非人得偷蘭若非人疑為兀非
人若殺得突吉羅非人疑為畜生為非人若殺亦得突吉羅若闕第三緣打非
人不作殺心得突吉羅若闕第四緣殺非人命不斷得突吉羅若殺畜生兵

得突吉羅若闕第二緣實非人作人想得偷蘭實非人作畜生想得突
吉羅作无想无罪若闕第二緣是非人疑為人非人得偷蘭若非人疑為无非
人若殺得突吉羅非人疑為畜生為非人若殺亦得突吉羅若闕第三緣打非
人不作殺心得突吉羅若闕第四緣殺非人命不斷得突吉羅若殺畜生具
四緣成犯若闕初緣人作畜生想若殺得突吉羅非人作畜生想殺得突吉
羅无作畜生想殺得突吉羅若闕第二緣畜生作人想殺得偷蘭若畜
生作非人想殺得突吉羅畜生作无想无罪若闕第二緣疑為人畜生若殺
得偷蘭疑為非人畜生若殺之得突吉羅疑為无為畜生若殺之得突吉羅若
闕第三緣打畜生不作殺想得突吉羅若闕第四緣殺畜生不斷命得突吉
羅若殺人作非人想偷蘭者此發殺時作非人想殺故本人方便得偷蘭
殺人非人不死方便正問、意突吉羅
問曰此殺云何如來為說此不淨觀使諸比丘相殺　答曰非是如來不知機
為說此法也但此一般時人昔日有其宿怨若不如來不為說此法後必相殺害
懷怨枹結從生至終不相捨是故大聖識知此義為說使作觀心厭訛憲
身命求欲捨身後雇人斷命都无悔意殺者後作將心因是其人捨其惡情
怨消除積緣悟道若如來本正使好心斷命亦不有悟道之益如來亦不說
此法如是除怨悟道故如來為說即問此云受欲盡是雖而自雇人使斷命
答此非斷盡正使伏不起故言更欲盡故生厭也妄語過人法戒即問此戒
所以並自言解時是壞法衆此二戒若自不言引虛衆无以治罰何以然此
自稱得聖若虛而說有即自壞壞衆謗者云何為壞不足數故名壞也
依此四人足數云何言壞正以此第二偏是以犯罪衆僧治法若自言宜徹
淨衆自壞處深既有此罪在於衆中令衆法不行即是壞衆法正此壞非
是足數故言壞但此罪是衆僧治法今若不自引虛實僧不復得令衆不
淨法不得行故壞衆法是故自言令僧作法不成今自言引虛知其淨穢

依此四穴是數云何言懷正以此第二偏是以此罪衆僧以法者自言直
淨衆自懷處淨既有此罪在於衆中令衆法不行即是懷衆法正此壞非
是足數故言懷但此罪是衆僧治法令若不自引虛實僧不治得令衆不
淨法不得行故懷衆法是故自言令僧作法不成令自言列虛知其淨穢
僧淨得除償衆僧淨法無成故須自言何以知懷衆法者須妄自言如作
上座覆他罪犯重妄自言除償大僧覆他罪得波逸提不妄自言以不懷故
衆尒若尒初三亦懷法何不妄自言答不須此三戒麁顯有事可驗即知虛
實何假自言知故不妄也若難知下故妄語謗第二偏何不妄以不能懷衆
故不妄自言又解略故不妄唯此二戒妄自言下者不妄為直略有所以故略
亦有所以自稱得聖唯妄語中重所在初謗人犯重亦謗人中得罪重所在
初是故此中妄自言下之三種以類可知故不妄也即問若略何故不初戒妄
自言正明此戒里隱難可識知須妄自言表虛實得制戒本若尒下覆藏
亦里隱何不妄自言答亦應妄但此妄語是言令遝以言表言是故此戒
妄又一解妄自言正依此經文既作妄語如来訶言若實无所知為口賤
在大衆中自稱言我得上人法是為最上大賊然此人既見此訶恐墮頂
惠道雖得清淨故著上言我實不知言知不見言見仏言波羅夷正
道過言出口令雖自言望得清淨亦得波羅夷欲明斯言之數是所難
遂故妄自言也何以知戒本中言為欲清淨故便作是言我實不智
知不見言見虛誑妄語若尒以下妄語亦應自言下者不須妄如 力釋
子共外道論即逐逐何待言表自言可有瀎護不知罪是輕屏處對人
可識此罪是重故心生恐怖見外人未知望清淨故自言欲著為得清淨若
上三戒尒重故不妄以作則人知何有著里謗戒亦為所如来訶一向入地識亦
清淨故言自望著也皆以人先不知故妄清淨何以知如上座覆他重罪爾適使
言應尒仏言若先知如覆者波羅夷正明後雖自言先過以成故尒解自稱

可愧此罪是重故心生恐怖見外人未知坐清淨故自言欲奮為得清淨若
上三戒亦重故不安以作則人知何有奮里謗戒亦為而如來訶一向入地獄亦
清淨故言自坐奮也皆以人先不知故妄清淨何以知如屋覆他重罪而道使
言應今仏言若先知如覆者波羅夷正明後雖自言先還以成故今解自稱
得聖得罪有緩給一人解時隨自言得禪得果二事皆得波羅夷若作
覓解時直言得禪正得偷蘭何以知經得過人法皆是聖法今直言禪
得通凡夫亦得是故正偷蘭今時律師解承習欲得重罪者要言洽習
增廣乃至得出離方得重罪十誦現相得偷蘭不得重罪解此中從十
誦時此言今知得重罪者是故表書宣印今知故得重罪若現相者
亦偷此蘭中自解時現相知者得重罪不同十誦誑人作非人想得偷蘭此一解
結本誑人方便偷蘭出口時作非人想誑故不得波羅夷若今非人邊无非人
作非人誑亦應得突吉羅何故不言突吉羅若言戒正欲明人邊結罪故
明非人罪也若犯重罪云如前後二如是如僧秖云後犯突吉羅者得
法人名字戒沙弥故言突吉羅此四人若得法者亦應突吉羅何以故言學戒沙
弥故應突吉羅言波羅夷者是不得法者若僧秖不得法者亦應是波
羅夷耶問第二偏第二偏中有六種犍閒此四人言僧殘者一解以不充二種
僧數故曰殘此人唯得作羯磨僧數不得充說戒僧數故曰殘　若介唯四人
一人犯下四偏者得作足不得足數々說戒而得罪故言不足數也又一解時臥
犯僧殘罪不得足羯磨僧數出罪故言不足數此是十誦經文若以犯
僧殘是出罪僧數不定竟此十三戒言有如性惡者遮惡前四戒皆從重貪
愛心起名為性後六戒從瞋重心起故名性惡中三戒亦從貪心起此貪心

既微以性何故得作偏亦是譏過妨道處有故同制第二解種類此之種
類非想生故作種類氣分相似故名種類何以知正不氣分妹嫡二旁是
婬戒盜戒種類初偏婬盜是性此二戒作遮惡云何得相生何以知氣分妹

既微以性何故得作偏亦是譏過妨道處脅故同制第二解種類此之種
類非想生故作種類氣分相似故名種類何以知正取氣分媒嫁二房是
婬戒盜戒種類初偏婬盜是性此二戒作遮惡云何得相生何以知氣分媒
取和合男女邊相類房舍取貪心相似故言氣分種類後之六戒作妄語
種類二謗解作妄語僧殘可得作種類四分作妄語僧殘云何得作種類
解正以由初緣說作語他人說虛謗僧惠性虛麤執經意違諫得僧殘
於初緣故得作種類於違僧諫僧殘邊不得作妄語僧殘第四解初偏
失及所以輕正明及外暢釋情微男子情重故得僧殘摩觸大僧所以輕
者丈夫剛幹難受摩觸前不能陵故輕也麁語大僧所以重者正明男庶
麁越持為此事故得僧殘女人志弱自出言是布對故輕也二房所以輕
者明女少利獨作義布故輕男子多利獨作喜為故得僧殘後六戒二眾
俱犯二謗可有同犯破法輪僧女无法輪主云何得同二破法輪諫得僧
殘解及雖不作法輪主亦受行五法傳化於人破羯磨僧故有違諫得僧殘
此僧殘違諫得非是正破法輪得僧殘故及得同犯也　第五自作教人有
同犯初二戒教人已得偷蘭跡麁咽中閒七戒若教前自作教者犯偷蘭不
犯僧殘若違仁悔已深心麁語歎身已得僧殘前人得中罪媒戒違戒
文可知二房違人為己作前人得中罪已得僧殘二謗違人待已亦自得僧殘
前人得中罪何以前人中罪中傳語我謗使我得僧殘前人中罪後四戒教前
莫捨若類解時前人得僧殘時教者亦偷蘭若尒云何僧未訶諫時教
莫捨突吉羅解此突吉羅隨語語突吉羅非前人得僧殘已突吉羅云
何復言僧訶諫教莫捨偷蘭此偷蘭僧作法呈意勸前使捨不違教莫
捨耶發言違僧罪法邊語語偷蘭亦非前人得僧殘已得偷蘭又解教

莫捨正自得突吉羅何以然前人若僧不諫亦不得僧殘後設作法不識

何復言僧訶諫教莫捨偷蘭此偷蘭僧作法呵責使捨不違教覓
捨耶答言違僧羯磨法邊語偷蘭亦非前人得僧殘已得偷蘭又解教
莫捨正自得突吉羅何以然前人若僧不諫亦不得僧殘後設作法不識
亦不得罪若僧諫耶捨亦不得罪後復僧諫由我意云何使得偷蘭
何故若僧訶諫時教莫捨偷蘭彼耶諫時教使莫捨使他僧殘故
得偷蘭非是前人得僧殘已得偷蘭云何文中言僧未呵諫教莫捨突
吉羅此亦隨語語突吉羅初偏失戒更无異法罰由我意作則犯戒偷
蘭若尒媒嫁亦我一往還後時作成不由於我云何往還便犯僧殘
答此義不然何以故媒嫁莫問成不成但使往還言辭了了使得僧殘此之
四戒要僧諫有違諫罪若不諫教不成罪何以媒嫁不得成而得罪諫戒
要三諫竟始得罪答曰媒嫁但使往還通意了了媒義以備此違諫者不
三諫違義未成是故要待三也次料簡持犯九句亦通於一部作持有二種
一進俯解持二對事得免罪解作持云何俯行作持學問誦經不犯聽此
法進俯明持對事并持者此房舍由使僧乞處分羯磨故得僧處分作房
得免僧殘罪第三篇中得羯磨故得離衣宿六年卧具此是對事并持
更有類可知今作持止持體別云何別作持者得僧處分作房止持不作
房故言別作犯止犯體一名別云何體一不得僧處分作房故得僧殘不作
房无罪即无止犯由作房故即有二犯故名別體一也識法識罪大歸廣明門
此下品罪多云何得作持得无僧殘罪故名持不識法事罪故有愚癡罪也
雖不識得聞人道故從僧乞得處分名為持此作持无罪為上品作犯无罪
為下亦輕罪為下品即廣釋上偏作犯九句通五偏意當戒之中皆有三品之
罪識事罪究竟者為入上品既五偏有疑事如得究竟罪亦入上品何者初
婬戒圖戒和上知事未滿此三戒皆此疑而入上品作犯中既當戒中有疑

雖不識得聞人道故從僧乞得處分名為持此作持无罪為上品作犯无罪
為下亦輕罪為下品即廣釋上偏作犯九句通具偏意當戒之中皆有三品之
罪識事罪究竟者為入上品就互偏有疑事如得究竟罪亦入上品何者初
雖戒酒戒和上知年未滿此三戒皆以疑亦入上品作犯中就當戒中有疑
如犯方便罪者入中品作犯不識事如犯亦有入中品者亦有入下品者不
作人想疑此不識事入下品作非人想疑此亦不識事從心重入中品作犯中
一婬戒中如此類下盜之与妄語媒嫁一切諸戒皆三品之罪從心輕重安置
中下以情有息非煩釋也　即問此作持處分羯磨是僧云何人作房者
得持名荅此僧正為此作房人作羯磨法持法著前人磨尊戒中尼
女合制一戒下九十中離解二疏中以明下九十離者為結尼罪故離　如九十
中同宿處解此中合者尼磨尊比丘俗人男子俱重比丘尊摩尼俗女人俱
僧殘是故合制得罪不離　又解波羅露在俗人舍內容得有人聞見是故
遮學罪人離此在寺內私房中不容異人見是故正得女人自樂故不離也
問曰何以女摩尊男子取二俱深心　荅尼摩尊者前人无深无壞義
故取二俱深比丘尊女人不取陵義故不明深明疏加解作六句僧殘比丘往
尊女不問受樂不動身不受樂俱解得僧殘何以知得僧殘了下條部
中文比丘欲心往捉女人似言僧殘女人來捉比丘似問比丘受樂不荅受
樂似言僧殘不問比丘捉女人樂不樂故知比丘往尊女人皆得僧殘不受樂
何故与僧殘又欲心自往尊樂微故言不受實也有樂問麁惡語中後出
方便麁惡語想疑出三句不出弟四句麁惡非麁惡一句所以介者非麁
惡想此句略故不來何以然不識事故无罪下條部麁惡非麁惡想偷蘭
者明前女人作非麁惡想故得偷蘭下房舍戒
問曰諸餘戒比丘見過即呵此曠野比丘造房起過迦葉何故不呵一解
[illegible]人惡上房後造房自[illegible]脈可責惡生譏歸故不敢呵一辭謗戒

方便麁惡語想疑出三句不出第四句麁惡非麁惡一句可以亦有非麁
惡想此句略故不來何以然不識事故无罪下條部麁惡非麁惡想偷蘭
者明前女人作非麁惡想故得偷蘭下房舍戒
問曰諸餘戒比丘見過即呵此曠野比丘造房起過迦葉何故不呵一解
正以如來聽作房後造房者多為輙呵嘖恐生戰諍故不敢呵一解餘戒
起過逐理造非，雖教不聽比丘見即呵此之比丘如來聽作一房順教起
貪多求生過正以順教故迦葉不敢輙呵也　問曰處分法是作法云何不
在前教法用先結其過答此意有教作法用但今經略為在後即制
㕘量遠則結罪便世故在後明也　問曰不處分過量此二戒云何得合
為一也　答曰是由作房不處分故得罪房處无異故合制若尒下戒亦
是房云何別也　答正以有主无主異作法稱名字不同不得合也
問曰處分羯磨為著地著人　答曰著地即問看地此人不作房更餘人
來此中作房得不　答不得何以不得此為別人作法云何異人得作此不
同僧結攝僧界本為一切僧結故有法著地餘人亦得在中作法作房不
成得偷蘭者此是方便難妨二處吉羅是究竟何以故言妨難者不待作成
始是妨難故言究竟一解時妨難二處吉羅房未成來四偈是方便何以
然答房不成妨難義不具故是方便為不處分想上作犯九句廣解為
他作房成已得偷蘭何以然使他得僧殘故尒下四句教言生繩墨如法
作作者過量言作者犯此犯何罪一人解言犯偷蘭一人解正犯突吉
羅何以然前言為他作已得偷蘭此云何突吉羅解時正以房主
无罪復非已房正以不由他語故犯突吉羅下三句亦然前得偷蘭
房主得罪故尒不處分想云何得偷蘭此无正罪正解時此不識
事應正有无知罪今得偷蘭者由无知復作前事此是可學之故
得前蘭即問此為究竟方便一解作方便云何方便若識事即得

无罪復非己房匠以不用他語故犯突吉羅下三句亦然前得偷蘭
房主得罪故尒不處處分分想云何得偷蘭此无匠罪匠解時此不識
事應匠有无知罪尒得偷蘭者由无知復作前事此是可學是故
与偷蘭耶問此為究竟方便一解作方便云何方便若識事即得
僧殘故言方便一解作究竟云何作究竟不識事更无進趣故曰究
竟識 謗戒第六
問曰謗者說虛以誣人為得一罪二罪解正得一罪謗本要假虛辭
衆方得成謗人无虛則不成是以正應得一罪若尒並有主畜生為
得一罪二罪　答得其二罪何以然自有楨則非並生有終曰並生
不楨此二事業不相假故得二罪若尒我亦有終曰妄語而非謗
雖有妄語非謗更无是謗而非虛語者故不得二罪以此類之但
使相假正得一罪若內有三種三根不成其謗若无三種三根盡
得成謗不若說自見聞疑從他見聞疑此三无根无而說有成謗若
无想心見聞疑說有心想不成謗何以然謗本似其事罪想不成事
罪故亦不成謗
問曰謗人犯下三偏解得突吉羅此皆說虛云是妄語復謗心是重云
何正得突吉羅凡尒妄語便得波逸提
答曰有異不同妄語正取心虛結罪不取楨意故但遠心得波逸提
謗取境楨前境結罪故從楨前輕者結其輕罪何以然如謗人犯初
偏正是說虛從楨前人重故結僧殘罪故知從境結罪謗戒事四重
十三難謗實比丘皆得僧殘若前人實是十三難若謗此四人師解

謗耶境損前境結罪故促損前輕者結其輕罪何以然如謗人犯初
偏正是說虛促損前人重故結僧殘罪故知促境結罪謗戒輕四重
十三難謗實比丘皆得僧殘若前人實是十三難者謗此四人師解
除破僧出仏身血此二人得僧殘餘十一者得偷蘭罪同謗非丘比云何得
以作實比丘謗得方便偷蘭若知是十一難正應得突吉出身血破僧
此二未有通遮未謗是比丘故介十誦出仏身血得偷蘭餘十一難得
突吉羅十誦師解以罪名輕故出仏身血破僧謗正得偷蘭四人以是
比丘故得僧殘十誦若以十三難謗居下三衆正得突吉羅何以然三衆
是別有惣處佛是故得輕此律云重者以同是具足位故重
問曰謗他得罪為清淨人故得罪不淨者亦得人解不同相承解莫問
淨不淨但使无三根成謗何以然不齊者體不足數云何可得謗
罪猶是比丘故不得惡心謗淺淺謗正欲謗清淨不足數今不淨者謗
得罪況清淨者為護淨衆故不淨者亦得罪又復條中打盜賊比丘亦
仏言以何心　答无盜心仏言打大比丘得波逸提打猶得罪謗亦然又
復淨儀不可識故介若不淨成謗云何戒本言非波羅夷比丘一解
謂此淨故作是說非是淨者便成謗又一解時從初緣是淨人故說若
介云何開中復言說實不犯說實者實三根也故非淨也又人解時
實清淨者謗得罪不淨者无罪何以然知戒本中云非波羅夷而以无
根謗故得罪故知唯淨成謗若介廣中云何言彼人不清淨若此不淨
者犯僧殘罪人故言不淨若犯重人何須論也又復文中說實不犯
故知是清淨人也又一解說實者說著十一難實雖无三根亦不犯也

根謗故得罪故知唯淨戒謗若尒廣中云何言彼人不清淨若此不淨
者犯僧殘罪人故言不淨若犯重人何須論也又復文中說實不犯
故知是清淨人也又一解說實者說著十一難實雖无三根亦不犯也
藏本六緣若十三難中非人畜生黃門等正具五緣也言瞋恚所覆﹅其
懟善心　　問曰文言﹅不見彼犯而言有聞疑此文聞疑有實不
若此三根俱无實者无實云何正道不見有意若三根俱道与上无異
今為欲異上故更作方便欲使增信治擯是故對心單舉一見不道聞
疑為欲舉聞疑謗故不說聞疑非是有實故不說何以知得作多句
所以經文驗知此无一見根以聞疑謗是謗第四句何以知第四句前六句舉
三根次應見聞次有疑此文﹅疑故知第四句是下復若以單見性謗亦成
單聞單疑亦得作三句是故一根上舉此七句謗皆得作多句數六七
問曰此作四十二句云何得云何得盡得明三根盡初无三根以三謗作六
句第二无一根舉二根謗作三六十八句第三无二根舉一根謗復得作六
十八句亦得略明意盡故依經文但卅二句也初六心相對有疑妄疑
第五句无疑第六句妄无疑云何初句不言生想第二心生想妄想
而正有妄想无初句生想一解故不安若略以注應下梗略云何初略
解有所以故不安下句安妄而言有者此事別可解故得相對明今
此初句若言生見聞疑想復言我見聞疑以注此遮難久恐不成謗故不得
出初句破僧遠諫戒
疏中有五種料簡初叙疏中廣明第二明破二種僧解二僧之法開亦疏
中簡所問破法輪僧前解法輪僧者內犯以上得理之人名法輪云何全言
法輪僧皆唯彼犯大非理人　　答有義犯破有二種一以戒所破者名為

出初句破僧違諫戒
就中有五種料簡初殷勤中廣明第二明破二種僧解二僧之法用亦無
中簡即問破法輪僧前解法輪僧者內凡以上得理之人名法輪云何今言
法輪僧者唯破凡夫非聖人　　荅有義凡破有二種一以戒而破者名為
破二惑戒而破使不會亦名破令凡夫僧破者此凡夫若今聞法輪即悟
聞思之解今以邪法化之使受邪法不悟聞思之益故言應悟而不
悟是故破凡夫使不悟名破法輪僧破法輪僧下至九人成破法輪僧
何以知九人難何曇經云閻浮提有九人法輪壞三方有八人羯磨壞
今言九人者朝達自受作佛即當仏寶所說五法即當法寶伴儻
四人同計即作僧寶又一人解時得伴四人從邪化別如來下更八正之
人四人不集名為破法輪僧何以然解道本同一和合今為二軌故言破法輪
僧未識此義本相承解正道調達五人是邪三寶成就下至化得八正
四人來降化名為破法輪僧若介云何十誦云至四人提籌名破法輪僧解
此因中彰果何以知即四人中文朝達共伴計謀欲以五法化人四伴印可
更行已諸比丘聞往白仏如來方始喚來呵嘖言汝莫斷四聖種可
以破法輪僧甚大閒難墮涅槃一劫不　　若四人同謀以成破僧即不
足數云何如來諫之明使欲人捨故知四人時未成破也後在王舍城五
百提籌至伽耶山中夜說戒羯磨方始仏言以破僧不足數次明破法
輪僧竟即受其罪朝達破法輪僧得逆罪偷蘭伴儻四人以事准度應
是大衆偷蘭五百人小衆罪然有人解伴四人同朝達罪何以然下更戒中
言如朝達比以此四人共同其計云何不得同罪相承解如前破羯磨僧
得小衆偷蘭問何以俱同破僧一得逆一得輕罪解有義破法輪僧破師

輪僧竟取要其罪兼違破法輪僧得逆罪偷蘭伴僧四人以章須度意
是大衆偷蘭五百人小衆罪亦有人解伴四人同朝達罪何以然下要戒中
言如朝達比以此四人共同其計云何不得同罪相承解如前破羯磨僧
得小衆偷蘭問何以俱同破僧一得逆一得輕罪解有義破法輪僧破師
法輪斷絕聖衆種故得逆罪破羯磨僧正是已同類今日破者正可
現一輪衆事暫不能斷絕聖種是故輕既明得罪此罪僧邊得一罪
別人邊得多罪解正僧邊得一罪何以然我自梓聖人亦是說虛從人結
罪此破僧說五耶法亦是虛語云何僧邊得罪解今言破僧二三人非僧是
故破二三不得破僧罪故從僧以結罪即問今得法損益爲別人得僧得吞
損益是別人若爾既是損益別人云何僧邊得罪解即人不能作僧寶
益利要僧則有利益事曠是故僧邊得罪二三人雖破不得破法
輪僧罪此中有餘義不盡疏中廣明第三解等同逆偷蘭何故出
佛身血是方便而得作初人破僧是究竟而不得作初人解調達心畢
欲作煞佛意而佛不可煞正得出血是故作方便既是其師復世極福
田而起此惡心加害故得逆罪何正以作偷蘭佛是人位同故方便煞邊同
人方便偷蘭正未有方便逆罪故作初人也答若爾阿羅漢亦是波羅
夷逆亦應得作初人不同波羅夷以是滅擯阿羅漢亦是波羅夷
唯加逆名俱同煞滅擯處齊是故不別鄣初人今出佛身血得逆偷
蘭正是一罪疏中等何以知出佛身血是初人十誦律中云下至九清淨
人得破法輪僧故知是初人也又若爾倍人煞父母煞阿羅漢以得作初人
以不解有三種一人解五逆都无初人何以然教有二種一聖教二制教聖教
[illegible]有五逆等犯則遮故此是聖罪故无[illegible]初人制教者波羅夷

蘭遮是一罪聚中等何以知出仏身血是初人十誦律中云下至九清淨
人得破法輪僧故知是初人也又若尒倍人殺父母殺阿羅漢以得作初
以不解有三種一人解五逆都无初人何以然教有二種一里教二制教里教
者本来有五逆等犯則遂教此是里罪故无初人制教者波羅夷
是未制犯是初人制竟是第二故有初里教由本来有里犯則是第
二故无初人何以知下受戒揵度有人殺父来者佛言以受戒者滅擯
云何故知遂里教滅擯也不得為初人又一解時未制廣教以前是
初人制廣教以後皆是第二人若尒下受戒中云何如来耶滅擯丘
道此殺父母等逆名皆是如来制此名不制云何知是逆故知受戒
中殺父母滅擯者皆是廣教後来故滅擯出仏身血何以得作
初丘明如来方便中得逆而還是罪初害仏身使得為初也相承
解時倍人犯五逆等皆无初何以知下受戒揵度中来耶滅擯故知倍
人无初何以而然丘欲明倍人依杖三寶作福田悕授出離脩道歸寺
出家以生疑逆殺羅漢父母垢心尤重云何復得依杖三寶脩出家
之行可立以未受具故尒今弃耶初丘出家者以得具足之位失心犯逆
開使不犯得脩出離之行故弃初也何以知具足者得開作初也人以律
文驗以可知如何利吒惡心以得具足故作羣朽伏如不來棄沙弥惡見三
諫不捨即滅擯出衆列以此驗知沙弥尚尒況復倍人得无初也次明破僧
所以不得作初如来以朝達初欲破僧親自呵嘖勸諫汝莫破僧甚大
艱難墮溼梨中一劫不療此果報以鄣罪名以並後故遂而破僧故得

諫不捨即滅擯出衆列以此驗知沙彌尚尒況復俗人得无犯也次明破僧
所以不得作初如來以朝達初欲破僧親自呵嘖勸諫汝莫破僧甚大
艱難墮泥梨中一劫不瘵此果報以鄣罪名以至後故遠所破僧故得
是第二人也何以知如來制戒皆不預鄣罪此云何先鄣正欲明破法輪僧
是重為欲使心不破故先鄣罪也何以知破僧是第二人調達伽耶山中
布薩曰依僧祇律中如來遣阿難注喚調達共作說戒不往阿難去
即集衆說戒羯磨阿難後注以言我說戒竟阿難白仏言癡人以破僧
當集衆布薩說戒不須喚來也何以故成破僧得逆罪不足僧數故
尒以此證知是第二人也若以鄣罪名第二下三諫戒亦言汝當捨不捨更
增重罪此亦鄣罪亦應是第二人解此言更增重罪者是通名重罪偷
蘭皆是重罪如不結果報故知非是第二人第四斷簡疏以弁第五解此四
諫戒与下阿利吒等同是三諫處不異云何此四罪重下一犯輕
答此重有義此破法輪僧說五耶法壞其人此四依以化於人望破如來
法輪如知非法破作其心處重是故三諫不捨得重罪依止以衆諾造非
衆僧如法驗擯又復非理謗僧得波吉羅三諫不捨是故得重罪愚
性所以重明犯根本七聚之罪唯除初偏衆僧好語復輕如不受得罪
復僧三諫不捨耗見難誨故得重罪僧殘罪下說欲不鄣道引仏
鞞經非解明白故道雖可口說欲事身未自行是故諫不捨得罪輕
波逐提既心輕故合舉所以疏中以明意又解破僧不得作舉意若一往
三諫不捨即舉者恐時人不識達真偽生其疑惑是故不得舉為欲

擧經非解明白故道雖可口說欲事身未自行是故諫不捨得罪輕
波逸提既心輕故合爭可以跡中以明意又解破僧不得作爭意若一往
三諫不捨即爭者恐時人不識違真僞生其疑惑是故不得爭為欲
諫使真為取別去時情疑惑故不作爭若尒僧秖云何得作破僧爭
解僧秖雖有爭名如意嘆伴黨相多爭即不成如此義推此中若
作亦應不得成若尒云何得諫正明諫法以道勸喻非是治伐之法
義无違負故得作諫不妨次明法輸回皆是突吉羅此中隨其輕重
應有小衆悔突吉羅何以知以心事驗可知破僧得逆偷蘭曰是突
吉羅此何〻是責心三說罪以是驗欲作逆罪邊突吉羅應是小衆中
悔何以知突吉羅人輕重偷蘭亦有對廾廾〻吉羅何由不得小衆
悔應得也隨起心說五法乃至僧三諫屏處呵諫以來但使說五法
之事皆成破僧逆偷蘭若道屏處作五諫尼諫俗人四部國王長者
大臣等諫皆自住得罪亦不成僧中遠諫偷蘭以成僧殘何以然屏處
僧中諫事別有復屏處通道俗諫故不以俗人諫來成僧罪又復僧
中諫時不提屏處諫辞捉作羯磨故知不相成也可得逆有生僧中
諫之義得作逆方便如作法別故不相成也依僧秖解時皆相成也
何以作羯磨時還爭上屏處以三諫此个復諫使以通爭來作羯磨
故知相成即問云何遠屏處諫正得突。一〻〻僧中諫得偷蘭解皆
具二義故不同屏處得輕者一是一人諫二无僧法是故正得突吉羅罪
僧中得罪重者亦具二義一為僧二有衆法事遠此二故得罪重也解三
諫不捨僧伽婆尸沙解有三種又一人解心息處方結罪心不息未有

故知相成耶問云何遠屏處諦正淨法一人□中諦□偷□
具二義故不同屏處得輕者一是一人諫二无僧法是故正得突吉羅罪
僧中得罪重者亦具二義一為僧二有衆法事遠此二故得罪重也解三
諫不捨僧伽婆尸沙解有三種又一人解心息處方結罪心不息未有
罪若心息方結罪者文云何一白二羯磨捨者三偷蘭解時第三息處
結罪故言三偷蘭非是得罪也若第二息亦尒何以然凡為結罪要素
心有揩諂淺息而不住可結其罪今元至諂又中間无息云何結罪也
此是息處占一罪也又一人解因果止不相前若三諫不捨成僧殘時故
有偷蘭遮白前方便突吉羅皆須懺悔可以示此凡為結罪果邪位
定云何得合成一罪也若尒僧殘祇云懺一切偷蘭一切越比尼合成婆尸
沙如此解時正以遠離多處合得僧殘罪故言合成婆尸沙非是合作
一罪也今相承解時因果相成一重罪何以知然凡事藉方便而成中因
得成其果云何得果時故有因在亦不得无因得有其果若尒得結
突吉羅罪偷蘭罪有感果報以不解時皆有感果也但結戒相異言
果邪位殊凡結戒要藉方便進趣成重故言相成也感果之義理則難知
不得來難何以知因果相成僧祇云一切越比尼一切偷蘭合成一婆尸沙故
知因果相　乃一白三羯磨所一白二羯磨隨羯磨々々成來因皆突吉羅
第三羯磨未竟捨者亦得偷蘭罪故一白三羯磨未竟捨則有四偷
蘭懺何以知僧祇有文第三諫未竟捨有四偷蘭也故知得偷蘭上
家解義皆通一部也　問曰尼无破法輔僧何以得遠諫不捨僧殘罪
解時正以位顯行五法以化於人即是其主言重道此尼所行者是即
是其半得生後戒易伴者影𩚬相順故曰易伴黨依止眾洛戒有其

蘭懺何以知僧祇有文第三諫未竟捨有四偷蘭也故知得偷蘭上三
家解義皆通一部也　問曰屋無破法輪僧何以得遠諫不捨僧殘罪
解時比丘以作顛行五法以化於人即是其主言重道此屋所行者是即
是其伴得生後戒為伴者影響相順故曰為伴黨依止聚落戒有其
二義聽依聚落得循道一免其賊難二得乞食修道有二種一自行二外
化益物令聚落造非四種行處行其惡行即非自行使諸禮越信非
為是四重下處壞其信行即非外化有如此諸過故須驅擯令出故
其住處使化人令信還得本處住依十一　白二　益化使性戒成就
方得本住處依此直驅出故過無使化文令僧如法擯非理謗僧三諫
不捨故制此戒行惡行處比丘安吉羅乃至謗僧比丘安吉羅如此一切諫
前比丘安吉羅罪遠諫中間一白二羯磨來比丘偷蘭三諫結究竟罪
問曰化中從加尸國來五句皆觀過何故不呵
答曰此是如來所聽依聚落住今日雖見造非不輒敢介呵嘖即問
此諸比丘見過往白佛如來何故遂呵嘖不喚來在現呵也
解時此比丘作惡義軌近見迹聞懷禮越信心今欲遣舍利弗
目連訖　諸驅擯化禮越使生信心軌ムム有淨顯理無容惡因
斯制戒故不喚來　又問目連既作驅非理言僧目連云何不
即呵嘖解有二種一解舍利弗目連等身自眾首往法驅擯迹中有濫
者自若即呵嘖謗己之事畢生鬪諍令僧破壞諍不可息故不得即
自呵嘖也又一解凡弟子承師教法驅擯理無增減今為人謗不得師
教云何得輒介呵嘖是故須來白佛若佛有教勅然有奉行故不得

取呵嘖解有二種一能令…
者自若取呵嘖謗已之事畢生鬪諍令僧破壞諍不可息故不得取
自呵嘖也又一解凡弟子承師教法驗實理无增減今為人謗不得師
教云何得輒尒呵嘖是故須来白仏若仏有教勅然有奉行故不得
呵嘖也
僧遠諫戒　又言風水喻者教之以作風喻教水喻行汝等麁性依我
聖王行者　行得聚在一處如欲　又一解汝等猶如草
木浴葉為我釋種聖風之与水吹潔汝等　作欲教我〻應教
汝文言其事實尒者解有二種一解言我其事實尒者我所作事
實如諫者是非法和上阿闍梨亦如是者師所行亦如我是如法但汝
无知不應教我故言其事實尒又解其事實尒者我大性出家聖得
正覺理正應教汝〻不應教我若實如是者不犯故言其事實尒
問曰制戒說戒等不異初偏列竟結其不共住方問清淨第二偏結
其問覆藏復明其治人出罪法下之三偏不明治法解有二種一解此初
偏四戒　是僧數故云不共住　一犯得重一罪隨犯
乞少皆得波羅夷故須顯鄣使行者粛也不犯　共住第二偏
須列初犯為後犯為釋時疑云何疑為吟前初犯有人不覺知可有覆
後四戒僧諫得罪有不應有覆何以故大衆皆知今結罪莫問諫不
諫俱得僧殘罪作覆心不發露皆有罪也何以然衆僧正知諫法
望使正不作三諫不正復諫何由知此罪覆之不覆是故但使作覆
…又一解此初

[illegible]
後四戒僧諫得罪者不應有覆何以故大衆皆知今結罪莫問諫不
諫俱得僧殘罪作覆心不發露皆有罪也何以然衆僧已知諫法
望使心不作三諫不必後諫何由知此罪覆之不覆是故但使作覆
心不發露皆成覆罪為釋此疑故須明治法同得覆罪又一解此初
不共住是其治法第二偏亦明治法所以尒者為明二偏皆衆治法若
死不治　衆法何以知壞衆方偏吞已下足數若以足數即衆
法不成故須鄣法使其治僨衆得[illegible]第三偏[illegible]足數是衆治
法若置如不治亦壞衆法令僧法不成若依十誦以此人是數出罪羯
磨罪不出不清淨故言皆壞衆法有如此義故須明治法下三偏无
此義故不須明也一説不攝除不能令衆法不成設攝不攝僧衆不違也
若尒卅事中亦言衆中作法下雖言不別衆一人亦成不要得衆是故説
戒不結治法也

四分律略疏卷第一

張[illegible]三月下旬寫訖

壹校竟

[illegible]

此義故不須明也一設不攝除不能令衆法不成設攝不假僧衆不須也

若尒卅事中亦言衆中作法下雖言不別衆一人亦成不要得衆是故說

戒不結治法也

四分律略疏卷第一

彼…… 三月下旬寫訖

壹校竟

明三千大千世界也娑
欲界云請淨通則色界十八天
梵別則唯初禪三天名梵三禪光三禪淨也釋論第十已復
次梵言離欲清淨若言梵以總說色界天者今謂此是通
義也光宅云此是初禪梵王尸棄是二禪梵光明是三
禪梵也印師云尸棄猶是初禪梵王名此翻為火也光
明大梵是二禪名素上亦今謂三禪三天比以光為名也等
者於等三禪四禪龍師亦同其言初禪梵王是大菩薩
住中間禪王大千世界也
第二列龍衆言有八龍王者舉其端首也難陀云善跋
難陀云善喜此是兄弟二龍常護帝釋之宮娑伽
羅因國為名和脩吉此云多頭德叉迦云多舌阿那婆達
多云无熱釋論云是八住菩薩居在香山之頂阿褥
達池住也摩那斯云大身亦云大心漚鉢羅因花池為
名也第三列緊那羅亦端首四人也緊那羅此云疑
神面似端正人而頭有一角見者生疑人為鬼也其
是帝釋法樂神四種四種為別者管絃所奏哥小乘
四諦等法故云法緊那羅王歌中乘十二因緣深理為妙

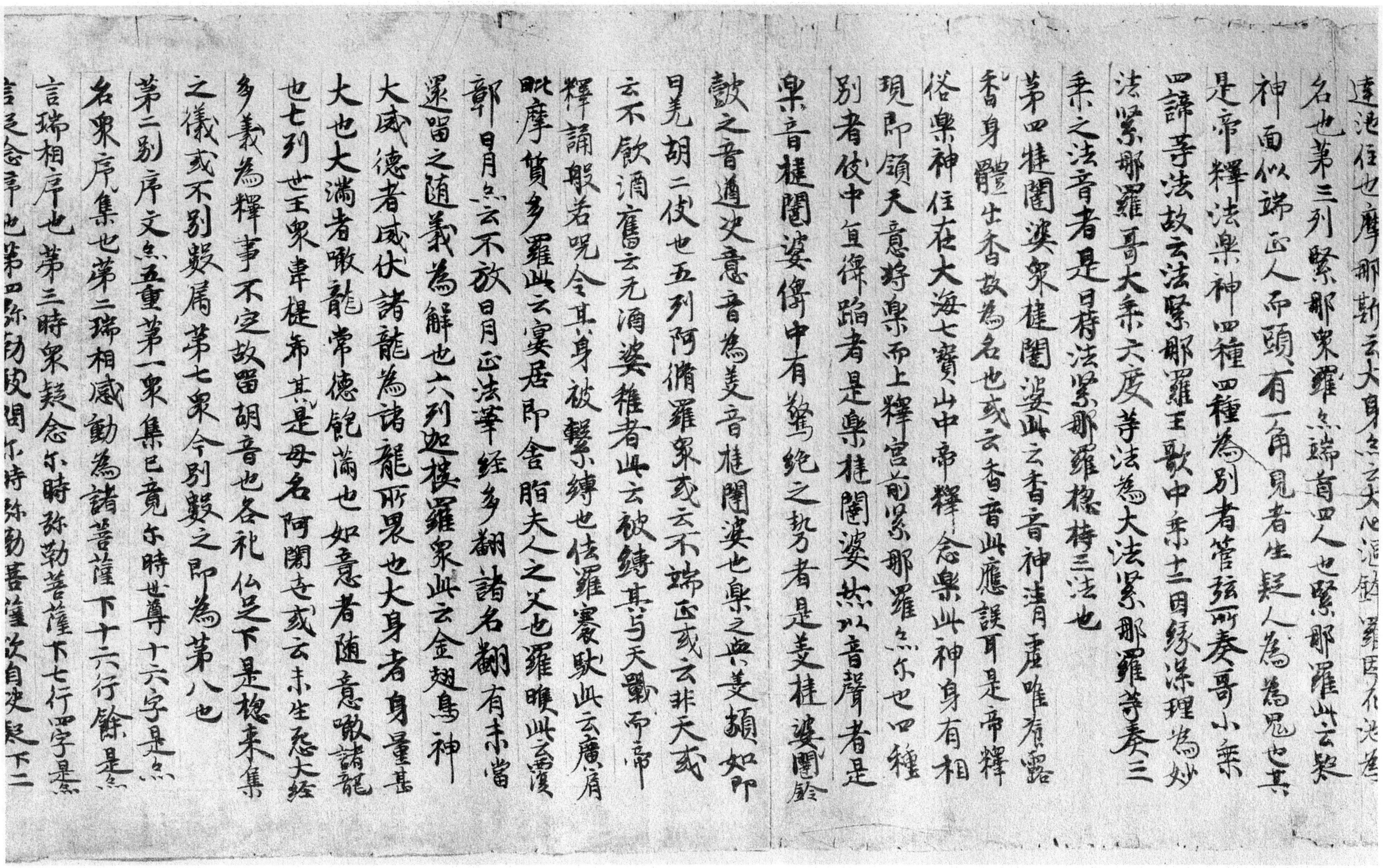

BD14798 號　法花文記卷一

（19–2）

達池住也摩那斯云大身〻〻云大心漚鉢羅因依池着
名也第三列緊那羅衆〻〻端首四人也緊那羅此云疑
神面似端正人而頭有一角見者生疑人為鬼也其
是帝釋法樂神四種四種為別者管弦所奏哥小乘
四諦等法故云法緊那羅王歌中乘十二因緣深理為妙
法緊那羅哥大乘六度等法為大法緊那羅等奏三
乘之法音者是日持法緊那羅總持三法也
第四乾闥婆衆乾闥婆此云香音神清虛唯食露
香身體出香故為名也或云香音此應誤耳是帝釋
俗樂神住在大海七寶山中帝釋念樂此神身有相
現即頌天意将樂而上釋宮前緊那羅〻〻亦也四種
別者依中直傳蹈者是樂乾闥婆然以音聲者是
樂音乾闥婆傳中有鶩絶之勢者是美乾婆闥黔
歎之音適史意音為美音乾闥婆也樂之無美頻如即
日光胡二伎也五列阿脩羅衆或云不端正或云非天或
云不飲酒舊云无酒婆稚者此云被縛其与天戰而帝
釋誦般若呪令其身被繫縛也佉羅騫䭾此云廣肩
毗摩質多羅此云宴居即舍脂夫人之父也羅睺此云覆
鄣日月〻〻云不放日月正法華經多翻諸名翻有未當
遝留之隨義為解也六列迦樓羅衆此云金翅鳥神
大威德者威伏諸龍為諸龍所畏也大身者身量甚
大也大滿者噉龍常德飽滿也如意者隨意噉諸龍
也七列世王衆韋提希其是母名阿闍世或云未生怨大經
多義為釋事不定故留胡音也各礼仏足下是總來集
之儀或不別數屬第七衆今別數之即為第八也
第二別序文〻五重第一衆集已竟尒時世尊十六字是〻
名衆序集也第二瑞相感動為諸菩薩下十六行餘是〻
言瑞相序也第三時衆疑念尒時弥勒菩薩下七行四字是〻
言足念章也第四弥勒發問尒時弥勒菩薩欲自決疑下二

有一所表々得云相々示善嶷々即是瑞故以六事通名瑞相如下
文云今相如本瑞是諸仏方便其々為途来說世又以六瑞相對為
三雙說經是赴機作教入定是靜監前理此以動靜相對為
一雙也雨花則降從上天地動菝自下去以下相對為一雙也
時衆悦豫是前人内心如来放光是仏之外色此以内外為雙
也第一說經者為諸菩薩下廿字是也彼經云大莊嚴等八万
菩薩致問如来仏因為說古今遍言為諸菩薩也其々實乎
時徒衆猶是即日座席仏通為說耳又且經明大乘主教菩
薩故云菩薩也无量義者有以仏智為宗有无量德義一所成
也有云以万行為宗有云以无相為宗今同後說彼經云无量
義者從一法生其一法者即无相也其明无相一法廣出衆義
則衆義雖殊同入无相々大乘一道廣生諸行斯則衆行
雖殊々同歸一道故以彼說為法花之序也既說大乘則主教
菩々薩々大行能承紹仏種故為仏所護念外加威彼為護
内心不忘為念故彼經云三世諸仏所共守護衆魔羣道不令
得入耶生見死不能阻壞今謂此即護念義也彼經為法花
序此有一卷而不与此經共為一部者以所說不同有前後之異
雖大乘亦是會通之說故也問若尔則大品楞嚴其々義々尔
悉法花別序耶答坐席各異々時機不同不應例也
第二入定者仏說此經已下廿字也跏趺是大人坐法能令身心
安隱也今取文意則亦必常加夫若言常尔者說无量義訖
不坐安耶今欲入定故始復加夫耳釋論云若比丘加趺而坐魔
王以之生怖知必欲壞生死魔境界故也入无量義處三昧者說
經明无相理今入定還觀此理故云无量義處三昧也前說无量
義經明无相一理出於万義今還入无量義之體於万相同入无
相則大乘出万行々衆行同歸於大乘也此理至妙將欲會同
故先入此定為序也言三昧者釋論廿三云秦言正心行處々是
謂直定也如三々昧義中解也不入法花三昧者此為序分亦是

經明无相理令入定還觀此理故云无量義處三昧也前說无量
義經明无相一理出於万義今還入无量義定體於万相同入无
相則大乘出万行〻衆行同歸於一乘也此理至妙將欲會同
故先入此定為序也言三昧者釋論廿三云秦言正心行處是
調直定已如三〻昧義中解也不入法花三昧者正為序分亦是
正體故也圓論實地万境同照種智之心未曾不定亦有无量
三昧一時常住无別出入今於定中故云別入〻定之意略有二義
一以妙理精微非麁心所說故須入定二則為展弥勒諮問文
〻殊〻解釋知當說法花令時衆情至聞必領悟故也身心
不動者心住一緣是三昧相為心不動心靜則身定便无動也
第三雨花是時天雨下一行十五字是也花為結實之本表時將
說法花同歸之因成佛果之實也四花不同者光宅說曼陀
羅是白色花曼殊沙是赤色花言白花大白花赤花大赤花
二白喻在家二衆其二赤花出家二衆也正法花經以曼陀羅
為意花道行譯音云製意花摩師云不定色花如赤而
羅為意花道行譯音云製意花摩師云不定色花如赤而黃
如青而紫如緣而緋河西朗師亦同唯一句小異云如緑而紅也今
謂此是天花其隨天意而變故色不定翻為意花亦言製意
義既不同故留胡本也曼殊妙云音翻花道行云有香花朗
師云白花也意花者明樂意在一乘但隨機說如花色不定
也音響花者明說一乘之音教也散佛及大衆者表大衆有
三乘之因同得如來熱果也第四明地動言普佛世界六種震
動者遍釋迦所王三千世界悉動也東涌西沒等六種動相動
與大品略同亦及花嚴與大經十八大動如講大經時釋也其
所表者地為人物栖憑安固不動而今忽動略有二義一則三
乘无漏為聖人所居菩云畢竟今方前進如地之動二則大乘
機發三乘異執可迴如地之動也第五時衆悅豫爾時會中下
三行餘是也此文舉大衆歎正明歡喜是諸大衆得未曾有

典大品曉同未及花嚴無大經十八大動如諸大經時釋也其
所表者地為人物栖憑安固不動而今忽動略有二義一則三
乘无漏為聖人所居昔云畢竟今方前進如地之動二則大乘
機發三乘異執可迴如地之動也第五時衆悅豫尔時會中下
三行餘是也此文舉大衆次正明歡喜是諸大衆得未曾有
下是也所以而喜者正以好事應來謂同聞作仏寔感潛通
感然同悅也居者言女出家人名也優婆塞云清信亦云薰
士以勝法自薰脩也優婆夷云清信女亦薰女兼近任善宿等
義餘處別釋也出家女言尼在家女言姨隨道俗之異非
字誤也夜叉者此云捷是諸天給使去來捷疾也摩睺羅
伽者律師云大蟒神亦云臆行神也轉輪聖王自有四種
及諸小王是果報諸王也无量義經云大轉輪王小轉輪王
今謂金輪聖王是大金輪已下是小今云及諸小王亦可兼之
也得未曾有者欣然自悅如有所得常所不得事也以此為瑞
意如前釋也
第六如來放光者尔時仏放下七行餘是也文為三別第一正明
放光初十字是第明所照之處照于東方下一行餘是第三見聞
見聞於此世界五行餘是也光至破闇表將同歸中道破二
乘異執之惑闇也眉間意明中道也白毫高顯表其理高
出三乘之上也所照之處以東為上方亦表同歸居三乘之上也
又東方為陽氣之始万物萌生表發衆生同歸之解乃至逆
生仏慧也万八千土者有緣所極以此為限又万是成數辟於乘
理圓八千未滿而一万之內表三乘未極皆入一乘也靡不周遍
者委悉分明也下至阿鼻上至色天者盡有形之域明周
遍義也阿鼻云此无間亦言无救也阿迦膩吒此云色究竟
也教既未了且依前經四空界无色故舉前為言也見敘
見聞者光宅舊謂現相於他土今謂因於仏光見土之事
明非彼聞別有異瑞也文為七階第一見彼六趣衆生第二
[illegible]

者義恚多明也下至阿鼻上至色天者盡有示之故明[illegible]
遍義也阿鼻云此无間〻〻言无殺也阿迦膩吒此云色究竟
也教既未了且依前經四空界无色故略前為言也見叙
見聞者光宅舊謂現相於他土今謂因於仏光見土之事
明非彼間別有異瑞也文為七階第一見彼六趣衆生第二
見彼現在諸仏第三見彼諸仏說法第二衆脩行第覓
菩薩脩行第六見諸仏滅度第七滅度後起塔也此七事
但為四例第一見六趣衆生即是所化之含識第二第三是明
諸仏教化第五四第五是稟化脩行第六第七終得菩
滅度同獲如来涅槃也叙此見聞即表同歸之理義謂
六道不同諸仏為化各異〻雖有三乘脩同至如来涅槃也
六趣名云六道〻是能通〻於因果〻通達因〻通得果趣是
行因受報若有所之但在於果也對善惡二因但有五道
別出脩羅故云六耳脩行得道者謂脩學之修得四
果之道也菩薩脩行云種〻因縁者發心遠行各有由稽
也種〻信解者憑師日信得理為解其事非一也種〻相
皀者六度異儀事像差別也已言涅槃後云起塔者為明
滅非徒然復以遺身利物也此皆明滅〻度涅槃也舍利云身
骨塔方墳也
第三疑念序者文有兩重一明弥勒有疑尒時弥勒菩薩
作是念下五行二字是二明時衆疑尒時比丘下二行二字是
也弥勒猶是衆中人但其後為請問之主故別標也就明
弥勒有疑中為三一疑瑞相所以初一行半是二念覓可問之
人今仏世尊下一行半是三知有可問之人復作是念下一
行三字是也三文中兩念未决盡可名疑第三知有可問
之人意在文殊此既决則是念非疑又第三知有可問人則
第二疑已决唯餘第一疑後申之以為問也今仏世尊現神
変相者上來六瑞皆由仏力所為以何因縁而有此瑞者仏之
所現必非徒然我今未測所以正是初疑也今仏世尊入于三

行三字是也三文中兩念未決盡可名疑第三知有可問
之人意在文殊此既決則是念非疑又第三知有可問人則
第二疑已決唯餘第一疑後申之以為問也今仏世尊現神
變相者上來六瑞皆由仏力所為以何因緣而有此瑞者仏之
所現必非徒然我今未測所以正是初疑也今仏世尊入于三
昧者唯仏是可問之人而入定也是不可思議現希有事者
上來六瑞之事也當以問誰者正念覓可問之人誰能答者
若知有能答則知有可問今不知有可問故不知誰能答也決
知文殊是可問即決第二疑也二明時衆有疑文為二一疑瑞
相所以顯獨以為言也二念覓可問之人今當問誰是也以此句
推前句前雖不道不知所以此云今當問誰自知前句是疑
若不疑者無問也无有第知可可問之人者弥勒能知餘人
不知故也其中請大菩薩非是不知但時機所主屬在弥勒
應為請問請之主獨云弥勒知故云四衆八部不能知意
不在餘菩薩也第四致問序文為三重第一叙為問之意
尒時弥勒下二行二字是第二正明設問而問文殊下盡五
十四行偈是第三請答仏放一光下八行偈是也文各有二叙
為問之意為二者一云欲決疑是自為故問二云又觀四衆下
明為他故問也弥勒補處大士不容不知但影響化物意
在為他假言自惑也觀衆會之心知其有前二疑今謂問文
殊則後疑得定但因餘瑞相之數次以之為問也第二正明設
問中為二者一長行是略問二偈頌是廣問也長行總問六
事但文少故云略偈頌別問但問四事以文多故云廣問也略
中為二第一總問六瑞皆是神通之相而第二別問放光之明
事多故別問也而問文殊師利言者或以此句屬前重未謂
為以之致問今謂是發後之瑞屬正問也以何因緣者求六
瑞所以也而有此瑞者通相前來六事也皆為善從云故瑞
不測故云神無壅故云通有所表發故云相也別問放光者

中為二第一惣問六瑞皆是神通之相有第二別問放光之明
事多故別問也而問文殊師利言者或以此句屬前重𣲖謂
為以之致問今謂是發後之瑞屬正問也以何因緣者求六
瑞所以也而有此瑞者通指前來六事也皆為善後云故瑞
不測故云神無壅故云通有所表發故云相也別問放光者
具問三事也放大光明是問正放光也照于東方万八千土是
問光所照處也悉見彼仏下問因光明見聞也國界莊嚴者
前有七事悉是其義也
偈頌廣問者文為六重第一二偈問正放光第二一偈半問雨花
第三半偈問地動第四一偈問眾時悅豫第五一偈半問光
所照處第六卌八行半偈問因光見聞從諸世界中六趣眾生
下是也此於六瑞中不問說經及入定者蓋是如來常事
故也其不宜問而為偈頌者時機所宜此經首尾多為偈頌
異餘經也
初一偈問正問放光云道師何故者經中稱
仏号通時大不同大品明無相多稱如來大經明常住故云
大仙此說一乘同歸之道故多稱仏為導師如來有道眾之
德為物師軌開示要道是導師義也第二一偈半問雨花
者初半行是正問雨花後一又以花莊嚴會地故合頌也次問
地動眾悅光所照處不異前說也白毫相光應為白色而今
色者色中上之表說同歸得无上仏果也第六問因光見聞
卌八半行偈文為六重諸世界中下一行半頌見六道眾生也又見
諸仏半偈頌見東方諸仏也演說經法下六行半偈頌見諸
仏說經也文殊師利下一行半結前開後也我見彼土下卌行
半頌見菩薩修行也文殊師利又有菩薩下七行頌滅後
起塔也前明因光見聞凡有七事今但頌其五略不頌見二乘
修行者明見仏說經自得無之既備說三乘之教教理有
二乘依教修行也不頌見仏滅度者但明滅後起塔自並
之也　第一頌見六道眾生者生天所趣是果道善惡

半以見菩[illegible]
起塔也前明因先見聞凡有七士今但頌其五略不頌見二乘
脩行者明見仏說經自得無上之既備說三乘之教教理有
二乘依教脩行也不頌見仏滅度者但明識後起塔自盡
之也　第一頌見六道衆生者生死所趣是果道善惡
業緣目是道也受報好醜者善業生人天是好惡業生三趣
是醜也又釋惡道雜結善果為好善道雜結惡果為醜
也第二頌見東方諸仏言聖主師子者仏為衆聖中見无畏
之德也　第三頌見諸仏說經者文為有二別前三行半總
明說經後三行別明三乘若人遭苦下是也總明說經者三行
半為四別半行是稱歎一行明所教之人一行明稱機宜一行
明弘化也演說經法微妙第一此論舉大教比丘小為微妙為
第一也教諸菩薩无數億万者雖通化三乘意屬菩薩故
別舉也又審亦一切皆是菩薩也梵音深妙令人樂聞者稱
其機宜令其歡喜也照明仏法是上弘至道開悟衆生是
下化含生也別明三乘者一行明小乘次行明中乘後行明大乘
也聲疲猒生死故云遭故云苦也令斷三界果因說感度涅槃
名為畢竟故盡諸苦際也百劫脩行感中乘根性故云有
福曾供養仏也志期獨悟謂之勝法為說因緣令其自覺
也菩薩紹如來之業故云仏子具脩万行故云種種行一切種智
是无上慧為說无相清淨之道也第四結前開後為二前三句
結前下三句是開後之漸也見聞若斯者指前所述也及千
億事舉後所說也第五頌見菩薩脩行者廿一半偈文為三
初一總標脩行次十三偈明脩六度正行後七行半雜脩
衆行以為仏事也於明六度即為六初六偈頌檀度次半行
兩偈頌戒度次一偈明忍度以居閑習誦能安此事即為忍
次一偈明精進又兩偈明禪那因定發通住禪讚仏皆深脩之
力也後一偈明般若也於雜脩衆行以為仏事有十七行半偈
文為四別初兩偈明說法降魔為仏事次一行寡嘿无為之仏

衣一枝種[illegible]
衆行以為仏事也於明六度即為六初六偈頌檀度次半行
兩偈頌戒度次一偈明忍度以居閑習誦能安與事即為忍
次一偈明精進又兩偈明禪那目定發通住禪讚仏皆深脩之
力也後一偈明般若也於雜脩衆行以為仏事有十七行半偈
久為四別初兩偈明説法降魔為仏事次一行寘嘿无為二仏
事又一行以光明度脱為仏事處林放光者或云是无漏之
林今謂只是山間樹林也餘十三行半雜行六度為仏事文
即為六一行明精進度行林中者如踰城出家獨行澤等
也次一行明持戒又一行半明忍辱又兩明脩定初行明德定緣
後行正明脩定也次有六行明行施度即為六別一行明食
菓一行衣服一行卧具一行薗林一行揔結一行是法施也後二行
明般 為二行明空慧一行明行有不著也 第六頌見瑞
後起塔者七偈為三別一行揔明供養或花香或伎樂或
七珎或三業皆為供養也次有四偈正明起塔即為四一行明多
少一行明小大一偈明莊嚴一偈明供養也第三餘二偈是釋歎
又三別一行明起塔之意意為供養舍利也次半行明國界藉
之故莊嚴後半偈以辟通釋也如天樹王其花開敷者花
生本為結實開時長得可愛起塔本為舍利國場因之嚴
餝也又釋宜以花開可愛辟國界嚴好之相不必須以結實
義為辟且觀文勢似後説也 第請荅者八偈為二先三
偈以事宜請後五偈釋伏難以結請也初三偈即為三第一
事第二稱歎第三正請也六瑞之中光明相顯又所覩事多
故前後多橮之為言也
釋伏難者五偈為五別初四偈釋四難後一偈正結請也初
偈云四衆所仰瞻仁及我者前請云仏子文殊願決疑衆嘿
然似是不疑何須我釋恐有此難故云瞻仁及我不知光明所
以則是有疑但見我已問侍仁為荅雖嘿然不言而實懷瞻
佇也次偈云仏子時荅者又恐云若實有疑可待仏決故今云

[illegible]

釋伏難者五偈為五別初四偈釋四難後一偈正結請也初
偈云四衆咸仰瞻仁及我者前請云仏子文殊願決疑衆嘿
然似是不疑何須我釋恐有此難故云瞻仁及我不知光明所
以則是有疑但見我已問侍仁為答雖嘿然不言而實懷瞻
佇也次偈云仏子時答者又恐云若實有疑可待仏決故今云
世尊入定未知久如當出只亦迴或顧時答今善也次偈云仏
坐道場所得妙法者又恐云若須時答者決是補處菩薩
其自應知可為衆說若仏意深遠不可知者云何今答我耶
故今二事推之有可知之義請君答也二事者一則欲說道
場所得二明々可為人受記也道場所得即是種知之法我
以說此積人故有茲大瑞也第四偈云示諸仏土乃至此非小緣者
又恐云若不出二事者便可以此答於時衆何煩我說耶今復
釋之若是小小光瑞可以此意為答今所現事大不可以我意
為定故云此非小緣則須仁者為說也餘一偈正結請者蓋是遮
伏難事足即催令為說衆情所屬正意在君不宜斯固
故結問云為說何等也
第五卷問二序者文有三重第一略答日時文殊下六行二字是
第二廣答從諸善男子下竟卅三行偈日第三開獎時衆品
末兩偈也略答中有二第一依聿略答初三行是第二分別明略
答諸善男子我於過去下三行三字是也仏意遠深難以輕
斷故且依聿仰忖以求理也次則按事徵檢漸就分明成上
意也惟是思惟々念忖是推尋忖度如伏度之例也次番
略出其事五句同就事即所忖知事也五中初句初一後一是法
說中間三句同樣辭也大法者同歸一乘之法也義者亦
同歸之義也但法通理教義指前理也三句明辭者兩取潤
洽謂三乘樹行雖曰義善根未聞同歸正如旱苗未得滋長
今以同歸潤長事同甘雨普洽枯苗也吹蠡是改号普三乘
別果々令知同歸号令普聞也擊鼓意在誡其使其肅肅

說中間三句同棲譬也大法者同歸一乘之法也義者立
同歸之義也但法通理教義指前理也三句明譬者雨取潤
洽謂三乘樹行雖日萩善根未聞同歸正如旱苗未得滋長
今以同歸潤長事同甘雨普洽枯苗也吹螽是改号改昔三乘
別果今知同歸号令普聞也擊鼓意在誡勗使其齊肅
今說同歸唱令使三乘之衆同向仏道无復別果之心也明
略答中為二第一舉昔曾見一行四字是第二以今同昔是故下
一行餘是也欲令衆生咸得聞知者咸是同也聞是聞教知
是知理同歸理妙非淺識所受故云難信之法也
第二廣答前長行直說序偈頌就長行直說文為二第一
具述見諸善男子知過去一紙餘文是即是廣向今明略答
也
第二明今与昔同長行亦云今見此瑞下二行是即會前依常
略答也就具述曾見有兩第一出事本初三行五字是第二廣
述本事明与今同從演說正法下是也出事本云過去不思
議劫有仏名日月燈明者上略答中直云我於過去諸仏曾
見此瑞其言猶漫今於諸仏之中適舉日月燈明時事則知
文殊歷値已多也若疑前仏有十号与今同而不名本事屬
事本者今取前仏時之事驗今當說法花不取過仏為本
事以前事為本事故仏具十号自為本事也　第二廣
述本事文為兩第一述昔曾見事与今已見事同演說
正法下廿八行餘是也第二述昔曾見事与今當見事同從
時有菩薩名日妙光下廿行餘是也已見是前來所都事謂
說法迄于六瑞也當見是仏出定說經及以後事也就述曾見
与今已見同中凡有六種同第一明七善初一行餘是第二說三
乘同為求聲聞者說下三行餘是第三明有子同次復有
仏下七行半是第四子出家同是諸王子聞父出家下二行餘是
第五現六瑞同是時日月燈明仏下十行餘是第六衆疑同諍

說法迄于六瑞也當見是仏出定說經及以後事也就述曽見
与今已見同中凡有六種同第一明七善初一行餘是第二說三
乘同為求聲聞者說下三行餘是第三明有子同次復有
仏下七行半是第四子出家同是諸王子聞父出家二行餘是
第五現六瑞同是時日月燈明仏下十行餘是第六衆疑同弥
勒當知尒會時中下二行餘是也七善同者所可說法初中
後善是謂三善是其一也其義深遠是二謂義善也其
語巧妙是三謂語善也純一无雜是四謂獨法也具足
是五也清白是六謂清淨調柔也梵行之相是七謂隨從
梵行也此義如成實三善品釋也大經名字功德品有
八善長有金剛寶藏滿足无缺此自在於圓教然阿含
夢等但說七善也明有子同中更歷二万仏者次欲取後仏
有子与釋迦同也娃碩羅薗有鞠為利根仏有云親
信或未當故留胡音也彼仏有八子釋迦唯一子毀離不同
但取有義同也六瑞同中放光瑞亦是三事謂正放光二
所照處及因見光聞如今所見是諸仏土是也事之同要
正在六瑞光中三事後偈中具頌故須預分別也第一
述曽見与當今見事同者其有四種同第一明所因人同
時有菩薩名曰妙光下二行是第二明所說法同名名
妙法蓮花下十三字是第三所経時節同六十小劫下二行
餘是第四明弘道人同日月燈明仏於六十小劫下十六行
餘是也所因人同謂日月燈仏後時出定因妙光菩薩
故說經則知今仏後出定時亦當有因而為說經所謂
藥王菩薩能弘通此経仏因之而說也仏後從定起裝
言告於身子此自是對揚之人日月燈仏時亦應有此人
但意不在之故今不叙也但就能受持弘通者為言故同
樓菩薩如法師品初云尒時世尊因藥王菩薩告八万大
士明流通之義是其事也此文有三句第一標出妙光第二
明其眷屬有八百弟子是以其有須巳之意故光當知通

藥王菩薩能弘通此經仏因之而說也仏後從定起歎
言告於身子此自是對揚之人日月燈仏時亦應有此人
但意不在之故今不叙也但就能受持弘通者爲言故同
棲菩薩如法師品初云尒時世尊因藥王菩薩告八万大
士明流通之義是其事也此文有三句第一標出妙光第二
明其眷屬有八百弟子是以其有領化之德故允當弘通
也第三明因之說經時日月燈明仏從三昧起下是也
明所說法同者有二一名字同名妙法蓮花是也二所說經理
同教菩薩法仏所護念是謂同歸大乘所化皆爲菩薩也
時節同者有三句一明實時謂經六十小劫也釋迦後說亦應
如是踊出品云諸菩薩問訊諸仏如是時間已經五十小
劫也二明假時聽仏所說謂如食頃是也神力制故使之
然釋迦之說亦應如是而今仏壽八十劫說經久竟者
略似芥子能包須弥應感義中已釋之也三明衆无疲
猒是時衆中下是斯上摸物之說也　明弘通人同者
文爲三第一明仏入涅槃日月燈明仏於六十小劫下六行
餘是第二明菩薩弘通仏滅度後下一行是第三稱歎
妙光日月燈明仏八子下是也就明仏入涅槃中又三第一唱
欲涅槃初二行餘是第二授補處記時有菩薩名曰德
藏下二行餘是第三正明捨應仏授記已下十三行字是也
如釋迦說此經竟在毎少時而就滅度又三月唱告其ヽ
事上同也　須明此者可有二意一則弘通要在末代二
爲莫物宜須及時謂仏先說經竟既便度滅則釋迦
出定說經竟事亦應尒故須及時慕於勝道也就明
菩薩弘通中開有三句一明自行流通仏滅度後下十四
字是二明時節久近滿八十小劫是也三明流通化人爲人
演說是也　第三稱歎妙光文爲三一舉八子正歎
日月燈明仏八子下三行餘是三襄敗求名八百弟子中有

出定說經竟事亦應尒故須及時集於勝道也就明
菩薩弘通中間有三句一明自行流通仏滅度後下十四
字是二明時節久近滿八十小劫是也三明流通化人為人
演說是也　　第三稱歎妙光文為三一舉八子正歎
日月燈明仏八子下三行餘是二襃貶求名八百弟子中有
一人下三行餘是三結會古今弥勒當知下一行是也明弘
通事同前說已是今復有此三重明稱歎妙光者正欲顯
文殊之堪弥勒之問殊文乃是釋迦祖師弥勒本為文
殊劣情弟子故也又文殊昔為然燈之師今乃為釋迦
弟子是知聖迹无定平師為資則三乘小為化其理不定也
襃貶求名中先貶之顯其須問次襃之顯其皆非凡之是
人以種諸善根下是也又前述曾見事与今已見事同既
有眾疑同者疑則有問便應有能問人同如今弥勒
又應有能荅人同如今文殊但略不說也
直說中第二段明今与昔同者文有二第一明今已見事同
於昔今見瑞与本无異是第二明今當見事於昔是故
惟忖下是也即會前略說中依車略荅意也
第十偈頌亦為二卌一行頌第一具述曾見後兩偈頌第二明今
与昔同也就卌一行頌第一具述曾見中為二初一偈頌上明事
本後卌行頌上明本事也於頌本事中又為二先有十七行
半偈述頌曾見与今事同也次有廿二行半偈頌述曾見
与今當事同天人所奉尊下是也前明曾見與今已見
事同凡有六種同今具頌也世尊演說法者此一句頌上七善
同也但云世尊所說自知具七善義也次三頌上說三乘
同也度无量眾生即是上云為求聲聞者說四諦為
求緣覺者說十二緣也无所億菩薩令入仏智慧頌前
為求菩薩者說應六波羅蜜令得阿耨三菩根成一切
種智也仏未出家時所生八王子同也次下半頌子出家

[illegible]
求緣覺者說十二緣也无所億菩薩全入仏智慧頌前
為求菩薩者說應六波羅蜜令得阿耨三菩根成一切
種智也仏未出家時所生八王子同也次下半頌子出家
同也時仏說大乘下十四偈頌前六瑞同也尒時四部衆
見日月燈仏下一行半頌上第六衆疑同也於頌瑞同
中十四偈一行頌說經一行入定半行頌雨花又半行趣頌
衆喜又半行追頌地動餘十六行半頌放々光々有三半
行頌正放光又半行偈讚光所照處九行半頌因光見聞
亦一切衆生々死業報處下是也准上弥勒問中應有
七事今但明五事半行讚見六道衆生也次三行半頌見
東方諸佛也世尊在大衆敷演深法義四半行頌見
仏說經也々諸仏去下二行頌見二乘脩行也又見諸菩薩
下三行頌見菩薩脩行也但略不明見仏滅度及滅度起
塔也三行半頌見諸仏中一行敘國土莊嚴一行頌八部供
養一行半明諸仏成道也二行明見二乘脩行中初一行明
聲聞後一行明緣覺以獨處山林求緣覺道故也又釋通
說小乘也護明珠事々可寶重淨戒如明珠々亦可鵞呑
珠事為釋也三行明見菩薩脩行中初行明施忍次行
明禪定後行明智慧々知法滅相是空慧說法求仏道
是有慧也略不明戒勤慈者向二乘中已說乎現而言也
第二頌曾見事与今當見同有廿二行半偈上有四同今二行
半頌所因人同也說是法花經一句頌所說法同也滿六十小
劫下五句頌前明時節同也仏說是法花令衆歡喜已
下十八行半頌第四明流通同也三行半頌所因人同者前
有三今但頌第三因之說經義也一句頌所說法同者前
有二今但頌名字同也五句頌時節同者前有三今以勅
兩句但頌其實時節餘三句是長生明受持之事是
流通[illegible]長今頌通也十八行半頌流通同者上有三今是

BD14798號　法花文記卷一

下十八行半頌第四明流通同也三行半頌所因人同者前
有三今但頌第巳目之說經義也一句頌所說法同者前
有二今但頌名字同也五句頌時節同者前有三今以初
兩句但頌其實時節餘三句是長生明受持之事是
流通中義今預頌也十八行半頌流通同者上有三今是
頌也初八行半頌仏涅槃次一行頌菩薩弘通餘九行頌
稱歎妙光也上明仏涅槃文三別今五行頌唱欲滅次一行
半頌棲補處記次兩行頌正入滅也五行頌唱欲滅今自為
五別先一行半明欲滅之意次半行正唱滅次一行誡勸衆
生又一行時衆悲感後一行如來敎喻也諸法實相義者即
同歸之理為實相義如云示真實相也說此既竟一化事了
故須入滅也又釋呼无生為實相三乘未會未稱實相之宗
會三歸一則道无殊稱平等之義故云巳說也頌正入滅
中二唱自為三初半行正明入滅又半行明起塔供養餘行明
滅後行道也次一行頌第二菩薩弘通者上有三今具頌妙光
法師奉持仏法藏者頌自行流通也八十小劫中者頌上時
節久近也廣宣法花經者頌流通化人也次九行第三頌稱
讚妙光者上有三今具頌是諸八王子下三行道頌舉子
正歎也次五行頌褒貶求名餘一行頌結會今古也褒貶
求名五偈為二先兩行半是貶後二行半是褒之貶之意不異
上釋也我見燈明仏下二偈頌上第今与昔同者上有兩
別一明今以見與昔同二明今當見與昔同今二偈之上半同
頌第一意二偈之下半同頌第二意也前偈上半明昔同今
後偈半明今同昔也又前偈下半明所說名同後偈下半明
所說理同即前云教菩薩法仏所護今世實相義如上
釋也餘二偈是答問序之第三開獎時衆者初偈明好
事應來即同歸法雨潤於未聞故令心渴仰也後偈明
惡事當去所謂重悔深疑也鈍根以教惑理定之言永失

亟歎也次五行頌褰眹求名餘一行頌結會今古也褰眹
求名五偈爲二先兩行半是眹後二行半是褰之眹之意不異
上釋也義見燈明佛下二偈頌上第今与昔同者上有兩
別一明今以見與昔同二明今當見與昔同今二偈之上半同
頌第一意二偈之下半同頌第二意也前偈上半明昔同今
後偈半明今同昔也又前偈下半明所說名同後偈下半明
所說理同即前云教菩薩法佛所護念也實相義如上
釋也餘二偈是荅問序之第三開奬時衆者初偈明好
事應來即同歸法雨潤於未聞故令心渴仰也後偈明
惡事當去所謂重悔深疑也鈍根以教惑理定言永失
故生悔利根以理惑教不知爲失爲不失故成疑此皆非
好法故云除斷也

法花文記卷第一

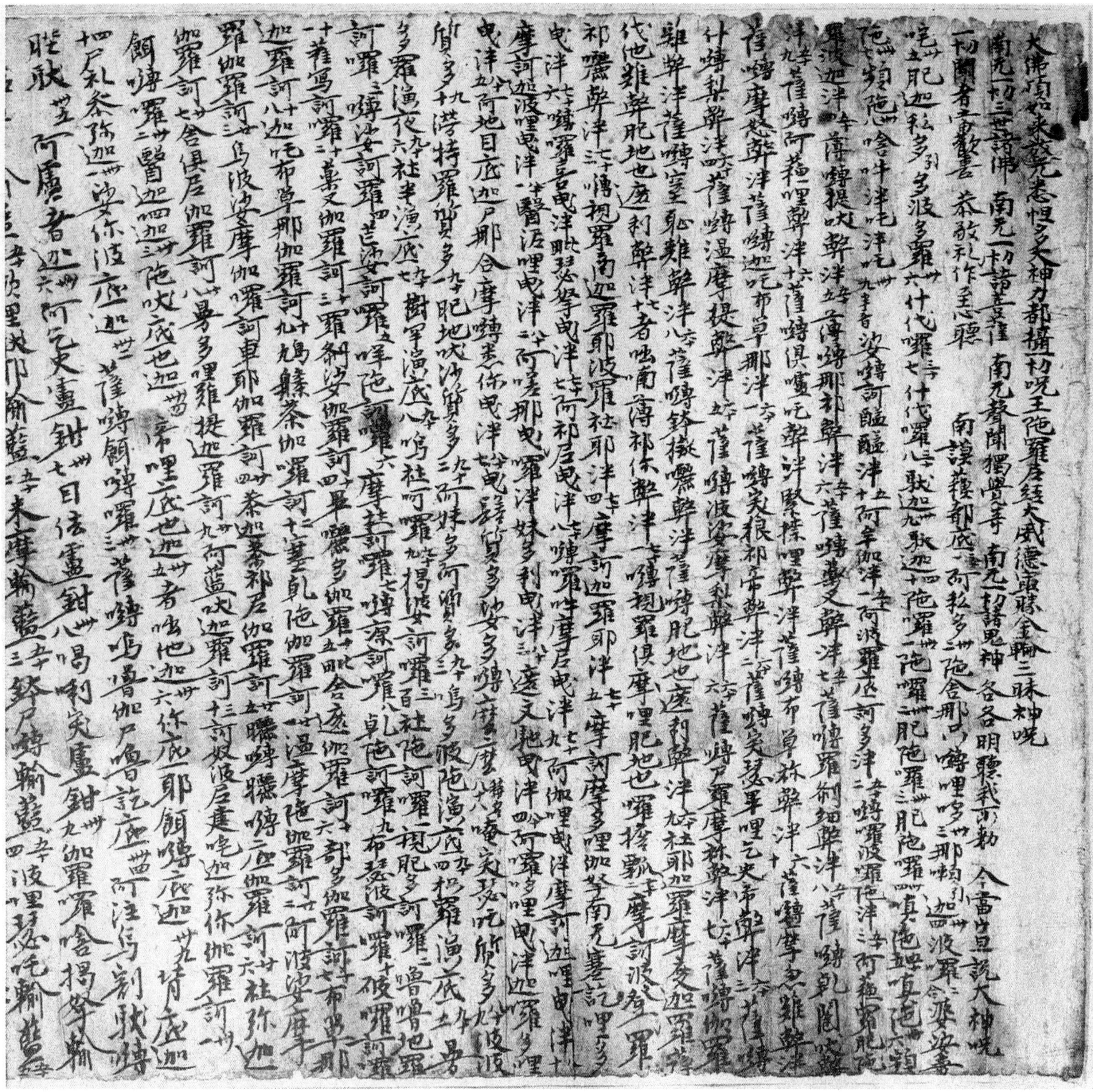

大佛頂如來放光悉怛多大神力都攝一切咒王陀羅尼經大威德最勝金輪三昧神咒

南无一切三世諸佛 南无一切諸菩薩 南无聲聞獨覺眾 南无一切諸鬼神 各各明聽我所勅 今當宣說大神咒

一切聞者生歡喜 恭敬礼作至心聽

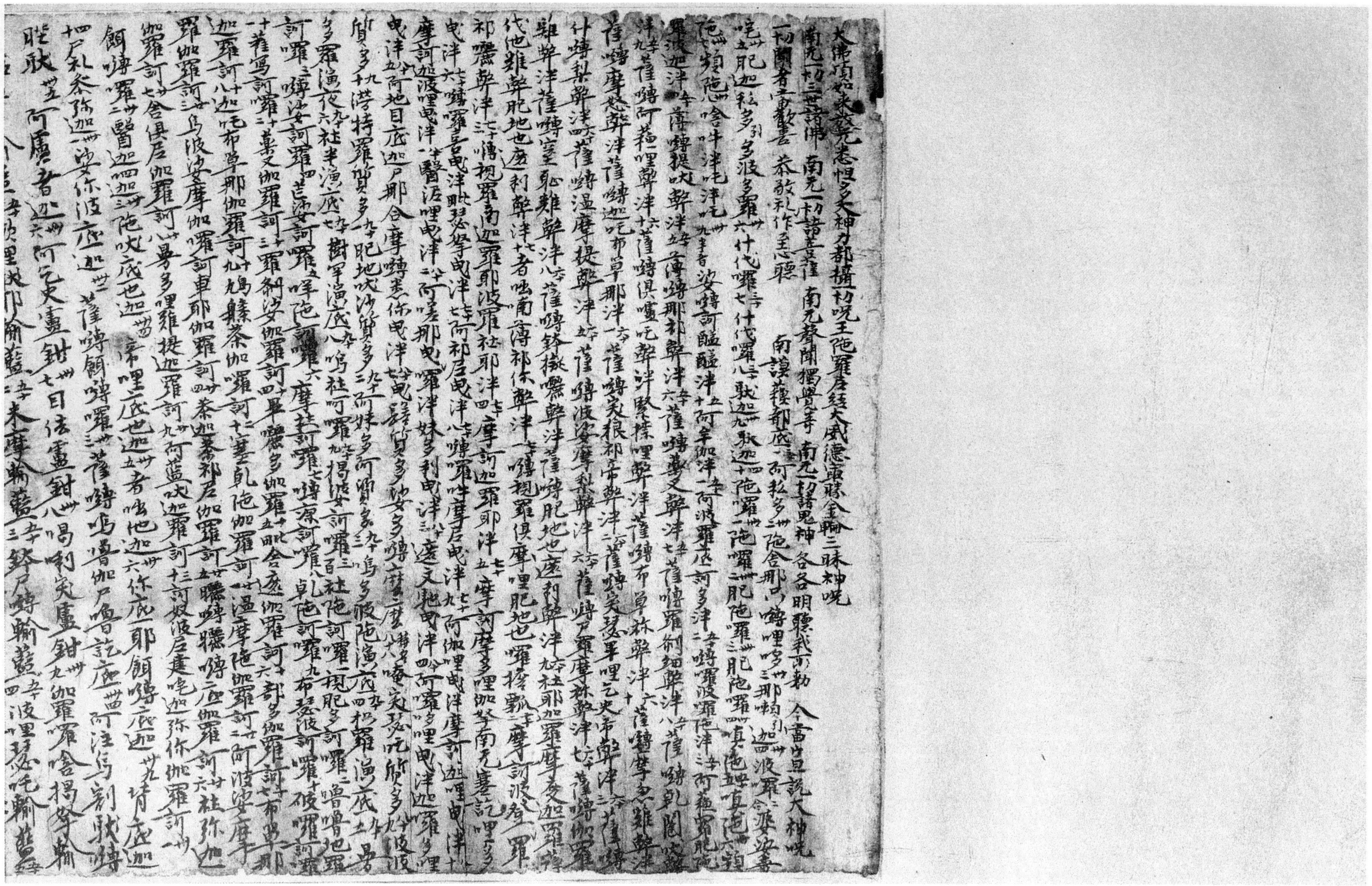

BD14799號　大佛頂如來放光悉怛多大神力都攝一切咒王陀羅尼經大威德最勝金輪三昧神咒　（2–1）

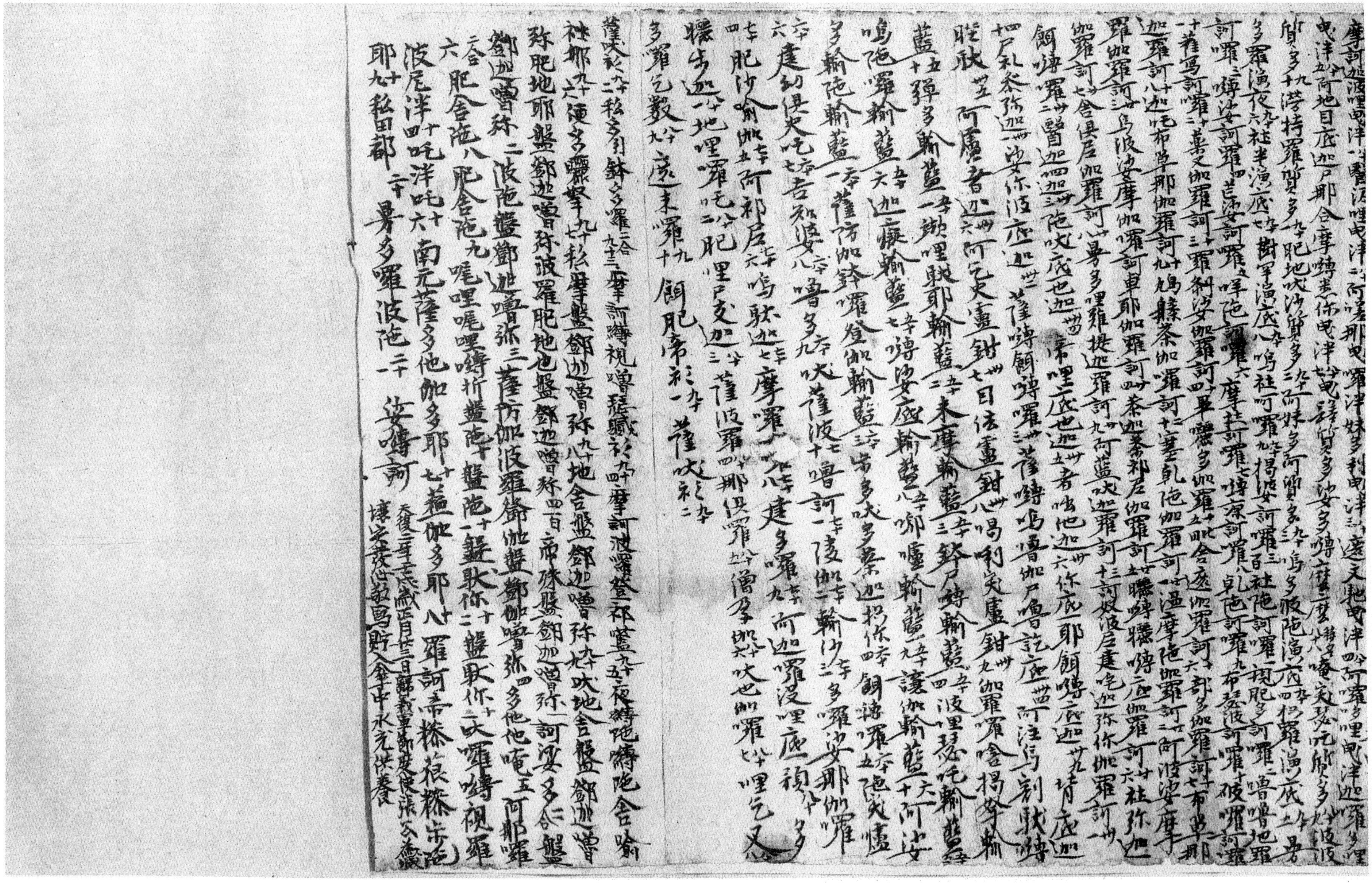

BD14799號　大佛頂如來放光悉怛多大神力都攝一切咒王陀羅尼經大威德最勝金輪三昧神咒　（2–2）

[illegible]

……身口正犯　二自作教人者但……三有五戒自作成重教人

同犯殘教人二麁語媒嫁二房自作定殘教人或同不同若教人作五行已有闌故

教人但輕謂滿失摩觸自作犯殘教人偷蘭以無……已故下四諫戒自違

正犯教人違諫亦得輕罪若僧未諫教言莫捨但得吉羅以無僧命衆法

可違過輕微故若僧諫時教言莫捨即得蘭罪以違僧命情過重故四住違去

媒及二房是其遠惡條條十戒解是不善故是惡住　第五種類者見論分

爲四位初有五戒咸是愛染初戒氣分婬婬種類　二三房兩戒是盜種類

三污家惡行是殺種類　四餘餘戒等妄語種類　第六犯是中二房具二

持犯然前房半非除過量故自餘十一止持作犯並可止持作犯通十三戒作

持止犯前房亦　第二房全品別階降也如上并　七八媒嫁二謗四

違諫等此七同犯而四諫戒得罪雖……　唯衆諫故媒謗

三戒境罪俱等自餘六戒僧尼不同謂先備重尼提多云女人煩惱深重難俱

難制若制与重罪惱衆生又女人要在私屏多緣若力告乃盜流故輕男

子不不隨事能出故重又可深患內外不同故有輕重比丘摩觸力自固誚分

制但得僧殘尼則煩惱厚重既受摩觸恐淩逼深防中制故結夷罪有四

不同故罪階降一死活二大小三染心有分輕重尼懼淩逼故須活及大等僧

犢深患不簡死及小小等麁惡語僧重尼輕以希數故又尼有趣重方便

故得蘭罪僧無八事相資故得僧殘二房戒者大僧犯殘尼作犯蘭若就

[illegible]

不不隨事能出於重又可得患內外不同於有輕重比丘摩觸不同

制但得僧殘尼則波羅夷重既受摩觸罪戒復過深防中制故結夷罪有四
不同故罪階降一死活二大小三染心有分輕重尼懺悔復過故須活及大等僧
擯深患不簡死及小小等麁惡語僧重尼輕以希數故又尼有趣重方便
故得蘭罪僧無此事相資故得僧殘二房戒者大僧犯殘尼作犯蘭若就
過量大僧得獨行宿尼獨造房故制僧殘尼須伴攬若共造房自無過義
故律云多人住屋不犯見曰二人造房不犯設令獨造希故蘭罪若尔履
屋過三何故同犯 答此據人量分齊故二人不犯下犯下過三節直弁權壞
招譏不簡大小故同僧提 问尼就有伴假獨義希即得蘭者若尔尼是有
伴假獨義希屏露二並不應同犯 答此就積業積藪則輕又設獨造希而
不數故得輕罪坐等就譏事雖希數有招譏過僧尼同犯若論不處分
者尼無蘭若制居聚落僧備無房故宜須造復不處分情過輕故但結
蘭罪比丘丈夫得在蘭若樹下露坐安身進業今在聚落營構私房故須
重遮懲其後犯 八違制不同者前之九戒違佛制得罪後四諫戒違僧制
招懲此僧制者即是佛制但僧若不秉即無違諫之殘由違僧故此四戒違
僧制犯 九任運有無七戒容有任運二應兩房二謗媒嫁得有遣人為之作
義所教事成三性之中犯七僧殘餘無教人故無任運就十三中初之九戒若
持護眾行法遠則壞眾行法後之四戒若奉順僧命息過不為黜眾法成就
有被時之益名護眾教法遠則壞眾法前中復三初尚染以明壞眾行法次
二兩房事和以明壞眾行法次二兩謗情和以明壞眾行法前五復三初一壞
眾壞行法不壞於時次三壞眾壞行壞時次一壞行義復壞眾壞時故
故漏失戒第一 此戒之人喜犯故於初也一制意戒欲是惡法正是生死之原鄣道
之本理應禁斷令梵行清淨多論云三義故佛制此戒一令法久住故二欲生天
龍善神信敬心故四部律中佛並可責言云何以此不淨手受人信施 二釋名
者方便動轉標心究竟名之為故體分盈流名為漏失故曰漏失戒也 三具
緣者通緣如上別緣有三一作究竟意二方便動轉三失即犯四闕緣闕初二
無犯闕三或重輕蘭下正明戒本文有三段一略制 二隨開 三滿制 言略制者最
初因迦留陀夷比丘起過佛便略制此戒復因緣比丘夢中失不淨佛因集僧本
無正故開除夢中是名隨開言滿足戒本者 若比丘故精除失精除夢中僧
伽婆尸沙 此滿足戒本四句料簡初略標次廣釋言略標者一犯人二人三開四
結罪言廣釋者若比丘八比丘中第八白四羯磨如法得處所比丘是名若比
丘義所言故弄陰失精者出其境界先列六名二次第解言六名者律云要

無犯闕三或重輕蘭了下正明戒本文有三一略制二隨開三滿制言略制者最
初因迦留陀夷比丘起過佛便略制此戒後因餘比丘夢中失不淨佛因集僧本
無心故開除夢中是名隨開言滿足戒本者　若比丘故弄陰失精除夢中僧
伽婆尸沙　此滿足戒本四句料簡初略標次廣釋言略標者一犯人二人三開四
結罪言廣釋者若比丘入比丘中第八白四羯磨如法得處所比丘是名若比
丘義所言故弄陰失精者出其境界先列六名二次第解言六名者律云要
心故作出不淨意前境有六若於內色外色若水若風若空隨方便若出前
犯言內色者謂眾生身分心心法領納苦樂故名受色言外色者謂非眾生色
以無心心法領納名不受色所言水風空者比類可知水中逆水順水風中亦爾
中自空動身乃至餘境所言除夢中者律云亂意睡眠有五過失一者惡夢
二者諸天不護三者心不入法四者不思惟明相五者於夢中失精善意睡眠有
五功德即反上句也若欲睡時手捉而睡意令夢中漏失睡中若失即犯究竟
非開限若本無心意不欲出夢中若出不在犯限故曰除夢中所言僧伽婆
（若眾名也律云僧伽婆尸沙者）
尸沙者有餘行法不絕為名也若比丘如上於六種境作方便出精意後遂
本心皆淨殘罪如目連罪報經云若比丘無慚愧心輕慢佛語犯僧伽婆尸
沙罪如不憍樂天壽八千歲於人間數二百卅億卅千歲墮泥犁中所言不犯者
律云若夢中失覺已恐汙身衣故以舉物及手揉弄若欲想出若見好色不
觸而出若行時自觸兩髀而失若觸衣而失若欲時失若手揩摩而失如是
一切不作出精意而自出者無犯　摩觸女人戒第二　一制意多論六義故制
此戒一出家人隨然無依正令制此戒與之作伴有所依故二為息譏諍此是諍覺
根本故三為息疑謗不但謂捉而謂作大惡故四為斷大惡惡之原禁微防著
故五為護正念若觸女人必失正念故六比丘出家理應超絕塵染棲心界外
為世軌則若觸女人則令世人宗敬心故　二釋名身相相摸為摩二境交對曰
觸故曰摩觸戒三具緣通緣如上別緣有五一人女人簡非天與畜女異男等
女中不簡死活大小輕重等又通道俗親疎齊說可知二人女想三染心四相觸
五受樂便犯　四闕緣若闕初緣有一蘭人境差中有三句初句欲捉人女所前
境變為人男得前心蘭或人男來觸處作人想亦蘭第二或變為二形或二
形觸三或變作男黃門或門觸處非畜畜各四類前可知故合十一闕二緣有卅
三蘭想疑各執一闕第三無罪闕第四第二緣有衣五十四吉羅衣未有無九十
偷蘭闕第五蘭了下正明戒本　若比丘婬意與女人身相觸若捉手若捉髮
若觸一身分者僧伽婆尸沙　此滿足戒本五句料簡初略并後廣釋略中一犯人二
[illegible]

境變爲人男得前心蘭或人男來蹟處作人想亦蘭第二或變爲二形或二
形蹟三或变作男黄門或門蹟處非畜各四敎前可知故合十一渕二緣有卅
三蘭想疑變渕名執一渕第三無罪渕第四有衣五十四吉羅衣禾有無九十
偷蘭渕第五蘭了下正明戒本　若比丘婬意與女人身相觸若捉手若捉髮
若觸一一身分者僧伽婆尸沙　此滿足戒本五句討簡初略弁後廣釋略中一犯人二
内有染心三所對境四身相觸五若觸一一下結犯　今廣釋言若比丘者義
如上弁言婬欲意者愛染汙心所言女人者如上婬戒中說爲欲通覺与不覺
等四種境故不以有智未命終釋女直　言如上所言身者從髮至足見云若
髮捋相相單蘭以無覺故所言相觸者若捉手至身分已來九種摩業初句
下二釋言舉者若捉摩重摩或牽或推逆摩順摩或摩或下或捉或捺若
餘觸方便也所言若捉摩者摩身前後牽者牽前推者推却逆摩者從
下至上順摩者從上至下舉者捉舉上下者若立捉令坐捉者若捉前捉後
捉乳捉髀捺前捺後若捺乳捺髀是皆摩業所言僧伽婆尸沙者是第五
結犯句於中有五種罪相初若相單二俱無衣情濃故着便僧殘女觸比丘
動身因犯若不動身但吉第二若相觸乎有衣情淡着便偷蘭第三若相
觸俱有衣情最輕微着便犯俱無衣中若心境相應犯殘若心不當境疑
故輕知於覺境有此階降睡死少分壞分三境亦可知故律云比丘往觸無衣
覺女睡眠新死少分壞者但使往觸着不問受樂不受皆犯殘罪若女來
觸比丘不必須婬心而比丘要須動身受樂者犯僧殘若不動身而受
樂者吉若先有染心雖不動身而受樂者有觸意故犯蘭動則犯殘若
與二形身相觸偷蘭十誦伽論云意在女者殘在男者蘭善見云若以髮
々相觸爪々相觸悉皆偷蘭以無覺能觸故根牙壞相單者皆蘭若單
畜生女者一切吉羅僧祇意謂男子黄門而是女人單者僧殘謂前有
方便心後稱本境祇云一時單多女人一殘一々單多殘比丘知法多詐捉女共
臥覺已不移者一殘若以欲心單男子身或衣鉢坐具皆吉與婬戒同犯
此階不同者何　荅良以愚共於內觸境愚癖正道暢適耽着清淨不簡
彼此觸摩非無染情撓壞殊人畜形別男女情濃淡即故有階降不犯
律云若有所取与相觸或戲笑若相解時相單一切不犯非不犯餘罪僧
祇若共女人捉物呪願捉器行食捉繩頭尾捉杖竹木皆非威儀有欲心者犯
吉羅欲心動物及以器繩或潜水着女皆偷蘭若母姊等近親久別相見抱
捉比丘者當正念住不犯十誦若母女姊妹爲病患及水火刀兵等怖懸歡
誰救自無已罪無染心若爲救所受制比丘手足雖婬心起但捉一處莫放到岸

此階不同者何　答曰以惡共於內觸境愚癖正道暢適耽著清淨不簡
彼此觸摩非無染情恍懷殊人畜形別男女情濃淡故有階降不犯
律云若有所取与相觸或戲笑若相解時相單一切不犯非不犯餘罪僧
祇若共女人捉物呪歌捉器行食捉繩頭尾捉杖竹木皆非威儀有欲心者犯
吉羅欲心動物及以器繩或襯水著女背偷蘭若母等近親分別相見犯
捉比丘者當正念住不犯十誦若母女姊妹為病患及水火刀兵深坑惡獸
難救者無犯但無染心若為水所漂溺比丘手捉雖婬心起但捉一處莫放到岸
不應放單單得殘若女人為水注比丘手水流不斷於女生婬心偷蘭僧祇若
城門道迮逢女人閙者要待前已便過若女人有所須令淨人与無者持著机
上語言取取若擔重不舉債比丘者傍無淨人比丘為舉著高處令自擔擔
若乞食時有端正女人持食來比丘若起婬心者放鉢著地令餘人授受受准
此若乾女人取針線瓶盆等物恐黨觸者當語置地然後比丘自取餘並例知十
誦四分開處猶多若舉僧祇水溺難緣至死不開須知急緩緩意過積集
增莫不由此　与女人麤惡語戒三　自下三戒制意同前犯婬欲欲事勢
鄙穢故名麤惡令說其狀表彰在口故曰麤惡語通緣如上別緣七一人女二人
女想三有染心四麤惡語五麤語想六章了了七前女知解別緣准單戒說此中
但明比丘染心向女麤語若前女人向比丘麤語若染心領解亦應犯殘類同前
單支略不并五分具有此彼手向麤惡語同犯已下正明戒本此戒篤國迦留陀
夷聞佛已制前二便於女說麤惡語比丘舉過佛因制戒　若比丘婬欲意与女
人麤惡婬欲語隨麤惡婬欲語僧伽婆尸沙　此滿足戒本文有五句初列境
釋　言五句者一犯人二內有染心三人女出境界四對說麤惡語五隨已下結犯
此釋言若比丘者義如上言女人者有知命根不斷言麤惡者非梵行也
所言婬欲語者稱說二道好惡世初到麤惡語有八若求若教他求若問
若答若解若說若教若罵言求与我二道作如是事若復作餘語言教
他求者若天若梵水神摩醯首羅祐助我共汝作如是如是事所言問者汝
大小便道何似汝云何与夫主共事云何復与外人共通言　答者汝大小便道如是
所言說者亦如是所言教者我教汝如是治二道汝可令夫主外人敬愛所言罵
者若言汝破壞腐爛燒燋墮落与驢作如是若復作餘語罵言若復作
餘語者除二道已外說餘處枝節及得表麤惡語言放日若復作餘語
如消瘦等類等五隨已下結犯者是僧殘罪於中輕重有四一就本境麤
惡語隨語多少一一殘罪二若前人不了了者一一反麤惡語一偷蘭隨語多

大小便道何以汝云何與夫主共事云何復與外人共通言　答者汝大小便道如是
所言說者亦如是所言教者我教汝如是治二道汝可令夫主外人敬愛所言罵
者若言汝破壞腐爛燒焦墮落與驢作如是若復作餘語罵言若復作
餘語者除二道已外說餘處枝節及得表麁惡語之言放日若復作餘語
如消癰等類第五隨已下結犯者是僧殘罪於中輕重有四一就本境麁
惡語隨語多少一一殘罪二若前人不了了者一反麁惡語一偷蘭隨語多
少說不了了一一皆蘭三除二道說餘處枝節亦蘭四與非人女黃門二形麁
語知者蘭不知吉畜生及男子吉若與指印遣書作相令彼女知者如前
不知亦不犯中律云爲女說不淨惡露觀大妹當知此身九瘡九孔漏九
流九孔者二眼二耳二鼻口大小便道當說此不淨時彼女人謂說麁惡語若
說毗尼時言次及此彼謂麁惡語若從受經若二人同受若彼問若同誦若
戲笑語若獨語若疾疾語若夢中語欲說此錯說彼但無欲心一切無犯
向女人歎身索供養戒第四　言多巧偽美已已善招誘其情嫌說欲事
嘗自逼放言歎身索供養戒別緣有七一人女二人女想三有染心四歎身
說麁惡語五麁惡語想六聲了了七女人知解此戒闕緣准觸戒說下下歸
戒本此戒曰迦留陀夷聞佛已制前二戒遂向女人歎身索供養比丘舉過
佛乃制戒　若比丘婬欲意於女人前自歎身言大妹我脩梵行持戒精
進修善法可持是婬欲供養我如是供養第一最僧伽婆尸沙　今弁滿
是戒本文有五句初列後釋言列者一犯人二染心三境界人女四自歎索供
在語犯言釋者前三句可知第四自歎索供養
養句中有二一自歎身有五句二可持已下索供養言歎五句者一自歎身二
言脩梵行三持戒四精進五脩善法釋此五句以爲四段一釋歎身有二句身
豐美二歎種族律云歎身端正好顏色我是剎帝利長者居士婆羅
門大姓種二釋梵行以精進解梵行放日勤脩離穢濁三解持戒治犯戒方
便之心若不斷治根本犯戒之罪若不穿離後着屬日不染汙一戒具之諸戒
因不放律云持戒精進者不缺不穿漏無染汙四釋善法謂十二頭陀及諸
善業因故律云脩善法樂閑靜處時到乞食着糞掃衣不作餘食法
一坐食一揣食冢間露地坐常坐隨坐持三衣唄匿多聞能說法持毗尼坐禪
是也二可持已下解索供養是第二之義第五結犯者是僧伽婆尸沙此是結
罪句輕重有三一若作如上自譽已供養我來即犯殘罪雖歎如上事不說婬
欲者犯蘭若在人女前一一自譽身一僧伽婆尸沙隨自歎身了了者一一僧殘言
不了了偷蘭若手印若書信若遣使若現知相令彼知者殘不知者蘭除二道索
索處女黃門二形偷蘭非人女蘭不了了吉畜生吉境相如上不犯中律云若比丘語女人

一坐食一揣食冢間露地坐常坐隨坐持三衣唄匿多聞能說法持毗尼坐禪
是也二可持已下解案供養是第了了義第五結犯者是僧伽婆尸沙此是結
罪句輕重有三一若作如上自譽已供養我來即犯殘罪雖嘆如上事不說婬
欲者犯蘭若在人女前一自譽身一僧伽婆尸沙隨自嘆身了了者一一僧殘言
不了了偷蘭若手印若書信若遣使若現知相令彼知者殘不知者蘭除二道索
餘處供養蘭非人女蘭不了了吉畜生吉境相如上不犯中律云若比丘語女人
言此處妙尊最上此比丘精進持戒修善法汝等應以身口意業供養於彼
若女意謂為我嘆身若說毗尼言次及此彼謂嘆身若錯說者並不犯
媒嫁戒五　一制意婚娶之礼和合生死近遠出離出家所為精乘法式又絲
務妨循相招譏醜不免世呵是以聖制　二釋名為彼男女往返討謀已成婚
礼故曰媒嫁戒　三具緣如上別緣有六一人男女簡非畜而於人中貴賤親
疎並是犯張伽論云指腹媒嫁犯蘭二人男女想三媒嫁事四媒嫁想五歟
事了了六受語著還報　四闕緣比說可知已下正明戒本此戒因迦羅比丘起過
仏便制戒　若比丘往來彼此媒嫁持男意語女持女意語男若為成婦
事若為私通事乃至須臾須僧伽婆尸沙　此滿足戒本文有五句初列淺
釋言初列者一犯人二往來者三彼此所嫁境界四正作媒嫁事五結罪所言
釋者初句可知言往來者可得和合是言彼此者謂所媒境界男女年為
彼此先數列名女有廿種母護父護兄護姊護兄姊護自護法護姓護宗
親護自樂婢與衣婢與財婢同作業婢水所標婢不輸稅婢放去婢客作
婢他護婢邊方得婢是也　此釋名義母護者母所報父護者父所護父母
護兄護姊護兄姊護亦如是自護者身得自在法護者脩梵行姓護者
不与畢下姓宗親護者為宗親所保自樂為婢者樂為他作婢与衣為
衣為僕与財者乃至与一錢為僕同業者同供作業水漂者水中救得不輸
稅者若不輸稅放去婢者若買得若家主客作者雇錢使他護者受他
華鬘為要邊方得者抄劫得後結是為廿種男亦如是　第四句正作媒嫁
事者文有二初媒業亦成婦等是所傳之意　二乃至須臾須者謂暫是時交
會亦得僧殘廿念為瞬須為一彈指須為一羅豫廿羅豫為一須臾日極長十八
須臾盡十二須臾言僧殘者是結犯句輕重有三初使義具三犯殘二自受語往
彼不報具三闕一犯蘭二受語不往彼具一闕二犯吉故律云若初受語吉羅往說
不報偷蘭若還報者僧殘　若使書指印現相媒多少說而了了隨其往反
一一僧殘若不了了者偷蘭五分受男語吉語彼不許還報蘭許還報殘不問
四分罪具三殘一受語二往彼東三還報條一置已某淨身分者蘭若諸比丘白

事者文有二初媒業亦成婦等是所傳之意　二方主須臾頃者謂暫時交
會亦得僧殘廿念為一瞬須為一彈指須為一羅預廿羅預為一須臾日極長十八
須臾盡十二須臾言僧殘者是結犯句輕重有三初使義具三犯殘二自受語往
彼不報具二蘭一犯蘭二受語不往彼具一蘭二犯吉故律云若初受語吉羅往說
不報偷蘭若還報者僧殘　若使書指印現相媒多少說而了了隨其往反
一一僧殘若不了者偷蘭五分受男語吉語彼不許還報蘭許還報殘不問
四分但具三殘一受語二往彼陳三還報除二道已媒餘身分者蘭若諸比丘白
二羯磨差人媒嫁一切僧殘今知事白僧嫁媒淨人供給婚具同僧同和一切僧殘
若用僧物俱犯重十誦伽論云若指腹所為媒及自媒者偷蘭若不能男女
道合二道女石女等一切偷蘭若媒人男畜生等並吉羅僧祇為他求好馬種
和合放偷蘭餘畜吉羅不犯中律云若男女先已通後離別還和合者開不
犯又云不得為白衣作使不得持書往而不看若為報恩生善滅惡及佛法僧
事一切看書持往不犯無主自為過量僧不處分造房戒六　一開制意初弁
制意後明開意言制意者然上行之士報力資緣堪耐惱緣不廢正修是
以大聖制依冢間樹下有緣修道不畜房舍而中行之輩資報力劣不堪
寒苦制同上士交妨正修乃是彼人壞道緣故開畜小房比丘因開廣作營辦
紛務妨修長已貪結壞知足行違法造房情過不輕隨開還制　二釋名尊
任自由不豪指示名僧不處分不依限稱為過量故曰僧不處分過量造房
戒　三具緣通緣如上別緣有六一無主二為已三自乞求四過量不處分五過量
不處分想六房舍成並犯　四闕緣若闕初緣犯後戒或三或二或一罪若作房
全可無罪若闕第二為他作非法房或二蘭二吉或三二或可無罪若闕第
三緣不自求乞即無過量容有餘三乃至無罪若闕第四作不過量處分
則全無罪容得四蘭謂實不過量作過量想偷蘭疑亦偷蘭實處分作
作不處分想蘭疑亦偷蘭上若闕第五亦得四蘭實過量作不過量想
蘭疑亦偷蘭不處分想蘭疑亦偷蘭若闕第六緣未竟二團泥未竟已
還盡輕蘭一團泥在重蘭已下正戒本此戒因曠野比丘作大房乞求求煩多
煩乱居士故制此戒　若比丘自求作屋無主自為已當應量作是中量者
長佛十二搩手內廣七搩手當將餘比丘指授處所彼比丘當指授處所無
難處無妨處若比丘有難處妨處自求作屋無主自為已不將餘比丘指
授處所若過量作者僧伽婆尸沙　此滿足戒本文有三句初列後釋言
列者一犯人二自求已下正教比丘方量大小指授方軌三若比丘下若違教
作者結犯言釋者初句義如上弁第二句文有七一自乞求有惱施主得過

煩乱居士　故制此戒　若比丘自求作屋無主自為己當應量作是中量者
長佛十二搩手內廣七搩手當將餘比丘指授處所彼比丘當指授處所無
難處無妨處若比丘有難處妨處自求作屋無主自為己不將餘比丘指
授處所若過量作者僧伽婆尸沙　此篇是戒本文有三句初列後釋言
列者一犯人二自求三下正教比丘房量大小指授方軌三若比丘下若違教
作者結犯　言釋者初句義如上并第二句文有七一自乞求有惱施主滑過
量罪若其自物則無過量二作屋除作餘物無過量不處分五分房者
於中可得行立坐卧行四威儀三無主者以其有主無過量四自為己[illegible]
為他作於己無闕不犯殘罪五并房之丈量佛搩手者諸文不定一搩手祇
二尺四廣七搩手者一丈四尺此據房內祇亦云縱屋量屋內六當將餘下教房
主比丘乞處分方法文如律中并闲作大小房須乞處分見論云長六搩
手廣四搩手作如是房不須處分律亦成文小容身屋不犯非謂闲無過
量設房本無過量何以闲中除小容身若過六搩四搩手已上不闲過量
感須處分七彼比丘下教僧處分處分法如律廣說　第三結罪句中有四
種罪二殘二吉有無乘說可知此下難明如上諸文四分律文若作此房先知
無難妨已然後來僧中脫革屣偏露右肩禮上座足右膝著地合掌
乞處分法尒時僧中觀此比丘若可信者即聽使作若不可信衆僧往看
若僧不去應遣僧中可信者看若有妨難不應處分難處諸虎狼師
子諸惡獸者下至蟻子言妨者乃至不容草車迴轉處見云是人田薗
或惡家賊處尸陀林處諍處四圍不通十二梯間有犢一肘者十誦是
舍四邊一尋地內有塔地有官地居士外道比丘居地若大石流水大樹深
坑荊棘處妨是處明了論或樹岸山巖石陰荊得行住坐卧如作房舍所
攝解云如上處荊欲於中住必須隔斷若不依量用功則多若有妨難
自損他故律云若於妨難之地輙造房舍得二吉羅過量不乞得二殘罪
手過即犯不得俱也為他作房但得蘭罪律不犯中減量無妨難為佛
圖講堂為僧多人住屋草菴小容身屋者　有主僧不處分造房戒七
以有主故不并入量與前有異餘戒大同別緣有六一有主二為己作三長六
搩手廣四搩手已上四不處分五不處分想六房成已下正明戒本　此戒
因闡陀比丘造屋斫路中神樹俗人呵嫌比丘舉過佛便制戒　若比丘欲
作大房有主為己作當將餘比丘往指授處所彼比丘應指授當與處
所無難處無妨處若比丘有難處有妨處作大房有主為己作不

齋講堂為僧多人住屋草菴小容身屋者　有主僧不處分造房戒七
少有主故不弁人量尋前有異餘戚大同別緣有六一有主二為己作三長六
搩手廣四搩手四上四不處分五不處分想六房成已下正明戒本　此戒
因闡陀比丘造屋斫路中神樹俗人呵嫌比丘舉過佛便制戒　若比丘欲
作大房有主為己作當將餘比丘往指授處所彼比丘應指授當為處
所無難處無妨處若比丘有難處有妨處作大房有主為己作不
將餘比丘往指授處所者僧伽婆尸沙　此滿足戒本句亦有三一犯人二
作房軌則三違教結罪犯人者如上作房立法文亦有七一欲作大房大者
多用財作房者屋也言有主者反上無主是也為己作至指授已來僧
中乞法義如上彼應指授處所者僧應觀察若有信有智慧即信彼
而為白二若不信者眾僧往看若僧不去應遣僧中可信者看若有
妨難不應處分無者應與作法僧祇律云若僧中無能羯磨者一切僧
就彼作處一念言一切僧為某比丘指授房三說亦得無難無妨處者
義如上說第三句結罪文如前戒可知唯少過量為異　無根謗戒第八
制戒意者出家同住利應和密送相將護許不相惱罪今乃懷嗔橫構重
事誣人自懷心行增長生死以滅正法又復塵坌良善甄在眾外惱他一生
廢修正業斯因事深故須聖制　二釋名內無三實曰無根重事加誣名之
為謗故曰無根謗戒　三具緣通緣如上別緣有八一是大比丘及尼除下二眾
二大比丘及尼想三內有嗔心四無三根五重事加誣六下至對一比丘七言辭
了了八前人知解　四闕緣若闕初緣以餘五眾闕境雙即有十蘭闕第二疑
想者五闕嗔心全無謗罪若有三根但非法舉若輕事加他或有提吉
闕餘緣等輕蘭重闕已下正明戒本　此戒因慈地比丘得惡房舍又得惡食
便令妹尼重事加誣佛因制戒　若比丘嗔恚所覆故非波羅夷比丘以無
根波羅夷法謗欲壞彼清淨行若於異時若問若不問知此事無根
說我嗔恚故作是語若比丘作是語者僧伽婆尸沙　此滿足戒本文有
七句初列後釋言列者一犯人二嗔心三所謗境界四無三根五以波羅夷下重
事加誣六謗時七若比丘下結犯　言釋者初句若比丘義如上弁　第二句嗔
恚所覆故律云有十惡法因緣故嗔隨十事中以二事而生嗔十惡法者
祇三世九惱通非情處起嗔是名十惡法因緣廣說可知第三句非波羅
夷比丘律云清淨無犯名非波羅夷比丘第四句以無根波羅夷法謗者欲

七句初列後釋言列者一犯人二嗔心三所謗境界四無三根五以波羅夷下重
事加謗六謗時七若比丘下結犯　言釋者初句若比丘義如上弁　第二句嗔
恚所覆故律云有十惡法因緣故嗔隨十事中以二事而生嗔　十惡法者
祇云三世九惱通非情處起嗔是名十惡法因緣廣說可知第三句非波羅
夷比丘律云清淨無犯名非波羅夷比丘第四句以無根波羅夷法謗者欲
解無根先解有根言根者生後ゝ名根義不同若漂三別謂見根聞根
疑根觀赤青等稱ゝ為見納響聲名ゝ為聞見聞ゝ後猶豫不決
心無所執号ゝ為疑此ゝ三種咸生舉語故有名根故四分律云見根者見犯
梵行見偷五錢見斷人命若他見從彼聞是謂見根聞犯梵行偷五錢聞斷
人命聞自言得上人法若彼說從彼聞是謂聞根疑根二種從見生疑者見与婦
女人林出林無衣裸形不淨汙身捉刀血汙惡人為伴是也從聞生者若在闇
地聞動床聲聞轉側聲若共語聲若聞我犯非犯行聲乃至若聞我得上
人法聲除此三根已更以餘法謗者是無根也第五句婆羅夷法謗者重事加
謗言犯ゝ法此法要說初篇即是應鑊言欲壞彼清淨行此是第六謗意
律云謂言衆僧備滅此人我得安樂住　第六句若於異時至作是說了來是
自言非即謗時故曰異時雪彼清淨顯已謗情故曰我嗔恚故作是語律云
若問若不問者佛勅比丘問能謗者此事實不若以無根謗他獲大重罪自
陳謗意言者婆淨人無如是事由前次得惡房惡食懷嗔恨故便謗彼
耳第七句若比丘作是語者僧伽婆尸沙　此文為結犯輕重有三一謗比丘二謗
尼三謗下衆就比丘文中三初句若以無根四重法謗比丘但使內無三根莫問有
實不實自作遣使了ゝ皆成謗罪若不了ゝ得偷蘭第二以非比丘法十三事
內無根謗實比丘了ゝ得殘不了偷蘭若實十三難人雖無三根直伏說著作
比丘想故但得蘭罪不同四重謗人躰是汙戒比丘故也若於十三中比丘犯邊
邊罪謗至僧殘以教從理同合偷校若十律云出血破僧此二謗人得蘭餘者吉
羅以名輕故即是律以理從教第三若以餘篇謗殘提兩罪本一謗尼者同
比丘十律謗尼但得吉羅五分僧謗比丘殘謗尼衆吉尼謗尼殘謗比丘提本
三謗下衆者皆得吉羅不犯中律云見聞疑三根說實了有五種一真實想
實二事實如是王還道致王四三根不乎實五四戒不乎實若反此五謗也
犯殘十誦四重乎說成謗四分亦同　假根謗戒第九　此戒要假異事上有
見根取彼事見以謗此人見雖相當事不相當名為假根如見聞等即是無

比丘十律謗尼但得吉羅 五分僧謗比丘殘謗尼衆吉尼謗尼殘謗比丘捉戒
三謗下衆者皆得吉羅 不犯中律云見聞疑三根說實實有五種一真實二想
實三事實四如然五還道致 王四三根不平實 若反此五謗他
犯殘 十誦四重平說成謗 四分亦同 假根謗戒第九 此戒要假異事上有
見根取彼事見以謗此人 見雖相當事不相當 名爲假根 如見聞言即是無
根 前戒中攝 制意犯緣悉同前戒 唯以假根爲異 文缺 聖制故曰我等前
聞以無根法謗 欲明今是有根 故作是語 若比丘以嗔恚故於異分事中取
片非波羅夷比丘 以無根波羅夷法謗 欲壞彼清淨行 彼於異時若問
若不問 知是以分事中取片 是比丘自言我嗔恚故作是語 作是語者僧
伽婆尸沙 此滿足戒本文有七句 一犯人 二嗔恚 三假以分上根 四所謗境界清淨
五以無根重謗 六自言 七結罪 廣解中初二兩句可知 第三句言於異分事中
取片者 所言異分者 律說五種異分 一異趣異分 如犍羊事 人爲二異 罪異分
如不犯波羅夷言犯波羅夷 以異分無根法謗僧殘 若比丘不犯夷 謂犯殘
以異分無根夷謗殘 不犯夷 彼見犯提乃至吉 以異分事無根夷法謗殘
若犯殘 彼言犯夷 以異分無根夷法謗 僧殘若犯殘 彼謂犯提乃至吉 以異
分事無根夷法謗殘 乃至吉 第三異人異分 不清淨人清淨人相似 名同姓同
相同 以此人事謗彼 以異分無根夷法謗 第四異時異分 若見在家時犯四
重 便言我見比丘犯初篇 以異分無根四事法謗 第五異聲異分 若聞自稱犯
四事 自取響聲 以異分無根四事 第四句言非波羅夷比丘者 見彼清淨 第
五句無根夷法謗者 不見聞疑 彼犯四重 誣他犯重 言欲壞彼清淨行者
彰其謗意 謂言衆僧擯滅此人 我得安樂 第六句若於異時至作是語
已來 若覺或因檢問 或不因檢問 自言由前得惡 方悉令懷嗔恨 故便謗彼
耳 第七句若比丘下 結犯 七相輕重 如前戒 破僧違諫戒第十 一制意 衆和法
同 義無乖諍 理應詳遵 猶如水乳 今反倚謗聖教 說相似語 惑亂群情
壞僧斷法 墜陷無辜 爲惡滋甚 是故聖制 二釋名 邪法改真 分衆異
執 稱爲破僧 固執不捨 名曰違諫戒 三具緣 通緣如上 別緣有五 一立邪三寶 謂是
諫所爲事 故二行化於時 若不行化 即無設諫爲諫等罪 故爾 三如法設諫
如法蘭非法設諫 簡不設諫 故 四固執已心 不肯從勸 已若從諫 不成重 故
五三羯磨竟 以若未竟 但結輕罪 故須言竟 四闕緣 若闕初緣 亦是闕於
第二 不行邪化 即破僧息 便闕下四 單有立邪三寶方便中吉 若闕第三
若不設諫 即無違諫 容違屏諫 犯於小罪 復得前二緣 破方便罪 若僧

BD14800號　四分戒疏卷二

諫所為事故二行化於時若不行化即無益説不説者罪於令 三如法説諫
如法蘭非法設諫簡不設簡故 四固執已延不肯從勸已若從諫不成重故
五三羯磨竟以若未竟但結輕罪故須竟竟 四制緣若制初緣亦是制於
第二不行邪化即破僧心息便制下四單有五邪三寶方便中去若制第二
若不設諫即無遮諫容遠屏諫犯於小罪復得前二緣破方便罪若僧
諫不成者亦無遮諫延有破僧方便究竟之罪若作如法之延拒得蘭罪制
第四緣若未白前捨無遮諫罪有遠屏諫若白竟捨一蘭乃至第三未
竟捨四蘭制第五緣竟前可知了下延明戒本 此戒因提婆達多破僧故
制此戒 若比丘欲壞和合僧方便受壞和合僧法堅持不捨彼比丘應諫
是比丘大德莫壞和合僧莫方便壞和合僧莫受壞僧法堅持不捨大德
應與僧和合與僧和合歡喜不諍同師學如水乳合於佛法中有增益安
樂住是比丘如是諫時堅持不捨彼比丘應三諫捨此事故乃至三諫捨者
善不捨者僧伽婆尸沙 此滿足戒文有五句初明從差并立略者一明諫
所為事二破比丘下諸善比丘屏處諫勸之令捨五不捨者下結成遮諫初
句文二若比丘者出犯人即是所諫之者二欲壞了下延明破僧諫所為事欲
壞者謂前始心方便了下謂前五邪三寶者是五邪法堅持不捨者謂前
行化謂以五法行化於時謗諸新學屏諫文二初舉上所諫中初二句勸捨
故曰彼比丘應諫乃至方便等二大德應與了下舉上所中二四勸同水乳等
然諸大德行雖有別所稟師同學法無二理應和合而無異想猶如水乳
和合相得故曰同一師學如水乳合亦可水與水合乳與乳合故曰如水乳合第
三句是比丘者謂諸善比丘如是諫時者謂諫前諸善比丘屏諫之時堅
持不捨者謂違比丘執心拒勸第四句三諫捨者善聞則從順延不破僧
一無遮諫僧殘二無破僧蘭罪離斯二過故曰捨者善 問其要白四師言
應三諫乃至三諫捨者善 答謂取白及二羯磨故曰三諫除第四諫所
以爾者一犯不犯分前三未犯殘説第三竟犯殘二輕重別前三犯蘭第三
滑殘故言三諫捨者善以未犯殘故授其道理要是白四又居律文竟犯
三法應捨者謂過三法不捨者入重位故第五句罪自下居解戒本五句文
所言若比丘者義如上釋言欲壞者以十八法欲壞和合僧所言和合者羯
磨同説戒所言僧者四比丘若五若十乃至無數言方便欲壞和合僧法
堅持不捨者謂住十八法而破僧也今并十八法一法非法律非律犯不犯若
輕若重有殘無殘麁惡非麁惡常所行非常所行制非制説非説法

所言若比丘者義如上釋言欲壞者以十八法欲壞和合僧所言和合者羯
磨同說戒所言僧者四比丘若五若十乃至無數言方便欲壞和合僧法
堅持不捨者謂住十八法而破僧也今并十八法一一法非法律非律犯不犯若
輕若重有殘無殘麁惡非麁惡常所行非常所行制非制說非說法
非法者八正真直能軌生正解是涅槃近因名法翻違說為非法五邪不
能軌生真解是非法說以為法律非法律者手說亦爾犯不犯者夫言
髮爪佛制剃頭而今翻違謂髮爪有命若不剃剪說為不犯如心念作惡
理雖有違良未制名為不犯翻違說犯輕者違過翻違見壞樹葉
墮長壽龍中便言致一切草木其示最重初篇業重一刑永障以見須提
初作不得重罪即言一切盜婬悉皆是輕有殘者犯下四篇非是永障是
其殘說為無殘無殘者謂犯初篇永障聖道芽自曰無殘說為有殘
母云麁惡者初二篇方便若口無慚愧心獨重偷蘭名為麁惡說為非
麁惡提棄已下及餘蘭等皆非麁惡說為麁惡常所行者八正五法
平說制者謂五篇兼戒金口唯宣名名為制說為非制非制者即五法
非仏金口名為非制說以為制說言四棄是重餘篇是輕此是正教名名為
說非說輕重到說此非仏教名為非說而說以為說第二屏諫初比丘屏諫
勸不破僧此勸和合盡效律云應語彼言可捨此事若用語者善若不用
語者復令餘比丘乃至王大臣用語者應來諫是名屏諫　第三句若用不
語者此根屏諫　問屏諫責得何罪答此但吉羅以無衆法故有所諫人
破事未成遂諫未滿要待事成貨吉成提第四句衆諫如前文第五若不
捨者下吉罪於中輕重有二一自作遂諫輕重二教人輕重自遂諫中復二初
作諫前但有遂方便吉羅第二作諫時三羯磨竟犯若白二羯磨竟捨犯
三蘭白一竟捨二蘭白竟捨一蘭以第三竟得殘者為攬因成果不　答如五分
稽前方便業惡勢分相資令後心心業次第增著得僧殘時猶有蘭吉
別須懺悔以其業思輕重不同感果有異故不相成四分律明但使作惡步
步有罪如生福文燈步步有福又多論如欲盜步步偷蘭今所言二羯磨竟
三偷蘭明曰中有罪然得果果時攬因成果故律云白有其吉羅作白竟
直結偷蘭不言別有吉羅可懺乃至三羯磨竟成殘時不言別有三蘭
須懺故知雖有罪以因成果第二教人文三一比丘教二尼教三下衆教不犯
中事云初語時捨通開三種謂不犯吉羅蘭殘等三罪文若破惡友知識及二人

別須懺悔以其業思輕重不同感果有異故不相成四分律明但使作惡步
步有罪如生福支證步步有福又多論如欲盜步步偷蘭今所言二羯磨竟
三偷蘭明曰中有罪缺滑果時攬因成果故律云白有其吉羅作白竟
直結偷蘭不言別有吉羅可懺乃至三羯磨竟成殘時不言別有三蘭
須懺放知曰雖有罪以因成果第二教人文三一比丘教二尼教三下眾教不犯
中律云初語時捨通彌二種謂不犯吉羅蘭殘等三罪文若破惡友知識及三
三人欲作非法羯磨或為僧塔和上闍梨知識親友等作損感作無住處者破
是人者不犯　助破遠諫戒第十一　制意同衆作法諫調達時四伴影響初成
破僧乃寺設諫拒而不受故曰破遠諫戒別緣有六一調達作破僧事二如法
設諫三遮僧設諫助成破僧四僧衆如法諫此影助五拒而不從六羯磨竟
即犯緣比說可知下正明戒本此戒因提婆達放執五法衆僧諫時伴儻
比丘助破諫僧佛因制戒　若比丘有餘伴儻若一二三乃至無數彼比丘語
是比丘言大德莫諫此比丘此比丘是法語比丘律語比丘此比丘所說我
等喜樂比比丘所說我等忍可彼比丘言大德莫作是說言此比丘是法語
比丘語比丘此比丘所說我等喜樂此比丘所說我等忍可然此比丘非法語
比丘非律語比丘大德莫破壞和合僧汝等當樂欲和合僧大德應與僧
和合與僧和合歡喜不諍同一師學如水乳合於佛法中有增益安樂住是比丘
如是諫時堅持不捨彼比丘應三諫捨是事故乃至三諫捨者善不捨者
僧伽婆尸沙　此滿足戒本五句成就一諫所為事二彼比丘下屏諫方
法三是比丘下拒諫四僧衆諫五不捨者結罪　初諫所為事文三一總明
其人助破僧者二伴儻乃數三正明助破文而一勸僧莫諫調達二此
比丘下釋勸僧意所以我今勸僧莫諫者以人如法是故初二句人如提
婆莫言有執故稱法語復能滅惡生善故曰律語次二句法是故然今
我等慶遇所聞故日喜樂稱合道理安心從有是故忍可二屏諫文四
一領前諫緣遮其影助二然此已下人法俱非顯影助非理三大德莫欲
已下是非相對勸其捨樂正是諫緣所謂諫捨助順勸崇水乳四大德和
有益釋其勸意第三句是比丘者謂諸善比丘如是諫時者諫諸前
諸善比丘屏諫諫時堅持不捨者謂助比丘執心拒勸第四句三諫者
捨善聞即從順四不助破僧一先遠諫僧殘僧蘭離斯二過故曰捨者善
第五句結罪可知此下廣釋初句三一人若比丘時破僧人二伴儻乃數四人
[illegible]

弁下是非相對勸其捨樂正是諫辭所謂諫捨助順勸崇水乳四大德和
有益釋其勸意第三句是比丘者謂諸善比丘如是諫時者諫諍前
諸善比丘屏諫諫時堅持不捨者謂助比丘執心拒勸第四句三諫者
捨善聞即從順也不助破僧一无違諫僧殘僧蘭離斯二過故日捨者善
第五句結罪可知此下廣釋初句三二人若比丘時破僧人二伴儻儻數四人
若過有二順從二衣食順從无共興謀名為伴儻要四人已上始成邪僧
若依成群侶名助伴儻此二伴儻皆須設諫餘義如上所明比類可知
謗僧違諫戒十二　一制意衆僧自理諫彼是非理分固執拒勸三諫不捨
故結罪二釋名倚傍六人同作四人不治跡涉愛憎故名曰謗固執不捨名
日為諫故日也三具緣通緣如上別緣有七一作污家惡行二心無改悔三
作法治擯四非理謗僧五如法設諫六拒而不從七三羯磨竟便犯四闕
緣若闕初緣全無輕重若闕第二直有污家菩罪闕三闕四同於闕二
闕五謂作七非容得七逆蘭然當位中闕緣或一二三蘭諸諫闕如法諫緣
准此闕六七同五已下正明戒本此戒因阿濕婆菩於羈連聚落起過故佛制
戒　若比丘依聚落若城邑住污他家行惡行污他家亦見亦聞行惡行
亦見亦聞諸比丘當語是比丘言大德污他家行惡行污他家亦見亦聞
行惡行亦見亦聞大德汝污他家行惡行今可遠此聚落去不須住此
是比丘語彼比丘作是語大德諸比丘有愛有恚有怖有癡有如是同罪
比丘有驅者有不驅者諸比丘報言大德莫作是語有愛有恚有怖有
癡有如是同罪比丘有驅者有不驅者而諸比丘不愛不恚不怖不癡
大德污他家行惡行污他家亦見亦聞行惡行亦見亦聞是比丘如是諫時
堅持不捨彼比丘應再三諫捨此事故乃至三諫捨者善不捨者僧伽婆尸
沙　此滿足戒文有五句一非理謗僧諫所為事二從諸比丘下自理屏諫三
是比丘下拒屏諫四彼比丘下僧諫五若不捨下結違諫罪　初文有四一犯人二
依聚落下正明起過自他俱壞三諸比丘下治過擯四是比丘下非理謗僧
謗僧辭者謂不洽逢路者名有愛惟於彼者名有怖謂僧嗔我二人名
有嗔此三皆非解心所為不達治罰之方名有癡如是同罪下顯已謗意
二屏諫文三一諫莫謗僧故日莫作是語菩二而諸比丘下得僧自雪已心故日
而諸比丘不愛菩路擯已無罪可治名不愛走人不見復不得治名不怖汝
菩二人進不慚悔退不避走身過俱現理合治罰名不恚善達治擯故名不

謗僧諍者謂不治逆路者名有愛怖謂僧嗔我二人名
有嗔此三皆非解心所為不違治罰之方名有癡如是同界下歎已謗意
二屏諫文三一諫莫謗僧故曰莫作是語等二而諸比丘下謂僧自雪己心故曰
而諸比丘不愛等路懺已無罪可治名不愛去人不見復不得治名不怖故
等二人進不懺悔退不避去身過俱現理合治罰名不恚義違治償故名不
癡三大德已下推過屬彼故曰大德污他家等三是比丘者為諸善比丘如是
諫時者謂諫前諸比丘屏諫之時堅持不捨者謂能謗比丘執心拒勸四三
諫捨者善聞則從順止不謗僧離斯重過故曰捨者善五結罪自下若釋文
義言若比丘者義如釋言聚落者村有四種如上若城邑者屬王處也言污他家
者有男有女名之曰家污家有四一總舉四數二列釋三總結言總舉者污家
有四一依家污家一家得物又與一家所得物處聞之不喜所與物處思當報
恩即作是言有與我者我當報之若不與我之何故與二者依利養污家如法
得利及鉢中餘或與一居士得者生念當報其恩若不與我之何故與三者依親
友污家若比丘依王大臣或為一居士或不為一居士便生念言其為我者我當供
養不為我者我不供養四者依僧伽藍污家若比丘取僧花菓與一居士不與
一居士彼有德者思當供養若不與者我不供養以此四事故污家名污他家
言行惡行者彼比丘作如是等非法行也自種華樹自溉灌自摘花自鬘以線
貫鬘自持與人若復教人作如上事村有婦女同床坐起同器飲食言語戲咲
或自歌舞倡伎或他作己唱和或作俳或彈鼓簧吹貝作衆鳥鳴或走或陽跛
行或嘯或自作㧌身或受雇戲笑是之名行惡行言污家行惡行亦見亦聞
者律云時有比丘彼村止宿著衣持鉢入村乞食法服齊整行步庠序
低目而行威不顧視亦不言笑不相周接善言問訊我等不應與其飲食不
如阿濕婆等與人周接善言問訊我等不應與其飲食不如阿濕婆等與人
周接及上所應與供養時彼乞食因乃得之往至仙所其白仙言仙令比丘往
村擯出者前是依聚落起過自他俱擯已下明緣過擯償文從諸比丘當語至不
須住此已來是擯償文已下非理謗僧諍僧是比丘語彼有擯不擯者其謗僧意
倚謗六人同作律云三聞達多摩醯沙達多走至王道聚落迦留陀夷闡陀逆路
懺悔此四不治跡涉愛憎故起謗謂不治逆路者名有愛懼於走者名有怖
謂僧嗔我二人名有畏此三皆非解心所為不違治罰之方名有癡歎已謗
意故曰有擯者有不擯者自下明屏諫文所言大德莫作是語者諫莫謗僧

須住此已來是證僧文已下非理謗僧辭從是比丘語彼有怨不怒者其謗僧意
倚謗六人因作祇云三聞達多摩醯沙達多走至王道聚落迦留陀夷闡陀逆路
懺悔此四不治跡涉愛憎故起謗謂不治逆路者名有愛懼於走者名有怖
謂僧真我二人名有畏此三皆非解心所爲不達治罰之方名有癡歎已謗
意故曰有怨者有不怨者自下明併諫文所言大德莫作是語者諫莫謗僧
故曰莫作是語乃至有怨者有不怨者已下明僧自雪已心故曰諸比丘不愛不
恚不怖不癡逆路懺已无罪可治名曰不愛走人不現復不得治名不怖汝等
二人進不懺悔退不逃走身過俱理合治罰名不恚美達治賴故名不癡已下
推過屬彼故曰大德汙他家行乃至亦見聞是已下明謗人拒諫不從故文云是
比丘如是諫時堅持不捨下明僧諫文云彼比丘應三諫捨此事故乃至三諫捨者
善應初諫言欲作白僧法當捨若捨唯得吉若不捨作白已即得偷蘭復
應諫言大德作白已餘有三羯磨在可捨此事莫爲僧呵便犯重罪乃至初羯
磨第二第三已來應如是諫故文云捨者善隨捨罪輕故曰善已下明拒勸不
不捨而結殘罪故文云若不捨者僧伽婆尸沙已下明不犯律云若得衣食與
父母病人與小兒與任人與牢獄繫人與寺客作不名汙家若種樹華菓乃至
教人貫華爲三寶故不名惡行若渡河溝渠坑跳躑者不犯若同伴在後還
顧不見而嘯喚者不犯若爲父母若爲病人若爲信心檀越乃至三寶事持書
往反皆不犯　惡性拒僧違諫戒十三　一制意人非性知義無獨善要賴善友互
相近導方能離過脩善有出道之益而今闡陀迷心造非不自見過他如法諫
理宜從順方復倚傍勝人尊豪其己望人師敬反欲違衆非分自處情過深厚
是致聖制二解名可知三別緣有六一自身不能離惡時欲作罪二說善比丘
如法勸諫三不受勸導恃己陵物望人師敬四如法設諫五拒而不捨六
三羯磨竟四闡緣比類可知此戒因闡陀比丘惡性拒諫故起過佛便制戒
若比丘惡性不受人語於戒法中諸比丘如法諫已自身作不受諫語便言大德
莫向我說若好若惡我亦不向諸大德說若好若惡諸大德且止莫諫我
彼比丘諫是比丘言大德莫自身不受諫語大德自身當受諫語大德如法
諫諸比丘比丘亦當如法諫大德如是佛弟子衆得增益展轉相諫展轉相教
展轉懺悔是比丘如是諫時堅持不捨彼比丘應三諫捨者善不捨者僧伽婆
尸沙　大滿是戒文有五句一初至莫諫我來明諫所爲事二彼比丘下比丘併諫勸
相受語三是比丘下拒諫四彼比丘下僧諫五不捨下結違諫罪初諫所爲事文

彼比丘諫是比丘言大德莫自身不受諫語大德自身當受諫語大德如法
諫諸比丘比丘亦當如法諫大德如是仏弟子衆𦂳增益展轉相諫展轉相教
展轉懺悔是比丘如是諫時堅持不捨彼比丘應三諫捨者善不捨者僧伽婆
尸沙 此滿足戒文有五句一初至莫諫我來明諫所為事二彼比丘下比丘屏諫勸
相受語三是比丘下拒諫四彼比丘下僧諫五不捨下結遠諫罪 初諫所為事文
三一出能拒人惡性不受語二於戒律中下諸善比丘如法呵諫三自身已下受訓
導望入所教文四一不受勸導二言諸大德下汝莫語我三我亦不語汝四諸
大德下出不受道理謂情已淩物又引契經但自觀身行𦂳故言且止也下屏諫文
三一先諫前人互相受語二如是已下顯諫利益相受語故道相因進故稱增將
為前惡諫令不作故稱相諫未備誘善方便令生已興諸善備習增廣故
日相教已犯惡業方便除遣故日懺悔各彼此互為咸稱展轉諫言大德前
此作二持所以成者良由善知識𦂳互相近導如何大德不相受語同經中仏
說但自觀身行諦觀善不善云何此中展轉相教𦂳多云仏隨制教言
乖趣合不相違背若見前人心有愛增發言有積故云但自觀身若見
前人内有慈心發言有益故言展轉相教又見前人少聞無智出言無
補故言但自觀身行若多聞有智言成有益故云展轉相教下三句可知
已下廣釋文句言若比丘者義如上言惡性不受人語者不忍不受人教悔
所言於戒法中者以戒律如法授有七犯聚波羅夷乃至惡說諸比丘如法諫
者如法如律如仏所教言自身不受諫且止莫諫我已來是諫所為事下
四句准前可知 不犯中律云初諫便捨若非法呵諫非法非律非仏所教者
若為無智人呵諫時語彼言汝和上阿闍梨所行亦尔汝可更學問誦經若
其事實尔若錯說者一切不犯 諸大德我已說十三僧伽婆尸沙法九初犯四
至三諫 此結前十三戒就中有二初九後四諫不諫別故云九初犯（作）四至三諫令釋
諫不諫意若語屏諫一切皆須故文展轉相諫不受諫中心虛傍提心要
第五乃至此中遠諫之事亦須設諫故文中言莫為僧所呵更犯重罪故知
諦諫通於一切言僧諫者具四義者有不具者無言四義者一住惡二是顯
露三謂損僧四者倚傍上之三義可知言倚傍者前之九戒隨此是非更無
兩濫倚傍聖教是非既分過顯易識何須設諫開亦其人此四戒𦂳皆有
倚傍言說相似濫理引教是非文雜真僞難分須僧設諫開亦是非曉
悟其懷冀彼改迷棄惡就善捨邪從正故須設諫如初二諫戒傍倚如
求四衣之段罵說相似執乞食𦂳者因彼日傍倚汙家謗僧者執六人同作

處〻三謂惱僧四者倚傍上〻三義可知言倚傍者前〻九戒滌然是非更無
而濫倚傍聖教是非既分過愆易識何須設諫閑示其人此四戒等皆有
倚傍言說相似濫理〻教是非交雜真僞難分須僧設諫閑示是非曉
悟其懷冀彼改迷弃惡就善捨邪從正故須設諫如初二諫戒倚傍倚如
來四依〻教罵訕相似執乞食等名目故曰倚傍倚汙家謗僧者執六人同作
而備不備濫弟四戒倚傍種種輕凌諸比丘倚傍之義此應廣說為如
斯義須僧設諫問者先諫今何有無不問九殘所以不諫蓋問生罪之緣所以僧
殘罪有下四因諫而生前九作便即結此謂一切事中具四義者須諫遂而結殘
位因故是以共篇　若比丘犯二法知而覆藏應強與波利婆沙行波利婆沙竟
增上與六夜摩那埵行摩那埵已應與出罪法應廿僧中出是比丘罪若少一
人不滿廿眾出是比丘罪是比丘罪不得除諸比丘亦可呵此是時　此明懺僧殘
法略有其三初治覆藏情過謂波利婆沙此方云別住母云若犯此罪隨
覆藏日〻別住法別在房不得與僧同處共宿雖入僧中不蒙論知不得答
故言別住設心不欲行強遣令行故文言若比丘犯二法知而覆藏應強與
波利婆沙第二明治罪法故文云〻波利婆沙竟增與六夜摩那埵〻〻者此云
悅眾由行別住如法令僧歡喜故言悅眾亦云意喜前雖自意歡喜亦生
慚愧亦使眾僧歡喜由前喜故與其少日〻少日故始得喜名眾僧歎言
此人因此改悔更不起惱成清淨人第三與出罪法故文言〻摩那埵已餘有出
罪法猶有勝因改心懺悔大眾隨喜即為出罪令彼清淨就出罪重文分
為二一者如法此罪是重要假廿清眾方得拔濟彼人故文言若少一人不滿廿
出是比丘罪不得除眾既不滿出罪不成勞而無功二不如法故文云諸比
丘亦可呵為出罪闕緣法事不成故得結罪所言如此時者應順佛教名
此是時　今問諸大德是中清淨不三　諸大德是中清淨默然故是事如是持
謂於此篇德清淨不由眾默然知清淨故若實有罪三問不答共一法故值
得一罪若實無罪為默然故眾法成就　諸大德是二不定法半月半月說戒經
中來　此初標說儀式欲令攝耳聽故若也通論有婬非義故有稱為戒令
此二法有種元指准字曰不定言四法者一犯不定謂或犯殘或犯提或並犯
三或復犯二多少差殊故二舉不定犯既不定可使稱事而舉故亦不定
三自言不定舉既多少自言到罪寧容一准或可自言不犯四波法不定
若自言夷懺殘治〻若自犯殘別懺治〻等及至若不自言到罪處所治

此二法有種无揩准字曰不定言四法者一犯不定謂或犯殘或犯提或並犯
三或復犯二多少差殊故二舉不定犯既不定可信稱事而舉故亦不定
三自言不定舉既多少自言引罪寧容一准故可自言不犯四治法不定
若自言犯殘殯治之若自犯殘則倍治之等皮至若不自言引罪罪處所治
故曰治罪不定此不定犯謂於屏露兩處起故言二不定注又十律云何名
不定可信女人不知犯不犯不知犯何處起不知犯名字但言我見女人是處
来去坐立多見比丘来去坐立不見作媱棄人命觸女数草過中食飲酒如是
前事不决定故名不定问可信舉罪通許二三五七何故畳在殘下提上者答一釋
上以於戒下攝威儀故世又釋為欲深防不犯夷殘故屏露獨坐能犯夷殘如緣
即是為讓二戒故畳於此非是欲攝提等下亦攝故問此二居九者何答為有律
故設令無伴亦而不数又可女人兎弱言不宜心岂可与丈夫對事故无志宗
屏處不定戒　一制意多論一為止誹謗故二為除濁浄故三為増上仏法故
出家之人俚冝跡絶塵滓為人天所宗以道化物而与女人屏説非法上遠聖旨
下失宗敬之心四為断鄙道悪法次弟故二釋名可信至僧亦定亦别僧亦
弗滑定法其罪故曰不定之三具縁別縁有五一屏處二人女三无弟三人四於罪處
儀説非法語覓實事五可信者僧事未决審具此五入不定治捨四闕縁比
説可知　若比丘共女人獨在屏處覆處鄣處可作媱處坐説非法語有住
信優婆私於三法中以一一法説若波羅夷若僧伽婆尸沙若波逸提是坐比丘
自言我犯是罪於三法中應一一法治若波羅夷若僧伽婆尸沙若波逸提如住
信優婆私所説應如法治是比丘是名不定法　此戒文有四句一至非法語犯不
定二有住信下舉不定三是坐比丘下自言不定四如住信下治罪不定次下第
釋文句初文六句二一一隨釋若比丘者義如上説女人者人女有智未命終也祇云
若母女姉妹親里老少在家出家者是所言獨者一比丘一女人言屏處者屏
有二種一者見屏若塵若霧若黒若闇中不相見也二聞屏者乃至常
語不聞聲處言覆處者上有物作蓋也遮鄣令人不見言鄣處者若樹
若墻若籬若衣及餘物鄣也言可作媱處者得容行媱處也説非法語者
説媱欲法上六句明犯罪不定從住信優婆私已下辭第二舉罪不定犯既
不定可信隨罪而舉舉亦不定故言若夷若殘若提此中且就麁相以三罪為
言理通五犯言信者謂得四不壞信終不為身而作妄語等十悪之罪是坐
比丘已下辭第三自言不定犯既不定自言無准隨引輕重如比丘所説治
[illegible]

若墻若籬若衣及餘物鄣也言可作婬處者得容行婬處也説非法語者
説婬欲法上六句明犯罪不定從住信優婆私已下辯第二舉罪不定犯既
不定可信隨罪而舉ゝ亦不定故言若波羅夷若殘若提此中且就麁相以三罪為
言理通五犯言信者謂得四不壞信終不為身而作妄語等十惡ゝ中罪是坐
比丘已下辯第三自言不定犯既不定自言亦無指准隨引輕重如比丘所説治
故文云我犯是罪已下辯第四治罪不定治罪有二一者舉已引罪二者舉已
不引罪者如比丘所説治不引罪者如可信語治ゝ此即引罪二者舉已不引
罪引罪者如比丘所説治不引罪者如可信語治ゝ此即引罪也當如比丘所説
治ゝ自犯言夷宜從滅擯若言犯殘別住治ゝ若言犯提令對手悔隨引而
治若不引罪文云如住信優婆私所説應如法治故律云説自言作者應如比丘所
説治不自言作者應如住信語治ゝ今此不自言作故如優婆私所説治也不同十
誦比丘言我有是罪而不住隨比丘語治若言住不犯是罪亦如比丘治若言
不住無罪隨可信治五分若於三事一ゝ法中諸上座不應語不同婬不若言
不上座下坐應切問汝實語莫妄語如優婆夷説不若言如優婆夷説然
後乃可隨説治若言不如比丘治所以不依可信語者善見論云見聞或不
審故所言是名不定法者結也此雖是戒而无有罪但於屏處与女説非法
語招世譏謗可信白仏故曰此可信舉戒　露處不定戒緣　制意釋名具緣
渊緣四義同前但屏露為異餘義皆同前明戒本　若比丘共女人在露現
處不可作婬處坐作麁惡語有住信優婆私於二法中以一ゝ法説若僧伽婆
尸沙若波逸提是坐比丘自言我犯是事於二法中應一ゝ治若僧伽婆尸沙
若波逸提如住信優婆私所説應如法治是比丘是名不定法　此戒句同前
亦四一至麁惡語犯不定二有住信下舉不定三是比丘下自言不定四如住
信下治罪不定但罪二三同餘義皆等前戒故不重釋已下唯弁文句初文
亦六一ゝ隷釋若比丘者同前女人者亦尔露現處者謂無墻鄣障世不可
作婬處者不容行婬處也作麁惡語者説婬欲不淨行讚嘆二道好惡
也上六句皆是犯不定已下諸句文義同上　諸大德我已説二不定法今問諸
大德是中清淨不　三説　諸大德是中清淨默然故是事如是持　此文准前解
釋　諸大德是卅尼薩耆波逸提法半月ゝ説戒經中來　今明第三篇卅事
雖同一篇然捨不捨異故戒本中分為二　問所以先明卅後説九十者良以卅
於此財物耶濟其方廣生罪累若欲洗心懺悔要須對僧捨物及捨相
[illegible]戒作去不易欲使僧尼先識於難次及於易

大德是中清淨[illegible]

釋　諸大德是卅尼薩耆波逸提法半月說戒經中來　今明第三篇卅事
雖同一篇然捨不捨異故戒本中分為二　問所以先明卅後說九十者良以卅
於此財物耽滯失方廣生罪累若欲洗心懺悔要須對僧捨物及捨相
續貪心々事既捨罪方除殄作法不易欲使僧尼先識於難次及於易
故列在初九十事中雖有因財生罪皆不須捨但斷犯心即得懺悔作法易
故留在後次言尼薩耆者此方名捨々有三種一捨財物二捨畜心三捨於
言波逸提者此名墮々在𤍣燒覆鄣故曰捨墮今就卅總別兩釋先總
後別就總略辨八門一對下九十捨不捨異凡卅捨咸具三義一者屬己々財二者
財體見在受用有罪三者捨已歸主受用无德具此三義制令入捨九十中廿
五戒六因財事不入捨者三義中闕不得入捨一由食生罪有十四戒未食无罪
可捨食方生罪後无可捨闕第二義故九十如讚房別異勸非殘受美藥
酒虫水等是二食中過三外財淨施此二闕於初義體屬他物故不入捨三十
戒闕於第三故不入捨如脫腳著覆无其捨法白色三衣猶白不得著如
牀須截牙角打破貯床褥脚故不入捨第二自作教他若論自作唯犯廿七
除二浣与縷但妻二浣無犯以仏不制故今言一人盡犯卅者通自作使人故尒
第三身口分別此卅中擔用二局身餘通身口第四持遮分別迴僧々物性惡
氣分餘悉是遮第五重不重犯者有四戒謂擔用二浣此物現在容可更
求故得重犯如使尼二浣染等雨衣數用擔毛數過以其過不異前浣衣
擔毛等浣上犯除々打々亦尒故言使浣除打三尼薩耆自餘諸戒咸不得重
第六捨懺方法綿褥獨捨餘悉對人對中道俗二寶對俗餘戒對道々中
通局僧餘道多少第七持犯有八戒通持犯五過離藏六年等自餘諸戒唯
正持作犯第八任運有十四戒五過除藥此四戒日滿任運即犯受寶奪衣二
浣乞縷此戒但使事成三往々中任運无犯餘無任運已下別釋　畜長衣
過限戒　一制意多論一因斯畜長貪於俗利壞道功德々財二比丘積貯
与俗无別失信敬々心三遠仏四依々教即非節儉知足々門故使不加淨法制
与捨墮　二釋名貯用屬己名畜限分々餘稱長越於期限故曰過十日能所
通舉故曰畜長衣過十日戒　三具緣通緣如上別緣有六一已長衣謂三衣
之外財其三衣三衣三世諸仏應法々服縣無長過故尒雖是已長若無此
財亦復无罪是故第二知屬己物々雖屬已若不應量畜過無罪是故
第三應量々財々雖應量說淨無罪故須第四不說淨若有一月及起四想被

通畜故日畜長衣過十日戒　三具緣通緣如上別緣有六一是長衣謂三衣
之外財其三衣三衣三世諸仏應法之服餘無長過故尔雖是己長若妄此
財無復無罪是故第二知屬己物之雖屬己若不應量畜過無罪是故
第三應量之財之雖應量說淨無罪故須第四不說淨若有一月及起四想疑
峯畜難因緣亦是不犯故須第五無因緣多論初日得衣即被三竊未乃至
命盡不犯雖無因緣畜亦過限久不得罪故須第六十日明相出犯　四制緣比
説可知之下四明戒初略制二廣制前明後廣制之略制者不聽畜長六群多積
長衣因此起過仏便制戒之廣制者因阿難得一長衣欲奉迦葉仏隨開限十日言
居制者　若比丘衣已竟迦絺那衣已出畜長衣不淨施得若過十日居薩耆
波逸提　此滿足戒本文有五句一犯人二犯時三所畜財體四開限五結犯此五句文
初略弁後廣釋之略弁者若比丘是犯人衣已竟迦絺那衣已出是犯時三畜
長衣是所畜財體四得畜十日即是開限五若過已下遠教得罪是結犯句次
下廣釋之若比丘者義如上弁衣已竟者見云三衣具足竟明其未具無長
故又言謂迦提月竟未竟不犯所言迦絺那衣已出者捨也捨有犯故律云謂
出功德衣外時也第三句畜長衣謂所畜長衣及財三衣之外皆名為長於中
有二一弁衣體二明衣量分齊言衣體者律云有十種衣皆以麻絲毛綿為衣體
言長衣量者律云長如來八指廣四指是名長衹律長一肘廣半肘見論長
二搩手廣一搩手四分律之八尺六寸是名長第四句言不淨施得畜十日者是開限
律云仏在曰阿難畜十日第五結罪句者是居薩耆波逸提犯有二種一者過犯
二者染犯故律云一日得衣畜如是二日乃至十日或日日得或中間有得不得至十
日明相出已於十日內隨所得衣一切犯長初日衣是過犯過十日故下九日衣隨過
者是染犯亦過十日由初日衣犯長故染下九日內所得衣者皆合犯長此居薩耆
位有其四一須捨財二須懺悔罪三須還財四不還結罪如律廣說不犯中若
淨施若与人若失若壞若非衣若作親厚意忘不説淨若四想生不説淨若
受寄衣人命終若遠出休道等不説淨皆不犯　離衣宿戒　一制意三衣
者乃是三世諸仏應法之服資身長道寔為要用理宜隨身如鳥二翼而
无暫離今留衣在此身居異處寒暑卒起急須難得又闕守護容盛夫
脫癈資身用事慢不輕是故聖制二釋名人衣異處名離逕夜日宿久
即事慢便則起慢限期一日過則便犯故日離衣宿戒　三具緣通緣如上別
緣六一是三衣二加受持法三人衣異界四不捨念五無因緣六明相出即犯
[illegible]

无暫離令留衣在此身居異處寒暑卒起急須難得又開守護容成失
脫癈資身用事惱不輕是故聖制二釋名人衣異處名離逕夜曰宿久
即事緣便則起惱限期一日過則便犯故曰離衣宿戒 三具緣通緣如上別
緣六一是三衣二加受持法三人衣異界四不捨念五無因緣六明相出即犯
四闕緣比説可知已下正明戒文此有三初因六群留衣異處自往人間因此起
過佛爲略制不聽離衣次因有病比丘衣重不能持行佛聽作法開離無過
後乃廣制 若比丘衣已竟迦絺那衣已出三衣中離一一衣異處宿除僧
羯磨尼薩耆波逸提 此滿足成文句有六一若比丘者人如前二衣已竟等
犯時如前三三衣中者所離衣如前四離一一衣下人衣互在如前五除十開法
如前六尼薩耆下結罪如前次下廣釋文句 言若比丘者義如上釋第二句
言衣已竟等者除不犯時節時節有五謂一衣六夜一月九月此五重中六夜
離明餘之四重合開此戒但一夜者唯制非開一月等三事開通制第三句言三
衣中者明所離衣初弁畜三衣意二釋三衣不如義多論云現未曾有法故聽畜
三衣智論云佛聖弟子住於中道故畜三衣多論云一衣不能除寒三衣能除
鄣寒一衣不能除慚愧一衣不中入聚落三衣是故堪入聚落一衣不能生善
三衣能發前人歡喜之心一衣威儀不具三衣能令清淨以此義故聽畜三衣
次明三衣如不如一者財如二者作如三者量如四者色如要四法方可成受有離
宿過言財如者麻毛絲綿是正衣財並不堪言作如者於中有四一須如法割截
二須條數如法三重數多少四判作如法具足四種名作如言量如者長五肘廣
三肘若增減不成受持言色如者謂青黑木蘭餘色之衣不堪受持除壞衣
第四句言離一一衣異處宿者明立離失義初明離衣之法人衣異界曰離經
夜曰宿此中離者謂離受持衣若離餘衣但得小罪 問三衣六物同是資身
所以離三衣失而犯提離餘衣等輕答三衣正制受通三品今若離者遠制罪重
而失受法餘衣物等開於中下爲資道不足今若離者對開有遠唯得吉羅
而不失受此弁失衣不齊三護衣之界有其二種一者自然二作法界自然之界
多少不定諸部通説總有十五一者僧伽藍界藍有四種二者村界亦有四
種謂周帀垣牆柵籬籬牆不周四有屋等三樹界若樹葉相連蔭與人等是蔭
覆跏趺坐十誦取日正中時蔭影覆處水不及處是衣界四場界律云治五穀處
也謂村外空靜處五車界六船界並俱存陸地律云若車十誦行車者前車向中
車杖所及處中車向前後車杖所及處後車向中車杖所及處若不及者是名異

BD14800號　四分戒疏卷二

多少不定諸部通說總有十五一者僧伽藍界亦有四
種謂周帀垣墻柵籬籬墻不周四有屋等三樹界若樹葉相連齊與人等是蔭
覆處跏趺坐十誦取日正中時蔭影覆處水不及處是衣界四場界律云治五穀處
也謂村外空靜處五車界六船界並俱在陸地律云若車十誦云車者前車向中
車杖所及處中車向前後車杖所及處後車向中車杖所及處若不及者是名異
界七舍界謂村外祇云若園觀樓櫓道外廿五肘名衣界八堂界律云敞露九庫
界積藏諸物十倉界儲積穀米處十一阿蘭若界律云蘭若者無界謂迥在空
野無別諸界假以樹量大小八樹中間一樹間七弓弓長四肘通計五十八步兼其勢分
七十有餘十二道行界十誦比丘与師持衣道中行後卌九尋內不失多論縱廣各得卌
九尋爲讓衣界十三洲界善見云十四肘內不失衣十四水界見云若處主褥天欲
曉患睡脫衣置岸入池洗浴明相出祀捨祇云水中道行界者卅肘若船界者入
水則異毋云著衣岸上一脚入水一脚在岸不名異界十五井界僧祇道行露地井
蘭傍宿置衣在廿五肘內名讓衣界所言作法界者依僧戒依律云不失衣者藍
有一界失衣者藍有若干界四分他部相成有四種即深隔情界尋上三尋通
界並有若論界尋彼此不通故文云失衣者僧伽藍裏有若干界謂上三洲
在伽藍院內故衣則有多界不失衣者僧伽藍裏有一界謂無上三尋也言深尋
者律云藍內有女人來往衣須隨身若女人在中人依彼此即名異界所言隔尋
者律云水陸道斷与衣不會者是祇云衣在房內人在於外不捉戶鑰又無梯
橙名之爲尋言情尋者多論王來界內大小行處道王左右並非衣界及以作伎樂
人皆名情尋祇云兄弟分齊之處亦名情尋所言界尋者如上所明若有若
干界即須身衣同處若不爾即名失衣乃至蘭若界無復如是准四分律加乃至
於勢分諸部並無言勢分者藍分者藍外人擲石所及衣處是名界分乃至
倉庫界亦如是善見論云中人擲石不健不羸人盡力擲至落處以量有十五步
此但通自然不通作法必須入界方乃會衣第五句開離分齊言除僧羯磨者律云
時有比丘病患因緣三衣極重意欲遊行佛聽開乞羯磨離衣九月多論四義故
佛開離衣一有緣衆生應受化故二宜遊行令病損故三求行道所宜故四未降
之已降者令發善故開中有成不成一要須衣重病人方成餘三句互有俱無並作
法不成多論假使衣人互不如法前人妄語得罪作法得成以羯磨防離衣宿不
防病等故五分律云前安人居九月後安居人八月四分律云留僧伽梨祇五二律
但留欝多羅僧餘二不許十多二文三衣衣中俱有離義但離一衣不得離二

佛開離衣一有緣衆主應受作故二道遊行令病損故三乖行道所宜故四

之已淨者金蔓善故開中有成不成一要須衣重病人方成餘三句並有俱無並作

法不成多論假使衣人立不如法前人妄語得罪作法得成以羯磨防離衣宿不

防病等故五分律云前安居人於月後安居人八月四分律云留僧伽棃衹五二律

但留欝多羅僧餘二不許十多二文三衣之中俱有離義得離一衣不得離二

第六句言尼薩耆波逸提者明結罪分齊於中有四一捨所犯之衣二懺所犯之

罪三却還本衣四不還結罪義如律廣說　不犯者於中有五一作羯磨實受

不失不犯二會故不犯三捨故不犯四之想等失受故不犯五若水陸諸難故不失

而不犯並須明相未出之前有此四故方可不犯水陸諸難不失受者心知衣在恒作

欲受之意為是不失故律云不犯者僧作羯磨明相未出若會衣若作失想若水

陸道斷有此諸難悉皆不犯　月望衣戒三　一制意衣為資身隨時受用雖先

有衣故爛弊壞但任受持不堪著用今得少財為作三衣以換故者而少不足為

待滿故聖開一月過畜長貪遠教妨道故所以制過　二釋名可知三別緣有六一若是

新衣現堪受用餘財不開故衣方開故第一緣故壞三衣之須故壞得財若是受

不開故第二緣得少財不足若不擬作三衣但犯初戒不開一月明須第三為作三衣

替故者四不說淨作三衣五無因緣六過限便犯闕緣此說此戒因但三衣比丘開一月

為限若畜長衣者得即說淨不須此戒　若比丘衣已竟迦絺那衣已出若比丘

得非時衣欲須便受之已疾成衣若足者善若不足者得畜一月為滿足故若

過畜者尼薩耆波逸提　此明是戒文有六句一犯人二除開緣出犯長時節三若比

丘下所得衣頭四受已疾下足則不開五若不足者已不如其不足開齊一月六若

過已下隨遠結犯已下別解言若比丘者義如上并衣已竟迦絺那衣已出者明出

犯長時若自恣後一月若五月中是不犯時節所言得非時衣者明所得衣頭言

非時者謂過一月五月限時第四句於中言已受疾疾成者明犯限若十日中同衣足

者割截說淨受持若不者至十一日隨衣多少並犯捨墮第五句言若不足者

得畜一月為滿足故明第二犯限若同衣不足至十一日同衣足者即十日應作衣

浣染作淨已受持若怱不竟麁行急竟受持後更細刺即免長過故遠者

至十二日隨衣多少並犯乃至廿九日亦以是若至卅日足與不足同衣不同衣即日

應割截染持怱不成者餘人相助免有犯過此戒開限有三初十日以同常開緣

全是未犯次十日已後至廿九日已來隨何日得足者即應當日作說淨三至卅日若

足不足若同不同一向不開第六句言若過畜者尼薩耆波逸提是隨遠結犯

犯中有四一捨所犯之衣二懺所犯之罪三却還本衣四不還結罪不犯中義如長

至十二日隨衣多少並犯乃至廿九日亦如是若至卅日足与不足同衣不同衣即日
應割截淨持忘不成者餘人相助究有犯過此戒開限有三初十日以同常開緣
全是未犯次十日已後至廿九日已來隨何日得要者即應當日作說淨三至卅日若
足不足若同不同一向不開第六句言若過畜者尼薩耆波逸提是隨遠結犯
犯中有四一捨所犯之衣二懺所犯之罪三郤還本衣四不還結罪不犯中義如長
衣開
取非親尼衣戒第四　一制意有三種過一者凡為下教上御奉情懸所有
財物思收捨施許无遠據大僧非親多不籌量得便受之令他財物竭盡二又男女
形別理无參涉財物既交恐情緣親回交起染容懷梵行識危事險可惟之蹤涉
世譏致招誹謗清白難分莫能自拔以利諸過是故聖制二釋名可知三別緣有五
一是比丘尼除下二衆依衹下二衆衣不犯多論下与尼同犯二非親里除去親里不犯
三是應量五衣多論依者是應量衣除不應量衣吉四盧心送与謂乞得貿易
不犯五領受屬已即犯四闕緣此說是下正明戒本此戒因乞食比丘從蓮花色尼受
貴價僧伽梨衣故仏便制戒　若比丘從非親里比丘尼取衣除貿易尼薩耆波
逸提　此滿足戒本文有五句一犯人二非親里尼三取衣四除貿易五結犯已下廣弁
若比丘者義如上釋非親里者非父母親及七世親及上是親論云所言親者謂父母七世
骨血之親多論明四種親一父親二父母親三母父親四母之親此四親尼邊取衣犯
所言取衣者衣有十種如上所明多論多比丘取一尼衣多人犯一比丘多尼邊取一衣計尼
多少犯故律中仏責尼言婦人著上好衣猶上不能蔭前人教心何況弊故隨聽富
五衣故知衣本為資身今以施人即得无衣之罪破戒行檀事不應法故不聽取
若五衣外隨意施者得受若僧得尼施時應捨問若人知彼五衣不具即不得
受五衣具者得受无罪十律若先請若別房中住故与若為說法故与不犯五分若
若无心求自开施知彼有長乃若不犯　問尼取僧衣但得吉羅者何答大僧上尊与
尼義希尼受不數故但犯吉問若尔大僧与尼能与應捶所以提罪答僧与尼依識
過中制生患義深故得提罪所言除貿易者律云二部僧得衣共分錯得餘衣
仏開互貿言貿易者以已貨衣非衣貨衣乃至一丸藥貨衣者是所言尼薩耆
波逸提者是第五結罪句於中有四一必須捨衣二應懺悔三受者却還四不与得罪
不犯者從親里邊取若貿易得若為僧為仏塔取者不犯　使尼浣故衣戒五
一制意上尊使下事　而數下情教上義柳是難多不籌量有無容致惱廢
業積廢不捶善生染患蹤涉世譏致招誹謗清白難分莫知自拔以利諸過是
故聖制　問浣染打等所以合制者何答一使尼處同二俱由故衣三容一衣相由致犯

BD14800號　四分戒疏卷二　（44–28）

[illegible]
不犯者從親邊取若貿易得若為僧為佛塔取者不犯　使居浣故衣戒五
一制意上尊使下事　而數下情教上義抑是難多不籌量有無容致惱廢
業積處不輕善生滋患跡涉世譏致招誹謗清白難分莫知自挨以利諸過是
故聖制　問浣染打等所以合制者何答一使居處因二俱由故衣三容一衣相由致犯
始汙須浣失色即染申舒故打二釋名可知三具緣通緣如上別緣有六一是比丘
尼二非親里三是故衣四使浣染打多論若使書信吉羅祇有四句自與使受等二
五二俱浣等並犯五無因緣故律中開若病浣染打若借他衣浣染打不犯除此
等緣故六浣染打即竟犯除此等緣說已下正明戒本此戒因迦留陀夷使偷蘭難陀
尼浣安陀會衣故佛制此戒　若比丘令非親里比丘尼浣故衣若染若打尼薩
耆波逸提　此滿足戒本文有五句一人二非親里尼三所浣故衣四使浣染打五結
罪言比丘者如上非親里者如上言故衣者下至一經身著衣者十種衣若新
衣浣者得吉若染若打者是所作業言尼薩耆波逸提者是犯罪若使浣
染打尼具作得三提作二得二提作一得一提善見云令出家婦浣染亦犯五分令非親
尼浣而親尼浣如是互作五句皆類若浣染尼師檀等犯墮十誦若犯捨墮
衣與浣犯小罪若浣竟比丘復索未淨還使尼浣比丘尼薩耆吉羅得二罪
若使尼浣染打尼不浣不染不打得三吉餘互作不作准上可知問使下二眾何以
得吉答非是弟子使希故輕有非具戒不護正備故輕若依多論下眾二同尼
犯提　問新衣何以輕　答新衣浣希有无緣患故得小罪　不犯者律云若病若遶
佛法僧使浣染等无罪　從非親里乞衣戒六　凡出家人宜應知足今三衣具備
長道緣无廣方乞求增貪惱物招世譏過橫壞不輕是故聖制別緣有其六一
三衣具足二无因緣三非親里居士四為己乞應量衣五彼為六領受入手便犯
開緣比知已下正明戒本此戒因跋難陀從居士索衣故諸人譏嫌佛便制戒
若比丘從非親里居士居士若婦乞衣除餘時尼薩耆波逸提餘時者若奪衣失衣燒
衣漂衣是謂餘時　此滿足戒文三略制二緣制隨開三廣制就廣制句有其五一犯人
二非親居士三乞衣四除開緣五結犯餘時者已下誦前四句下弁五句文若比丘者
義如上弁非親里者非七世親里言乞衣者有十種下籥僧祇乞得四時已上犯若自
乞使人乞作寒暑相若方便說法得者皆犯若乞小物旋主与衣財者得取無犯
若本有方便心但索小者或容得大犯捨竟除餘時者開索律云若被賊奪衣裸
形當以軟草樹葉覆形應往寺邊若取長衣若知友邊取若無者僧中問取
可分衣若無者問取僧衣卧具若不与者自開庫看若有敷褥被𣮷解取截

義如上并非親里者非七世親里云云乞衣衣有十種十誦僧祇乞得四肘已上犯若自
乞使人乞作寒暑相若方便說法得者皆犯若乞小物施主與衣財者得取無犯
若本有方便心但索小者或容得大犯捨云除餘時者謂奪衣律云若被賊奪衣裸
形當以軟草樹葉覆形應往寺邊若取長衣若知友邊取若無者僧中問取
可分衣若無者問取僧衣臥具若不與者自開庫看若有褥敷被褥解取裁
作衣出外乞衣若得已應還浣染縫治安著本處若不還本處如法治云尼薩耆
波逸提者是遺制罪於中無如上所明云餘時者是失脫等四緣不犯中云律若奪
失三衣從非親里乞五分開衣壞時得乞通前五緣又云或為他乞他為己乞或不求
而得若從親里乞若從出家人乞一切不犯　過知足受衣戒七　一制意出家之人遍
四因緣失脫三衣篤信潤之竭貴以施理應隨施而受彰己內有廉節之心外不
惱物今三衣已足過分更受內長貪結外乖施心殊所不應是故聖制　別緣有六
一比丘失奪三衣二非親里居士三為失故施若不為失隨時受取無罪四知為失
故施五過知足取應量衣六領受入手即犯　闕緣可知已下正明戒本此戒因失衣比丘
檀越送衣比丘不受為六群故取佛便制戒　若比丘失衣奪衣燒衣漂衣若非親
里居士居士婦自恣請多多與衣是比丘當知足受衣若過者尼薩耆波逸提　此滿
足戒文有六句一犯人二過四因緣此為施衣緣三非親里居士施衣人四自恣請下為失
衣故施五是比丘下教知足受六若過下過受結犯前三句文可知第四所云自恣
多與者若檀越多與衣比丘失一衣於中有應取有不應取若失一衣不應取若
失二衣餘有衣重數若二若三若四應摘作餘二衣若都失取上下衣餘一衣別處
取若檀越多與薄細若不牢應取作二三四重安緣肩上應安鉤鈕餘有殘物語
檀越言此餘殘截作何等若彼云我不以失衣故與我曹自與大德可若欲受者便
應所云當知足受衣者知足有二一在家人知足二出家知足言在家知足者隨白衣
所與衣受者謂諸白衣為失故施本為不足若未足受者失三今還受三隨他白衣元
施之心即是知足然此知足順在家人故曰在家人知足言出家人知足者三衣為本
失三今還受三即是知足然此知足順出家之軌故曰出家人知足此謂失三受三順
三知足故云若過尼薩耆波逸提者此第六句過受結罪律云失一受二失二受三
失三受四等並是足而更受違二知足故名為過知足受者即犯捨墮此衣應
捨與僧若一人若多人不得別眾捨若捨不成捨已應懺罪後此彼應還衣
若不還衣得罪不犯中犯中律云若知足取若減知足取若衣鉢細薄不牢
重作故取不犯　勸讚居士增衣價戒八　一制意篤信居士標心捨價限已定理宜

三知足故言若過居薩耆波逸提者此第六句過受結罪律云失一受二失二受三
失三受四等並是足而更受遠二知足故名爲過知足受者即犯捨墮此衣應
捨与僧若一人若多人不得別衆捨若捨不成捨〻已應懺罪沒然彼應還衣
若不還衣得罪不犯中犯中律云若知足取若減知足取若衣餘細薄不牢
重作故取不犯　勸讚居士增衣價戒八　一制意舊信居士標心捨價限已定理宜
隨施而受不虧道法今反嫌少過求更索長己貪求壞彼信敬是故聖制别緣
有六一非親居士虛心辦衣價二情期限定三知施心有限四嫌少勸增五彼爲
增價增六纔領受便犯又下出明戒本此戒因跋難陀起過仏制此戒　若比丘居士
居士婦爲比丘辦衣價買如是衣与某甲比丘是比丘先不受自恣請到居
士家作如是言善哉居士爲我買如是衣与我爲好故若得衣者尼薩耆波
逸提　此滿足戒文有四句一犯人二施衣限定三是比丘下嫌少勸增四若得衣下得
而結罪上三句可知第二言爲比丘至与我好故已來明嫌少勸增義衣價者若
錢若瓔珞等是居士問比丘須何等衣仏聽索不如者今乃居士爲辦絹衣若
勸買細即犯故十誦云勸增色亦犯此戒爲施心有限嫌少更求乃至增一錢十六
分之一分若增縷亦犯多論勸增色量價三捨隨言若得衣尼波逸提者是第
四結罪句捨懺還不還義如上并不犯中律云先受自恣而往求知足於求中減少
作若從親里求若從出家人求或爲他求若不求自得不犯　勸二居士增衣
價戒九　制意犯緣如前无異唯以二居士合作爲别以勸增一價即犯何故乞
衣得二罪方犯答乞本无心及至乞時任彼籌量惱義是微故一價方犯
辦中施主先有虛心施限以定不荷其恩嫌少更索惱物情深一價即犯
又下出明戒本　若比丘二居士居士婦与比丘辦衣價持如是價買如是衣与
与某甲比丘是比丘先不受居士自恣請到二居士家作如是語善哉居士爲
我辦如是衣價与我共作一衣爲好故若得衣者尼薩耆波逸提　此戒句亦
有四一犯人二施衣限定三是比丘下嫌少勸增四若得衣下得而結罪釋句〻
義如前或五分乃至勸夫婦合作一衣亦犯衹中知足者与細言我是蘭若頭陀住
人索廣者皆犯己口自述德故問以无勸三居士者何答勸二容恭勸三慍嶶故
無問若求勸三居士辦布造紬豈無捺義答此乞衣戒攝今此勸增者
要就本幹上增方犯此戒故此已无闕通無如前戒　過限切索衣價戒第十
一制意然寶物世情所重長貪妨道生患處深非是比丘〻所宜畜今施主施心奉
施以爲衣價懼犯畜寶无宜自受故付俗人令貿淨物尋索急切情無容豫送

人衆處者皆犯已口自述德故以心以示勸三分寸者付若勸二容於勸三惱嶺
無問若示勸三居士并布造細豈無損義卷法已衣式攝令此勸增者
要就本勝上增方犯法式故所已無闕通並如前戒　過限切索衣價戒第十
一制意然寶物世情所重長貪妨道生患處深非是比丘之所宜畜今施主施心奉
施以為衣價懼犯畜寶無宜自受故付俗人令貿淨物尋索怨切情無容豫送
相推促逼惱前人故作限制三索六嘿然令索惱境結罪　列緣有五一是施主送
寶二為貿衣受用三付彼淨人轉貿衣物四過分齊索五得衣便犯已下正明舉此
戒因緣難隨制　若比丘若王若大臣若婆羅門若居士居士婦遣使為比丘送衣
價持如是衣價與某甲比丘彼使至比丘所語比丘言大德今為汝故送是衣價受
取是比丘語彼使如是言我不應受此衣價我若須衣合時清淨當受彼使語
比丘言大德有執事人不須衣比丘應語言有若僧伽藍人若優婆塞此是比丘
執事人常為諸比丘執事時彼使往執事人所與衣價已還到比丘所如是言大德
所示某甲執事人我已與衣價大德知時往彼當得衣須衣比丘當往執事人
所若二反三反為作憶念應言我須衣若二反三反為作憶念得衣者善若不
得衣四反五反六反在前嘿然立若四反五反六反在前嘿然住得衣者善若不得
衣過是求得衣者尼薩耆波逸提若不得衣從所得衣價處若自往若遣使
往應言汝先遣使持衣價與某甲比丘是比丘竟不得衣汝還取莫使失此是時
此滿足戒文有其二初過索結犯二若不得衣已下明不得進不前文有六一犯人二
若王已下正明施主遣使奉寶為作衣價三是比丘應語已下明犯畜寶自不敢
受四彼使語比丘下正明使臣送寶付俗令貿淨物五須衣比丘下正明三語六嘿索
衣方法六若不得衣下過索分齊得衣結罪然此六文住來為三一犯人二所犯事
三得衣結罪犯人文可知所犯之事文有其四聖者立法謂送寶不受付淨主已
索之法式就第四付淨主文復有其四一問淨主二須衣比丘者報淨人處三付送
罗及報比丘第五索法見論纯語往索齊六不犯過六方犯纯嘿十二十三文犯亦犯語嘿相
參九反亦犯十反方犯如是類知五語二嘿七反亦犯四語四嘿八反亦犯三語六嘿九反
亦犯二語八嘿十反亦犯一語十嘿十一反亦犯全嘿十二反犯十三猿犯第二不得中文三別
法遣使到施主所一陳已不悔三還送令施主已下廣弁前文若比丘者義如上釋若
王者得自在无所屬若大臣者在王左右若婆羅門者有主婆羅門世若居士者除
王大臣婆羅門諸在家者是居士婦者在家婦也遣使送衣至奇比丘已未是送
寶之儀從是比丘語使至當受已來不受之法彼使語比丘有執事人不是門淨主之
法須衣比丘至執事已來是報淨主之處彼使至與衣價已未是付寶法還到至

法遣使到施主所三諫已不堪三還今施主已下廣并前文若比丘者義如上釋若
王者得自在无所屬若大臣者在王左右若婆羅門者有生婆羅門世若居士者除
王大臣婆羅門諸在家者是居士婦者在家婦也遣使送衣至所比丘已來是送
寶衣儀從是比丘語使生當受已來不受衣法彼使語比丘有執事人不是比丘淨主
法須衣比丘至執事已來是報淨主衣處彼使至與衣價已來是付寶法還到至
當得衣已來是報比丘法已下明索衣方便文略易顯 不犯者若遣使告知若彼
言我今不須即相布施是比丘以時軟語方便索衣若為作波利加羅故與以時索若
方便索得者一切不犯 雜野蠶綿作卧具戒十一 所以制者良以貴物難得積生招譏
長貪妨道過中之文是以聖制別緣有五 一是憍奢耶二自乞求三作卧具四為已
五作時乞犯多論憍奢耶者綿名已下正明戒本 此戒因六群往蠶家索綿居士
譏嫌比丘居過佛便制戒 若比丘雜野蠶綿作新卧具尼薩耆波逸提 此滿足
戒文有三句一犯人二所犯事三所為罪言若比丘者義如上釋言雜野蠶綿蠶者西
方元家蠶用野蠶作綿成其三衣外國作衣凡有二種一細擗布貯以作褥法二綿作
縷織成衣善見云乃至一毛便犯憍奢耶者絲中緻者蠶口初出名也五分云蠶家施綿
受已施僧不得自入故知所制意重野蠶上犯何況家蠶雜綿上犯何況純作言尼薩
耆波逸提者是犯名多論若無蠶家乞爾自作綿無罪為賣故有重者吉作
不應量衣及敷具吉自作教他成者犯墮不成吉羅犯尼薩耆衣應捨若斧若
斤椎斬和泥以塗壁若用不得更著若受用著著得罪不犯中律云若得已成
若乞成貯衣若壞者一切不犯 黑羊毛作卧具戒十二 所以不聽者此毛貴物无宜下
用虛積施物作無用之費廢營妨道復招譏醜是故須制通緣如上別緣有四一純黑
羊毛貴好出四大國貴而難二作卧具三為已四作成便犯已下正明戒本 此戒因六群
比丘見諸黎車子作黑毛氈被遂被譏嫌比丘舉過佛便制戒 若比丘以新純黑羺
羊毛作新卧具者尼薩耆波逸提 此滿足戒文有三句一犯人二毛作卧具三結犯若
比丘者義如上弁言純黑毛者若生黑或染黑言尼薩耆波逸提者是犯名犯相
如前戒 不犯者律云若得已成若割截壞若細薄疊作兩重若小坐褥若作褥
若作褐作袜作鞾鞅巾或作裹革屣巾並非披服之物故開无犯 白毛卧具戒十三
制意同前十律此非純白善是毛黍作不犯三毛之中增黑毛一兩犯墮貴故增白
一兩犯者賤故增尨不犯減一兩方犯別緣有五一三毛相參作二擬作三衣卧具三為
已四增好減惡下至一兩五作成便犯已下正明戒本 此戒因六群作純白卧具居士
譏嫌佛制參作故立此戒 若比丘作新卧具應用純黑羊毛三分白四分尨若比
丘不用二分黑三分白四分尨作新卧具者尼薩耆波逸提 此滿足戒本文有

制意同前十律此非純白善是毛亦作不犯三毛三中增黑毛一兩犯隨貴故增白
一兩犯吉賤故增尨不犯減一兩方犯別緣有五一三毛相參作二揲作三衣臥具三爲
己四增好減惡下至一兩五作成便犯足下正明戒本此戒因六群作純白臥具居士
譏嫌仏制參作故立戒　若比丘作新臥具應用純黑羊毛三分白四分尨若比
丘不用二分黑三分白四分尨作新臥具者尼薩耆波逸提　此滿足戒本文有
三句一犯人二設教比丘三毛作法三若比丘下不參結罪言若比丘者義如上斉
言作新臥具者三衣白黑二毛各有兩種一生白二染白言尨毛者是頭上毛耳毛
脚上毛若餘處麁毛並日尨毛言應分作者若欲作卌鉢羅臥具廿鉢羅黑十鉢
羅白十鉢羅尨乃至廿鉢羅臥具准上可知若增若減犯罪輕重如上釋言若比
丘不如作者得捨墮罪就捨墮文有四種如前所明不犯者應量作若得已成若
割截壞作冒作褥作鋪褥巾或作裹革屣巾一切不犯　減六年臥具戒十四
制意者先有故臥具未滿六年足得資身長道便羅不捨故者更復造
新長貪妨道招世譏過是故聖制　別緣有六一有故臥具減六年二不捨故者与
人三僧不聽許四更作新者五爲己六作成便犯足下正明戒本此戒因六群比丘常
營新臥具故仏制戒就中有三一略制二隨開三廣制今明廣制戒本　若比丘作
新臥具持至六年若減六年不捨故而更作新者除僧羯磨尼薩耆波逸提
此滿足戒文有三句一犯人二制限六年三若限足下造新結犯初句可知言除僧羯磨
者明開意律云有比丘得乾痟病臥具甚重不堪持行仏聽從僧乞法作新者
僧當白二聽作餘新僧祇云若無老病因緣六年不滿不得更作新臥具若
身不羸瘦顏色不惡白二聽作羯磨衆一一不成言尼薩波逸提者是減限作故
犯罪捨懺如上不犯者律云僧白二聽及滿六年若減六年捨更作新若得已成者
若無若他与作一切不犯　不揲尼師壇戒十五　已有故坐具障身便羅今嫌故造新
虛損信施長貪妨道是以制揲爲令息貪長道物有受用之益令更造新不以故
揲遠犯聖教故制得　別緣有五一有故尼師壇二更作新者三爲己四不以故揲五作
成便犯　問尼師不揲而復過量得一罪二罪答一解二罪捨時先截去量外然後
懺悔若爾不揲者揲已懺悔何須入捨答不揲尼師譬靡有過令雖更揲稍有本
過故須入捨量過者量外有過若截去已過因无過何須入捨又復還主无受用義
故要須截若故物作但有過量无不揲之愆足下正明戒本此因六群遠制故結戒
若比丘作新坐具當取故者縱廣一揲手揲新者上以壞色故若作新坐具不取
故者縱廣一揲手揲新者上用壞色者尼薩耆波逸提　此滿足戒本文有三句一犯
人二制其揲法三若比丘足下不揲結罪言若比丘者義如上斉言新坐具故者揲一
揲手是制揲法律云造新坐具時若故者未壞未有穿孔當取浣染治之牽

過故須入捨量過者量外有過若截去已過內无過何須入捨又復還主无受用義
故要須截若故物作但有過量无不摖〻總是下正明戒本此因六群遠制故結戒
若比丘作新坐具當取故者縱廣一摖手摖新者上以壞色故若作新坐具不取
故者縱廣一摖手摖新者上用壞色者尼薩耆波逸提　此滿足戒本文有三句一犯
人二制其摖法三若比丘已下不摖結罪言若比丘者義如上釋言新坐具故者摖一
摖手是制摖法律云造新坐具時若故者未壞未有穿孔當取浣染治〻牽
挽令鈽截取方一摖手摖著新者若摖無處若中央以壞色故僧祇律云若自无
故者不得從步泃犯戒者无須者往壞房不淨者惡名人斷見人遠離二師者
不善諳沟人不別魔事人邊取者則及上多論若無故者一摖手極鱼應用義見
云故者下至一經坐不須摖言若作新坐具至波逸已來若不摖故結犯犯就句有
四義一須捨物二須懺罪三應還物四不得罪不犯者律云若摖若自无將處不摖
若他為作若得已成若純故者作不犯　擔羊毛過三由旬戒十六　然出家之人躬擔
羊毛順路而行跡同凡俗動越威儀招譏積道故制不聽所以復開三由旬者有
待〻利无以存濟復開三過擔結罪別緣有四一貴羊毛除賤故律云頭項足毛
不犯祇云駝猪等毛越二是己物三知祇云三人共有各擔齊九由旬重擔者俱犯四
過三由旬即犯已下正戒本此戒因跋難陁起過便制此戒　若比丘道路行得羊毛
若無人持得自持乃至三由旬若无人持自持過三由旬尼薩耆波逸提　滿足戒本
文有三句一犯人二開三由旬三持過結犯初句可知第二句持三由旬者若道行若處
得羊毛須者應取无人持自得持至三由旬若有人者語我有此物當助我持
若彼持後於此中間比丘不得助持若持犯吉以非全自持過三故令尼眾持過者
吉羅除羊毛持餘衣若麻等犯吉若擔餘物杖頭亦吉言過限持尼薩耆波逸
提者是結犯句犯相如上不犯者律云若持至三由旬若減三由旬有人語持中間不
助使尼四眾齊三由旬若擔毳繩若擔頭上毛作冒諸巾者並不犯　使尼浣擇羊
毛戒十七　制意犯緣同犯衣戒但此新故俱犯以根切廢業中制故爾已下正明戒
本此戒因六群比丘使尼等擇染羊毛故起過佛便制戒　若比丘使非親比丘尼浣
染擘羊毛者尼薩耆波逸提　此滿足戒本句亦有五一犯人二非親尼三所染毛四使浣擇
五結罪初二兩句可知言浣染擘毛者擇去下至以水一漬染者下至一入染汁擘者
下至擘一斤餘義皆如浣故衣戒同所以不弁　畜寶戒第十八　一制意寶貯利重
長貪妨道善生諍覺招世譏嫌是故聖制不聽受畜然由資惡故開付俗貿
淨物受〻故多論與比丘結戒者有三益故一為止誹謗二為滅鬥諍三為成聖種
知足行故二釋名貯用屬己名之為畜情所珍貴稱之為寶故曰畜寶戒三具緣
通緣如上別緣有四一是錢寶二知是錢寶三為己四受取便犯四闕緣若闕初緣犯吉
為寶貝者金銀錢是餘偽寶畜犯小罪若闕第二緣犯吉為想疑故若闕第

長貪妨道善生諍覺招世譏嫌是故聖制不聽受畜然由資惡故開付俗貿
淨物受之故多論与比丘結戒者有三益故一為止誹謗二為滅鬥諍三為成聖種
知足行故二釋者貯用屬己名之為畜情所珍貴稱之為寶故曰畜寶戒三具緣
通緣如上別緣有四一是錢寶二知是錢寶三為己四受取便犯四緣若闕初緣犯吉
為寶者金銀錢是餘偽寶畜犯小罪若闕第二緣犯吉為想疑故若闕第
三四无罪已下亞明戒本此戒曰緣難陀比丘起過居士共嫌仏仏制戒　若比丘自手
捉錢若金銀若教人捉若置地受居薩耆波逸提　此滿足戒文有三句一犯人二所
捉之寶三自他二業捉而犯比丘者如上言手捉錢者多論明五種受寶犯
一以手捉取二以衣從他取三器從他取四若著是中五若言与是淨人並
成捉寶罪言錢者上有文像言金銀者生色似色兩種皆名金銀多論若
捉金薄金像皆名捉罪所言教人捉者置地受居薩耆波逸提者是結罪句
故律云若教人捉因自捉犯是以律仏告大臣日月有四患不令明照一者脩羅
二者煙雲三者塵四者霧沙門亦有四種過中不令威儀清淨一者不捨
飲酒二者不捨婬欲三者不捨手持金銀四者不捨邪命自活故毗經言
酒為放逸本婬是生死原金銀生患重邪命壞善根以是義故仏自說言若
見沙門以我為師而捉金銀我說此人非是沙門智度論云出家菩薩守護戒
故不畜錢物以戒功德勝於布施涅槃經云菩薩持戒与性戒無差別言
居薩耆者是其捨法若比丘欲捨錢寶向信樂優婆塞語此是我所不應
汝當知之若彼取還与比丘者當為彼人物故受令淨人掌若得淨衣鉢應
易受持若彼取不還者令餘比丘語遣還餘比丘不語者當自往語仏為淨
故遣与汝若令与僧若乃至本主為不欲使失彼信施故不犯者如向所說
貿寶戒第十九
制意者以其寶物更互相貿為求息利長貪妨道招世譏過故須聖制
別緣有五一是寶物二互相貿易三決價四為己五領受即犯　已下正明戒本此
戒因跋難陀比丘住市以錢居士譏仏制戒　若比丘種種賈賣者居薩耆波逸
提　此滿足戒文有三句一犯人二互相貿易三結犯初句可知言種種賈賣者
解第二句律云若以成金易成金已成未成金此三種相貿易銀亦三種錢唯一種
此七種交互相易錢者八種金銀銅鐵白鑞鉛錫木錢胡膠八種錢皆名為錢言
居薩耆者是犯句犯相如前捉寶戒同不犯者律云若以錢貿瓔珞具以錢易錢
為三寶不犯　販賣戒弟廿　制意者凡出家之人理息緣務靜坐備道何得
私自販傳馳騁市肆動越威儀招世譏醜貯物既交或容犯重涉危險行非高
節以斯諸過聖制不許多論四義故仏制此戒一為仏法增上故二為止鬥諍故
三為成聖種故四為長信敬不誹謗故別緣有六一在家二衆外道互攝二共
相貿易三決價四為己五自貿易六領受即犯已下正明戒本此因跋難陀以生

重三寶不犯　販賣戒第廿　制意者凡出家之人理息緣務靜坐脩道何得
於自販博馳騁市肆動越威儀招世譏醜時物既交或容犯重臨危險行非高
節以斯諸過聖制不許多論四義故仏制此戒一為仏法增上故二為止鬧諍故
三為成聖種故四為長信敬不誹謗故別緣有六一在家二眾外道出攝二共
相貿易三決價四為己五自貿易六領受即犯上下四明戒本此目次難陀以生
薑易食故起過又共外道博衣悔而不得遂乃譏嫌仏便制戒　若比丘種種賣
買者尼薩耆波逸提　此滿足戒文有三句一犯人二明賣買三結犯初句可知言種種
販賣者律云五種物相易以時藥易非時以時易七日以時亦盡形以時易衣乃
至以衣易衣皆如是相互若五句所言販賣者謂價直一錢數數上下增賣者價直
一錢言直三錢重增賣者價直一錢言直五錢買亦有三種一買二增買三重增
買言尼薩耆波逸提者是所犯之罪律云衣藥交貿諍價高下數數上下皆犯多論
此販賣罪一切罪中最重寧作屠兒何以故屠兒正害一生販賣一切俱害不問道
俗賢愚持戒毀戒無往不欺常懷惡心設若居穀恒悕天下荒饑霜雹災衰
若居鹽積貯恒欲四邊反亂王路隔塞多有此過故此販賣物作塔像不得向禮
又云但作仏意禮之復与僧作食及四方僧房一切不得作中持戒比丘不應受用
受用得罪以過多故若食販賣食咽咽墮作衣著著墮作卧具隨轉轉墮故言
此墮重於餘墮僧祇若自問價若使人問價作不淨語諍高下皆曰得物墮　若
物直五十而索百錢比丘以五十知之如是求者不名為下賣若前人欲買此物比丘不
（賣淨主後比丘若報言我休者比丘方言我以是價知是物好不以為自貿我市[illegible]）
得抄市者越若自舉物價前人信之賣耶故犯墮罪多論以販賣戒中物或
方便有罪果故無罪如為利故鹽穀後得好心即施僧作福或果故有罪如為
福舍米不賣後見利便賣以利自入即是方便無罪或俱有罪俱無罪類知不
犯者律云聽五眾出家人共交易應自審定不應共相高下如市道法不
得与餘人貿易令淨人貿若悔聽還若油蘇相易者無犯淨供養燈明故
畜長鉢過限戒廿一　制意者然鉢為應供之器資身是用今過貯畜
長貪妨道招譏醜累積壞不堪是以聖制然以物變無恒若有失奪資
身要用事不可廢施時不受後即難求故開十日說淨而畜遠過聖教
過則結犯　釋名者五分有比丘得二鉢以仏不聽長故施他己鉢破仏問幾
後破答十日因開十日四分因請遂亦開十日故曰畜鉢過十日戒　別緣有五一先
有受持鉢二更得鉢三如法鉢非法不犯謂具三如四不淨施五過十日便犯
開緣比識可知上下四明戒本此戒因六群比丘多求好鉢居士譏嫌比丘舉過
仏便制戒　若比丘畜長鉢不淨施齊十日過者尼薩耆波逸提　此滿足戒本文
有四句一犯人二所畜長鉢三開十日畜四為結犯初句可知言長鉢者律云鉢
有六種鐵鉢黑鉢赤蘇摩羅國鉢烏伽羅國鉢憂伽賒國鉢大要有二一者鐵鉢

有受持鉢二更得鉢三如法鉢非法不犯謂具三如四不淨施五過十日便犯
開緣如說可知已下四明戒本此戒因六群比丘多求好鉢居士譏嫌比丘舉過
仏便制戒　若比丘畜長鉢不淨施齊十日過者尼薩耆波逸提　此滿足戒本文
有四句一犯人二所畜長鉢三開十日畜四處結犯初句可知言長鉢者律云鉢
有六種鐵鉢黑鉢赤鉢蘇摩羅國鉢烏伽羅國鉢憂伽賒國鉢大要有二一者鐵鉢
二者泥鉢此二種鉢要具三如方堪受持一者體如但唯泥鐵二者量如大者三斗
小者斗半三是色如見論鐵鉢五熏凡鉢三熏已上方是色如具此三如方可說淨
言不淨施者是犯緣犯有二種一者過犯二者緣犯相對如門如長衣戒不異所
言齊十日者是開限故律云阿難得鉢欲奉迦葉以常用故十日當還恐犯
捨墮以事白仏開至十日所言過者尼薩耆波逸提此是違限結犯相如開通
如長衣戒　乞鉢戒第廿二　制意者然鉢減五綴不漏堪資身用今乃處處隨
非親乞長貪妨道惱亂施主於理不可故須聖禁　別緣有六一先有受持鉢
二減五綴不漏三隨非親里乞四為己五乞如法鉢六領受便犯已下四明戒本此戒
因跋難陀鉢破遂於多居士乞多鉢便被譏嫌比丘舉過仏因制戒　若比丘畜
鉢減五綴不漏更求新鉢為好故尼薩耆波逸提彼比丘應往僧中捨展轉取最
下鉢與之令持乃至破應持此是時　此滿足本通有兩段先明乞鉢制犯次明持
還方軌初段戒本文三一犯人二舊鉢未漏三更求結罪初文可知第二文言鉢
減五綴不漏者律云相去兩指間一綴也尼薩耆波逸提者是第三結罪句
從彼比丘已下至此是時明捨還方軌則於中文二初應往僧中者明捨鉢
二展轉已下共為一句總論還鉢文竟此是時者謂是用舊持新時乃至
破成持然下還中四段廣如律明一捨鉢方法二懺悔之儀三還鉢四不還得
吉罪初捨鉢者有四一持鉢往僧二下境三威儀四作捨詞句第二懺悔罪如
上所辨第三還鉢文亦有四一貴者奪留宜還下鉢二僧應作白与下鉢令
持三囑彼比丘令持新用舊四令守護恐壞故用新故律云僧以下鉢白二与
彼應守護不得著凡石落處倚杖刀下著懸物下道中石上果樹下及不平
地不得一手捉兩鉢除指隔中央一手捉兩鉢不得開戶除用心乃至不應故
壞故失非鉢用此之四文並是取彼好鉢僧中次行取衆最下惡鉢与
彼令持息貪過故第四還鉢文有二有緣轉還无緣經宿羯磨直還
據律若鉢貴者應取十鉢直九鉢在入淨廚一鉢直還主若乞得二鉢直
者一鉢入僧一鉢還主如是隨得多少限一直還主餘直入僧廚第四不還得
罪者律云僧中捨鉢竟不還者犯吉　不犯中律云若五綴漏
求新若從親里若從出家人索若為他他為己不求而得若施次得若自
有價買畜者一切不犯　乞縷使非親織戒廿三　制意者然三衣具足得資身

者一鉢入僧一鉢還主。如是隨得多少，限一直還主，餘直入僧厨。第四不還得
罪者，律云：僧中捨鉢貴，不還者犯吉。教莫還亦吉。不犯中，律云：若五綴漏
求新，若從親里，若從出家人索，若為他，他為己，不求而得，若施次得，若自
有價，索者一切不犯。　乞縷使非親織戒廿三　制意者，然三衣具足，得資身
令乃自出縷綖，以佛勢貴，強逼織師織作三衣，長貪多欲，積惱織師，及招
譏謗，是故聖制。　別緣有四：一自乞縷綖，二是非親里俗人織師，三椅勢逼織，
不與價直，四成便犯。　上下正明戒本，此戒因緣難陀起過，故仏制戒。　若比丘自乞
縷綖，使非親織作衣者，尼薩耆波逸提。　此滿足戒文有四句：一犯人，二自乞縷
綖，若居士縷犯後戒，故次自乞。復若不乞自縷應輕。三椅勢逼織，以理求得
无罪，與價亦不犯。四結犯。上下廣解上二句可知。言使非親織師織作衣者，多論
織師非親有三句：此戒正解正積織師犯，捨非親乞縷者，織師親非親合有三
句：織師親里有二句闕事，第三俱親无罪，是以但有六句。正積織師犯，捨兼積縷
主等一犯，通收重輕，故但言犯。尼薩耆波逸提者，是第四結罪。分齊捨織方執
如律廣明。不犯中，律云：二俱親里，若自織作鉢囊、革屣囊、針氊、禪帶、腰帶、
帽、袜、鏑(?)、熱巾、裹革屣巾者，一切不犯。　勸讚織師增織衣戒廿四　制意者，篤
信居士虛心辦縷，為比丘故織作三衣，宜應稱施而受，彰己內有廉節之心，
外不惱施主。今乃勸讚織師，自與價直，損他縷主，自懷心行，彼我无益，故聖
制。別緣有六：一居士自心辦縷，遣織師織；二情期有限；三知有限；四與價勸
織；五彼為增縷；六領受便犯。上下正明戒本，此戒因緣難陀往居士家，擇取縷
與織師，又許與價。居士嫌，比丘舉過，仏便制戒。　若比丘居士居士婦使織師為
比丘織作衣，比丘先不受自恣請，便往織師所語言：此衣為我作，與我極好織令
廣大堅緻，我當少多與汝價。是比丘與價乃至一食直，若得衣者，尼薩耆波
逸提。　此戒有三：初略，二闕，三滿足句四：一犯人，二縷主遣織三衣，三彼比丘下乃至食
直，勸織師自雇價直，四若得下結犯。上二句可知。言比丘先不受自恣請者，是闕
文。律云：仏不聽往作衣家去。後有居士請比丘與衣，比丘疑不敢往，仏曰聽隨意
往取，少欲知足索，不知者餘句文顯可知。　問：此與前戒織師何別？答：有四不同：一前
積織師，不積縷主，以乞得故。此積縷主，不積織師。二前戒由積織師不與價犯，此
積縷主與價故犯。三前非親犯，親則不犯，此親非親犯。四前是己縷織成即犯，
此是他縷領受方犯。律云：不犯者，先受請往求，知足減少求，若從親里索，從出家
人索，或為他索，他為己索，不(或不索)而得者，一切不犯。　奪比丘衣戒廿五　制意者，先與他
衣，規欲共行，彼者不去，理應和顏爾遜而索。今自无過，嗔心強奪，共相逼惱，特非
所宜，故須聖制。　別緣有五：一大比丘，既以(?)慈，不犯非行欲故，二先與衣，規欲共行，
三不定與前人不定，亦多生惱故。四句中二句初受與俱決定，二決定與而受者不定奪索

相傳至六傳於我三前非親非親是不犯此親非親犯四前是已僧謂成要犯
此是他僧欲受方犯律云不犯者先受請往衣知足滅少求若從親里索從出家
人索或爲他索他爲己索或不索而得者一切不犯　奪比丘衣戒廿五　制意者先与他
衣規欲共行彼者不去理應和与豫而索本自無過嗔心強奪共相違惱特非
所宜故須聖制別緣有五一大比丘二戒以稱不犯非行教故二先与衣規欲共行
三不定与前人不定亦多生惱故四句中二句初受与俱決定二決定与而受者不定棄
取犯重若与受俱不定者古四嗔心強奪五得物屬己便犯了下正明戒本此
戒因跋難陀起過仏制是戒　若比丘先与比丘衣後嗔恚若自奪若教人奪還
我衣來不与汝彼應還衣若取衣者尼薩耆波逸提　此滿足戒本文有三句
一犯人二先与衣三後嗔心奪而結罪初句可知第二句本規同行故与衣後彼不肯
因便卻取故曰先与比丘衣第三句奪者律云若嗔心自奪及教人奪二藏
者犯謂對面見在奪棄若奪不藏者吉羅事亦尒制亦成犯藏而方犯若
著樹上枷上床上及餘著處離處犯者隨謂不現前奪離處則犯無人共
諍故若不離處犯吉　放戒本云若取衣者尼薩耆波逸提捨懺方軌如律所明
不犯者律云不嗔言我悔不与還我衣來彼知心悔可即還衣若餘人言此
比丘欲悔還他衣若借他衣著無道理還奪不犯若恐失恐壞若彼人破戒
破見破威儀若被舉滅擯應擯若爲此事命梵難一切奪取不藏舉者皆不
犯　畜藥過七日戒廿六　一制意者凡夫之輩以四大爲軀夏末秋初節氣交
貿四大轉改諸病即生既有疾惱妨廢修道大聖慈念方便開聽畜服諸藥
以療病苦趣令安身進修道業大聖慈念方便開聽畜服諸藥以療病苦
趣令安身進修道業曰聖開聽廣貯衆藥長貪壞行遠教招譏過是不
輕故制提罪　二釋名者貯用屬己名之爲畜療患稱藥越於期限名過七
日放曰畜藥過七日戒　三具緣通緣如上別緣有四一是七日藥二加手口二受三不
說淨四畜過七日便犯四制緣敎知了下正明戒本此因畢陵伽弟子起過故仏
制戒　若比丘有病殘藥蘇油生蘇蜜石蜜齊七日得服若過七日服者尼
薩耆波逸提　此滿足戒文有五句一者犯人二有病者畜藥之緣三殘藥
了下所畜藥體四開齊七日五過限結罪下釋中初句可知第二句言有病者
律云秋月時病動形體枯燥又生惡創等是畜藥之緣第三言殘藥蘇
油生蘇蜜石蜜者是所畜藥體第四言齊七日得服者是其開限八門句
義如長衣戒說第五言若過七日服者尼薩耆波逸提是過限結罪律
云日得藥乃至七日得藥至第八日初日藥過染下六日隨藥多少相与俱
犯故言盡尼薩耆問下六日藥被染犯時未受以不解有二種今且一釋說淨
爲防於文但初日藥不說淨犯下六日亦未說淨因是長染故爲初染曰受之
法爲方宿解不方所長染方方不可曰限亦滿須初日藥不法染下旋令

[illegible]
義如長衣戒說第五言若過七日服者尼薩耆波逸提是過限結罪律
云一日得藥乃至七日得藥至第八日初日藥過滌下六日隨藥多少相与俱
犯故言盡尼薩耆以下六日藥被滌犯時失受以不觧有二種今且一釋說淨
爲防於丈但初日藥不說淨犯下ミ六日亦未說淨因是長經故爲初滌日受ミ
法爲防宿觧不防於長既所防不同日限未滿故初日藥不能滌下並今
失受是以律云至第七日藥与諸比丘食若當失受即有宿觧等生何故
聽食故知不失若尔餘五日應還主今所以還令淨足然於答實不失受
但經貯畜有彼情過藥資義狹罰不聽服以息請過非藥不淨不同
於衣資身義寬得歸本主還作衣用餘句欵知律云此藥應捨与僧已
白懺除罪竟還彼藥第七日藥捨与比丘彼應服過七日藥蘓油塗戶石
蜜与守園人滅七日者白二還之比丘當取塗脚然燈不犯考如上
過前求雨衣過前用戒廿七　此兩戒合制依多論過前求過前用二俱尼薩耆
所以不聽過前求用者然此雨衣資身要用是以開聽時中乞用令時兆未
至預乞先用長己貪結遠返聖教是以聖制　過前求别緣有五一是雨衣
二是過前求三為己四彼与五領受便犯過前用戒别緣且四一是己雨衣二非時
中得三時前受持四過前用犯此二戒同是雨衣義容相由生罪是以合制已下
正明戒本此因六群比丘常求雨衣仏便制戒　若比丘春殘一月在當求雨浴
衣半月應用浴若比丘過一月前求浴衣過半月前浴尼薩耆波逸提　此滿
足戒文有三句一犯人二求用時節三過前求用遠教結罪廣解中初句可知第
二句言春殘一月在求雨浴衣者春者西方法謂從十二月十六日後至四月十五日已
還名春又至八月半名夏又至十二月半名冬今言春殘一月在者謂三月十六
應求雨衣雨衣者比丘用雨中浴言半月應用浴者律云四月一日應用浴第三
句言若過一月前求過半月前用尼薩耆波逸提是遠教結罪文言過一月前
求者為三月十五日已前求也言過半月已前用者謂三月盡日言尼薩耆者是捨
也言波逸提是罪也下難明文義多論雨衣二益若天雨時若天熱時皆得
彰身洗浴制三月前三月十六日不應求後三月十六日求不知有制者无罪
若制四月前十六日安居者即日受雨衣用乃至七月十五日百廿日用以夏多雨濕
熱故求有所惱故不得舍制前求用无貪惱故聽舍制前用制功德衣得舍
制不舍功德衣利多有長貪過故但五月雨衣利少用制舍制祇中從四月
十六日至八月衆中捨言大德僧聽今日衆僧捨雨衣如是三說餘用不犯五分
若過限不作餘衣受持淨施不施人者吉羅律云若捨作餘用若著而浴
若浣若舉者並得不犯　過前受急施衣過後畜戒廿八　此二戒共爲一戒
若過前受戒過後畜俱犯捨墮同由急施衣生是以須合若非施急安居未

閡不卷功德衣利多有長貪過故但五月雨衣利少用闍舍闍祇中從四月
十六日至八月衆中捨竟大德僧聽今日衆僧捨雨衣如是三說餘用不犯五分
若過限不作餘衣受持淨施不施人者吉故律云若捨作餘用若着而浴
若浣若舉者並皆不犯　過前受急施衣過後畜戒廿八　此二戒共爲一戒
若過前受戒過後畜俱犯捨墮同由急施衣主是以須合若非施急安居未
竟仏邊聽受受得吉羅五分戒文仏既制意後因梨師大臣請僧安居忽命
征討捨物施僧如安居法諸比丘等以安居未竟不能輙受仏爲制益施主
及開比丘時前十日內受不犯吉羅因聖開故知是急施過前而受違返兩教
貪長處深故得捨墮　過前受別緣具五一是急施二知急是施三過十日前
四無因緣五領受便犯　過後畜亦五緣成一是急施二知三十日內受四不作淨
五過限已下正明戒本此因六群比丘常乞衣受衣又跋難陁異處安居異處
受衣又大臣爲安居施仏因開而制戒　若比丘十日未竟夏三月諸比丘得急施
衣（比丘知是急施衣）當受受竟乃至衣時應畜若過畜者尼薩耆波逸提　此滿足戒文有五
句一犯人二受衣時限故日未竟夏三月非急不聽故此第三諸比丘下是急聽
受四受衣已下開時畜無罪五若過下結過後畜捨下廣釋中初句可知第
二竟十日未竟夏三月者律云謂七月六日已後十五日已前是受衣時限第三意
諸比丘得急施衣當受者是急聽受故律云若受後得不受便失故名急也
衣者十種第四云受竟乃至衣時應畜者是開時畜無罪故律云衣時者自
恣竟不受迦絺那衣一月受衣五月若自恣十日在得急施衣受已至一月五月
畜乃至明日自恣應受一月五日外更增九日第五云若過時畜尼薩耆波逸
提者是後過後畜提故律云得急施衣若過前若過後並犯捨墮已下難明
開汎而長衣十日不越（說）十一日明相出便犯此急施衣七月六日受者十日無罪入十
六日明相應犯何故乃云一月五月應畜不犯答長衣不与時分相接者但有
前開無其後開是以便犯此急施衣十日受者是其足前開入十六日後是後開相
接越此分齊是以無罪不犯者律云不過前不後畜若爲賊奪衣失衣燒衣
漂衣過前受不犯若作失奪四想有險難道路不通乃至河水大張若彼
受比丘或死或出行等難故過後畜一切不犯　有難蘭若離衣六宿戒廿九
此戒同異如前已弁但前戒聚落清處一宿即犯此蘭若險怖過六夜犯前是
常流人有德衣開此是有難又兼勝行不受得衣但有迦提以非分故此二開限
別緣有七一受持三衣二冬分非時故律云夏三月竟迦提月滿三有極怖處
四置衣在聚落五不捨會六無因緣七第七日明相出便犯已下正明戒本此因
六群比丘寄衣遊行同住舉過仏便制戒　若比丘夏三月竟後迦提月滿在阿
蘭若有疑恐懼處比丘在如是處住三衣中欲留一一衣置村舍內諸比丘有因緣

常流人有德衣開此是有難又兼勝行不受得衣但有迦提以非作故此二開限
別緣有七一受持三衣二冬分非時故律云夏三月竟迦提月滿三有極怖處
四置衣在聚落五不捨會六无因緣七第七日明相出便犯已下正明戒本此因
六群比丘寄衣遊行同伴舉過仏便制戒　若比丘夏三月竟後迦提月滿在阿
蘭若有疑恐懼處比丘在如是處住三衣中欲留一一衣置村舍內諸比丘有因緣
離衣宿乃至六夜若過者尼薩耆波逸提　此滿足戒本文有五句一者犯人二明
非時分類去時分不犯三在蘭若已下有極怖處四在如是處下明置舍內六夜
一會五若過下結罪廣釋中初句言若比丘者義如上并第二言夏三月竟後
迦提一月滿者明非時分故律云為八月半後也第三言若阿蘭若有疑恐懼處
者是極畏處也故律云有疑者疑賊盜恐怖處者中有恐怖賊盜也第四言
比丘在如是處住三衣中欲留一一衣置村舍內至六夜已來是明開離衣限故律云
若有因緣離衣宿齊六夜得至第七夜明相未出前應會衣又多論云有病得
僧羯磨无無過以外難何故定開六夜內因緣直作羯磨不局日限者何　答外
難進否不可得知故須定六內病差否義在易知故以病差為期不須定限若
尔七日藥亦應差否易知而定言七答藥是切能七日旦變七日內來有療患是切緣
藥勢力故定七日如祇律說又云寄著可疑俗人家五分上二衣中隨所重者聽
寄一衣不得寄下衣以隨身故礼拜入寺乞食不得单著但得寄一衣　善見若方
坚塞不須寄衣无者得寄六夜一著見衣已還蘭若所第五言若過者尼薩耆
波逸提是過限結罪文開通如前離衣戒說不犯中律云已寄六夜至第七夜明
相未出前若到衣所若捨衣若奪等四想若道路險難不通不捨不至衣所
一切不犯　迴僧物入己戒卅　制意者出家之事理遵少欲知足為難開他在士許
欲施僧方便勸化迴來入己內長貪偽外惱施主又復稜僧殊所不應是故聖制
別緣有四一是許僧物二作許想三迴入己四領受便犯已下正明戒本　此戒因跋難陀起
過仏為制戒　若比丘知是僧物自求入己者尼薩耆波逸提　此滿足戒本文有四句一犯
人二若知三許僧物四迴向彼便犯廣解中初句可知第二言知者律云若不知是許僧
迴者非犯第三言是僧物者律云有三種僧物一已許僧為僧故作二未許僧為僧
故作如俗家為僧作衣褥等具供僧之物三已与僧者已許僧已捨与僧此三句之物
迴有輕重初物犯捨迴第二物犯者迴第三物犯重第四言求入己尼薩耆波逸
提者是犯罪句捨懺之法如前所明下雜明僧祇若人持物來問僧何處布施答
言隨汝所敬處言何處果報多答言施僧若言何者持戒清淨答言无僧犯
戒不清淨若言我已施僧今施尊者得受无罪若言此物置何處使我常
見受用答某甲比丘坐禪誦經持戒若施彼者長見受用四分律中明四對句
謂迴不入己故犯輕罪一塔僧相對二四方現前相對三僧尼兩衆相對四料簡上

故作如俗家為僧作求得若其供僧之物三已与僧者已許僧已捨与僧此三句之物
迴有輕重初物犯捨迴第二物犯吉迴第三物犯重第四言求入已偷蘭者波遮
提者是犯罪句捨懺之法如前所明下雜明僧祇若人持物來問僧何處布施若
言隨汝所敬處与言何處果報多答言施僧若言何者持戒清淨答言無僧犯
戒不清淨若言我已施僧今施尊者得受無罪若言此物置何處使我常
見受用答某甲比丘坐禪誦經持戒若施彼者長見受用四分律中明四對句
謂迴不入已故犯輕罪一塔僧相對二四方現前相對三僧尼兩衆相對四對簡上
三同類迴此与彼故言許異處与異故律云若物許僧轉与塔許四方僧迴与現
前僧許比丘僧迴与尼僧許異處迴与異處乃至許異處迴与此處一切吉羅
並謂未決定若決別施須前犯僧祇迴此彼畜生物越心悔但還物之中四五十
三律捨竟自用不須還僧以不定屬僧故祇律五數具迴僧對僧捨入僧已隨僧作
何等用多見兩論捨竟還僧不還犯重　乃論迴僧所應得施入已應捨還大衆
故十誦多論云若擅越施此自恣僧物物（迴与彼自恣僧者）應還此比丘作吉悔若不還此僧計錢成
重乃至此彼一人物迴亦成重准此定屬僧次迴与他人成重不犯中律云若不知若
已許作不許想若許惡勸与好若許少勸与多若許人勸与多人若摸若戲
若錯説者並皆不犯　諸大德我已説卅尼薩耆波逸提法今問諸大德是中清
淨不（説三）諸大德是中清淨嘿然故是事如是持　此戒依前卅捨墮四通問諸戒
中清淨法猶嘿然知清淨故言是事如是持

四分戒疏卷第二

智照寫

BD14800號　四分戒疏卷二　（44–44）

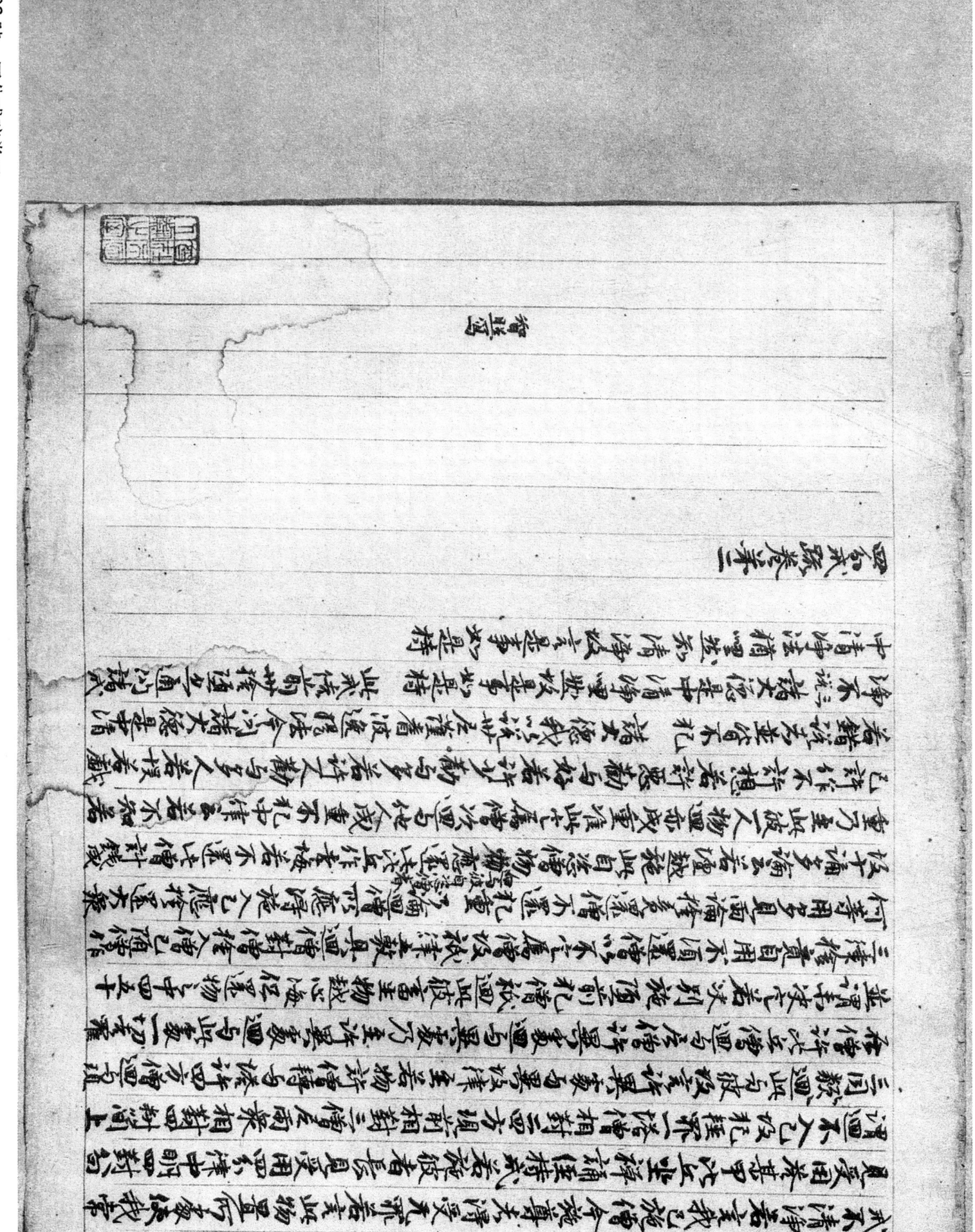

著 録 凡 例

本目録採用條目式著録法。諸條目意義如下：

1.1　著録編號。用漢語拼音首字"BD"表示，意為"北京圖書館藏敦煌遺書"，簡稱"北敦號"。文獻寫在背面者，標註為"背"。一件遺書上抄有多個文獻者，用數字 1、2、3 等標示小號。一號中包括幾件遺書，且遺書形態各自獨立者，用字母 A、B、C 等區別。

1.2　著録分類號。本條記目録暫不分類，該項空缺。

1.3　著録文獻的名稱、卷本、卷次。

1.4　著録千字文編號。

1.5　著録縮微膠卷號。

2.1　著録遺書的總體數據。包括長度、寬度、紙數、正面抄寫總行數與每行字數、背面抄寫總行數與每行字數。如該遺書首尾有殘破，則對殘破部分單獨度量，用加號加在總長度上。凡屬這種情況，長度用括弧標註。

2.2　著録每紙數據。包括每紙長度及抄寫行數或界欄數。

2.3　著録遺書的外觀。包括：(1) 裝幀形式。(2) 首尾存況。(3) 護首、軸、軸頭、天竿、縹帶，經名是書寫還是貼簽，有無經名號，扉頁、扉畫。(4) 卷面殘破情況及其位置。(5) 尾部情況。(6) 有無附加物（蟲繭、油污、線繩及其他）。(7) 有無裱補及其年代。(8) 界欄。(9) 修整。(10) 其他需要交待的問題。

2.4　著録一件遺書抄寫多個文獻的情況。

3.1　著録文獻首部文字與對照本核對的結果。

3.2　著録文獻尾部文字與對照本核對的結果。

3.3　著録録文。

3.4　著録對文獻的説明。

4.1　著録文獻首題。

4.2　著録文獻尾題。

5　　著録本文獻與對照本的不同之處。

6.1　著録本遺書首部可與另一遺書綴接的編號。

6.2　著録本遺書尾部可與另一遺書綴接的編號。

7.1　著録題記、題名、勘記等。

7.2　著録印章。

7.3　著録雜寫。

7.4　著録護首及扉頁的内容。

8　　著録年代。

9.1　著録字體。如有武周新字、合體字、避諱字等，予以説明。

9.2　著録卷面二次加工的情況。包括句讀、點標、科分、間隔號、行間加行、行間加字、硃筆、墨塗、倒乙、刪除、兑廢等。

10　著録敦煌遺書發現後，近現代人所加内容，裝裱、題記、印章等。

11　備註。著録揭裱互見、圖版本出處及其他需要説明的問題。

上述諸條，有則著録，無則空缺。

為避文繁，上述著録中出現的各種參考、對照文獻，暫且不列版本説明。全目結束時，將統一編制本條記目録出現的各種參考書目。

本條記目録為農曆年份標註其公曆紀年時，未進行歲頭年末之換算，請讀者使用時注意自行換算。

條　記　目　錄

BD14736—14800

1.1　BD14736 號
1.3　大般涅槃經（北本）卷一一
1.4　新 0936
2.1　109×26 厘米；3 紙；共 62 行，行 17 字。
2.2　01：11.0，06；　02：49.5，28；　03：48.5，28。
2.3　卷軸裝。首尾均斷。經黄打紙，砑光上蠟。卷面有水漬。有烏絲欄。
3.1　首殘→大正 0374，12/0430A13。
3.2　尾殘→大正 0374，12/0430C18。
8　7～8 世紀。唐寫本。
9.1　楷書。
10　卷背貼有特藝公司前門經營管理處紙簽，標明貨號“92562”，品名“唐人寫經”，定價“35.00”。背貼紙簽上寫有“購 10758”。

1.1　BD14737 號
1.3　大般涅槃經（北本）卷三九
1.4　新 0937
2.1　（4.2+105.8）×25 厘米；3 紙；共 67 行，行 17 字。
2.2　01：4.2+31，21；　02：37.3，23；　03：37.5，23。
2.3　卷軸裝。首殘尾脱。卷面有黴斑。通卷現代托裱。有烏絲欄。
3.1　首 2 行下殘→大正 0374，12/0593C26～28。
3.2　尾殘→大正 0374，12/0594C06。
8　5～6 世紀。南北朝寫本。
9.1　隸書。
10　現代接出綠藍黄三色織錦護首，上有銀色題簽“北齊人寫經殘卷，閬蓮題”。題簽下有陽文硃印，1×1 厘米，印文為“壬戌”。

首紙右下端有 2 枚硃印：（1）陰文，2.5×2.5 厘米，印文為“北齊/寫經/龕/”；（2）陽文，3×3 厘米，印文為“茶陵譚/澤闓秘/笈永寶/”。

尾紙左下有一陽文硃印，1.6×1.6 厘米，印文為“瓶齋/秘篋/”。

卷尾接出灑金箋拖尾，有題記兩條：

1.“瓶齋藏寫經第一卷，計三紙六十七行。

敦皇（煌）石室新出寫經之一，李瑞清定為北齊人筆。辛亥（1911）同客宣南，以見貽者。/越歲壬子（1912）秋，與所得唐寫經六卷同裝題記。茶陵譚澤闓。”

題名下有 2 枚硃印：（1）陽文，1.7×1.7 厘米，印文為“瓶士”；（2）陰文，1.9×1.9 厘米，印文為“譚印/澤闓/”。

2.“六朝士大夫佞佛，皆以造像、寫經為功德。然世間造像流傳多/于經卷者，以石刻之壽，永于赫蹏故也。光緒中葉甘肅敦煌/縣鳴沙山莫高窟石室為人鑿發，流傳古物、書籍，皆五代、北宋/以前遺蹟。其中佛經卷尤多，好事者爭相購求，幾于人挾一紙。/顧其中精者絕少，故賞鑒家不貴也。此卷乃其最精者，或定為北/齊人書。以余舊藏曾氏滋蕙堂法帖唐人寫經原卷較之，其字/體、結構及用筆之法，全與此同。余卷有趙撝叔大令之謙跋語，云：‘唐人寫經，自具一種態度。書手非一，意恉（旨）不殊。蓋亦有師法在。’/其言是也。余綴跋，據宋趙彥衛《雲麓漫抄》三云：‘釋氏寫經，一/行以十七字為準。故國朝試童行誦經，計其紙數，以十七字為/行，二十五行為一紙。”今此卷及余藏卷，皆十七字一行，可證為唐/卷舊式。唐蹟距近世已閱千年，何必上推北齊，始足見重？

瓶齋世先生寶藏此卷，邀余品題。不敢附和，以誤來者。為錄二/趙之説質之。瓶齋工法書，尤精鑒別。北齊書與唐人風氣迥/然不同，豈有不知自辨者。特以瓊瑤之贈重于桃李，不欲質言/之耳！余雖無米柯之能，欲余學李開先、張泰階欺世誣人，正不/可也。

己未（1919）七月處暑，南陽葉德輝記並書。”

題跋後有 2 枚硃印：（1）陽文，1.7×1.7 厘米，印文為“葉/德輝”。（2）陰文，1.7×1.7 厘米，印文為“麗廔”。

外有藍布囊，上有白布題簽“北齊人寫經殘卷”，上有陽文硃印，0.8×0.9 厘米，印文為“阿瓶所得”。

布囊上貼兩個紙簽：一為特藝公司前門經營管理處簽，標明貨號“02558”，品名“齊經卷，1 捲”，定價“80.00”。一為

“購 10760”。

1.1　BD14738 號
1.3　老子道德經論（何晏注）
1.4　新 0938
2.1　（95.2 + 2.3）× 25.4 厘米；2 紙；正面 56 行，行 17 字；背面 60 行，行字母不等。
2.2　01：49.2，28；　02：46 + 2.3，28。
2.3　卷軸裝。首脫尾殘。經黃打紙，砑光上蠟。卷尾上部略有殘缺，其餘卷面保存尚好。有烏絲欄。通卷現代修整，首尾以古書舊紙作護首、拖尾。
2.4　本遺書包括 2 個文獻：（一）《老子道德經論》，56 行，抄寫在正面，今編為 BD14738 號。（二）《藏文（佛頂大白傘蓋陀羅尼經）》，60 行，抄寫在背面，今編為 BD14738 號背。
3.4　說明：

本文獻首脫，尾 1 行殘。所抄文獻未為道藏所收。卷首起於《老子道德經論》（何晏注）之第 41 章注文“具修之則身安”。卷末結束於《老子道德經論》（何晏注）之第 45 章注文“心若死灰”。

6.1　首→BD14649 號。
8　7 ~ 8 世紀。唐寫本。
9.1　楷書。
10　手卷以舊書故紙裝出兩個玉池。上下邊及隔水刷黑。第二個玉池前貼一紙簽，上題“隨（隋）唐人寫道德經並注解，背書印度文，【敦煌石室殘,,品，/龔釗/】”。

拖尾亦用一古紙，上貼一白紙，上有題跋介紹該紙：“此卷尾紙色淡黃，質綿細，橫簾較/常紙寬，直簾疏密相間，略如羅文。/似是元明間所制。特裝於寫經之後。/己（乙）丑（1925）清明，袁虔補記，是年八十。”卷尾兩端軸頭飾一黃色織錦。

該手卷裝在一個紙筒中，紙筒外飾團花織錦。上有紙簽“隨（隋）唐人寫道德經並註解卷，【敦煌石室殘品，/辛巳（1941）冬日，龔釗】/”。

紙筒底部貼有三個紙簽，一為白紙，上寫“938，/57873，/隨（隋）唐人寫道/德經並注解/殘卷，一件。/”另兩個紙簽，一為特藝公司，一為“購”字號，均被貼遮。

13　參見王卡《敦煌道教文獻研究》，第 171 頁。

1.1　BD14738 號背
1.3　藏文（佛頂大白傘蓋陀羅尼經）
1.4　新 0938
2.4　本遺書由 2 個文獻組成，本文獻為第 2 個，60 行，抄寫在背面。餘參見 BD14738 號之第 2 項。
3.4　說明：

本文獻首殘，尾 2 行上下殘。有尾題，為藏文《佛頂大白傘蓋陀羅尼經》。

4.2　佛頂大白傘蓋陀羅尼經（藏文）（尾）。
6.2　尾→BD14649 號背。
8　8 ~ 9 世紀。吐蕃統治時期寫本。
9.1　草書。

1.1　BD14739 號 A
1.3　十誦律疏（擬）
1.4　新 0939
2.1　40 × 26.8 厘米；1 紙；正面 25 行，行約 26 字。背面 25 行，行 32 ~ 34 字。
2.3　卷軸裝。首斷尾脫。卷首上部略有小殘洞，卷面下部變色。現代被通卷托裱，做為掛軸。因背面尚有文獻，故揭開。
2.4　本遺書包括 2 個文獻：（一）《十誦律疏》（擬），25 行，抄寫在正面，今編為 BD14739 號 A。（二）《不知名律疏》（擬），25 行，抄寫在背面，今編為 BD14739 號 A 背。
3.4　說明：

本文獻首尾均殘。內容為佛教戒律的疏釋。文中有子目“自恣法第三”，且以下首先疏釋“制限不共語言”等，參考當時律本流行的情況，故知本文獻為《十誦律》之疏釋。

本文獻未為歷代大藏經所收。

8　5 ~ 6 世紀。南北朝寫本。
9.1　隸書。
9.2　有倒乙。有重文號。
10　BD14739 號包括 A、B 兩個殘片。現代被裝為掛軸。該掛軸護首處貼一書籤，作“北朝寫經殘幅，許承堯藏”。

本件前隔水上有題記一條“元魏初譯經稿，疑庵審定”。下有陽文硃印，0.9 × 2 厘米，印文為“疑庵”。

1.1　BD14739 號 A 背
1.3　不知名律疏（擬）
1.4　新 0939
2.4　本遺書由 2 個文獻組成，本文獻為第 2 個，25 行，抄寫在背面。餘參見 BD14739 號 A 之第 2 項。
3.4　說明：

本文獻首尾均殘。內容為對某戒律的疏釋。由於當時主要流傳《十誦律》，故本文獻應為對《十誦律》的疏釋。但本文獻疏釋的內容，均未在《十誦律》中查核到，故詳情尚待考訂。即使本文獻為對《十誦律》的疏釋，與正面的《十誦律疏》（擬）亦非同一個文獻。

本文獻未為歷代大藏經所收。

8　6 世紀。南北朝寫本。
9.1　楷書。
9.2　有墨筆塗改。有行間校加字。有倒乙。有刪除號。

1.1　BD14739 號 B
1.3　金剛經疏（擬）
1.4　新 0939
2.1　39 × 26.6 厘米；2 紙；共 19 行，行 26 ~ 28 字。

2.2　01：19.0，09；　　02：20.0，10。
2.3　卷軸裝。首尾均斷。上下邊略殘。卷面有等距離油污，略有殘裂、殘洞。現代托裱為挂軸。
3.4　說明：
　　本文獻首尾均殘。內容為疏釋《金剛經》序分經文："世尊食時，著衣持鉢，入舍婆提大城乞食。於其城中，次第乞食已。"本文獻未為歷代大藏經所收。
8　7～8世紀。唐寫本。
9.1　行書。有合體字"涅槃"、"菩薩"。
9.2　有行間校加字。
10　卷前絹製隔水上有題記："周齊間譯經稿，疑庵審定"。下有陽文硃印，0.9×2厘米，印文為"疑庵"。
　　卷首右上有陽文硃印，1.5×3.3厘米，印文為"歙許芚父/遊隴所得/"。

1.1　BD14740號1
1.3　藏文（無量壽宗要經甲本）
1.4　新0940
2.1　660×29厘米；15紙；每紙2欄，共30欄；每欄19行，共555行，行字母不等。
2.2　01：44.0，2欄；　02：44.0，2欄；　03：44.0，2欄；
　　04：44.0，2欄；　05：44.0，2欄；　06：44.0，2欄；
　　07：44.0，2欄；　08：44.0，2欄；　09：44.0，2欄；
　　10：44.0，2欄；　11：44.0，2欄；　12：44.0，2欄；
　　13：44.0，2欄；　14：44.0，2欄；　15：44.0，2欄。
2.3　卷軸裝。首尾均全。卷面多水漬。有界欄。有現代托裱。
2.4　本遺書包括5個文獻：（一）《藏文（無量壽宗要經甲本）》，109行，今編為BD14740號1。（二）《藏文（無量壽宗要經甲本）》，108行，今編為BD14740號2。（三）《藏文（無量壽宗要經甲本）》，111行，今編為BD14740號3。（四）《藏文（無量壽宗要經甲本）》，114行，今編為BD14740號4。（五）《藏文（無量壽宗要經甲本）》，113行，今編為BD14740號5。
3.4　說明：
　　本文獻首尾均全，為藏文《無量壽宗要經》（甲本）。
4.1　Rgya－gar－skad－du' Apar＝mita' ayur nama mahayana sutra。（梵語：無量壽宗要經）（首）。Bod_ skad_ du tshe dpag_ du _ myed_ pa zhes_ bya_ ba theg_ pa_ chen_ povi mdo。（藏語：無量壽宗要經）（首）。
4.2　Tshe dpag_ du_ myed_ pa zhes_ bya_ ba theg_ pa_ chen_ povi mdo。（藏文：無量壽宗要經）（尾）。
7.1　尾有題名"抄寫者：Khri－Legs（赤露）"。
8　8～9世紀。吐蕃統治時期寫本。
9.1　草書。
10　卷末貼有紙簽"購10826"，另有特藝公司前門經管理處紙簽，標明品名"回文經1捲"，定價"40.00"。

1.1　BD14740號2
1.3　藏文（無量壽宗要經甲本）
1.4　新0940
2.4　本遺書由5個文獻組成，本文獻為第2個，108行。餘參見BD14740號1之第2項。
3.4　說明：
　　本文獻首尾均全，為藏文《無量壽宗要經》（甲本）。
4.1　Rgya－gar－skad－du' Apar＝mita' ayur nama mahayana sutra。（梵語：無量壽宗要經）（首）。Bod_ skad_ du tshe dpag_ du _ myed_ pa zhes_ bya_ ba theg_ pa_ chen_ povi mdo。（藏語：無量壽宗要經）（首）。
4.2　Tshe dpag_ du_ myed_ pa zhes_ bya_ ba theg_ pa_ chen_ povi mdo。（藏文：無量壽宗要經）（尾）。
8　8～9世紀。吐蕃統治時期寫本。
9.1　草書。

1.1　BD14740號3
1.3　藏文（無量壽宗要經甲本）
1.4　新0940
2.4　本遺書由5個文獻組成，本文獻為第3個，111行。餘參見BD14740號1之第2項。
3.4　說明：
　　本文獻首尾均全，為藏文《無量壽宗要經》（甲本）。
4.1　Rgya－gar－skad－du' Apar＝mita' ayur nama mahayana sutra。（梵語：無量壽宗要經）（首）。Bod_ skad_ du tshe dpag_ du _ myed_ pa zhes_ bya_ ba theg_ pa_ chen_ povi mdo。（藏語：無量壽宗要經）（首）。
4.2　Tshe dpag_ du_ myed_ pa zhes_ bya_ ba theg_ pa_ chen_ povi mdo。（藏文：無量壽宗要經）（尾）。
8　8～9世紀。吐蕃統治時期寫本。
9.1　草書。

1.1　BD14740號4
1.3　藏文（無量壽宗要經甲本）
1.4　新0940
2.4　本遺書由5個文獻組成，本文獻為第4個，114行。餘參見BD14740號1之第2項。
3.4　說明：
　　本文獻首尾均全，為藏文《無量壽宗要經》（甲本）。
4.1　Rgya－gar－skad－du' Apar＝mita' ayur nama mahayana sutra。（梵語：無量壽宗要經）（首）。Bod_ skad_ du tshe dpag_ du _ myed_ pa zhes_ bya_ ba theg_ pa_ chen_ povi mdo。（藏語：無量壽宗要經）（首）。
4.2　Tshe dpag_ du_ myed_ pa zhes_ bya_ ba theg_ pa_ chen_ povi mdo。（藏文：無量壽宗要經）（尾）。
8　8～9世紀。吐蕃統治時期寫本。
9.1　草書。

1.1　BD14740 號 5
1.3　藏文（無量壽宗要經甲本）
1.4　新 0940
2.4　本遺書由 5 個文獻組成，本文獻為第 5 個，113 行。餘參見 BD14740 號 1 之第 2 項。
3.4　說明：
　　本文獻首尾均全，為藏文《無量壽宗要經》（甲本）。
4.1　Rgya - gar - skad - du' Apar = mita' ayur nama mahayana sutra。（梵語：無量壽宗要經）（首）。Bod_ skad_ du tshe dpag_ du_ myed_ pa zhes_ bya_ ba theg_ pa_ chen_ povi mdo。（藏語：無量壽宗要經）（首）。
4.2　Tshe dpag_ du_ myed_ pa zhes_ bya_ ba theg_ pa_ chen_ povi mdo。（藏文：無量壽宗要經）（尾）。
8　8～9 世紀。吐蕃統治時期寫本。
9.1　草書。

1.1　BD14741 號 A
1.3　佛名經（十二卷本）卷一
1.4　新 0941
2.1　20.0×26 厘米；1 紙；共 5 行，行字不等。
2.3　卷軸裝。首尾均殘。通卷上殘，下邊殘破。上圖下文。每個佛名上部有三個佛像，結跏趺坐在蓮花座上，花瓣涂硃色。諸佛通肩袈裟，手結印契。有背光、項光。有烏絲欄。現代裝裱成冊頁。
3.1　首殘→大正 0440，14/0115B06。
3.2　尾殘→大正 0440，14/0115B09。
6.2　尾→BD14741 號 B。
8　9～10 世紀。歸義軍時期寫本。
9.1　隸楷。
10　本遺書與其他十一紙（共計十二紙，今均編為 BD14741 號，而以 A～L 區別之）一併裝為册頁，前後木板夾護。册頁末尾，有羅振玉題記如下：
　　“西陲古卷軸，近年為歐人所得者不啻萬卷。/平生所見，亦不啻三千卷。此冊為/蘗雨先生所藏。計《佛名經》三紙、雕本二紙、寫/本五紙、畏吾文二紙，乃高昌故虛（墟）出土。諸紙中以/寫本第四種為最先。往在日本見大谷光瑞所藏/晉人所書《蓮華》初譯本，後署元康紀年者，與/此書迹正同。《佛名經》第一紙乃沙洲曹氏時所書。/敝齋藏全卷一，末署朱梁年號，與此出自一帙/中，為五代書迹之尤精者。是此冊由晉至五代數/朝書法備矣。畏吾兒書，吾國向未見隻字。德人所/得最多，無傳至東土者。此雖吉光片羽，亦至可寶/矣。至雕板始于李唐，吾人所見皆至北宋而止。聞法都/藏大中刊本《切韻》，海天數萬里，未由寓目。今觀此冊，字體峻整，上承開成石經，下啟天水初槧，為/海內藏書者未獲聞知。一旦入目，眼福無量。
　　乙卯（1915）/三月，為京雒之遊，道經津沽，書此以志忻幸。上虞仇亭老民羅振玉記。”
13　羅振玉題記對本册頁古代寫經、刻經殘片數目的記敘有修改。原文作“計《佛名經》四紙、雕本四紙、寫本五紙、畏吾文三紙”，即共 16 紙；後改作“計《佛名經》三紙、雕本二紙、寫本五紙、畏吾文二紙”，即共 12 紙。
　　本册頁現存《佛名經》三紙、雕本四紙、寫本三紙、畏吾文二紙，亦為 12 紙，但與羅振玉記敘略有區別。從題記中“諸紙中以寫本第四種為最先”云云看，可能羅振玉將後兩種刻本（BD14741 號、BD14741 號）誤作寫本。
　　又，本册頁首頁本來粘有一紙，後被揭去，但上下兩角及左下角留有殘紙。或與羅振玉題記原稱“《佛名經》四紙”有關。
　　夾護木板下角貼一紙簽，上寫“購 10828”。
　　本遺書為吐魯番出土。

1.1　BD14741 號 B
1.3　佛名經（十二卷本）卷一
1.4　新 0941
2.1　18.5×28.2 厘米；1 紙；共 5 行，行字不等。
2.3　卷軸裝。首尾均殘。通卷上殘，下邊殘破。上圖下文。每個佛名上部有三個佛像，結跏趺坐在蓮花座上，花瓣涂硃色。諸佛通肩袈裟，手結印契。有背光、項光。有烏絲欄。現代裝裱成冊頁。
3.1　首殘→大正 0440，14/0115B09。
3.2　尾殘→大正 0440，14/0115B11。
6.1　首→BD14741 號 A。
8　9～10 世紀。歸義軍時期寫本。
9.1　隸楷。
13　本遺書為吐魯番出土。

1.1　BD14741 號 C
1.3　佛名經（十二卷本）卷一
1.4　新 0941
2.1　10.1×24 厘米；1 紙；共 2 行，行字不等。
2.3　卷軸裝。首尾均殘。通卷下殘，上邊有殘破。上圖下文。每個佛名上部有三個佛像，結跏趺坐在蓮花座上，花瓣涂硃色。諸佛通肩袈裟，手結印契。有背光、項光。有烏絲欄。現代裝裱成冊頁。
3.4　說明：
　　本遺書與 BD14741 號 A、BD14741 號 B 原為同卷，但殘破較甚，不能綴接。且因存文較少，難以確定與《大正藏》本的經文對照。
8　9～10 世紀。歸義軍時期寫本。
9.1　隸楷。
13　本遺書為吐魯番出土。

1.1　BD14741 號 D
1.3　妙法蓮華經（刻本）卷六
1.4　新 0941

2.1　(10.3+5+4)×28 厘米；1 紙；共 10 行，行 15 字。
2.3　卷軸裝。首尾均殘。上下雙邊欄，欄中有花飾。現代裝裱成冊頁。
3.1　首 5 行上下殘→大正 0262，09/0047C12～17。
3.2　尾 2 行上下殘→大正 0262，09/0047C23～24。
8　11 世紀。遼代刻本。
9.1　楷書。
13　本遺書為吐魯番出土。參見應縣木塔出土文物。

1.1　BD14741 號 E
1.3　金光明最勝王經（刻本）卷五
1.4　新 0941
2.1　6×14 厘米；1 紙；共 3 行。
2.3　卷軸裝。首尾均殘。通卷上殘。下有邊欄。現代裝裱成冊頁。
3.1　首殘→大正 0665，16/0424B08。
3.2　尾殘→大正 0665，16/0428B10。
8　11～12 世紀。宋代刻本。
9.1　楷書。
9.2　有硃筆直音註字。
13　本遺書為吐魯番出土。

1.1　BD14741 號 F
1.3　大般若波羅蜜多經（刻本）卷二六一
1.4　新 0941
2.1　(10.5+4.5)×29.8 厘米；1 紙；共 7 行，行 19 字。
2.3　卷軸裝。首殘尾斷。全卷殘缺嚴重。有上下邊欄。現代裝裱成冊頁。
3.1　首 5 行上下殘→大正 0220，06/0320A07。
3.2　尾殘→大正 0220，06/0320A14。
6.2　尾→BD14741 號 G。
8　11～15 世紀。宋元刻本。
9.1　楷書。
13　本遺書為吐魯番出土。為不知名大藏經零本。

1.1　BD14741 號 G
1.3　大般若波羅蜜多經（刻本）卷二六一
1.4　新 0941
2.1　(31.5+1.6)×29.8 厘米；1 紙；共 18 行，行 19 字。
2.3　卷軸裝。首斷尾殘。上下邊殘損，中部有殘洞，卷面有殘爛。上下有邊欄。現代裝裱成冊頁。
3.1　首殘→大正 0220，06/0320A14。
3.2　尾 1 行上中殘→大正 0220，06/0320B03～04。
6.1　首→BD14741 號 F。
8　11～15 世紀。宋元刻本。
9.1　楷書。
13　本遺書為吐魯番出土。第一、第二行之間有版片號，作“般若二百六十一，二，成”。故知為不知名大藏經零本。

1.1　BD14741 號 H
1.3　大般涅槃經（北本）卷三五
1.4　新 0941
2.1　(3.5+26.5)×25.4 厘米；1 紙；共 9 行，行 17 字。
2.3　卷軸裝。首殘尾全。卷面多殘洞，上下邊有殘缺，卷尾中下部殘缺。有烏絲欄。現代裝裱成冊頁。
3.1　首 2 行上殘→大正 0374，12/0574A29～B01。
3.2　尾全→大正 0374，12/0574B07。
4.2　大般涅槃經卷第卅五（尾）。
8　6 世紀。南北朝寫本。
9.1　隸書。
13　本遺書為吐魯番出土。

1.1　BD14741 號 I
1.3　賢劫經（鳩摩羅什本）
1.4　新 0941
2.1　(16.3+1.5+8.3)×26.5 厘米；1 紙；共 16 行，行字不等。
2.3　卷軸裝。首殘尾脫。全卷殘缺嚴重，多殘洞。有烏絲欄。現代裝裱成冊頁。
3.3　錄文：

（前殘）
名八千四百設（?）負家（?）□…□/
百諸三昧入千□…□/
四千波羅蜜，為八百□…□/
四千波羅蜜，為自饒益□…□/
益他。喜王，是名諸佛□…□阿耨多羅/
三藐三菩提。喜王，我坐□□，破（?）魔軍，得是/
［阿耨多羅］三藐三菩提。以是法喜，結跏趺/
□…□梵王來請□□是世間，則為/
□□。世尊得如是妙法樂，□嘿然不樂說/
法（?）。我爾時猶在道場，諸淨居天見我無量/
威神功德，行色清淨，威儀光明，容貌端真（正），/
□□明顯，衆所奉仰，周遍（?）清淨，微妙莊/
嚴，過出世間，衆所愛樂，□力無量，光明名/
□，□布廣大，難可得觀，威德無邊，無與/
□□，以恭敬心，於我前立，說是偈言：/
□□□塵勞，震動三千界，滅衆惡過患，坐道場殊勝。/
（後殘）

3.4　說明：

本文獻首 5 行中下殘，尾 3 行上殘。從內容看，應為早期翻譯的大乘經典。後亡佚，未為歷代大藏經所收。經查核，與《賢劫經》卷六“八等品”第十九中的一段文字相合，參見《大正藏》本，14/0044C17 到 14/0045A23。根據《開元釋教錄》記載，該經兩譯，一存（竺法護譯本）一缺（鳩摩羅什譯本）。今

敦煌遺書所存或為亡佚已久的譯本。
8　5世紀。東晉寫本。
9.1　隸書。
9.2　有行間校加字。
13　本遺書為吐魯番出土。

1.1　BD14741號J
1.3　待考經疏（擬）
1.4　新0941
2.1　12×24厘米；1紙；共10行，行字不等。
2.3　卷軸裝。首尾均殘。上部殘缺，中部殘缺嚴重。現代裝裱成冊頁。
3.4　說明：
　本文獻首尾均殘。為佛教疏釋。詳情待考。
8　7~8世紀。唐寫本。
9.1　草書。
13　本遺書為吐魯番出土。

1.1　BD14741號K
1.3　回鶻文文獻（擬）
1.4　新0941
2.1　26×18厘米；2紙；共18行。
2.2　01：07.0，04；　02：19.0，14。
2.3　卷軸裝。首尾均殘。通卷上殘，卷面多殘洞。現代裝裱成冊頁。
2.4　本遺書包括2個文獻：（一）《回鶻文文獻》（擬），18行，抄寫在正面，今編為BD14741號K。（二）《大智度論》卷六六，13行，抄寫在背面，今編為BD14741號K背。
3.4　說明：
　本文獻首尾均殘。為回鶻文，詳情待考。
8　9~10世紀。歸義軍時期寫本。
13　本遺書為吐魯番出土。

1.1　BD14741號K背
1.3　大智度論卷六六
1.4　新0941
2.4　本遺書由2個文獻組成，本文獻為第2個，13行，抄寫在背面。餘參見BD14741號K之第2項。
3.1　首殘→大正1509，25/0524B23。
3.2　尾殘→大正1509，25/0524C06。
3.4　說明：
　本文獻被反貼在冊頁中，文字難以辨認。
　根據所透出字痕約略確定其名稱及首尾對照項。
8　待定。
9.1　楷書。
13　本遺書為吐魯番出土。

1.1　BD14741號L
1.3　回鶻文文獻（擬）
1.4　新0941
2.1　（1+14）×25.8厘米；1紙；共13行，行字不等。
2.3　卷軸裝。首殘尾斷。上下邊殘破，卷面有殘裂、殘洞。現代裝裱成冊頁。
3.4　說明：
　本文獻首尾均殘，為回鶻文文獻，詳情待考。
8　9~10世紀。歸義軍時期寫本。
13　本遺書為吐魯番出土。

1.1　BD14742號
1.3　大般若波羅蜜多經卷三九一
1.4　新0942
2.1　43×23厘米；1紙；共26行，行17字。
2.3　卷軸裝。首全尾脫。卷面有殘洞。有烏絲欄。通卷現代托裱。
3.1　首全→大正0220，06/1020C08。
3.2　尾殘→大正0220，06/1021A07。
4.1　大般若波羅蜜多經卷第三百九十一，/初分成熟有情品第七十一之二，三藏法師玄奘奉詔譯/（首）。
8　8~9世紀。吐蕃統治時期寫本。
9.1　楷書。
10　卷首尾有萬字不斷頭織錦條壓邊。

1.1　BD14743號
1.3　大般若波羅蜜多經卷三九一
1.4　新0943
2.1　45.7×23厘米；1紙；共27行，行17字。
2.3　卷軸裝。首脫尾斷。有烏絲欄。通卷現代托裱。
3.1　首殘→大正0220，06/1021B07。
3.2　尾殘→大正0220，06/1021C05。
8　8~9世紀。吐蕃統治時期寫本。
9.1　楷書。
9.2　有刮改。
10　卷首尾有萬字不斷頭織錦條壓邊。

1.1　BD14744號
1.3　大般涅槃經（北本）卷二二
1.4　新0944
2.1　19×23.7厘米；1紙；共11行，行17字。
2.3　卷軸裝。首脫尾斷。打紙，研光上蠟。有烏絲欄。現代托裱為掛軸。
3.1　首殘→大正0374，12/0496C05。
3.2　尾殘→大正0374，12/0496C15。
8　7~8世紀。唐寫本。
9.1　楷書。

10　現代已通卷托裱為掛軸。上有木質天竿，下有軸。軸頭用萬字不斷頭織錦包裹。BD14744 號、BD14745 號、BD14746 號、BD14747 號裝幀相同，合成四條掛屏。每號天竿頭分別寫有一字，合成"唐人寫經"四字。

1.1　BD14745 號
1.3　妙法蓮華經卷三
1.4　新 0945
2.1　24×23.8 厘米；1 紙；共 13 行，行 17 字。
2.3　卷軸裝。首尾均斷。經黃打紙。有烏絲欄。現代托裱為掛軸。
3.1　首殘→大正 0262，09/0020B08。
3.2　尾殘→大正 0262，09/0020B24。
8　7～8 世紀。唐寫本。
9.1　楷書。
10　現代已托裱為掛軸，與 BD14744 號相同。參見 BD14744 號第 10 項。

1.1　BD14746 號
1.3　佛名經（十六卷本）卷七
1.4　新 0946
2.1　28×23.8 厘米；1 紙；共 18 行，行 14 字。
2.3　卷軸裝。首尾均斷。有烏絲欄。現代托裱為掛軸。
3.1　首殘→《七寺古逸經典研究叢書》，03/0351A08。
3.2　尾殘→《七寺古逸經典研究叢書》，03/0352A12。
8　7～8 世紀。唐寫本。
9.1　楷書。
10　現代已托裱為掛軸，與 BD14744 號相同。參見 BD14744 號第 10 項。

1.1　BD14747 號
1.3　摩訶般若波羅蜜經（思溪本）卷三〇
1.4　新 0947
2.1　26.7×23.7 厘米；1 紙；共 14 行，行 18 字。
2.3　卷軸裝。首尾均斷。有烏絲欄。現代托裱為掛軸。
3.1　首殘→大正 0220，08/0423B16。
3.2　尾殘→大正 0220，08/0423C02。
5　與《大正藏》本對照，本號缺"不動三昧，無念三昧"等 8 字，依《大正藏》校記，本號與《思溪藏》（三十卷本）《普寧藏》（三十卷本）《嘉興藏》（三十卷本）以及日本正倉院《聖語藏》（四十卷本）宮內省圖書寮（三十卷本）均相同。今依《思溪藏》本，作卷三〇。
8　6 世紀。南北朝寫本。
9.1　楷書。
10　現代已托裱為掛軸，與 BD14744 號相同。參見 BD14744 號第 10 項。

1.1　BD14748 號
1.3　太公家教（甲種）
1.4　新 0948
2.1　（6.4+255.9）×31.2 厘米；6 紙；共 128 行，行 19～22 字。
2.2　01：6.4+37.5，21；　02：44.2，22；　03：43.9，22；
04：44.6，23；　05：45.6，23；　06：40.1，16。
2.3　卷軸裝。首殘尾全。有烏絲欄。現代通卷托裱為手卷。
3.1　首 2 行上殘→《敦煌研究》1986，01/52A26。
3.2　尾全→《敦煌研究》1986，01/55A04。
4.1　□…□卷（首）。
4.2　太公家教一卷（尾）。
5　與對照本相比，本號無跋文，行文有缺漏，偶有參差。
8　9～10 世紀。歸義軍時期寫本。
9.1　楷書。
10　現代接出織錦護首，有縹帶、玉別子。護首題簽："唐寫本《太公家教》一卷，敦煌石室書卷之一，今歸馨室，宣統辛亥上虞羅振玉署。"題簽下方鈐陽文硃印一方，1.2×1 釐米，印文為"陵室"。

玉池為一虎皮紙，鈐橢圓形陽文硃印 2 方，1.7×2.4 釐米，印文"乾隆年仿金/粟山藏經紙/"。

原卷卷首下方鈐方形陽文硃印 2 枚：一為"曾藏/羅叔/言處/"，2×2 釐米。一為"國立北/平圖書/館收藏/"，1.9×1.9 釐米。

卷尾鈐方形硃印 2 枚：一為陽文"陵室"，1.15×1.15 釐米。一為陰文"羅印/振玉/"，1.2×1.2 釐米。

卷尾隔水背面貼 1 紙條，上有鉛筆標號"2969"。

1.1　BD14749 號
1.3　妙法蓮華經卷五
1.4　新 0949
2.1　285×25 厘米；6 紙；共 157 行，行 17 字。
2.2　01：51.5，26；　02：50.0，28；　03：50.0，28；
04：50.0，28；　05：50.0，28；　06：33.5，19。
2.3　卷軸裝。首全尾脫。經黃打紙。卷面有水漬及破裂，有現代蟲蛀殘洞。有烏絲欄。背有現代裱補。
3.1　首全→大正 0262，09/0037A05。
3.2　尾殘→大正 0262，09/0039A21。
4.1　妙法蓮華經安樂行品第十四，五（首）。
8　7～8 世紀。唐寫本。
9.1　楷書。
10　首題下有陽文硃印，1.6×1.6 厘米，印文為"書蟲齋"。下方有圓形陽文硃印，直徑 0.8 厘米，印文為"虞齋（?）"。卷首背貼有紙簽"購 10761"。卷首背有 2 枚陽文硃印，印文模糊難辨。

1.1　BD14750 號 1

1.3　瑜伽師地論分門記卷三五
1.4　新0950
2.1　174.6×31.4厘米；4紙；共130行，行字不等。
2.2　01：46.1，34；　02：45.8，34；　03：45.7，34；
04：37.0，28。
2.3　卷軸裝。首脫尾斷。卷面保存尚好。有烏絲欄。
2.4　本遺書包括2個文獻：（一）《瑜伽師地論分門記》卷三五，28行，今編為BD14750號1。（二）《瑜伽師地論分門記》卷三六，102行，今編為BD14750號2。
3.4　説明：
本文獻首殘尾全。為歸義軍初期敦煌僧人法成講學時，智慧山所做的筆記。同類文獻敦煌遺書中存有多號。
4.2　瑜伽論第卌五卷分門境（竟）（尾）。
8　9～10世紀。歸義軍時期寫本。
9.1　行書。
9.2　有硃筆科分、校改、行間加行及刮改。
10　卷首上方有陽文硃印，1.6×1.6厘米，印文為“書蟲齋”。卷首背有題簽“大唐三界寺藏經”。卷背貼有紙簽，上寫“購10762”。

1.1　BD14750號2
1.3　瑜伽師地論分門記卷三六
1.4　新0950
2.4　本遺書由2個文獻組成，本文獻為第2個，102行。餘參見BD14750號1之第2項。
3.4　説明：
本文獻首全尾殘。為歸義軍初期敦煌僧人法成講學時，智慧山所做的筆記。同類文獻敦煌遺書中存有多號。
4.1　瑜伽論第卌六卷分門記，國大德三藏法師法成述，僧智慧山（首）。
8　9～10世紀。歸義軍時期寫本。
9.1　行書。
9.2　有硃筆科分、校改、行間加行及刮改。

1.1　BD14751號
1.3　金光明最勝王經卷五
1.4　新0951
2.1　45.5×26.4厘米；2紙；正面26行，行17字；背面26行，行約20字。
2.2　01：26.2，15；　02：19.3，11。
2.3　卷軸裝。首尾均斷。打紙。有烏絲欄。
2.4　本遺書包括2個文獻：（一）《金光明最勝王經》卷五，26行，抄寫在正面，今編為BD14751號。（二）《十恩德讚》，26行，抄寫在背面，從左至右書寫，今編為BD14751號背。
3.1　首殘→大正0665，16/0426B14。
3.2　尾殘→大正0665，16/0426C13。
8　8世紀。唐寫本。
9.1　楷書。

1.1　BD14751號背
1.3　十恩德讚
1.4　新0951
2.4　本遺書由2個文獻組成，本文獻為第2個，26行，抄寫在背面，從左至右書寫。餘參見BD14751號之第2項。
3.1　首全→《敦煌歌辭總編》，02/0748A03。
3.2　尾全→《敦煌歌辭總編》，02/0750A10。
4.1　十恩德（首）。
5　與《敦煌歌辭總編》本文字有參差，可供校勘。
7.3　卷末有雜寫2行：“敬禮毗盧那舍佛，敬禮釋迦牟尼佛，敬禮東方善德/佛，敬禮東南方毘那佛，敬禮西南方寬施佛。/”從左至右書寫。
8　9～10世紀。歸義軍時期寫本。
9.1　楷書。
9.2　有墨筆塗抹。

1.1　BD14752號
1.3　佛名經（十六卷本）卷一二
1.4　新0952
2.1　290×25.4厘米；6紙；共168行，行字不等。
2.2　01：48.4，28；　02：48.3，28；　03：48.3，28；
04：48.3，28；　05：48.3，28；　06：48.4，28。
2.3　卷軸裝。首尾均脫。經黄紙。卷面多麻點，第5紙有破裂。背有古代裱補。有烏絲欄。
3.1　首殘→《七寺古逸經典研究叢書》，03/0590A02。
3.2　尾殘→《七寺古逸經典研究叢書》，03/0602A03。
8　7～8世紀。唐寫本。
9.1　楷書。
10　卷背貼有紙簽，上有“類別：有。品名：唐人寫經殘卷。定價：5.00”。另貼紙簽上寫有“購10823”。

1.1　BD14753號
1.3　妙法蓮華經卷一
1.4　新0953
2.1　（1.5＋544）×25.7厘米；14紙；共336行，行17字。
2.2　01：1.5＋15.5，11；　02：43.0，27；　03：43.0，27；
04：43.0，27；　05：43.0，27；　06：43.0，27；
07：43.0，27；　08：43.0，26；　09：43.0，27；
10：43.0，27；　11：43.0，27；　12：43.0，27；
13：43.0，27；　14：12.5，02。
2.3　卷軸裝。首殘尾全。卷面有水漬，前2紙有破損，第5、6紙接縫處上部開裂。有烏絲欄。
3.1　首行中殘→大正0262，09/0004A22～23。
3.2　尾全→大正0262，09/0010B21。
4.2　妙法蓮華經卷第一（尾）。

8　7~8 世紀。唐寫本。
9.1　楷書。
9.2　有刮改。
10　卷首背貼有特藝公司前門經營管理處紙簽，上寫"類別：卷 57。貨號：7~38。品名：唐人寫經卷。定價：20.00。備註：購 10824"。背有騎縫陽文硃印，1.2×1.2 厘米，已殘，印文難以辨認。

1.1　BD14754 號
1.3　大般涅槃經（北本　宮本）卷三三
1.4　新 0954
2.1　800.4×25.2 厘米；17 紙；共 459 行，行 17 字。
2.2　01：43.0，25；　02：48.2，28；　03：48.3，28；
04：48.2，28；　05：48.2，28；　06：48.3，28；
07：48.3，28；　08：48.1，28；　09：48.4，28；
10：48.4，28；　11：48.5，28；　12：48.4，28；
13：48.4，28；　14：48.4，28；　15：48.5，28；
16：48.4，28；　17：32.4，14。
2.3　卷軸裝。首斷尾全。打紙，砑光上蠟。卷尾有木軸。有烏絲欄。背有現代裱補。
3.1　首殘→大正 0374，12/0557B13。
3.2　尾全→大正 0374，12/0562C20。
4.2　大般涅槃經卷第三十三（尾）。
5　與《大正藏》本對照，分卷不同，此卷經文相當於《大正藏》本卷第三十二後半部與卷第三十三前半部。據《大正藏》校記，卷終與宮內省圖書寮本同。
8　7~8 世紀。唐寫本。
9.1　楷書。
10　背貼紙簽上寫有"購 10834"。

1.1　BD14755 號
1.3　妙法蓮華經卷三
1.4　新 0955
2.1　567.5×25 厘米；13 紙；共 340 行，行 17 字。
2.2　01：45.5，28；　02：45.5，28；　03：45.5，28；
04：45.5，28；　05：45.5，28；　06：45.5，28；
07：45.5，28；　08：45.5，28；　09：45.5，28；
10：45.5，28；　11：45.5，28；　12：45.5，28；
13：21.5，05。
2.3　卷軸裝。首脫尾全。經黄打紙。有燕尾。有烏絲欄。
3.1　首殘→大正 0262，09/0022A18。
3.2　尾全→大正 0262，09/0027B09。
4.2　妙法蓮華經卷第三（尾）。
8　7~8 世紀。唐寫本。
9.1　楷書。
10　卷首背貼有題簽："妙法蓮華經化城喻品第七"、"戊"及硃筆"155"。下端貼有紙簽"購 10835"。有鋼筆寫"經文"。有蘇州碼子"十八"。

1.1　BD14756 號
1.3　大乘稻芊經
1.4　新 0956
2.1　（9+230）×29.5 厘米；6 紙；共 142 行，行 28~30 字。
2.2　01：9+28.5，21；　02：42.0，25；　03：30.0，20；
04：42.5，29；　05：43.5，29；　06：43.5，18。
2.3　卷軸裝。首殘尾全。右上邊有殘缺，下邊有破裂。第 1、2 紙和 2、3 紙接縫處上下部開裂。有烏絲欄。已修整。
3.1　首 4 行中上殘→大正 0712，16/0823B22~26。
3.2　尾全→大正 0712，16/0826A27。
4.2　佛說大乘稻芊經一卷（尾）。
8　8~9 世紀。吐蕃統治時期寫本。
9.1　楷書。
9.2　有倒乙。
10　背貼紙簽上寫有"購 10836"。有紅鉛筆寫"5"。

1.1　BD14757 號 A
1.3　妙法蓮華經卷六
1.4　新 0957
2.1　7.9×16 厘米；1 紙；共 4 行；
2.3　卷軸裝。首殘尾脫。通卷下殘。殘片。有烏絲欄。
3.1　首殘→大正 0262，09/0052B02。
3.2　尾殘→大正 0262，09/0052B09。
8　7~8 世紀。唐寫本。
9.1　楷書。
10　現代裝裱成冊頁，冊頁首尾用木板夾護。冊頁中包括 12 個殘片。此為第 1 個，其餘依次著錄於後。尾部木板貼紙簽，上寫"購 10837"。

1.1　BD14757 號 B
1.3　大般若波羅蜜多經卷一四二
1.4　新 0957
2.1　（1.7+3.5）×26 厘米；1 紙；共 3 行，行 17 字。
2.3　卷軸裝。首尾均殘。殘片。卷面有橫裂。有烏絲欄。
3.1　首行上下殘→大正 0220，05/0772C23。
3.2　尾殘→大正 0220，05/0772C26。
8　8~9 世紀。吐蕃統治時期寫本。
9.1　楷書。

1.1　BD14757 號 C
1.3　阿彌陀三耶三佛薩樓佛檀過度人道經卷上
1.4　新 0957
2.1　9.7×23.1 厘米；1 紙；共 5 行。
2.3　卷軸裝。首殘尾斷。通卷上殘。殘片。卷面多水漬。有烏絲欄。

3.1 首殘→大正 0362，12/0300C18。
3.2 尾殘→大正 0362，12/0300C23。
8 7~8 世紀。唐寫本。
9.1 楷書。

1.1 BD14757 號 D
1.3 妙法蓮華經卷四
1.4 新 0957
2.1 12×19.8 厘米；1 紙；共 7 行。
2.3 卷軸裝。首殘尾斷。殘片。通卷下殘。有烏絲欄。
3.1 首殘→大正 0262，09/0027B24。
3.2 尾殘→大正 0262，09/0027C02。
8 7~8 世紀。唐寫本。
9.1 楷書。

1.1 BD14757 號 E
1.3 金剛般若波羅蜜經
1.4 新 0957
2.1 （4.8+5.2）×25.4 厘米；1 紙；共 6 行，行 18 字。
2.3 卷軸裝。首斷尾殘。殘片。有烏絲欄。
3.1 首殘→大正 0235，08/0750B25。
3.2 尾 3 行下殘→大正 0235，08/0750B28~C01。
8 7~8 世紀。唐寫本。
9.1 楷書。

1.1 BD14757 號 F
1.3 大般涅槃經（北本）卷三一
1.4 新 0957
2.1 8.4×11.4 厘米；1 紙；共 5 行。
2.3 卷軸裝。首殘尾斷。殘片。通卷上殘。有烏絲欄。
3.1 首殘→大正 0374，12/0550B21。
3.2 尾殘→大正 0374，12/0550B25。
8 5~6 世紀。南北朝寫本。
9.1 隸楷。

1.1 BD14757 號 G
1.3 金剛般若波羅蜜經
1.4 新 0957
2.1 12.5×18.7 厘米；1 紙；共 7 行。
2.3 卷軸裝。首殘尾斷。殘片。通卷下殘。有烏絲欄。
3.1 首殘→大正 0235，08/0751B07。
3.2 尾殘→大正 0235，08/0751B14。
8 7~8 世紀。唐寫本。
9.1 楷書。

1.1 BD14757 號 H
1.3 摩訶般若波羅蜜經卷七
1.4 新 0957
2.1 11.9×21.1 厘米；1 紙；共 7 行。
2.3 卷軸裝。首殘尾斷。殘片。通卷上殘。卷面有殘損。
3.1 首殘→大正 0223，08/0273B10。
3.2 尾殘→大正 0223，08/0273B16。
8 6 世紀。南北朝寫本。
9.1 楷書。

1.1 BD14757 號 I
1.3 大方廣佛華嚴經（晉譯）卷五九
1.4 新 0957
2.1 （1.7+9.2）×26.6 厘米；1 紙；共 7 行。
2.3 卷軸裝。首殘尾斷。殘片。卷面有水漬，有殘損。有烏絲欄。
3.1 首行上下殘→大正 0278，09/0780C24。
3.2 尾殘→大正 0278，09/0781A01。
8 5~6 世紀。南北朝寫本。
9.1 楷書。
9.2 有行間校加字。有倒乙。

1.1 BD14757 號 J
1.3 妙法蓮華經卷七
1.4 新 0957
2.1 10.3×75 厘米；1 紙；共 5 行。
2.3 卷軸裝。首殘尾斷。殘片。通卷上殘。卷面有水漬。有烏絲欄。
3.1 首殘→大正 0262，09/0060C29。
3.2 尾殘→大正 0262，09/0061A04。
8 7~8 世紀。唐寫本。
9.1 楷書。

1.1 BD14757 號 K
1.3 摩訶般若波羅蜜經卷七
1.4 新 0957
2.1 10.9×25.7 厘米；1 紙；共 7 行，行 17 字。
2.3 卷軸裝。首尾均斷。殘片。上下邊略殘。有油污。
3.1 首殘→大正 0223，08/0273B21。
3.2 尾殘→大正 0223，08/0273B29。
8 6 世紀。南北朝寫本。
9.1 隸楷。

1.1 BD14757 號 L
1.3 大法鼓經卷上
1.4 新 0957
2.1 （3.7+12.5）×26.6 厘米；1 紙；共 10 行，行 17 字。
2.3 卷軸裝。首殘尾斷。殘片。卷面有殘洞，多水漬。上下邊有殘破。有烏絲欄。

3.1　首2行上殘→大正0270，09/0292A13～14。
3.2　尾殘→大正0270，09/0292A24。
8　5～6世紀。南北朝寫本。
9.1　楷書。

1.1　BD14758號
1.3　妙法蓮華經卷七
1.4　新0958
2.1　147×26厘米；3紙；共92行，行17字。
2.2　01：48.0，30；　02：49.5，31；　03：49.5，31。
2.3　卷軸裝。首尾均斷。有烏絲欄。通卷現代托裱。
3.1　首殘→大正0262，09/0056C02。
3.2　尾殘→大正0262，09/0058B07。
5　與《大正藏》本相比，本號無偈頌，參見《大正藏》，09/0057C07～09/0058B02，共少54行。

此外，本號尾行之"德菩薩得法華三昧"，原應為本號首行，參見《大正藏》，09/0056B29～09/0056C01。此乃收藏者為將品題充作首題，而將首行截割後置。
6.2　尾→中散0897號。
8　7世紀。隋寫本。
9.1　楷書。
10　卷尾有題記四段："全卷三段九十二行。/""妙法蓮華經觀世音菩薩普門品。/""隋人書，精極。/""此卷原卷末尾署有'菩薩戒弟子簫/大嚴敬造，第九百二部'等字。燉煌發見後，/初歸孔道尹。孔客天津，歸羅振玉。羅以卷/尾有欵識，售日本當得重價。予勸令/誏（讓）中國人保存。比時承割誏（讓）於予前方/三段。其後半帶欵識者，想早經東渡矣/"。

題記上方有圓形陽文硃印，直徑2.0厘米，印文為"宜常，吳寶煒"。下方有長方形陽文硃印，0.7×1.7厘米，印文為"遇安"。

現代托裱時接出黄色格花織錦護首。

1.1　BD14759號
1.3　維摩詰所說經卷上
1.4　新0959
2.1　(10+687.2)×25.5厘米；17紙；共327行，行17字。
2.2　01：10+24.5，17；　02：41.7，20；　03：42.0，20；
04：41.8，20；　05：41.7，20；　06：42.3，20；
07：42.0，20；　08：42.3，20；　09：42.5，20；
10：42.3，20；　11：42.0，20；　12：42.1，20；
13：42.0，20；　14：42.0，20；　15：42.0，20；
16：41.5，20；　17：32.5，10。
2.3　卷軸裝。首殘尾全。卷面有多處破裂。卷尾有蟲繭。有燕尾。有劃界欄針孔。有烏絲欄。已修整。
3.1　首5行上殘→大正0475，14/0538A25～29。
3.2　尾全→大正0475，14/0544A19。
4.2　維摩詰經卷第一（尾）。
8　5～6世紀。南北朝寫本。
9.1　楷書。
9.2　有塗改。

1.1　BD14760號
1.3　救疾經（大本）
1.4　新0960
2.1　171×27厘米；5紙；共96行，行20字。
2.2　01：09.0，04；　02：40.5，24；　03：40.5，24；
04：40.5，24；　05：40.5，20。
2.3　卷軸裝。首尾均全。卷首有殘破，卷面多水漬，卷尾有蟲繭。有燕尾。有烏絲欄。
3.1　首全→大正2878，85/1361B17。
3.2　尾全→大正2878，85/1362C10。
3.4　說明：

《大正藏》本首殘缺，可以此號補全。
4.1　佛說救疾經一卷（首）。
4.2　救疾經一卷（尾）。
8　7～8世紀。唐寫本。
9.1　楷書。
10　背貼紙簽上寫有"購10892"。

1.1　BD14761號
1.3　大般若波羅蜜多經卷二六〇
1.4　新0961
2.1　572×25.8厘米；12紙；共327行，行17字。
2.2　01：48.0，28；　02：48.0，28；　03：48.0，28；
04：48.0，28；　05：48.0，28；　06：48.0，28；
07：48.0，28；　08：48.0，28；　09：48.0，28；
10：48.0，28；　11：48.0，28；　12：44.0，17。
2.3　卷軸裝。首脱尾全。打紙，砑光上蠟。上下邊多有破裂。有燕尾。有烏絲欄。
3.1　首殘→大正0220，06/0315C29。
3.2　尾全→大正0220，06/0319C04。
4.2　大般若波羅蜜多經卷第二百六十（尾）。
7.1　尾題後有題記："張曜寫，第一校，第二校，第三校。"
8　8～9世紀。吐蕃統治時期寫本。
9.1　楷書。
10　卷首現代接紙已脱落，上寫有"28行十七字"。背貼紙簽上寫有"購10841"。

1.1　BD14762號
1.3　妙法蓮華經卷二
1.4　新0962
2.1　501.5×25.5厘米；10紙；共257行，行17字。
2.2　01：39.5，24；　02：46.5，28；　03：46.5，28；
04：46.5，28；　05：46.5，28；　06：46.5，28；

07：46.5，28；　　08：46.5，28；　　09：46.5，28；
10：43.5，09。
2.3　卷軸裝。首斷尾全。經黄打紙。有烏絲欄。通卷現代托裱。
3.1　首殘→大正 0262，09/0016B07。
3.2　尾全→大正 0262，09/0019A12。
4.2　妙法蓮華經卷第二（尾）。
8　7~8 世紀。唐寫本。
9.1　楷書。
10　尾題後有題跋："丙寅（1926）八月，吳鷗友石四遊天津得觀，因記。"

現代裝為手卷。護首有題簽："唐人寫妙法蓮花經，伷齋藏，丁丑（1937）"。貼有紙簽："購 10843"。

1.1　BD14763 號
1.3　究竟大悲經卷三
1.4　新 0963
2.1　129.5×23.7 厘米；3 紙；共 80 行，行 17 字。
2.2　01：38.5，24；　　02：45.5，28；　　03：45.5，28。
2.3　卷軸裝。首斷尾脱。唐麻紙。有烏絲欄。現代托裱為鏡片。
3.1　首殘→大正 2880，85/1375B27。
3.2　尾殘→大正 2880，85/1376B19。
8　7~8 世紀。唐寫本。
9.1　楷書。
10　現代托裱為鏡片，底為黄色織錦。尾有題跋："唐人所寫經，千年成墨寶。後人見所見，眼福乃不小，《大悲究竟經》，三卷之終了，尺幅作供養，金鏡莊嚴好。作偈攖寧子，書題木石老。歲在癸酉（1933）春，國難堪傷悼"。

1.1　BD14764 號
1.3　大般涅槃經（北本）卷一一
1.4　新 0964
2.1　307.5×25.5 厘米；7 紙；共 170 行，行 17 字。
2.2　01：49.5，28；　　02：49.3，28；　　03：49.2，28；
04：49.3，28；　　05：49.4，28；　　06：49.2，28；
07：11.6，02。
2.3　卷軸裝。首脱尾全。經黄打紙，砑光上蠟。尾 2 紙接縫處脱開。有燕尾。有烏絲欄。
3.1　首殘→大正 0374，12/0431C19。
3.2　尾全→大正 0374，12/0433C19。
4.2　大般涅槃經卷第十一（尾）。
8　7~8 世紀。唐寫本。
9.1　楷書。
10　卷首背粘有紙簽"購 10845"。

1.1　BD14765 號
1.3　大般若波羅蜜多經卷六九
1.4　新 0965
2.1　414.5×24 厘米；9 紙；共 232 行，行 17 字。
2.2　01：47.0，28；　　02：46.0，28；　　03：46.0，28；
04：46.0，28；　　05：46.0，28；　　06：46.0，28；
07：46.0，28；　　08：46.0，28；　　09：45.5，08。
2.3　卷軸裝。首脱尾全。通卷有現代托裱。有烏絲欄。
3.1　首殘→大正 0220，05/0391A09。
3.2　尾全→大正 0220，05/0393C17。
4.2　大般若波羅蜜多經卷第六十九（尾）。
7.1　尾題後有題記"智照寫"。
8　8~9 世紀。吐蕃統治時期寫本。
9.1　楷書。
10　在卷首第 1、2 行間有 3 枚硃印：（一）陽文，1.3×1.3 厘米，印文為"連"。（二）陰文，1×1 厘米，印文為"孟清所得"。（三）陰文，2.2×2.2 厘米，印文為"孟青祕賞"。

卷尾有題跋 12 行，寫在原卷上："此燉煌石室唐人寫經也。同邑高拙公/自新疆攜歸相贈。余得之，尤狂喜不/置。以齋中所蓄楮紙一類，無過於此/也。拙公又言：燉煌石室即小雷音寺，大/雷音寺即在吐魯番。兩處所藏唐/人寫經不下千萬卷。吐魯番者精，/石室者渾璞。而全卷最難得，悉皆/殘缺不全，甚可惜也。石室尚有畫/馬一紙，亦唐人無款精品，其用筆/高過子昂百倍。惜為王方伯攜去，/今不知流落何所矣。/

民國既建之三年（1914）五月連文瀓誌。"

題名下有陽文硃印，1.8×1.8 厘米，印文為"孟青/金石/文字/"。

在現代接出拖尾上有張素題跋 24 行："此唐人寫經，乃高君子穀在西域時得/諸燉煌石室者。歸以吾友明星之請，/遂舉而貽之。明星極寶愛此卷，謂/初視雖若不甚佳，及細諗之，則固結體/勻整、使筆瘦拙，在在無不具有唐人/風格者也。甲寅（1914）長夏，予與明星同居/京師。於明窗淨几間，嘗相與傳觀。/以為硬黄寫經，世無出唐人之右者。/蓋當時風尚如此，非獨學士大夫。發/願皈依，為之伸紙而命筆，即沙門/子弟亦往往優為。此卷即沙門子弟/手寫之一種。惟所謂'智照'者，其在沙/門輩，行為不可考耳。予因感夫貝/葉東來，其子弟中之秀而傑者，非/徒能文章、工書畫為士君子所稱道/而已。深而求之，類能趺坐說法、登壇講/經，於西方種種名義靡不通曉，蓋由其/湛研於經典者久也。故夫沙門子弟之/寫經，乃其本分、乃其靜修、乃其慧業、乃/其十二時中之一功課。豈若今之釋子，/不念《法華經》、不禮《梁王懺》，自夫飽食終/日以外，即復無所用心乎哉。觀此始知/東土佛教之衰，有自來矣。題畢不勝/憮然。支那學者張素"。

下有陽文硃印，1.9×2.8 厘米，印文為"丹陽男/子張素/"。

張素又題詩 13 行："燉煌一石室，多有中古書。/保藏二千年，曾不餵蠹魚。/而此寫經者，唐人之所儲。/有紙皆硬黄，葉葉利卷舒。/十萬貝多羅，厥價珍瓊琚。/吾友幸得之，輒用誇示余。/謂其運筆精，古拙致有餘。/智永何足稱，懷素者非歟。/合配魏造像，供養同精廬。/因憶數載前，訪古辰韓虛。/偶獲禪

師銘，梵譯窮佉廬。/今君又得此，歎賞將何如。/

張素再題。/”

下有2枚硃印：（一）陰文，2.2×2.2厘米，印文為“張素”。（二）陽文，2.2×2.2厘米，印文為“惠身”。

其後又有褚宗元題跋22行：“燉皇石室所藏，既墮塵劫。其/精本洎完善者，已入法蘭西。/零縑斷楮，我國士夫好古/者，迺厪得之。滋可詫憤。庚/戌（1910）遊京師，友人以寫經二/殘軸贈。行其明年，武昌事/起。脫身兵間，圖書蕩盡。/此二經卷，不知所歸。某持/淨業者，當一切捨業，何足/涉念。甲寅之歲（1914），明星先生/因高君獲智照大師所書/《大般若波羅蜜經》第六十/九卷，歡憙讚歎，得未曾/有。唐人寫經，楊惺老所/藏為最精。然出於士人為/多，非僧侶所書。智照行迹，/暇當考覈。即就發願寫/經，盈數十卷，豈俗世沙門/所可企及耶！明星寶之。/況重以高君相貽之雅，用為/題志，以志頂禮。/

淨業學人紹興諸宗元。”

在題記首行上有圓形陽文硃印，直徑1.8厘米，印文為“安平大”。

其後有2枚硃印：（一）陰文，1.4×1.4厘米，印文為“迦持記莂”。（二）陽文，1.5×1.5厘米，印文為“宗元”。

現代接出圓形菱形相間花格織錦護首。卷端有題簽：“□煌石室唐人寫經”。

1.1　BD14766號A
1.3　金剛般若波羅蜜經
1.4　新0966
2.1　97×24厘米；3紙；共57行，行17字。
2.2　01：23.5，14；　02：47.5，28；　03：26.0，15。
2.3　卷軸裝。首尾均斷。打紙。卷面有等距離藍色污染，卷面有油污。有烏絲欄。現代通卷托裱。
3.1　首殘→大正0235，08/0750C09。
3.2　尾殘→大正0235，08/0751B12。
8　7～8世紀。唐寫本。
9.1　楷書。
10　現代接出灰底圓花織錦護首。護首下端貼有紙簽，上有“購10949”。

1.1　BD14766號B
1.3　金剛般若波羅蜜經
1.4　新0966
2.1　208.8×24厘米；5紙；共125行，行17字。
2.2　01：33.3，20；　02：48.5，29；　03：48.5，29；
04：48.5，29；　05：30.0，18。
2.3　卷軸裝。首尾均斷。卷面有等距離藍色污染。有烏絲欄。現代通卷托裱。
3.1　首殘→大正0235，08/0749A26。
3.2　尾殘→大正0235，08/0750C03。
8　8～9世紀。吐蕃統治時期寫本。
9.1　楷書。
9.2　有行間校加字。有倒乙。

1.1　BD14767號
1.3　妙法蓮華經卷六
1.4　新0967
2.1　（14.5+472.8+4）×25.5厘米；11紙；共306行，行17字。
2.2　01：14.5，09；　02：49.7，31；　03：49.7，31；
04：49.7，31；　05：49.7，31；　06：49.7，31；
07：49.7，31；　08：49.7，31；　09：49.7，31；
10：49.7，31；　11：25.5+4，18。
2.3　卷軸裝。首尾均殘。尾2紙下邊殘缺。有烏絲欄。現代通卷托裱。
3.1　首9行中上殘→大正0262，09/0049C22～0050A01。
3.2　尾2行中上殘→大正0262，09/0054A02～04。
8　7～8世紀。唐寫本。
9.1　楷書。
10　現代接出紅黑綠花織錦護首，有玉別子，已斷。

護首上有題簽：“唐賢墨蹟，此作兼虞歐二家之長，清挺遒潤，固自可寶。/民國九年（1920）秋日，武當樵隱題。”題簽上有陽文硃印，0.8×1.8厘米，印文為“覺凼”。下端貼有紙簽“購10849”。

1.1　BD14768號
1.3　究竟大悲經卷三
1.4　新0968
2.1　518.5×25厘米；12紙；共288行，行17字。
2.2　01：24.5，護首；　02：43.0，26；　03：45.5，28；
04：45.0，28；　05：45.0，28；　06：45.0，28；
07：45.0，28；　08：45.0，28；　09：45.5，28；
10：45.0，28；　11：45.0，28；　12：45.0，10。
2.3　卷軸裝。首尾均全。有護首竹質天竿，有護首經名，上有經名號。首紙上下邊有豎向破裂。有烏絲欄。
3.1　首全→大正2880，85/1372B06。
3.2　尾全→大正2880，85/1376B29。
3.4　說明：

《大正藏》本首缺，第2～18行無對照項。本號可補《大正藏》本之缺漏。

4.1　究竟大悲經卷第三（首）。
4.2　究竟大悲經卷第三（尾）。
5　與《大正藏》本對照，第278至279行間（即第11、12紙間）有缺文，缺文相當於大正85/1375B23～1376B19。
7.4　有護首。護首經名“究竟大悲經卷第三”，上有經名號。
8　7～8世紀。唐寫本。
9.1　楷書。

1.1 BD14769 號
1.3 金剛般若波羅蜜經
1.4 新 0969
2.1 426.2×25.5 厘米；10 紙；共 247 行，行 17 字。
2.2 01：37.0，22； 02：47.0，28； 03：47.0，28；
04：47.0，28； 05：47.0，28； 06：47.0，28；
07：47.0，28； 08：46.5，28； 09：47.2，28；
10：13.5，01。
2.3 卷軸裝。首斷尾全。打紙，砑光上蠟。卷面有油污。有烏絲欄。
3.1 首殘→大正 0235，08/0749B26。
3.2 尾全→大正 0235，08/0752C03。
4.2 金剛般若波羅蜜經（尾）。
5 與《大正藏》本對照，本號經文無冥司偈，參見《大正藏》，8/751C16～19。
7.1 卷尾背上部有勘記“卷内《觀音》兩卷，《金剛》一卷”。
7.3 第 4 紙背有雜寫“髮”。
8 8～9 世紀。吐蕃統治時期寫本。
9.1 楷書。
10 卷首背部寫有“二百四十八行，金剛經”，所貼紙簽上寫有“購 10851”。尾題後有“二百四十八行”六字。

1.1 BD14770 號
1.3 妙法蓮華經卷一
1.4 新 0970
2.1 （1.5+77.8）×24.6 厘米；3 紙；共 46 行，行 17 字。
2.2 01：1.5+9，06； 02：48.8，28； 03：20.5，12。
2.3 卷軸裝。首尾均斷。經黄打紙。卷面多水漬，第 2 紙下方有破裂。有烏絲欄。
3.1 首行下殘→大正 0262，09/0002A11～12。
3.2 尾殘→大正 0262，09/0002C03。
8 7～8 世紀。唐寫本。
9.1 楷書。
10 背貼紙簽上寫有“購 10852”。

1.1 BD14771 號
1.3 小品般若波羅蜜經卷一〇
1.4 新 0971
2.1 （12.5+77.5+2）×27 厘米；3 紙；共 51 行，行 17 字。
2.2 01：12.5+，07； 02：39.5，22； 03：38+2，22。
2.3 卷軸裝。首尾均殘。上下邊有殘損。中間有破裂。有烏絲欄。已修整。
3.1 首 7 行中下殘→大正 0227，08/0582C02～09。
3.2 尾行下殘→大正 0227，08/0583A27。
5 本卷與《大正藏》本相比，文字略有不同。據《大正藏》校記，同正倉院聖語藏本。
8 5 世紀。東晉南北朝寫本。
9.1 隸書。
9.2 有行間校加字。有倒乙。

1.1 BD14772 號 1
1.3 妙法蓮華經卷七
1.4 新 0972
2.1 103.3×25.7 厘米；3 紙；共 60 行，行 17 字。
2.2 01：47.0，27； 02：36.0，21； 03：20.3，12。
2.3 卷軸裝。首脱尾斷。經黄打紙。卷首殘破，第 2 紙有殘洞。有烏絲欄。
2.4 本遺書包括 2 個文獻：（一）《妙法蓮華經》卷七，27 行，今編為 BD14772 號 1。（二）《妙法蓮華經》卷五，33 行，今編為 BD14772 號 2。
3.1 首殘→大正 0262，09/0062A01。
3.2 尾殘→大正 0262，09/0062A29。
8 7～8 世紀。唐寫本。
9.1 楷書。

1.1 BD14772 號 2
1.3 妙法蓮華經卷五
1.4 新 0972
2.4 本遺書由 2 個文獻組成，本文獻為第 2 個，33 行。餘參見 BD14772 號 1 之第 2 項。
3.1 首殘→大正 0262，09/0037B14。
3.2 尾殘→大正 0262，09/0037C28。
8 7～8 世紀。唐寫本。
9.1 楷書。

1.1 BD14773 號
1.3 妙法蓮華經卷四
1.4 新 0973
2.1 144.5×26 厘米；4 紙；共 84 行，行 17 字。
2.2 01：26.0，15； 02：48.0，28； 03：48.0，28；
04：22.5，13。
2.3 卷軸裝。首尾均斷。經黄打紙。卷面有一處紅色污痕。有烏絲欄。
3.1 首殘→大正 0262，09/0034B23。
3.2 尾殘→大正 0262，09/0035C05。
8 7～8 世紀。唐寫本。
9.1 楷書。
13 卷首背下端貼有紙簽：“購 10855”。

1.1 BD14774 號
1.3 藏文（無量壽宗要經甲本）
1.4 新 0974
2.1 133.5×30 厘米；3 紙；每紙 2 欄，共 6 欄；欄 19 行，共 108 行，行約 45 字母。

2.2　01：44.5，2 欄；　02：44.5，2 欄；　03：44.5，2 欄。
2.3　卷軸裝。首尾均全。有界欄，卷首、末邊有粘接痕。
3.4　說明：
本文獻首尾均全。為藏文《無量壽宗要經》（甲本）。
4.1　Rgya－gar－skad－du' Apar＝mita' ayur nama mahayana sutra。（梵語：無量壽宗要經）（首）。Bod_ skad_ du tshe dpag_ du_ myed_ pa zhes_ bya_ ba theg_ pa_ chen_ povi mdo。（藏語：無量壽宗要經）（首）。
4.2　Tshe dpag_ du_ myed_ pa zhes_ bya_ ba theg_ pa_ chen_ povi mdo。（藏語：無量壽宗要經）（尾）。
7.1　有抄寫者題名"Skyo－brtan－Legs（覚旦拉）"。
8　8～9 世紀。吐蕃統治時期寫本。
9.1　楷書。
10　卷首背帖白紙條上寫"大唐吐蕃文寫"。卷首下方帖紙簽上寫"購 10856"。

1.1　BD14775 號
1.3　大般涅槃經（北本）卷二一
1.4　新 0975
2.1　151×25.4 厘米；5 紙；共 89 行，行 17 字。
2.2　01：3.5＋2，03；　02：44.0，25；　03：44.0，25；　04：44.0，25；　05：17＋1.5，11。
2.3　卷軸裝。首尾均殘。卷上下有破裂，中部有等距離殘洞，第 5 紙殘洞尤多。有烏絲欄。
3.1　首 2 行下殘→大正 0374，12/0489A26～27。
3.2　尾行中下殘→大正 0374，12/0490A28。
8　6 世紀。南北朝寫本。
9.1　隸書。
10　背貼紙簽上寫有"購 10857"。有紅鉛筆寫"149"。背另有紙簽，上寫"伯川乂攵/唐人寫經八卷/人干"。

1.1　BD14776 號
1.3　妙法蓮華經卷二
1.4　新 0976
2.1　513×26 厘米；11 紙；共 287 行，行 17 字。
2.2　01：48.5，28；　02：48.5，28；　03：48.5，28；　04：48.5，28；　05：48.5，28；　06：48.5，28；　07：48.5，28；　08：48.5，28；　09：48.5，28；　10：48.5，28；　11：28.0，07。
2.3　卷軸裝。首脫尾全。打紙。卷面有等距離黴斑。有烏絲欄。
3.1　首殘→大正 0262，09/0015A07。
3.2　尾全→大正 0262，09/0019A12。
4.2　妙法蓮華經卷第二（尾）。
8　8 世紀。唐寫本。
9.1　楷書。
10　卷首背上端貼有紙簽："購 10858"。

1.1　BD14777 號 1
1.3　妙法蓮華經卷三
1.4　新 0977
2.1　（243＋2）×26.5 厘米；7 紙；共 145 行，行 17 字。
2.2　01：47.5，28；　02：47.5，28；　03：09.0，04；　04：35.0，21；　05：47.5，28；　06：45.0，28；　07：115＋2，08。
2.3　卷軸裝。首脫尾殘。打紙，研光上蠟。前 2 紙上下邊有破裂。有錯簡，第 4、5 紙與第 1～3 紙互相顛倒。有烏絲欄。
2.4、本遺書包括 2 個文獻：（一）《妙法蓮華經》卷三，109 行，今編為 BD14777 號 1。（二）《摩訶般若波羅蜜經》卷三，36 行，今編為 BD14777 號 2。
3.1　首殘→大正 0262，09/0024C23。
3.2　尾全→大正 0262，09/0027B09。
4.2　妙法蓮華經卷第三（尾）。
5　本卷與《大正藏》本對照，除 4、5 兩紙錯簡外，4、5 兩紙與第 1～3 紙之間缺漏經文，約缺 1 紙 28 行。所缺經文，相當於《大正藏》本 09/0025B16～09/0026A17。
8　7～8 世紀。唐寫本。
9.1　楷書。
10　卷首背貼有紙簽："購 10859"。第 4 紙背貼有紙簽："十一號，200"。

1.1　BD14777 號 2
1.3　摩訶般若波羅蜜經卷三
1.4　新 0977
2.4　本遺書由 2 個文獻組成，本文獻為第 2 個，36 行。餘參見 BD14777 號 1 之第 2 項。
3.1　首殘→大正 0223，08/0233C13。
3.2　尾殘→大正 0223，08/0234A21。
8　7～8 世紀。唐寫本。
9.1　楷書。

1.1　BD14778 號
1.3　妙法蓮華經卷七
1.4　新 0978
2.1　（20＋98.5）×25 厘米；3 紙；共 67 行，行 17 字。
2.2　01：20＋11，18；　02：48.0，28；　03：39.5，21。
2.3　卷軸裝。首殘尾斷。經黃紙。卷面殘破。有烏絲欄。現代通卷托裱。
3.1　首 12 行上下殘→大正 0262，09/0057A28～B12。
3.2　尾殘→大正 0262，09/0058B08。
8　7～8 世紀。唐寫本。
9.1　楷書。

1.1　BD14779 號
1.3　金剛般若波羅蜜經

1.4　新0979
2.1　507.5×24.5厘米；11紙；共304行，行17字。
2.2　01：5+36.5，25；　02：47.0，28；　03：47.0，28；
04：47.0，28；　05：47.0，28；　06：47.0，28；
07：47.0，28；　08：47.0，28；　09：47.0，28；
10：47.0，28；　11：48.0，27。
2.3　卷軸裝。首尾均殘。經黄紙。卷面多水漬，卷尾殘破。尾有芨芨草尾軸。背有古代及現代裱補。有烏絲欄。
3.1　首3行下殘→大正0235，08/0748C21～24。
3.2　尾殘→大正0235，08/0752C02。
5　與《大正藏》本對照，本號經文無冥司偈，參見《大正藏》，8/751C16～19。
8　7～8世紀。唐寫本。
9.1　楷書。
10　卷首上部、卷尾下部各有1枚陽文硃印，1.8×1.8厘米，印文為"酣雲審定書畫之印"。背貼紙簽上寫有"購10862"。有紅鉛筆寫"156"。

1.1　BD14780號
1.3　藏文（無量壽宗要經甲本）
1.4　新0980
2.1　133.5×31厘米；3紙；每紙2欄，共6欄；欄19行，共111行，行約45字母。
2.2　01：44.5，2欄；　02：44.5，2欄；　03：44.5，2欄。
2.3　卷軸裝。首尾均全。有界欄。卷首、末邊有粘接痕。
3.4　說明：
本文獻首尾均全，為藏文《無量壽宗要經》（甲本）。
4.1　Tshe dpag_ du_ myed_ pa zhes_ bya_ ba theg_ pa_ chen_ povi mdo。（藏語：無量壽宗要經）（首）。
4.2　Tshe dpag_ du_ myed_ pa zhes_ bya_ ba theg_ pa_ chen_ povi mdo。（藏語：無量壽宗要經）（尾）。
7.1　有抄寫者題名"J=n-lha-bzher（金拉夏）"。
8　8～9世紀。吐蕃統治時期寫本。
9.1　行書。
10　卷首背上方有鋼筆寫"無量壽經"。卷首背貼紙簽寫"購10863"。

1.1　BD14781號
1.3　妙法蓮華經卷三
1.4　新0981
2.1　（2.1+234.3+5.7）×27.4厘米；5紙；共143行，行17字。
2.2　01：2.1+45.2，28；　02：47.2，28；　03：49.2，29；
04：49.2，29；　05：43.5+5.7，29。
2.3　卷軸裝。首尾均殘。卷面多有破損，接縫處多有開裂。有烏絲欄。已修整。
3.1　首行下殘→大正0262，09/0022A25。
3.2　尾3行下殘→大正0262，09/0024B08～10。
8　6世紀。南北朝寫本。
9.1　楷書。
10　背貼紙簽上寫有"購10864"。

1.1　BD14782號
1.3　妙法蓮華經卷一
1.4　新0982
2.1　691.6×26厘米；15紙；共398行，行17字。
2.2　01：46.5，28；　02：46.2，28；　03：46.2，28；
04：46.2，28；　05：46.2，28；　06：46.2，28；
07：46.2，28；　08：46.2，28；　09：46.2，28；
10：46.2，28；　11：46.2，28；　12：46.2，28；
13：46.2，28；　14：46.2，28；　15：44.5，06。
2.3　卷軸裝。首脫尾全。唐麻紙。有烏絲欄。背有現代裱補。
3.1　首殘→大正0262，09/0003B09。
3.2　尾全→大正0262，09/0010B21。
4.2　妙法蓮華經卷第一（尾）。
8　7～8世紀。唐寫本。
9.1　楷書。

1.1　BD14783號
1.3　菩薩瓔珞經卷一一
1.4　新0983
2.1　49×27.3厘米；1紙；正面28行，行17字。背面15行，行字不等。
2.3　卷軸裝。首尾均脫。有殘洞。有烏絲欄。已修整。
2.4　本遺書包括2個文獻：（一）《菩薩瓔珞經》卷一一，28行，抄寫在正面，今編為BD14783號。（二）《回鶻文文獻（待考）》，15行，抄寫在背面，今編為BD14783號背。
3.1　首殘→大正0656，16/0098B17。
3.2　尾殘→大正0656，16/0098C19。
8　8世紀。唐寫本。
9.1　楷書。
10　背貼紙簽上寫有"購10866"。

1.1　BD14783號背
1.3　回鶻文文獻（待考）
1.4　新0983
2.4　本遺書由2個文獻組成，本文獻為第2個，15行，抄寫在背面。餘參見BD14783號之第2項。
3.4　說明：
本文獻為回鶻文文獻，內容待考。
8　9～10世紀。歸義軍時期寫本。

1.1　BD14784號
1.3　大般若波羅蜜多經卷四五六

1.4　新0984
2.1　（2.5+752）×26厘米；18紙；465行，行17字。
2.2　01：2.5+16，護首；　02：39.5，26；　03：44.5，28；
04：44.5，28；　05：44.0，28；　06：44.5，28；
07：44.5，28；　08：44.5，28；　09：44.5，28；
10：44.0，28；　11：44.0，28；　12：44.0，28；
13：44.0，28；　14：44.0，28；　15：43.5，28；
16：43.5，28；　17：43.5，28；　18：35.0，19。
2.3　卷軸裝。首尾均全。上下邊有破裂殘缺。尾有原軸，兩端塗黑漆。有烏絲欄。背有現代裱補。
3.1　首全→大正0220，07/0300B17。
3.2　尾全→大正0220，07/0306A01。
4.1　大般若波羅蜜多經卷第四百五十六，/第二分同性品第六十二之二，三藏法師玄奘奉詔譯/（首）。
4.2　大般若波羅蜜多經卷第四百五十六（尾）。
8　8～9世紀。吐蕃統治時期寫本。
9.1　楷書。
10　扉頁有現代捺印韋陀像1尊。韋陀有頭有背光，雙手捧持金剛杵。

卷首尾和接縫處多有硃印：

1. 卷首尾均有陽文印，5×8厘米，印文待辨認。

2. 卷首尾和卷面接縫處均有陽文印，7.5×7.5厘米，印文為“覺皇竇/壇大法/司印/”。

3. 卷首下部有陽文印，2.5×2.5厘米，印文待辨認。

4. 卷首下部有陽文印，1.7×1.7厘米，印文待辨認。

5. 卷面兩處鈐有陽文印，8.5×8.5厘米，印文為“炳火煞”3字及符咒。

兩處之鈐印方式均為同一個印章鈐印三方，上下兩方45度角斜鈐，兩印各有一角相疊壓；中間一方鈐印端正，壓在前兩方鈐印上。

6. 卷尾有陽文印，1.5×1.5厘米，印文為“覃溪審定”。

7. 卷背接縫處有陽文印，1.1×1.8厘米，印文為“安定”。

8. 卷背接縫處有陽文印，1.4×1.4厘米，印文為“謹慎留心”。

9. 卷背接縫處有陽文印，1.8×1.8厘米，印文模糊待辨認。

10. 卷首尾均有長條硃字印記。卷首1.2×6.4厘米，印文為“□□□【春安夏泰 秋吉冬祥】（寧?）除煞”。卷尾1.2×6.5厘米，印文為“敕灶（?）令【□□□□，□□災消】，□安”。

卷首尾背有均有一字，似為“彝”或“舞”。

在內包裝紙上有傅忠謨題記：“此經大概是元代寫本，非唐寫本，尚待研究。傅忠謨21/10。”又有鋼筆“覺皇竇壇大法司印”。貼有紙簽，上寫“購10893”。

1.1　BD14785號
1.3　大般涅槃經（北本）卷一二
1.4　新0985
2.1　931.8×26.7厘米；20紙；共520行，行17字。
2.2　01：24.7，護首；　02：45.6，26；　03：47.7，28；
04：47.6，28；　05：47.9，28；　06：47.8，28；
07：47.9，28；　08：48.0，28；　09：47.6，28；
10：48.0，28；　11：47.9，28；　12：47.9，28；
13：47.9，28；　14：48.0，28；　15：48.0，28；
16：47.9，28；　17：48.0，28；　18：47.9，28；
19：47.8，28；　20：47.7，18。
2.3　卷軸裝。首尾均全。打紙，砑光上蠟。有護首，有竹質天竿。有烏絲欄。
3.1　首全→大正0374，12/0433C22。
3.2　尾全→大正0374，12/0440A13。
4.1　大般涅槃經卷第十二（首）。
4.2　大般涅槃經卷第十二（尾）。
5　與《大正藏》本對照，本卷首無品名及品次。
7.3　卷尾上方有雜寫“十九”。
7.4　護首有經名“大般涅槃經卷第廿二”。有經名號。
8　8～9世紀。吐蕃統治時期寫本。
9.1　楷書。
10　背貼紙簽上寫有“（2441）”、“品名：隋寫經一卷，定價：65.00”、“購10930”。

1.1　BD14786號
1.3　藏文（無量壽宗要經甲本）
1.4　新0986
2.1　220×31厘米；4紙；每紙2欄，共8欄；欄18行，共130行，行約45字母。
2.2　01：50.0，2欄；　02：50.0，2欄；　03：50.0，2欄；
04：50.0，2欄。
2.3　卷軸裝。首尾均全。卷首末邊有粘接痕。卷尾上稍有殘損。有界欄。
3.4　說明：

本文獻首尾均全。所抄為藏文《無量壽宗要經》（甲本）。

4.1　Rgya－gar－skad－du' Apar＝mita' ayur nama mahayana sutra。（梵語：無量壽宗要經）（首）。Bod_ skad_ du tshe dpag_ du_ myed_ pa zhes_ bya_ ba theg_ pa_ chen_ povi mdo。（藏語：無量壽宗要經）（首）。
4.2　Tshe dpag_ du_ myed_ pa zhes_ bya_ ba theg_ pa_ chen_ povi mdo。（藏文：無量壽宗要經）（尾）。
7.1　有寫校者題記“Jevu－brtan－gong（覺旦公）phab－dzang－zhus（潘藏校）phab－c＝－yang－zhus（潘吉再校）；dpal－mchog－sum－zhus（貝确三校）”。
8　8～9世紀。吐蕃統治時期寫本。
9.1　正書。
10　卷末背上方貼紙簽寫“購10931”。第2個紙簽：“貨號：02944，品名：寫經一段，定價：16.00。”

1.1 BD14787 號
1.3 妙法蓮華經卷四
1.4 新 0987
2.1 (1.5+377)×26 厘米；11 紙；共 285 行，行 17 字。
2.2 01：1.5+32，20； 02：37.0，28； 03：37.0，28；
04：37.0，28； 05：37.0，28； 06：37.0，28；
07：37.0，28； 08：37.0，28； 09：37.0，28；
10：37.0，28； 11：12.0，13。
2.3 卷軸裝。首尾均斷。經黄打紙。卷面多水漬。有烏絲欄。
3.1 首殘→大正 0262，09/0030B28。
3.2 尾殘→大正 0262，09/0034B22。
8 7～8 世紀。唐寫本。
9.1 楷書。
9.2 有刮改。
10 卷尾下方有題跋"見寳塔品第十一經文至此完全無缺"。下有陽文硃印，1.1×1.6 厘米，印文為："月樵"。
卷首背貼有紙簽，上寫"購 10932"。

1.1 BD14788 號
1.3 妙法蓮華經卷四
1.4 新 0988
2.1 286×26 厘米；7 紙；共 174 行，行 17 字。
2.2 01：15.0，15； 02：47.0，28； 03：47.0，28；
04：47.0，28； 05：47.0，28； 06：45.0，27；
07：38.0，20。
2.3 卷軸裝。首斷尾全。經黄打紙。有烏絲欄。
3.1 首殘→大正 0262，09/0034B23。
3.2 尾全→大正 0262，09/0037A02。
4.2 妙法蓮華經卷第四（尾）。
8 7～8 世紀。唐寫本。
9.1 楷書。
9.2 有校改。
10 卷首背上端貼有特藝公司前門經營管理處紙簽："貨號：02883，品名：唐人寫經 1 卷，定價 30.00"。並有小紙簽："購 10933"。

1.1 BD14789 號 1
1.3 大乘莊嚴經論序
1.4 新 0989
2.1 285.2×24.9 厘米；6 紙；共 167 行，行 17 字。
2.2 01：46.7，27； 02：47.8，28； 03：47.8，28；
04：47.7，28； 05：47.8，28； 06：47.4，28。
2.3 卷軸裝。首全尾斷。卷面有油污，卷尾有殘洞。有烏絲欄。通卷現代托裱為手卷。
2.4 本遺書包括 3 個文獻：（一）《大乘莊嚴經論序》，59 行，今編為 BD14789 號 1。（二）《大乘莊嚴經論》卷一，108 行，今編為 BD14789 號 2。（三）《藏文》，1 行，今編為 BD14789 號背。
3.1 首全→大正 1604，31/0589B23。
3.2 尾全→大正 1604，31/0590A25。
4.1 大乘莊嚴經論序，太子右庶子安平男臣李百藥奉敕撰（首）。
7.3 第 5 紙尾背有藏文 1 行，已被裱補紙遮蓋。
8 7～8 世紀。唐寫本。
9.1 楷書。
10 現代接出萬字不斷頭織錦護首，有玉別子。
卷首用灑金箋做玉池，上有題跋："敦煌唐經自發現後，余/閱者多矣，皆不著書者/姓名。是卷為安平男李/百藥所書，與他卷獨異。/卷首繫以論序，理通玄/默，佛法上乘，尤為卷中/所無。而字之秀潤挺拔，/如以錐畫沙。嗜古之士，/往往於古人殘碑斷碣，/摩挲而不忍釋手。兹於/千餘年後而得諸墨蹟，/洵可寳也！/
己巳（1829）立夏日葛城潘齡皋/識於津門旅次之何須大/室齋"。
題跋後有 2 枚陽文硃印：（一）2×2 厘米，印文為"潘齡皋印"。（二）1.9×1.9 厘米，印文為"錫久"。
扉頁有北京市圖書業同業公會印製的紙簽，上寫："書名：唐人寫經，李百藥。冊數：一卷。議價：100 元。57 年 11 月 14 日。第 366 號。"縹帶上擊有紙簽，上寫"購 11026"。

1.1 BD14789 號 2
1.3 大乘莊嚴經論卷一
1.4 新 0989
2.4 本遺書由 3 個文獻組成，本文獻為第 2 個，108 行。餘參見 BD14789 號 1 之第 2 項。
3.1 首全→大正 1604，31/0590B01。
3.2 尾全→大正 1604，31/0591C11。
4.1 大乘莊嚴經論緣起品第一，無著菩薩造（首）。
8 7～8 世紀。唐寫本。
9.1 楷書。

1.1 BD14789 號背
1.3 藏文（待考）
1.4 新 0989
2.4 本遺書由 3 個文獻組成，本文獻為第 3 個，1 行，抄寫在背面。餘參見 BD14789 號 1 之第 2 項。
3.4 説明：
本文獻為藏文，僅 1 行，托裱時已被遮裱。
8 8～9 世紀。吐蕃統治時期寫本。
9.1 楷書。

1.1 BD14790 號
1.3 賢劫十方千五百佛名經（二卷本）卷上
1.4 新 0990
2.1 (3+321.5)×25.6 厘米；4 紙；共 179 行，行字不等。

2.2　01：3 +60.5，38；　02：87.5，52；　03：87.5，52；
04：86.0，37。
2.3　卷軸裝。首殘尾全。首紙上下方殘破，中部及卷尾有殘洞。有燕尾。有烏絲欄。已修整。
3.1　首 2 行上下殘→大正 0442，14/0313A05。
3.2　尾全→大正 0442，14/0314B17。
4.2　佛說賢劫十方千五百佛名經卷上（尾）。
5　與《大正藏》相比，本號諸佛名上均冠"南無"二字，且分卷不同。
本經有一卷本、兩卷本兩種。《大正藏》所收為一卷本，文字與二卷本略有差異。本號為二卷本，但因二卷本尚無錄文發表，故暫以一卷本為對照本。
8　8 世紀。唐寫本。
9.1　楷書。

1.1　BD14791 號
1.3　金光明最勝王經卷四
1.4　新 0991
2.1　628.4 ×23.8 厘米；14 紙；共 369 行，行 17 字。
2.2　01：47.2，27；　02：47.5，28；　03：47.5，28；
04：47.6，28；　05：47.6，28；　06：47.0，28；
07：47.1，28；　08：47.0，28；　09：47.3，28；
10：47.0，28；　11：47.1，28；　12：47.0，28；
13：47.0，28；　14：13.5，06。
2.3　卷軸裝。首尾均全。通卷保存尚好。最後 2 紙係歸義軍時期後補。有烏絲欄。通卷現代裱補為手卷。
3.1　首全→大正 0665，16/0417C19。
3.2　尾全→大正 0665，16/0422B21。
4.1　金光明最勝王經最淨地陀羅尼品第六，四，三藏法師義淨奉制譯（首）。
4.2　金光明最勝王經卷第四（尾）。
5　尾附音義一字。
8　8 世紀。唐寫本。
9.1　楷書。
9.2　有行間校加字。
10　現代接出萬字不斷頭織錦護首，有縹帶、玉別子。

1.1　BD14792 號 1
1.3　藏文（無量壽宗要經甲本）
1.4　新 0992
2.1　（184 +180）×31 厘米；12 紙；每紙 2 欄，共 24 欄；欄 19 行，共 158 行，行約 45 字母。
2.2　01：46 +42，2 欄；　02：46.0，2 欄；　03：46.0，2 欄；
04：46.0，2 欄；　05：46.0，2 欄；　06：46.0，2 欄；
07：46.0，2 欄；　08：46.0，2 欄；　09：46.0，2 欄；
10：46.0，2 欄；　11：46.0，2 欄；　12：46.0，2 欄。
2.3　卷軸裝。首殘尾全。卷首末邊有粘接痕。卷面有水跡，首紙卷面破舊污穢，背面有油污跡。有界欄。
2.4　本遺書包括 4 個文獻：（一）《藏文（無量壽宗要經甲本）》，115 行，今編為 BD14792 號 1。（二）《藏文（無量壽宗要經甲本）》，112 行，今編為 BD14792 號 2。（三）《藏文（無量壽宗要經甲本）》，115 行，今編為 BD14792 號 3。（四）《藏文（無量壽宗要經甲本）》，116 行，今編為 BD14792 號 4。
3.4　說明：
本文獻首尾均全。所抄為藏文《無量壽宗要經》（甲本）。
4.1　Rgya - gar - skad - du' Apar = mita' ayur nama mahayana sutra。（梵語：無量壽宗要經）（首）。Bod_ skad_ du tshe dpag_ du _ myed_ pa zhes_ bya_ ba theg_ pa_ chen_ povi mdo。（藏語：無量壽宗要經）（首）。
4.2　Tshe dpag_ du_ myed_ pa zhes_ bya_ ba theg_ pa_ chen_ povi mdo。（藏文：無量壽宗要經）（尾）。
7.1　有抄寫者題名"Stag - ra（達然）"。
8　8 ~9 世紀。吐蕃統治時期寫本。
9.1　草書。
10　背貼紙簽上寫有"獻 12121"。

1.1　BD14792 號 2
1.3　藏文（無量壽宗要經甲本）
1.4　新 0992
2.4　本遺書由 4 個文獻組成，本文獻為第 2 個，112 行。餘參見 BD14792 號 1 之第 2 項。
3.4　說明：
本文獻首尾均全。所抄為藏文《無量壽宗要經》（甲本）。
4.1　Rgya - gar - skad - du' Apar = mita' ayur nama mahayana sutra。（梵語：無量壽宗要經）（首）。Bod_ skad_ du tshe dpag_ du _ myed_ pa zhes_ bya_ ba theg_ pa_ chen_ povi mdo。（藏語：無量壽宗要經）（首）。
4.2　Tshe dpag_ du_ myed_ pa zhes_ bya_ ba theg_ pa_ chen_ povi mdo。（藏文：無量壽宗要經）（尾）。
7.1　有抄寫者題名"Stag - ra（達然）"。
8　8 ~9 世紀。吐蕃統治時期寫本。
9.1　楷書。

1.1　BD14792 號 3
1.3　藏文（無量壽宗要經甲本）
1.4　新 0992
2.4　本遺書由 4 個文獻組成，本文獻為第 3 個，115 行。餘參見 BD14792 號 1 之第 2 項。
3.4　說明：
本文獻首尾均全。所抄為藏文《無量壽宗要經》（甲本）。
4.1　Rgya - gar - skad - du' Apar = mita' ayur nama mahayana sutra。（梵語：無量壽宗要經）（首）。Bod_ skad_ du tshe dpag_ du _ myed_ pa zhes_ bya_ ba theg_ pa_ chen_ povi mdo。（藏語：無量壽宗要經）（首）。

4.2 Tshe dpag_ du_ myed_ pa zhes_ bya_ ba theg_ pa_ chen_ povi mdo。(藏文：無量壽宗要經)(尾)。
8 8~9世紀。吐蕃統治時期寫本。
9.1 正書。
9.2 有行間加行。

1.1 BD14792號4
1.3 藏文(無量壽宗要經甲本)
1.4 新0992
2.4 本遺書由4個文獻組成，本文獻為第4個，116行。餘參見BD14792號1之第2項。
3.4 說明：
本文獻首尾均全。所抄為藏文《無量壽宗要經》(甲本)。
4.1 Rgya-gar-skad-du' Apar=mita' ayur nama mahayana sutra。(梵語：無量壽宗要經)(首)。Bod_ skad_ du tshe dpag_ du _ myed_ pa zhes_ bya_ ba theg_ pa_ chen_ povi mdo。(藏語：無量壽宗要經)(首)。
4.2 Tshe dpag_ du_ myed_ pa zhes_ bya_ ba theg_ pa_ chen_ povi mdo。(藏文：無量壽宗要經)(尾)。
8 8~9世紀。吐蕃統治時期寫本。
9.1 正書。
9.2 有行間加行。

1.1 BD14793號
1.3 無量壽宗要經
1.4 新0993
2.1 215×31厘米；5紙；共141行，行30餘字。
2.2 01：43.0，28； 02：43.0，29； 03：43.0，29；
04：43.0，29； 05：43.0，26。
2.3 卷軸裝。首尾均全。首紙上下邊和橫向有破裂。背有現代托裱。有烏絲欄。已修整。
3.1 首全→大正0936，19/0082A03。
3.2 尾全→大正0936，19/0084C29。
4.1 大乘無量壽經(首)。
4.2 佛說無量壽宗要經(尾)。
7.1 有題名“王宗”。卷尾背有勘記“壽”(？)字。
7.2 卷尾背有硃印，1.5×2.1厘米，印文不清。
8 8~9世紀。吐蕃統治時期寫本。
9.1 行楷。
9.2 有倒乙。

1.1 BD14794號
1.3 大方廣佛華嚴經(晉譯五十卷本)卷四八
1.4 新0994
2.1 (3.5+836.3+3.8)×26.7厘米；17紙；共479行，行17字。
2.2 01：03.5，02； 02：52.6，30； 03：52.5，30；
04：52.8，30； 05：52.6，30； 06：52.7，30；
07：52.6，30； 08：52.6，30； 09：52.6，30；
10：52.6，30； 11：52.6，30； 12：52.5，30；
13：52.7，30； 14：52.7，30； 15：52.5，30；
16：52.7，30； 17：47+3.8，27。
2.3 卷軸裝。首尾均殘。第2紙地腳殘破，第6紙有殘洞，第7紙天頭殘破，第8紙有縱向破裂。有烏絲欄。
3.1 首2行上殘→大正0278，09/0763A13~14。
3.2 尾全→大正0278，09/0772A15。
4.2 華嚴經卷第卌八(尾)。
5 與《大正藏》本相比，本號分卷不同。據《大正藏》校記，本號分卷與日本宮內省圖書寮本同。經文相當於《大正藏》本《大方廣佛華經》卷五七“入法界品”第三十四之十四中部開始，至《大方廣佛華嚴經》卷五八“入法界品”第三十四之十五前止。故知應為五十卷本。
本號第7紙第6行14字至第10行第3字之間有缺文，所缺文字相當於《大正藏》09/0765A03至09/0767B27。缺文處本號有經文“善男子/此世界中忉利天上有天名正念彼天有女/汝詣彼間雲何菩薩學菩薩行修菩薩道爾/時有妙德大童子妙慧童子以不可思議/善根力”。
8 6世紀。南北朝寫本。
9.1 楷書。
10 第2紙上有陽文硃印，1.3×1.7厘米，印文為“寶梁閣”。尾題下有陽硃印，1.6×3.2厘米，印文為“曾在不因人熱之室”。

1.1 BD14795號
1.3 菩薩藏修道衆經要第一○
1.4 新0995
2.1 (9.4+852)×26.5厘米；21紙；共532行，行17字。
2.2 01：9.4+19.8，18； 02：41.3，26； 03：41.5，26；
04：41.6，26； 05：41.6，26； 06：41.6，26；
07：41.6，26； 08：41.6，26； 09：41.6，26；
10：41.7，26； 11：41.6，26； 12：41.7，26；
13：41.7，26； 14：41.8，26； 15：41.7，26；
16：41.8，26； 17：41.5，26； 18：41.7，26；
19：41.5，26； 20：41.5，26； 21：41.6，19。
2.3 卷軸裝。首殘尾全。有燕尾。已修整。
3.4 說明：
本文獻為抄集衆經而成，詳情如下：
第1~38行：大正1485，24/1016B16~C27(《菩薩瓔珞本業經》卷上)。
第39行：燈炷法門。
第40行：《大智度論》卷第七十九。
第41~68行：大正1509，25/585B25~C25(《大智度論》卷七五)。
第69行：《菩薩瓔珞經》卷第二。

第70～83行：大正1485，24/1021C9～23（《菩薩瓔珞本業經》卷下）。

第84行：五忍法門。

第85行：仁王經一卷。

第86～131行：大正245，8/826B23～828B22（《仁王般若波羅蜜經》卷上。其中：8/826C10～21有缺文；8/827A7～828B14缺）。

第132行：人法二無我法門。

第133行：竇云經卷第三。

第134～148行：大正658，16/219A20～B8（《寶雲經》卷五，其中16/219A21～25缺）。

第149行：金剛般若論卷第一。

第150～177行：大正1511，25/783A20～C17（《金剛般若波羅蜜經論》卷上。其中25/783A22～B17缺）。

第178行：金剛三昧法門。

第179行：十住毗婆沙論卷第七。

第180～208行：大正1521，26/73B27～C28（《十住毗婆沙論》卷十）。

第209行：大智度論卷第五十七。

第210～253行：大正1509，25/383B24～384A12（《大智度論》卷四五）。

第254～288行：大正374，12/509B3～510B4（《大般涅槃經》卷二四。其中：12/509B14～23、12/509B26～C6、12/509C8～18、12/509C21～510A16缺）。

第289～291行：五法三自性法門/名相、妄相、正智/如如/妄相自性、緣起自性、成自性。/

第292行：楞伽經卷第四。

第293～295行：大正671，16/557B25～27（《入楞伽經》）。

第295～297行：大正670，16/511A12～13（《楞伽阿跋多羅寶經》）。

第297～300行：大正670，16/511B12～16（《楞伽阿跋多羅寶經》）。

第300～303行：大正671，16/557B27～29（《入楞伽經》）。

第303～305行：大正670，16/511A15～17（《楞伽阿跋多羅寶經》）。

第307～312行：大正671，16/577C01～08。（《入楞伽經》）

第312～314行：大正670，16/511A17～19（《楞伽阿跋多羅寶經》）。

第314～316行：大正670，16/511B16～17（《楞伽阿跋多羅寶經》）。

第317行：三自性，妄相自性，緣起自性，成自性。

第318～322行：大正670，16/511B01～07（《楞伽阿跋多羅寶經》）。

第323～325行：大正670，16/511A20～23（《楞伽阿跋多羅寶經》）。

第325～328行：大正670，16/511B24～29（《楞伽阿跋多羅寶經》）。

第329～333行：大正671，16/557C08～12（《入楞伽經》）。

第333～336行：大正671，16/557C22～25（《入楞伽經》）。

第336～339行：大正671，16/558A23～28（《入楞伽經》）。

第340行：九法法門。

第341～397行：大正374，12/587A17～C16（《大般涅槃經》）。

第398～421行：大正1522，26/126C15～127A6（《十地經論》）。

第422～466行：大正475，14/554B3～C21（《維摩詰所說經》）。

第467～527行：大正397，13/55C9～56B10（《大方等大集經》）。

第527～531行：大正397，13/56C10～14（《大方等大集經》）。

第532行：菩薩藏修道衆經要第十。

4.2　菩薩藏修道衆經要第十（尾）。

8　5～6世紀。南北朝寫本。

9.1　楷書。

9.2　有行間校加字、重文號及倒乙。

10　卷首上邊有陽文硃印，1.3×1.6厘米，印文為“竇梁閣”。卷尾下有陽文硃印，1.5×3.1厘米，印文為“曾在不因/人熱之室”。

1.1　BD14796號

1.3　僧伽吒經卷四

1.4　新0996

2.1　(11+230.5)×26.5厘米；6紙；共140行，行17字。

2.2　01：11+3.5，9；　02：45.5，28；　03：45.5，28；
04：45.5，28；　05：45.5，28；　06：45.0，19。

2.3　卷軸裝。首殘尾全。打紙，砑光上蠟。卷面有殘缺及殘洞。有燕尾。有烏絲欄。背有現代托裱。

3.1　首7行上下殘→大正0423，13/0975A07～14。

3.2　尾全→大正0423，13/0976C06。

4.2　僧伽吒經卷第四（尾）。

8　7～8世紀。唐寫本。

9.1　楷書。

10　卷首上方有陽文硃印，1.2×1.6厘米，印文為“竇梁閣”。卷尾下方有陽文硃印，2×4.2厘米，印文為“曾在不因/人熱之室”。

1.1　BD14797號

1.3　四分律略疏卷一

1.4　新0997
2.1　820.3×28.3 厘米；20 紙；共400 行，行29～30 字。
2.2　01：42.3，23；　02：41.8，23；　03：42.0，23；
04：41.8，22；　05：41.5，23；　06：42.0，22；
07：42.2，22；　08：42.1，22；　09：41.8，21；
10：42.3，20；　11：42.5，21；　12：42.6，21；
13：42.5，20；　14：42.2，19；　15：42.2，20；
16：42.5，20；　17：42.5，20；　18：42.5，19；
19：42.3，18；　20：18.7，01。
2.3　卷軸裝。首脱尾全。薄皮紙。卷面有等距離殘洞，多有破裂。
3.4　説明：
本文獻首殘尾全。未為歷代大藏經所收。
4.2　四分律略疏卷第一（尾）。
7.1　尾題後有題記“保定□…□三月下旬寫訖”，第19紙有題記：“壹校竟”。
8　561～565年。南北朝寫本。
9.1　行楷。
9.2　有重文號、倒乙及行間校加字。

1.1　BD14798號
1.3　法花文記卷一
1.4　新0998
2.1　（3.5+677.5）×27.4 厘米；19 紙；共417 行，行23 字。
2.2　01：03.5，02；　02：38.5，24；　03：38.5，24；
04：38.5，24；　05：38.5，24；　06：38.5，24；
07：38.5，24；　08：38.5，24；　09：38.5，24；
10：38.5，24；　11：38.5，24；　12：38.5，24；
13：38.5，24；　14：38.5，24；　15：38.5，24；
16：38.5，24；　17：38.5，24；　18：38.5，24；
19：23.0，07。
2.3　卷軸裝。首殘尾全。卷上下有殘破及殘缺。有燕尾。有烏絲欄。
3.4　説明：
本文獻首2行上下殘，尾全。未為歷代大藏經所收。
4.2　法花文記卷第一（尾）。
8　7～8世紀。唐寫本。
9.1　楷書。
9.2　有行間校加字及倒乙。
10　第2紙下方有陽文硃印，1.6×1.3厘米，印文為“寶梁閣”。尾端下部有陽文硃印，3.1×1.5厘米，印文為“曾在不因/人熱之室”。

1.1　BD14799號
1.3　大佛頂如來放光悉怛多大神力都攝一切咒王陀羅尼經大威德最勝金輪三昧神咒
1.4　新0999
2.1　47.1×28.2 厘米；2 紙；共40 行，行字不等。
2.2　01：38.0，32；　02：09.1，08。
2.3　卷軸裝。首尾均全。首紙有殘洞，上下邊有殘缺。已修整。
3.4　説明：
本文獻首尾均全。歸敬偈後，抄寫一長達四百二十二句的咒語。《大正藏》中根據日本寺院古抄本，收有《大佛頂如來放光悉怛多般怛羅大神力都攝一切呪王陀羅尼經大威德最勝金輪三昧呪品第一》（大正947），其中雖有本文獻的歸敬偈，卻無與本文獻相應的長咒。故關於本文獻，尚需進一步考訂。
4.1　大佛頂如來放光悉怛多大神力都攝一切咒王陀羅尼經大威德最勝金輪三昧神咒（首）。
5　與《大正藏》本對照，第2至3行之歸敬偈相當於大正947，19/182A28～B2。
7.1　尾行有題記：“天復二年（902）壬戌正月廿三日，歸義軍節度使/張公為城攘災，發心敬寫，貯入傘中，永充供養。”
8　902年。歸義軍時期寫本。
9.1　行楷。

1.1　BD14800號
1.3　四分戒疏卷二
1.4　新1000
2.1　（3.8+1634.1）×30 厘米；37 紙；共1126 行，行27～30字。
2.2　01：3.8+27.5，21；　02：44.0，31；　03：44.0，31；
04：44.1，30；　05：44.2，31；　06：44.6，31；
07：44.1，31；　08：44.6，30；　09：44.6，30；
10：44.6，30；　11：44.5，30；　12：44.5，30；
13：44.6，30；　14：44.6，30；　15：44.6，30；
16：44.5，30；　17：44.7，30；　18：44.7，30；
19：44.6，30；　20：44.7，30；　21：44.6，30；
22：44.7，30；　23：44.6，30；　24：44.7，30；
25：44.6，30；　26：44.6，30；　27：44.6，30；
28：44.5，30；　29：45.0，33；　30：44.9，33；
31：45.0，33；　32：45.0，33；　33：45.2，33；
34：45.1，33；　35：45.1，33；　36：45.1，33；
37：45.0，26。
2.3　卷軸裝。首殘尾全。前2紙有殘洞，卷面多有殘破。有烏絲欄。已修整。
3.1　首2行上殘→大正2787，85/0571A29～B01。
3.2　尾全→大正2787，85/0594C10。
4.2　四分戒疏卷第二（尾）。
7.1　尾題後有題記：“智照寫”。
8　8～9世紀。吐蕃統治時期寫本。
9.1　楷書。
9.2　有行間校加字及行間加行。有重文號及刮改。
10　首紙地腳有陽文硃印，1.3×1.7厘米，印文為：“寶梁閣”。尾紙末有陽文硃印，1.5×3.2厘米，印文為：“曾在不因/人熱之室”。

新舊編號對照表

新字頭號與北敦號對照表

新字頭號	北敦號
新 0936	BD14736 號
新 0937	BD14737 號
新 0938	BD14738 號
新 0938	BD14738 號背
新 0939	BD14739 號 A
新 0939	BD14739 號 A 背
新 0939	BD14739 號 B
新 0940	BD14740 號 1
新 0940	BD14740 號 2
新 0940	BD14740 號 3
新 0940	BD14740 號 4
新 0940	BD14740 號 5
新 0941	BD14741 號 A
新 0941	BD14741 號 B
新 0941	BD14741 號 C
新 0941	BD14741 號 D
新 0941	BD14741 號 E
新 0941	BD14741 號 F
新 0941	BD14741 號 G
新 0941	BD14741 號 H
新 0941	BD14741 號 I
新 0941	BD14741 號 J
新 0941	BD14741 號 K
新 0941	BD14741 號 K 背
新 0941	BD14741 號 L
新 0942	BD14742 號
新 0943	BD14743 號
新 0944	BD14744 號
新 0945	BD14745 號
新 0946	BD14746 號
新 0947	BD14747 號
新 0948	BD14748 號
新 0949	BD14749 號
新 0950	BD14750 號 1
新 0950	BD14750 號 2
新 0951	BD14751 號
新 0951	BD14751 號背
新 0952	BD14752 號
新 0953	BD14753 號
新 0954	BD14754 號
新 0955	BD14755 號
新 0956	BD14756 號
新 0957	BD14757 號 A
新 0957	BD14757 號 B
新 0957	BD14757 號 C
新 0957	BD14757 號 D
新 0957	BD14757 號 E
新 0957	BD14757 號 F
新 0957	BD14757 號 G
新 0957	BD14757 號 H
新 0957	BD14757 號 I
新 0957	BD14757 號 J
新 0957	BD14757 號 K
新 0957	BD14757 號 L
新 0958	BD14758 號
新 0959	BD14759 號
新 0960	BD14760 號
新 0961	BD14761 號
新 0962	BD14762 號
新 0963	BD14763 號
新 0964	BD14764 號
新 0965	BD14765 號
新 0966	BD14766 號 A
新 0966	BD14766 號 B
新 0967	BD14767 號
新 0968	BD14768 號
新 0969	BD14769 號
新 0970	BD14770 號
新 0971	BD14771 號
新 0972	BD14772 號 1
新 0972	BD14772 號 2
新 0973	BD14773 號
新 0974	BD14774 號
新 0975	BD14775 號
新 0976	BD14776 號
新 0977	BD14777 號 1
新 0977	BD14777 號 2
新 0978	BD14778 號
新 0979	BD14779 號
新 0980	BD14780 號
新 0981	BD14781 號
新 0982	BD14782 號
新 0983	BD14783 號
新 0983	BD14783 號背
新 0984	BD14784 號
新 0985	BD14785 號
新 0986	BD14786 號
新 0987	BD14787 號
新 0988	BD14788 號
新 0989	BD14789 號 1
新 0989	BD14789 號 2
新 0989	BD14789 號背
新 0990	BD14790 號
新 0991	BD14791 號
新 0992	BD14792 號 1

新 0992	BD14792 號 2
新 0992	BD14792 號 3
新 0992	BD14792 號 4
新 0993	BD14793 號
新 0994	BD14794 號
新 0995	BD14795 號
新 0996	BD14796 號
新 0997	BD14797 號
新 0998	BD14798 號
新 0999	BD14799 號
新 1000	BD14800 號